Freiburg 1091–1120

ARCHÄOLOGIE UND GESCHICHTE

Freiburger Forschungen zum ersten Jahrtausend in Südwestdeutschland

Herausgegeben von
Hans Ulrich Nuber, Karl Schmid †, Heiko Steuer
und Thomas Zotz

Band 7

JAN THORBECKE VERLAG SIGMARINGEN
1995

Freiburg 1091–1120

Neue Forschungen
zu den Anfängen der Stadt

Herausgegeben von
Hans Schadek und Thomas Zotz

JAN THORBECKE VERLAG SIGMARINGEN
1995

Gedruckt mit Unterstützung

- der Allgemeinen Stiftungsverwaltung Freiburg
- der Bayerischen Hypotheken- und Wechselbank Freiburg
- des Förderkreises Archäologie in Baden
- der HOCHTIEF Aktiengesellschaft Freiburg
- der Stadt Freiburg
- der Wissenschaftlichen Gesellschaft in Freiburg

Die Deutsche Bibliothek – CIP-Einheitsaufnahme

Freiburg 1091–1120: Neue Forschungen zu den Anfängen der Stadt / hrsg. von Hans Schadek und Thomas Zotz. – Sigmaringen: Thorbecke, 1995
(Archäologie und Geschichte; Bd. 7)
ISBN 3-7995-7357-7
NE: Schadek, Hans [Hrsg.]; GT

Dieses Buch ist aus säurefreiem Papier hergestellt und entspricht den Frankfurter Forderungen zur Verwendung alterungsbeständiger Papiere für die Buchherstellung.

Gesamtherstellung: M. Liehners Hofbuchdruckerei GmbH & Co. Verlagsanstalt, Sigmaringen
Printed in Germany · ISBN 3-7995-7357-7

Über neuere Arbeiten zu Fragen der Freiburger Stadtgründung

Von Wolfgang Stülpnagel

(I.) Walter Schlesinger, Das älteste Freiburger Stadtrecht. Überlieferung und Inhalt. Zeitschr. der Savigny-Stiftung für Rechtsgeschichte, 83. Bd., German. Abteilung, Seite 63—116, 1966.

(II.) Ders., Zur Gründungsgeschichte der Stadt Freiburg. In: Wolfgang Müller, hrsg., Freiburg im Mittelalter = Veröff. des Alemannischen Instituts Nr. 29, Seite 24—49, 1970.

(III.) Berent Schwineköper, Die Vorstädte von Freiburg im Breisgau während des Mittelalters. In: Erich Maschke und Jürgen Sydow, hrsg., Stadterweiterung und Vorstadt = Veröff. der Kommission für geschichtliche Landeskunde in Baden-Württemberg Reihe B, 51. Bd., Seite 39 bis 58, 1969.

(IV.) Ders., Zu den topographischen Grundlagen der Freiburger Stadtgründung. — Wie (II.) Seite 7—23.

(V.) Wolfgang Müller, Mittelalterliche Formen kirchlichen Lebens am Freiburger Münster. — Wie (II.), Seite 141—181.

Das Gründungsjahr

Die Stadt Freiburg feiert in diesem Jahr das Fest ihrer Gründung vor 850 Jahren. Dies führt als Ausgangsdatum auf das Jahr 1120. Während andere Orte bei Berechnung ihres historischen Alters sich auf das Datum ihrer ersten Erwähnung in den Quellen beziehen, orientiert Freiburg sich in erster Linie an einem rechtlichen Akt, am Datum seiner Stadtwerdung. Die Frage nach einer weiter zurück in die Vergangenheit reichenden Existenz der Siedlung muß schon aus Mangel bestimmter Daten ausgeklammert werden. Auch liegt die Auffassung zugrunde, daß Freiburg nur als Stadt Freiburg gemeint sein kann.

Nun ist gleichwohl daran zu erinnern, daß die Ansetzung des Jahres 1120 als „Zeitwende“ *(ab urbe condita)* zwar einer Art Sprach- und Datenregelung aus Anlaß von Jubiläumsfeiern und als Ergebnis der in diesem Zusammenhang angestellten älteren und neueren Forschungen entspricht, daß aber, wenn schon Freiburg in einem bestimmten Jahr „gegründet“ sein soll, in den Quellen auch frühere Jahre genannt werden.

Als das älteste und ursprünglichste noch vorhandene Zeugnis der Stadt- oder besser Marktgründung ist ein Textbestandteil aus der im Tennenbacher Güterbuch (1317—1341) überlieferten Stadtrechtsaufzeichnung zu betrachten, der 1120 als Gründungsjahr und einen Konrad als Gründer nennt[1]. Nachdem aber der Tennenbacher Schreiber seinen Text, in Form einer Urkunde, von seiner uns nicht bekannten Vorlage abgeschrieben hat, bringt er dazu, in verändertem Ton, eine Art Erläuterung, mit welcher er zur Aufzeichnung einer Genealogie der Zähringer übergeht, die er, nebenbei bemerkt, niemals Zähringer *(de Zaringen* oder ähnlich) nennt, sondern nur mit dem Eigennamen bzw. als *duces* belegt, sodann zu einer Genealogie der Eginonen als Grafen des Dominiums Freiburg fortschreitet. In der Erläuterung heißt es mit trockenen Worten und wohl nicht ohne Grund gleichsam korrigierend *(notandum est ulterius)*, daß jener *(iste)* vorhin genannte Herr, der Graf (!) Konrad, keineswegs der erste Gründer der *civitas* Freiburg gewesen sei, sondern sein Bruder Bertold, Herzog von Schwaben, der bereits im Jahre 1118 die Stadt *(civitatem)* gegründet habe[2]. Inwiefern dann Konrad ein zweiter Gründer genannt werden könne, wird nicht ausgeführt. Jedenfalls hält auch der Freiburger Stadtrodel von ca. 1218 an Bertold als Gründer fest, zugleich aber am Gründungsjahr 1120. Schon dies allein zeigt, daß außer dem Stadtrodel und der Überlieferung einer wirklichen oder angeblichen Konradsurkunde dem Schreiber in Tennenbach noch ein weiteres Dokument zuhanden gewesen sein muß, dem das Jahr 1118 als Gründungsjahr entnommen werden konnte. Diese Unterlage war eine *Genealogia Zaringorum*, die offenbar aus dem Kloster St. Peter stammte und die in einer Abschrift des Abtes Peter Gremelspach von 1497 überliefert ist[3]. Auch die Annales S. Trudperti und später die Chronik Sattlers wie die Kosmographie Sebastian Münsters geben das Jahr 1118 und Bertold als Stadtgründer an[4]. Eine weitere Tradition nennt das Gründungsjahr 1112. J. Bader berichtet, er habe es in einer alten, aus dem Kloster Sankt Georgen stammenden Inschrift gefunden[5]. Später nennt dieses Datum der Humanist Johannes Nauclerus von Tübingen (1516), von dem es weitere Chronisten übernommen haben[6].

Die früheste Nennung Freiburgs fällt nach dem Wortlaut der Überlieferung bereits auf das Jahr 1091. Zu diesem Jahr berichten die Annalen des Klosters Marbach im Elsaß, daß Bertold von Zähringen, Herzog von ganz

---

1 Das Tennenbacher Güterbuch. Veröffentlichung der Kommission für geschichtliche Landeskunde in Baden-Württemberg, Reihe A, 19. Bd. (1969), S. 164.

2 Ebenda, S. 168.

3 Vgl. R. Schick, Die Gründung von Burg und Stadt Freiburg i. Br., Zeitschrift für die Geschichte des Oberrheins (ZGO) 77 (1923), S. 187.

4 Ebenda, S. 189 ff.

5 ZGO 9, S. 210: Anno cento duodeno conditum est Friburgum a comitibus de Zeringen et post septem Vilinga.

6 Wie Anm. 3, S. 185 f.

Schwaben, eine *civitas Friburch* zu bauen begonnen habe[7]. Dieselbe Nachricht zu 1091 bringt ein Codex des Klosters Einsiedeln, geschrieben von einer Hand des 14. Jahrhunderts[8], endlich auch die Chronik Jacob Twingers von Königshofen zu 1091: *do ving her Berhtold die Stat zuo Friburg ane ze buwende uf synem eygen* . . .[9] Fast allgemein hat man bisher die Nachricht vom Bau der *civitas Friburch* im Jahre 1091 auf die „Burg" bezogen, gemäß der Einsicht, daß zu jener Zeit *civitas* soviel wie Burg bedeute[10]. Dem aber steht entgegen, daß die damalige Bedeutung von *burg* sich wesentlich unterscheidet von dem, was seit dem 13. Jahrhundert *burg* genannt wird, und was wir auch heute als Burg im eigentlichen Sinne betrachten, nämlich die von Anfang an wenig umfangreiche, meist nicht viel mehr als einen Wohnturm mit einer Mauer umfassende Adels- oder Geschlechterburg, *die veste, das veste hus.* Diese seit dem 11. Jahrhundert aus den Dörfern auf eine Anhöhe verlegten Vesten haben bei der Namengebung so gut wie niemals das Grundwort *-burg* erhalten, sondern meist *-berg,* sodann *-stein, -eck, -fels* u. a.[11]. Die erste Burganlage auf dem Freiburger Schloßberg gehörte eindeutig dem Typus des „festen Hauses" zu[12], während die frühmittelalterlichen Burgen oder *civitates* Großanlagen waren, die einen stärker befestigten Kern mit einer umwallten Fluchtburg oder nur leicht eingehegten weiteren Siedlung, etwa Burgweiler, verbanden. Aus ihnen sind Städte wie Augsburg, Würzburg usw. hervorgegangen. Man wird demnach mit Recht sagen können, daß *civitas* zu 1091 sich nicht auf den Bau einer „Wohnturm-Burg" allein wird beziehen können.

Nun aber hat man bezweifelt, daß die Nachricht der Marbacher Annalen sich in der Tat auf das Jahr 1091 bezieht. Neuerdings ist B. Schwineköper der Auffassung W. Schlesingers[13] beigetreten, daß der entsprechende Passus der Annalen an falscher Stelle eingeschoben sei, also nicht zum Jahr 1091 gehöre, sondern zu einem späteren Jahr, am ehesten zu 1120. Zudem könne mit *civitas* die Burg darum nicht gemeint sein, weil nach 1200, als der Annalist seinen Text verfaßte, *civitas* nicht mehr Burg, sondern eindeutig Stadt bedeutete[14]. Die Nachricht sei also nicht auf die Erbauung der Burg, sondern auf die Stadtgründung zu beziehen[15]. Wenn wir *civitas* nicht auf die Burg, d. h. das „feste Haus" auf dem Schloßberg, allein beziehen, sondern auf die Erbauung einer „Großanlage" mit Burg und Burgweiler, dann entfällt die Begründung dafür, daß die Nachricht zu 1091 an die falsche Stelle gerückt sei, vielmehr der Zeit der Marktgründung von 1120 zugehöre. Für eine solche kombinierte Anlage, die der Marktgründung vorausgegangen wäre, ist bei der Namen-

---

7 Annales Marbacenses ed. H. Bloch (Script. rer. Germ., 1907), S. 37: in proprio allodio Brisaugie Friburch civitatem iniciavit.

8 Bloch, ebenda. — Schick, wie Anm. 3, S. 182.

9 Zitiert nach E. Hamm, Die Städtegründungen der Herzöge von Zähringen (1932), S. 30.

10 Vgl. W. Schlesinger, Burg und Stadt. In: Aus Verfassungs- und Landesgeschichte. Festschrift Th. Mayer 1. Bd. (1954), S. 145 ff.

11 Vgl. demnächst W. Stülpnagel, Burgen und Burg-Namen im Breisgau. In: Festschrift W. Müller (im Druck).

12 Vgl. J. Schlippe, Burgen der Zähringer. Badische Heimat 39 (1959), S. 284: „Der Bau von 1091 umfaßte nur den engen Raum der eigentlichen Kernburg mit dem Wohnturm und der . . . Burgkapelle, gerahmt von einer hohen Ziegelmauer."

13 (I) S. 91, Anm. 78.

14 (III) S. 50 f.

15 (IV) S. 12.

gebung „Freiburg“ das Grundwort *-burg* durchaus zu erwarten, nicht aber für ein *„vestes hus“*, eine Wohnturmburg allein[16].

Da wir die civitas der Marbacher Annalen auf eine „Burganlage“ im alten, ursprünglichen Sinne von *burg* beziehen, würde der Ausdruck zu 1091 wohl passen. Die Tatsache eines falschen Einschubs der Textstelle könnte jedenfalls hiermit nicht begründet werden. Wenn dann aber nach 1200, als die Annalen geschrieben wurden, *civitas* nicht mehr Burg, sondern Stadt bedeutet haben soll, so verweisen wir erstens auf die bei der Kritik zugrunde gelegte irrige Deutung von Burg, zum andern ließe sich anführen, daß nach 1200 das damalige Freiburg als Stadt fertig und bekannt war, von deren Anfängen *(„iniciavit“)* als Siedlung nunmehr berichtet wurde: brauchen doch die Anfänge einer Stadtsiedlung nicht von vornherein städtischen Charakter zu tragen, es sei denn, daß man den Gründungsgedanken zu sehr überspitzt. Wir meinen daher, es bei der Annahme einer ersten Erwähnung Freiburgs zu 1091, zugleich eines Baubeginns einer Burg mit Burgweiler belassen zu dürfen.

Die Gründungsurkunde

Bekanntlich hat die zeitgenössische Annalistik von der Gründung eines Marktes auf der Gemarkung des *locus* (der Siedlung) Freiburg in der Zeit von 1120 keine Notiz genommen. Uns unterrichtet von diesem Ereignis erst der Freiburger Stadtrodel von ca. 1218 sowie die Stelle im Tennenbacher Güterbuch von 1341, wo der Verfasser, der Abt Johannes Zenlin, für erforderlich hält, daß seine Konventualen dort, wo das Kloster bedeutenden Besitzes genieße, auch von den rechtlichen Verhältnissen des Gemeinwesens Kenntnis nähmen. Demgemäß hat er hier den Text eines Gründungsprivilegs verzeichnet, der jedoch zahlreiche Bestimmungen enthält, die erst dem Stadtrecht von 1218 zugehören. Neuerdings hat W. Schlesinger sich das große Verdienst erworben, aus der Analyse dieser beiden Quellen sowie anderer von dem Freiburger abhängigen Stadtrechte den vermutlichen Text des ursprünglichen Privilegs Konrads von Zähringen („Alte Handfeste“) zu rekonstruieren[17]. Dieser Text muß, wie die Lage ist, vorerst allen weiteren Überlegungen zugrunde gelegt werden[18].

Hier kann nun gewiß nicht der Ort sein, die gesamte Rekonstruktion Schlesingers vorzuführen, nur einige Punkte derselben sollen betrachtet werden. Schlesinger gliedert seinen Text in einen Prolog, Einzelbestimmungen — im folgenden (1) bis (7) — und einen Schluß. Der Anfang des Prologs stimmt mit dem Anfang des Tennenbacher Textes überein. Er beginnt mit der Bekanntmachung: Ich, Conrad, habe an einem Ort mir eigentümlichen Rechtes,

---

[16] Schwineköper (IV), S. 20 meint dagegen, daß wahrscheinlich zuerst die Burg (auf dem Schloßberg) den Namen Freiburg erhalten habe. Dies ist nach unseren Ausführungen nicht wohl möglich. Auch Schwineköper rechnet mit einer dem Markt vorhergehenden Siedlung, betrachtet als solche jedoch die Wiehre, die bereits 1008 mit diesem Namen erscheint. Übrigens ist auch schon F. Güterbock, Zur Entstehung Freiburgs i. Br. . . . , Zeitschrift für Schweizer Geschichte 22 (1942), S. 195, zu der Ansicht gelangt, daß vor der Stadtgründung (also vor 1120, nicht aber vor 1091) „eine Ansiedlung einfacherer Art, die bereits den Namen Freiburg trug“, existiert habe.

[17] (I)

[18] Der rekonstruierte Text ist wieder abgedruckt in (II) S. 48 f.

Freiburg zu wissen, einen Markt errichtet[19]. — Der Ausdruck *proprii iuris* ist auffallend unbestimmt. Es könnte hier auch ein Anrecht oder ein Mitrecht herausgelesen werden. Der Stadtrodel, der als Gründer Bertold nennt, hat aus *in loco mei proprii iuris = in loco proprii fundi sui* gemacht (was H. Schreiber mit „auf der Stätte seines eigenen Grundes und Bodens" übersetzt[20]), wogegen die Marbacher Annalen von einer Initiative *in proprio allodio* (bei Königshofen wiedergegeben als *„uf syme eygen")* sprechen. Seither hat die Forschung stets angenommen, der Boden Freiburgs sei von Anfang der Gründung zähringisches Allod gewesen, wenn auch, abgesehen von der novellenhaften Angabe des Matthias von Neuenburg[21], keine Erklärung der Herkunft eines solchen Eigens hart an der Grenze des Königsguts Zähringen (samt Gundelfingen, Lehen, Eschholz und St. Peter bei Freiburg) gegeben werden konnte. Ob nun das *proprium ius* von 1120 mit dem *proprius fundus* von 1218 und dem um dieselbe Zeit oder später niedergeschriebenen *proprium allodium* identisch ist, mögen Rechtshistoriker in Überlegung ziehen.

Dafür, daß der Prolog von Tennenbach einer älteren Textstufe nähersteht als der Stadtrodel, spricht u. a. sehr deutlich, daß dort von der Gründung eines Marktes *(forum)* berichtet wird, hier aber bereits einer freien Stadt *(libera civitas*[22]). Man sieht, die Legendenbildung um die Bedeutung des Ortsnamens Freiburg hatte bereits damals, hundert Jahre nach der Marktgründung, eingesetzt. Da nun Tennenbach Konrad als Gründer nennt, der Stadtrodel dagegen Bertold, sieht Schlesinger mit Recht den Namen Konrad als früher und besser bezeugt und hält daher Konrad, den jüngeren der zähringischen Brüder, für den wirklichen Marktgründer[23]. Der Freiburger Rat, der nach dem Ausgang der Zähringer die Neufassung des Stadtrechts veranlaßte, war bestrebt, die neuen, für ihn vorteilhaften Bestimmungen als älteres und besseres Recht auszuweisen, das bereits Bertold, der ja als „regierender" Herzog im Jahre 1120 noch lebte, der *libera civitas* Freiburg verliehen habe[24]. Zur selben Zeit aber, als der Stadtrodel (ca. 1218) Bertold III. als den Gründer nicht sosehr eines Marktes, als vielmehr einer freien Stadt *(liberam constituit fieri civitatem)* bezeichnete[25], hielt der Stadtherr, Graf Egino von Freiburg, sich an eine anders gewendete Tradition. In einer Urkunde von 1220 für Tennenbach erklärte er, die Stadt Freiburg sei „von unsern erlauchten Vorfahren, den Herzögen von Zähringen, vor alten Zeiten gegründet[26]". Aus dem *avis et proavis* ergibt sich, daß von dieser Seite Bertold III. und Konrad, wohl auch schon Bertold II. mit der Stadtgründung in Verbindung gebracht wurden[27].

---

19 (I) S. 96 und (III) S. 48: ego Conradus in loco mei proprii iuris, scilicet Friburg, forum constitui. — F. Beyerle, Untersuchungen zur Geschichte des älteren Stadtrechts von Freiburg i. Br. und Villingen (1910), S. 40 hält scilicet Friburg für ein späteres Einschiebsel, was vielleicht nicht ganz von der Hand zu weisen ist.

20 H. Schreiber, FUB 1. Bd. (1828), S. 3.

21 Die Chronik des Matthias von Neuenburg ed. A. Hofmeister (Script. rer. Germ., 1955), S. 16 und S. 317.

22 (I) S. 72.

23 Ebenda.

24 Vgl. ebenda, S. 110 f.

25 Wie Anm. 20.

26 F. Hefele, FUB 1. Bd., S. 20 (Nr. 35).

27 Wie Anm. 3, S. 196.

Dies entspricht dann völlig der Lage, wenn man nicht allein die Marktgründung, sondern den ganzen Prozeß der Stadtwerdung seit Erbauung der Burg und des Burgweilers ins Auge faßt.

Im Prolog werden weiterhin den Kaufleuten Hofstätten *in constituto foro* zugewiesen, um darauf Häuser zu eigenem Recht zu erbauen. *Forum* erklärt Schlesinger als Marktort, wie es dem Sprachgebrauch von 1120 entspricht, während wenig später das Wort lediglich die Marktstätte innerhalb der Siedlung bezeichnet. In der Urkunde für Flumet von 1170/80 heißt es: *villam constituit et forum ibidem* (eine Stadt = ville und daselbst einen Markt[28]). Da in Freiburg die regelmäßige Anordnung der Hofstätten nur für die Marktstraße (heutige Kaiserstraße) und einen Teil ihrer Nachbarschaft anzunehmen ist[29], fragt es sich, ob nicht auch im genannten Prolog eben nur die Marktstätte, also im besonderen die Marktstraße gemeint sei. Dies würde freilich dazu führen, daß die Datierung der Prologstelle auf 1120 fraglich erscheinen müßte.

Schließlich wurde ja keineswegs der gesamte „Marktort" Freiburg bloß von den aus weitem Umkreis herbeigerufenen Kaufleuten *(mercatores circumquaque convocati)* bewohnt, sondern gewiß in erster Linie die Marktstätte. Bemerkenswert ist, daß abgesehen von dem vorliegenden Gründungsprivileg und dem von ihm teilweise abhängigen Stadtrodel im Freiburger Urkundenbestand auch des 13. Jahrhunderts keine *mercatores* mehr vorkommen[30]. Erst die Verfassungsurkunde von 1293 nennt nach den „Edlen" und vor den „Handwerksleuten" wieder „Kaufleute[31]", doch haben bis dahin soziale Umschichtungen stattgefunden. Fast möchte man zu dem Schluß gelangen, die erste Marktgründung mit ihren etwas großspurig eingeführten *mercatores personati*[32] sei mißglückt. Ein paar Indizien aus dem 12. Jahrhundert könnten eine solche Vermutung bestärken[33].

Im Prolog ist nur von *mercatores* die Rede, während im weiteren, wie wir sehen werden, auch *burgenses* (Bürger) erscheinen. Der Schluß des Prologs ist so formuliert, daß es diese *mercatores* sind, denen das vorliegende Privileg dauernd zugute kommen soll[34]. In den folgenden Einzelbestimmungen wird den *mercatores* der Zoll überlassen (4), bei Streitigkeiten unter den Bürgern *(burgenses mei)* soll nach allgemeinem Kaufmannsrecht *(pro iure omnium mercatorum)* verfahren werden (6), und im Schluß wird der Ausdruck zwar nicht verwendet, doch sind hier mit den *coniuratores fori* (Geschworenen des Marktes) offensichtlich die *mercatores*, mit denen die *coniuratio* (die Einung) geschlossen wird, gemeint, wie sich aus dem Prolog ergibt.

---

28 (I) S. 71 f.

29 (IV) S. 22.

30 Hierauf wurde ich erstmals von Herrn cand. phil. F. H e r z aufmerksam gemacht.

31 Wie Anm. 20, S. 132 (Nr. 50).

32 G. v. B e l o w , Zur Deutung des ältesten Freiburger Stadtrechts, Zeitschrift des Freiburger Geschichtsvereins 36, S. 10 f. sagt, mercator heiße auch Handwerker, und personatus diene als Bezeichnung der Stiftsämter mit Ehrenvorrang. — Zu personatus vgl. auch H. N e h l s e n , Cives et milites de Friburg. Schau-ins-Land 84/85 (1966/67), S. 115 f.

33 H. B ü t t n e r , Das Städtewesen der Zähringer und Staufer am Oberrhein während des 12. Jh. ZGO 105 (1957), S. 67: kaum Freiburger Schenkungen an Kloster St. Peter. — L. K ä s t l e , Des hl. Bernhard von Clairvaux Reise und Aufenthalt in der Diözese Konstanz. Freiburger Diözesanarchiv 3 (1868), S. 292: Freiburg als vicus ille i. J. 1146. Freiburg scheint kaum mehr als ein um eine Marktstätte erweiterter Burgweiler zu sein.

34 Mercatores mei et posteri eorum . . . hoc privilegium in ewum obtineant. (I) S. 97 und (II) S. 49.

Während im Prolog nur die *mercatores* erscheinen, werden in den darauf folgenden Einzelbestimmungen auch *burgenses* genannt, und es erhebt sich die Frage, ob beide Benennungen dasselbe oder Verschiedenes bedeuten bzw. ob die Textstellen, wo sie genannt sind, auf Gleichzeitigkeit oder auf eine Zeitdifferenz hindeuten. In der Konsequenz seiner Rekonstruktion der „Alten Handfeste" betrachtet Schlesinger *mercatores* und *burgenses* als die gleiche Gruppe. Die *mercatores* genannten Marktbewohner würden unter anderem Gesichtspunkt als *burgenses* gekennzeichnet[35]. Welcher Gesichtspunkt hierfür bestimmend ist, wird von Schlesinger nicht weiter erörtert. Nur wenn er sagt, das 1120 gegründete Forum werde, wenn seine Bewohner *burgenses* heißen, einem *burgus* gleichgesetzt[36], sind wir in Versuchung gebracht, in Hinsicht auf die Abschnitte mit den *burgenses* an spätere Zeiten als 1120 zu denken. Doch es würde zu weit führen, hier auch noch das Problem des *burgus* aufzurollen. Der Lösung, die einst F. Beyerle für dasselbe in Beziehung auf Freiburg gesucht hat, sind die neueren Anschauungen nicht gefolgt[37]. Übrigens macht auch Schlesinger einen Unterschied zwischen *mercatores* und *burgenses,* wenn er die *coniuratores fori,* wie sich ja offenbar schon aus dem Prolog ergibt[38], den *mercatores* gleichgesetzt und wenn diese danach ein Urteilerkollegium bilden, das nach Kaufleuterecht urteilt (6). Nichtkaufleuten, bemerkt Schlesinger, die in Freiburg ebenfalls vorhanden gewesen sein müssen, war dann der Eintritt in dieses Kollegium verwehrt[39]. Als *burgenses* aber, schließen wir, werden sie doch zu betrachten sein. Es sieht so aus, als ob hier zunächst und zuerst eine Kaufmannschaft privilegiert worden ist, wie dies die Könige schon in der Ottonenzeit getan haben[40]. Bald danach war man genötigt, die Bestimmungen auf einen weiteren Kreis auszudehnen, oder diese erweiterte „Bürgerschaft" hat sich solche vindiziert. Die Anwesenheit von Händlern hat sofort das Gewerbe angezogen. Handwerker ziehen in die „Stadt", sie werden die „Städtefüller[41]", ja sie machen wohl den Markt erst zur Stadt.

Die im Prolog genannte Schwurvereinbarung *(coniuracio)* zwischen Ortsherr und Kaufleuten steht nach Schlesingers eindrucksvoller Rekonstruktion am Anfang des komplexen Gründungsvorgangs. Es folgt die Beurkundung der Privilegien, und zwar etwas später, spätestens aber im Jahre 1122, weil Konrad danach als Herzog aufgetreten wäre[42], und zuletzt die im Schlußteil der Handfeste aufgeführte erneute Eidleistung unter Mitwirkung von zwölf Ministerialen Konrads. Hier wird nun von der alleinigen Zitierung der bei der ursprünglichen *coniuratio* auftretenden *mercatores* abgegangen, die Handlung wird vielmehr unter das Interesse der gesamten *burgenses*

---

35 (II) S. 28. — J. Fleckenstein, Bürgertum und Rittertum in der Geschichte des mittelalterlichen Freiburgs, ebenda S. 79, hält dagegen mercatores und burgenses nicht für identisch.

36 (II) S. 28.

37 Beyerle, wie Anm. 19. Vgl. M. Beck, Zur Gründungsgeschichte der Stadt Bern. ZGO 90 (1938), S. 70.

38 Mercatoribus . . . convocatis, quadam coniuracione id forum decrevi incipere, wie Anm. 34.

39 (I) S. 108.

40 E. Ennen, Das Städtewesen Nordwestdeutschlands. In: C. Haase hrsg., Die Stadt des Mittelalters Bd. 1, S. 189.

41 Ebenda, S. 176, mit Beziehung auf das Rheinland.

42 (I) S. 100.

gestellt[43]. Der Handschlag jedoch, womit der Herr die Vereinbarung zuletzt noch bekräftigt, wird einem „freien Manne" *(libero homini)* und den *coniuratores fori* der Schwureinung, deren Sonderstellung hier deutlich hervortritt, gegeben. Über die Stellung des *liber homo* der „alten Handfeste" hat Schlesinger Überlegungen angestellt, die auf den ersten Blick untereinander nicht ganz übereinstimmen. Zunächst meint er, der Eigenname dieses Mannes, der in der Tennenbacher Fassung verschwiegen wird, müsse im ursprünglichen Text der Überlieferung genannt gewesen sein. Er sei ein freier Lehensmann Konrads, denn das Wort *homo* bezeuge „für diesen Vorsteher der *burgenses* ein Lehensverhältnis zum Stadtherrn Konrad[44]". Im gleichen Zuge aber weist Schlesinger selbst darauf hin, daß in ungefähr gleichzeitigen Teilen des *Rotulus Sanpetrinus* dieselbe Person einmal als *liber homo,* ein anderesmal als *liber vir* wie auch als *nobilis homo* **und** *nobilis vir* bezeichnet wird, daß also alle diese Ausdrücke gleichbedeutend seien und Edelfreie zum Gegenstand hätten[45]. Nun wird es vielleicht schwerfallen — ist aber vielleicht nicht so gemeint —, in sämtlichen *homines liberi* des Rotulus, wie sie z. B. in Malterdingen und anderwärts so zahlreich auftreten, Edelfreie zu sehen. Zudem wäre es eine verfängliche Zuspitzung, wenn man sagen wollte, ein Edelfreier wie etwa Lampert von Adelhausen[46] werde mit Sorgfalt dann *homo* genannt, wenn er als Lehensmann in Erscheinung tritt, und *vir,* wo dies nicht der Fall ist. Wie dem auch sei, Schlesinger sieht in dem *liber homo* der „Alten Handfeste" den Stadtvogt *(advocatus)* aus (5) bzw. den mit diesem identischen *rector* aus (6)[47]. Aus letzterer Stelle ergibt sich, daß der *rector* den Vorsitz im Stadtgericht führt. Es fragt sich nun, warum die Stelle im Schlußabschnitt, wo vom Handschlag des Herrn die Rede ist, einen offenbar farblosen *liber homo* nennt, anstatt klar und deutlich den *rector* oder *advocatus* zu nennen. Man müßte sagen, daß dieser *liber homo* erst nach dem abschließenden Akt des Gründungsvorgangs Stadtvogt geworden ist, aber dieser Schluß bliebe doch allzu hypothetisch, wenn man nicht imstande wäre, ihn stärker zu begründen. Was war der *liber homo,* bevor er Stadtvogt wurde? Schlesinger sagt, ein freier Lehensmann Konrads. Das allein aber kann nicht genügen, ihn als Stadtvogt oder gar als „Bevollmächtigten der Marktansiedler[48]" zu bestimmen, der, wie Schlesinger feststellt, demnach schon in die erste, im Prolog genannte *coniuratio* einbezogen werden müßte[49].

Bei der anscheinend eindeutigen Übersetzung von *liber homo* meinen wir eine Gedankenrichtung einschalten zu müssen, die nicht nur e i n e n *liber homo,* sondern d e n *liber homo* ins Auge faßt: damit hätten wir es auch nicht mit e i n e m freien Lehensmann Konrads zu tun, wenn wir bei der Annahme, *homo* müsse ein Lehensmann sein, überhaupt bleiben wollten. Wir nehmen an, daß d e r freie Mann sich von vornherein auszeichnete, nicht sosehr als Lehens-

---

43 (I) S. 98: Ne igitur burgenses mei supradictis promissionibus fidem minus adhibeant. Dazu ebenda, S. 103.

44 (I) S. 104.

45 Ebenda, Anm. 107.

46 H e f e l e , wie Anm. 26, S. 4 (Nr. 10 bis 12).

47 Wie Anm. 44.

48 (II), S. 31.

49 Ebenda, S. 37.

mann Konrads, vielmehr als Funktionär eines bereits vor der Marktgründung bestehenden Gerichts. Wir denken dabei an die zahlreichen, von Haus aus gewiß bäuerlichen Freileute, die ringsum in der Gegend saßen und über deren Gerichtsstand uns nichts bekannt ist[50]. Wie, wenn der *liber homo* der Freirichter eines solchen Freigerichts gewesen wäre, das mit einem Freihof zusammenhing, der danach auch der Siedlung Freiburg den Namen geben konnte? Schlesinger deutet die Existenz eines Landrechts an, von welchem die neue Marktsiedlung keineswegs völlig exemt gewesen zu sein braucht[51]. Er hält es für möglich, daß das Freiburger Marktgericht in seiner sachlichen Kompetenz beschränkt war, wenn auch die „Alte Handfeste" über ein anderes Gericht keine Aussage macht[52]. Die Frage wäre nun, ob die Nennung des *liber homo* („Freimannes") dortselbst nicht indirekt für eine solche Aussage genommen werden könnte. Wir denken dabei freilich wieder in Verbindung mit dem *liber homo* und mit den vielen Freien der Umgebung, die der *Rotulus Sanpetrinus* nennt, an den Namen der vorgegebenen wie der neuen Siedlung, *scilicet Friburg*.

Im Abschnitt (1) der Einzelbestimmungen der rekonstruierten „Alten Handfeste" sagt der Ortsherr allen Besuchern seines Marktes Frieden und Sicherheit zu *in mea potestate et regimine meo* (soweit meine Macht und Herrschaft reicht). Schlesinger sieht hier, in Anknüpfung an Th. Mayer[53], einen „Bereich werdender Landesherrschaft[54]". Wenn wir den Passus auf Konrad beziehen, so fällt es auf, daß dieser von seiner Herrschaft spricht, ohne doch Herzog und Haupt der Familie zu sein. Wir hätten es dann offenbar mit mehreren zähringischen „Landesherrschaften" zu tun, wie es auch für die Zeit der Söhne Konrads gilt, als neben Herzog Bertold IV. auch dessen Brüder „Herzog" Albert von Teck und „Herzog" Hugo von Ullenburg „Landesherrschaften" innehatten. Damit wird dieser Begriff, wenn auch abschwächend als „werdend" gekennzeichnet, doch wieder problematisch[55]. Schlesinger bringt zum Ausdruck, daß diese Art Landesherrschaft freilich nicht auf Land und Landrecht im Sinne O. Brunners zu stellen sei, sondern auf die „in der Person des Landesherrn vereinigten und auf ein mehr oder weniger fest umgrenztes Gebiet ausgedehnten Rechte[56]". Mit der Person, auf die alles abgestellt werden muß, ja mit der Pluralität zähringischer Familienmitglieder, geraten wir in gefährliche Nähe des „Personenverbandsstaates", wenn wir diesen mit Th. Mayer im Gegensatz zum Flächen-(oder Territorial-)staat sehen, wie die Zähringer ihn vermeintlich begründeten. Die Stelle (3), die von Konrads Leuten und von den Provinzialen spricht *(populus meus et provinciales)* fehlt im Tennenbacher Text, sie stammt aus dem Privileg für Flumet[57], wird jedoch

---

[50] Vgl. H. Jänichen, in: Amtliche Kreisbeschreibung Konstanz. Bd. I (1968), S. 290, über das „freie Gericht" des Fiskus zu Bodman, bei dem ein Freier an Königs Statt den Vorsitz führte. Es handelt sich auf Grund der Nachricht von 1367 wohl um eine Neubelebung des dann gewiß sehr alten Gerichts.

[51] (II) S. 34.

[52] (II) S. 36.

[53] Th. Mayer, Der Staat der Herzöge von Zähringen. In: Ders., Mittelalterliche Studien (1959), S. 350 ff.

[54] (I) S. 100 und (II) S. 35.

[55] Vgl. Stülpnagel, Der Breisgau im Hochmittelalter. Schau-ins-Land 77 (1959), S. 16 f.

[56] (II) S. 35.

[57] (I) S. 97.

von Schlesinger auch für die Freiburger „Alte Handfeste“ in Anspruch genommen. Daß hier die *provinciales,* anders als der *populus,* nicht *mei* genannt werden (vgl. *in mea potestate et regimine meo),* zeigt eine deutliche Abstufung an. Seinem *populus,* nicht aber den *provinciales* kann Konrad befehlen, die Marktbewohner (*fori possessores*[58]) zu den Allmenden zuzulassen. Darum sagt er, daß er die Zulassung, soweit er es vermöge *(quantum potero),* bewirken wolle. *Populus meus* und *provinciales* müssen offenbar nahe beieinander, wenn nicht im Gemenge wohnen; auch dies würde zeigen, daß die „Landesherrschaft“ hier noch in den Anfängen steckt, während der Personenverband in seinen verschiedenen Schichtungen im Hinblick auf die Möglichkeit der Herrschaft nicht zu übersehen ist.

Das Fehlen einer königlichen Bestätigung der Freiburger Marktgründung, deren Existenz von späteren Quellen gleichwohl behauptet wird, könnte man mit den seit dem Investiturstreit allgemein eingetretenen Veränderungen in Zusammenhang bringen. Der im Falle Freiburgs zu beobachtenden Form selbständigen Handelns ohne Mitwirkung des Königs hat dann seit dem 12. Jahrhundert die Zukunft gehört[59]. Andererseits hat J. Bärmann bereits im Jahre 1961 seine Ablehnung der Freiburger Gründungstradition damit unterbaut, daß Konrad für eine solche Gründung bzw. die Verleihung so weitgehender Rechte der Voraussetzung sowohl seines *proprium ius* am Grundeigentum wie der öffentlichrechtlichen Befugnisse bedurft hätte, welche sämtlich nicht erweislich, aber auch nicht wahrscheinlich seien. Nur von Bertold II. als Herzog von Schwaben (1091—1098) sei es sicher, daß er während dieser Zeit die öffentlichrechtlichen Befugnisse besaß, die ihn zur Marktgründung und zur Exemtion des Stadtgerichts ermächtigten[60]. Dazu komme, daß die gesamte Überlieferung, abgesehen vom Tennenbacher Urbar (das sich nachher freilich selbst korrigiert) und von der (offenbar gefälschten) Berner Handfeste, Bertold, nicht Konrad, als Stadtgründer nennt[61]. Bärmann nahm an, daß zu 1091 die Gründung einer *civitas* mit kleiner Siedlung zu stellen sei, daß diese 1118 durch Bertold III. „in der Plan-Form“ erweitert wurde, und daß schließlich der Eintrag im Tennenbacher Urbar auf eine bürgerliche Fälschung um die Wende des 12./13. Jahrhunderts zurückgehe[62]. Wie dann aber Konrad in diese Tradition hineingeraten ist, wird von Bärmann offengelassen. Wenn diese Konstruktion auch einige gute Hinweise enthält, so ist ihr im ganzen doch durch die Ergebnisse Schlesingers der Boden entzogen.

Oberau — Schneckenvorstadt — Wiehre

Neben den Forschungen und Überlegungen zum Freiburger Gründungsprivileg ist neuerdings auch die Frage präurbaner Siedlung auf dem Boden Freiburgs wieder aufgegriffen worden. Von der Überlegung ausgehend, daß

---

58 (II) S. 34 umschreibt hier mit „Neuankömmlinge“.

59 (II) S. 44.

60 J. Bärmann, Die Städtegründungen Heinrichs des Löwen = Forschungen zur deutschen Rechtsgeschichte Bd. 1 (1961), S. 90 f.

61 Ebenda, S. 93.

62 Ebenda, S. 98. — Neuerdings ist von rechtshistorischer Seite B. Distelkamp in einem noch ungedruckten Vortrag in Freiburg aus anderen Motiven zu ähnlich kritischen Überzeugungen wie Bärmann gelangt.

zu jeder Burg ein Wirtschaftshof gehört haben müsse, hat B. Schwineköper gelegentlich einer Übersicht der Freiburger Vorstädte einen urkundlich mehrfach genannten Hof und eine Mühle der Grafen von Freiburg, gelegen „unter der Burg zu Freiburg“ (1310)[63], näher untersucht. E. Gothein[64] hat gemeint, auf ein präurbanes Hofgut Freiburg bei der St.-Peter-Kirche schließen zu können. B. Schelb[65] hat es bei der St.-Martins-Kirche vermutet. Schwineköper hält den 1310 erstmals genannten Hof des Grafen Egon II. „unter der Burg“ für den alten, von Anfang an zur Burg gehörigen Wirtschaftshof. Im genannten Jahr ist er verpfändet an Wilhelm von Keppenbach. 1311 wird eine Mühle des Grafen Egon, ebenfalls unter der Burg gelegen, an Werner den Zimmermann, Bürger von Freiburg, verkauft[66]. Derselbe gibt im Jahre 1316 von dieser seiner Mühle — die von Graf Konrad II. noch immer Grafenmühle genannt wird und die in der Nähe seines Hofes liegt — einen Roggenzins an die St.-Michaels-Kapelle auf der Burg[67]. Einen Monat zuvor hat Graf Egon seinem Sohn Konrad die Herrschaft Freiburg samt Burg und Stadt abgetreten, doch ohne den Hof, der Vogt Gölins Hof genannt wurde, und den Bauhof, der dazu gehörte, mit Zubehör, und ohne das Dorf Ebnet[68]. Schwineköper identifiziert den Gölinshof mit dem 1310 verpfändeten Grafenhof[69]. Damit würde sich freilich ergeben, daß die nunmehr dem Grafen Konrad zustehende Burg von ihrem Wirtschaftshof, jetzt, wie man schließen sollte, gar noch Sitz des depossedierten Grafen Egon, getrennt worden wäre. Zudem nennt Graf Konrad einen Monat später (1316 April 22) den Hof bei der Mühle seinen Hof *(bi unserm hove)*, was dafür spricht, daß er ihn, als zur Burg gehörig, samt dieser erhalten hat. Die Gleichsetzung mit dem Gölinshof scheint also schon hiernach mehr als fraglich zu sein.

Der Vogt Gölin ist von 1273 bis 1292 in Urkunden der Grafen nachweisbar. Schwineköper nennt als seinen Vorgänger Conrad, vielleicht Conrad Snewlin im Hofe, der 1248 als Vogt genannt werde. Er wird jedoch in Wirklichkeit als Schultheiß genannt[70]. Schultheiß und Vogt sind natürlich keinesfalls identisch. In einer Urkunde des Grafen Egon von 1295 wird als letzter Zeuge genannt *Johans unser voget* (Schwineköper nennt ihn den Nachfolger Conrads[71]), als erster Zeuge dagegen Dietrich von Tußlingen *unser schultheisse ze Friburg*[72]. Mit dem Stadtregiment wird der Vogt zu jener Zeit längst nichts mehr zu tun gehabt haben. Damit ist auch seine Charakterisierung als stadt-

---

63 H e f e l e , wie Anm. 26, 3. Bd., S. 149 (Nr. 194).

64 E. G o t h e i n , Wirtschaftsgeschichte des Schwarzwaldes (1892), S. 99.

65 B. S c h e l b , Zwei Siedlungen des Frühmittelalters auf dem Boden der Stadt Freiburg. Schau-ins-Land 68 (1949), S. 20.

66 Wie Anm. 63, S. 168 (Nr. 219). Werner der Zimmermann besaß ein Gut in Holzhausen (Tennenbacher Güterbuch wie Anm. 1, S. 232 f.). — W. N o a c k , Der Freiburger Münsterturm (Oberrheinische Heimat „Der Breisgau“ 1941, S. 231 f.) identifiziert ihn mit dem Zimmermeister Werner aus Buchheim, vermutlichen Erbauer des Glockenstuhls des Freiburger Münsters. Er saß von 1292 bis 1318 im Freiburger Rat.

67 H e f e l e , wie oben, S. 303 (Nr. 406).

68 Ebenda, S. 298 ff. (Nr. 402). — S c h w i n e k ö p e r (III) S. 48 und ebenso (IV) S. 15 schreibt irrtümlich, daß Graf Egon 1316 seinen Sohn Konrad den Gölinshof und den Bauhof überläßt, während er sich beide, samt dem Dorf Ebnet, ausdrücklich selbst vorbehält.

69 (III) S. 49.

70 H e f e l e , FUB 1. Bd., S. 94: Chounradus scultetus.

71 Wie Anm. 69.

72 Wie Anm. 70, 2. Bd., S. 205 (Nr. 179).

herrlicher Vogt[73] zumindest mißverständlich. Die Funktion des Vogtes Gölin bzw. seiner Nachfolger ist in ganz anderer Richtung zu suchen[74]. In der Urkunde von 1316, wo Graf Egon Burg, Stadt und Herrschaft Freiburg an seinen Sohn Konrad abtritt, wird nicht allein Vogt Gölins Hof mit dem zugehörigen Bauhof (Ackerbauhof) und dem Dorf Ebnet samt Fischerei und sonstigem Zubehör vorbehalten, sondern dazu die Vogtei über „das Gotteshaus in dem Tal zu St. Peter", und zwar über Leute, Güter, Wälder, Zwing und Bann, „wie sie auch genannt werden mögen und wo immer sie im Lande gelegen sind[75]". Wir wissen aus anderen Quellen, daß die Hochvogtei insbesondere über die sanktpeterschen Vogteiorte Rohr, Eschbach und Ibental ein Besitz war, an dem die Grafen von Freiburg sehr zäh und sehr lange, auch nach der Aufgabe der Stadt Freiburg, festgehalten haben. Gölinshof, Ebnet und die Vogtei über die Abtei St. Peter mit ihren zahlreichen Gütern im Lande bildeten also miteinander den Herrschaftskomplex, den Graf Egon weiterhin in der Hand haben sollte, und hier ist wohl auch eine Funktion des Vogtes, den die Grafen „unsern Vogt" nennen, zu suchen. Er ist vermutlich der Untervogt über die sanktpeterschen Vogteien und hat auch herrschaftliche Interessen in Ebnet wahrzunehmen. Da wir bereits auf die Unwahrscheinlichkeit hingewiesen haben, daß der Grafenhof bei der Mühle unter der Burg mit dem Gölinshof identisch ist, liegt es nahe, die Lage desselben „in der Au" flußaufwärts gegen Ebnet zu versetzen. Daß er ein Herrenhaus war oder ein solches einschloß, scheint die Erwähnung eines zugehörigen Landwirtschaftshofs zu bekräftigen[76]. Ein solches Haus hätte als Wohnsitz des Grafen Egon nach 1316 alle Wahrscheinlichkeit für sich[77].

Schon F. Güterbock hat die „obere Au", den vor dem Schwabentor gelegenen Bezirk, für ein älteres, vor der Erbauung der Stadt vorhandenes Freiburg gehalten, mit dem die Stadt dann den Namen geteilt habe. Schwineköper teilt diese Meinung. Er hält die Schneckenvorstadt als einen Teil der Aue und als die eigentliche zur Burg gehörige Siedlung für älter als die Altstadt Freiburg[78]. Die Schneckenvorstadt nennt er darum, weil hier in der Gerberau der 200 Jahre nach der Marktgründung erstmals genannte Grafenhof liegt, den er für den zähringischen Wirtschaftshof der Burg Freiburg hält. Schon vor 1351 hatten die Grafen den Hof dem Heinrich von Rappoltstein übergeben, dann besaß ihn bis 1373 der Freiburger Bürger Hanmann von Todtnau, der denselben an das Kloster Tennenbach verkaufte, in dessen Besitz er bis 1677 verblieb. Danach wurde der Hof dem Kloster Adelhausen für seinen Neubau innerhalb der Stadtmauern überlassen[79]. Wenn also hier die 1302 erstmals erscheinende sogenannte „Ministerialensiedlung in der oberen Au" bestand,

---

73 (III) S. 48.

74 Seine Funktion geht deutlich hervor aus der Urkunde von 1302, Sept. 14, wo es heißt, wer in der oberen Au „oberhalb der oberen Brücke" zu des Grafen Gesinde gehört, über den soll des Grafen Vogt richten, über den aber, der nicht zu diesem gehört (also die Stadtbürger), soll der Schultheiß richten; S c h r e i b e r , FUB 1. Bd., S. 166 f. (Nr. 66).

75 Wie Anm. 70, 3. Bd., S. 299 und S. 300 (Nr. 402).

76 Die Wahrscheinlichkeit, daß es sich um einen Vorläufer des Schlosses zu Ebnet handelt, hat M. W e l l m e r gesprächsweise angedeutet.

77 In der Urkunde von 1330, Juni 30 (ZGO 13, S. 95) wird der Gölinshof als gräflicher Sitz betrachtet.

78 Wie Anm. 16, S. 196 — (III) S. 51.

79 (III) S. 49.

so hatte sie damals, mindestens seit der 1303 erwähnten Ummauerung der Schneckenvorstadt, diesen Charakter weitgehend verloren; beanspruchte die Stadt Freiburg doch bereits das Gericht in der oberen Au (1302), das bisher dem Grafen zustand. Es befand sich freilich nicht im Bereich der Schneckenvorstadt, sondern „oberhalb der oberen Brücke", d. h. der späteren Schwabentorbrücke[80].

Es ist ein Verdienst Schwineköpers, mit Nachdruck auf die Bedeutung des Grafenhofs, auch als Sitz eines gräflichen Vogtes, hingewiesen zu haben. Nur müssen wir annehmen, daß spätestens seit der Ummauerung der Schneckenvorstadt und der Einbeziehung ihrer Bewohner in die Rechte und Freiheiten der Altstadt (1303)[81] der Hof seine Bedeutung für die Grafen eingebüßt hatte, wie er ja auch bald in andere Hände überging. 1316 nennt Graf Konrad ihn letztmalig s e i n e n Hof. Als Sitz des Vogtes wird ihn schon zu Zeiten Gölins dessen Hof bei Ebnet abgelöst haben. All dies illustriert den allmählichen Rückzug der gräflichen Gewalt aus dem Stadtbereich. Sogar die Burg Freiburg ist 1331 dem Herzog Conrad von Urslingen wegen gräflicher Schulden vorübergehend versetzt worden[82].

Schwineköper vertritt die Auffassung, daß die obere Au, also die vor dem Schwabentor gelegenen „Reste der Ministerialensiedlung" vom Ende des 13. Jahrhunderts, zu dem Weiler Wiehre gehörten, der also zu beiden Seiten der Dreisam gelegen war[83]. Zu diesem „Weiler" gehörte auch ein Herrenhof an der Stelle des jetzigen Adelhauser Klosters, eben der spätere Grafenhof. Wann zu diesem die Burg auf dem Schloßberg hinzutrat, sei ungewiß, jedenfalls noch im 11. Jahrhundert. Ebenfalls zur Wiehre hätten die Häuser bei der St.-Peters-Kirche an der Ausfallsstraße von Freiburg nach Lehen gehört. Dies gründet sich auf eine Urkundenstelle vom Jahr 1298, wo die Rede ist von dem *burgwerft das ze sant Peter lit bi Würi*[84]. Schwineköper zitiert irrtümlich *das ze sant Peter lit ze Würi*[85] und schließt daraus, die Gegend von St. Peter habe z u r Wiehre gehört und diese Kirche selbst sei für die ganze Wiehre zuständig gewesen[86]. Dazu kommt eine weitere Erwähnung des Burgwerfts oder vielmehr Burgrechts[87] *ze sant Peter,* das diese Gegend mit der Wiehre, die ebenfalls Burgrecht bezahlt, gemein zu haben scheint. Nach einer Aufzählung der Anwesen der Wiehre, die Burgrecht bezahlen, aus derselben Zeit[88] geht es weiter mit den Worten: *Hie vahet an daz burgreht ze Sante Peter,* danach werden weitere acht Häuser aufgezählt. Gewiß läßt sich auch aus diesem nicht herauslesen, die Gegend von St. Peter habe z u r Wiehre gehört. Vielmehr schließt sie an die Wiehre sich an, wie auch der Ausdruck *ze sant Peter lit bi*

---

80 S c h r e i b e r , wie Anm. 74.

81 Ebenda, S. 173 (Nr. 69).

82 ZGO 13 (1861), S. 101.

83 (III) S. 56 und 58 (IV) S. 20, auch für das folgende.

84 S c h r e i b e r , wie Anm. 74, S. 148 (Nr. 55) und H e f e l e , FUB 2. Bd., S. 287 (Nr. 239).

85 (IV) S. 18.

86 W. M ü l l e r (V), S. 147, bleibt dabei, daß St. Perpetua in Adelhausen die Pfarrei des Dorfes Wiehre südlich der Dreisam war.

87 Nach (IV) S. 18 eine Grundsteuer, nach H e f e l e , FUB 2. Bd., S. 287, eine Personalsteuer.

88 H e f e l e , FUB 2. Bd., S. 289 f. (Nr. 239 a).

Würi besagt[89]. Die gesonderte Aufführung der Siedlung bei St. Peter in dem Verzeichnis der Anwesen, die Burgrecht bezahlen, bedeutet doch, daß sie nicht zu der schon vorher genannten Wiehre *(alle die nüzze die wir ze Würi hant)* gerechnet wurde. Überdies kennen wir St. Peter und die Umgebung dieser Kirche sonst in ganz anderen Zusammenhängen. Sie gehörten ursprünglich nicht zum Besitz der Grafen wie die Wiehre, sondern zu dem Komplex von Reichsgut im Westen und Norden der Stadt[90]. Daß die eigentliche Wiehre um das Jahr 1300 zur Herrschaft, vielleicht auch im engeren Sinne zur Burg von Freiburg gehörte, hat Schwineköper überzeugend dargestellt. Ob freilich die obere Au, die sogenannte „Ministerialensiedlung", rechts der Dreisam mit der Wiehre in so enger Verbindung zu sehen ist, wäre die Frage. Schließlich bestand sowohl in der „oberen Au" wie in der Wiehre je ein eigenes Gericht[91]. Ob ferner das seit 1366 für das Dorf Adelhausen bezeugte Burgrecht ausreichend ist, die „eigentliche Ortsherrschaft" den Herren der Burg Freiburg zuzurechnen, steht dahin. Die hier vertretenen Adligen und Stifter — vor allem die edelfreien Herren von Adelhausen und das Kloster Waldkirch — wären danach nur „Grundherren" gewesen[92]. Es müßte von rechtshistorischer Seite eine umfassende Untersuchung über die Natur und die Konsequenzen des „Burgrechts" am Oberrhein vorliegen, ehe diese Frage eindeutig geklärt werden kann. Offenbar wird das Burgrecht in der Wiehre und in deren Nachbarschaft, wenn es eine frühe Zugehörigkeit ausdrückt, sich von Anfang an nicht auf die „Burg", d. h. auf das *castrum* beziehen, sondern auf Freiburg die Stadt[93]. Daß das Burgrecht als Abgabe den Grafen von Freiburg als Inhabern gerade der Burg, d. h. des *castrum*, zustehe, ist in den Quellen nirgends gesagt[94]. Auch von den Bürgern der Stadt erhält der „Herr der Burg" eine Abgabe, aber nicht als solcher, sondern als Stadtherr.

Einen sehr nützlichen Hinweis macht Schwineköper auf die Sonderstellung der Gegend um Oberlinden, die sich bis heute in einem engeren Zusammengehörigkeitsbewußtsein der Bewohner ausdrückt. Überdies will es hier, wie er feststellt, „gar nicht gelingen, die vermuteten Hofstätten nach dem Normalmaß zu rekonstruieren". Dagegen zeigt die Marktstraße (Kaiserstraße) und der Westteil und Nordteil der Altstadt eine Planmäßigkeit der Anlage[95]. Auch

---

89 Vgl. E. Notheisen, in: Kreisbeschreibung Freiburg I, S. 1035: Nach der Grenzbeschreibung der Wiehre von 1368 lief die Grenze vom Adelhauser Kloster her „am Gutleuthaus vorbei über die Dreisam auf das St.-Peters-Tor zu". Vgl. Schreiber FUB 1. Bd., S. 513 (Nr. 274). Das heißt nicht, daß sie die Kirche und die Gegend um sie her einschloß.

90 W. Stülpnagel, Zur Geschichte der Veste Zähringen und ihrer Umgebung. Schau-ins-Land 76 (1958), S. 25.

91 Schreiber, FUB 1. Bd., S. 166 (Nr. 66) von 1302. — A. Poinsignon, Urkunden des Heiliggeistspitals zu Freiburg 1. Bd. S. 288 (Nr. 592) von 1380.

92 (IV) S. 20.

93 Vgl. H. Fischer, Burgbezirk und Stadtgebiet (1956) S. 47 f. über Burgrecht vor allem im schweizerischen Rechtsgebiet: „. . . die Mitgliedschaft einer Nachbargemeinde, eines Klosters und auch außenstehender Einzelpersonen in einer festen Stadt."

94 K. Kroeschell, im Handwörterbuch zur deutschen Rechtsgeschichte (1966) S. 564 über Burgrecht im deutschen Südwesten: „. . . das an Auswärtige erteilte Bürgerrecht (Pfahlbürger, Ausbürger), welches als Rechtsform für die Bündnisse von Städten mit Rittern, Klöstern oder ländlichen Gemeinden diente. Es blieb in diesem Sinne lange lebendig." Die Auffassung vom Burgrecht bei Schwineköper (III) S. 57 (das Burgrecht, in seiner Form als Abgabe, steht dem Herrn der Burg Freiburg zu; Burgrecht zahlt, wer zum „Burgbezirk" gehört) unterscheidet sich erheblich von den Angaben der Rechtshistoriker. Zudem wirkt auch hier die für die Zeit bis ins 12. Jh. unzutreffende Ansicht mit, Burg sei gleich castrum zu setzen.

95 (IV) S. 18 und S. 22.

P. Hofer[96] bezieht in seiner Rekonstruktion einer viereckigen Gründungsanlage, obgleich seine Abgrenzung an dieser Stelle nicht ganz klar ist (Herrenstraße — Gerberau), die Gegend am Schwabentor nur teilweise mit ein. Schlesinger stellt die Frage[97], ob in Freiburg, wie anderswo, „schon vor 1120 eine einer *civitas* vergleichbare Siedlung vorhanden gewesen sein könnte, vielleicht von Herzog Bertold im Jahre 1091 gegründet", die später durch eine Marktanlage erweitert worden wäre. Er kommt, unter Hinweis auf Schwineköper, zu dem Schluß, daß „nichts im Freiburger Stadtgrundriß auf das Vorhandensein einer ... stadtähnlichen Siedlung schon vor 1120" hindeute. Schwineköper aber hat gerade, so meinen wir dagegen, etwas herausgearbeitet, das im 11. Jahrhundert zusammen mit der „Burg" sehr wohl *civitas* hätte genannt werden können, und er hat es auch, bei aller späteren Veränderung, im „Stadtgrundriß" sichtbar gemacht. Es ist eben jener Teil seiner „Wiehre", der sich beim Schwabentor und oberhalb an den Burgberg schmiegt. Schwineköper gibt ja der Siedlung Wiehre eine Ausdehnung, die „vielleicht auch Oberlinden" mit umfaßte[98], da er deutlich erkennt, daß diese Gegend in das Marktgründungskonzept nicht paßt, also älter sein müßte. Dennoch gelangt er nicht dahin, hier bei Oberlinden und in der anschließenden Oberau eine Art Burgweiler anzunehmen, der mit der Entstehung oder dem Neubau eines „festen Hauses" auf dem Schloßbergvorsprung in engem Zusammenhang steht. Er schließt nur auf einen Herrenhof in Oberau-Schneckenvorstadt-Wiehre, zu welchem „eine Burg hinzugetreten" sei[99], wann, könne nicht entschieden werden. Höchstwahrscheinlich habe zuerst diese Burg den Namen Freiburg erhalten[100]. Wie oben gezeigt wurde, ist es kaum denkbar, daß im 11. Jahrhundert oder früher nichts als ein „festes Haus" einen Namen mit *-burg* erhalten hat. Ungewöhnlich erschiene es auch, das Bestimmungswort Frei- auf *allodium* oder *proprium ius* zu beziehen[101].

Kirchliche Verhältnisse

An die Frage nach den Siedlungsverhältnissen auf dem Boden Freiburgs vor der Marktgründung kann nicht herangegangen werden, ohne daß dabei der kirchlichen Organisation hinreichende Aufmerksamkeit zugewendet wird. Neuerdings hat W. Müller sich wieder mit dem Problem beschäftigt, zu welchem Pfarrsprengel das Stadtgebiet ursprünglich gehört haben mag[102]. In unmittelbarer Verbindung hiermit steht die ebenso ungeklärte Frage, von welchem Zeitpunkt an ein eigener Freiburger Stadtpfarrsprengel eingerichtet worden ist. Dieser muß auf jeden Fall räumlich nicht sehr ausgedehnt gewesen sein, denn im Norden bestand der Pfarrsprengel von Herdern, im Westen der-

---

96 P. Hofer, Die Zähringerstädte. Jubiläumsausstellung Schloß Thun (1964), Ziffer 6.

97 (II) S. 29.

98 (IV) S. 19.

99 Ebenda.

100 Ebenda, S. 20. — Schon Güterbock (wie Anm. 16, S. 201) hat den Namen auf eine „Freie Burg" auf Allodialboden bezogen.

101 (IV) S. 20 — O. Feger, Das Städtewesen Südwestdeutschlands, in: Die Städte Mitteleuropas im 12. und 13. Jh. (Linz 1963), S. 44: Ein mit Freiheiten ausgestatteter burgus oder bourg, also Marktort.

102 (V) S. 144 ff.

jenige der St.-Peters-Kirche, die um 1360 als Filiale von Umkirch erscheint, und im Süden gehörte die Wiehre zur Adelhauser Pfarrei[103]. Müller läßt die Frage, zu welcher Pfarrei Freiburg ursprünglich gehörte, unentschieden, betont jedoch, daß als einzige Nachbarpfarrei die von Herdern den Grafen von Freiburg als Patronatsherren zustand, also wohl auch im Besitz der Zähringer Herzöge gewesen sei. Am ehesten hätte es in der Macht der Zähringer bzw. der Grafen gestanden, einen Freiburger Stadtpfarrsprengel von dem Herderner abzuscheiden, während das Patronat von Umkirch-Sankt Peter dem Bistum Basel und Adelhausen dem Stift Waldkirch zugehörte[104].

Ein Freiburger Pfarrer *(Hugo plebanus)* wird erstmals 1187 genannt. Der in der Gründungsurkunde vorkommende *sacerdos* (Priester) braucht kein Pfarrer zu sein. Im Stadtrodel von ca. 1218 ist er der Pfarrer. 1146 erscheint im *vicus* Freiburg *(Frienburg)* eine Kirche *(ecclesia)*, in der Tennenbacher Version der Gründungsurkunde ist von einem *oratorium* (Bethaus) die Rede. Gemeint ist eine Kirche der Bürgerschaft *(oratorium civitatis)*, zu deren künstlerischer Ausstattung *(ornatus)* ein Drittel des Nachlasses erbenlos verstorbener Bürger verwendet werden soll[105]. Dies dürfte auf den Ausbau der sogenannten konradinischen Münsterkirche, und zwar als einer Kirche der Bürgerschaft zu beziehen sein. Damit kommen wir auf die beiden weiteren Kirchen auf dem Boden Freiburgs zu sprechen. St. Peter, in späterer Zeit Filialkirche von Umkirch, hat B. Schelb für eine ursprüngliche Pfarrkirche gehalten[106]. Seine Überzeugung, es habe zunächst eine sehr große Anzahl selbständiger Pfarreien gegeben, trägt dem Umstand Rechnung, daß im Altsiedelland des Breisgaus Filialverhältnisse vor 1295 bzw. 1360, indirekt *(e silentio)* vor 1275 so gut wie nicht bekannt sind. Schelb weist einer Anzahl früher Siedlungen sogar zwei Pfarrkirchen zu, wie Bahlingen, Endingen, Ihringen, Kenzingen, Kiechlinsbergen und Merdingen[107]. Auch finden sich, wie in Freiburg, Peters- und Martinskirchen mitunter nahe beieinander gelegen[108]. Im Gegensatz zu Schelb hält Müller die St.-Peters-Kirche von Anfang an für eine Filiale von Umkirch, die sich später zunehmend verselbständigt hat[109]. Der von ihm geschilderte Ablösungsprozeß ist einwandfrei zu verfolgen, beweist freilich nichts für die hochmittelalterliche Zeit.

Was das Verhältnis zu Freiburg betrifft, so ist zu bemerken, daß die Siedlung bei der St.-Peters-Kirche, wie auch Eschholz und das Dorf Lehen, früheres Reichsgut sein dürfte, worauf mehrfach genannte Königszinse dortiger Güter und Rückkaufrechte des Reiches einen Hinweis geben[110].

Wenn man annehmen dürfte, daß die Freiburger Martinskirche, wie Schelb meint, die ursprüngliche Pfarrkirche auf dem Freiburger Boden war, dann würde dies manche Schwierigkeit beseitigen. Beweisen freilich läßt es sich

---

103 Dafür, daß nach der Vermutung Schwineköpers (siehe oben) die Wiehre zum Sprengel der St.-Peters-Kirche gehörte, dürfte doch allzu wenig sprechen.

104 (V) S. 145 und S. 147 f.

105 Wie Anm. 1. Der Stadtrodel von ca. 1218 hat diese Bestimmung nicht.

106 Wie Anm. 65, S. 5 f.

107 Ebenda, S. 14 f.

108 Vgl. H. Roth, St. Peter und St. Martin bei Waldkirch (1953), S. 48.

109 (V) S. 146 f.

110 Vgl. u. a. Hefele, FUB 3. Bd., S. 213 (Nr. 284) und S. 219 (Nr. 296). — Stülpnagel, wie Anm. 90.

nicht. Einiges könnte dafür[111], anderes scheint dagegen zu sprechen. Ebensowenig läßt sich erweisen, daß die Münsterkirche bzw. ihre Vorgängerin am gleichen Platz von Anfang an Pfarrkirche gewesen ist. Während Schwineköper dies annehmen möchte[112], hält Müller sich in diesem Punkte zurück. Gegen die Annahme einer St.-Martins-Pfarrei spricht sich so wie Schwineköper auch Schlesinger aus, welcher meint, es könne sich hier um eine Art Kaufmannskirche gehandelt haben, und für diese sei auch das Priesterwahlrecht der Bürger in Anspruch genommen worden[113]. Schlesinger führt dazu an, daß die nicht genau geostete St.-Martins-Kirche sich dem Verlauf der Straßen anpaßt, während schon die erste Münsterkirche auf die Baufluchten des Münsterplatzes keine Rücksicht nimmt. Hier ließe sich ebensogut sagen, daß die Straßenführung ihrerseits sich der bereits vorhandenen Martinskirche angepaßt hat, während das später erbaute Münster in erster Linie eine genaue Ost-West-Ausrichtung erhielt, die man bei Anlegung der Baufluchten noch nicht so präzis beobachtet hatte. Vorsichtiger als die genannten Autoren drückt Müller sich aus, wenn er meint, daß spätestens zur Zeit der Grafen von Freiburg, also seit 1218, greifbar erst seit 1247/48, die Stadtherren die vollen Besetzungsrechte der Münsterpfarrei wahrgenommen hätten[114]. Daß die Grafen das Patronat von St. Martin besaßen, nicht erst erwarben, erfahren wir zu derselben Zeit. Darum konnten sie auch die Kirche den Franziskanern übergeben. Müller sagt weiter an anderer Stelle, wir hörten nie von einem Versuch, das Patronatsrecht über die Pfarrei — gemeint ist die Münsterpfarrei — in städtische Hand zu bekommen[115]. Dies ist gewiß richtig für die Zeit nach 1248, andererseits sagt der Stadtrodel von 1218: „Der Stadtherr soll der Kirche einen Priester geben, den die Bürger gemeinsam gewählt haben[116].“ Erst 1248 trat der entscheidende Umschwung ein. Noch im Mai dieses Jahres heißt es in einem Rechtsdokument: „Auf dem Friedhof vor dem Anwesen des Herrn Rudolf unseres Pfarrers[117].“ Kurz danach wurde dieser Bürgerpfarrer, jedenfalls auf Betreiben der Herrschaft, seiner Pfarrei entsetzt, und ein Grafensohn trat an seine Stelle.

*

---

111 W. Stülpnagel, Der Boden Freiburgs vor und nach Gründung der Stadt. Schau-ins-Land 83 (1965), S. 81 f.

112 (IV) S. 15. — Schwineköper meint, „daß die neuen Funde im Münster auch von der Archäologie her erneut beweisen, daß wir in diesem die ursprüngliche Pfarrkirche der Marktsiedlung zu sehen haben“. Die Archäologie kann in solcher Hinsicht gar nichts beweisen. Vgl. den Ausgrabungsbericht von W. Erdmann, Die Ergebnisse der Rettungsgrabung 1969 im Münster ... zu Freiburg, Nachrichtenblatt für Denkmalpflege in Baden-Württemberg 13 (1970), S. 12, der sogar für die Datierung der spärlichen Funde sich auf die schriftlichen Quellen stützen muß: zwischen 1120 (Stadtgründung) und 1146 (Aufenthalt Bernhards von Clairvaux in Freiburg).

113 (I) S. 101 Anm. — Auch in Straßburg gab es eine eigene Pfarrkirche der Bürger. Wenn diese nur „ein bescheidenes Kirchlein“ (K. Gruber, Das alte Straßburg, In: Oberrhein. Heimat „Das Elsaß“, 1940, S. 317), immerhin mit zwei Türmen, war, so entspricht das dem Charakter aller frühen Pfarrkirchen. Zudem war hier die Münsterkirche eine Bischofskathedrale. In Freiburg, der Bürgerstadt, nicht Domstadt, könnte die Vorgängerin des Münsters sehr wohl als „Bürgerkirche“ gedacht werden, während St. Martin eine alte herrschaftliche Eigenkirche war, wie Schelb es gesehen hat. Die Zähringer hatten bis auf den letzten, der mit den Mönchen zerstritten war, auch ihre Grablege nicht im Münster, sondern im Kloster St. Peter. — Weiteres bei Stülpnagel, wie Anm. 111.

114 (V) S. 142.

115 Ebenda, S. 148.

116 Schreiber, FUB 1. Bd., S. 5 (Nr. 1).

117 Ebenda, S. 55 (Nr. 11).

Wir kommen zum Schluß. Auch wenn wir die Gegend von Oberlinden-Oberau als Burgweiler betrachten, der in engem Zusammenhang mit dem Bau einer Burg auf dem Schloßberg entstand, sind wir nicht genötigt, den dort benachbarten Grafenhof oder gräflichen Wirtschaftshof des 14. Jahrhunderts für den ursprünglichen, bereits vor der Erbauung der Burg existierenden zähringischen Herrenhof zu halten; um so weniger, als wir den Gölinshof, der anscheinend wirklich ein Herrenhaus war, nicht mit ihm identifizieren. Ein weiterer Gesichtspunkt ist hier das Fehlen einer Kirche, da eine Zuordnung zu St. Peter sehr unwahrscheinlich ist und eine solche zu Adelhausen auch nicht in Betracht gezogen werden kann[118]. Hier würde sich die Kirche Sankt Martin, wenn wir sie als herrschaftliche Eigenkirche auffassen — die Grafen besaßen das Patronat —, viel eher für eine Lösung anbieten, insbesondere wenn wir uns der vier herrschaftlichen Hofstätten erinnern, die 1246 dort nachweisbar sind[119]. Der Versuch, der Schwierigkeit, die St.-Martins-Kirche den Verhältnissen der Stadtgründungszeit einzuordnen, dadurch zu entgehen, daß man sie als Kapelle oder Oratorium der Kaufmannschaft erklärt, wird durch keine Quellenauslegung gestützt. Daß wir in früherer Zeit (vor 1246) über beide, Kirche wie Hofstätten dortselbst, keine Nachricht erhalten, braucht uns nicht zu beirren, da zahlreiche andere Kirchen und Herrensitze gleichfalls erst spät in den Quellen erscheinen. Es ist ferner eingewendet worden, daß kein topographischer Befund auf eine ältere, wenn auch kleine Siedlung bei St. Martin hinweise[120]. Wir möchten dem, abgesehen von weiterem, nur so viel entgegenhalten, daß man wohl aus topographischen Anzeichen auf früher Vorhandenes schließen könne, von topographisch (bislang) Fehlendem jedoch nicht in gleicher Weise auf vorher nicht Vorhandenes.

Man wird es als besonders erfreulich bezeichnen und vielleicht als den schönsten dauernden Gewinn aus den Veranstaltungen zum 850jährigen Jubiläum der Stadt Freiburg betrachten, daß die Forschung über die Anfänge, sowohl von siedlungsgeschichtlicher wie von rechtsgeschichtlicher und auch von kirchengeschichtlicher Seite, neu in Bewegung gekommen ist und Ergebnisse gezeigt hat, die zu weiteren Bemühungen anregen. Wenn manche Fragen noch offen sind und Ergebnisse auch wieder in Frage gestellt werden — wie neuestens von rechtshistorischer Seite —, so entspricht dies dem inneren Wesen wissenschaftlicher Bemühung. Andere Gesichtspunkte führen zu neuen Fragen, gesicherte Ergebnisse werden zu Bausteinen kommender Neugestaltung.

---

118 Vgl. (V) S. 147: Die Dreisam als Pfarrei- und Dekanatsgrenze.

119 Hefele, FUB 1. Bd., S. 79 (Nr. 91). — Schelb, wie Anm. 65. — Noack, Fragen des Kunsthistorikers an den Historiker . . . Schau-ins-Land 73 (1955), S. 16.

120 H. Büttner, Die Zähringer im Breisgau und Schwarzwald . . . Schau-ins-Land 76 (1958), S. 9.

nur schwer benutzbar sind. Im Gegensatz zu den Vollversammlungen der Vorläufigen Volksvertretung und der Verfassunggebenden Landesversammlung, deren Sitzungsmitschriften gedruckt vorliegen, handelt es sich hierbei um maschinenschriftliche Durchschläge von „miserabler Qualität" (S. XI). Für eine Sitzung (vom 20. März 1946) fehlt das Protokoll ganz (S. 9), dasjenige der Sitzung vom 20. Mai ist nur unvollständig überliefert (S. 177–188). – Allerdings bleibt etwas an der Editionsarbeit zu kritisieren: „Schlanke" Editionen sind recht und gut, aber ein Mindestmaß an Kommentierung sollte man sich schon gönnen. Im vorliegenden Werk wird fast nichts kommentiert, und auch die im Verborgenen unter der Überschrift „Anordnung der US-Besatzungsmacht vom 11. Februar 1946" schlummernde Einleitung (S. 1–6) ist eher dürftig. Allenfalls einige Personen werden in Fußnoten knapp charakterisiert, aber auch hier bleiben die Hauptprotagonisten der Ausschußarbeit ohne nähere Erläuterung. Hinweise zu den parallel verlaufenden Verfassungsverhandlungen und -entwicklungen in den anderen Ländern der US-Zone fehlen ebenso völlig wie Erklärungen zu einzelnen Sachproblemen, Quellenbelege oder weiterführende Literaturangaben. Nicht einmal der Verweis auf Carlo Schmids Erinnerungen ist zu finden. (Dort S. 272ff. zur württembergisch-badischen Verfassungsdiskussion als „Experimentierfeld" für die künftige Arbeit im Parlamentarischen Rat!) Dafür erfährt man z. B. auf S. 69, daß „Virtus Dei" die „Kraft Gottes" heißt, auf S. 168 wird erklärt, daß „alte Kämpfer" „frühere Mitglieder der NSDAP" bedeutet. Wer hätte das gedacht! Zudem finden sich in einigen (der wenigen) Anmerkungen noch Ungereimtheiten: Ob mit der „Situation in Paris im Jahre 1840" tatsächlich der „Staatsstreich Louis Napoleons in Frankreich 1851" gemeint sein soll (S. 108), ist doch zumindest nicht eindeutig; warum nicht dessen Putschversuch 1840 von Boulogne aus? Und der Reichstag konnte in der Weimarer Republik nicht „durch Hindenburg und Papen" aufgelöst werden, sondern nach Artikel 25 der Verfassung nur vom Reichspräsidenten allein (S. 262). Ein letztes, entscheidendes Manko der Edition ist das Fehlen jeglichen Registers sowie Literatur- und Quellenverzeichnisses. Dies wird wohl am Ende des Projekts in einem abschließenden Registerband nachgeholt werden, für die aktuelle Benutzung ist das aber nur ein schwacher Trost.

Passau BERNHARD LÖFFLER

HANS SCHADEK – THOMAS ZOTZ (Hg.), *Freiburg 1091–1120.* Neue Forschungen zu den Anfängen der Stadt, Sigmaringen 1995, Verlag Jan Thorbecke, 276 Seiten.

In diesem vorzüglich gestalteten und ebenso reichhaltig wie informativ illustrierten Sammelband finden sich die für den Druck überarbeiteten und erweiterten Beiträge einer Vortragsreihe, die das Historische Seminar der Universität zusammen mit dem Stadtarchiv Freiburg im Jahre 1991 veranstaltet hat. Aus verschiedenen Perspektiven wird die Entstehung der Stadt Freiburg betrachtet und dadurch ein eindrucksvoller Überblick über den gegenwärtigen Stand der Forschung geboten. In überzeugender Weise gelingt es den Autoren deutlich zu machen, daß man nicht von *dem* Anfang Freiburgs sprechen kann, sondern nach den Anfängen der Stadt

fragen muß. Es ist daher nur folgerichtig, wenn sich der einleitende Aufsatz von Gerhard Fingerlin („Das archäologische Umfeld bis zur Gründung Freiburgs") mit der spätantiken und frühmittelalterlichen Vorgeschichte befaßt. In präzise argumentierender Weise wird aus den archäologischen Funden der Wandel in der Bedeutung einzelner zentraler Orte, wie z.B. Sasbach, Riegel und vor allem Breisach, erläutert. Dabei wird deutlich, daß auf dem Gebiet des späteren Freiburg keine Siedlungskontinuität bestand, auch wenn im 4.Jh. eine alemannische und vom 7.–9.Jh. eine spätmerowingisch-karolingische Großsiedlung auf dem Zähringer Burgberg existierte. Thomas Zotz nähert sich mit seinem Beitrag über „Siedlung und Herrschaft im Raum Freiburg am Ausgang des 11.Jahrhunderts" dann der Entstehung der Stadt stärker an. Hierzu beschreibt er zunächst mit akribischer Genauigkeit die Besitz- und Herrschaftsverhältnisse des Freiburger Raumes in der Zeit vom 8.–11.Jh. Neben dem Bistum Basel und dem Kloster Sankt Gallen, die beide vielfältige Besitzungen und Rechte gesammelt hatten, etablierte sich seit den Tagen Herzog Berthold II. sukzessive eine Familie am Oberrhein, die sich nach ihrem ursprünglichen Zentralort „Zähringer" nannten. Unter Ausnutzung der Abwesenheit Kaiser Heinrich IV. nahm Herzog Berthold – so die aus urkundlichen Überlieferungen abgeleitete These von Zotz – Rechte des Reiches in Anspruch und gründete auf ehemaligem Fiskalgrund, der verkehrsgeographisch seit langem von zentraler Bedeutung war, im Jahre 1091 eine Siedlung, aus der sich dann Freiburg entwickelte. Der Frage, ob diese These durch archäologische Funde bestätigt werden kann, geht Heiko Steuer nach („Freiburg und das Bild der Städte um 1100 im Spiegel der Archäologie"). Er geht dabei schrittweise vor, indem er auch durch Analogieschlüsse anhand der Funde in anderen Orten zu beschreiben versucht, wie Städte vor 1100, um 1100 und im 12.Jh. ausgesehen haben. In dieses Raster werden dann die Freiburger Funde eingeordnet. Abgesehen davon, daß dieser Aufsatz eine lesenswerte Einführung in die Frühgeschichte der mitteleuropäischen Städtelandschaft bietet, macht er auch deutlich, daß bereits vor dem berühmten Marktprivileg von 1120 eine feste Ansiedlung bestand. Die Einzelfunde belegen „eine Verdichtung wirtschaftlicher Tätigkeiten" (S.123): Wassernutzung durch Mühlen, Gewinnung und Weiterverarbeitung von Metallen (Blei, Kupfer, Silber) sowie Münzprägung am Ende des 10.Jhs. Dankenswerterweise hat sich Volkhard Huth die Mühe gemacht, den Vortrag des inzwischen leider verstorbenen Karl Schmid für die Drucklegung zu redigieren. Dieser hatte die schriftlichen Quellen zur Gründungsgeschichte, die Marbacher Annalen, das St. Galler Verbrüderungsbuch und das Konradprivileg, einer kritischen Interpretation unterzogen. Auch er kommt zu dem Ergebnis, „daß Bertold und Konrad ohne Billigung des Königs offenbar Maßnahmen ergriffen und Rechte gewährten, die ansonsten zumindest der herrscherlichen Erlaubnis bzw. Zustimmung bedurften" (S.147). Einen ganz anderen Aspekt beleuchtet Alfons Zettler, der „das Freiburger Schloß und die Anfänge der Stadt" untersucht. Auf der Basis archäologischer Forschungen und unter Berücksichtigung jüngerer bildlicher Darstellungen vergleicht er den kräftigen Turm des Freiburger Schlosses mit den anderen Beispielen des zähringischen Burgenbaus in Bern, Nydegg, Thun und Rheinfelden. Dies erlaubt es ihm, den Freiburger ‚Donjon' als Werk Bertolds IV. zu

bezeichnen und in die zweite Hälfte des 12. Jahrhunderts zu datieren. An diese baugeschichtliche Untersuchung schließt sich etwas unvermittelt eine Auseinandersetzung mit dem Stadtnamen „Freiburg“ an, aus der der Verf. Argumente dafür ableitet, daß Bertold II. nicht nur der Gründer einer neuen Ansiedlung, sondern auch einer neuen Stammburg war. Obwohl diese Burg bei der Namengebung der Stadt keine entscheidende Rolle gespielt habe, sei sie doch ein „konstitutives Element des ältesten Freiburgs“ (S. 194) gewesen. Einen ausgesprochen interessanten und in seiner Argumentation in jeder Hinsicht überzeugenden Beitrag stellt der Aufsatz von Matthias Untermann über die „Archäologische(n) Befunde zur Frühgeschichte der Stadt Freiburg“ dar. Er präsentiert die Grabungen auf dem sog. „Harmonie“-Gelände in Freiburg. Der überraschendste Befund ist darin zu sehen, daß die monumentalen Reste der dort entdeckten Stadtmauer quer durch zwei ältere Häuser hindurchlaufen, während das recht aufwendig gestaltete Straßennetz und die Grundrisse aller älteren Häuser exakt aufeinander abgestimmt erscheinen. Mit Hilfe von Münz- und Keramikfunden läßt sich die Entstehung dieser Mauer ins frühe 12. Jahrhundert datieren. Unterstützt durch weitere Einzelbefunde zieht der Verf. daraus die Schlußfolgerung, daß eine gewerblich orientierte, unbefestigte ältere Gründungssiedlung vom Typus „burgus“ im Jahre 1120 mit der Verleihung des Marktrechtes und der Errichtung einer aufwendigen Befestigungsanlage zu einer Stadt im hochmittelalterlichen Sinn ausgebaut worden sei. Den Abschluß bildet der „Bürger und Kommune“ überschriebene Ausblick Hans Schadeks auf die sozial- und verfassungsgeschichtliche Entwicklung Freiburgs von der Gründung bis in die Zeit um 1250. Der Verf. betont die Rolle der zähringischen Ministerialen, von denen er annimmt, daß sie um 1120 eine eigenständige Siedlung bewohnten, die anfangs nur teilweise in die Stadt einbezogen worden sei. Eine Reihe von Quellenbelegen bestätigen diese These des anfänglichen Nebeneinander von *milites* und *urbani*. In den folgenden Jahrzehnten verschmolzen diese beiden Gruppen allerdings rasch zur Bürgerschaft einer zunehmend selbstbewußter auftretenden Kommune. Schadek zeichnet diesen Verschmelzungs- und Emanzipationsprozeß anhand der urkundlichen Überlieferung und unter Berücksichtigung der Entwicklung der städtischen Siegel in anschaulicher Weise nach.

Insgesamt kann dieser durch ein Personen- und Ortsverzeichnis abgerundeter Band als Einführung in die Frühgeschichte Freiburgs jedem Leser empfohlen werden, der sich für die Geschichte der mittelalterlichen Stadt interessiert.

Zorneding PEER FRIESS

UWE SCHMIDT (Bearb.), *Technikgeschichte der Reichsstadt Ulm:* sachthematisches Inventar (Forschungen zur Geschichte der Stadt Ulm: Reihe Dokumentation 9), Stuttgart 1995, Verlag Kohlhammer, 200 Seiten.

Im „bürgerlichen“ Geschichtsbild des 19. und frühen 20. Jahrhunderts dominierten die Dynastiegeschichte, die politische und die Militär-Geschichte, für die Technikgeschichte bestand kein Interesse. Auch vielversprechende Ansätze in den 1930er Jahren (Matschoss, Lindner, Klemm) kamen – nun wegen der politischen Umstän-

Inhaltsverzeichnis

Vorwort

Die in Freiburg erst vor wenigen Jahren in Gang gekommene archäologische Erforschung des Stadtgrundes und der frühen Siedlungselemente, die vor allem in den Kellerbereichen von später neu errichteten Bauten erhalten blieben, hat die Diskussion um die Entstehung Freiburgs und um die Frühzeit der von den Zähringern begründeten städtischen Siedlung erneut aufleben lassen. Dabei sieht sich die besonders von Eduard Heyck, dem Verfasser der »Geschichte der Herzoge von Zähringen«, im Jahre 1891 mit großem Nachdruck und mit starker und langer Nachwirkung vertretene Auffassung, daß man mit dem berühmten Marktprivileg Konrads von Zähringen von 1120 den urkundlichen Beweis für eine planmäßig durchgeführte Gründung der Stadt auf weitgehend unvorbereitetem Gelände, gleichsam auf der grünen Wiese, in der Hand halte, nun wieder mit der gegenteiligen, durch die archäologischen Befunde gestützten Ansicht konfrontiert, welche die Entstehung Freiburgs als einen zeitlich gestreckten Vorgang zu deuten geneigt ist. In diesem Zusammenhang tritt aber auch das andere, von den Marbacher Annalen im späten 12. Jahrhundert überlieferte und in Freiburgs Tradition und Sage bewahrte, durch Heycks frühes Verdikt für die Wissenschaft indes unglaubwürdig gewordene »Gründungsjahr« Freiburgs, nämlich 1091, von neuem in das Blickfeld des Interesses. So scheint es geradezu zwingend geboten, die Frage nach den Anfängen - statt nach *dem* Anfang - von Markt und Stadt zu stellen.

Diesen Versuch unternahm im »Jubiläumsjahr« 1991 eine vom Historischen Seminar der Universität und vom Stadtarchiv Freiburg veranstaltete Vortragsreihe. Sie widmete sich aus archäologischer wie historischer Perspektive den örtlichen und regionalen Rahmenbedingungen, unter denen Freiburgs Geschichte begann und zu denen nicht zuletzt alte, bis in die römische Zeit zurückreichende Siedlungs- und Verkehrsstrukturen gehörten. Das Interesse galt ferner den wirtschaftlichen und herrschaftlich-politischen Voraussetzungen der Stadtentstehung wie auch der Frage nach dem frühen Freiburg im überregionalen Vergleich, und ebenso erschien wichtig, das Fundament der schriftlichen Überlieferung für die »Eckdaten« 1091 und 1120 und damit für das frühe Freiburg im Rahmen der zähringischen Geschichte erneut zu prüfen. Vor diesem Hintergrund wurden im archäologisch-historischen Zugriff die bislang wenig beachtete Polarität von Burg und Stadt Freiburg um 1100 beleuchtet und der neue archäologische Befund im Kern der Altstadt vorgestellt, der dazu Anlaß gegeben hatte, die eingebürgerten Vorstellungen zur Frühgeschichte Freiburgs zu überdenken. Die Marktprivilegierung von 1120, welche die vorausgehende Phase organisatorisch und rechtlich abschloß und zugleich eine neue, zukunftsweisende Realität schuf, bot Anlaß, den Blick auf die sozial- und verfassungsgeschichtliche Entwicklung Freiburgs in den ersten anderthalb Jahrhunderten zu richten und dadurch die Vorstellung von den Anfängen über die Gründungsdaten hinaus zu erweitern.

Es mag als Ausdruck des hier zugrunde gelegten Konzepts vom gestreckten, 1091 wie 1120 umfassenden Prozeß der Entstehung Freiburgs gelten, daß die in dem einen

Gedenkjahr 1991 gehaltenen Vorträge nun in dem wenig späteren anderen Gedenkjahr 1995 im Druck erscheinen. Von den sieben Vortragenden der Veranstaltung von 1991 war es Karl Schmid (†1993) nicht mehr vergönnt, seinen Beitrag für die Publikation zu überarbeiten; wir sind Herrn Dr. Volkhard Huth, Freiburg, zu großem Dank verpflichtet, daß er diese Aufgabe übernommen hat.

Am Zustandekommen des Bandes waren viele beteiligt, denen wir für ihre Mühe und ihren großen Einsatz herzlichen Dank sagen: In den Händen von Frau Ansel-Mareike Andrae-Rau, M.A., und Herrn Karl Weber, M.A., lag die redaktionelle Betreuung, Frau Eva-Maria Butz, Herr Heinz Krieg, M.A., und Frau Petra Skoda haben das Register erstellt. Wir danken ferner Herrn Dr. Joachim Bensch und seinen Mitarbeitern vom Jan Thorbecke Verlag für die gelungene Gestaltung des Buches. Den Herausgebern der Reihe »Archäologie und Geschichte. Freiburger Forschungen zum ersten Jahrtausend in Südwestdeutschland« sei dafür gedankt, daß der Band hier aufgenommen wurde. Zu seinem Erscheinen hat nicht zuletzt die großzügige Unterstützung mehrerer Förderer maßgeblich beigetragen; ihnen gilt unser besonderer Dank.

Die Herausgeber

Das archäologische Umfeld bis zur Gründung Freiburgs

Von Gerhard Fingerlin

Freiburg gehört nicht zu den Städten, die auf eine in der Antike wurzelnde Geschichte zurückblicken können wie beispielsweise die linksrheinischen Nachbarstädte Straßburg und Basel oder das in den gleichen geographischen und historischen Zusammenhang gehörende Konstanz [1]. An diesen drei Orten sind, auf der Grundlage spätkeltischer Ansiedlungen, im ersten und zweiten nachchristlichen Jahrhundert römische Gemeinwesen entstanden, deren städtische Strukturen, gefestigt und konserviert nicht zuletzt durch die seit der Spätantike in ihren Mauern wirkenden kirchlichen Kräfte, sich durch die politisch bewegten, dem Stadtleben nicht eben günstigen Zeiten des frühen Mittelalters, der Merowingerzeit und der Karolingerzeit, hinüberretten konnten bis zu neuem Aufschwung im beginnenden hohen Mittelalter. Freiburgs Gründung als politisches und wirtschaftliches Zentrum des Breisgaus fällt vielmehr erst in diese Zeit neuer Stadtkonjunktur und findet selbstverständlich seine Erklärung vor allem in den Voraussetzungen und Bedingungen dieser Epoche, die hier nicht näher zu beschreiben sind, aber doch mit Stichworten wie Herrschaftssicherung, strategische Dominanz, Schwerpunktbildung für Handel und Gewerbe, Einrichtung und Erschließung von Märkten, Steigerung der fiskalischen Erträge und Entwicklung kirchlicher Strukturen wenigstens angedeutet werden sollen. Eine solche Gründung kann also nicht ohne Rücksicht auf die geographischen Voraussetzungen, die Verkehrslage, die Herrschaftsgrenzen oder auf die schon bestehenden Siedlungen und Schwerpunkte des näheren Umfelds geschehen, auch wenn sich Ortswahl und Zeitpunkt einer solchen Maßnahme nicht unbedingt zwingend und schon gar nicht allein aus diesen vorgegebenen Faktoren ableiten lassen [2]. Eine Ausgangssituation bilden sie aber allemal, die sich auf Gründungsentschluß und -vorgang auswirkt, ja unter Umständen über dessen dauerhaften Erfolg entscheidet. Beispiele gescheiterter Stadtgründungen zeigen jedenfalls, daß man nicht ungestraft historisch gewachsene Strukturen einer Landschaft ignorieren konnte, auch wenn deren Berücksichtigung umgekehrt auch nicht eine gesicherte Zukunft garantierte.

Bei einer Neugründung in altem Kultur- und Siedlungsraum, wie ihn die Landschaft des heutigen Breisgaus zwischen Rhein und Schwarzwald darstellt, muß sich der Blick jedenfalls auf Geschichte und Besiedlung dieses Umfelds richten, wenn wir die mit der

1 *Straßburg*: Jean-Jacques Hatt, Strasbourg au temps des Romains, Straßburg 1953; Ausstellungskatalog: Aux origines de Strasbourg, hg. v. d. Musées de la ville, Strasbourg 1988. *Basel:* Rudolf Moosbrugger-Leu, Was ist ein Basler? Basel 1983. *Konstanz:* Otto Feger, Konstanz. Aus der Vergangenheit einer alten Stadt, Konstanz 1946; vgl. auch Jürgen Sydow, Städte im deutschen Südwesten. Ihre Geschichte von der Römerzeit bis zur Gegenwart, Stuttgart – Berlin – Köln – Mainz 1987, S. 18–21.

2 Hans Planitz, Die deutsche Stadt im Mittelalter. Von der Römerzeit bis zu den Zunftkämpfen, Köln – Wien [2]1965, S. 85ff. Herbert Jankuhn, Vor- und Frühformen der Stadt in archäologischer Sicht, in: Geschichtswissenschaft und Archäologie (Vorträge und Forschungen 22) Sigmaringen 1979, S. 241–268, bes. S. 251ff.; Edith Ennen, Die europäische Stadt des Mittelalters, Göttingen [4]1987, S. 78ff.

Gründung verbundenen Ziele und die Funktion der neuen Ansiedlung besser verstehen wollen[3]. Im Fall Freiburgs und des Breisgaus muß dabei der Blick wenigstens bis in die römische Zeit zurückgehen, da sich in dieser Periode, zum Teil auf spätkeltischen Voraussetzungen aufbauend, die aller weiteren Entwicklung zugrunde liegenden Strukturen herausgebildet haben: Schwerpunkte im militärischen, politischen und wirtschaftlichen Geschehen, ein zukunftsweisendes, weil auf Dauer angelegtes Straßennetz und die mit den Spuren römischen Bergbaus erstmals konkret faßbare Erschließung wichtiger Bodenschätze[4].

Wir müssen also zunächst die Verhältnisse im römischen Breisgau skizzieren, genauer in der Landschaft, die dem heutigen Breisgau entspricht, da der ursprüngliche, seit der Spätantike bezeugte Gau gleichen Namens größer war und bis zum Hochrheintal

3 *Spätlatènezeit:* Gerhard FINGERLIN, Das keltische Oppidum von Tarodunum. Forschungsstand und Perspektiven, in: Kelten und Alemannen im Dreisamtal. Beiträge zur Geschichte des Zartener Beckens, hg. von Karl SCHMID (Veröffentlichung des Alemannischen Instituts Nr.49) Bühl/Baden 1983, S. 25–44; Rolf DEHN, Heiko WAGNER, Gabi WEBER, Neues zu Tarodunum, Gemeinde Kirchzarten, Kreis Breisgau-Hochschwarzwald, in: Archäologische Ausgrabungen in Baden-Württemberg 1987, Stuttgart 1988, S. 85–88; Rolf DEHN, Tarodunum und Kegelriß. Neues zur Spätlatènezeit im Breisgau, in: Denkmalpflege in Baden-Württemberg 17, 1988, S. 94–96; Ingo STORCK, Die keltische Siedlung von Breisach-Hochstetten, in: Archäologische Nachrichten aus Baden 15, 1975, S. 3–9; DERS., Spätlatènezeit, in: Helmut BENDER, Ludwig PAULI, Ingo STORCK, Der Münsterberg in Breisach II (Münchner Beiträge zur Vor- und Frühgeschichte 40) München 1993, S. 175–198; Franz FISCHER, Südwestdeutschland im letzten Jahrhundert vor Christi Geburt. Anmerkungen zum Forschungsstand der Spätlatènezeit, in: Archäologie in Württemberg, Festschrift zum 25jährigen Gründungsjubiläum der Gesellschaft für Vor- und Frühgeschichte in Württemberg und Hohenzollern, hg. von Dieter PLANCK, Stuttgart 1988, S. 235–250. *Römische Zeit:* Rolf NIERHAUS, Zur Bevölkerungsgeschichte der Oberrheinlande unter der römischen Herrschaft, in: Badische Fundberichte 15, 1939, S. 91–104; Herbert NESSELHAUF, Die Besiedlung der Oberrheinlande in römischer Zeit, in: Badische Fundberichte 19, 1951, S. 71–85; Philipp FILTZINGER, Bemerkungen zur römischen Okkupationsgeschichte Südwestdeutschlands, in: Bonner Jahrbücher 157, 1957, S. 181–212; Otto ROLLER, Die Oberrheinlande in der Römerzeit, in: Zeitschrift für die Geschichte des Oberrheins 117, NF 78, 1969, S. 1–25; Gerhard FINGERLIN, Römerzeit und frühes Mittelalter, in: Breisgau-Hochschwarzwald. Land vom Rhein über den Schwarzwald zur Baar, hg. vom Landkreis Breisgau-Hochschwarzwald, Freiburg [2]1988, S. 155ff.; DERS., Römer, Alamannen und Franken. 700 Jahre frühe Geschichte und Kultur im Landkreis Emmendingen, in: Der Kreis Emmendingen, hg. von Landrat Dr. Lothar MAYER, Stuttgart 1981, S. 74–99. *Spätantike/Völkerwanderungszeit, Merowingerzeit:* Hermann STOLL, Heinrich BÜTTNER, Die frühmittelalterliche Besiedlung des Breisgaus, in: Schau-ins-Land 65/66, 1938/39, S. 122–132; Georg KRAFT, Die Feststellungen frühmittelalterlicher Siedlungen, in: Schau-ins-Land 70, 1951, S. 3–10; Gerhard FINGERLIN, Frühe Alamannen im Breisgau. Zur Geschichte und Archäologie des 3.–5. Jahrhunderts zwischen Basler Rheinknie und Kaiserstuhl, in: Archäologie und Geschichte des ersten Jahrtausends in Südwestdeutschland, hg. von Hans Ulrich NUBER, Karl SCHMID, Heiko STEUER und Thomas ZOTZ (Archäologie und Geschichte. Freiburger Forschungen zum ersten Jahrtausend in Südwestdeutschland 1) Sigmaringen 1990, S. 97–137; Heiko STEUER, Höhensiedlungen des 4. und 5. Jahrhunderts in Südwestdeutschland. Einordnung des Zähringer Burgberges, Gemeinde Gundelfingen, Kreis Breisgau-Hochschwarzwald, in: Archäologie und Geschichte (wie oben) S. 139–205; Michael HOEPER, Alamannische Besiedlungsgeschichte im Breisgau, Reihengräberfelder und Gemarkungsgrenzen, in: Römer und Alamannen im Breisgau. Studien zur Besiedlungsgeschichte in Spätantike und frühem Mittelalter (Archäologie und Geschichte. Freiburger Forschungen zum ersten Jahrtausend in Südwestdeutschland 6) Sigmaringen 1994, S. 9–124.

4 Franz KIRCHHEIMER, Bericht über die Spuren römerzeitlichen Bergbaus in Baden-Württemberg, in: Archäologische Nachrichten aus Baden 19, 1977, S. 16–24; Die Römer in Baden-Württemberg, hg. von Philipp FILTZINGER, Dieter PLANCK, Bernhard CÄMMERER, Stuttgart – Aalen [3]1986, S. 117–163, hier S. 153; Gert GOLDENBERG, Heiko STEUER, Ulrich ZIMMERMANN, Montanarchäologische Untersuchungen im südlichen Schwarzwald, in: Archäologische Ausgrabungen in Baden-Württemberg 1988, Stuttgart 1989, S. 194–202; Heiko STEUER, Zur Frühgeschichte des Erzbergbaus und der Verhüttung im südlichen Schwarzwald. Literaturbericht und Begründung eines Forschungsprogramms, in: Archäologie und Geschichte 1 (wie Anm. 3) S. 387–415.

reichte[5]. In diesem Zusammenhang ist dann die Rolle des seit frührömischer Zeit besiedelten Breisacher Münsterbergs zu beleuchten[6], des Mons Brisiacus, der wie sein alamannischer Gegenpol am Schwarzwaldrand, der Zähringer Burgberg[7], zu den Schwerpunkten dieser Landschaft zählt und zugleich Platz geschichtlicher Kontinuität ist in einem sonst von starken Veränderungen betroffenen Raum. So stellt sich auch für den frühmittelalterlichen Breisgau, spätestens seit 300 n.Chr. von Alamannen besiedelt[8], die Frage nach dem Weiterleben und Weiterwirken der von den Römern geschaffenen Grundlagen. Dabei tritt dann zu Breisach und Zähringer Burgberg mit dem im 8. Jahrhundert als königlicher *fiscus* genannten Sasbach an der Nordwestecke des Kaiserstuhls ein dritter zentraler Ort in unser Blickfeld[9], dessen wichtige Rolle in dieser Landschaft, ähnlich wie beim Zähringer Burgberg, erst durch archäologische Ausgrabungen neuerer Zeit für uns faßbar und definierbar geworden ist. Im Handbuch der historischen Stätten Deutschlands [Baden-Württemberg, 2. Auflage von 1980] ist dieses spätere Fischerdorf, das offenbar wie andere zentrale Orte des Breisgaus seine frühgeschichtliche Bedeutung durch die Gründung und den Aufstieg Freiburgs verloren hat, noch gar nicht erwähnt.

Nach historischen und archäologischen Quellen dauerte die römische Zeit des Breisgaus, genauer die Zeit der Zugehörigkeit zum römischen Reich von der Mitte des 1. bis kurz nach der Mitte des 3. nachchristlichen Jahrhunderts, also ca. 200 Jahre. Ein erster Vorstoß römischer Truppen ist allerdings durch ein bei Sasbach gefundenes Lager schon für die Zeit des Kaisers Augustus um das Jahr 10 v. Chr. bezeugt[10], doch hat sich daraus noch keine dauerhafte Besetzung des Landes ergeben (Abb. 1). Bemerkenswert aber, daß dieses erste militärische Unternehmen östlich des Rheins auf dem Limberg bei Sasbach seinen archäologischen Niederschlag gefunden hat (Abb. 2–4). Es wurde also damals schon ein Rheinübergang und ein Weg in Richtung Schwarzwald gewählt, der auch bei der erfolgreichen Okkupation in der Regierungszeit des Claudius wieder benutzt und wenig später dann zu einer festen Straße am Kaiserstuhlnordrand ausgebaut wurde

5 Heinrich BÜTTNER, Breisgau und Elsaß. Ein Beitrag zur frühmittelalterlichen Geschichte am Oberrhein, in: Schau-ins-Land 64, 1941, S. 3–25; wiederabgedr. in: DERS., Schwaben und Schweiz im frühen und hohen Mittelalter. Gesammelte Aufsätze, hg. von Hans PATZE (Vorträge und Forschungen 15) Sigmaringen 1972, S. 61–85.

6 Helmut BENDER, Neue Untersuchungen auf dem Münsterberg in Breisach (1966–1975), in: Archäologisches Korrespondenzblatt 6, 1976, S. 309–320; Archäologische Ausgrabungen in Breisach am Rhein 1984–1986 (Archäologische Informationen aus Baden-Württemberg 1) Stuttgart 1987.

7 Heiko STEUER, Der Zähringer Burgberg bei Freiburg im Breisgau, eine Höhensiedlung des 4./5. Jahrhunderts, in: Archäologisches Korrespondenzblatt 19, 1989, S. 169–184; vgl. hier Anm. 3.

8 Gerhard FINGERLIN, Zur alamannischen Siedlungsgeschichte des 3.–7. Jahrhunderts, in: Die Alemannen in der Frühzeit, hg. von Wolfgang HÜBENER (Veröffentlichung des Alemannischen Instituts Nr. 34) Bühl/Baden 1974, S. 45–88; DERS., Brisigavi im Vorfeld von Breisach. Archäologische Spuren der Völkerwanderungszeit zwischen Rhein und Schwarzwald, in: Archäologische Nachrichten aus Baden 34, 1985, S. 30–45.

9 Gerhard FINGERLIN, Keltenstadt und Römerlager: Der Limberg bei Sasbach I und II, in: Archäologische Nachrichten aus Baden 10, 1973, S. 5–9 und 15, 1975, S. 9–15; DERS., Vor- und Frühgeschichte um den Limberg und am nördlichen Kaiserstuhl, in: Naturschutzgebiet Limberg am Kaiserstuhl. Begleiter zum wissenschaftlichen Lehrpfad bei Sasbach a.Rh., hg. von der Landesanstalt für Umweltschutz Baden-Württemberg (Führer durch Natur- und Landschaftsschutzgebiete Baden-Württembergs Bd. 2) Karlsruhe 1978, S. 55–80; DERS., Franken am Kaiserstuhl. Zu einigen Neufunden aus dem frühmittelalterlichen Sasbach, Kreis Emmendingen, in: Archäologische Nachrichten aus Baden 44, 1990, S. 7–15 mit weiterer Literatur.

10 Gerhard FINGERLIN, Ein neues römisches Lager am Oberrhein. Vorbericht über die Grabungen 1971–1972 in Sasbach, in: Studien zu den Militärgrenzen Roms II, Vorträge des 10. internationalen Limeskongresses in der Germania Inferior (Bonner Jahrbücher Beiheft 38) Bonn 1977, S. 131–138.

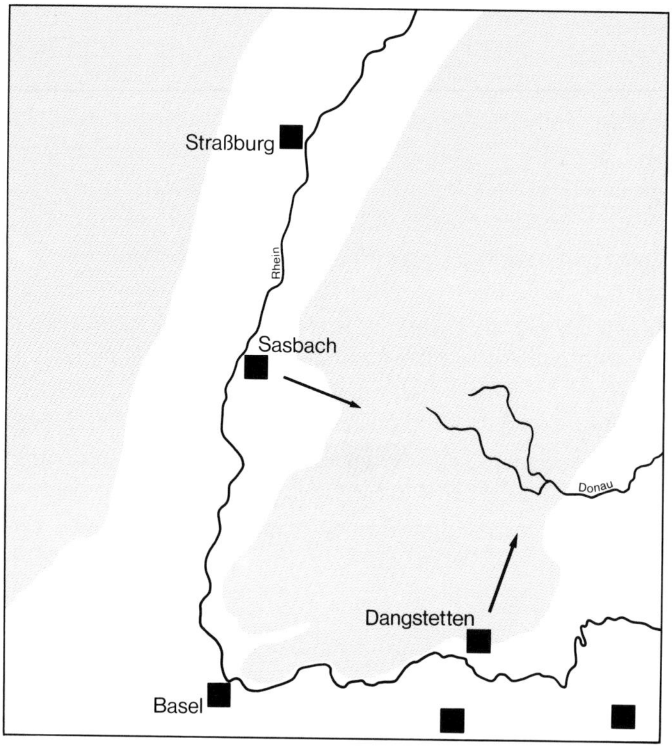

Abb. 1 Die Lage von Sasbach im System augusteischer Militärstützpunkte an Hoch- und Oberrhein. Die Pfeile verdeutlichen operative Möglichkeiten der in Sasbach und Dangstetten (Legionslager) stationierten Einheiten.

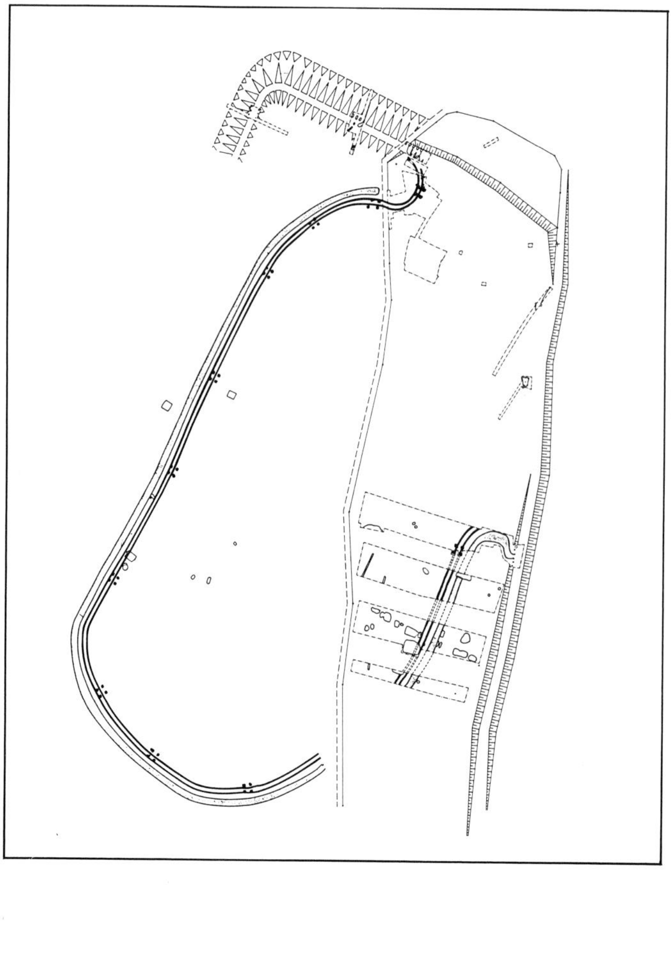

Abb. 2 Sasbach, »Limberg«. Übersichtsplan des frührömischen Lagers auf dem Hochplateau, hinter dem Wall (Schraffen) des spätkeltischen Oppidums. Das von Holz-Erde-Mauer, hölzernen Türmen und Spitzgraben geschützte Lager hat eine Längsausdehnung von ca. 280 m bei einer max. Breite von 160 m.

Abb. 3 Sasbach, »Limberg«. Münzen aus dem Bereich des römischen Lagers. Links: halbierter As der Münzstätte Nemausus (Nîmes) mit Bild des Agrippa (Schwiegersohn des Augustus), Prägezeit 28-16 vor Chr. Rechts: sog. Legionsdenar des Marcus Antonius, Legionsadler zwischen zwei Feldzeichen, LEG XII, Prägezeit 32-31 vor Chr.

Abb. 4 Sasbach, »Limberg«. Schnitt durch den teilweise wieder ausgehobenen frührömischen Lagergraben.

(Abb. 5), Teil einer über den Schwarzwald zur oberen Donau führenden Verbindung[11]. Sasbach tritt damit schon früh als ein für die Römer strategisch interessanter Platz in Erscheinung, nahe einem günstigen Rheinübergang und im Kreuzungspunkt wichtiger Fernverbindungen gelegen, da auch der Rhein selbst als bedeutender Verkehrsweg gelten muß[12]. In der Mitte des 1. nachchristlichen Jahrhunderts dann das gleiche Bild: offenbar wird Sasbach jetzt zu einem der Ausgangspunkte für die erfolgreiche Offensive, die Rom in den Besitz des südlichen Oberrheintals und des Gebietes zwischen Hochrhein, Bodensee und oberer Donau brachte[13].

Im Breisgau (Abb. 6) entstand in dieser Zeit neben einem anscheinend größeren Truppenlager in der Rheinebene bei Sasbach (Abb. 7) auch ein Kastell in Riegel (Abb. 8), an der Talenge zwischen Kaiserstuhl und Vorbergzone des Schwarzwaldes günstig postiert[14]. Auch Riegel ist ein Kreuzungspunkt wichtiger Fernverbindungen, der östlichen Rheintalstraße mit der Kaiserstuhl-Schwarzwald-Straße. Ziegelstempel der 21. Legion weisen auf einen weiteren Militärstützpunkt bei Wolfenweiler[15], der allerdings bis heute noch nicht exakt lokalisiert werden konnte (Abb. 9). Schließlich wurde, nach dem Zeugnis entsprechender Ziegelfunde, in der Mitte des 1. nachchristlichen Jahrhunderts auch der Breisacher Münsterberg militärisch besetzt[16], wenn auch wohl nur mit einem kleinen Sicherungsposten, da im linksrheinischen Hinterland in dieser Zeit bei Biesheim-Ödenburg ein Kastell angelegt wurde[17]. War es im Falle Breisachs vor allem die natürliche Festung des Münsterberges (Abb. 10), die bei der strategischen Sicherung des Raumes nicht außer acht bleiben konnte, ging es bei Jechtingen, wo bisher nur wenige Funde aus der Mitte des ersten Jahrhunderts vorliegen[18], offenbar um die Sicherung des Rheinübergangs an der Sponeck (Abb. 11), der im weiteren Lauf der Geschichte den Übergang bei Sasbach an Bedeutung noch übertreffen sollte.

Die Verteilung der Stützpunkte im Breisgau macht deutlich, daß jeweils ein enger Zusammenhang mit den Straßen bestand, die rasche Truppenverschiebungen ermöglichten, aber auch militärisch kontrolliert, notfalls auch gesperrt werden mußten (Abb. 6). Auf-

11 Rudolf ASSKAMP, Das südliche Oberrheingebiet in frührömischer Zeit (Forschungen und Berichte zur Vor- und Frühgeschichte Baden-Württembergs 33) Stuttgart 1989, S. 167 (Die Kaiserstuhl-Nordrandstraße).

12 Harald VON PETRIKOVITS, Die Rheinlande in frührömischer Zeit, Textteil, Düsseldorf 1980, S. 145 ff.; Detlev ELLMERS, Frühmittelalterliche Handelsschiffahrt in Mittel- und Nordeuropa (Offa-Bücher Bd. 28) Neumünster 1972.

13 ASSKAMP (wie Anm. 11) S. 142; Gerhard FINGERLIN, Das römische Vorgehen in Südwestdeutschland von Augustus bis Vespasian, in: Führer zu römischen Militäranlagen in Süddeutschland, hg. aus Anlaß des 13. internationalen Limeskongresses in Aalen, Stuttgart 1983, S. 7–12.

14 ASSKAMP (wie Anm. 11) S. 121.

15 Rainer WIEGELS, Zeugnisse der 21. Legion aus dem südlichen und mittleren Oberrheingebiet. Zur Geschichte des oberrheinischen Heeres um die Mitte des 1. Jahrhunderts n. Chr., in: Epigraphische Studien 13, 1983, S. 1–42; ASSKAMP (wie Anm. 11) S. 158.

16 Gabriele WESCH-KLEIN, Breisach am Rhein: Die gestempelten Ziegel aus den Grabungen 1983–1986, in: Fundberichte aus Baden-Württemberg 14, 1989, S. 387–426.

17 Rudolf FELLMANN, Le site gallo-romain de Biesheim-Oedenbourg dans le cadre des camps et postes militaires dans la pleine méridionale du Haut-Rhin, in: Militaires romains en Gaule civile, actes de la table-ronde au mai 1991 organisée par le Centre d'Etudes Romaines et Gallo-Romaines de l'université de Lyon III, hg. von Yann LE BOHEC (Collection du Centre d'Etudes Romaines et Gallo-Romaines NS 11) Paris 1993, S. 73 ff.

18 Roksanda M. SWOBODA, Die spätrömische Befestigung Sponeck am Kaiserstuhl (Münchner Beiträge zur Vor- und Frühgeschichte 36) [mit Beitr. von Lothar BAKKER], München 1986, S. 75, Taf. 1, 5. ASSKAMP (wie Anm. 11) S. 155, Anm. 800, Taf. 122 B 1.

Abb. 5 Römische Kastelle in Südwestdeutschland, von der Zeit des Augustus bis zum Ende des 1. nachchristlichen Jahrhunderts. Nach: Führer zu römischen Militäranlagen in Süddeutschland (wie Anm. 13) Abb. 1.

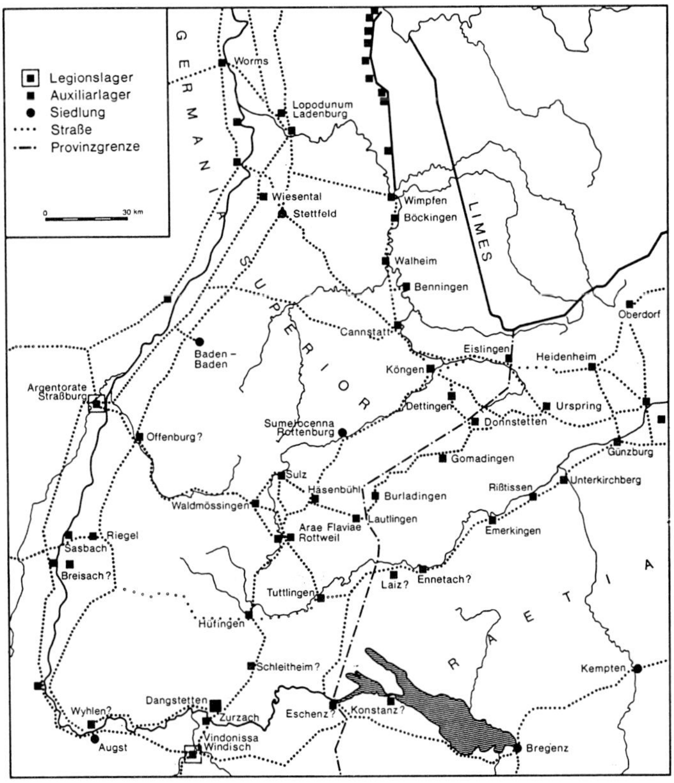

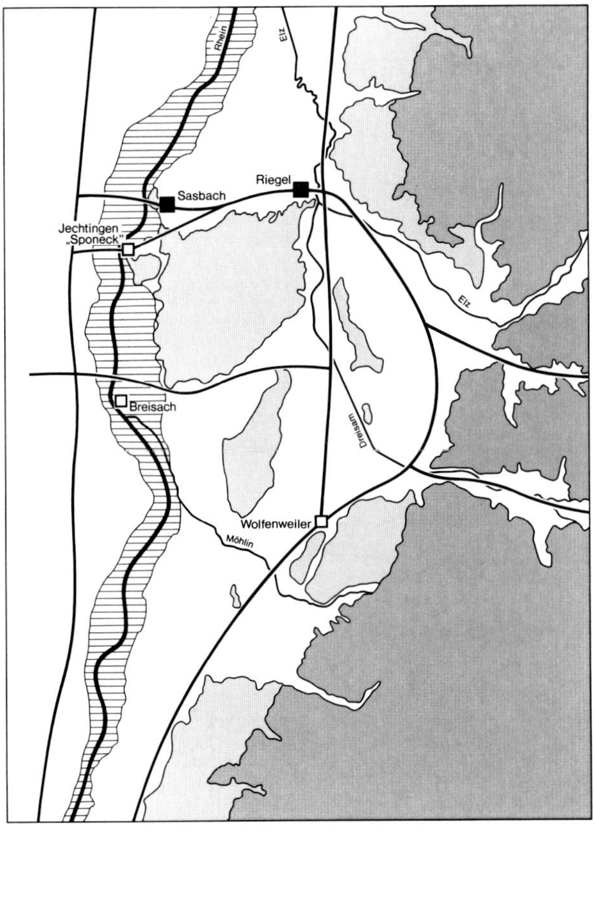

Abb. 6 Der Breisgau in frührömischer Zeit. Truppenlager, Kastelle und militärische Stützpunkte (offene Quadrate), Hauptstraßen.

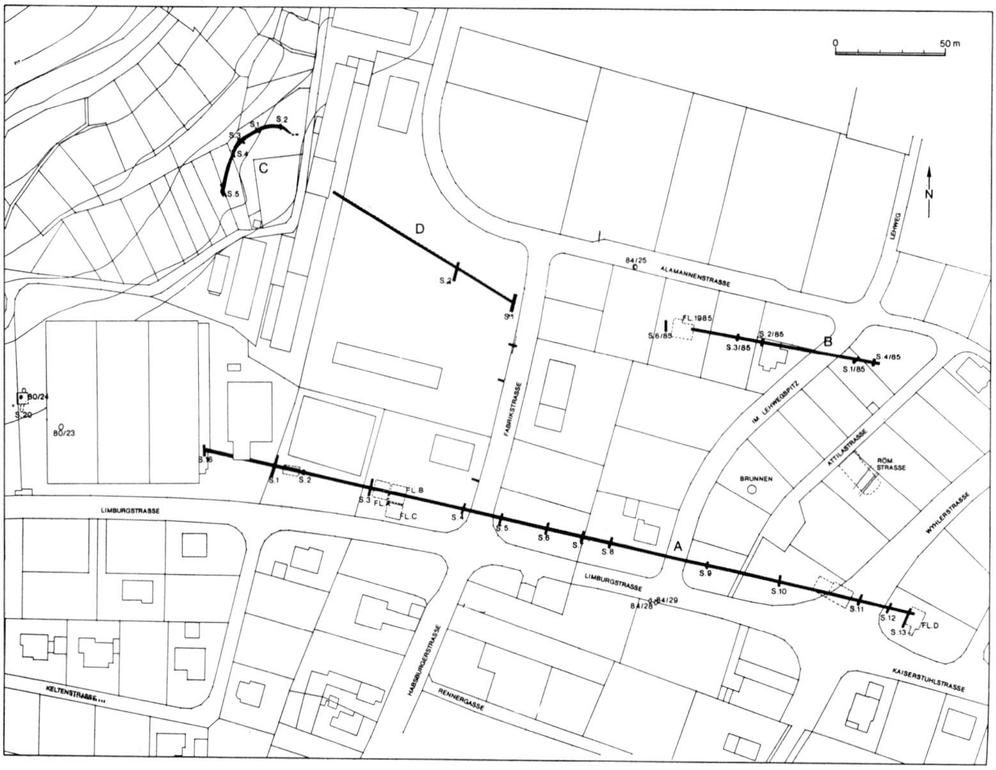

Abb. 7 Sasbach, »Wörthstück-Fischerdorf« (Ebene nördlich der Ortschaft und Hangfuß des Lützelbergs). Gräben von verschiedenen, offenbar nur kurzfristig benutzten römischen Truppenlagern. Bisher festgestellte Länge von Graben A = 320 m.

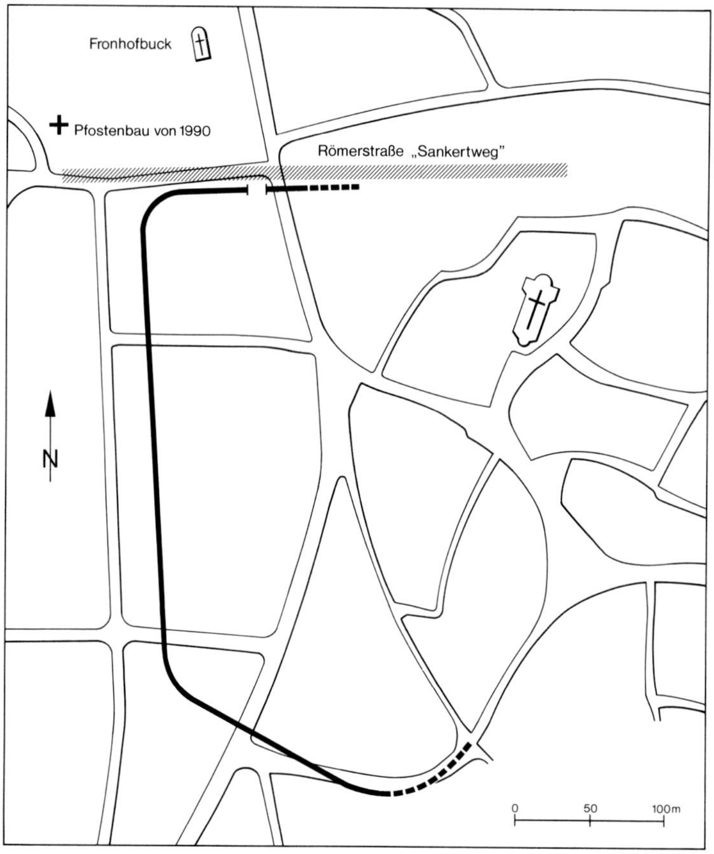

Abb. 8 Riegel. Durch Grabungen und Bohrungen gesicherter Grabenverlauf eines frührömischen Lagers im Ortsbereich.

Abb. 9 Wolfenweiler, »Brandhof«. Einer von insgesamt neun Ziegeln mit Stempel der 21. Legion: L (egio) XXI.

Abb. 10 Historische Ansicht des Breisacher Münsterbergs, von SW. Breisach.

Abb. 11 Burg Sponeck bei Jechtingen. Ansicht von O. Kreidelithographie von F.J. Sandmann (1839). Lith. de Simon fils, Strasbourg. Städtische Sammlungen Freiburg, Mappe 122.

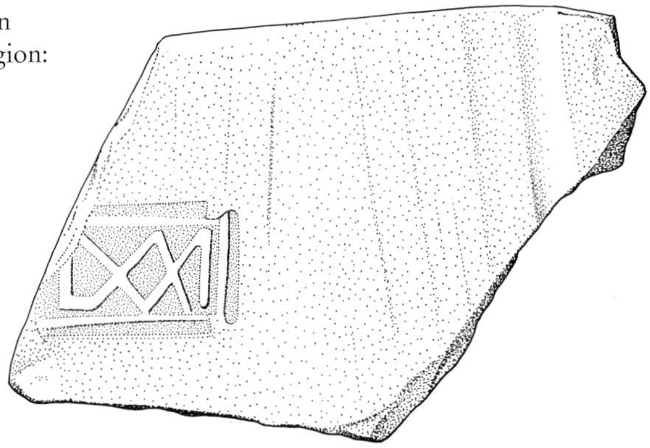

fällig ist, daß der Talausgang der Dreisam, also das heutige Stadtgebiet von Freiburg, keinen solchen Stützpunkt aufweist, obwohl hier die langfristig wichtigere, in jedem Fall auch ältere der beiden Aufstiegsrouten auf und über den Schwarzwald beginnt[19]. Hält man in diesem Fall eine Fund- und Forschungslücke für unwahrscheinlich, könnte die Erklärung darin liegen, daß der über Denzlingen und das Glottertal führende nördliche Aufstieg, die kürzere und direktere Verbindung zwischen den Kastellen Riegel und Hüfingen an der oberen Donau[20], im 1. Jahrhundert für kurze Zeit aus strategischen Gründen wichtiger war, solange nämlich, als es an diesen Orten Kastellbesatzungen gegeben hat. Das lange auf dem Freiburger Schloßberg vermutete Kastell, für dessen Existenz man einige dort gefundene Mosaikreste in Anspruch nahm[21], kann jedenfalls heute zu den Akten gelegt werden.

Noch ein paar Worte zu den römischen Straßen, zunächst zu der jetzt schon mehrfach angesprochenen West-Ost-Verbindung über den Schwarzwald[22]. Lange umstritten, konnte ihr Verlauf in jüngster Zeit durch die Geländeforschungen J. und W. Humperts weitgehend rekonstruiert, streckenweise sogar exakt festgelegt werden (Abb. 12). J. Humpert hat darüber einen ausführlichen Vorbericht geliefert. Demnach verband diese Straße, deren Spuren im Gelände teilweise noch gut ablesbar sind und deren Weiterbenützung bis ins frühe Mittelalter durch Funde gesichert werden konnte[23], zunächst die Kastelle an Oberrhein und oberer Donau. Der Aufstieg von der Rheinebene her war aber seit Beginn der römischen Zeit auf zwei Routen möglich, einer nördlichen durch das Glottertal und einer südlichen durch das Zartener Becken und das Wagensteigtal. Die für die spätere Entwicklung im Breisgau so wichtige Schwarzwaldstraße wurde also schon in der Mitte des 1. nachchristlichen Jahrhunderts ausgebaut, nachdem sie schon in spätkeltischer Zeit – und wahrscheinlich auch schon früher – als Verbindungsweg bestanden hatte. Auch dafür gibt es neben Indizien wie der Lage der spätkeltischen Siedlung von Tarodunum (Abb. 13), die H. Wirth schon 1927 mit einem Schwarzwaldübergang erklärte[24],

19 Für die Bedeutung dieser Strecke seit spätkeltischer Zeit spricht vor allem die Lage von Tarodunum im Zartener Becken sowie die dort festgestellte römische Gebäudegruppe (*statio*?) mit Resten des Straßenkörpers. Badische Fundberichte 13, 1937, S. 100–114, hier S. 111; vgl. hier Anm. 22 und 24.

20 Zur Verbindung über den Schwarzwald zwischen Riegel und Hüfingen vgl. ASSKAMP (wie Anm. 11) S. 167. Zur Schwarzwaldstraße vgl. hier Anm. 22.

21 Heinrich SCHREIBER, Geschichte der Stadt und Universität Freiburg im Breisgau Teil I, Freiburg 1857, S. 10; Ernst WAGNER, Fundstätten und Funde aus vorgeschichtlicher, römischer und alamannisch-fränkischer Zeit im Großherzogtum Baden. Erster Teil: Das badische Oberland, Tübingen 1908, S. 217; Archäologische Nachrichten aus Baden 19, 1977, S. 21 Abb. 3; WIRTH (wie Anm. 24) S. 56. Durchgesetzt hat sich heute die Auffassung, daß auf dem Schloßberg eine *villa rustica* zu lokalisieren sei, deren bauliche Überreste weitgehend den mittelalterlichen und frühneuzeitlichen Veränderungen des Berges (Festungsbau) zum Opfer gefallen sein dürften. Vgl. A. ZETTLER in diesem Band S. 152 f. mit Abb. 1.

22 Rolf NIERHAUS, Römische Straßenverbindungen durch den Schwarzwald, in: Badische Fundberichte 23, 1967, S. 117–157, bes. S. 133 ff. Zur älteren Diskussion um die römischen Straßenverbindungen Breisgau – obere Donau, der Nierhaus ablehnend gegenübersteht, vgl. S. 133, Anm. 15; ASSKAMP (wie Anm. 11) S. 167; Johannes HUMPERT, Eine römische Straße durch den südlichen Schwarzwald, in: Archäologische Nachrichten aus Baden 45, 1991, S. 19–32 mit Übersichtsplan Abb. 1.

23 Gerhard FINGERLIN, Ein interessanter Einzelfund der späten Merowingerzeit aus Dittishausen, Gemeinde Löffingen, Kreis Breisgau-Hochschwarzwald, in: Archäologische Ausgrabungen in Baden-Württemberg 1991, Stuttgart 1992, S. 227–229 Abb. 145 (Riemenzunge aus Bronze); Archäologische Nachrichten aus Baden 45, 1991, S. 23 Abb. 5 (eiserner Sporn). – Zur frühmittelalterlichen Straßenverbindung durch den Südschwarzwald vgl. auch Hans LIEB, Die frühesten Zeugnisse für Tengen, in: Tengen, Geschichte der Stadt und ihrer Ortschaften, hg. von Franz GÖTZ, Singen 1992, S. 57 f. mit Anm. 23.

24 Hermann WIRTH, Die Römerstraße Breisach – Zarten – Rottweil, in: Mein Heimatland 14, 1927, S. 53 ff.

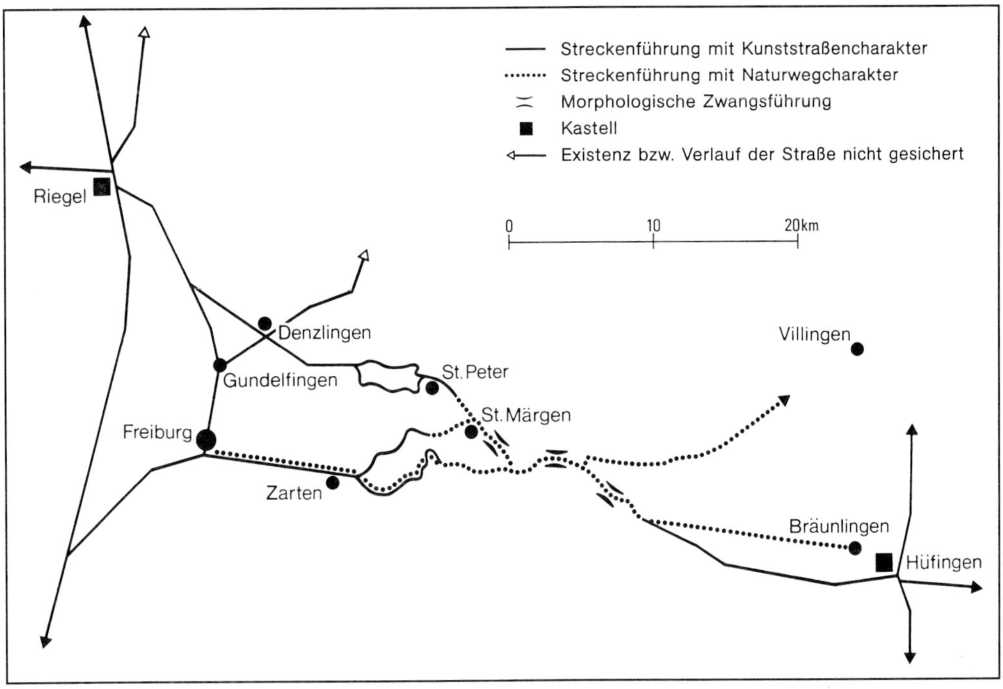

Abb. 12 Streckenführung der römischen Straße vom Breisgau zur oberen Donau. Die nördliche Route durch das Glottertal ist nicht gesichert. Nach J. Humpert (Anm. 22).

einen gesicherten Fund, einen sogenannten Schwertbarren spätkeltischer Zeitstellung aus dem östlichen Teil der Trasse bei Dittishausen[25].

Auch die anderen Hauptstraßen der Römer im Breisgau bilden Konstanten seiner geschichtlichen Entwicklung (Abb. 14), teilweise bis ins späte Mittelalter. Dies gilt ebenso für die Fortsetzung der Schwarzwaldstraße nach Westen, entlang dem Nordrand des Kaiserstuhls, die sich bei Königschaffhausen verzweigt, um bei Sasbach in Richtung Straßburg und bei Jechtingen in Richtung Colmar und Vogesenpässe Anschluß an das linksrheinische Straßennetz zu finden, wie für die östliche Rheintalstraße von Basel nach Mainz, die entlang der Vorbergzone von Süden kommend über Krozingen[26], das erst vor wenigen Jahren entdeckte römische Umkirch[27], Nimburg und Riegel[28] weiter längs des Gebirgsrandes nach Norden führt. Schließlich gehört auch die bei Riegel abzweigende Trasse dazu, die in weitem Bogen die Freiburger Bucht umfährt, bei Denzlingen und Freiburg jeweils den Einstieg ins Gebirge eröffnet, bei Wolfenweiler wieder in die Hauptstrecke mündet und deren spätere Bedeutung sich noch heute zumindest teilweise im Verlauf der Bundesstraße 3 erkennen läßt.

25 Archäologische Nachrichten aus Baden 45, 1991, S. 23 Abb. 4.

26 Winfried ZWERNEMANN, Die römische Töpferei von Bad Krozingen, in: Das Markgräflerland 1, 1981, S. 115–130; Gerhard FINGERLIN, Ein römischer Töpfereibezirk in Bad Krozingen, Kreis Breisgau-Hochschwarzwald, in: Archäologische Ausgrabungen in Baden-Württemberg 1982, Stuttgart 1983, S. 110–113.

27 Gerhard FINGERLIN, Umkirch, in: Römer in Baden-Württemberg (wie Anm. 4) S. 590f.

28 Bernhard CÄMMERER u. Gerhard FINGERLIN, Riegel, in: Römer in Baden-Württemberg (wie Anm. 4) S. 504–508.

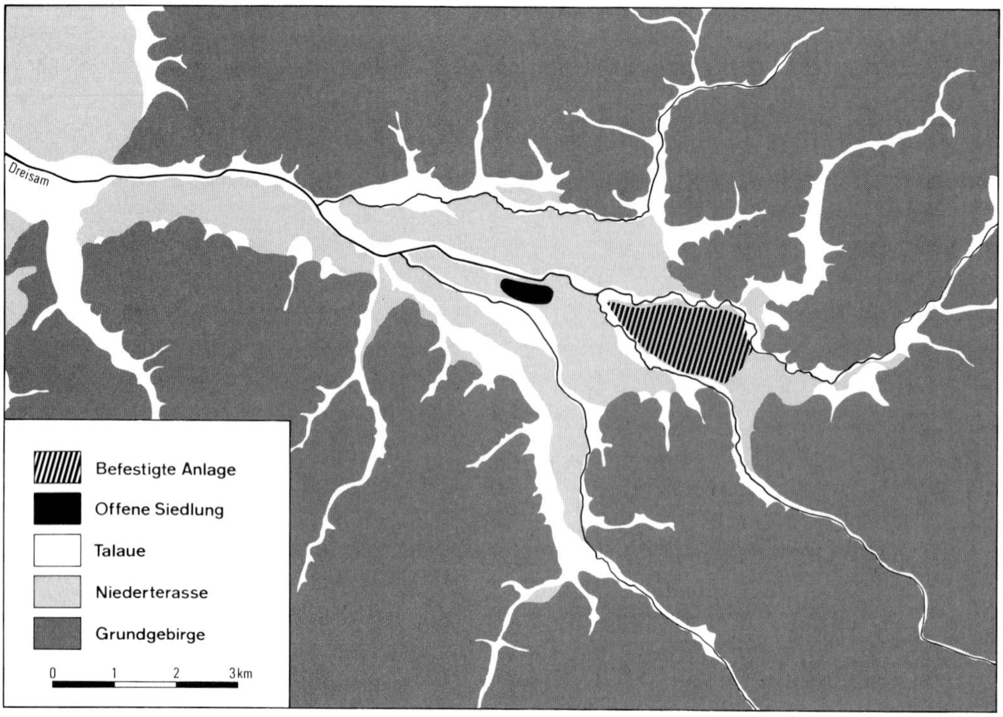

Abb. 13 Die Lage von Tarodunum (Befestigung und offene Siedlung) im Zartener Becken östlich von Freiburg. Von hier führte schon in spätkeltischer Zeit ein Weg über den Schwarzwald zur oberen Donau.

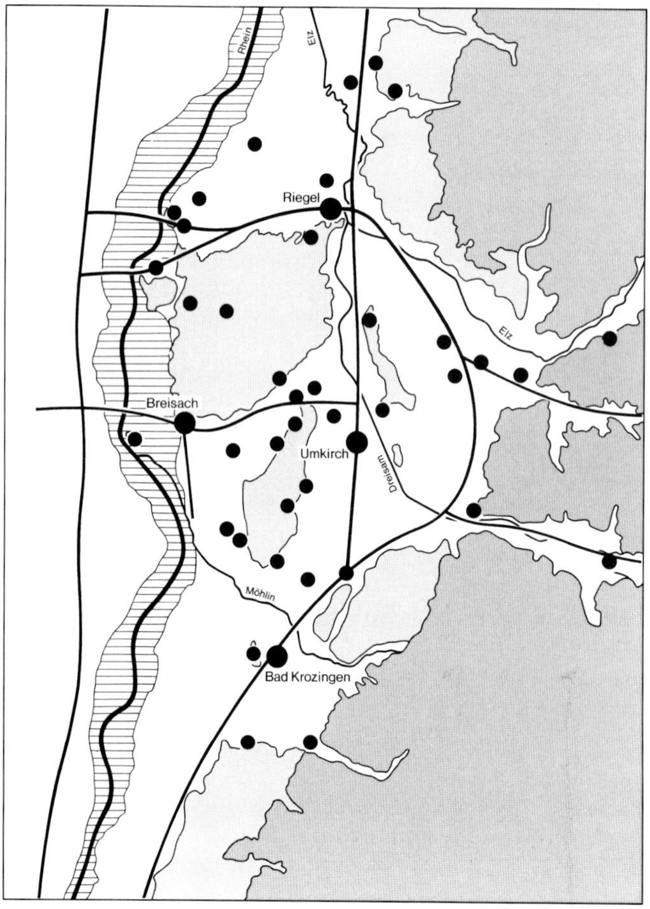

Abb. 14 Der Breisgau in römischer Zeit, Hauptstraßen und Siedlungen. Große Punkte: Siedlungen kleinstädtischen Charakters (*vici*), kleine Punkte: Gutshöfe (*villae*) bzw. Siedlungen unbestimmter Größe.

Endlich ist noch eine Route zu nennen, die von Breisach her kommend nördlich von Umkirch, etwa bei Hugstetten, auf die Rheintalstraße trifft und den mit guten linksrheinischen Verbindungen versehenen Mons Brisiacus auch an die rechtsrheinische Hauptstrecke anbindet. Diese Straße berührt bei Ihringen an der Südwestecke des Kaiserstuhls eine größere römische Siedlung, die ähnlich Umkirch erst in jüngster Zeit bekannt geworden ist[29]. Ohne Zweifel diente dieses Straßennetz – und hier können ohnehin nur die wichtigsten Routen angesprochen werden – ursprünglich militärischen Zwecken, der Erschließung und Sicherung des neu gewonnenen Landes. Bald aber, spätestens mit dem Abzug der Truppen gegen Ende des 1. nachchristlichen Jahrhunderts, traten andere Aspekte in den Vordergrund: Handel, Kurierdienste, Reiseverkehr. Nicht die Kommunikation zwischen Truppenstandorten, sondern zwischen aufblühenden Siedlungen und Städten war jetzt die Hauptaufgabe des gut ausgebauten und sorgfältig unterhaltenen Straßennetzes. Größere Siedlungen entstanden auch im Breisgau, entwickelten sich beispielsweise in Riegel aus einem Kastelldorf, aber auch an Plätzen, die nicht nach strategischen Gesichtspunkten ausgewählt waren, sondern nach den Bedürfnissen der weiteren Entwicklung und Erschließung des Siedlungsraumes, den Belangen von Gewerbe, Handel und Verkehr[30]. Eine Neugründung ohne Zusammenhang mit dem schon bestehenden Straßennetz ist nicht darunter, der Siedlungsausbau vollzieht sich vielmehr im wesentlichen entsprechend dem in der Mitte des 1. Jahrhunderts angelegten Grundmuster.

Auch unter nichtmilitärischen Gesichtspunkten muß bei einer Aufzählung und kurzen Behandlung der wichtigen Siedlungen an erster Stelle Riegel genannt werden, dann Umkirch und Bad Krozingen. Wenig erforscht sind bislang der Vicus an der Südwestecke des Kaiserstuhls zwischen Breisach und Ihringen und der wahrscheinlich doch etwas kleinere Platz zwischen Hochdorf und Hugstetten[31]. Der Breisacher Münsterberg spielt in dieser Zeit friedlicher Entwicklung keine größere Rolle. Nur gering sind hier die Siedlungsspuren der mittleren Kaiserzeit, wenn auch vielleicht das überlieferte Bild durch die spätere Geschichte dieses Platzes und die damit verbundenen tiefgreifenden Zerstörungen etwas verfälscht sein mag[32].

Von Riegel als »einem der merkwürdigsten Plätze des römischen Breisgaus« sprach der Freiburger Historiker Heinrich Schreiber schon zu Beginn des 19. Jahrhunderts[33]. Damit

29 Guntram GASSMANN, Eine römische Straße mit Siedlungsspuren an der Gemarkungsgrenze zwischen Breisach und Ihringen, Kreis Breisgau-Hochschwarzwald, in: Archäologische Ausgrabungen in Baden-Württemberg 1992, Stuttgart 1993, S. 130–132.

30 Größere römische Siedlungen im Breisgau, außer den hier Anm. 26–29 genannten, sind zu lokalisieren bei Denzlingen, Gottenheim, Hochdorf-Hugstetten, Jechtingen und Sasbach. Genauere Vorstellungen über Ausdehnung und Struktur dieser Plätze bestehen noch nicht, da keine größerflächigen Grabungen möglich waren.

31 Ausgegraben bisher ein Ziegelbrennofen. Vgl. Rolf DEHN, Gerhard FINGERLIN, Ausgrabungen der archäologischen Denkmalpflege in Freiburg im Jahre 1977, in: Archäologische Nachrichten aus Baden 20, 1978, S. 3–23, hier S. 15 f. Abb. 13.

32 Wie neuere Grabungen ergeben haben, wurde nördlich des spätantiken Kastells auf dem Münsterbergplateau ein regelrechtes »Glacis« geschaffen und dabei anscheinend noch bestehende Gebäude älterer Siedlungsphasen bis auf Kellerniveau abgetragen. Noch stärkere Zerstörungen verursachten dann die oft mehrgeschossigen Tiefkeller der mittelalterlichen Stadt, vgl. hier Anm. 6.

33 Heinrich SCHREIBER, Über die neuentdeckte römische Niederlassung zu Riegel im Breisgau nebst einer Anleitung, wie Spuren römischer Alterthümer in unseren Gegenden leicht aufzufinden und zu verfolgen sind, und einem Kaertchen von Riegel und Umgebung, Freiburg 1825; DERS., Römische Töpferei zu Riegel, in: Zeitschrift der Gesellschaft für Beförderung der Geschichte, Alterthums- und Volkskunde von Freiburg, dem Breisgau und den angrenzenden Landschaften 1 [=Zeitschrift des Freiburger Geschichtsvereins 1], 1867–69, S. 1–55, hier S. 30ff.; K. SCHUMACHER, Neues vom alten Riegel, in: Schau-ins-Land 28, 1901, S. 1–12.

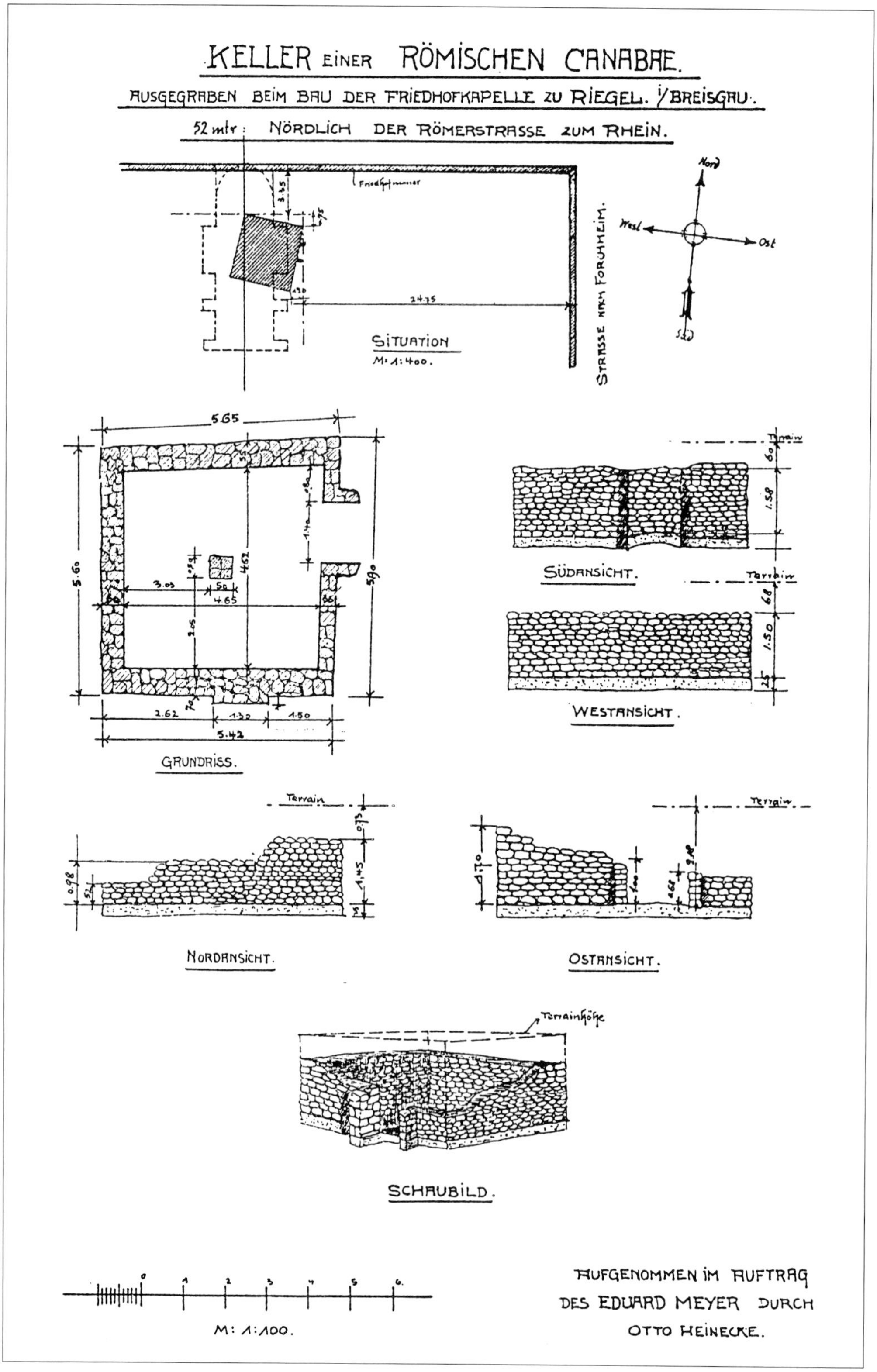

Abb. 15 Riegel. Römischer Steinkeller unter der Friedhofskapelle. Grabungsdokumentation von 1904. Landesdenkmalamt Freiburg, Ortsakten.

ist zugleich der gute Forschungsstand charakterisiert, der auf fast zwei Jahrhunderte der Beobachtungen und Ausgrabungen zurückgeht (Abb. 15). Wenn wir heute in diesem Ort die wichtigste stadtähnliche Siedlung des römischen Breisgaus sehen, wird dies aber nicht nur durch die relativ gute Quellenlage bestimmt. Wir dürfen darüber hinaus auch annehmen, daß die günstige Verkehrslage, die schon für den Bau des Kastells maßgebend war, sich auch unter nichtmilitärischen Vorzeichen als förderlich erwiesen hat (Abb. 14). So überrascht es nicht, hier alle Elemente einer Entwicklung zu einem größeren städtischen Gemeinwesen anzutreffen, wenn auch die geschichtlichen Ereignisse im 3. Jahrhundert diesen Wachstumsprozeß abrupt beendet haben.

In ihrer Blütezeit im 2. nachchristlichen Jahrhundert bot die Siedlung etwa folgendes Bild: Um einen in Stein ausgebauten Kernbereich, wo neben komfortablen Wohnhäusern auch öffentliche Gebäude zu vermuten sind, legen sich einfachere Wohnbezirke und gewerblich genutzte Areale, in denen Holz- und Fachwerkhäuser dominieren. Die am Ort vertretenen handwerklichen Sparten lassen bei aller Lückenhaftigkeit des Planes erkennen, daß hier der Straßenverkehr einen mit allem Notwendigen versehenen Stützpunkt besaß, daß dem Ort aber auch eine Mittelpunktsfunktion in der Versorgung seines Umlandes mit gewerblichen Produkten zukam. Nachgewiesen sind bis heute vor allem die Gewerbe, die im Boden immer die deutlichsten Spuren hinterlassen, also Ziegelbrennerei, Töpferei (Abb. 16) für qualitativ sehr unterschiedliche Produkte, Bronzegießerei und -blechnerei sowie Eisenverarbeitung[34]. Andere Handwerker zeichnen sich in Werkzeugfunden ab, vor allem Schreiner und Zimmerleute. Eine andere wichtige Funktion des Ortes belegt ein hier gefundener Augenarztstempel[35], der auf das Vorhandensein zumindest einer medizinischen Grundversorgung hinweist. Zudem lassen das sichtbar erhaltene Mithrasheiligtum (Abb. 17) und weitere, durch einschlägige Funde sich abzeichnende Sakralbezirke Riegel als Platz örtlicher und regionaler Kultgemeinschaften erkennen, dessen Angebote in dieser Hinsicht bestimmt auch von den hier durchkommenden und Station machenden Reisenden in Anspruch genommen wurden[36]. Auch in administrativer Hinsicht kommt dem Ort offenbar eine Sonderstellung zu. Durch eine neue Lesung bzw. Deutung der Dedikationsinschrift auf dem seit langem bekannten Riegeler Mithrasaltar (Abb. 18) ist es äußerst wahrscheinlich geworden, daß am Ort ein hoher Verwaltungsbeamter residierte[37], wenn wir auch nicht wissen, zu welcher kaiserlichen Behörde er gehörte und was sein spezielles Aufgabengebiet war, das Steuerwesen oder die Betreuung staatlicher Lebensmittellager beispielsweise. In jedem Fall wäre also Riegel, neben seinen anderen zentralörtlichen Funktionen, auch der Rang und die Qualität eines Amtssitzes der kaiserlichen Provinzialverwaltung innerhalb der Provinz Obergermanien zuzusprechen.

Im Zusammenhang mit dieser in Riegel lokalisierten Verwaltungskompetenz könnte ein archäologischer Befund aus dem Vicus in Umkirch stehen. Dort wurde in jüngster Zeit ein riesiges Horreum (Abb. 19), ein auf dichtem Pfostenrost ruhender Speicherbau von ca. 40 m Länge und 13 m Breite ausgegraben[38]. Er enthielt einen kleinen, durch

34 SCHREIBER, Römische Niederlassung (wie Anm. 33); FINGERLIN, Riegel (wie Anm. 28).

35 Ähnlich dem Augenarztstempel von Rottweil. Abgebildet bei Hartmut MATTHÄUS, Der Arzt in römischer Zeit. Medizinische Instrumente und Arzneien (Schriften des Limesmuseums Aalen Nr. 43) Aalen 1989, Abb. 45.

36 Wilhelm SCHLEIERMACHER, Ein Mithreum in Riegel, in: Badische Fundberichte III, 1933–36, S. 69–78; CÄMMERER (wie Anm. 28); Elmar SCHWERTHEIM, Ein Kultgegenstand aus dem neuen Mithräum in Riegel, Kaiserstuhl, in: Antike Welt 1979, Sondernr. Mithras, S. 72–74.

37 Géza ALFÖLDY, Die Mithras-Inschrift aus Riegel am Kaiserstuhl, in: Germania 64, 1986, 2, S. 433–440.

38 Michael WAGSCHAL, Archäologische Beobachtungen in Umkirch, Kreis Breisgau-Hochschwarzwald, in: Archäologische Ausgrabungen in Baden-Württemberg 1988, Stuttgart 1989, S. 127–129, Abb. 102 (Plan).

Abb. 16 Riegel. Römischer Töpferofen mit davorliegender Heizgrube.

Abb. 17 Riegel. Mithrasheiligtum während der Ausgrabung, vom Eingang her gesehen. Am Profilsteg ist die Dreischiffigkeit der Anlage mit erhöhten Podien neben dem Mittelgang gut ablesbar. Rückwand mit rechteckiger Apsis für das (bisher nicht gefundene) Kultbild.

Abb. 18 Riegel. Mithrasheiligtum. Altarstein (DEO INVICTO = Mithras), gestiftet von Victor, einem kaiserlichen Verwaltungsbeamten (vgl. Anm. 37).

Abb. 19 Umkirch. Großer römischer Speicherbau (Horreum) mit »Schreibstube« (vgl. Abb. 20).

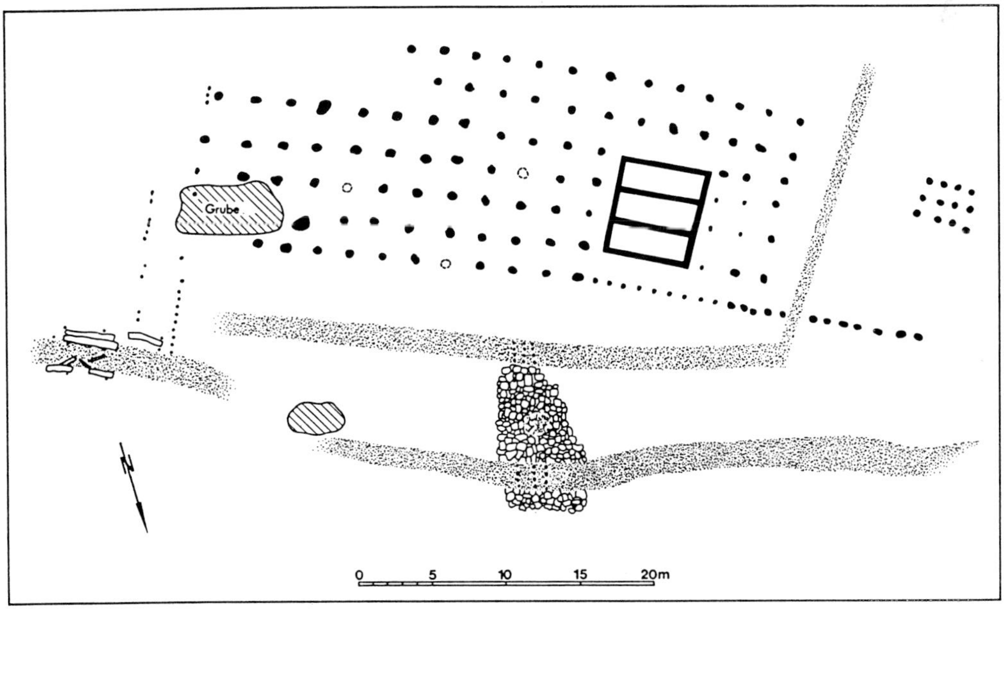

Abb. 20 Umkirch. Römisches Tintenfaß aus Terra sigillata, ergänzt. Gefunden im Horreum (vgl. Abb. 19).

Holzbalken fundamentierten Raum, offenbar eine Schreibstube, da in seiner unmittelbaren Nähe ein außerordentlich seltenes Fundstück zutage kam, ein Tintenfaß aus Terra Sigillata (Abb. 20), das in diesem, sonst nahezu fundleeren Gebäude mit Sicherheit zur Funktionsbestimmung herangezogen werden kann. Auch wenn dies nicht zu beweisen ist, darf man doch an ein staatliches Lebensmittellager denken, dessen Vorräte vielleicht der Truppenversorgung am Limes dienten, das also in den Zusammenhang militärischer Logistik im Hinterland der Reichsgrenze gehören könnte.

Auch im gewerblichen Bereich hat Umkirch eine Besonderheit zu bieten, die seinen Stellenwert für die Region und darüber hinaus erkennen läßt. Fragmente sogenannter Formschüsseln, mit denen reliefverzierte Gefäße hergestellt wurden, geben Zeugnis von einer hier ansässigen Sigillatatöpferei, einer Manufaktur für das »klassische« römische Tafelgeschirr, die porzellanartige rotglänzende Terra Sigillata. Auch der Fabrikant, A. Giamilus, ist namentlich bekannt. Er betrieb sein Unternehmen in der ersten Hälfte des 2. Jahrhunderts und verhandelte seine Produkte in weitem Umkreis. H.U. Nuber hat sich mit diesem Töpfer und seinem Absatzgebiet befaßt und dabei entfernte Zielorte wie Straubing in Niederbayern nachgewiesen[39]. Hauptsächlich beliefert wurde allerdings der Nahbereich links und rechts des Oberrheins und das Neckargebiet mit Absatzschwerpunkt in Rottweil, dem römischen Hauptort im Gebiet der *agri decumates*. Zumindest für eine gewisse Zeit war damit Umkirch Standort einer durch den Handel im Elsaß und in ganz Süddeutschland vertriebenen Geschirrproduktion, bisher auch der einzige Platz im südlichen Oberrheintal, an dem die Herstellung von Sigillata nachgewiesen ist.

Schließlich ist der Blick noch auf den Vicus von Bad Krozingen zu richten, der im Süden der hier betrachteten Landschaft eine ganz ähnliche Rolle spielt wie Umkirch in der Mitte und Riegel im Norden[40]. Dies bezieht sich allerdings nur auf die Funktion als Stütz-

39 Hans Ulrich Nuber, A. Giamilus – ein Sigillatatöpfer aus dem Breisgau, in: Archäologische Nachrichten aus Baden 42, 1989, S. 3–9.

40 Gerhard Fingerlin, Bad Krozingen, in: Römer in Baden-Württemberg (wie Anm. 4) S. 214f., vgl. hier Anm. 26.

punkt des Fernverkehrs und als Ort des Handels, der Dienstleistungen und gewerblichen Produktion, wozu auch, wie immer, die Versorgung von kleineren Siedlungen und Gutshöfen im näheren Umkreis gehörte. Inschriftliche Zeugnisse fehlen in Krozingen, damit auch Hinweise auf denkbare administrative Funktionen des Ortes. Dieser entstand möglicherweise aus einer Versorgungsstation an der Hauptstraße und entwickelte sich im späteren 1. und 2. Jahrhundert nach Christus zu einem umfangreichen Vicus, in dem sich unter anderem Töpfer, Schmiede, Bronzehandwerker und Drechsler niederließen. Vor allem die Geschirrproduktion ist durch zahlreiche Brennöfen (Abb. 21) belegt[41]. Ihre Erzeugnisse, speziell dünnwandige Feinkeramik, wurden im näheren Umkreis abgesetzt.

Wie ein Blick auf die Karte des Breisgaus in römischer Zeit lehrt (Abb. 14), wird das Siedlungsbild im übrigen von den zahlreichen Gutshöfen bestimmt, wozu auch, südlich von Krozingen gelegen, die große, architektonisch bemerkenswerte Villa von Heitersheim gehört (Abb. 22), die seit einigen Jahren vom Provinzialrömischen Institut der Universität Freiburg unter Leitung von H.U. Nuber erforscht wird[42]. Wenn auch auf die Siedlungskategorie der Gutshöfe hier nicht weiter eingegangen werden kann, zeigt doch das Ausnahmebeispiel von Heitersheim, daß sich in diesem Raum auch außerhalb der größeren Siedlungen Schwerpunkte herausgebildet haben, die allerdings in ihrer Funktion ohne epigraphische Zeugnisse, also ohne den Fund von Inschriften, schwer zu beurteilen sind. Zweifellos war aber eine Großvilla wie Heitersheim Wohnsitz einer wirtschaftlich wie politisch überaus einflußreichen Familie, die auf höherer Ebene anzusiedeln ist als beispielsweise die kaiserlichen Beamten in Riegel.

Das Bild des Breisgaus in römischer Zeit wäre unvollständig, ohne den Bergbau auf Silber und Blei anzusprechen, der am Rand des Schwarzwaldes in den tief eingeschnittenen Nebentälern betrieben wurde und ohne Zweifel eine wichtige Komponente der wirtschaftlichen Möglichkeiten bildet, die das Land seinen Bewohnern geboten hat[43]. Auch in der Geschichte der Stadt Freiburg ist bekanntlich der Silberbergbau ein wichtiger Faktor, und daß er letztlich auf die Römer zurückgeht, hat man schon lange vermutet. Indizien dafür gab es vor allem im Sulzbachtal bei Sulzburg, und dort gelang auch erstmals der Nachweis römischen Bergbaus vor Ort[44].

Bodenschätze und ihre Ausbeutung gehören also seit römischer Zeit zu den Faktoren, die sich nachhaltig auf Besiedlung und Geschichte der hier behandelten Landschaft ausgewirkt haben – neben der durch Rhein- und Schwarzwaldübergänge sowie die Kreuzung wichtiger Fernstraßen charakterisierten verkehrsgeographischen Lage, neben der Herausbildung strategisch bedingter Schwerpunkte oder auch der landwirtschaftlichen Ertragsfähigkeit dieses durch Klima und fruchtbare Böden begünstigten Raumes, sichtbar geworden für uns in der großen Zahl der Gutshöfe oder im Kornspeicher von Umkirch.

41 Zwernemann (wie Anm. 26).

42 Heike Allewelt, Klaus Kortüm, Hans Ulrich Nuber, Das Hauptgebäude der Villa urbana von Heitersheim, Kreis Breisgau-Hochschwarzwald, in: Archäologische Ausgrabungen in Baden-Württemberg 1992, Stuttgart 1993, S. 171 ff. mit weiterer Literatur.

43 Vgl. hier Anm. 4.

44 Stefanie Martin-Kilcher, Hansjosef Maus, Willi Werth, Römischer Bergbau bei Sulzburg »Mühlematt«, Kreis Breisgau-Hochschwarzwald, in: Fundberichte aus Baden-Württemberg 4, 1979, S. 170ff.; Roman Mischker, Carl Pause, Heiko Steuer, Montanarchäologische Ausgrabungen am oberen Riestergang bei Sulzburg, Kreis Breisgau-Hochschwarzwald, in: Archäologische Ausgrabungen in Baden-Württemberg 1992, Stuttgart 1993, S. 375–379.

Abb. 21 Krozingen. Schnitt durch einen gemauerten Töpferofen mit gut erhaltener, gelochter Brennplatte.

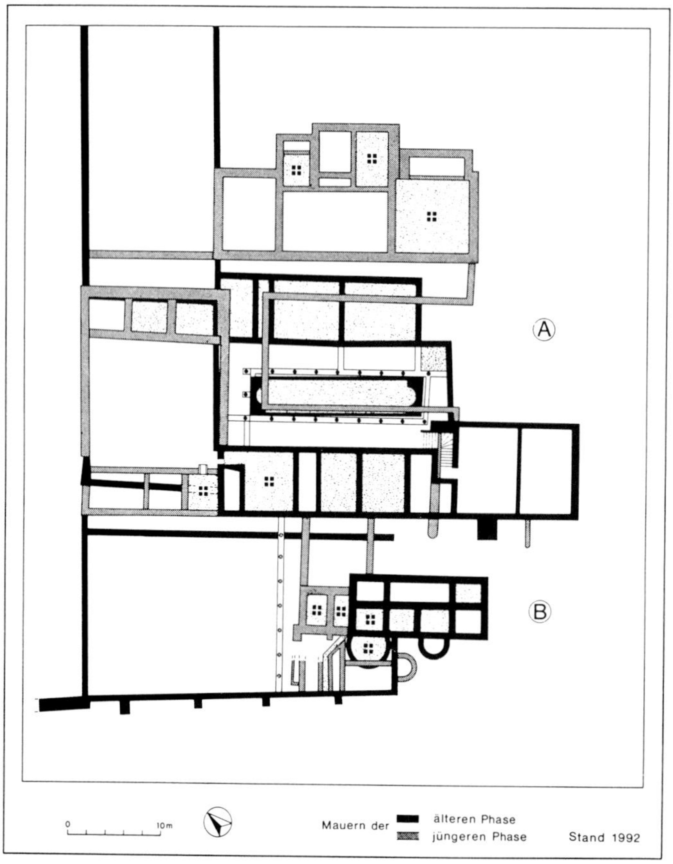

Abb. 22 Heitersheim. Hauptgebäude der römischen Villa urbana, Übersichtsplan mit verschiedenen Bauperioden. Nach H.U. Nuber (Anm. 42).

Mit der Einwanderung der Alamannen im späten 3. Jahrhundert und der Zurückdrängung der römischen Reichsgrenze an die Rheinlinie (Abb. 23) ändern sich im Breisgau die Vorzeichen[45]. An die Stelle der römischen Zivilisation mit ihren entwickelten staatlichen Einrichtungen, ihren durch die Zugehörigkeit zu einem antiken Weltreich geprägten Lebensformen tritt zunächst eine überwiegend archaisch-bäuerliche Gesellschaft, angeführt von *reges* und *reguli*, wie römische Quellen berichten, also von Königen und Kleinkönigen mit ihrem kriegerischen Gefolge[46]. Der Breisgau wird wieder Grenzland, Vorfeld der spätrömischen Militärgrenze[47], womit sich in gewissem Sinne die Situation des 1. vorchristlichen Jahrhunderts wiederholt, als Cäsar die gallischen Länder zur römischen Provinz gemacht hatte und für ca. hundert Jahre der Rhein die Grenze gegen die Süddeutschland bewohnenden keltischen und germanischen Gruppen bildete.

Es ist interessant zu sehen, daß jetzt wieder Orte an Bedeutung gewinnen, die schon in frührömischer Zeit als strategische Stützpunkte gedient haben, in erster Linie Breisach, dann aber auch Jechtingen mit seinem wichtigen Rheinübergang (Abb. 24). Angelpunkt der Reichsverteidigung zwischen Kaiseraugst und Basel im Süden und Straßburg im Norden wird der Münsterberg von Breisach (Abb. 10), auf dem in der Regierungszeit Kaiser Constantins, also zu Beginn des 4. nachchristlichen Jahrhunderts, ein starkes Grenzkastell errichtet wird[48], nachdem man, offenbar in einer ersten provisorischen Reaktion auf die alamannische Eroberung, zunächst nur einen leicht befestigten Truppenstützpunkt auf dem das Rheintal beherrschenden Hochplateau eingerichtet hatte[49]. 1938 durch die Freiburger Denkmalpflege entdeckt und in Teilbereichen untersucht[50], ist dieses Kastell seither durch verschiedene großflächige Ausgrabungen recht gut erforscht, trotz starker Störungen der älteren Schichten und Befunde durch den Bau der hochmittelalterlichen Stadt mit ihren teilweise extrem tief in den Untergrund eingegrabenen Kellern[51].

Während römische Funde und vereinzelte Baureste der mittleren Kaiserzeit über das ganze Hochplateau verteilt sind, beansprucht das spätantike Kastell nur die südliche Hälfte (Abb. 25). Eine massive Mauer mit hohen Türmen sowie ein doppelter Graben schützten die besonders gefährdete Nordseite, während die an den anderen Seiten dem Steilhang folgende Außenmauer schwächer gehalten, aber ebenfalls mit Türmen besetzt war. Innerhalb des Mauerberings ist vor allem ein großer zusammenhängender Baukomplex mit vielen Räumen hervorzuheben, offenbar das eigentliche Hauptgebäude, das den Bereich von altem Rathaus, Münsterplatz und Münster einnimmt. Teilweise dienten die Mauern dieses Gebäudes beim Bau des Münsters als Fundamente.

45 FINGERLIN, Siedlungsgeschichte (wie Anm. 8) S. 45ff.

46 Ammianus Marcellinus, Rerum gestarum libri XVI 12, XVII 10 usw.; vgl. Quellen zur Geschichte der Alamannen von Cassius Dio bis Ammianus Marcellinus, übersetzt von Camilla DIRLMEIER, durchgesehen und mit Anmerkungen versehen von Gunther GOTTLIEB (Quellen zur Geschichte der Alamannen Bd. 1) Sigmaringen 1976, S. 32ff.

47 Jochen GARBSCH, Der spätrömische Donau-Iller-Rheinlimes (Kleine Schriften zur Kenntnis der römischen Besetzungsgeschichte in Württemberg und Hohenzollern Bd. 6) Stuttgart 1970.

48 Rolf NIERHAUS, Grabungen in dem spätrömischen Kastell auf dem Münsterberg von Breisach 1938, in: Germania 24, 1940, S. 37–40; Helmut BENDER, Neuere Untersuchungen auf dem Münsterberg in Breisach (1966–1975), 2. Die römische und nachrömische Zeit, in: Archäologisches Korrespondenzblatt 6, 1976, S. 309ff.

49 Matthias KLEIN, Vorbemerkung zu WESCH-KLEIN (wie Anm. 16) S. 389.

50 NIERHAUS (wie Anm. 48).

51 Michael SCHMAEDECKE, Der Breisacher Münsterberg. Topographie und Entwicklung (Forschungen und Berichte der Archäologie des Mittelalters in Baden-Württemberg 11) Stuttgart 1992.

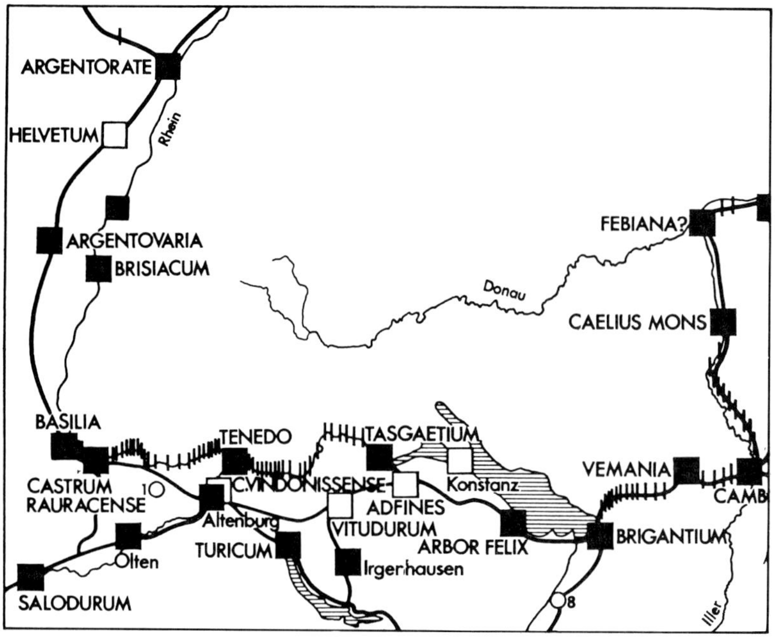

Abb. 23 Spätantike Reichsgrenze mit befestigten Städten, Kastellen und Wohntürmen (Hochrhein). Zwischen Breisach und Sponeck ist linksrheinisch noch ein kleines Kastell bei Oedenburg zu ergänzen.

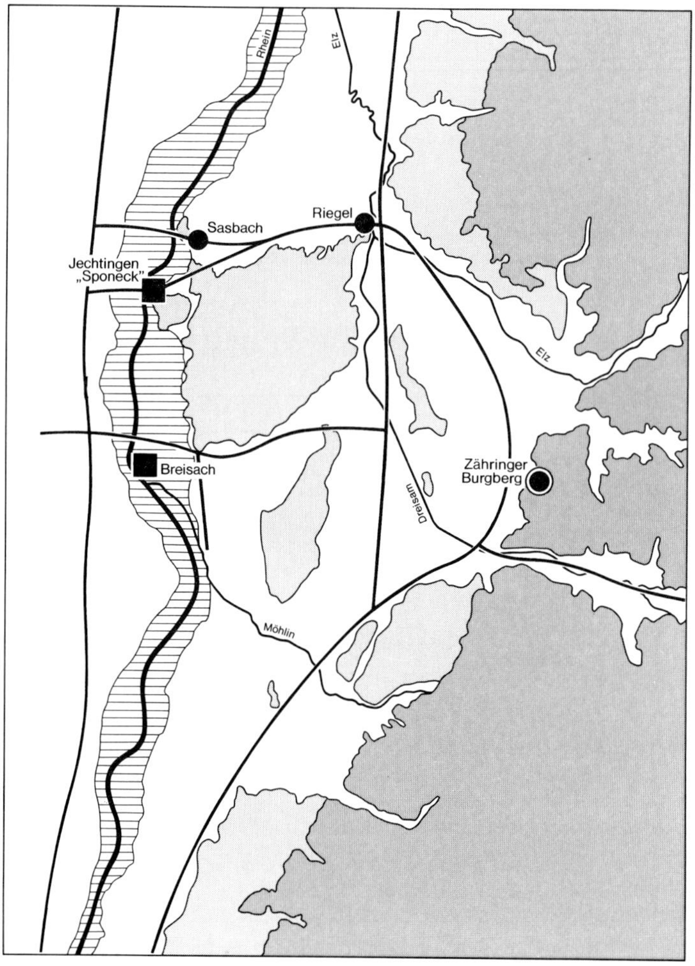

Abb. 24 Der Breisgau in spätrömischer und merowingisch-karolingischer Zeit. Hauptorte. Quadrate: Orte auf spätantiker Grundlage (römische Grenzkastelle).

Abb. 25 Breisach, »Münsterberg«. Spätantikes Grenzkastell, Übersichtsplan. Schwarz: römische Mauern, Befestigung und Innenbauten, Raster: römische Straße.

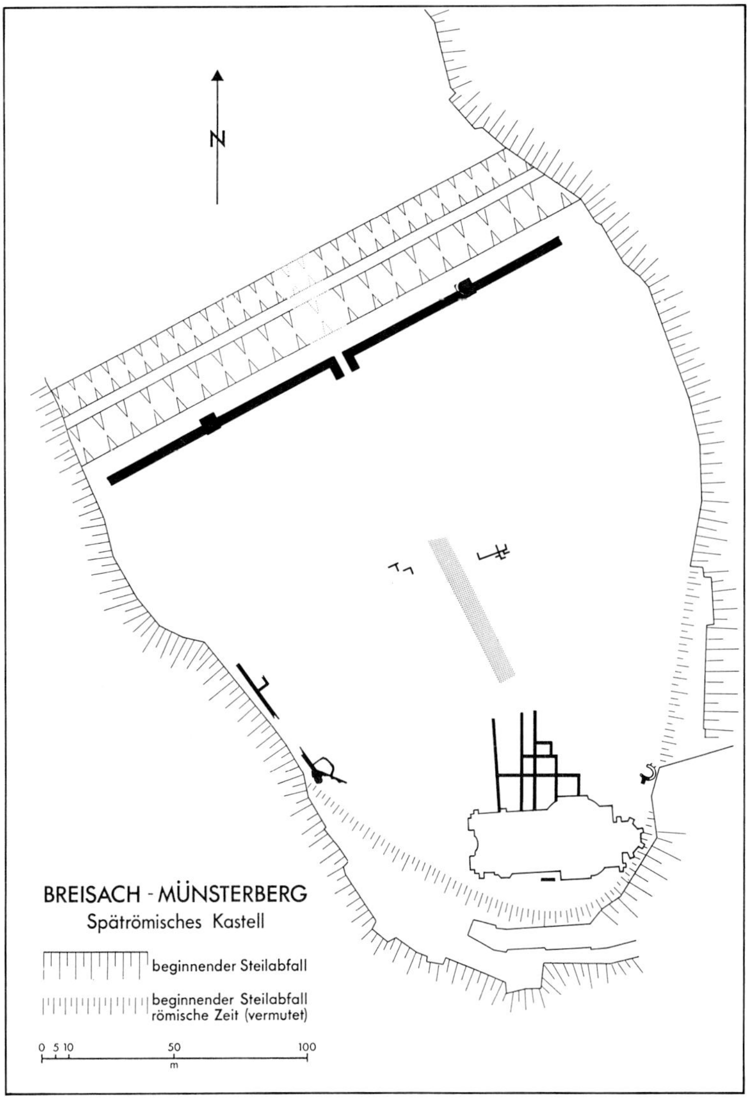

Wahrscheinlich war es dieser große Bau, den Kaiser Valentinian I. im Jahr 369 n.Chr. bei einer Inspektionsreise längs der Rheingrenze für einige Zeit als Quartier nahm, wo auch das berühmte Edikt, die erste Urkunde aus dem Breisgau, ausgefertigt wurde, das leider mit den geschichtlichen Vorgängen um den Berg nichts zu tun hat, das aber den Ortsnamen *Brisiacum* bestätigt, der früher schon einmal in einem Itinerarium, einem Straßenverzeichnis, als *Mons Brisiacus* Erwähnung gefunden hatte[52]. Nach dieser in keltische Zeit zurückreichenden Ortsbezeichnung erhielt übrigens auch der im Vorfeld von Breisach lebende alamannische Teilstamm seinen Namen. Überliefert sind *Brisigavi seniores* und *iuniores* als Truppenkontingente im römischen Heer[53]. Seit karolingischer Zeit

52 Konrad MILLER, Itineraria Romana, Römische Reisewege an Hand der Tabula Peutingeriana dargestellt, Stuttgart 1916; BENDER (wie Anm. 48) S. 309 mit Anm. 7.

53 Karl Friedrich STROHEKER, Die Alamannen und das spätrömische Reich, in: Die Alemannen in der Frühzeit (wie Anm. 8) S. 9–26, bes. S. 16 Anm. 20 und S. 22 Anm. 44.

ist dann in den Quellen auch vom *pagus brisigaugensis* bzw. von *Prisigauia*, also vom Breisgau als Verwaltungsbezirk die Rede[54].

Doch zurück zum spätantiken Breisacher Kastell. Trotz seiner fast uneinnehmbaren Lage, von steil abfallenden Felshängen und dem auf beiden Seiten vorbeifließenden Rhein geschützt, ist es doch in der Mitte des 4. Jahrhunderts durch germanische Angreifer erobert und zerstört worden. Der archäologische Befund ist hier eindeutig, zeigt aber auch, daß nach der Katastrophe die Festung rasch wieder aufgebaut, vielleicht auch noch verstärkt worden ist[55]. Bis zum Ende der römischen Herrschaft in Gallien, in der Mitte des 5. Jahrhunderts, hat allem Anschein nach die Grenzfestung ihren Zweck erfüllt, wenn auch mit einer Besatzung, einem Kontingent der Kaiseraugster Legio I Martia (Abb. 26), die nach den Funden sehr stark mit germanischen, wahrscheinlich auch alamannischen Söldnern durchsetzt war – wie auch das alamannisch besiedelte Vorfeld sehr deutlich die Nähe der Reichsgrenze und die Kontakte über diese befestigte und überwachte Linie hinweg erkennen läßt[56].

Die verkehrsgeographische Bedeutung des Kaiserstuhlraumes und der noch immer funktionierenden Rheinübergänge wird unterstrichen durch die Existenz eines zweiten Grenzkastells in nur geringer Distanz zu Breisach, angelegt auf dem weit in die Rheinaue vorspringenden Sponeckfelsen bei Jechtingen (Abb. 11 und 27). Im Gegensatz zum Breisacher Münsterberg mit seiner inselartigen Lage in der Rheinaue bildet die spätrömische Sponeck einen echten Brückenkopf auf dem rechten Rheinufer, einen Vorposten im Land der Brisigavi[57]. Wesentlich kleiner (Abb. 28) und auch viel gefährdeter als das Hauptkastell Brisiacum weist auch diese Anlage einen Zerstörungshorizont auf, hat aber ebenfalls bis ans Ende der Römerherrschaft in Gallien Bestand gehabt und seine Funktion erfüllt, wie wir der Münzreihe und anderen datierbaren Funden entnehmen können (Abb. 29). Bei der Betrachtung der merowingerzeitlichen Verhältnisse im Breisgau ist auf beide Plätze und ihr Weiterleben zurückzukommen.

Zunächst aber müssen wir uns dem frühalamannischen, genauer dem völkerwanderungszeitlichen Breisgau zwischen Schwarzwald und römischer Rheingrenze zuwenden, in dem sich während des 4. Jahrhunderts ein ganz neuer Schwerpunkt herausbildet, gleichsam die Reaktion und Antwort auf die Errichtung des Kastells in Breisach bzw. die weitere Existenz ummauerter römischer Städte auf der linken Seite des Rheintals. Die Rede ist von der Entstehung einer befestigten Höhensiedlung auf dem Zähringer Burgberg (Abb. 30), womit wir in verschiedener Hinsicht in die Nähe des späteren Freiburgs gelangen[58]: zunächst einmal wegen der Lage am Gebirgsrand in nur geringer Entfernung vom Ausgang des Dreisamtals, dann aber auch wegen der strategischen Dominanz dieses hochgelegenen Platzes, der im echten Wortsinn den Breisgau beherrscht, und schließlich

54 Geschichte der Stadt Breisach am Rhein, hg. von Günter HASELIER, Breisach 1969, 1. Halbbd.

55 Zum Zerstörungshorizont vgl. BENDER (wie Anm. 48) S. 314.

56 FINGERLIN, Frühe Alamannen (wie Anm. 3). Hier Beispiele für importierte Waren, Abb. 13,15,31,32; Karlhorst STRIBRNY, Römer rechts des Rheins nach 260 n.Chr. Kartierung, Strukturanalyse und Synopse spätrömischer Münzreihen zwischen Koblenz und Regensburg, in: Berichte der Römisch-Germanischen Kommission des Deutschen Archäologischen Instituts 70, 1989, S. 351–506.

57 SWOBODA (wie Anm. 18); Gerhard FINGERLIN, Römische Zeit, in: Jechtingen am Kaiserstuhl, hg. von Gerhard A. AUER im Auftrag der Gemeinde Sasbach, Jechtingen 1992, S. 9–48, bes. S. 22 ff.

58 Gerhard FINGERLIN, Der Zähringer Burgberg, eine neuentdeckte Höhensiedlung der Völkerwanderungszeit, Gemeinde Gundelfingen, Kreis Breisgau-Hochschwarzwald, in: Archäologische Ausgrabungen in Baden-Württemberg 1983, Stuttgart 1984, S. 181–184; Heiko STEUER, Die Alamannen auf dem Zähringer Burgberg (Archäologische Informationen aus Baden-Württemberg 13) Stuttgart 1990; DERS., Höhensiedlungen (wie Anm. 3).

Abb. 26 Breisach, »Münsterberg«. Ziegelstempel der spätrömischen Legio Prima Martia = (L)E G I MR.

Abb. 27 Jechtingen, »Sponeck«. Restauriertes Fundament eines spätantiken Kastellturms, im Hintergrund Palas der mittelalterlichen Burg.

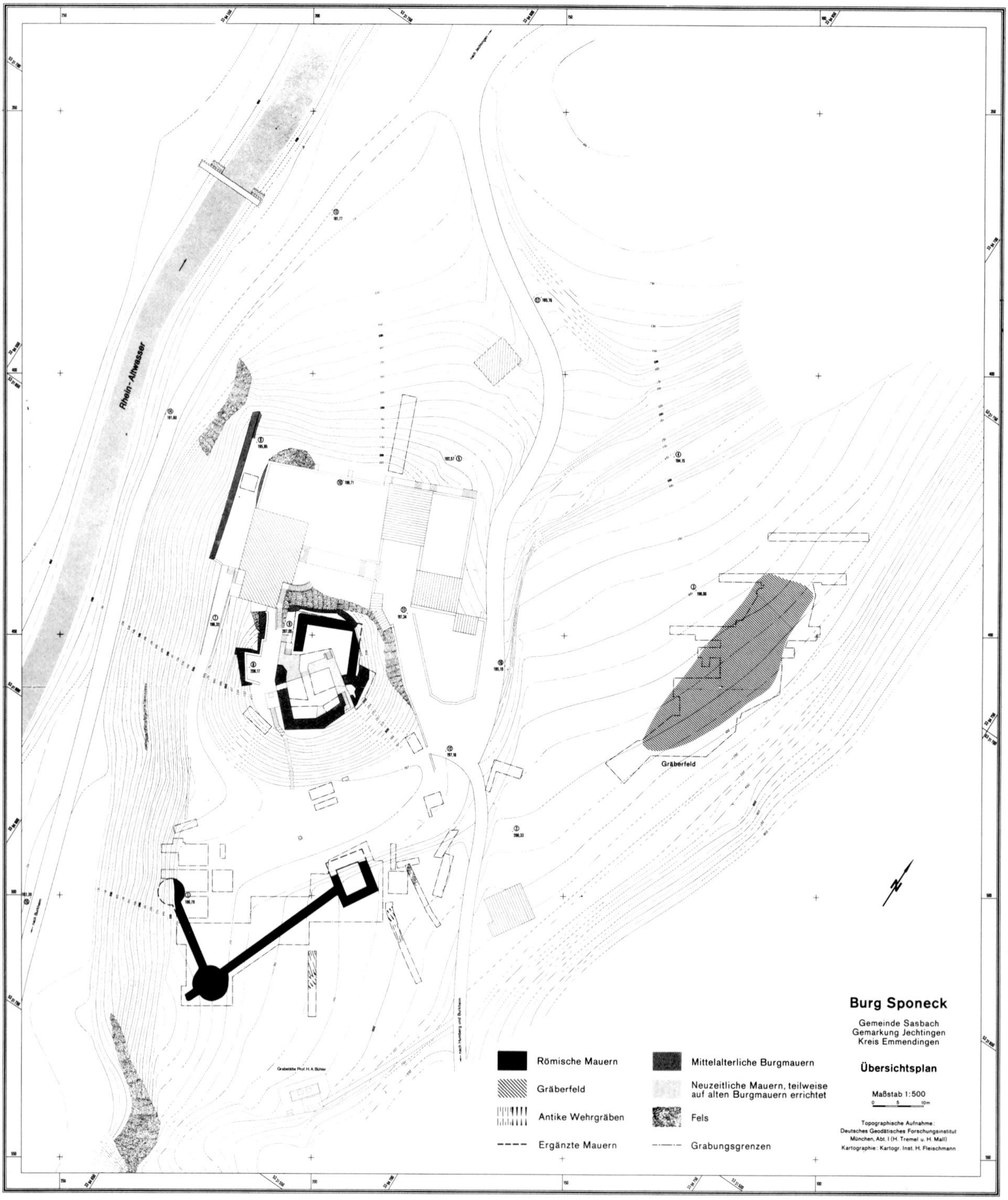

Abb. 28 Jechtingen, »Sponeck«. Spätantikes Kastell und zugehöriges Gräberfeld, Übersichtsplan.

Abb. 29 Jechtingen, »Sponeck«. Spätrömische Funde aus dem Kastell. Zwiebelknopffibel, Truhengriff, Gürtelschnalle, Beinkamm, kerbschnittverzierter Beschlag von Militärgürtel.

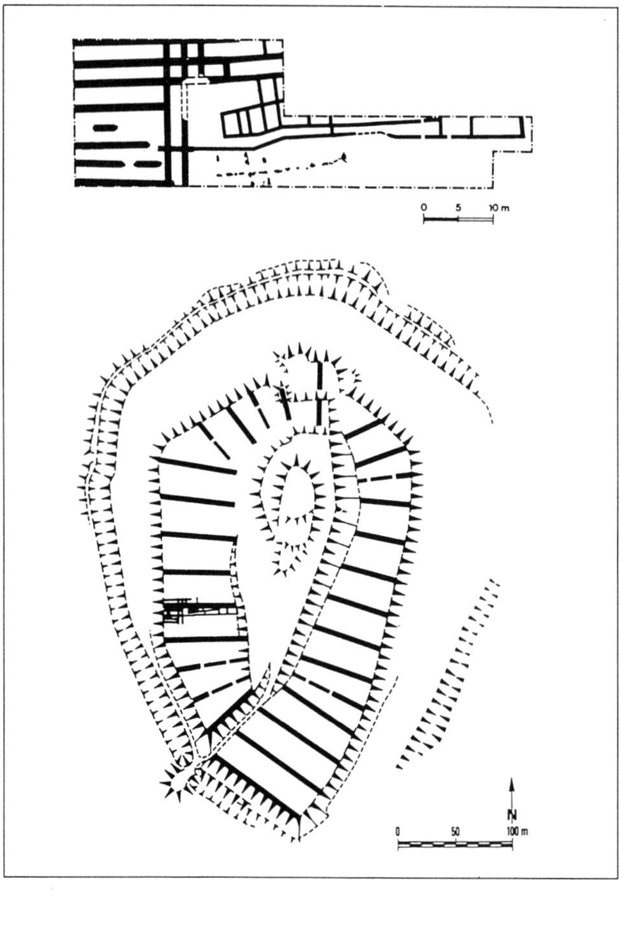

Abb. 30 Der Zähringer Burgberg (mit Turm) auf einer Zeichnung des 18. Jahrhunderts. Dorf und Burgruine Zähringen von Jonas Andreas und Josef Schmuzer (um 1734).

Abb. 31 Gundelfingen, »Zähringer Burgberg«. Schematische Darstellung der Terrassenkonstruktion, darüber archäologischer Befund (Stützmauern). Nach H. Steuer (Anm. 58).

auch wegen der Nähe zu der wichtigen Ost-West-Verbindung über den Schwarzwald durchs Zartener Becken und Wagensteigtal, in dieser Zeit wahrscheinlich die einzige, in jedem Fall aber die wichtigere der vom Rheintal ausgehenden Routen (Abb. 24).

Die 1978 gelungene Entdeckung – zunächst war es nur eine einzige, aber signifikante Glasperle, die Licht in die frühe Geschichte des Berges brachte – hat wie keine andere das Bild des frühmittelalterlichen Breisgaus verändert[59]. Nach ersten bescheidenen Aktionen der Freiburger Denkmalpflege hat auch hier das Institut für Ur- und Frühgeschichte der Universität Freiburg unter Leitung von H. Steuer die Erforschung in größerem Maßstab in Angriff genommen und mehrere Grabungskampagnen durchgeführt[60]. Auf den Ergebnissen dieser Grabungen beruhen alle Aussagen, die heute zu diesem wichtigen Platz möglich sind – sicher nur ein Teil dessen, was dieser »eigentliche« Freiburger Hausberg an geschichtlicher Überlieferung über und unter dem Boden konserviert hat und auch weiterhin bereithält.

Nicht nur die strategisch hervorragend gewählte, von Natur aus geschützte Lage zeigt uns, daß wir es hier mit einem Ort von zentraler Bedeutung für die im Breisgau siedelnden Alamannen zu tun haben, höchstwahrscheinlich mit dem Wohnsitz und Herrschaftsmittelpunkt der auch für die Brisigavi bezeugten, mehrfach sogar namentlich überlieferten Stammeskönige[61]. Dafür spricht auch sehr nachdrücklich die ungeheure Arbeitsleistung, mit der in frühalamannischer Zeit die ursprünglich flach gewölbte Kuppe durch die Anlage mächtiger Terrassen auf der Grundlage eines Rasters aus Trockenmauern in ein gestuftes Hochplateau mit einer im Zentrum steil aufragenden Felsformation, dem Platz der späteren Burg Zähringen, umgewandelt worden ist (Abb. 31). Wenn auch, vielleicht mit Ausnahme eines Helmfragments mit vergoldeter Bronzefassung[62], Funde von »fürstlichem Zuschnitt« bisher nicht aufgetaucht sind, gibt es doch zahlreiche Hinweise auf eine Einwohnerschaft, die sich aus einer sozial hochgestellten Gruppe, einer starken, wohl die Gefolgschaft bildenden kriegerischen und einer handwerklichen Komponente zusammensetzte[63]. Bei dem annähernd vollständig erforschten »Runden Berg« bei Urach, einer in Funktion und Zeitstellung vergleichbaren befestigten Höhensiedlung[64], sprechen die wissenschaftlichen Bearbeiter von einer stadtähnlichen Struktur, was man entsprechend auch bei dem nur in kleineren Ausschnitten ergrabenen, insgesamt aber deutlich größeren »Zähringer Burgberg« dann ebenfalls für wahrscheinlich halten darf. Hinweise auf eine sozial gehobene Schicht geben neben dem schon erwähnten Helm Funde wie Gläser, Bronzegefäße oder ein silberner Zierschlüssel. Waffenfunde (Abb. 32) und Beschläge von spätrömischen Militärgürteln, die auch bei alamannischen Söldnern sehr beliebt waren, unterstreichen den kriegerischen Habitus eines größeren Teils der Bevölkerung, unter dem sich Leute befanden, die ihren Dienst als berittene Kämpfer verrichtet haben, wie Zaumzeugreste und Pferdetrensen zeigen (Abb. 32 Mitte). Schließlich lassen sich auch spezialisierte Handwerksbetriebe nachweisen, wie sie in gleichzeitigen

59 Rolf DEHN, Gerhard FINGERLIN, Ausgrabungen der archäologischen Denkmalpflege Freiburg im Jahre 1978, in: Archäologische Nachrichten aus Baden 22, 1979, S. 12–35, hier S. 31 Abb. 21.

60 Heiko STEUER, Michael HOEPER, Utz VOLLMER, Neue Ergebnisse zur Besiedlungsgeschichte des Zähringer Burgbergs, Gemeinde Gundelfingen, Kreis Breisgau-Hochschwarzwald, in: Archäologische Ausgrabungen in Baden-Württemberg 1989, Stuttgart 1990, S. 200–205.

61 STROHEKER (wie Anm. 53) S. 19 mit Anm. 32.

62 STEUER, Alamannen (wie Anm. 58) S. 55 Abb. 33. Vgl. auch seinen Beitrag in diesem Band S. 92.

63 *Krieger:* Waffen, Reitzubehör, Beschläge von Militärgürteln. *Handwerker:* Metallschrott, Produktionsabfälle, Werkzeug. STEUER, Alamannen (wie Anm. 58) S. 53 ff.

64 Der Runde Berg bei Urach (Führer zu Archäologischen Denkmälern in Baden-Württemberg Bd. 14) Stuttgart 1991, mit ausführlicher Bibliographie S. 201 ff.

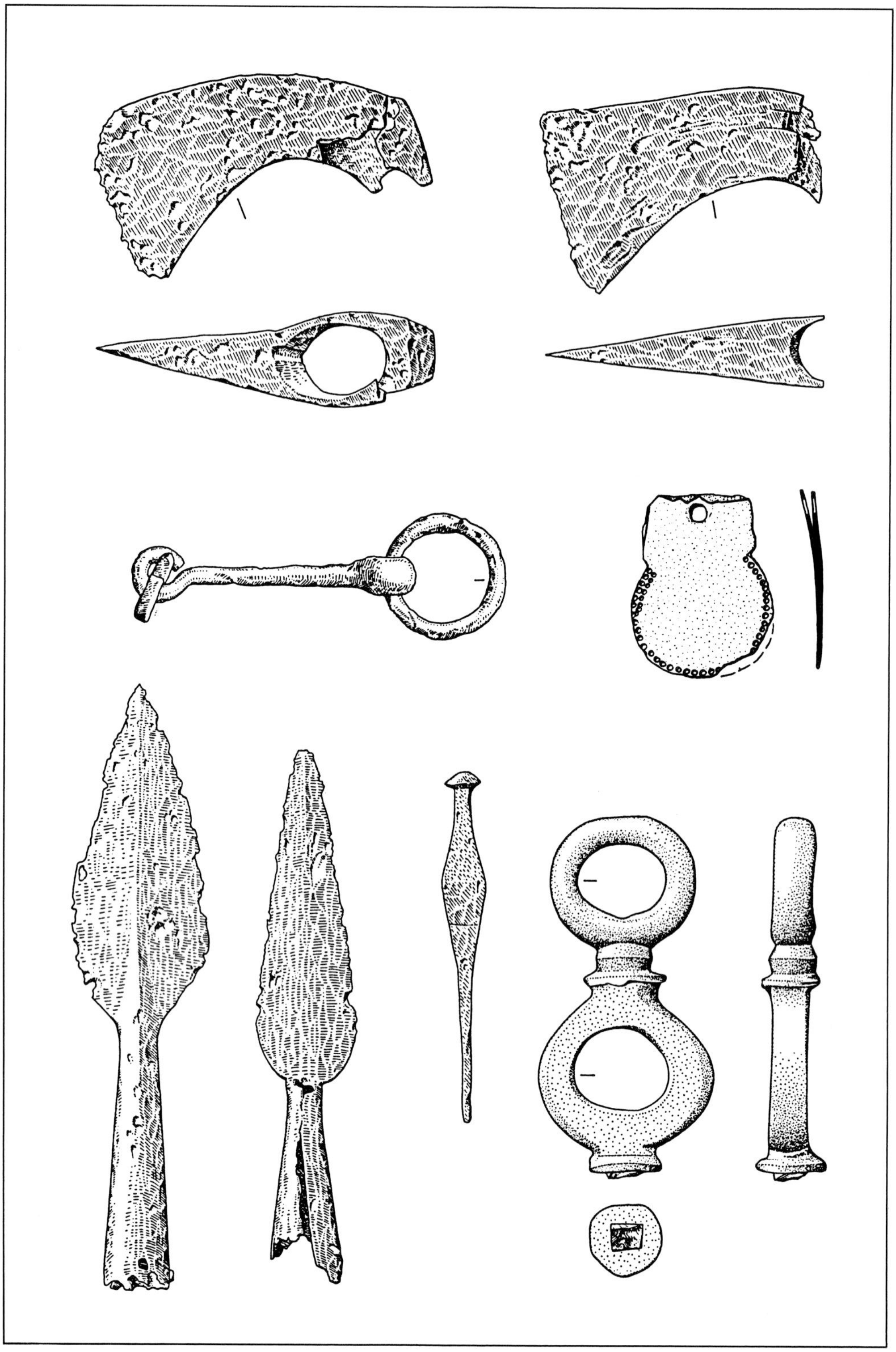

Abb. 32 Gundelfingen, »Zähringer Burgberg«. Waffen, Trense, Pfriem, Riemenzunge von Militärgürtel. Der massiv gegossene römische Zügelring (rechts unten) war als Altmaterial zum Eisenschmelzen bestimmt.

dörflichen Siedlungen – die im Breisgau auch schon in einiger Zahl bekannt sind – bisher noch nicht angetroffen wurden. Vor allem Metallhandwerker sind im Fundmaterial gut zu erfassen und an verschiedenen Stellen des Berges auf Grund der Fundverteilung auch näher zu lokalisieren. Zu den Belegen zählen römische Altsachen aus Bronze, die zum Einschmelzen bestimmt waren (Abb. 32 unten rechts), Blei-, Bronze- und Silberbarren, zerschnittene und gefaltete Blechstücke, Gußtropfen und Schlacken. Auf Händler in der Siedlung, wohnhafte und ambulante, weisen unter anderem ein spätrömisch-byzantinisches Münzgewicht, das dem Abwiegen von Edelmetall diente, sowie verschiedene Keramikgattungen, die von weit her aus den Argonnen und aus dem Mayener Raum bezogen wurden und wegen ihrer Qualität bei den Alamannen sehr geschätzt waren[65].

Wir haben es also erkennbar mit einem sehr differenzierten Bevölkerungsaufbau zu tun, wie er an anderen Orten des frühalamannischen Breisgaus nicht vorkommt – ein aus dem Fundbestand gewonnenes starkes Argument für die Deutung als Herrschaftsmittelpunkt mit frühstädtischen Elementen. Allerdings bleiben Fragen offen, solange nur ein kleiner Teil der Anlage durch Grabungen erschlossen ist und das Zentrum bisher ausgespart blieb. Offen sind auch noch wichtige Fragen zur Geschichte dieser »Bergstadt«, wie man sie etwas überspitzt nennen könnte. Eine der wichtigsten ist wohl die, ob die Anlage wie der »Runde Berg« und andere alamannische Höhenburgen[66] in der Zeit der fränkischen Eroberung, also in den Jahren um 500 n.Chr. oder auch, hier tief im Süden des alamannischen Gebietes etwas später, ein möglicherweise gewaltsames Ende gefunden hat. Zwar fehlt bisher ein Schatzfundhorizont wie auf dem Runden Berg[67], der eine Zerstörung bezeugen könnte, auch eine eigentliche Zerstörungsschicht, es fehlen aber auch Funde der fortschreitenden Merowingerzeit, also des 6. Jahrhunderts, die eine kontinuierliche Weiterbesiedlung erkennen ließen.

Allgemeine Überlegungen sprechen indes für ein Abbrechen der Siedlung in der Zeit um 500 n.Chr. Denn auch dörfliche Siedlungen im Breisgau werden im späteren 5. Jahrhundert aufgegeben oder räumlich verlagert[68], für uns Anzeichen einschneidender Veränderungen des Siedlungsgefüges, die mit der Auflösung der spätrömischen Reichsgrenze, aber auch mit der Expansion der Franken unter König Chlodwig und dem Verlust der alamannischen Eigenständigkeit zu tun haben könnten – Änderungen, die ganz besonders die führende Schicht bei den Alamannen und die bisherigen Stammeszentren betroffen haben dürften.

Es gibt allerdings im Breisgau Orte gesicherter Kontinuität, wo wir die Entwicklung aus spätantiken Anfängen über die »dunklen Jahrhunderte« der Merowingerzeit bis in karolingisch-ottonische Zeit, ja bis ins hohe Mittelalter verfolgen können. Es sind dies die Kastellplätze an der Rheingrenze, Breisach und »Sponeck« bei Jechtingen, die als admini-

65 Zu den *Handwerkern* vgl. hier Anm. 63. *Keramik:* Rudolf FELLMANN, Mayener Eifelkeramik aus den Befestigungen des spätrömischen Rheinlimes in der Schweiz, in: Jahrbuch der Schweizerischen Gesellschaft für Ur- und Frühgeschichte 42, 1952, S. 161 ff. Lothar BAKKER, Rädchenverzierte Argonnen-Terra Sigillata, in: SWOBODA (wie Anm. 18) S. 93ff.; Rainer CHRISTLEIN, Die Alamannen. Archäologie eines lebendigen Volkes, Stuttgart – Aalen 1978, S. 95ff. mit Karte Abb. 69; Katrin ROTH-RUBI, Die scheibengedrehte Gebrauchskeramik vom Runden Berg (Der Runde Berg bei Urach IX) Sigmaringen 1991, S. 21 ff.

66 Joachim WERNER, Zu den alamannischen Burgen des 4. und 5. Jahrhunderts, in: Speculum Historiale, Festschrift für Johannes Spörl, hg. von Clemens BAUER, Freiburg/München 1965, S. 439–453, wiederabgedr. in: Zur Geschichte der Alemannen, hg. von Wolfgang MÜLLER (Wege der Forschung 100) Darmstadt 1975, S. 67–90; STEUER, Höhensiedlungen (wie Anm. 3).

67 Rainer CHRISTLEIN, Die frühgeschichtlichen Kleinfunde außerhalb der Plangrabungen (Der Runde Berg bei Urach I) Sigmaringen 1974, S. 15 ff. (Zu den Hortfunden).

68 FINGERLIN, Frühe Alamannen (wie Anm. 3) S. 112, 136.

strative und militärische Stützpunkte der Landesherrschaft Bestand haben und ihre alten Funktionen auch unter politisch veränderten Vorzeichen beibehalten. Äußerer Rahmen dieser Kontinuität und zugleich ihr Garant sind die spätantiken Festungsmauern, stabil und langlebig wie das Straßennetz, das den anderen Teil des zukunftsbestimmenden römischen Erbes bildet.

Obwohl sich der Begriff der »dunklen Jahrhunderte« auf die schlechte Quellenlage bei der schriftlichen Überlieferung bezieht, läßt sich die auf archäologischem Wege gewonnene Aussage zu den frühmittelalterlichen Verhältnissen im Breisgau doch schon hin und wieder, jedenfalls bei einzelnen Orten, durch Informationen aus Urkunden ergänzen. Denn aus den archäologischen Quellen allein, so reichlich sie auch für den merowingerzeitlichen Breisgau mit seinen Tausenden von Grabfunden des 6. und 7. Jahrhunderts fließen[69], lassen sich die im frühen Mittelalter dominierenden Orte nicht in allen Fällen erkennen. Für Breisach allerdings gilt die zunächst sicher merkwürdig klingende Feststellung, daß gerade das Fehlen urkundlicher Erwähnungen des frühen Mittelalters auf eine besondere Rolle und Bedeutung des Ortes schließen läßt[70]. Denn Urkunden dieser Zeit sind vor allem Schenkungsbelege, meist zugunsten von Klöstern wie Lorsch, Reichenau oder St. Gallen. Verschenkt wurde aber nicht der politisch wichtige Besitz, nicht Orte, auf die sich Herrschaftsansprüche stützten und an denen administrative oder fiskalische Funktionen angesiedelt waren. Wenn also der Breisacher Berg mit seinem im 4. Jahrhundert erbauten Kastell im frühen Mittelalter nicht genannt wird, dann wahrscheinlich deshalb, weil er aus römischem Fiskalbesitz zunächst wohl in die Hand eines alamannischen Großen, wenig später dann des fränkischen Königs gekommen war. Spärliche Funde der Merowingerzeit belegen jedenfalls die Weiterbenutzung des Kastells[71], und wenn im 10. Jahrhundert, in den Auseinandersetzungen Ottos I. mit regionalen Widersachern, Breisach zweimal einer Belagerung widersteht, dann ist es wohl immer noch die spätantike Festung gewesen, um deren für die Beherrschung dieses Raumes entscheidenden Besitz noch 500 Jahre später gekämpft wurde.

Auch das Kastell auf der »Sponeck« hat Funde der Merowingerzeit geliefert, darunter solche militärischen Charakters, so daß wir auch dort von einer kontinuierlichen Weiterbenutzung ausgehen können, zumindest bis in spätmerowingische Zeit[72]. Von der ersten mittelalterlichen Burg des 13. Jahrhunderts an dieser Stelle wird allerdings berichtet, daß sie auf Trümmern erbaut worden sei[73]. Bis ins hohe Mittelalter hat sich also weder hier noch in Breisach, wo im 12. Jahrhundert die größere Stadt das Kastell ablöst, das unmittelbare, das bauliche Erbe der Römer erhalten. Aber anders als allem Anschein nach der »Zähringer Burgberg«, für den wir in der älteren Merowingerzeit, also im 6. Jahrhundert, eine Siedlungsunterbrechung annehmen müssen, bleiben »Sponeck« und vor allem Breisach als militärische und politische Dominanten dieses Raumes bestehen, offenbar deshalb, weil das fränkische Königtum hier wie in anderen Gebieten auf römische Struk-

69 Eine neue Zusammenstellung der Fundplätze liegt jetzt vor: HOEPER (wie Anm. 3).

70 Gerhard FINGERLIN, Kastellorte und Römerstraßen im frühmittelalterlichen Siedlungsbild des Kaiserstuhls, in: Von der Spätantike zum frühen Mittelalter, hg. von Joachim WERNER und Eugen EWIG (Vorträge und Forschungen 25) Sigmaringen 1979, S. 379–409, bes. S. 392f.

71 Bisher ausschließlich Keramikfunde, darunter die bei Friedrich GARSCHA, Die Alamannen in Südbaden, Katalog der Grabfunde, Berlin 1970, Taf. 55,4 abgebildete, vollständig erhaltene Kanne.

72 SWOBODA (wie Anm. 18) S. 112 Taf. 9,102 (Axt) und Taf. 12,135 (Trensenknebel).

73 Franz HAUG, Die ehemals württembergische Burg Sponeck am Rhein, in: Zeitschrift der Gesellschaft für Beförderung der Geschichts-, Alterthums- und Volkskunde von Freiburg, dem Breisgau und den angrenzenden Landschaften 37 [Zeitschrift des Freiburger Geschichtsvereins 37], 1923, S. 91–108.

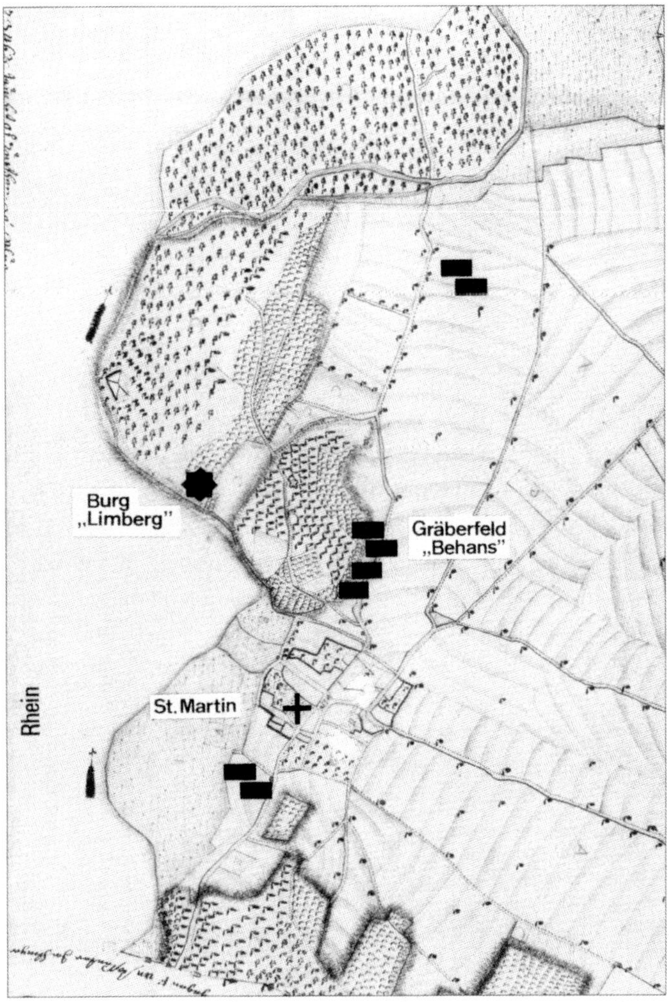

Abb. 33 Sasbach, Kr. Emmendingen. Wichtige Fundstellen des frühen Mittelalters. Rechtecke: Gräberfelder, Kreuz: Kirche, Stern: Burganlage. Kartierungsgrundlage: Ausschnitt aus einer Gemarkungskarte von 1772. GLA Karlsruhe, H. Sasbach/1.

turen zurückgriff, wenn es um Durchsetzung und Sicherung seines Herrschaftsanspruches ging[74].

So wundert es nicht, daß auch an zwei anderen Plätzen längst erloschene römische Traditionen, bewußt oder unbewußt, im frühen Mittelalter wieder aufgenommen wurden (Karten Abb. 5 und 6). Es sind die frührömischen Kastellorte Sasbach und Riegel, die im 6./7. Jahrhundert neue Bedeutung erlangen, offenbar deshalb, weil die strategischen Überlegungen der Römer auf diese Orte immer noch bzw. wieder anwendbar waren, anders ausgedrückt, daß auch unter den veränderten Verhältnissen des frühen Mittelalters die Konstanten dieses Raumes: Straßennetz und strategisch wichtige Punkte die gleichen geblieben waren.

Die Bedeutung Sasbachs in der Merowingerzeit (Abb. 33) ergibt sich fast allein aus den Bodenfunden, die in den letzten zwei Jahrzehnten dort bekannt geworden sind. Zu diesem Ort gehört das größte Reihengräberfeld des Breisgaus mit hochgerechnet mehr als 2000 Bestattungen, von denen bisher etwa 700 untersucht werden konnten[75]. Aus dem

74 FINGERLIN (wie Anm. 70) S. 408.

75 Gerhard FINGERLIN, Neue Grabungen im Reihengräberfeld von Sasbach a.K., Kreis Emmendingen, in: Archäologische Ausgrabungen in Baden-Württemberg 1990, Stuttgart 1991, S. 183–187, vgl. auch Anm. 76.

Abb. 34 Sasbach. Reihengräberfeld im Gewann »Behans«. Fränkisches Fibelensemble aus einem gut ausgestatteten Frauengrab.

reichhaltigen Fundmaterial dieser Gräber lassen sich geschichtlich interessante Hinweise gewinnen, vor allem der, daß Sasbach seit dem 6. Jahrhundert Sitz einer Adelsfamilie war und daß diese Familie, ebenso wie ein nicht geringer Teil der einfachen Bevölkerung, in ihrer Beigabenausstattung enge Beziehungen zum nördlichen Oberrheintal und Rheinhessen, also zum fränkischen Kultur- und Siedlungsraum erkennen läßt (Abb. 34)[76]. Wenn auch vorerst nicht beweisbar, ist es doch naheliegend, in Sasbach, wo für das Jahr 839 urkundlich ein königlicher *fiscus* bezeugt ist, schon in der Merowingerzeit einen fränkischen Königshof zu lokalisieren, auf dem Königsleute, Beauftragte des Königs, militärische und administrative Aufgaben wahrzunehmen hatten. Weiter liegt es nahe, diesen mutmaßlichen Königshof auf der durch Rheinausbuchtungen beinahe abgetrennten sogenannten Dorfinsel zu lokalisieren, wo auch die Pfarrkirche steht, sicher nicht zufällig eine Kirche des heiligen Martin von Tours, des Nationalheiligen der Franken. Funde des 7./8. Jahrhunderts in diesem Bereich sind jedenfalls als Siedlungszeugnisse zu werten[77].

76 Gerhard Fingerlin, Franken am Kaiserstuhl. Zu einigen Neufunden aus dem frühmittelalterlichen Sasbach, Kreis Emmendingen, in: Archäologische Nachrichten aus Baden 44, 1990, S. 7ff.

77 Fundberichte aus Baden-Württemberg 15, 1990, Taf. 141 F. Ein weiteres Keramikfragment der gleichen Zeit noch unveröffentlicht, LDA Freiburg, Magazin.

Die vor allem strategische Bedeutung des Platzes wird im 7. Jahrhundert noch dadurch aufgewertet, daß jetzt auf dem schon in frührömischer Zeit militärisch besetzten »Limberg« nördlich von Sasbach eine in Holz-Erdekonstruktion errichtete Burg entsteht, die später, wahrscheinlich im 10. Jahrhundert, durch einen massiven Steinturm (Abb. 35) verstärkt wird[78]. Daß dem Ort auch in dieser Zeit, etwa ein Jahrhundert vor der Gründung Freiburgs, noch eine erhebliche politische Bedeutung zukommt, ergibt sich aus einer Urkunde Kaiser Ottos III., der 994 *cum consilio principum nostrorum* in Sasbach tagt und Urkunden ausfertigt. Den *fiscus, cuius vocabulum est Sasbach* muß man sich in dieser Zeit als eine königliche Domäne vorstellen, die ein größeres Gebiet mit mehreren Ortschaften umfaßte, darunter Königschaffhausen, dessen Hauptort eindeutig aber das namengebende Sasbach war[79].

Ein ähnliches Bild bietet Riegel (Abb. 36) an der Nordostecke des Kaiserstuhls, wo für die Zeit Ottos I. ein königlicher Fronhof überliefert ist[80]. Die archäologischen Zeugnisse für die Merowingerzeit beschränken sich hier allerdings, von geringen Siedlungsspuren im Ort abgesehen, auf wenige Grabfunde vom Michaelsberg, die aber auf eine Burganlage des 7. Jahrhunderts an diesem das Rheintal beherrschenden Punkt hinweisen, dort wo später auch die hochmittelalterliche Burg errichtet wurde (Abb. 37) und wo sich heute noch die Kapelle des heiligen Erzengels Michael erhebt[81]. Der Fronhof steht allerdings im Verdacht, auf eine *curtis regalis*, einen Königshof der Merowingerzeit zurückzugehen. Zumindest liegen aus dem Bereich des Fronhofbucks, der bisher noch nicht archäologisch untersucht werden konnte, Scherben karolingischer Zeitstellung vor. Auch an diesem Ort unterstreicht das Martinspatrozinium der Pfarrkirche, früher der Fronhofkirche, die fränkischen Zusammenhänge[82]. Riegel, das Heinrich Büttner einmal »einen von der Natur gleichsam vorbestimmten Verwaltungsmittelpunkt« genannt hat, gibt sich also anhand archäologischer und historischer Überlieferung als zentraler Ort im Breisgau zu erkennen, wohl schon im 6., in jedem Fall aber dank der hier mit großer Wahrscheinlichkeit zu lokalisierenden Burg im 7. Jahrhundert.

In dieser Zeit, in der neben die antiken Festungen Breisach und »Sponeck« neue, auf Anhöhen errichtete Burgen treten, kommt nach den Funden auch der Zähringer Burgberg (Abb. 38) wieder ins Spiel. Während im Nahbereich der späteren Stadt Freiburg anscheinend nur kleinere Dörfer existieren, nach den Namensformen beispielsweise Adelhausen oder Betzenhausen – die Möglichkeit eines frühen Hofes oder einer Siedlung bei St. Martin, wie von B. Schelb und W. Stülpnagel vorgeschlagen[83], bleibt mangels archäo-

78 Naturschutzgebiet Limberg am Kaiserstuhl (wie Anm. 9), Beilage 48 mit Plan der »Alten Limburg«.

79 Karl Schmid, Sasbach und Limburg. Zur Identifizierung zweier mittelalterlicher Plätze, in: Zeitschrift für die Geschichte des Oberrheins 137, NF 98, 1989, S. 33–63.

80 Quellen bei: Albert Krieger, Topographisches Wörterbuch des Großherzogtums Baden Bd. 2, Heidelberg 1905, Artikel Riegel.

81 Adolf Futterer, Der St. Michaelsberg bei Riegel und seine Kapelle, Überlingen 1927; Fingerlin (wie Anm. 70) S. 399f.

82 Adolf Futterer, Die Pfarrkirche St. Martin in Riegel. Von den ersten Anfängen bis zum Brand im Jahre 1936, Riegel 1937; Fingerlin (wie Anm. 70) S. 407.

83 Bernhard Schelb, Zwei Siedlungen des Frühmittelalters auf dem Boden der Stadt Freiburg, in: Schau-ins-Land 68, 1949, S. 3–22, bes. S. 8ff; Wolfgang Stülpnagel, Der Boden Freiburgs vor und nach der Gründung der Stadt, in: Schau-ins-Land 83, 1965, S. 70–86, bes. S. 83. Grabungen des Landesdenkmalamtes in der Martinskirche erbrachten als ältestes Fundmaterial Keramik des 12. Jhs. Eine frühere Siedlung in diesem Bereich kann aber damit noch nicht ausgeschlossen werden. Vgl. Peter Schmidt-Thomé: Zur mittelalterlichen Baugeschichte der ehemaligen Franziskaner-Klosterkirche St. Martin in Freiburg, in: St. Martin in Freiburg i. Br. Geschichte des Klosters, der Kirche und der Pfarrei, hg. vom Kath. Pfarramt St. Martin Freiburg i. Br. anläßlich des 200jährigen Bestehens der Pfarrei St. Martin, München – Zürich 1985, S. 125–266. Vgl. auch den Beitrag zur Stadtarchäologie in diesem Band S. 201.

Abb. 35 Sasbach, »Limberg«. Steinturm der frühmittelalterlichen Burganlage (zur Hälfte in den Steinbruch abgestürzt).

Abb. 36 Riegel, Kr. Emmendingen. Frühmittelalterliche Topographie (wichtige Fundstellen). Stern: Burganlage, Rechteck: Gräberfeld, Punkt: Siedlungsspuren, Kreuz: Kirche. Kartierungsgrundlage: Ausschnitt aus einer Gemarkungskarte von 1772. GLA Karlsruhe, H.Riegel/1. Norden am rechten Bildrand.

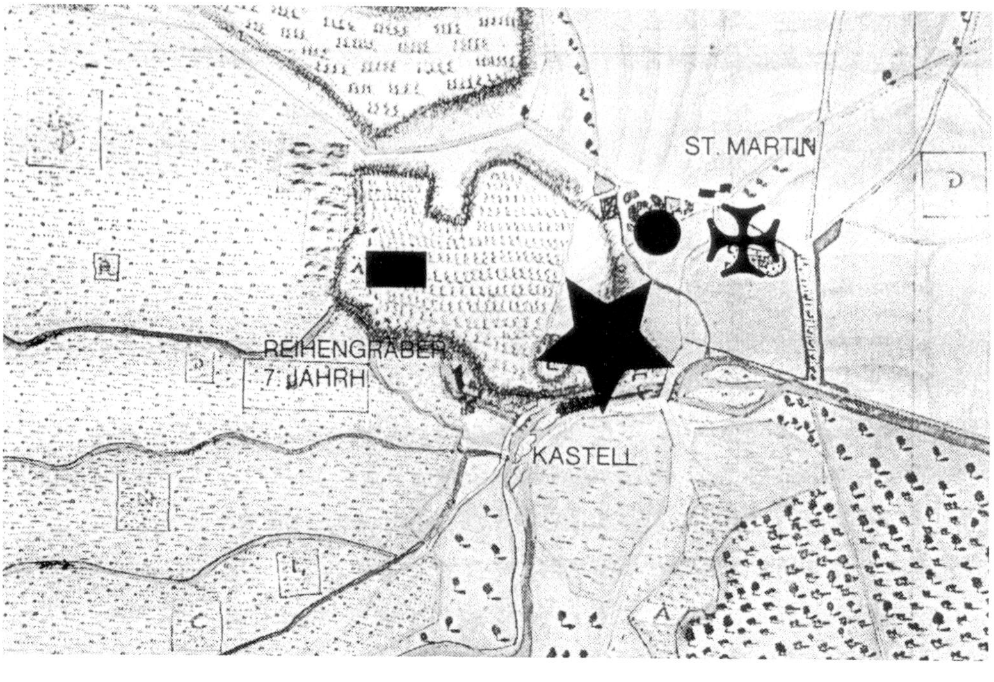

Abb. 37 Riegel. Michaelsberg mit Kapelle, am rechten Bildrand Pfarrkirche St. Martin. Federzeichnung von 1901.

logischer Belege ungewiß –, entsteht auf dem Zähringer Burgberg, auf dem Platz und wohl auch in den Grenzen der frühalamannischen Zeit eine neue befestigte Siedlung, die auch in ihrer Bevölkerungsstruktur an ihre Vorgängerin anzuknüpfen scheint[84]. So weist ein kleines Glasfragment, das sich zu einer kostbaren farbigen Schale mit Fadenauflagen (Abb. 39) ergänzen läßt, auf eine wohlhabende, sozial hochgestellte Gruppe unter den Bewohnern[85]. Leider ist, aufs Ganze bezogen, die ergrabene Fläche noch zu klein, als daß aus den festgestellten Spuren hölzerner Bauten schon aussagefähige Planstrukturen gewonnen werden könnten. Es spricht aber vieles dafür, auch nach dem Befund vergleichbarer spätmerowingisch-karolingischer Bergsiedlungen beispielsweise in Hessen oder Thüringen[86], daß wir es erneut mit einer Anlage von stadtähnlicher Struktur zu tun haben, in jedem Fall aber mit einem hier im späteren 7. Jahrhundert neu entstehenden zentralen Ort, der im 8. und 9. Jahrhundert seine Zeit hatte, dann aber offenbar, deutlich vor der überlieferten Stadtwerdung Freiburgs, wieder aufgegeben worden ist.

Wie in der frühalamannischen Zeit gelten auch für die Entstehung dieser spätmerowingisch-karolingischen Großsiedlung die gleichen Voraussetzungen: sichere und beherrschende Lage, Beziehung zum Straßenverlauf durch das Rheintal und über den Schwarzwald, Kontrolle des Schwarzwaldübergangs, vielleicht auch im Bergbau dieses Raumes zu vermutende wirtschaftliche Hintergründe. Jedenfalls findet die neue Großsiedlung in den zahlreichen Dörfern dieser Zeit im Breisgau keine Analogie. Unter den genannten Schwerpunkten könnte am ehesten Breisach zum Vergleich herangezogen werden, worin die Konstellation der spätantiken Zeit unter anderen Voraussetzungen noch einmal aufscheinen würde. Es ist aber zu betonen, daß wir über beide Plätze in spätmerowingischer und karolingischer Zeit noch zu wenig wissen, als daß ein solcher Vergleich allzusehr strapaziert werden dürfte.

84 Steuer, Alamannen (wie Anm. 58) S. 23.

85 Heiko Steuer, Karolingerzeitliche Funde vom Zähringer Burgberg, Gemeinde Gundelfingen, Kreis Breisgau-Hochschwarzwald, in: Archäologische Ausgrabungen in Baden-Württemberg 1986, Stuttgart 1987, S. 186–190, bes. S. 189, Abb. 141.

86 Z. B. Büraburg: Norbert Wand, Die Büraburg bei Fritzlar. Burg, »Oppidum«, Bischofssitz in karolingischer Zeit (Kasseler Beiträge zur Vor- und Frühgeschichte 4) Marburg 1974. Allgemein zu diesen Anlagen Konrad Weidemann, Archäologische Zeugnisse zur Eingliederung Hessens und Mainfrankens in das Frankenreich vom 7. bis zum 9. Jh., in: Althessen im Frankenreich, hg. von Walter Schlesinger (Nationes 2) Sigmaringen 1975, S. 9–119, bes. S. 103 ff. mit Karte Abb. 4.

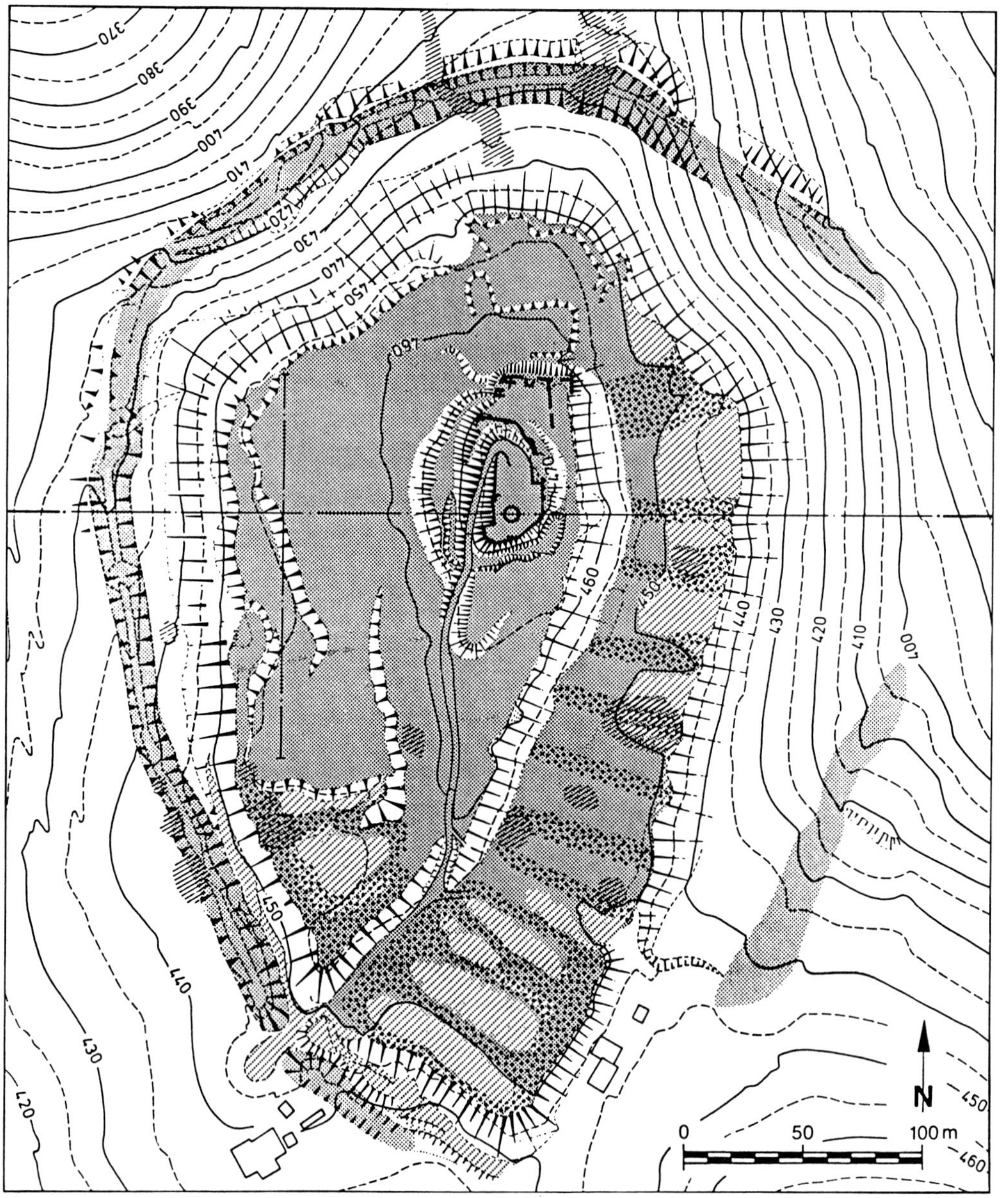

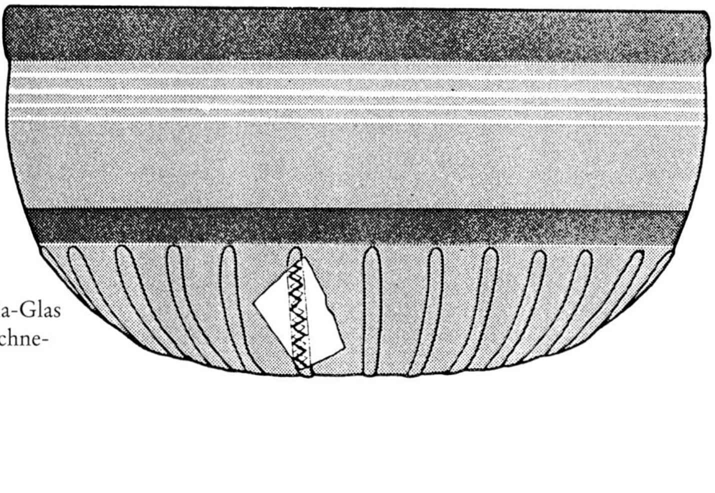

Abb. 38 Gundelfingen. Plan des Zähringer Burgbergs mit umlaufendem Graben, terrassiertem Westplateau (grau gerastert) und radial verlaufenden Stützriegeln (gepunktet), dazwischen nicht aufgefüllte Bereiche (diagonal gerastert).

Abb. 39 Gundelfingen, »Zähringer Burgberg«. Reticella-Glas der frühen Karolingerzeit. (Zeichnerische Rekonstruktion).

So wird das Bild deutlich unschärfer, wenn wir uns unter archäologischer Perspektive der Gründungszeit Freiburgs nähern. Sicher ist, daß Breisach seinen Rang weiter behält, daß Sasbach und Riegel zur Bedeutungslosigkeit absinken und daß die Großsiedlung auf dem Zähringer Burgberg offenbar lange vor den überlieferten Freiburger Daten ihr Ende findet, wenn in dieser Frage der Berg nicht noch weitere Überraschungen bereithält.

Versuchen wir eine Bilanz, so zeigt sich, daß im heutigen Breisgau seit spätkeltischer, vor allem aber seit römischer Zeit Voraussetzungen für eine günstige Entwicklung in dieser Landschaft geschaffen wurden, jedenfalls unter den Aspekten der wirtschaftlichen Nutzung und intensiven Besiedlung. Damit sind hier auch die Grundlagen vorhanden für Entstehung und Wachstum eines städtischen Zentrums innerhalb dieses in seinen Grenzen gut strukturierten, nach außen durch Verkehrswege in alle Himmelsrichtungen aufgeschlossenen Raumes. Dies darf allerdings nicht als eine Art von Entwicklung auf die Stadt Freiburg hin mißverstanden werden. Diese Gründung der Zähringer erscheint lediglich als ein weiterer, unter den besonderen Bedingungen ihrer Zeit auch erfolgreicher Versuch, in dieser Landschaft einen neuen Mittelpunkt zu schaffen, was eben auch zuvor schon unter verschiedenen Prämissen unternommen worden war und zeitlich oder in ihrer Wirkung begrenzte Schwerpunkte hervorgebracht hatte. Diese Prämissen waren, wie wir gesehen haben, sehr unterschiedlich. So konnte die Sicherung eines strategisch wichtigen Platzes im Vordergrund stehen, zur Kontrolle einer Grenze oder zur Festigung von Herrschaftsansprüchen, die Erhebung von Weg- oder Brückenzöllen, die Überwachung eines wichtigen Verkehrsknotenpunktes oder die Förderung von Handel und gewerblicher Produktion.

Dabei gab es Ansätze zu städtischer Entwicklung in verschiedenen Zeiten und an verschiedenen Plätzen, in Breisach, Riegel und auf dem Zähringer Burgberg. Nur in Breisach, auf antiker Grundlage, war dieser Ansatz erfolgreich, die Gründe für das Scheitern an anderen Orten sind nur teilweise bekannt. So ist das organische Wachstum des römischen Riegel durch die Einwanderung der Alamannen unterbrochen worden. Was zur Aufgabe der spätmerowingisch-karolingischen Großsiedlung auf dem Zähringer Burgberg führte, wissen wir nicht, ebensowenig was den Abstieg der frühmittelalterlichen Zentralorte Riegel oder Sasbach verursacht hat. Nicht undenkbar, daß da Zusammenhänge mit der Gründung Freiburgs bestehen. Aber gerade beim Zähringer Burgberg, wo sich eine solche Sicht aufdrängt, haben wir das Problem der Chronologie, der großen zeitlichen Distanz. So ist diese Bergsiedlung zwar gleichsam ein Modell der künftigen Stadt, aber doch kaum ihr unmittelbarer Vorläufer gewesen. Trotzdem sollte man einen Zusammenhang nicht ganz ausschließen. Könnte es nicht sein, daß die große Anlage auf dem Berg nur ganz allmählich aufgegeben wurde, zu Gunsten einer Siedlung zunehmend städtischen Charakters, die sich auf dem Boden Freiburgs vor der eigentlichen Stadtgründung zu entwickeln begann? Von einer *civitas* ist ja schon im 11. Jahrhundert die Rede.

Dies alles bleibt jedoch Spekulation, solange keine konkreten Befunde ergraben sind. Vom Vorgang der Stadtwerdung, der in der urkundlichen Überlieferung nur ganz unzureichend sichtbar wird, kann vielleicht eines Tages der Stadtarchäologe ein genaueres Bild zeichnen. Aufgabe des in der umgebenden Landschaft tätigen Archäologen ist und wird es sein, diesem Bild Hintergrund und Tiefenschärfe zu geben.

Siedlung und Herrschaft im Raum Freiburg am Ausgang des 11. Jahrhunderts

Von THOMAS ZOTZ

Wenn man versucht, das räumliche Umfeld auszuleuchten, in dem Freiburg in der Zeit um 1100 seinen Anfang nahm, so kommen mehrere Vorgehensweisen in Frage, je nachdem wie man den Charakter dieses neuen Ortes im nördlichen Breisgau akzentuiert[1]. Es bietet sich z. B. an, von der noch im 12. Jahrhundert auf verschiedenen Ebenen sichtbar werdenden zentralörtlichen Funktion[2] Freiburgs auszugehen[3] und den Blick auf vergleichbare Orte in diesem Raum während der römischen, alemannischen und fränkischen Zeit zu richten und danach zu fragen, inwieweit solche Orte die historisch-politische Landschaft geprägt haben, in der dann auch Freiburg seinen Platz fand. Diesem Thema hat sich im Rahmen der Ringvorlesung Gerhard Fingerlin zugewandt[4] und aus archäologischer Sicht vornehmlich römische Kastell- bzw. Lagerorte wie Breisach[5], Jechtingen-Sponeck, Sasbach-Limberg und Riegel[6], den *vicus* Umkirch und den Zähringer Burgberg[7] behandelt. An diesen Orten, vor allem an Breisach und Zähringen, verfolgte er Ansätze städtischer Entwicklung ebenso wie den Abstieg frühmittelalterlicher zentraler Orte, skizzierte damit also den archäologisch faßbaren Hintergrund für die Anfänge Freiburgs um 1100. Ergänzend hierzu soll nun die Aufmerksamkeit diesen Anfängen

1 Vgl. zu diesem Aspekt Hagen KELLER, Über den Charakter Freiburgs in der Frühzeit der Stadt, in: Festschrift für Berent Schwineköper zu seinem siebzigsten Geburtstag, hg. von Helmut MAURER und Hans PATZE, Sigmaringen 1982, S. 249–282.

2 Zu diesem von Walter Christaller in die Geographie eingeführten Begriff vgl. aus der Sicht der mittelalterlichen Geschichte den Sammelband Zentralität als Problem der mittelalterlichen Stadtgeschichtsforschung, hg. von Emil MEYNEN (Städteforschung A 8) Köln-Wien 1979.

3 Hier sei nur der Aspekt der kirchlichen Struktur des Breisgaus herausgegriffen: Zu 1187 ist der Freiburger Pleban Hugo als *archipresbyter in Brisgaugia* belegt. Vgl. Freiburger Urkundenbuch Bd. 1, bearb. von Friedrich HEFELE, Freiburg 1940, Nr. 26 S. 10. Vgl. Eduard HEYCK, Geschichte der Herzoge von Zähringen, Freiburg i. Br. 1891, ND Aalen 1980, S. 426 und Freiburg im Breisgau. Stadtkreis und Landkreis. Amtliche Kreisbeschreibung Bd. 1,1, hg. vom Statistischen Landesamt Baden-Württemberg (Die Stadt- und Landkreise in Baden-Württemberg) Stuttgart 1965, S. 313 ff.

4 Vgl. seinen Beitrag in diesem Bd., S. 9 ff.

5 Hierzu und zu den folgenden römischen Orten vgl. Die Römer in Baden-Württemberg, hg. von Philipp FILTZINGER, Dieter PLANCK, Bernhard CÄMMERER, 3. Aufl. Stuttgart 1986, s. v.

6 Vgl. jüngst Hugo STEGER, **Regula*/Riegel am Kaiserstuhl – Helvetum? Ein römischer Rechts- und Verwaltungsbezirk in der römisch-germanischen Kontaktzone am Oberrhein: Die Kontinuität seiner Bezeichnung in einem Ortsnamen und ein verschollener Siedlungsname, in: Römer und Alamannen im Breisgau. Studien zur Besiedlungsgeschichte in Spätantike und frühem Mittelalter (Archäologie und Geschichte. Freiburger Forschungen zum ersten Jahrtausend in Südwestdeutschland 6) Sigmaringen 1994, S. 223–361.

7 Dazu Heiko STEUER, Höhensiedlungen des 4. und 5. Jahrhunderts in Südwestdeutschland. Einordnung des Zähringer Burgberges, Gemeinde Gundelfingen, Kr. Breisgau-Hochschwarzwald, in: Archäologie und Geschichte des ersten Jahrtausends in Südwestdeutschland, hg. von Hans Ulrich NUBER u. a. (Archäologie und Geschichte. Freiburger Forschungen zum ersten Jahrtausend in Südwestdeutschland 1) Sigmaringen 1990, S. 139–205.

Freiburgs von historischer Seite her gelten, und zwar in zweifacher, miteinander eng verwobener Hinsicht und Fragestellung: Welches Bild vermitteln die schriftlichen Quellen über die Siedlungs- und Besitzgeschichte im Raum Freiburg vor dessen Anfängen, also bis zum Ende des 11. Jahrhunderts, was fanden die Zähringer somit vor, als sie diesen Ort initiierten[8], und auf welcher Grundlage, mit welchem Herrschaftsrecht geschah diese Initiation?

An diese Thematik sich von historischer Seite aus anzunähern bedeutet, sich auf die Aussage der schriftlichen Quellen und dabei fast überwiegend der Urkunden, die uns über Besitz- und Herrschaftsverhältnisse in diesem Raum unterrichten, zu stützen und sich hierdurch ein Bild zu verschaffen. Dieses fällt, wie zu betonen ist, zwangsläufig unvollständig aus, da wir für die hier in Frage stehende frühe Zeit unseres Raumes von Siedlungsspuren und Besitzrechten ausschließlich im Augenblick des Wechsels dieser Rechte von einem Inhaber zu einem anderen hören. Es versteht sich von selbst, daß nicht aller Besitz verändert worden ist, und für den Historiker versteht sich überdies, daß wir nicht einmal von allen Veränderungen Kunde haben. So bleibt dieses Bild fragmentarisch. Aber ein gewisser Eindruck davon, wer in diesem Raum zu bestimmten Zeiten begütert war, läßt sich durchaus gewinnen, ob es sich dabei nun um den König, um geistliche Institute wie Bischofskirchen und Klöster oder um Adlige und Freie gehandelt hat. Und da Güterbesitz auch und gerade im Mittelalter Ansehen, Einfluß und damit Macht verschaffte, erschließen wir uns einen Zugang zur politischen Geschichte dieses Raumes im frühen und hohen Mittelalter, deren Kenntnis für die Bewertung der Anfänge eines neuen Ortes wie Freiburg ohne Zweifel von Wichtigkeit ist.

»Herrschaft«, um den einen Begriff aus dem Titel dieses Beitrags aufzugreifen, erschöpfte sich indes keineswegs im Besitz von Land und darauf arbeitenden Leuten; dies stellt nur eine Art von Herrschaft im Mittelalter dar, von der Forschung als »Grundherrschaft« bezeichnet[9]. Hinzu kamen andere Erscheinungsformen von Herrschaft[10]. Vereinfacht ließe sich formulieren: die staatliche Gewalt und der über Kirchen und Klöster ausgeübte Einfluß; dabei ist der Begriff der staatlichen Gewalt als deutscher Entsprechung zu *publica potestas*[11] nur mit größten Vorbehalten zu gebrauchen, denn im frühen Mittelalter gab es noch keinen vollausgebildeten, souveränen Staat[12].

8 Vgl. hierzu den Beitrag von Karl SCHMID in diesem Band, S. 125 ff.

9 Statt der unermeßlichen Literatur zu diesem Thema nur der Hinweis auf den Sammelartikel Grundherrschaft, in: Lexikon des Mittelalters Bd. 4, München – Zürich 1989, Sp.1739–1752 und, da für den deutschen Südwesten maßgeblich, Werner RÖSENER, Grundherrschaft im Wandel. Untersuchungen zur Entwicklung geistlicher Grundherrschaften im südwestdeutschen Raum vom 9. bis 14. Jahrhundert (Veröffentlichungen des Max-Planck-Instituts für Geschichte 102) Göttingen 1991.

10 Vgl. Karl KROESCHELL, Herrschaft, in: Handwörterbuch zur deutschen Rechtsgeschichte Bd. 2, Berlin 1978, Sp. 104–108, Peter MORAW, Herrschaft II. ›Herrschaft‹ im Mittelalter, in: Geschichtliche Grundbegriffe Bd. 3, Stuttgart 1982, S. 5–13 und neuerdings Dieter WILLOWEIT, Herr, Herrschaft, in: Lexikon des Mittelalters Bd. 4, München – Zürich 1989, Sp. 2176–2179.

11 Zur Entsprechung von *potestas* und Gewalt (ahd. *gewalti*) vgl. Karl-Georg FABER, Macht, Gewalt III. Die systemgebundene Funktion von ›Macht‹ und ›Gewalt‹ im Mittelalter, in: Geschichtliche Grundbegriffe Bd. 3, Stuttgart 1982, S. 835–847 und Ludwig VONES, Potestas, in: Lexikon des Mittelalters Bd. 7, München – Zürich 1994, Sp. 131–133.

12 Vgl. Werner CONZE, Staat und Souveränität II. Ständegesellschaft und ›Staat‹, in: Geschichtliche Grundbegriffe Bd. 6, Stuttgart 1990, S. 7–25; Dieter WILLOWEIT, Staat, in: Handwörterbuch zur deutschen Rechtsgeschichte Bd. 4, Berlin 1990, Sp. 1792–1797 und Wolfgang REINHARD, Das Wachstum der Staatsgewalt, in: Der Staat 31, 1992, S. 60–75. Zum Problem von Staat und Staatlichkeit im Frühmittelalter vgl. Johannes FRIED, Der karolingische Herrschaftsverband im 9. Jh. zwischen »Kirche« und »Königshaus«, in: Historische Zeitschrift 235, 1982, S. 1–43 und Thomas ZOTZ, Palatium publicum, nostrum, regium. Bemerkungen

Gleichwohl kann man mit solcher Einschränkung davon sprechen, daß eine amtsgestützte und derart legitimierte Gewalt, verstanden als mit bestimmten Rechten ausgestattete Hoheit, vom König und den ihm nachgeordneten Amts- und Würdenträgern, den Herzögen und Grafen, praktiziert und repräsentiert wurde[13]. Wenn man sich unter diesem Aspekt mit der Geschichte eines Raumes, eines kleinen Raumes wie des Freiburgers, beschäftigt, dann kommt es gewiß darauf an zu erfahren, wie stark der Einfluß des Königs war, welche »öffentlichen Rechte« – seit dem hohen Mittelalter waren die Regalien, die königlichen Hoheitsrechte, auf den Begriff gebracht[14] – er ausübte. Noch wichtiger aber dürfte sein, danach zu fragen, wie es Personen und Familien gelungen ist, in den zeitweiligen oder gar dauerhaften Besitz von Ämtern und Würden und damit eines gesellschaftlichen Ranges, aber auch eines politischen Handlungsspielraums zu gelangen.

Mit diesen Grundfragen der Herrschaftsbildung im Mittelalter ist bereits ein zentraler Aspekt in der Geschichte jener Familie angesprochen, die seit dem frühen 11. Jahrhundert die Grafenwürde im Breisgau[15], die höchste regionale *potestas*, und im Jahre 1092 die schwäbische Herzogswürde, die höchste provinziale *potestas*, erlangt hat, nämlich der Zähringer bzw. genauer gesagt deren Vorfahren, da erst in den beiden letzten Jahrzehnten des 11. Jahrhunderts die Burg Zähringen zum namengebenden Herrschaftsmittelpunkt der Familie wurde[16]. Wenn gerade von der schwäbischen Herzogswürde die Rede war, in welche die *principes Alemanniae* Berthold II. 1092 eingesetzt haben, so ist dies allerdings im wahrsten Sinne des Wortes nur die halbe Wahrheit. Denn der *dux totius Sueviae*, wie Berthold II. in der Chronik Bernolds von St. Blasien genannt wird[17], amtierte in Zeiten politischer Zerrissenheit, geprägt von der großen Auseinandersetzung zwischen Papsttum und Königtum um das Verhältnis von Kirche und Welt, einer Auseinandersetzung, die landläufig in einer die Problematik sehr verkürzenden Weise als »Investiturstreit« bezeichnet wird[18].

Diese Zerrissenheit hat die Provinz Schwaben in besonderem Maße getroffen: Neben Berthold II. gab es seit 1079 noch einen anderen Herzog von Schwaben, den Staufer Friedrich, der sein Amt aus der Hand des Königs Heinrich IV. erhalten hatte[19]. Auf solchem politischen Hintergrund entstand Freiburg, ganz gleich ob man sich nun auf das

zur Königspfalz in der Karolingerzeit, in: Die Pfalz. Probleme einer Begriffsgeschichte vom Kaiserpalast auf dem Palatin bis zum heutigen Regierungsbezirk, hg. von Franz STAAB (Veröffentlichung der Pfälzischen Gesellschaft zur Förderung der Wissenschaften in Speyer 81) Speyer 1990, S. 71–99.

13 Vgl. Thomas ZOTZ, In Amt und Würden. Zur Eigenart »offizieller« Positionen im früheren Mittelalter, in: Tel Aviver Jahrbuch für deutsche Geschichte 22, 1993, S. 1–23.

14 Vgl. Dieter HÄGERMANN, Regalien, -politik, -recht I, in: Lexikon des Mittelalters Bd. 7, München – Zürich 1994, Sp. 556–558.

15 HEYCK (wie Anm.3) S. 19 und künftig Ulrich PARLOW, Zähringer-Regesten. Kommentierte Quellendokumentation zur Geschichte der Herzöge von Zähringen, Phil. Diss. Freiburg 1994.

16 Vgl. Karl SCHMID, Die Burg Wiesneck und die Eroberung des Breisgaus durch Berthold II. im Jahre 1079, in: Kelten und Alemannen im Dreisamtal. Beiträge zur Geschichte des Zartener Beckens, hg. von DEMS. (Veröffentlichung des Alemannischen Instituts 49) Bühl 1983, S. 115–139 und Thomas ZOTZ, Dux de Zaringen – Dux Zaringiae. Zum zeitgenössischen Verständnis eines neuen Herzogtums im 12. Jahrhundert, in: Zeitschrift für die Geschichte des Oberrheins 139, NF 100, 1991, S. 1–44.

17 MGH SS 5, S. 454.

18 Dazu vgl. jüngst Wilfried HARTMANN, Der Investiturstreit (Enzyklopädie der deutschen Geschichte Bd. 21) München 1993.

19 Helmut MAURER, Der Herzog von Schwaben. Grundlagen, Wirkungen und Wesen seiner Herrschaft in ottonischer, salischer und staufischer Zeit, Sigmaringen 1978, S. 218ff.; Hermann JAKOBS, Schwaben und das Reich um 1079, in: Die Staufer in Schwaben und Europa (Schriften zur staufischen Geschichte und Kunst 5) Göppingen 1980, S. 31–40.

Datum 1091 bezieht, welches der Freiburger Vortragsreihe von 1991 den Anstoß zur Erinnerung gab, oder auf 1120, das Jahr des konradinischen Marktprivilegs für Freiburg, das noch zwei Jahre vor dem förmlichen Abschluß des Investiturstreits im sogenannten Wormser Konkordat datiert.

Herrschaft jenseits der Grundherrschaft wurde im Mittelalter aber, wie bereits angesprochen, auch durch den Einfluß auf Kirchen und Klöster ausgeübt – in der Form und im Verständnis der *defensio*, des Schutzes, der Vogtei[20]. Während der König als Herr der Bischofskirchen und Reichsklöster galt, woraus er das Recht ableitete, deren Vorsteher einzusetzen, nutzte der Adel das Instrument der Vogtei über Klöster, vor allem die von ihm gestifteten, um seinen Einfluß über die Institution und ihren Besitz geltend zu machen. Insofern verdient Beachtung, welche geistlichen Institute im nördlichen Breisgau Einfluß gewannen und wer sie bevogtete.

Mit Blick auf all diese verschiedenen Formen von Herrschaft sind zunächst die Besitz- und Herrschaftsverhältnisse des Freiburger Raumes in der Zeit vom 8. Jahrhundert, als die urkundliche Überlieferung einsetzt, bis in das 11. Jahrhundert hinein zu skizzieren und dabei das eine oder andere Datum der politischen Geschichte zur Abrundung des Bildes mitzuerwähnen. Daran anschließend sollen dann die Umstände und Bedingungen von Freiburgs Anfängen um 1100 genauer beleuchtet werden, und vor allem ist zu fragen, warum die Zähringer, die sich nach der nur wenige Kilometer nördlich gelegenen Burg Zähringen nannten, gerade diesen Platz am Ausgang des Zartener Tals, wie das Dreisamtal im Mittelalter in Orientierung an dem früheren keltischen Oppidum Tarodunum und den wiederum hierauf bezogenen Siedlungen Mettenzarten (abgegangener Ort westlich von Kirchzarten) und (Kirch-)Zarten hieß[21], ausgewählt haben und auf wen sie dabei Rücksicht zu nehmen hatten.

Die Wildbannurkunde für Basel von 1008

Ausgangspunkt der Übersicht über die Besitz- und Herrschaftsverhältnisse soll indes ein urkundliches Zeugnis des frühen 11. Jahrhunderts sein, mit dem eine Annäherung an Freiburg im wahrsten Sinne des Wortes gelingen kann. Denn darin ist von einer ganzen Reihe von Orten in der unmittelbaren Nähe Freiburgs die Rede, aber (noch) nicht von ihm selbst. Es handelt sich um die Urkunde König Heinrichs II. von 1008, in welcher er einen Wildbann im nördlichen Breisgau an die Bischofskirche von Basel verleiht[22]. Dieses

20 Dazu jüngst überblickhaft Dieter WILLOWEIT, Vogt, Vogtei, in: Handwörterbuch zur deutschen Rechtsgeschichte Bd. 5, 36. Lfg., Berlin 1993, Sp. 932–946 und für den südwestdeutschen Raum die ältere Arbeit von Alfons HEILMANN, Die Klostervogtei im rechtsrheinischen Teil der Diözese Konstanz bis zur Mitte des 13. Jahrhunderts, Köln 1908.

21 Vgl. z. B. eine Urkunde des Grafen Albrecht von Hohenberg von 1293, worin Burg und Herrschaft zu Wiesneck *in Zartuntal in Brisgôwe* lokalisiert werden. Freiburger Urkundenbuch Bd. 2, bearb. von Friedrich HEFELE, Freiburg 1951, Nr. 134 S. 153. Weitere Belege ebd. S. 454 Register s.v. Zartental. Der Bezug der mittelalterlichen Talbezeichnung auf Zarten und die *marca Zardunensis* erscheint für die herrschaftsgeschichtliche Lage des Siedlungsgrundes von Freiburg beachtenswert. Belege: Albert KRIEGER, Topographisches Wörterbuch des Großherzogtums Baden Bd. 1, Heidelberg ²1904, ND Vaduz 1993, Sp. 1179 s.v. Kirchzarten, und ebd. Bd. 2, Heidelberg ²1905, ND Vaduz 1993, Sp. 185 s.v. Mettenzarten. Vgl. auch Freiburg im Breisgau. Stadtkreis und Landkreis. Amtliche Kreisbeschreibung Bd. 2,2, hg. von der Staatlichen Archivverwaltung Baden-Württemberg (Die Stadt- und Landkreise in Baden-Württemberg) Stuttgart 1974, S. 1211 ff.

22 MGH DHII Nr. 188. Regesta Imperii II,4, Nr. 1695. Dazu vgl. Thomas ZOTZ, Der Breisgau und das alemannische Herzogtum (Vorträge und Forschungen Sonderbd. 15) Sigmaringen 1974, S. 197 ff. und jüngst Johannes Ekkehard LICHDI, Bistum Basel und zähringische Herrschaftsbildung in der Freiburger Bucht, in: Zeitschrift des Breisgau-Geschichtsvereins »Schau-ins-Land« 110, 1991, S. 7–63, S. 14 ff.

Privileg gibt nicht nur ein Beispiel für die Vielfalt und das Nebeneinander verschiedener Herrschaftsrechte im Mittelalter, sondern führt auch Aspekte von Siedlung und Siedlungsgeschichte vor Augen. Was läßt sich allgemein von seiten der schriftlichen Überlieferung zu diesem Thema beitragen? Neben inhaltlichen Angaben der Urkunden zur Art des jeweiligen Schenkungsgutes sind es vor allem die Namen der Orte. Ihre Bildung und Bedeutung vermittelt uns ein annäherndes Bild vom Gang der Besiedlung eines Raumes und dabei besonders für die Zeit vor dem Einsetzen der Schriftquellen[23]. Allerdings ist eine genaue Chronologie der Besiedlung im Spiegel der Ortsnamen nicht möglich, da uns die Kontrolle durch schriftliche Daten für die frühe Zeit, d.h. vor der Mitte des 8. Jahrhunderts, fehlt.

Wenden wir uns nun der Wildbannurkunde Heinrichs II. zu, die seit langem die Aufmerksamkeit der Forschung beansprucht. Bevor darauf einzugehen ist, welches Schlaglicht mit ihr auf die Siedlungs- und Herrschaftsgeschichte des nördlichen Breisgaus wenige Jahrzehnte vor den Anfängen Freiburgs fällt, sei der politische Hintergrund kurz skizziert. Heinrich II., seit 1002 König und Nachfolger Kaiser Ottos III., hat bald nach Beginn seiner Herrschaft, den er als *renovatio regni Francorum* verstanden wissen wollte[24], die Basler Bischofskirche gefördert und großzügig mit Besitzungen und Rechten im Breisgau ausgestattet, der nicht zur Diözese des zur Kirchenprovinz Besançon gehörenden burgundischen Bistums Basels zählte[25]. Diese Begünstigung der Bischofskirche und ihres damaligen Trägers Bischof Adalbero (999–1025)[26] gründete in der auf den Erwerb des Königreichs Burgund gerichteten Politik Heinrichs II., die sein Nachfolger Konrad II. dann 1033 erfolgreich abschloß: Bereits 1004 sehen wir Adalbero in der Nähe des Königs[27], und im Jahre 1006, als Heinrich II. die Stadt Basel seiner Herrschaft aneignete[28], schenkte der König Besitzungen im Breisgau an den Propst der Basler Kirche Otim und an Bischof Adalbero[29]. Es handelt sich in allen Fällen um Besitz, der durch Gerichtsurteil in die Hände des Königs gelangt ist; hierbei ist mit guten Gründen an die Gütermasse des Grafen Guntram zu denken, die um die Mitte des 10. Jahrhunderts im Rahmen eines Hochverratsprozesses konfisziert und von Otto I. dann zu Teilen an das Kloster Einsiedeln, an die Bischofskirche Konstanz, an das Kloster Lorsch und an Herzog Rudolf

23 Vgl. Bruno BOESCH, Ortsnamenprobleme am Oberrhein, in: Die Wissenschaft von deutscher Sprache und Dichtung. Methoden, Probleme, Aufgaben. Festschrift für Friedrich Maurer zum 65. Geburtstag, hg. von Siegfried GUTENBRUNNER u.a., Stuttgart 1963, S. 138–158, wieder in: DERS., Kleine Schriften zur Namenforschung 1945–1981 (Beiheft zu den Beiträgen zur Namenforschung NF 20) Heidelberg 1981, S. 245–265; Dieter GEUENICH, Der Landesausbau und seine Träger (8.–11. Jahrhundert), in: Archäologie und Geschichte (wie Anm. 7) S. 207–218, hier S. 209ff. und jüngst Michael HOEPER, Alamannische Besiedlungsgeschichte im Breisgau, Reihengräberfelder und Gemarkungsgrenzen, in: Römer und Alamannen (wie Anm. 6) S. 9–124.

24 Umschrift auf der Reversseite der ersten, allerdings nur vereinzelt 1003 und 1007 nachgewiesenen Königsbulle. Vgl. Percy Ernst SCHRAMM, Die deutschen Kaiser und Könige in Bildern ihrer Zeit 751–1190, Neuaufl. hg. von Florentine MÜTHERICH, München 1983, S. 211. Vgl. hierzu im Rahmen einer Neubewertung von Ottos III. Rompolitik jetzt Knut GÖRICH, Otto III. Romanus Saxonicus Italicus. Kaiserliche Rompolitik und sächsische Historiographie (Historische Forschungen 18) Sigmaringen 1993, S. 270ff. mit der These, daß der Gebrauch dieser Bulle mit seinem programmatischen Text durch die gerade gebannte Gefahr einer Abspaltung des schwäbischen Herzogtums motiviert gewesen sein könnte.

25 Vgl. Guy P. MARCHAL, Basel II. Das Bistum, in: Lexikon des Mittelalters Bd. 1, München – Zürich 1980, Sp. 1506ff.

26 Vgl. Helvetia Sacra I,1, Bern 1972, S. 167f. Hier die Nachweise zum folgenden.

27 Regesta Imperii II,4, Nr. 1573.

28 Vgl. Regesta Imperii II,4, Nr. 1616a.

29 Regesta Imperii II,4, Nr. 1617f. und dazu ausführlich LICHDI (wie Anm. 22) S. 8f.

von Burgund übertragen worden ist[30]. An Basel fiel damals im Jahre 1004 Besitz in Opfingen, Bellingen und *Hasela*. In dem letztgenannten Ort, dessen Identifizierung in der Forschung strittig ist[31], wird man wohl doch eher Haslach westlich von Freiburg als Hasel östlich von Schopfheim zu sehen haben[32].

Mit der Erwähnung Haslachs ist nun bereits der Bereich angesprochen, auf den sich die Wildbann-Urkunde Heinrichs II. von 1008 bezieht. Mit ihr setzte der König die Maßnahmen, die der Integration des Bistums Basel als eines burgundischen Vorpostens in das Reich dienten, in besonderer Weise fort. Heinrich II. überträgt hier dem Bischof Adalbero von Basel und seiner Kirche für ein genau angegebenes Gebiet den königlichen Bann, der sich auf die Jagd wilder Tiere bezieht (*bannus noster bestiarum*)[33]. Die Urkunde führt keine weiteren Einzelheiten aus, aber aus anderen Bannverleihungen Heinrichs II. erfahren wir, daß es sich bei solcher Vergünstigung um die Jagdlizenz für einen bestimmten Raum handelt; aus ihr erwuchsen dem Inhaber Einkünfte von seiten derer, die sich vom Bischof die Erlaubnis zur Jagd geben ließen, oder derer, die im Falle unrechtmäßiger Jagd eine Buße zu entrichten hatten[34]. Gerade im Vergleich zu den seit Heinrich II. zahlreichen anderen Privilegien dieser Art wird nun aber auch das Charakteristische des Privilegs für Basel sichtbar, das auch über die Siedlungsstruktur des Raumes Aufschluß gibt: Während sonst in der Regel von einem einzigen Forst oder Wald die Rede ist, der bisweilen auch einen eigenen Namen, z. B. Lußhardt oder Spessart, trägt, spricht Heinrich II. gegenüber Basel von *silvae*, von mehreren Wäldern also, wobei Namen nicht genannt werden.

Wenn man nun den gleich näher zu erläuternden Bezirk von Wäldern, der Gegenstand des Diploms Heinrichs II. von 1008 für Basel war, mit den Gebietsangaben zu anderen Forsten und Wildbännen jener Zeit vergleicht, dann ist überdies festzustellen, wie bescheiden sich seine Ausdehnung ausnimmt: Der berühmte *Forehahi* z. B., den derselbe König Heinrich II. an die Bischofskirche von Worms übertrug, hatte eine Ausdehnung

30 Vgl. Thomas Zotz, König Otto I., Graf Guntram und Breisach, in: Zeitschrift für die Geschichte des Oberrheins 137, NF 98, 1989, S. 64–77.

31 Lichdi (wie Anm. 22) S. 48 Anm. 19.

32 Für Hasel noch jüngst – ohne Diskussion des Problems – Der Landkreis Lörrach Bd. 1, hg. von der Landesarchivdirektion Baden-Württemberg (Kreisbeschreibungen des Landes Baden-Württemberg) Sigmaringen 1993, S. 885f. Doch erscheint gewichtig, worauf Lichdi (wie Anm. 22) aufmerksam gemacht hat, daß in dem Haslach benachbarten Ort Betzenhausen Graf Guntram Besitz hatte. Ebenso liegt Bellingen ganz in der Nähe von Liel, wo Guntram nachweislich begütert war.

33 Vgl. Jörg Jarnut, Die mittelalterliche Jagd unter rechts- und sozialgeschichtlichen Aspekten, in: L'uomo di fronte al mondo animale nell'alto medioevo (Settimane di studio del Centro italiano di studi sull'alto medioevo 31) Bd. 1, Spoleto 1985, S. 765–798.

34 Vgl. z. B. MGH DHII Nr. 1 (a. 1002) für die Bischofskirche von Worms Wildbann über den Forst *Forehahi* im Rhein- und Lobdengau: *ut nulla de eo forestu persona parva sive magna aliquam feram vel bestiam ibi venari vel capere aut insequi presumat sine licentia ... aepiscopi B. sive successorum eius. Et si hoc agere quod absit presumpserit, quem regio fisco solvere debuit regium bannum et pacem, adhuc in carne viventi aepiscopo suisque successoribus invitus persolvat ...* MGH DHII Nr. 244 (a. 1012) für die Abtei Lorsch Wildbann im Odenwald: *exorans forestem bannumque silvarum concedi ... forestem cum banno ... nullus in ea sine ipsius licentia venandi aut capiendi aliquid potestatem habeat.* MGH DHII Nr. 367 (a. 1017) für die Bischofskirche von Straßburg Wildbann im Unterelsaß: *forestem sic determinando proprietavimus ... ius igitur forestense ... firmavimus, ita vero ut nullus ibi cervum vel cervam, ursum aut ursam, aprum vel lefam, capreos vel capreas sine licentia ipsius capiat.* Zur königlichen Verleihung von Forst- und Wildbännen im südwestdeutschen Raum vgl. die Übersicht bei Hansmartin Schwarzmaier, Das Königsgut in karolingischer, ottonischer und salischer Zeit. Beiwort zur Karte V, 2, in: Historischer Atlas von Baden-Württemberg, Erläuterungen 5. Lfg., Stuttgart 1976, S. 11.

von ca. 45 km mal 15 km zwischen Rhein und Odenwald[35]. Der hier zur Diskussion stehende Bezirk im nördlichen Breisgau erstreckt sich über eine Fläche von etwa 10 km mal 15 km. Und dabei war es kein einheitlicher Wald, sondern mehrere *silvae*. Auf einige von ihnen wird noch zurückzukommen sein[36]; es zeigt sich aber schon jetzt, daß das an den Bischof von Basel übertragene Banngebiet offensichtlich kleinteiliger, siedlungsgeschichtlich zersplittert war, eine Beobachtung, die bereits Erika Schillinger allgemein zur Besiedlung des Breisgaus gemacht hat[37].

Aus der Urkunde ist ferner zu erfahren, daß dort, in dem abgesteckten Bereich (*silvae his terminis ac finibus succinctae*), andere Personen oder Institutionen Güterbesitz haben; sie geben die Zustimmung zu der Begünstigung Basels (*secundum collaudationem cumprovincialium inibi predia habencium*). Offensichtlich war auch ihr in dem Bezirk liegender Besitz, zu dem im Mittelalter in der Regel Wald gehörte, von dieser Übertragung der Jagdhoheit an den Bischof betroffen. Es verdient Beachtung, daß wir in diesen Forst- und Wildbannprivilegien des frühen 11. Jahrhunderts erste Zeugnisse für die über einen Raum ausgeübte Landesherrschaft haben, die im Spätmittelalter zentrale Bedeutung erhalten sollte[38]. Darauf ist hier hinzuweisen, weil dieser Aspekt für die Herrschaftsbildung der Zähringer im nördlichen Breisgau, wo ihr namengebender Sitz lag, von Interesse ist[39]. Denn es befand sich Zubehör der Burg Zähringen in auffälliger Weise in der südlichen Hälfte des Wildbannbezirks[40].

Wie stets in solchen Bannprivilegien werden die Grenzen, innerhalb derer der Wildbann gelten soll, genau beschrieben, und dies gewährt Einblick in die Siedlungsgeschichte des Freiburger Raumes ohne Freiburg zu Beginn des 11. Jahrhunderts (vgl. Abb. 2[41]): ... *super illas silvas hiis terminis ac finibus succinctas: a villa Togingun usque ad villam Ofhusen et ad Adelenhusun et inde Worin, inde vero usque ad Harderen et inde ad Zaringen et inde ad Gondaluingen et inde ad Wersteten et de illo loco ad Thiermondingen, inde vero ad Ruthtin ac postea ad Bezscingen et inde per ascensum Treisame fluminis usque ad locum, ubi Ramesaha fluvius intrat in Treisama, et inde per ascensum Ramesahae usque ad prescriptam villam Togingnun* ... Der Grenzgürtel, um das Bild des Urkundentextes aufzunehmen, verläuft von Tiengen am südlichen Tunibergende nach Uffhausen (heute in St. Georgen aufgegangen), Adelhausen (heute in der Wiehre aufgegangen mit der Kirche St. Cyriak als Pfarrkirche), Wiehre, Herdern, Zähringen, Gundelfingen, Vörstetten, von dort weiter zu dem wüst gefallenen Ort Tiermendingen nach Reute. Hierauf folgt als nächster Bezugspunkt Bötzingen[42], und von da an orientiert sich die Grenzbeschreibung

35 Nachweis in Anm. 34. Zum Forst *Forehahi* vgl. Michael GOCKEL, Karolingische Königshöfe am Mittelrhein (Veröffentlichungen des Max-Planck-Instituts für Geschichte 31) Göttingen 1970, S. 72ff.

36 Vgl. unten S. 57, 59f.

37 Erika SCHILLINGER, Die Siedlungsgeschichte des Breisgaus bis zum Ende der Karolingerzeit unter besonderer Berücksichtigung der Ortsnamen, Diss. phil. masch. Freiburg 1944. Zitiert nach Wolfgang MÜLLER, Die Anfänge des Christentums und der Pfarrorganisation im Breisgau, in: Schau-ins-Land 94/95, 1976/77, S. 109–142, hier S. 129.

38 Vgl. Ernst SCHUBERT, Forst I, in: Lexikon des Mittelalters Bd. 4, München – Zürich 1989, Sp. 658–661.

39 Vgl. hierzu jetzt weiterführend LICHDI (wie Anm. 22), der S. 20ff. das auffällige Verschwinden des Wildbannbezirks von 1008 als rechtlicher und politischer Größe zur Intensität und zum Erfolg der zähringischen Herrschaftsbildung in diesem Raum in Beziehung setzt.

40 Vgl. Wolfgang STÜLPNAGEL, Zur Geschichte der Veste Zähringen und ihrer Umgebung, in: Schau-ins-Land 76, 1958, S. 19–32, hier S. 25 (Karte) und unten, S. 73ff.

41 Unten S. 65.

42 Vgl. LICHDI (wie Anm. 22), der S. 14f. mit Abb. 6 S. 46 die Nordgrenze nicht linear von Reute bis Bötzingen verlaufen läßt, sondern die Buchheimer Mark als dichtbesiedelte Zone, in der ein Wildbannrecht nutzlos gewesen wäre, ausgeklammert sehen möchte.

ganz an Wasserläufen: dreisamaufwärts bis zu der Stelle, da die *Ramesaha* in die Dreisam mündet, d. h. damals bei Gottenheim an der Nordostecke des Tunibergs, und von dort diesen Fluß aufwärts (entlang dem Tuniberg) bis Tiengen, dem Ausgangspunkt der Grenzbeschreibung.

Was sagt nun diese nüchterne Namensreihe in der Urkunde Heinrichs II. für die Siedlungsgeschichte im naturräumlichen Rahmen aus? Zunächst fällt auf, daß der Wildbannbereich im Westen vom Tuniberg und im Süden von der Mengener Brücke und dem Schönberg naturräumlich begrenzt war. Mit dieser Begrenzung fällt der Verlauf der sog. Alten Dreisam zusammen, die in früheren Zeiten nach Verlassen des Zartener Beckens in südwestlicher Richtung weiterfloß, bis sie nördlich von Wolfenweiler durch die Mengener Brücke nach Westen gelenkt wurde und ihren Lauf bis Tiengen nahm, wo sie am Tuniberg ihre Richtung nach Norden änderte und über Gottenheim zum Ostrand des Kaiserstuhls floß[43]. Seit Einsetzen der schriftlichen Überlieferung im 8./9. Jahrhundert erscheint die Dreisam allerdings noch in anderem Verlauf: Bedingt wohl durch die von ihr selbst verursachte allmähliche Aufschotterung der Ebene suchte sich die Dreisam damals einen anderen Weg und floß nach Austritt aus dem Zartener Becken in Richtung Nordwesten zwischen Mundenhof und Lehen und an Umkirch vorbei, bis sie sich südlich von Gottenheim mit der sog. Alten Dreisam vereinigte, die in König Heinrichs Urkunde *Ramesaha*, heute Mühlbach, heißt.

Mühlbach heißt aber auch der eben skizzierte Flußlauf an Umkirch vorbei. Man sieht, wie hier die Wassernutzung ins Spiel kommt, zu der es zahlreiche Zeugnisse in den mittelalterlichen Urkunden zum Raum Freiburg gibt. So ist einer St. Galler Urkunde aus der Mitte des 9. Jahrhunderts zu entnehmen, daß zu der Siedlung Mundenhof eine Mühle gehörte, die offenbar durch eine Wasserleitung, einen Aquädukt, von der wenig entfernten Dreisam aus bewässert wurde[44]. Wasserverlauf und Wassernutzung im Wildbannbereich sind deshalb von besonderem Interesse für die Ausgangsfrage nach dem räumlichen Umfeld, in dem Freiburg entstand, weil sich der Name einer der Grenzpunkte in der Urkunde König Heinrichs II., nämlich der späteren Wiehre, direkt darauf bezieht: *Worin* ist die Pluralform von ahd. *wuora* und bedeutet ›Wehre, Dämme‹[45]. Dieser Grenzpunkt der Wehre, wie sich für die Frühzeit der »Wiehre« zu formulieren empfiehlt[46], führt in die engste Umgebung des späteren Freiburg, unmittelbar entlang der Dreisam, deren Wasser mit Hilfe von Wehren zur Nutzung hauptsächlich durch Mühlen abgeleitet wurde[47].

43 Zur Dreisam und zu ihrem unterschiedlichen Lauf in früherer Zeit vgl. Walter WUNDT, Oberflächengewässer und Abflußverhältnisse, in: Kreisbeschreibung Freiburg Bd. 1,1 (wie Anm. 3) S. 98–106, hier S. 99.

44 Urkundenbuch der Abtei Sanct Gallen Bd. 2, bearb. von Hermann WARTMANN, Zürich 1866, Nr. 504 S. 118f. Die Identifizierung der *Muntinchova marca* mit Mundingen nordöstlich von Teningen ist unzutreffend. Vgl. KRIEGER Bd. 2 (wie Anm. 21) Sp. 245f.

45 Vgl. KRIEGER Bd. 2 (wie Anm. 21) Sp. 1440. Zur Wiehre vgl. Berent SCHWINEKÖPER, Topographische Grundlagen zur Freiburger Stadtgründung, in: Freiburg im Mittelalter, hg. von Wolfgang MÜLLER (Veröffentlichung des Alemannischen Instituts 29) Bühl 1970, S. 7–23, hier S. 17ff.

46 Vgl. dazu unten S. 72ff.

47 Über die Lage der alten Siedlung Wiehre, die sich seit dem späten 13. Jahrhundert in eine obere und niedere Wiehre geteilt zu erkennen gibt, besteht in der Forschung große Unsicherheit. So ist strittig, ob und wieweit sie sich auch nördlich der Dreisam erstreckte. Als Bezugspunkt für eine erhebliche Ausdehnung auf dieser Seite hat bisweilen eine Urkunde des Grafen Egen von Freiburg und seines Sohnes Konrad von 1298 gedient, die von einem *burgwerft, das ze sant Peter lit bi Wueri* spricht. Freiburger Urkundenbuch Bd. 2 (wie Anm. 21) Nr. 239 S. 287. Vgl. SCHWINEKÖPER (wie Anm. 45) S. 18. Doch scheint hier in mißverständlicher Formulierung zweierlei miteinander verbunden, wie aus einem diesbezüglichen Zinsrodel (Freiburger Urkundenbuch Bd. 2 [wie Anm. 21] Nr. 239a S. 188ff.) und einer Urkunde von 1395 hervorgeht. Vgl. Freiburger Urkundenbuch Bd. 2 (wie Anm. 21) S. 287 Anm. 4.

Auch dem in der Grenzbeschreibung unmittelbar folgenden Namen kommt besondere Aufmerksamkeit zu, liegt der so bezeichnete Ort doch gleichfalls in nächster Nachbarschaft zu Freiburg: *Harderen*, Herdern. Als Deutung ist hierzu ›bei den Hirten‹ vorgeschlagen worden[48], was aber sprachgeschichtlich sehr problematisch wäre[49]. Viel näher liegt – und es gibt dafür auch andere Beispiele aus dem nördlichen Breisgau[50] –, daß der Name mit ahd. *hard* im Sinne von Wald zusammenhängt[51]. Dabei handelt es sich bei *hard* und seiner lateinischen Entsprechung *lucus* stets um einen geforsteten Wald[52]. Herdern wäre so gesehen vom Namen her betrachtet eine Siedlung, die sich am Rand eines solchen Waldes befand. Hier wird man an die Gegend zwischen dem heutigen Schloßberg, dem Immenberg und dem Fuchskopf denken können, vielleicht bezieht sich der Name auch auf einen westlich des Ortes gelegenen, also zum Wildbannbezirk gehörenden Wald.

Die Aufzählung der Wehre und des Dorfes Herdern in der Urkunde Heinrichs II. streift jenen Bereich, in dem um 1100 Freiburg seinen Anfang nehmen wird. Dabei ist festzuhalten, was die Namen der beiden Orte aussagen, welche die spätere Stadt in Süd-Nord-Richtung umschließen werden[53]: Sie sprechen einerseits Wassertechnik und damit Wassernutzung, andererseits Waldwirtschaft an. Verdient schon diese inhaltliche Ausrichtung des engsten Freiburger Umfelds Beachtung, so fällt weiterhin auf, daß Wehre/Wiehre ebenso wie Herdern im Vergleich zu den übrigen Ortsnamen des engeren Freiburger Raumes besonders gebildet sind. Hierzu sei kurz das Gesamtspektrum der Ortsnamen in diesem Bereich vorgestellt; dies bietet zugleich Gelegenheit, auf den Gang der Besiedlung im Spiegel der Ortsnamen näher einzugehen[54].

Als älteste, aus der alemannischen Besiedlung des Raumes wohl im 5. Jahrhundert[55] stammende Namensschicht gelten der Forschung die Ortsnamen auf -ingen, mit einem Personennamen gebildet, z. B. Gundelfingen. Das Grundwort -ingen bedeutet eine durch Zugehörigkeit, durch Bezug auf eine Person gekennzeichnete Gruppe, wie dies die schon früh belegten Hausnamen Merowinger, Karolinger, Agilolfinger[56] oder auch die

48 KRIEGER Bd. 1 (wie Anm. 21) Sp. 941.

49 Freundliche Auskunft meines Kollegen Hugo Steger, Freiburg.

50 Harderer Hof bei Weisweil. Vgl. KRIEGER Bd. 1 (wie Anm. 21) Sp. 842f., Harternhof im Oberglottertal, ebd. Sp. 847.

51 So auch bereits Joseph KARTELS, Herdern bei Freiburg, Freiburg 1905, S. 14f.

52 Vgl. Gerhard KÖBLER, Althochdeutsch-neuhochdeutsch-lateinisches Wörterbuch (Arbeiten zur Rechts- und Staatswissenschaft Bd. 20) Gießen ³1991, S. 434.

53 Erwähnt sei die Vermutung von Immo Beyer, daß die Kernsiedlung Freiburg auf dem Boden der Wiehre angelegt worden sei. Vgl. Immo BEYER, Bauliche Hinweise zur Gründung Freiburgs im Breisgau 1091, in: Nachrichten des Schweizerischen Burgenvereins 17, 1992, S. 58–67. Dabei wird auch der angebliche St. Peter-Beleg (vgl. Anm. 47) herangezogen.

54 Vgl. zum folgenden BOESCH (wie Anm. 23); GEUENICH (wie Anm. 23) S. 209ff. und HOEPER (wie Anm. 23) S. 28ff.

55 So weit reichen die Gräberfelder z. B. von Buggingen, Mengen, Opfingen und Sasbach zurück. Vgl. HOEPER (wie Anm. 23) S. 30. Zur alemannischen Siedlung im Breisgau vgl. auch Gerhard FINGERLIN, Frühe Alamannen im Breisgau, in: Archäologie und Geschichte (wie Anm. 7) S. 97–137 und jüngst Christel BÜCKER u. Michael HOEPER, Ein Kriegergrab des 5. Jahrhunderts n. Chr. aus Opfingen, Stadt Freiburg, in: Fundberichte aus Baden-Württemberg 18, 1993, S. 325–342. Zu den Siedlungsfunden des 4./5. und 6.–11. Jahrhunderts in Mengen vgl. FundMengen. Mengen im frühen Mittelalter (Archäologische Informationen aus Baden-Württemberg 25) Stuttgart 1994.

56 Zur Bezeichnung Agilolfinger vgl. Karl SCHMID, Zur Problematik von Familie, Sippe und Geschlecht, Haus und Dynastie beim mittelalterlichen Adel, in: Zeitschrift für die Geschichte des Oberrheins 105, NF 66, 1957, S. 1–62, hier S. 53f., wieder in: DERS., Gebetsgedenken und adliges Selbstverständnis im Mittelalter, Sigmaringen 1983, S. 183–244, hier S. 235f.

Bezeichnung eines politischen Großverbandes wie der (nach Karl dem Großen benannten) *Karlingi* als der Bewohner der westlichen Francia erkennen lassen[57]. Ein Ort wie Gundelfingen hieße also so viel wie »bei den Leuten des Gundolf«; dabei muß offen bleiben, inwieweit die angesprochene Zugehörigkeit verwandtschaftlich oder durch Gefolgschaft oder Hausherrschaft begründet war. Für den hier interessierenden Zusammenhang ist wichtig, daß diese Ortsnamensform ganz offensichtlich noch eine Siedlungsphase spiegelt, in der bei der Wahrnehmung der Zeitgenossen die personenorientierte Gruppierung und weniger der Wohnplatz im Vordergrund stand[58]. Ein Blick auf die Karte (Abb. 1[59]) zeigt, wie zahlreich die ingen-Orte in der Freiburger Bucht verteilt waren, und zwar im Altsiedelland auf besten Lößböden; hier seien ausdrücklich nur Mengen und Tiengen erwähnt, die beide in ihrer ursprünglichen Form auf -ingen auslauteten[60].

Eine andere Sichtweise von Siedlung vermitteln die Orte auf -heim. Hier liegt das althochdeutsche Wort für *domicilium, patria,* für Heimstatt, zugrunde[61]; dieser Aspekt stand nun im Vordergrund der Namengebung. Während diese heim-Orte in der Forschung lange Zeit als fränkische Siedlungszeugen in striktem Gegensatz zu den alemannischen ingen-Namen gesehen worden sind[62], will man sich heute nicht festlegen und rechnet damit, daß auch Personen alemannischer Herkunft eine so benannte Siedlung angelegt haben konnten; dem Namen eignet also kein Aussagewert im Hinblick auf die ethnische Situation zur Zeit der Namengebung. Doch ist wohl unstrittig, daß der Usus, den Namen eines Siedlungsplatzes mit -heim zu bilden, seine Wurzeln in der von der gallorömischen Villenstruktur geprägten fränkischen Kultur hat und daß sich somit in der Ausstrahlung dieser Benennungsweise auf Gebiete östlich des Rheins fränkischer Einfluß manifestiert. Einige der heim-Orte im Breisgau wie z. B. Müllheim mit einer Martinskirche wird man ganz sicher auf eine fränkische Initiative zurückführen dürfen[63], und es fällt auf, daß viele dieser Orte entlang römischen Straßen liegen[64].

Wie spiegelt sich nun die früheste, von ingen- und heim-Orten gekennzeichnete Besiedlungsschicht im engeren Beobachtungsfeld dieses Beitrags? Es fällt auf, daß innerhalb des Wildbannbezirks ingen-Orte ganz fehlen; sie liegen an seinem Rand (Tiengen, Wendlingen, Zähringen, Gundelfingen, das wüst gewordene Tiermendingen, Bötzingen und Opfingen) und überdies in zum Teil starker Massierung in der fruchtbaren Vorbergzone, am Tuniberg und am Kaiserstuhl. Offensichtlich galt den frühen nachrömischen Siedlern die Freiburger Bucht nicht als günstiges Gebiet[65]. Es sind ferner drei heim-Orte zu ver-

57 Vgl. Thietmar von Merseburg, Chronicon III/8, hg. von Robert HOLTZMANN (MGH SS rer. Germ. NS 9) Berlin 1935, S. 106 über Lothar, den *rex Karlingorum.*

58 Vgl. hierzu, allerdings unter dem Blickwinkel der Grundherrschaftsentwicklung, Ernst SCHUBERT, Entwicklungsstufen der Grundherrschaft im Lichte der Namenforschung, in: Die Grundherrschaft im späten Mittelalter, hg. von Hans PATZE (Vorträge und Forschungen 27) Bd. 1, Sigmaringen 1983, S. 75–95, hier S. 76f.

59 Unten S. 62.

60 Vgl. KRIEGER Bd. 2 (wie Anm. 21) Sp. 169 und Sp. 1176.

61 Vgl. KÖBLER (wie Anm. 52) S. 447 s.v. heima und Taylor STARCK u. John C. WELLS, Althochdeutsches Glossenwörterbuch, Heidelberg 1990, S. 263.

62 Vgl. dazu GEUENICH (wie Anm. 23) S. 209 mit Anm. 17 und HOEPER (wie Anm. 23) S. 28.

63 Zur Siedlungsgeschichte von Müllheim, dessen Kirche auf dem Boden einer römischen Villa steht, vgl. HOEPER (wie Anm. 23) S. 91 mit Literaturhinweisen.

64 Vgl. HOEPER (wie Anm. 23) S. 31 und den Beitrag von Gerhard FINGERLIN in diesem Band, S. 11ff.

65 Vgl. Gerhard FINGERLIN, Zur alamannischen Siedlungsgeschichte des 3.–7. Jahrhunderts, in: Die Alemannen in der Frühzeit, hg. von Wolfgang HÜBENER (Veröffentlichung des Alemannischen Instituts 34) Bühl 1974, S. 45-88, hier S. 58, Abb. 10 und HOEPER (wie Anm. 23) S. 120, Karte 5.

zeichnen, Gottenheim, Buchheim und Lehen, das ursprünglich *Leheim* hieß[66]. An diesen drei Beispielen läßt sich das Spektrum der heim-Orte verdeutlichen: Sie sind entweder mit einem Personennamen gebildet, so Gottenheim als »Heim des Goto«, oder schematisch, mit einem Natur- oder Sachbegriff: *Leheim*, bezeichnet nach dem Lehener Berg, der sich als lößbedeckte Scholle ca. 30 m aus der Schotterniederung erhebt, mit dem ahd. Wort *lêo*, (Grab-)Hügel[67]. Im Falle von Buchheim bleibt offen, ob dem Namen ahd. *buohha* ›Buche‹ zugrunde liegt und er dann schematisch gebildet wäre[68] oder ob er von dem Personennamen Bucho abgeleitet worden ist[69].

Zeitlich später, um die Mitte des 7. Jahrhunderts oder um 700, datiert die Forschung eine Schicht von Namen mit dem Grundwort -hausen, -hofen, -stetten[70]. Diese Ausbausiedlungen auf der Mark von älteren ingen- und heim-Orten sind entweder mit einem Personennamen oder schematisch gebildet, z. B. Benzhausen in der Buchheimer Mark[71]: Wenn eine Schenkung an St. Gallen im Jahre 788 *in marca Bochaim seu et in Benzeshusa vilario* verhandelt worden ist, so ist an dieser Wendung bemerkenswert, daß Benzhausen als Weiler, d.h. als kleine Villa, qualifiziert wird, eine Bezeichnung, die im Laufe des 8. Jahrhunderts selbst bei der Namensbildung als Grundwort benutzt worden ist. Als Beispiel eines schematischen Namens diesen Typs von Ausbausiedlung mag Uffhausen bei Wendlingen dienen[72]. Wiederum etwas später, aus dem 8. und 9. Jahrhundert, datiert dann die Anlage von Siedlungen mit weiler-Namen, die nun z.T. schon auf weniger fruchtbare Böden an Talausgängen wie Heuweiler am Ausgang des Glottertales oder Littenweiler am Ausgang des Dreisamtales ausweichen. Aber andere Orte diesen Typs wie Wolfenweiler, Weiler des Wolfilin, befanden sich durchaus in agrarwirtschaftlich günstiger Lage, so daß wir hier mit einer Namensmode dieser Zeit zu rechnen haben[73].

Es bleibt noch ein Wort über die Siedlungsnamen auf -kirch zu sagen. Die so bezeichneten Orte stammen nach Ansicht der Forschung gleichfalls aus dem 8. Jahrhundert und spiegeln, wie aus dem Grundwort ihres Namens evident ist, den kirchlichen Ausbau des Landes[74]. Auch sie liegen oft auf der Mark eines älteren ingen- oder heim-Ortes, wie z. B. Hartkirch im Falle von Wendlingen, die beide zusammen mit Uffhausen seit dem 16. Jahrhundert St. Georgen hießen[75]. Der Namensbestandteil ›Hart‹ verweist auf Wald,

66 Vgl. KRIEGER Bd. 2 (wie Anm. 21) Sp. 42. Die Lage des in der Besitzbestätigung Kaiser Ottos II. für Einsiedeln von 972 erwähnten *Birinheim* ist unbekannt. Seine Identifizierung mit Birken bei Stegen, wie sie KRIEGER Bd. 1 (wie Anm. 21) Sp. 200 im Anschluß an das Wirtembergische Urkundenbuch Bd. 1, Stuttgart 1849, S. 253 vornimmt, ist nicht plausibel. Vgl. Adolf POINSIGNON, Ödungen und Wüstungen im Breisgau, in: Zeitschrift für die Geschichte des Oberrheins 41, NF 2, 1887, S. 322–368, 449–480, hier S. 336.

67 Vgl. KRIEGER Bd. 1 (wie Anm. 21) Sp. 42.

68 So KRIEGER Bd. 1 (wie Anm. 21) Sp. 328 ›Heim im Buchenwald‹.

69 Vgl. Freiburg im Breisgau. Stadtkreis und Landkreis. Amtliche Kreisbeschreibung Bd. 2,1, hg. von der Staatlichen Archivverwaltung Baden-Württemberg (Die Stadt- und Landkreise in Baden-Württemberg) Stuttgart 1972, S. 161.

70 Vgl. FINGERLIN (wie Anm. 65) S. 81 und GEUENICH (wie Anm. 23) S. 210.

71 KRIEGER Bd. 1 (wie Anm. 21) Sp. 145.

72 Vgl. KRIEGER Bd. 2 (wie Anm. 21) Sp. 1229, der den Namen von der Siedlung oberhalb von Wendlingen her erklärt.

73 Dazu wiederum zusammenfassend GEUENICH (wie Anm. 23) S. 210.

74 Vgl. Heinrich BÜTTNER, Franken und Alamannen im Breisgau und Ortenau, in: Zeitschrift für die Geschichte des Oberrheins 91, NF 52, 1939, S. 323–359, hier S. 354ff., wieder in: DERS., Schwaben und Schweiz im frühen und hohen Mittelalter. Gesammelte Aufsätze von Heinrich BÜTTNER, hg. von Hans PATZE (Vorträge und Forschungen 15) Sigmaringen 1972, S. 31–59, hier S. 55ff. und MÜLLER (wie Anm. 37) S. 123ff.

75 Freiburg im Breisgau. Stadtkreis und Landkreis. Amtliche Kreisbeschreibung Bd. 1, 2, hg. vom Statistischen Landesamt Baden-Württemberg (Die Stadt- und Landkreise in Baden-Württemberg) Stuttgart 1965, S. 1070f.

es war also die Kirche am Wald namengebend, ganz parallel in der Bedeutung zu Waldkirch. Ein anderes Beispiel ist Bechtoldskirch östlich von Mengen, wobei hier der Ortsname mit dem Namen der Person des Stifters oder Besitzers Berthold gebildet ist[76].

Einen besonders interessanten Fall stellt Umkirch dar[77], auf den hier näher eingegangen werden soll, da die römische Vergangenheit dieses Ortes als *vicus* und als Standort einer überregionalen Terra sigillata-Produktion jüngst herausgearbeitet werden konnte[78]. Aufgrund seiner Namensform dürfte Umkirch im 8. Jahrhundert entstanden sein, und wenn nach einem Ort auszuschauen ist, der als älterer Bezugspunkt für Umkirch in Frage käme, so fällt der Blick auf die benachbarten Siedlungen Lehen oder Gottenheim. Aus dem späten Mittelalter wird überliefert, daß in Umkirch die Mutterkirche zu den Filialkirchen in Gottenheim, Holzhausen, Hochdorf und zur Kirche St. Peter unmittelbar westlich der späteren Stadt Freiburg stand[79]. Auf diesen Befund wird noch zurückzukommen sein, wenn es um die Anrainer Freiburgs um 1100 geht, da der Hof (*curtis*) von Umkirch mit der dortigen Kirche und ihren *filiae* damals dem Bischof von Basel gehört hat[80]. Für den hier interessierenden Zusammenhang soll der Hinweis auf diese für den nördlichen Breisgau einzigartig weitläufige Filiation von Kirchen mit dem Zentrum Umkirch genügen, ein Zentrum, das, wie zu erinnern ist, auf römischen Wurzeln aufbauen konnte.

Wenn man die Beobachtungen zum Bild der Ortsnamen in der Freiburger Bucht nun im Hinblick auf den engeren Freiburger Raum zusammenfassen wollte, so fällt auf, daß die mit den Grundwörtern -ingen, -heim, -hausen etc. gebildeten Ortsnamen eine Art Halbkreis am nördlichen Ausgang des Dreisamtales ausnehmen: Im Norden ist der nördlichste Punkt Zähringen, im Westen Betzenhausen, im Südwesten Haslach – auch dies eine alte Namensbildung mit ahd. *hasala* ›Hasel‹ und *aha* ›Wasser, Bach‹[81] – und im Süden Adelhausen. Innerhalb des so bezeichneten Gebietes begegnen die beiden gleichsam aus dem Rahmen fallenden Namen Herdern und Wiehre, die einen besonderen Bezug zur Wald- und Wasserwirtschaft erkennen lassen. Wenn man sich weiter vergegenwärtigt, daß hier an der Nordwestecke des Dreisamtales eine alte, in die römische Zeit zurückreichende Straße[82] von Osten heranführte und sich im Bereich von Oberlinden in eine nördlich nach Gundelfingen und eine westlich nach Lehen verlaufende Straße verzweigte, dann wird deutlich, daß in diesem engeren Bereich besondere Bedingungen geherrscht

76 Vgl. KRIEGER Bd. 1 (wie Anm. 21) Sp. 138, der im Breisgaugrafen Berthold aus der Mitte des 10. Jahrhunderts den Gründer dieses Kirchortes sehen will.

77 Zu Umkirch vgl. Vinzenz KREMP, Geschichte des Dorfes Umkirch, Umkirch 1981 und DERS., Umkirch – Kirche in den Fluten der Dreisam oder Kirche eines Hun(d)o?, in: Zeitschrift des Breisgau-Geschichtsvereins »Schau-ins-Land« 105, 1986, S. 205–216.

78 Vgl. den Beitrag von Gerhard FINGERLIN in diesem Band, S. 23 ff., ferner Michael WAGSCHAL, Archäologische Beobachtungen in Umkirch, Kreis Breisgau-Hochschwarzwald, in: Archäologische Ausgrabungen in Baden-Württemberg 1988, Stuttgart 1989, S. 127 ff. und Hans Ulrich NUBER, Römische Geschirrproduktion im Breisgau, in: Zeitspuren. Archäologisches aus Baden, hg. von Edward SANGMEISTER (Archäologische Nachrichten aus Baden 50) Freiburg 1993, S. 134.

79 Im Liber marcarum des Bistums Konstanz von 1360/70. Vgl. KRIEGER Bd. 2 (wie Anm. 21) Sp. 1243.

80 Vgl. Karl SCHMID, Die Zähringer Kirche unter den breisgauischen Besitzungen Basels in der um 1180 auf 1139 gefälschten Papsturkunde, in: Die Zähringer. Schweizer Vorträge und neue Forschungen, hg. von DEMS. (Veröffentlichungen zur Zähringer-Ausstellung III) Sigmaringen 1990, S. 281–304, hier S. 282.

81 Ernst FÖRSTEMANN, Altdeutsches Namenbuch Bd. 2: Orts- und sonstige geographische Namen, dritte, völlig neubearbeitete Auflage, hg. von Hermann JELLINGHAUS, ND Hildesheim – München 1967, Sp. 1276 f.

82 Dazu zuletzt Johannes HUMPERT, Eine römische Straße durch den südlichen Schwarzwald, in: Archäologische Nachrichten aus Baden 45, 1991, S. 19–32 und den Beitrag von Gerhard FINGERLIN diesem Band, S. 18 ff.

haben, die von einer agrarischen Nutzung, wie sie andernorts stattfand, offenbar abwichen. Es wird zu fragen sein, inwieweit dieses Gebiet aufgrund seiner verkehrsgeographischen und wassertechnischen Bedeutung und aufgrund der damit zusammenhängenden Herrschaftsverhältnisse wichtige Voraussetzungen für die Anfänge von Freiburg bot[83].

Längsschnitt durch die Besitzgeschichte der Freiburger Bucht vom 8. bis 11. Jahrhundert

In Annäherung an diese Anfänge ist zunächst ein knappes Bild von den Besitz- und Herrschaftsträgern im nördlichen Breisgau bis zum Ende des 11. Jahrhunderts zu zeichnen, als die Zähringer hier auf folgenreiche Weise auf den Plan traten. Wie die um die Mitte des 8. Jahrhunderts beginnende urkundliche Überlieferung für diesen Raum erkennen läßt, haben damals vor allem zwei Klöster von hier ansässigen Grundbesitzern Güter erhalten und damit einen mehr oder weniger dauerhaften Einfluß auf die Geschichte des Raumes einleiten können, nämlich das Kloster St. Gallen, welches spätestens seit Beginn des 9. Jahrhunderts den Status einer königlichen Abtei hatte[84], und die 762/63 von dem Rupertiner Chancor gegründete und bereits 772 an das Königtum tradierte Abtei Lorsch[85] (vgl. Abb. 1). Damit war zumindest indirekt das Königtum in diesem Raum präsent; es verfügte hier im nördlichen Breisgau aber, wie immer wieder an einzelnen Schenkungen ablesbar ist, auch selbst über Güter und Fiskalbezirke, von denen Sasbach am nördlichen Kaiserstuhl offenbar eine besondere Rolle zukam[86]. Während wir über das Schicksal der Lorscher Güter wenig wissen[87], hat St. Gallen seine breisgauischen Besitzungen in der Propstei Ebringen straff organisiert[88] und auch noch um 1100 über zahlreiche Güter in der engeren Gegend Freiburgs verfügt, z. B. über Kirchzarten bzw. die Mark Zarten, aus der später die Freiburger Talvogtei entstand[89]. Hier in Kirchzarten wie auch in Haslach oder Merzhausen gab es Galluskirchen[90]. Dieser St. Galler Besitz und damit die Präsenz des Klosters in der unmittelbaren Umgebung Freiburgs sind im Hinblick auf dessen Anfänge im Auge zu behalten[91].

83 Dazu vgl. unten S. 72.

84 Vgl. Helvetia sacra III/1,2, Bern 1986, S. 1180ff.

85 Vgl. jüngst zusammenfassend Hubertus SEIBERT, Lorsch, in: Lexikon des Mittelalters Bd. 5, München – Zürich 1991, Sp. 2117f.

86 Vgl. ZOTZ (wie Anm. 22) S. 53ff., 145ff. und Karl SCHMID, Sasbach und Limburg, in: Zeitschrift für die Geschichte des Oberrheins 137, NF 98, 1989, S. 33–63.

87 Vgl. die Überblicke von Wolfgang STÜLPNAGEL in Kreisbeschreibung Freiburg Bd. 1,1 (wie Anm. 3) S. 269f. und von Martin WELLMER, Der Breisgau, in: Die Reichsabtei Lorsch Bd. 1, hg. von Friedrich KNÖPP, Darmstadt 1973, S. 639–643.

88 Vgl. Wolfgang STÜLPNAGEL, Grundherrschaft und Grundbesitzer, in: Kreisbeschreibung Freiburg Bd. 1,1 (wie Anm. 3) S. 267–310, hier S. 270ff. und Otto P. CLAVADETSCHER, St. Galler Besitz im Breisgau, in: Kelten und Alemannen im Dreisamtal (wie Anm. 16) S. 101–109. Zur St. Galler Propstei in Ebringen vgl. Edmund WEEGER, Die Herrschaft Ebringen bis 1621, in: Ebringen. Herrschaft und Gemeinde Bd. 1, hg. von Clausdieter SCHOTT und Edmund WEEGER, Freiburg o. J. [1992], S. 53ff., hier S. 55ff.

89 Vgl. Max WEBER, Die Kirchzartener Geschichte, in: Kirchzarten. Geographie – Geschichte – Gegenwart, hg. von Günther HASELIER, Kirchzarten 1966, S. 132ff., 241ff.

90 Vgl. MÜLLER (wie Anm. 37) S. 126; Wolfgang STÜLPNAGEL, Ebringen, in: Schau-ins-Land 93, 1975, S. 47–62.

91 Vgl. auch Berent SCHWINEKÖPER, Die Vorstädte von Freiburg i. Br. während des Mittelalters, in: Stadterweiterung und Vorstadt, hg. von Erich MASCHKE und Jürgen SYDOW (Veröffentlichungen der Kommission für geschichtliche Landeskunde in Baden-Württemberg B 51) 1969, S. 39ff., hier S. 53 mit weiteren Hinweisen auf St. Galler Bezüge im engeren Freiburger Raum.

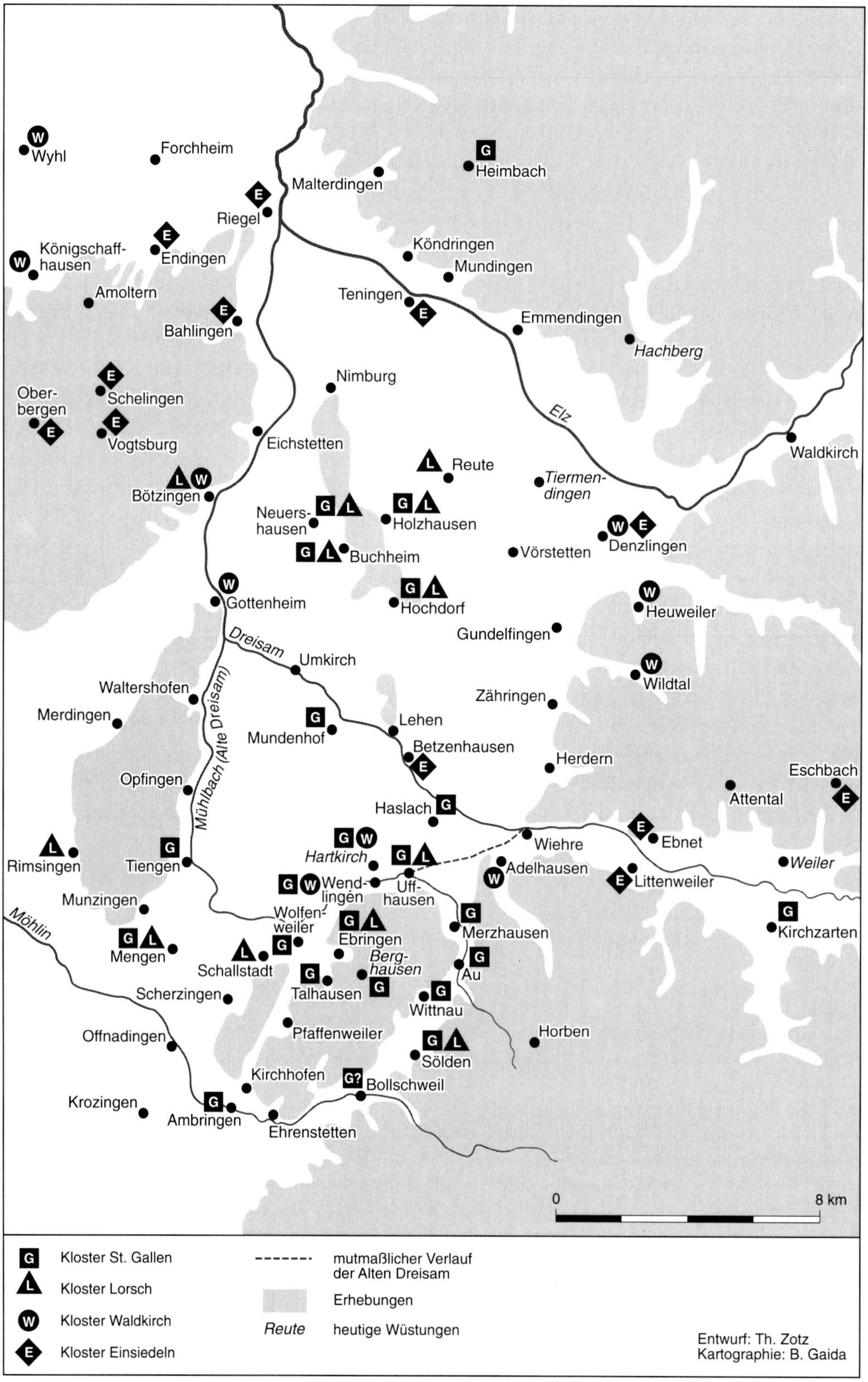

Abb. 1 Besitzverhältnisse im nördlichen Breisgau vom 8. bis 10. Jahrhundert.

Im Laufe des 10. Jahrhunderts kamen weitere Besitz- und Herrschaftsträger hinzu (vgl. Abb. 1): Hier sind vor allem die Klöster Waldkirch und Einsiedeln zu nennen, beides Gründungen der schwäbischen Herzöge, aber im Laufe des 10. Jahrhunderts reichsunmittelbar geworden, also der Herrschaft des Königs unterstellt[92]. Die Besitzschwerpunkte beider Klöster liegen allerdings weiter nördlich im Breisgau. Doch einerseits reichte das hier selbst ansässige Kloster Waldkirch mit Besitz und Rechten in Wendlingen, Hartkirch, Uffhausen und Adelhausen, andererseits Kloster Einsiedeln mit Littenweiler, Ebnet und Eschbach unmittelbar an den engeren Freiburger Raum heran[93]. Gerade Ebnet und Eschbach verdienen dabei besondere Beachtung: Denn diese Besitzungen dürften zu den Gütern gezählt haben, die Otto I. nach der Verurteilung des aufständischen Grafen Guntram um die Mitte des 10. Jahrhunderts konfisziert hat, größtenteils altes Reichsgut, das dieser sich angeeignet hatte[94]. Wenn man berücksichtigt, daß die Kirche von Ebnet Hilarius und Remigius, zwei merowingerzeitlichen Heiligen, geweiht war[95], so ist sehr wahrscheinlich, daß hier am Ausgang des Zartentales, als man die Ebene wieder erreichte, das fränkische Königtum Einfluß ausübte. Der Name Ebnet, der sich von ahd. *ebanoti* ›Ebene, Fläche‹ herleitet[96], ist wie die Namen Wiehre und Herdern ohne Grundwort gebildet. Es ist im Hinblick auf Freiburgs Gründungsbedingungen beachtenswert, daß das spätere Stadtgebiet von diesen drei, durch ihre Bezeichnung auffälligen Orte nördlich, südlich und östlich unmittelbar umschlossen wird. Es hat den Anschein, als ob der Bereich des Talausgangs der Kontrolle des Reiches unterlag[97].

Werfen wir nun einen Blick auf die Verhältnisse im Breisgau des 11. Jahrhunderts: Hier kam zu Beginn als neuer Herrschaftsträger von Gewicht der Basler Bischof hinzu, von dem bereits im Zusammenhang mit der Wildbannurkunde die Rede war[98]. Die Gesamtheit von Basels Positionen und Rechten im Breisgau gehen aus einer auf das Jahr 1139 in der bischöflichen Kanzlei gefälschten Papsturkunde aus der Zeit um 1180 hervor, die dem Hochstift ihren Bestand an Gütern und Kirchenpatronaten bestätigen sollte. Vor kurzem erst hat Karl Schmid dieses aufschlußreiche Machwerk in seiner Bedeutung für die breisgauische Geschichte des späten 11. und 12. Jahrhunderts gewürdigt[99]. Für die hier behandelte Frage kann als wahrscheinlich gelten, daß die in dem Papstprivileg aufgezählten

92 Zu Waldkirch neuerdings Heinrich Büttner, Waldkirch und Glottertal, in: Schwaben und Schweiz (wie Anm. 74) S. 87–115; Zotz (wie Anm. 22) Register S. 257 s. v. und Helmut Maurer, St. Margarethen in Waldkirch und St. Alban in Mainz, in: Festschrift für Helmut Beumann, hg. von Kurt-Ulrich Jäschke und Reinhard Wenskus, Sigmaringen 1977, S. 215–223. Zu Einsiedeln Hagen Keller, Kloster Einsiedeln im ottonischen Schwaben (Forschungen zur oberrheinischen Landesgeschichte 13) Freiburg i. Br. 1964 und Helvetia sacra III/1,1, Bern 1986, S. 517ff.

93 Vgl. Kreisbeschreibung Freiburg Bd. 1,1 (wie Anm. 3) S. 273f.; S. 280f.

94 Hierzu zuletzt Zotz (wie Anm. 30) S. 64ff. Vgl. Kreisbeschreibung Freiburg Bd. 2,2 (wie Anm. 21) S. 1211f., wo die Vermutung geäußert wird, daß mit dem in den Herrscherdiplomen für Einsiedeln genannten *Zarda* die Mark Zarten gemeint ist, zu der die nachweislichen Einsiedler Positionen Ebnet und Eschbach gezählt haben.

95 Krieger Bd. 1 (wie Anm. 21) Sp. 452. Zu den Patrozinien in Ebnet vgl. Weber (wie Anm. 89) S. 124f. Der Hilarius-Kult ist wohl Mitte des 7. Jahrhunderts von Fridolin aus Poitiers an den Hochrhein nach Säckingen gebracht worden. Vgl. jüngst Thomas Zotz, Säckingen, in: Lexikon des Mittelalters Bd. 7, 6. Lfg., München – Zürich 1995, Sp. 1244f. Das Hilarius-Patrozinium ist noch in Bleichheim, Malterdingen und Bollschweil, das Remigius-Patrozinium in Merdingen bezeugt. Vgl. Müller (wie Anm. 37) S. 134f., S. 138f. Die Ebneter Kirche war Filia von Kirchzarten. Vgl. Kreisbeschreibung Freiburg Bd. 2,1 (wie Anm. 69) S. 209f.

96 Vgl. Krieger Bd. 1 (wie Anm. 21) Sp. 451.

97 Vgl. dazu unten S. 73.

98 Vgl. oben S. 53.

99 Schmid (wie Anm. 80).

Positionen alle ins frühe 11. Jahrhundert zurückgehen und wohl weitgehend vom Königtum stammen (vgl. Abb. 2). Es ist bekannt, mit welcher Intensität Heinrich II. das von ihm gestiftete Bistum Bamberg vielerorts, auch im Südwesten des Reiches, dotiert hat. Für die Basler Bischofskirche war Heinrich II. gleichfalls ein bedeutender Stifter, später Mitpatron, und er hat dies mit dem Geschenk des berühmten Antependiums, das heute im Musée Cluny in Paris zu bewundern ist, zum Ausdruck gebracht[100].

Von Basels Rechten im Breisgau darf nicht die Rede sein, ohne daß eine weitere Förderung, diesmal durch Heinrichs II. Nachfolger Konrad II., Erwähnung findet. Denn 1028 überließ dieser Herrscher dem Bischof von Basel seine Rechte an einigen namentlich genannten Silbergruben im Breisgau, darunter Sulzburg, und an anderen breisgauischen Silbervorkommen[101]. Damit erreichte der im Breisgau ohnehin schon gut dotierte Basler Bischof weitere Herrschaftsrechte und vor allem Einnahmequellen ganz besonderer Art, um die im 12. Jahrhundert dann die Konkurrenz der Zähringer einsetzen wird.

Zu Basel können wir für das 11. Jahrhundert auch die Besitzungen des vor 993 von dem Breisgaugrafen Birchtilo gegründeten Cyriakklosters in Sulzburg rechnen; denn 1010 ging es in den Besitz der Basler Bischofskirche über[102]. Insofern sind auf der Übersichtskarte des 11. Jahrhunderts Holzhausen, Reute und Vörstetten als baslische Positionen verzeichnet (Abb. 2). Mit ihnen konnte Basel im gerade erworbenen Wildbannbezirk seine grundherrlichen Rechte verstärken. Im letzten Viertel des 11. Jahrhunderts fanden dann im nördlichen Breisgau weitere wichtige Besitzveränderungen statt, die nun schon ganz dem Zeithorizont der Ersterwähnung Freiburgs angehören: Gemeint ist die Vielzahl von Klostergründungen im deutschen Südwesten im Zeichen der Kirchenreform[103]. Von ihnen haben vor allem St. Peter und Paul in Hirsau[104], St. Georgen im Schwarzwald[105] und Allerheiligen in Schaffhausen[106] auch Schenkungen aus dem nördlichen Breisgau erhalten. Die aus diesen Klöstern erhaltene urkundliche und chronikalische

100 Carl PFAFF, Kaiser Heinrich II., sein Nachleben und Kult im mittelalterlichen Basel (Basler Beiträge zur Geschichtswissenschaft 89) Basel 1963.

101 MGH DKII Nr. 133. Hierzu jetzt Alfons ZETTLER, Die historischen Quellen zum mittelalterlichen Bergbaugeschehen, in: Erze, Schlacken und Metalle. Früher Bergbau im Südschwarzwald (Freiburger Universitätsblätter 109) Freiburg 1990, S. 59–78; Thomas ZOTZ, Schriftquellen zum Bergbau im frühen Mittelalter, in: Montanarchäologie in Europa, hg. von Heiko STEUER und Ulrich ZIMMERMANN (Archäologie und Geschichte. Freiburger Forschungen zum ersten Jahrtausend in Südwestdeutschland 4) Sigmaringen 1993, S. 183–199, hier S. 194 ff. und jüngst Peter HILSCH, Bemerkungen zu Bergbau und Bergregal im 12. Jahrhundert, in: Von Schwaben bis Jerusalem. Facetten staufischer Geschichte. Gerhard Baaken zum 65. Geburtstag, hg. von Sönke LORENZ und Ulrich SCHMIDT (Veröffentlichung des Alemannischen Instituts 61) Sigmaringen 1995, S. 37–50, hier S. 41 ff.

102 Vgl. Alfons ZETTLER, Sulzburg im früheren Mittelalter, in: Geschichte der Stadt Sulzburg Bd. 1: Von den Anfängen bis zum ausgehenden Mittelalter, hg. im Auftrag der Stadt Sulzburg von der Anna Hugo Bloch-Stiftung, Freiburg i. Br. 1993, S. 277–333, hier S. 289 ff.

103 Vgl. Joachim WOLLASCH, Muri und St. Blasien. Perspektiven schwäbischen Mönchtums in der Reform, in: Deutsches Archiv für Erforschung des Mittelalters 17, 1961, S. 420–446; Karl SCHMID, Adel und Reform in Schwaben, in: Investiturstreit und Reichsverfassung, hg. von Josef FLECKENSTEIN (Vorträge und Forschungen 17) Sigmaringen 1973, S. 295–319, wieder in: DERS., Gebetsgedenken (wie Anm. 56) S. 337–359; Hermann JAKOBS, Rudolf von Rheinfelden und die Kirchenreform, in: Investiturstreit (wie oben) S. 87–115.

104 Hirsau St. Peter und Paul 1091–1991, Teil 1: Zur Archäologie und Kunstgeschichte, Teil 2: Geschichte, Lebens- und Verfassungsformen eines Reformklosters, hg. vom Landesdenkmalamt Baden-Württemberg (Forschungen und Berichte zur Archäologie des Mittelalters in Baden-Württemberg 10) Stuttgart 1991.

105 Hans-Josef WOLLASCH, Die Anfänge des Klosters St. Georgen im Schwarzwald. Zur Ausbildung der geschichtlichen Eigenart eines Klosters innerhalb der Hirsauer Reform (Forschungen zur oberrheinischen Landesgeschichte 14) Freiburg 1964.

106 Vgl. Helvetia sacra III/1,3, Bern 1986, S. 1490 ff.

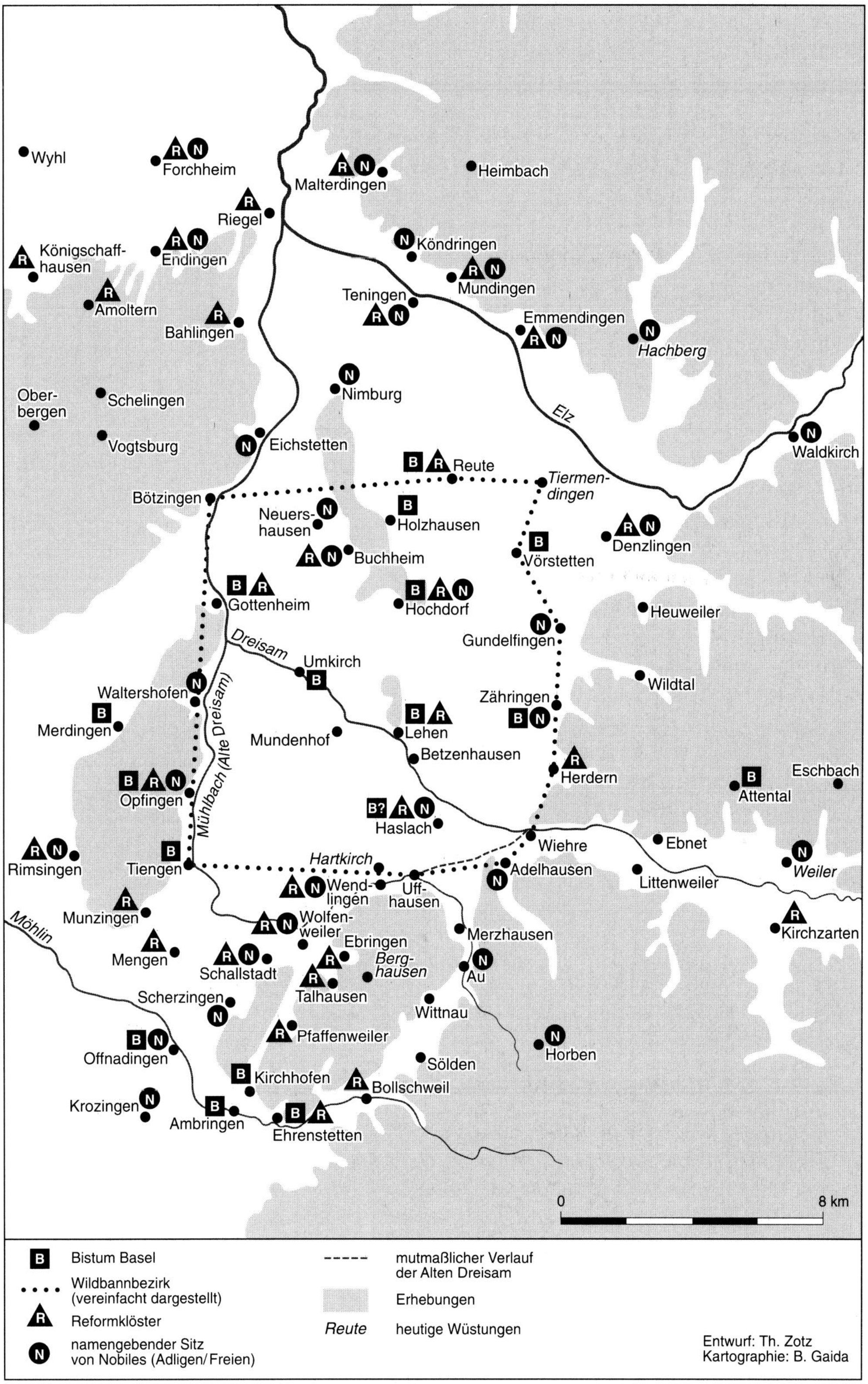

Abb. 2 Neue Herrschaftsträger im nördlichen Breisgau des 11. Jahrhunderts.

Überlieferung gibt zugleich Einblick, welche Adelsfamilien in diesem Raum damals über Besitz und Einfluß verfügten. Mit ihnen hatten es die Zähringer zu tun, als sie eben in jenem letzten Viertel des 11. Jahrhunderts daran gingen, ihre Herrschaft hier zu verdichten und in diesem Zusammenhang Freiburg initiierten. Wir hören z. B. von den Hessonen, Vögten des Klosters Einsiedeln in dessen zentralem Ort Riegel; zu ihren Nachfahren zählen die Üsenberger und die Grafen von Nimburg[107].

Einige dieser adligen Familien gründeten auch selbst im nördlichen Breisgau Reformklöster: Der *nobilis homo* Hesso stiftete um 1072 auf seinem Eigengut bei Rimsingen am Tuniberg eine Kirche und übergab diese dem Kloster Cluny, welches hierher Mönche entsandte und ein Priorat einrichtete. Später wurde der Mönchskonvent in das westlich benachbarte Grüningen und schließlich auf Betreiben Ulrichs, der Mönch in Cluny und Prior von Grüningen war, nach Vilmarszell im oberen Möhlintal, dem heutigen St. Ulrich, umgesiedelt[108]. In der Geschichte dieser über Jahre sich hinziehenden Gründungsgeschichte spielte nun auch ein Mitglied der später nach Zähringen benannten Familie der Berthold e eine Rolle: Hermann, Sohn des Herzogs Berthold von Kärnten und selbst Markgraf von Verona, der damals als Graf im Breisgau waltete, fungierte als Vermittler nach Cluny[109]. Hierher hatte Hermann enge Beziehungen, hier trat er, Frau und einzigen Sohn zurücklassend, als einfacher Mönch ein. Über diesen Mönch gewordenen Markgrafen verfaßte Ulrich von Cluny eine uns leider verlorene Lebensbeschreibung.

Zu erwähnen ist noch der auf Initiative desselben Ulrich zuerst in Bollschweil gegründete, später zu Beginn des 12. Jahrhunderts mit Hilfe des Adligen Gerold von Scherzingen nach Sölden verlegte cluniazensische Frauenkonvent St. Fides[110]. Der erwähnte Adlige verfügte auch über Besitz in Gundelfingen und Zähringen[111], berührte also mit seinen eigenen Positionen den engsten Machtbereich der Zähringer. Diese verstanden es aber, den Scherzinger ebenso wie zahlreiche andere Adlige dieser Gegend dazu zu bewegen, Güter an das von Berthold II. von Zähringen 1091/93 gegründete Kloster St. Peter im Schwarzwald zu übertragen und so nicht nur dem Patron des Klosters, St. Peter, sondern auch seinen Patronen, den Zähringern, Reverenz zu zollen. Der Rotulus Sanpetrinus, ein Besitzverzeichnis des Klosters aus dem 12. und frühen 13. Jahrhundert, vermittelt uns einen Eindruck von der Vielzahl von *nobiles* oder *liberi*, von Adligen und Freien, die im Freiburger Raum ansässig waren[112]. Sie sind mit ihrem namengebenden Sitz auf der

107 Hugo OTT, Das Urbar als Quelle für die Wüstungsforschung. Dargestellt an Beispielen aus dem Oberrheingebiet, in: Zeitschrift für die Geschichte des Oberrheins 116, NF 77, 1968, S. 1–19; Ulrich PARLOW, Die Grafen von Nimburg, in: Teningen, hg. von Peter SCHMIDT, Teningen 1990, S. 45–74.

108 Hugo OTT, Probleme um Ulrich von Cluny. Zugleich ein Beitrag zur Gründungsgeschichte von St. Ulrich im Schwarzwald, in: Alemannisches Jahrbuch 1970, S. 9–29. Zusammenfassend DERS., St. Ulrich, in: Germania Benedictina Bd. 5: Die Benediktinerklöster in Baden-Württemberg, bearb. von Franz QUARTHAL, Ottobeuren 1975, S. 615ff. Zu Ulrichs Wirken vgl. Horst FUHRMANN, Neues zur Biographie des Ulrich von Zell († 1093), in: Person und Gemeinschaft. Festschrift für Karl Schmid, hg. von Gerd ALTHOFF u.a., Sigmaringen 1988, S. 369–378 und Joachim WOLLASCH, Cluny und Deutschland, in: Studien und Mitteilungen zur Geschichte des Benediktinerordens 103, 1992, S. 7–32, hier S. 22ff.

109 Zu Markgraf Hermann vgl. Hansmartin SCHWARZMAIER, Hermann I. von Baden, in: Lexikon des Mittelalters Bd. 4, München – Zürich 1989, Sp. 2160; Joachim WOLLASCH, Hermann I., Markgraf »von Baden«, in: Die Zähringer. Anstoß und Wirkung, hg. von Hans SCHADEK und Karl SCHMID (Veröffentlichungen zur Zähringer-Ausstellung II) Sigmaringen 1986, S. 184f.

110 Vgl. KRIEGER Bd. 2 (wie Anm. 21) Sp. 1020ff.; WOLLASCH (wie Anm. 108) S. 24ff.

111 Der Rotulus Sanpetrinus nach dem Original im Großh. General-Landesarchiv zu Karlsruhe, hg. von Friedrich VON WEECH, in: Freiburger Diözesan-Archiv 15, 1882, S. 133–184, hier S. 141.

112 Vgl. Jan GERCHOW, *Rotulus Sanpetrinus*: Schenkungsverzeichnis des Klosters St. Peter auf dem Schwarzwald, in: Die Zähringer II (wie Anm. 109) S. 130ff.

Übersichtskarte des 11. Jahrhunderts als weitere Gruppe von Besitz- und Herrschaftsträgern vermerkt (Abb. 2). Wie deutlich sichtbar, saßen diese edelfreien Grundbesitzer dicht um und an den zähringischen Hauptpositionen Zähringen und Freiburg: Wir hören zum Jahre 1113 sogar von einem Konrad von Zähringen, einem Namensvetter jenes Konrad, der 1120 den Markt Freiburg privilegiert hat[113]; die beiden waren aber nur dem Namen nach verwandt. Für das Zähringen benachbarte Gundelfingen ist damals gleichfalls eine adlige Familie nachweisbar, ebenso für die unmittelbar an das Gebiet Freiburgs angrenzenden Orte Adelhausen und Haslach; die Ortsansässigkeit dieser Familien reicht gewiß ins 11. Jahrhundert zurück; ein Adalbert von Haslach ist sogar ausdrücklich zum Jahre 1092 belegt[114]. In diesen Familien also fassen wir Personenverbände, die Herzog Berthold II. vorfand, als er in Zähringen und Umgebung seine Herrschaft aufbaute.

Zu einer dieser Familien, nämlich denen von Adelhausen, stand Konrad, der Bruder Herzog Bertholds III., in seiner vorherzoglichen Zeit, also vor 1122/23, in auffälliger Verbindung. Er bezeugt als erster die Schenkung von Besitz in Adelhausen durch einen Adalbero von Adelhausen an das Kloster St. Peter im Schwarzwald[115]. Es ist ungewöhnlich, daß der dem Herzogshaus angehörende Konrad – er wird in der Traditionsurkunde als *domnus Conradus, frater Berhtoldi ducis* angeführt – für die Besitzübertragung eines *liber homo*, eines freien Mannes, der gesellschaftlich einen etwas niedereren Rang einnahm, Zeugnis ablegt[116]. Wenn man sich im Rotulus Sanpetrinus umsieht, dann findet sich ein interessanter Parallelfall: Die Schenkung des *nobilis homo* Walter von Weilheim und seiner Söhne an St. Peter wird zuerst von *Berhtoldus dux. Herimannus marchio*, also Herzog Berthold III. und seinem Vetter Markgraf Hermann, bezeugt[117]. Die hochrangige Zeugenschaft erklärt sich wohl daraus, daß Herzog wie Markgraf in Weilheim und Umgebung, dem Besitzzentrum ihres Großvaters Herzog Bertholds I., Rechte hatten und diese in ihrem Auftritt als Zeugen in der Urkunde der Edlen von Weilheim zum Ausdruck brachten. Eine ähnliche Erklärung bietet sich für die Adelhauser Schenkung an: Konrad hat hier offenbar als benachbarter Anrainer, als Besitzer nämlich des *locus* Freiburg, wie er sich 1120 zu erkennen gibt, gehandelt und wollte sich mit dieser Zeugenschaft ausdrücklich als mitspracheberechtigter Nachbar zeigen. Damit ist das Thema Freiburg im engeren Sinne angeschnitten. Den Bedingungen der Anfänge dieses Ortes soll der letzte Teil des Beitrages gelten.

Die Zähringer im Breisgau und die Anfänge Freiburgs

Wie kamen die Zähringer in den Breisgau, und woher stammten sie ab? Auf diese von der Forschung seit langem gestellte Frage gibt es keine schlüssige Antwort[118]. Doch steht eines fest: Als Zähringer kam die Familie, um die es geht, nicht an den Oberrhein, zu »Zähringern« wurde sie erst, nachdem sich Herzog Berthold II. Zähringen im nördlichen

113 Rotulus Sanpetrinus (wie Anm. 111) S. 157.

114 Vgl. KRIEGER Bd. 1 (wie Anm. 21) Sp. 787 zu Gundelfingen, Sp. 857 zu Haslach.

115 Rotulus Sanpetrinus (wie Anm. 111) S. 148.

116 Dazu schon HEYCK (wie Anm. 3) S. 250.

117 Rotulus Sanpetrinus (wie Anm. 111) S. 163.

118 Vgl. Emil KRÜGER, Zur Herkunft der Zähringer, in: Zeitschrift für die Geschichte des Oberrheins 45, NF 6, 1891, S. 553–635, und 46, NF 7, 1892, S. 478–541 und HEYCK (wie Anm. 3) S. 3 ff. In jüngerer Zeit Karl SCHMID, Aspekte der Zähringerforschung, in: Zeitschrift für die Geschichte des Oberrheins 131, NF 92, 1983, S. 225–252.

Breisgau als zentralen, namengebenden Herrschaftssitz gewählt hatte[119]. Diesem Ort eignete offenbar eine lange, bis in die Spätantike und frühe Alemannenzeit zurückreichende herrschaftsgeschichtliche Tradition, wie durch die Grabungen des Freiburger Instituts für Ur- und Frühgeschichte deutlich geworden ist[120]. Wahrscheinlich wußten davon auch die Menschen dieser Gegend noch im 11. Jahrhundert, doch muß dies Vermutung bleiben. Sicher ist in der zähringischen »Vorgeschichte«, daß spätestens seit den zwanziger Jahren, vielleicht aber auch schon seit Beginn des 11. Jahrhunderts eine Familie mit dem Leitnamen Berthold im Breisgau Grafschaftsrechte ausübte, die in Villingen auf der Westbaar einen Besitzschwerpunkt hatte[121]. Diese Stellvertretung des Königs vor Ort oder besser: in der Region bestand vor allem im Vorsitz vor Gericht und in der Organisation des Heeresaufgebots.

Es gilt nun, die Rolle des Grafen Berthold, Sohn des Bezelin von Villingen[122] und seit 1061 Herzog von Kärnten, in der politischen Geschichte seit dem zweiten Viertel des 11. Jahrhunderts kurz zu skizzieren, um auf diese Weise einen Zugang zu den Anfängen Freiburgs zu gewinnen, die mit dem Namen seines Sohnes Herzog Bertholds II. verknüpft sind[123]: Seit 1028 ist Berthold als Graf im Breisgau bezeugt; der um die gleiche Zeit in der Ortenau, im Albgau und im Thurgau begegnende Graf dieses Namens ist allem Anschein nach mit ihm identisch, und diese Kumulation von schwäbischen Grafschaften dürfte ebenso wie die vertraute Stellung am salischen Kaiserhof und Funktion als *missus* in Italien und schließlich die Heirat mit Richwara, die als Tochter des Schwabenherzogs Hermanns IV. († 1038) gelten darf[124], dazu beigetragen haben, daß Berthold um die Mitte des 11. Jahrhunderts die Anwartschaft auf die schwäbische Herzogswürde erlangte. Dies soll ihm Kaiser Heinrich III. durch die Übergabe eines Ringes zugesichert haben[125]. Aber nach dem Tode des Kaisers 1056 verlieh die Kaiserinwitwe Agnes zur großen Kränkung Bertholds die schwäbische Herzogswürde statt an ihn an Rudolf von Rheinfelden. Als Berthold als Zeichen der Wiedergutmachung im Jahre 1061 das Herzogtum Kärnten erhielt, gab er alle Grafenwürden aus der Hand bis auf den Breisgau, worin zweifellos ein Hinweis darauf zu sehen ist, wie wichtig ihm dieses Gebiet war. Herzog Berthold verwaltete das Grafenamt im Breisgau allerdings nicht selbst weiter, sondern überließ es seinem ältesten Sohn Hermann. Hermann führte außerdem den Titel eines Markgrafen von

119 Hierzu vgl. Karl SCHMID, Zähringergeschichte und Zähringertradition als Themen der Zähringerforschung, in: Die Zähringer. Eine Tradition und ihre Erforschung, hg. von DEMS. (Veröffentlichungen zur Zähringer-Ausstellung I) Sigmaringen 1986, S. 211–228.

120 Vgl. Heiko STEUER, Die Alamannen auf dem Zähringer Burgberg (Archäologische Informationen aus Baden-Württemberg 13) Stuttgart 1990 und jüngst Christel BÜCKER, Die Gefäßkeramik der frühalamannischen Zeit vom Zähringer Burgberg, Gemeinde Gundelfingen, Kr. Breisgau-Hochschwarzwald, in: Römer und Alamannen (wie Anm. 6) S. 125–232.

121 Vgl. Die Zähringer II (wie Anm. 109) S. 11 ff. mit Tafel 1 und Tafel 2. Die aus dem Spätmittelalter überlieferte genealogische Verknüpfung der Zähringervorfahren mit den Stiftern des Klosters Sulzburg im späten 10. Jahrhundert kann keine Glaubwürdigkeit beanspruchen. Vgl. hierzu ZETTLER (wie Anm. 102) S. 294 ff.

122 Vgl. hierzu Gerd ALTHOFF, Warum erhielt Bertold im Jahre 999 ein Marktprivileg für Villingen? in: Die Zähringer III (wie Anm. 80) S. 269–274.

123 Vgl. künftig für die Zähringergeschichte grundlegend PARLOW (wie Anm. 15). Hier die Einzelnachweise für das Folgende.

124 Zur Abstammung Richwaras von Herzog Hermann IV. von Schwaben vgl. Karl SCHMID, Baden-Baden und die Anfänge der Markgrafen von Baden, in: Zeitschrift für die Geschichte des Oberrheins 140, NF 101, 1992, S. 1–37, hier S. 37.

125 Frutolf von Michelsberg, Chronica a. 1057, in: Frutolfs und Ekkehards Chroniken und die anonyme Kaiserchronik, hg. von Franz-Josef SCHMALE und Irene SCHMALE-OTT (Ausgewählte Quellen zur deutschen Geschichte des Mittelalters Bd. 15) Darmstadt 1972, S. 74 ff.

Verona, und dies erklärt sich daraus, daß Verona ein Teil des Kärntner Herzogtums war. Auf diese Weise sollte offenbar die Anwartschaft Hermanns auf den Kärntner Dukat zum Ausdruck gebracht werden[126].

Doch es kam anders: Hermann trat, wie bereits oben angesprochen[127], 1074 in Cluny ein und entzog sich so der Welt und ihren Geschäften. So nahm sein Vater Berthold die Breisgaugrafschaft wieder an sich. Bald darauf aber, nämlich 1077, wurde sie ihm von König Heinrich IV. entzogen und der Straßburger Bischofskirche übertragen[128]. Denn Herzog Berthold hatte sich der süddeutschen Fürstenopposition gegen den König angeschlossen und war an der Wahl des Schwabenherzogs Rudolf zum Gegenkönig im März 1077 beteiligt. An Pfingsten desselben Jahres ließ Heinrich IV. in Ulm über König Rudolf, Herzog Welf IV. von Bayern und Herzog Berthold von Kärnten wegen Hochverrats Gericht halten und sie aller ihrer Würden und Lehen, also auch ihrer Herzogtümer und Grafschaften, entkleiden[129].

Der so entmachtete Berthold starb ein Jahr später auf seiner Burg Limburg bei Weilheim, sein jüngerer Sohn Berthold, nun nach dem Rückzug seines älteren Bruders Hermann aus der Welt der Hauptvertreter des Hauses, schaltete sich sogleich als Parteigänger des Gegenkönigs Rudolf in die kriegerischen Auseinandersetzungen jener Jahre ein, indem er zunächst, allerdings ohne Erfolg, gegen das Kloster St. Gallen im Thurgau, das auf seiten König Heinrichs IV. stand, vorging[130]. Daraufhin wandte er sich als »offener Feind König Heinrichs«, wie der Reichenauer Chronist Gallus Öhem schreibt, d. h. als *publicus hostis*, als Staatsfeind, im Jahre 1079 an den Oberrhein und verwüstete aus Haß gegen Heinrich IV. den gesamten Breisgau, die seinem Vater entzogene Grafschaft. Aus den Besitzungen von St. Gallen aber zog er jahrelang zum Schaden des Klosters eigenen Nutzen. Hierzu gehörten auch die umfangreichen St. Galler Liegenschaften im Freiburger Raum. Es ist aber noch mehr über das damalige Wirken Bertholds II. bekannt: Er eroberte die Burg Wiesneck im Zartener Tal und zwang alle (St. Galler) Leute des Breisgaus unter seine Herrschaft. Diese Burg Wiesneck, oberhalb des keltischen Oppidum Tarodunum angelegt und insofern vergleichbar mit der vermutlich wenig später errichteten Burg Zähringen, die gleichfalls in Verbindung mit einem alten, traditionsreichen Siedelplatz stand, befand sich wohl schon damals in Händen des Grafen Adalbert von Wiesneck, wie dieser dem Haigerlocher Grafenhaus angehörende Adlige in einer Urkunde des Klosters Allerheiligen von 1096 genannt wird[131]. Ganz offensichtlich kam es Berthold darauf an, die am Eingang des Wagensteigtales liegende Burg im Hinblick auf die Überquerung des Schwarzwaldes und die Verbindung zu den alten Stammgütern seiner Familie in und um Villingen zu kontrollieren.

In der St. Galler Überlieferung, die uns von diesen Vorgängen berichtet, ebenso wie in der Chronistik der Abtei Reichenau erscheint Berthold II. als Markgraf. Er hatte sich also offenbar den Titel seines älteren, in Cluny Mönch gewordenen Bruders zugelegt und

126 Zum Kärntner Dukat Bertholds jetzt Ulrich PARLOW, Zwei bisher unbeachtete Urkunden zur Zähringergeschichte, in: Die Zähringer III (wie Anm. 80) S. 275–280.

127 Vgl. oben S. 66.

128 MGH DHIV Nr. 298. Dazu Hartmut HOFFMANN, Grafschaften in Bischofshand, in: Deutsches Archiv für Erforschung des Mittelalters 46, 1990, S. 375–480, hier S. 433.

129 Gerold MEYER VON KNONAU, Jahrbücher des Deutschen Reiches unter Heinrich IV. und Heinrich V. Bd. 3, Berlin 1900, ND Berlin 1965, S. 36ff.

130 Vgl. hierzu und zum folgenden SCHMID (wie Anm. 16) und LICHDI (wie Anm. 22) S. 12ff.

131 Die ältesten Urkunden des Klosters Allerheiligen in Schaffhausen, Rheinau und Muri, hg. von Franz Ludwig BAUMANN (Quellen zur Schweizer Geschichte Bd. 3) Basel 1883, Nr. 27 S. 52.

wollte damit seinen Führungsanspruch innerhalb des Hauses demonstrieren, d. h. insonderheit gegenüber seinem Neffen Hermann, dem damals wohl noch kleinen Sohn Hermanns I. Aber Berthold ging noch weiter: Seit den 80er Jahren ist bezeugt, daß er sogar den Herzogstitel führte, obwohl er zu dieser Zeit nirgends eine Herzogsgewalt ausübte[132]. Kärnten, das Herzogtum seines Vaters, hatte Heinrich IV. an seinen Getreuen Liutold von Eppenstein gegeben. Doch mochte sich Berthold darauf berufen, daß Heinrich IV. ihm vor dem Beginn der großen politischen Auseinandersetzung im Reich die Nachfolge in Kärnten in Aussicht gestellt hatte[133].

Im nördlichen Breisgau erscheint Herzog Berthold im Juni 1087, also nur kurze Zeit vor den Anfängen Freiburgs, in vorrangiger Position: Er führt zusammen mit Graf Hermann die Zeugenlisten in zwei Urkunden der Abtei Cluny bzw. des Basler Bischofs Burkhard an, die beide das Kloster St. Ulrich betrafen[134]. Der Ort der beurkundeten Handlung, Reindelshausen (abgegangen bei Umkirch), gibt Zeugnis davon, wie Basel seine Position im Wildbannbezirk damals nutzte; in die gleiche Richtung weist das Auftreten bischöflicher Gefolgsleute aus Umkirch und Tiengen[135]. Die Erwähnung Graf Hermanns zeigt, daß inzwischen der Sohn Markgraf Hermanns in die alten Grafschaftsrechte seines Vaters hat einrücken können, und auch den Markgrafentitel führten später er und seine Nachfahren, die Markgrafen von Baden[136].

Fünf Jahre später, 1092, wurde dann der Herzogstitel Bertholds II. gewissermaßen mit Inhalt gefüllt: Schwäbische Große erhoben ihn zum Nachfolger des 1090 verstorbenen Schwabenherzogs Berthold, des Sohnes König Rudolfs[137]. Nun hatte der Zähringer Berthold, wie er seit der damaligen Zeit mit Recht bezeichnet werden darf, ein Herzogtum, allerdings dadurch beeinträchtigt, daß es auf seiten Heinrichs IV. seit 1079 noch einen anderen Herzog von Schwaben gab, nämlich Friedrich von Staufen, den Spitzenahn Friedrich Barbarossas und Friedrichs II.[138]. Schwaben befand sich damals im weltlichen wie kirchlichen Schisma und litt darunter, wie es der Augsburger Annalist, ein Parteigänger Heinrichs IV., auf klassische Weise bereits für die Zeit um 1080 formuliert hat: *O miseranda regni facies! Sicut in quodam comico ›Omnes sumus geminati‹ legitur, papae geminati, pontifices geminati, reges geminati, duces sunt geminati*[139]. »Oh erbarmenswertes

132 In einer Urkunde des Klosters St. Georgen vom 1. April 1086 wird Berthold zusammen mit dem Rheinfeldener Berthold und Welf in der Zeugenreihe unter der Rubrik *duces* geführt. Notitiae fundationis et traditionum monasterii S. Georgii in nigra silva, in: MGH SS 15, S. 1011. Vgl. auch die Bemerkung Bernolds von St. Blasien über Berthold anläßlich seiner Erhebung zum schwäbischen Herzog 1092: *qui nondum aliquem ducatum habuit, etsi iam dudum nomen ducis habere consueverit...* Bernold, Chronicon a. 1092, in: MGH SS 5, S. 454.

133 Vgl. wiederum Frutolf (wie Anm. 125) zu 1057. Da die Zähringer Vögte der Bamberger Kirche in Schwaben waren, dürfte Frutolf gut über die Geschichte des Hauses informiert gewesen sein. Er hat hier offensichtlich eine hausinterne Version zu den Dukatsproblemen in sein Werk einfließen lassen.

134 Joseph Trouillat, Monuments de l'histoire de l'ancien évêché de Bâle Bd. 1, Porrentruy 1852, Nr. 140. Vgl. Peter Rück, Die Urkunden der Bischöfe von Basel bis 1213 (Quellen und Forschungen zur Basler Geschichte 1) Basel 1966, S. 40ff., ferner Ott, Probleme um Ulrich von Cluny (wie Anm. 108) S. 26ff.

135 Vgl. Lichdi (wie Anm. 22) S. 13f.

136 Dazu jetzt Karl Schmid, Vom Werdegang des badischen Markgrafengeschlechtes, in: Zeitschrift für die Geschichte des Oberrheins 139, NF 100, 1991, S. 45–77 und Ders. (wie Anm. 124) S. 137; Hansmartin Schwarzmaier, Baden, in: Handbuch der baden-württembergischen Geschichte Bd. 2, Stuttgart 1995, S. 164ff.

137 Gerold Meyer von Knonau, Jahrbücher des Deutschen Reiches unter Heinrich IV. und Heinrich V. Bd. 4, Berlin 1903, ND Berlin 1965, S. 383; Maurer (wie Anm. 19) S. 134.

138 Vgl. Jakobs (wie Anm. 19) S. 31–40.

139 MGH SS 3, S. 130 (zu 1079).

Aussehen des Reiches! Wie man bei einem gewissen Komödiendichter liest – gemeint ist Plautus und sein Amphithryon – ›Alle sind wir verdoppelt‹, so gibt es jetzt doppelte Päpste, doppelte Bischöfe, doppelte Könige, doppelte Herzöge.« So wie Sosias, der Diener des Amphithryon, durch seinen Doppelgänger verunsichert wurde und in eine tiefe Identitätskrise geriet, so muß es damals dem Augsburger Annalisten und mit ihm vielen seiner Zeitgenossen gegangen sein: Man wußte nicht, wohin sich orientieren, an wen sich halten, welcher Amtsträger legitim war, welcher nicht.

Wenn in dem zitierten Wort des Augsburger Annalisten zum Jahre 1079 von »doppelten Königen« gesprochen wird, wie stand es zu Beginn der neunziger Jahre um das Königtum in Deutschland? Wer repräsentierte damals die »öffentliche Gewalt« für Schwaben oberhalb der Ebene des Herzogtums, für das sich sowohl der Zähringer Berthold als auch der Staufer Friedrich zuständig fühlten? Hier lautet die Antwort kurz und bündig, daß ein Vertreter dieses Amtes nicht präsent war. Denn Kaiser Heinrich IV. war im Frühjahr 1090 nach Italien aufgebrochen, um Papst Clemens III. zu Hilfe zu kommen, dessen Erhebung er 1084 betrieben hatte, und um gegen die durch Papst Urban II. eingefädelte Verbindung zwischen dem Welfenhaus und Mathilde von Tuszien vorzugehen[140]. Nach anfänglichen militärischen Erfolgen geriet er in Oberitalien allerdings zunehmend in Bedrängnis; erst sieben Jahre später, im Mai 1097, gelang es Heinrich, nach der Aussöhnung mit Welf nach Norden zurückzukehren. Auch die übrigen Vertreter des salischen Hauses, Heinrichs 1087 in Aachen zum König gekrönter Sohn Konrad und Heinrichs zweite Gemahlin Adelheid, hielten sich in Italien auf[141]. Es gab offenbar auch keinen Statthalter Heinrichs IV. für das gesamte Reich[142]. Auf päpstlicher Seite aber war König Hermann von Salm, der Nachfolger König Rudolfs († 1080), im Jahre 1088 gestorben und hatte seinerseits keinen Nachfolger gefunden. Allerdings berichtet Bernold von Konstanz zum Jahr 1091, daß sich Welf IV. um die Aufstellung eines Gegenkönigs bemühte, nachdem sein Vermittlungsangebot an Heinrich IV. im August desselben Jahres in Verona gescheitert war[143]. Die Forschung schwankt, ob Welf IV. sich selbst oder den Zähringer Berthold ins Spiel brachte; doch blieben die Bemühungen Welfs letztlich erfolglos[144]. So war, um zu resümieren, die Instanz des Königtums von 1090 bis 1097 in Deutschland nicht besetzt.

Diese politische Rahmensituation ist zu vergegenwärtigen, wenn man sich mit der zähringischen Geschichte und speziell mit den Anfängen Freiburgs befaßt, die nun näher beleuchtet werden sollen[145]. Der Blick auf die benachbarten Siedlungsstrukturen hat gezeigt, daß alte grundherrschaftlich geprägte Siedlungen ungefähr in einem Halbkreis um

140 MEYER VON KNONAU Bd. 4 (wie Anm. 137) S. 276ff.

141 Vgl. Tilman STRUVE, König Konrad, in: Lexikon des Mittelalters Bd. 5, München – Zürich 1991, Sp.1341. König Konrad wechselte dabei auf Veranlassung der Markgräfin Mathilde von Tuszien in das päpstliche Lager und ließ sich 1093 in Mailand zum König von Italien krönen. Zu Adelheid vgl. den Artikel von Theodor SCHIEFFER, in: Ebd. Bd. 1, München – Zürich 1980, Sp. 146.

142 Zum problematischen Zeugnis einer Echternacher Urkunde von 1095, daß dem Pfalzgrafen Heinrich von Lothringen die *imperii habenae* in Abwesenheit Kaiser Heinrichs IV. in Italien anvertraut worden seien, vgl. MEYER VON KNONAU Bd. 4 (wie Anm. 137) S. 284. Offenbar beschränkte sich die Stellvertretung Pfalzgraf Heinrichs auf Lothringen.

143 Bernold, Chronicon a. 1091, in: MGH SS 5, S. 452; MEYER VON KNONAU Bd. 4 (wie Anm. 137) S. 338, 368f.

144 Wenn tatsächlich der Zähringer Berthold damals im Gespräch für die Königswürde war, so würde sich damit erklären, weshalb nach dem Tod des Schwabenherzogs Berthold aus dem Haus Rheinfelden 1090 die Herzogswürde zwei Jahre unbesetzt blieb.

145 Dazu mit dem Schwerpunkt auf der Entwicklung im 12. Jahrhundert neuerdings weiterführend: KELLER (wie Anm. 1) S. 249–282.

die spätere Altstadt Freiburg endeten: Zähringen im Norden, Betzenhausen im Westen, Haslach im Südwesten, Adelhausen im Süden. Dazwischen befanden sich, erstmals in der Wildbannurkunde Heinrichs II. von 1008 bezeugt, die beiden Orte Herdern und Wiehre, deren Namen auf Wald und Wassernutzung, Wassertechnik weisen. Dabei verdient für die Geschichte der Wiehre übrigens Beachtung, daß hier im frühen 11. Jahrhundert noch gar kein Siedlungsplatz existiert zu haben scheint: In der besagten Urkunde führt die Grenzbeschreibung in der Regel einen neuen Orientierungspunkt mit *ad* ein, z.B. *et inde ad Zaringen*; im Falle der Wiehre formuliert sie auffällig abweichend: *ad Adelenhusen et inde Worin*. Augenscheinlich ist hier nicht eine Siedlung, sondern eine Sache angesprochen, die Wehre, eine pluralische Bezeichnung, die später als Singular verstanden und zum Ortsnamen ›die Wiehre‹ wurde[146].

Dieser vielleicht auch noch für das späte 11. Jahrhundert geltende Befund, daß die Stätte der Wehre ausschließlich eine wassertechnische Einrichtung war, legt die Frage nahe, in wessen Kompetenz sie sich befand und wozu sie gehörte. War sie an das benachbarte Adelhausen angebunden, mit dem die Wiehre später in kirchlicher Hinsicht eine Einheit bildete[147]? Als weiterer wichtiger Sachverhalt ist festzuhalten, daß sich hier auf dem Hochufer nördlich der Dreisam bzw. an der Südwestecke des Schloßbergs eine Wegegabelung, nämlich an Oberlinden, befand. So ergibt sich für den engeren Raum, in dem Freiburg initiiert wurde, das Bild, daß hier der Grund und Boden nicht auf dörfliche Siedlungen verteilt war und agrarisch genutzt wurde, sondern daß es sich um ein Gebiet mit Verkehrsfunktion und entlang der Dreisam mit wassertechnischen Einrichtungen handelte, zwei Merkmalen, die zweifellos für die Anlage einer vorwiegend auf Gewerbe und Markt orientierten städtischen Siedlung von Nutzen waren. Dieser vorgegebene Charakter des Platzes, Wassernutzung und verkehrsgünstiger Standort, hat offensichtlich Herzog Berthold II. für seinen Plan den Platz am Ausgang des Zartentals und nicht die dem herrschaftlichen Sitz der Burg Zähringen näher gelegene dortige Siedlung wählen lassen.

Aber es ist nicht nur auf die siedlungs- und wirtschaftsgeschichtlichen Bedingungen zu achten, sondern entsprechend dem zweiten Titelbegriff dieses Beitrages auch auf die rechtlichen oder herrschaftlichen Voraussetzungen. Welche Besitzrechte hafteten am Boden des neuen Ortes vor 1091? Eine Antwort auf diese Frage scheint Konrad, der Sohn Herzog Bertholds II., selbst zu geben, wenn er 1120 in der Einleitung zu den für Freiburg gewährten Privilegien davon spricht, daß er den Markt an einem Ort seines eigenen Rechts (*in loco mei proprii iuris*), nämlich Freiburg, errichtet habe[148]. Die Forschung nimmt hiervon ausgehend und unter Berücksichtigung der Struktur und Einschätzung des Zähringererbes zu Beginn des 13. Jahrhunderts zumeist an, daß Freiburg auf zähringischem Allodialbesitz gegründet worden sei, im Unterschied zum Reichsgut Zähringen[149].

Es fragt sich allerdings, ob man für das späte 11. Jahrhundert beides so klar gegenüberstellen sollte und ob die zum Jahr 1120 angesprochene Verfügung Konrads über Freiburg strikt als Indiz für ursprüngliches Allodialgut der Familie gedeutet werden muß. Die

146 Für wichtige Hinweise habe ich Frau Dr. Renate Schrambke vom Freiburger Institut für geschichtliche Landeskunde, germanistische Abteilung, herzlich zu danken.

147 Vgl. Kreisbeschreibung Freiburg Bd. 1,2 (wie Anm. 75) S. 1036.

148 Vgl. Marita Blattmann, Die Freiburger Stadtrechte zur Zeit der Zähringer (Veröffentlichungen aus dem Archiv der Stadt Freiburg im Breisgau 27) Bd. 2, Freiburg – Würzburg 1991, S. 531.

149 So z. B. Hugo Ott, Die Burg Zähringen, in: Die Zähringer I (wie Anm. 119) S. 5–16, hier S. 9f. Zum frühen 13. Jahrhundert vgl. Hartmut Heinemann, Das Erbe der Zähringer, in: Die Zähringer III (wie Anm. 80) S. 215–265, hier S. 226, 245ff.

Ausleuchtung des allgemeingeschichtlichen Hintergrunds, auf dem Freiburg initiiert wurde, hat gezeigt, daß sich Herzog Berthold durchaus legitimiert fühlen konnte, auf Orte und Rechte der Reichsgewalt zuzugreifen, und im Falle Zähringens hat er dies nach Ansicht der Forschung auch sicher getan[150]. Insofern stünde der Annahme, daß Berthold auch bei der Gründung Freiburgs gleichermaßen verfahren ist, nichts im Wege. Ferner ist nach der Tragfähigkeit der Formulierung in der Konrad-Urkunde zu fragen: Die Charakterisierung *mei proprii iuris* spricht zunächst nur die Verfügungsgewalt Konrads über den bestehenden Ort an und läßt nicht unbedingt den Schluß zu, daß Konrad den Ort Freiburg als ererbtes Allod betrachtete. Vielleicht ging es Konrad damals vordringlich darum, seine Besitzrechte an Freiburg in Absetzung von seinem Bruder Herzog Berthold III. zu markieren[151]. Zur Eigentumsfrage des »Freiburger Raums« im späten 11. Jahrhundert sagt die Konrad-Urkunde nichts aus; ein Zugriff und eine Aneignung durch Berthold II. sind hierdurch nicht ausgeschlossen. Jedenfalls gibt sich Freiburg im Jahre 1120 nicht unbedingt als altes Allod, als *patrimonium*, als alter von den Vorfahren ererbter Besitztitel zu erkennen.

Wenn wir also mit dem Erklärungsversuch arbeiten können, daß bei der Anlage Freiburgs Rechte des Reiches von Herzog Berthold in Anspruch genommen wurden, und zwar zu einer Zeit, als die Reichsgewalt gewissermaßen ausfiel, ist zu fragen, was sich als Zeugnis für König und Reich in diesem Bereich geltend machen läßt. Hierzu ist erforderlich, auch spätere Nachrichten zu verwerten. Doch zunächst sei noch einmal mit Nachdruck auf die Wegegabelung an Oberlinden hingewiesen, ferner auf den Übergang der aus dem Zartental kommenden, am Schloßberg nach Norden abzweigenden Straße über die Dreisam, verbunden mit einer Brücke, und auf die gewiß technisch aufwendige Wasserregulierung: All dies sind Aufgaben und Bereiche, die seit alters in die Kompetenz der öffentlichen Amtsträger, des Herzogs und/oder Grafen fielen. Darüber ist Näheres aus Quellen der Karolingerzeit zu erfahren, aber es spricht nichts dagegen, dies auch für das späte 11. Jahrhundert anzunehmen, als die Grafschaftsverfassung noch funktionierte[152]. Im Falle der Wassernutzung steht uns aber auch eine urkundliche Nachricht zu Freiburg zur Verfügung, die die Wasserhoheit der Zähringer dokumentiert: Im Jahre 1220 verlieh Graf Egino von Urach, Herr der Burg Freiburg, dem Kloster Tennenbach das Wasserrecht für dessen Hof samt Mühle vor der Stadt Freiburg, den der Freiburger Bürger Konrad Grozze dem Kloster übertragen hatte; dabei ist davon die Rede, daß derselbe Konrad den *usus aque* als Lehen aus der Hand Herzog Bertholds V. von Zähringen besessen habe und daß die *aque proprietas* nun auf dem Erbwege an ihn, den Grafen, gelangt sei[153].

Mit diesem Zeugnis ist bereits der Horizont der nachzähringischen Zeit erreicht, aus der eine Reihe von Hinweisen auf Königs- und Reichsrechte im engeren Freiburger Umfeld überliefert sind (vgl. Abb. 3). Mit der gebotenen Vorsicht wird man diesen Befund in das Hochmittelalter zurückführen dürfen, da mit der Schaffung neuer Besitzverhältnisse durch das Königtum in späterer Zeit kaum zu rechnen ist[154]. Es ist der Forschung längst aufgefallen, daß das Zubehör der Burg Zähringen, die im 13. und 14. Jahrhundert als

150 Zu Zähringen vgl. unten S. 75.

151 Zur Frage der Herrschafts- und Besitzteilung im Zähringerhaus nach dem Tod Bertholds II. vgl. Karl Schmid in diesem Band, S. 142.

152 Vgl. Georg Waitz, Deutsche Verfassungsgeschichte Bd. 4, 3. Aufl. Darmstadt 1955, S. 29ff.

153 Freiburger Urkundenbuch Bd. 1 (wie Anm. 3) Nr. 35 S. 18ff.

154 Hiermit sind die schwierigen, im einzelnen noch klärungsbedürftigen Fragen um das Zähringererbe und vor allem um das Eingreifen Friedrichs II. und Rudolfs von Habsburg im nördlichen Breisgau berührt. Vgl. Heinemann (wie Anm. 149) und Lichdi (wie Anm. 22).

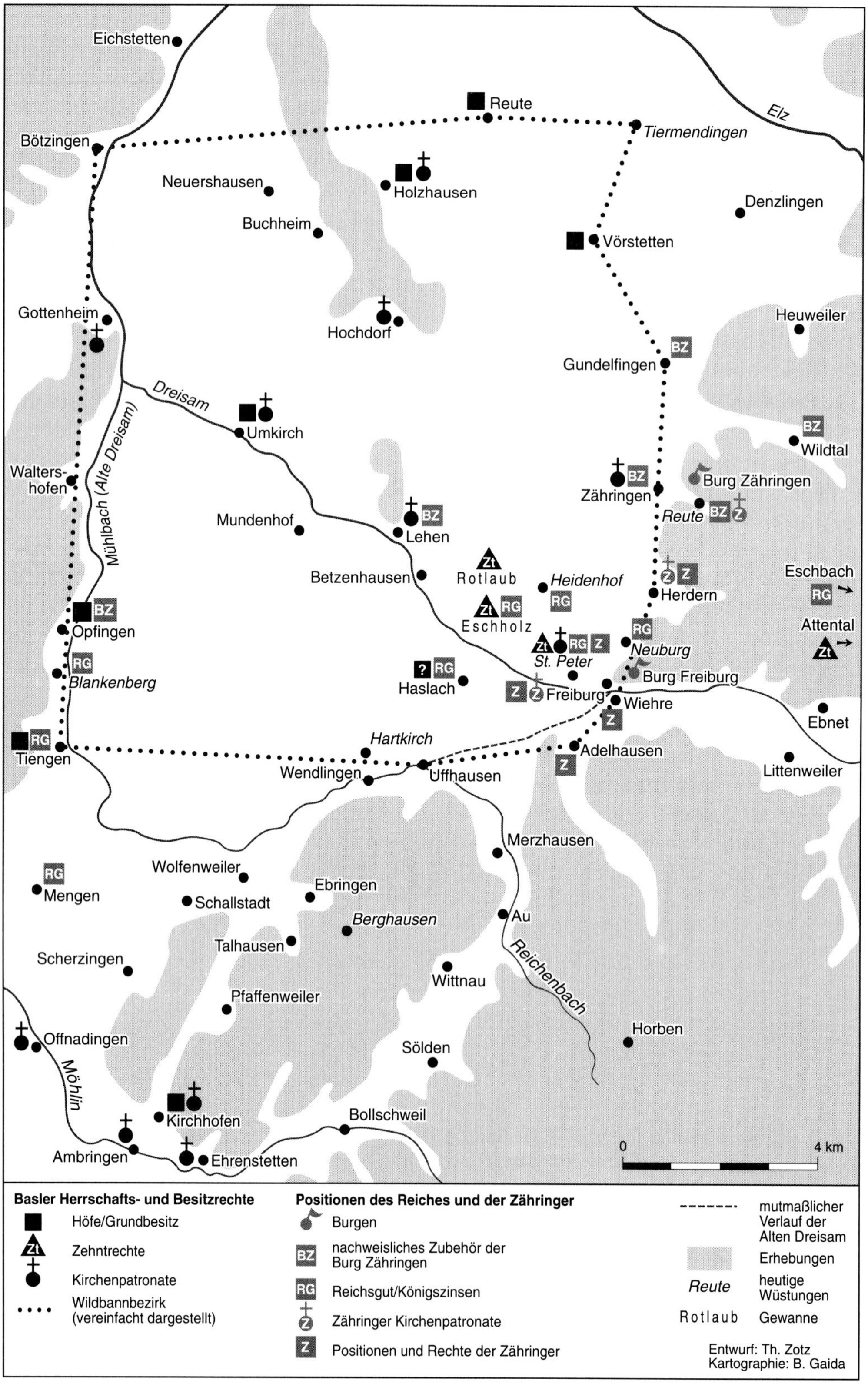

Abb. 3 Bistum Basel, das Reich und die Zähringer im Freiburger Raum.

Reichsgut angesprochen worden ist, mit Lehen und Opfingen weit in den Wildbannbezirk hineinreicht[155]. Nicht minder wichtig erscheint, daß an mehreren Stellen im nächsten Umfeld Freiburgs von Grund und Boden ein Königszins zu entrichten war. Dies galt für Liegenschaften bei St. Peter[156], im Eschholz[157], vor dem Predigertor und in der Neuburg, der ersten Stadterweiterung nach Norden[158].

Wenn der zuletzt genannte Königszins *gegen Ce[r]ingen* umschrieben wird, so scheint sich hier wohl eine alte, auf Zähringen als Zentrum orientierte Reichsgutorganisation zu spiegeln[159]. Sie erstreckte sich unmittelbar an den Rand des alten Freiburg. Interessanterweise ist an zwei der Königszinsorte, im Eschholz und in St. Peter, auch der Bischof von Basel mit Rechten vertreten: Hier konnte er ebenso wie im Rotlaub und im Attental Zehnten beanspruchen, die im späten 13. Jahrhundert als Lehen in der Hand der Herren von Üsenberg bezeugt sind[160]. Diese Basler Zehnten vorwiegend innerhalb des Wildbannbezirkes zeugen ebenso wie die Basler Kirchenpatronate in Zähringen, St. Peter und einer Vielzahl anderer Kirchen im nördlichen Breisgau (vgl. Abb. 3) von der Ausstattung der Bischofskirche mit Königsgut. Allerdings blieb das Reichsgutzentrum Zähringen selbst offenbar außerhalb der baslischen Kompetenz, und hier konnten die Zähringer zugreifen und mit dem durch eine Burg »untermauerten« Zentrum eine Reihe zugehöriger Besitzpositionen einnehmen, mehrfach in engster Nachbarschaft mit Basel[161]. Daß in dem Nebeneinander von Rechten alte Strukturen sichtbar werden, zeigt auch die anteilige Verfügung des Markgrafen Hesse von Hachberg über den Zehnten im Eschholz, auf die er 1387 verzichtete[162]. Dieses Recht am Eschholzzehnten scheint den Markgrafen aus der alten Breisgaugrafschaft zugekommen zu sein, die seit dem späten 11. Jahrhundert in Händen dieser Familie lag[163]. Auch die Markgrafen hatten demnach etwas mit den Anfängen Freiburgs zu tun. Schließlich verdient Beachtung, daß den Grafen von Freiburg, ganz unzweifelhaft in der Nachfolge der Herzöge von Zähringen, das Burgrecht aus den

155 Vgl. Stülpnagel (wie Anm. 40) S. 19–32, Karte 25; Alfons Zettler, Zähringerburgen – Versuch einer landesgeschichtlichen und burgenkundlichen Beschreibung der wichtigsten Monumente in Deutschland und in der Schweiz, in: Die Zähringer III (wie Anm. 80) S. 95–176, hier S. 101 ff.; Karl Schmid, Auf der Suche nach der Zähringer Kirche in der Zähringerzeit, in: Zeitschrift des Breisgau-Geschichtsvereins »Schau-ins-Land« 112, 1993, S. 7–29, hier S. 11 ff.

156 Freiburger Urkundenbuch Bd. 3, bearb. von Friedrich Hefele, Freiburg 1957, Nr. 284 S. 213; Nr. 296 S. 219.

157 Die Urkunden des hl. Geist-Spitals zu Freiburg i. Brsg. Bd. 1, hg. von Adolf Poinsignon, Freiburg 1890, Nr. 122 S. 50. Vgl. ferner Heinrich Maurer, Zur Geschichte der Markgrafen von Baden, in: Zeitschrift für die Geschichte des Oberrheins 43, NF 4, 1889, S. 478–496 mit Hinweis auf eine Urkunde von 1428, die mit Königszins belastete Güter im Eschholz betrifft.

158 Urkunden des hl. Geist-Spitals Bd. 1 (wie Anm. 157) Nr. 58 S. 25; Nr. 127 S. 52.

159 Vgl. hierzu auch Lichdi (wie Anm. 22) S. 43, der dieses Zinsrecht an die Burg Zähringen gebunden sieht.

160 Freiburger Urkundenbuch Bd. 1 (wie Anm. 3) Nr. 299 S. 267 f. Zu dieser Verflechtung vgl. auch Schmid (wie Anm. 80) S. 297 f., der allerdings den Basler Zehnt in St. Peter und Attental unerwähnt läßt. Andererseits ist die Angabe, daß ein Königszins für Zähringen und Lehen bezeugt ist, irrtümlich; sie geht auf Heinrich Maurer, Die Freiherren von Üsenberg und ihre Kirchenlehen, in: Zeitschrift für die Geschichte des Oberrheins 67, NF 28, 1913, S. 370–429, hier S. 388 Anm. 1 zurück. Die Schmidsche Karte auf S. 298 ist entsprechend korrekturbedürftig. Der Zehnt im Rotlaub, bezeugt als Üsenberger Passivlehen im Jahre 1334, berührte sich aufs engste mit dem Reichsbesitz Heidenhof. Urkunden des hl. Geist-Spitals Bd. 1 (wie Anm. 157) Nr. 234 S. 102.

161 Vgl. dazu Lichdi (wie Anm. 22).

162 Urkunden des hl. Geist-Spitals Bd. 1 (wie Anm. 157) Nr. 649 S. 248; Regesten der Markgrafen von Baden und Hachberg Bd. 1, hg. von Richard Fester, Innsbruck 1900, Nr. h378.

163 Vgl. Maurer (wie Anm. 157).

Orten St. Peter, Wiehre und Adelhausen zu leisten war[164]. Diese Leistung an die Burg Freiburg, also an die Herrschaft, in der Zeit ihrer Erwähnung durch Geldzahlung abgelöst, scheint den Zugriff der Zähringer auf die nächste Umgebung Freiburgs in frühester Zeit zu spiegeln; betroffen war mit St. Peter ein Ort, an dem Königsgut (in Abhängigkeit von Zähringen?) belegt ist, mit der Wiehre ein Ort der Wasserregulierungstechnik, für die die öffentlichen Amtsträger zuständig gewesen sein dürften, und mit Adelhausen schließlich jener Ort, für den Konrad, der Gründer des Freiburger Marktes, als Zeuge und damit offensichtlich als Eigentümer auftrat[165].

Angesichts der späten, aber für die Frühzeit aufschlußreichen Überlieferung drängt sich die Vermutung auf, daß auch der Grund und Boden, auf dem Freiburg, Burg und Siedlung[166], angelegt wurde, zum Reich gehörte. Diese Ansicht ist bereits früher von Wolfgang Stülpnagel vertreten worden, allerdings hat er sie mit der Auffassung verbunden, daß das Gebiet der späteren Stadt zu dem (vermuteten) königlichen Herrenhof mit der Martinskirche gehört habe[167]. Auch wenn dieser Zuordnung aus den dargelegten Gründen nicht gefolgt werden kann, so berührt sich die zitierte These doch im Grundsätzlichen mit den hier vorgetragenen Ausführungen. Sie kann überdies den Anstoß für abschließende Überlegungen zum Namen Freiburg geben[168]. Denn nach Stülpnagel verband sich mit dem Hof »eine Freiheitsqualität irgendwelcher Art, die schließlich früher oder später den Namen Freiburg bedingt[169].« Wird hier der im Namen des Ortes anklingende Freiheitsbegriff auf die Freiheit eines Königshofes zurückgeführt, so hat Rudolf Schick 1923 den Namen ganz anders erklärt[170]. In der älteren Forschungstradition als Burg verstanden, sollte die auf Eigengut angelegte Freiburg mit ihrem Namen gegenüber Kaiser Heinrich IV. eben die freie Verfügung des Herzogs über diese Burg (im Unterschied zur Burg Zähringen) signalisieren.

Zwei Versuche, den Namen Freiburg zu erklären, die man sich gegensätzlicher nicht vorstellen könnte, zudem mit unterschiedlichem Verständnis des Ortes als frühstädtischer Siedlung bzw. als Burg. Doch damit nicht genug! Die jüngere Forschung hat den Namensbestandteil ›frei‹ noch ganz anders gedeutet, indem sie hier die rechtliche Sonderstellung der Bewohner Freiburgs gespiegelt sehen wollte, also dem Namen eine Werbungsabsicht unterstellte[171]. Auch das zweite Namenglied wird neuerdings unterschiedlich gedeutet, teils in Herleitung von althochdeutsch ›burg‹ = befestigte, städtische Siedlung, teils bezogen auf den in Frankreich und Burgund belegten Typ des ›burgus‹, eine handwerklich-gewerbliche und zumeist mit Markt ausgestattete Siedlung, die an ein

164 Vgl. hierzu mit allen Nachweisen Hans SCHADEK, »Die lute, die das burgrecht geben soellent«. St. Peter, die Wiehre, Alt-Adelhausen und die Burg zu Freiburg, in: Geschichte der Stadt Freiburg Bd. 1: Von den Anfängen bis zum »Neuen Stadtrecht« von 1520 (im Druck).

165 Vgl. oben S. 67 und den Beitrag von Karl SCHMID in diesem Band, S. 142ff.

166 Vgl. hierzu den Beitrag von Alfons ZETTLER in diesem Band, S. 151ff.

167 Vgl. Wolfgang STÜLPNAGEL, Der Boden Freiburgs vor und nach der Gründung der Stadt, in: Schau-ins-Land 88, 1965, S. 70–86, hier S. 77 »Manches spricht dafür, daß auch das von den Zähringern als solches angesprochene Allod Freiburg ursprünglich Reichsbesitz war.« Vgl. auch die dortige Zusammenfassung S. 84, wo vom Siedlungsplatz Freiburg als Zubehör des Herrenhofes die Rede ist.

168 Hier sei ausdrücklich auf die detaillierte Darstellung von Alfons ZETTLER hierzu in seinem Beitrag in diesem Band, S. 179ff., verwiesen, wozu sich meine Ausführungen als Ergänzung verstehen. Vgl. auch Thomas ZOTZ, Die Herrschaftsträger in der Region, in: Geschichte der Stadt Freiburg Bd. 1 (wie Anm. 164).

169 STÜLPNAGEL (wie Anm. 167) S. 84.

170 Rudolf SCHICK, Die Gründung von Burg und Stadt Freiburg i. Br., in: Zeitschrift für die Geschichte des Oberrheins 77, NF 38, 1923, S. 181–219, hier S. 198.

171 Vgl. hierzu zum folgenden Alfons ZETTLER in diesem Band, S. 183ff.

Kloster oder eine Burg angelehnt ist. Da für diese Orte privilegierende Urkunden überliefert sind, in denen die Begriffe ›frei‹ und ›Freiheit‹ (z. B. Abgabenfreiheit, Asyl) begegnen[172], hat man angesichts der Beziehungen Bertholds II. nach Burgund über seine Rheinfeldener Verwandtschaft vermutet, daß Freiburg seinen Namen von solchen Vorbildern her erhalten habe. Sollte hier also anklingen, daß den Bewohnern, den *burgenses*, wie sie in der Markturkunde von 1120 begegnen, Vorrechte gewährt worden seien?

So sehr dies für die Zäsur in der Geschichte Freiburgs von 1120 plausibel erschiene, als dem Ort tatsächlich *privilegia* gewährt wurden, so stellen sich doch gerade deshalb Zweifel ein, ob der ursprüngliche Namenssinn damit getroffen ist, wenn man den Horizont des späten 11. Jahrhunderts und die Verdichtungsphase zähringischer Herrschaftsbildung um 1090 berücksichtigt. Wie die Ausführungen von Alfons Zettler verdeutlichen[173], wird man die Namengebung eher in die Tradition fürstlicher Zentralorte, die mit dem Grundwort ›burg‹ bzw. civitas gebildet sind, einzuordnen haben und dabei das Ensemble Burg und Siedlung (*suburbium*) für Freiburg als von Beginn an konstitutiv zu betrachten haben. Zettler macht darauf aufmerksam, daß der später belegte Namenssinn von Freiburg im Sinne von städtisch-kommunaler Freiheit, der in seiner Werbefunktion gewiß zu der erstaunlichen Verbreitung des Namens geführt hat[174], keineswegs in gleicher Weise für die Zeit der Namengebung gegolten haben muß. In der Tat konnte der Name Freiburg ganz anders denn als Ausdruck städtisch-bürgerlicher Freiheit verstanden werden: Eine um die Mitte des 12. Jahrhunderts erwähnte Burg des Erzbischofs Hartwig von Bremen hieß Freiburg (*Friburg, Vriburg, Vriborg*)[175]. Wenn dieser Name wirklich an Freiburg im Breisgau orientiert war[176], dann würde dies ein klärendes Indiz dafür sein, daß auch in der ersten Hälfte des 12. Jahrhunderts die Bedeutung von Freiheit im Namen dieses Ortes (noch) nicht auf die *libertates* der Bewohner festgelegt war.

Was aber sollte mit der im Namen Freiburgs angesprochenen Freiheit im späten 11. Jahrhundert zum Ausdruck gebracht werden? Wenn man danach Ausschau hält, wo und in welchem Zusammenhang damals Orte im Reich als frei qualifiziert wurden, dann fällt der Blick auf Privilegien König Heinrichs IV., in denen er die Rechtsstellung von Märkten regelte: Im Jahre 1057 errichtete der König einen Markt in Hersbruck im bayerischen Nordgau und übergab ihn der Bamberger Bischofskirche mit Bann, Münze, Zoll und allen Nutzungen des *ius forense*[177]. Ausdrücklich bestimmte Heinrich, daß dieses *mercatum liberum*, dieser freie Markt vor dem Einspruch aller richterlichen Gewalten, Herzöge, Grafen, sicher sein solle, nur dem Bischof von Bamberg unterworfen. 1064 gestattete der König dem Pfalzgrafen Friedrich II. von Goseck, am Ort seines Erbguts Sulza in

172 Vgl. grundlegend Traute ENDEMANN, Markturkunde und Markt in Frankreich und Burgund vom 9. bis 11. Jahrhundert (Vorträge und Forschungen Sonderbd. 4) Konstanz – Stuttgart 1964, S. 136ff. und danach KELLER (wie Anm. 1) S. 269ff.

173 Vgl. seinen Beitrag in diesem Band, S. 183ff.

174 Hierzu Ernst Erich METZNER, Freiburg/Fribourg und seine Namensvettern, in: Wortschatzprobleme im Alemannischen, hg. von Walter HAAS und Anton NÄF (Germanistica Friburgensia Bd. 7) Freiburg 1983, S. 211–229.

175 Helmold von Bosau, Chronica Slavorum, hg. von Heinz STOOB (Ausgewählte Quellen zur deutschen Geschichte des Mittelalters 19) Darmstadt 1973, S. 272, 362, 364. Vgl. Die Regesten der Erzbischöfe von Bremen Bd. 1 (Veröffentlichungen der historischen Kommission für Hannover, Oldenburg, Braunschweig, Schaumburg-Lippe und Bremen 11) Hannover 1937, Nr. 520. Vgl. hierzu auch METZNER (wie Anm. 174) S. 223, der im eingeengten Rahmen seiner Namensdeutung Freiburg an der Niederelbe bereits für diese Zeit als Stadt anspricht.

176 So die Thesen von METZNER (wie Anm. 174).

177 MGH DHIV Nr. 26.

Thüringen einen freien Markt einzurichten und zu veranstalten, wobei er ihm das an Märkten übliche Recht der Münze, Zölle und des Königsbanns aus seiner Gewalt übertrug[178]. Während früher eine derart vom Königtum privilegierte Einrichtung als *publicum mercatum* bezeichnet wurde, begegnet hier der Begriff ›frei‹ als Ausweis für die Ausstattung eines Ortes mit Rechten und Funktionen, die von der obersten Gewalt im Reich stammen. ›Frei‹ bedeutet hier nichts anderes als ›königlich‹; sollte im Namen Freiburg dieser Anspruch anklingen, ausgedrückt von einem Ortsgründer fürstlichen Ranges, Berthold II., der damals in Opposition zu Kaiser Heinrich IV. auf dem Weg zur schwäbischen Herzogswürde und vielleicht sogar auf dem Weg zur Königswürde war? Berthold hätte, so betrachtet, hohe Ziele mit seiner Freiburg-Initiative verfolgt, die sich allerdings zunächst offensichtlich nicht verwirklichen ließen, so daß es 1120 einer erneuten Initiative seines Sohnes Konrad bedurfte.

Fragen wir am Schluß noch einmal nach den Konkurrenten und Kontrahenten, mit denen es Berthold II. wie auch seine Nachfolger beim Aufbau der Zähringerherrschaft zu tun hatten, einer Herrschaft, zu der nicht zuletzt auch Freiburg gehörte! Es sind wohl hauptsächlich das Kloster St. Gallen, seit alters im Freiburger Raum fest verankert, und die Bischofskirche von Basel, erst seit Beginn des 11. Jahrhunderts mit Herrschaftsrechten ausgestattet, dafür aber mit solchen, die zukunftsweisend waren, nämlich mit dem Wildbannbezirk im nördlichen und dem Silberbergbau im südlichen Breisgau[179]. Gerade wegen dieser umfangreichen baslischen Rechte im Breisgau stießen die Interessen Basels und der Zähringer seit dem späten 11. Jahrhundert aufeinander. Man kann es auf die einfache Formel bringen: Basel war vom König mit dem Wildbannbezirk belehnt worden, und Herzog Berthold II. brachte den Ort Zähringen an sich, der dem Reich offensichtlich zugerechnet wurde und dessen Zubehör sich über diesen gesamten Wildbannbezirk erstreckte. In dieses komplizierte Geflecht von Herrschaftsrechten trat Freiburg als neuer Faktor gegen Ende des 11. Jahrhunderts ein, um im Laufe des 12. Jahrhunderts als Markt und später als städtisches Zentrum den gesamten Raum neu zu strukturieren, der damit nun wirklich zum Freiburger Raum wurde.

178 MGH DHIV Nr. 139.

179 Vgl. hierzu den Beitrag von Heiko STEUER u. Alfons ZETTLER, Der Bergbau und seine Bedeutung für Freiburg, in: Geschichte der Stadt Freiburg Bd. 1 (wie Anm. 164).

Freiburg und das Bild der Städte um 1100 im Spiegel der Archäologie

Von Heiko Steuer

1. Geschichte und Archäologie

Markt und Stadt Freiburg entstehen erst gegen Ende des 11. Jahrhunderts. Auf welche Nennung in der schriftlichen Überlieferung man sich bezieht, ist dabei nicht entscheidend, ob die Urkunde Konrads über die Marktgründung aus dem Jahr 1120 den Bezugspunkt bildet oder die Mitteilung der Marbacher Annalen, die behaupten, daß Bertold II. *Friburch civitatem iniciavit* (1091), oder schon die Urkunde über die Wildbann-Verleihung an den Bischof von Basel aus dem Jahr 1008, in der die Wiehre, der Ort bei den Stauwehren, genannt wird.

Viele Städte im Reich blicken auf eine längere Geschichte zurück. Wie waren diese Städte räumlich organisiert, und was hatte sich bis um 1100 entwickelt, d.h. welche Grundrisse, welches Parzellengefüge, welche Infrastruktureinrichtungen gab es, und wie sahen die städtischen Häuser aus? Darüber informieren neben der schriftlichen Überlieferung gegenwärtig vor allem die vielfältigen Ergebnisse der Mittelalter-Archäologie, die in einer Fülle von Städten die Chance zu Ausgrabungen einerseits und zu Untersuchungen der noch stehenden Bauwerke andererseits genutzt hat.

Da archäologische Forschungen und die Auswertung der schriftlichen Überlieferung meist sehr verschiedene Aspekte der frühen Stadt beleuchten, wird die interdisziplinäre Arbeitsweise notwendig. Die Zusammenschau der Erkenntnisse und der Vergleich verschiedener Städte miteinander erlauben es, ein allgemeines Bild der Stadt um 1100 zu entwerfen[1].

Dabei soll schrittweise vorgegangen und beschrieben werden, wie Städte vor 1100, um 1100 und im 12. Jahrhundert ausgesehen haben, immer im Vergleich mit dem Areal, auf dem sich Freiburg entwickelte.

1 Allgemein zur Stadtarchäologie im Mittelalter: Judith Oexle u. Jürg E. Schneider, Die mittelalterliche Stadt als Forschungsfeld der Archäologie, in: Stadtluft, Hirsebrei und Bettelmönch – Die Stadt um 1300, hg. vom Landesdenkmalamt Baden-Württemberg und der Stadt Zürich (Katalog zur Ausstellung Stadtluft, Hirsebrei und Bettelmönch. Die Stadt um 1300. Stadtarchäologie in Baden-Württemberg und in der Nordostschweiz 1992) Stuttgart 1992, S. 14–25; Zur Lebensweise in der Stadt um 1200. Ergebnisse der Mittelalter-Archäologie, hg. von Heiko Steuer (Zeitschrift für Archäologie des Mittelalters Beiheft 4) Köln–Bonn 1986; Siedlungen und Landesausbau zur Salierzeit Teil 1: In den nördlichen Landschaften des Reiches, u. Teil 2: In den südlichen Landschaften des Reiches, hg. von Horst Wolfgang Böhme, zweite, überarbeitete Auflage Sigmaringen 1992. Nur das zuletzt angeführte Sammelwerk, erschienen anläßlich der Salier-Ausstellung in Speyer 1991, bezieht sich unmittelbar auf die Zeit um 1100, während die Sammelwerke für die Zeit um 1200 oder um 1300 jeweils rückblickend einige Ergebnisse für die Jahrzehnte um 1100 bieten. Jetzt auch Rolf d'Aujourd'hui, Zur archäologischen Stadtforschung im deutschsprachigen Gebiet Europas: Standortbestimmung und Zukunftsaufgaben, in: Mittelalterarchäologie in Zentraleuropa. Zum Wandel der Aufgaben und Zielsetzungen, hg. von Günter P. Fehring u. Walter Sage (Zeitschrift für Archäologie des Mittelalters Beiheft 9) Köln-Bonn 1995, S. 37–52, bes. S. 44ff.

Das kann jedoch nur ausschnittsweise erfolgen und muß sich hier auf die topographische Grundstruktur, die bauliche Organisation der Parzellen und auf die Bauweise der Häuser konzentrieren. Doch müßte zugleich auch die Lebensweise der Stadtbewohner anhand der Einrichtungen und Ausstattungen ihrer Häuser und ihres Geschirr- und Gerätebestandes beschrieben werden, ebenso wie die Werkstätten das breite Spektrum unterschiedlicher Handwerksbetriebe mit ihrer speziell städtischen Ausprägung spiegeln. Schließlich erlauben gerade auch die archäologischen Funde neue Aussagen über Handelswaren, ihre Herkunftsgebiete und über das Netz der überregionalen Verbindungen. Es sollte heute schon möglich sein, städtischen Lebensstil und darüber hinaus städtisches Lebensgefühl anhand archäologischer Quellen zu schildern.

2. Das Freiburger Gebiet vor der Stadtentstehung

Schon seit der Jahrtausendwende ist im Bereich des Dreisamtals am Ausgang zur Freiburger Bucht mit einer wirtschaftlichen Konzentrationsbildung zu rechnen, denn zu einer Siedlung »Wiehre«, bei den Wehren, gehören Wassermühlen aller Art[2] – nicht nur Getreidemühlen – und zu diesen sicherlich grundherrschaftliche Gehöfte, die Handwerk förderten. Die ungleichmäßige Wasserführung der Dreisam machte den Bau von einem oder mehreren Stauwehren notwendig, von denen das Wasser in einem Gewerbekanal zu den Mühlen geleitet wurde. Die Rolle dieser frühen Ansiedlung ist ausführlich in Hagen Kellers Aufsatz von 1982 »Über den Charakter Freiburgs in der Frühzeit der Stadt«[3] und in seiner Arbeit »Die Zähringer und die Entwicklung Freiburgs zur Stadt« im ersten Band der Veröffentlichungen zur Zähringer-Ausstellung von 1986[4] erörtert worden; beide Aufsätze stützen sich auch vielfach auf die Abhandlungen Berent Schwineköpers[5]. Wie diese Siedlung mit ihren verschiedenen, topographisch getrennten Kernen jedoch ausgesehen hat, ist unbekannt, da bisher keine archäologischen Untersuchungen möglich waren.

2 Mühlen waren im 11. Jahrhundert allgemein verbreitet und an den Flußläufen außerordentlich zahlreich. Sie haben seit dem frühen Mittelalter schon eine lange technische Entwicklung hinter sich. Doch erstmals ist jetzt auch in Süddeutschland eine Wassermühle entdeckt und archäologisch untersucht worden, die – nach dendrochronologischen Daten – 696/97 errichtet wurde und bis 789 mehrere Reparaturmaßnahmen erfahren hat: Wolfgang Czysz, Eine bajuwarische Wassermühle im Paartal bei Dasing, in: Das archäologische Jahr in Bayern 1993, Stuttgart 1994, S. 124–128. Vgl. auch zur Bedeutung der Mühlen als Wirtschaftsfaktor Dietrich Lohrmann, Bedarf und Angebot von Wasserkraft in frühen Siedlungen und Städten, in: Saeculum 42, 1991, S. 262–265; Ders., Mühlenbau, Schiffahrt und Flußumleitungen im Süden der Grafschaft Flandern-Artois (10.–11. Jahrhundert), in: Francia 12, 1985, S. 149–189; Ders., Energieprobleme im Mittelalter. Zur Verknappung von Wasserkraft und Holz in Westeuropa bis zum Ende des 12. Jh., in: Vierteljahrschrift für Sozial- und Wirtschaftsgeschichte 66, 1979, S. 297–316.

3 Hagen Keller, Über den Charakter Freiburgs in der Frühzeit der Stadt, in: Festschrift für Berent Schwineköper, hg. von Helmut Maurer und Hans Patze, Sigmaringen 1982, S. 249–282.

4 Hagen Keller, Die Zähringer und die Entwicklung Freiburgs zur Stadt, in: Die Zähringer. Eine Tradition und ihre Erforschung, hg. von Karl Schmid (Veröffentlichungen zur Zähringer-Ausstellung I) Sigmaringen 1986, S. 17–29.

5 Berent Schwineköper, Zu den topographischen Grundlagen der Freiburger Stadtgründung, in: Freiburg im Mittelalter, hg. von Wolfgang Müller (Veröffentlichung des Alemannischen Instituts 29) Bühl 1970, S. 7–23; Ders., Zu Fragen der Freiburger Stadtgründung. Eine Stellungnahme, in: Schau-ins-Land 91, 1973, S. 31–40.

Spätestens seit 1091 hat eine nichtagrarische Siedlung zu Füßen der Burg auf dem Schloßberg bestanden, für die als Tradition überliefert wird, es habe sich um eine Siedlung mit Ministerialen des Zähringerherzogs und anderen Einwohnern gehandelt, um einen *burgus*. Die Ausgrabungen im Bereich des »Harmonie«-Geländes an der Grünwälder Straße durch Matthias Untermann haben Ausschnitte dieser Gewerbesiedlung aus dem 11. Jahrhundert erschlossen, in denen u. a. Buntmetall und Silber verarbeitet worden sind[6]. Am Nordufer des von der Dreisam abgeleiteten Gewerbekanals, der anscheinend auf die Zeit der Mühlenstauwehre zurückgeht, trugen große Grundstücksparzellen eine lockere Bebauung aus mehreren Holzhäusern, zwischen denen in offenem Gelände bei Öfen und Herdplatten die Spuren der handwerklichen Metallverarbeitung gefunden wurden: Schmelztiegelreste, Gußfragmente und Schlacken als Abfall aus dieser Produktion[7]. Zwei Häuser messen etwa 7 m x 10 m, ein drittes ist sogar 11,50 m breit.

Seit 1120 ist für Freiburg, nach Gründung des Marktes, der sich an den alten Gewerbeort anlehnte, mit einer ganz unterschiedlich zusammengesetzten Bevölkerung zu rechnen, da Konrad mit *mercatoribus personatis ... convocatis* (mit zusammengerufenen angesehenen und freien Kaufleuten) und anderen, nämlich den *burgenses mei*, einen Vertrag zur Gründung eines Marktortes geschlossen hatte. Ihnen gemeinsam ließ er Privilegien zukommen, diese *burgenses* (Bürger) sind also zumindest teilweise Leute, die vorher im *burgus* gewohnt haben, Ministerialen, Kriegsleute, Handwerker und vielleicht auch schon Kaufleute, und die gewisse rechtliche Vergünstigungen, Freiheiten genossen. Wie Hagen Keller für Freiburg gezeigt hat und seinen Darstellungen über den *burgus* zu entnehmen ist, besteht eine große Wahrscheinlichkeit dafür, daß bei Nennung des Begriffs im fortgeschrittenen 11. Jahrhundert wie auch andernorts ein Markt mit dem *burgus* verbunden war.

Ein Kristallisationspunkt für Handwerk und Handel, die Niederlassung von Handwerkern und Kaufleuten, und ein Markt, das sind Elemente, mit denen »Stadt« definiert wird[8]. Im späten 11. Jahrhundert mag zu Füßen der Burg auf dem Schloßberg nur ein Nahmarkt bestanden haben für den Erwerb der landwirtschaftlichen Produkte aus der Umgebung, zur Versorgung der Burg der Zähringer und ihrer Besatzung, und die Kaufleute mögen noch nicht so angesehene Fernhändler gewesen sein, wie sie Konrad dann herbeigerufen hat.

Dabei aber darf nicht vergessen werden, daß der Silberbergbau in verschiedenen Schwarzwaldtälern schon seit dem 9./10. Jahrhundert entsprechende Bedeutung gehabt

6 Matthias UNTERMANN in diesem Band S. 202ff.

7 Bisher publiziert: Matthias UNTERMANN, Freiburg im Breisgau, in: Stadtluft, Hirsebrei und Bettelmönch (wie Anm. 1) S. 238 Abb. oben rechts: Zustand um 1100 oder davor. Parzellengrößen lassen sich nicht abmessen, da keine Begrenzungen gefunden wurden. Erhalten sind die Grundrisse von Holzhäusern und zahlreiche zwischen diesen liegende Öfen.

8 Allgemein dazu: Edith ENNEN, Frühgeschichte der europäischen Stadt, dritte, um einen Nachtrag erweiterte Auflage Bonn 1981; DIES., Die europäische Stadt des Mittelalters, dritte, überarbeitete und erweiterte Auflage Göttingen 1979; Evamaria ENGEL, Die deutsche Stadt des Mittelalters, München 1993; Ernst PITZ, Europäisches Städtewesen und Bürgertum von der Spätantike bis zum hohen Mittelalter, Darmstadt 1991. – Zur Stadtarchäologie der frühen Phase: Heiko STEUER, Zum Stand der archäologisch-historischen Stadtforschung in Europa, in: Zeitschrift für Archäologie des Mittelalters 12, 1984 (1986) S. 35–72; DERS., Urban archaeology in Germany and the study of topographic, functional and social structures, in: Urban Historical Geography: Recent Progress in Britain and Germany, hg. von Dietrich DENECKE u.a. (Cambridge Studies in Historical Geography 10) Cambridge 1988, S. 81–92 und S. 356–363; DERS., Der Beitrag der Archäologie zur Stadtgeschichtsforschung, in: Stadtgeschichtsforschung, Aspekte, Tendenzen, Perspektiven, hg. von Fritz MAYRHOFER (Beiträge zur Geschichte der Städte Mitteleuropas 12) Linz/Donau 1993, S. 173–196.

hat und daß also Interesse auch überregional am weiteren Freiburger Raum bestanden haben wird[9]. Der erste urkundliche Beleg von 1028 über die Verleihung der Rechte an den Silbergruben im Breisgau durch Konrad II. an den Bischof von Basel beschreibt eine Situation, die sich – wie die erneute Auswertung der schriftlichen Überlieferung durch Alfons Zettler und wie die jüngsten archäologischen Forschungsergebnisse gezeigt haben – über einen bedeutend längeren Zeitraum entwickelt hat. Bei den Ausgrabungen im »Harmonie«-Bereich an der Grünwälderstraße wurden im gesamten Areal der drei untersuchten Parzellen Reste der Metallverarbeitung gefunden, und hier ist auch die Darstellung von Silber aus Werkblei nachgewiesen[10].

Gerhard Fingerlin hat im ersten Beitrag dieses Bandes die Besiedlungsgeschichte des Breisgaus seit der römischen Zeit bis ins beginnende Hochmittelalter skizziert, und Thomas Zotz erörtert im vorangehenden Aufsatz die Besitzverhältnisse und Machtstrukturen, wie sie sich in diesem Raum zum Jahr 1091 hin entwickelt hatten.

Der Archäologe Fingerlin erläutert, daß zwar das Straßensystem mit gewissen Schwerpunkten der Besiedlung Kontinuität aufweist, zentralörtliche Funktionen aber nicht überdauert hatten. Der Zähringer Burgberg hat trotz seiner jahrhundertealten zentralen Aufgabe im Breisgau für die mittelalterliche Herausbildung der Bedeutung des Platzes, an dem Freiburg entstand, keine Rolle gespielt. Überhaupt haben keine Plätze mit zentralörtlicher Funktion[11] die sieben Jahrhunderte von der Spätantike bis zur Gründung Freiburgs überdauert, weder Breisach noch Sasbach, weder Umkirch noch der Zähringer Burgberg[12].

Der Historiker Zotz diskutiert das Besitzgefüge, ausgehend von der Wildbann-Beschreibung von 1008, in der die Wiehre neben Herdern als Ostgrenze dieses dem Bischof von Basel übergebenen Lehens genannt wird, als ›Ort bei den Wehren‹ mit sicherlich einer wichtigen wirtschaftlichen Funktion; denn es ging hier um Kontrolle des Wassers für Mühlenbetriebe und ebenso wohl um Kontrolle einer Brücke für die Straßen aus dem Süden und aus dem Dreisamtal nach Norden. Er zeigt auch, wie das Besiedlungsbild im Raum um Freiburg strukturiert gewesen ist und daß keine der Siedlungszellen des frühen Hochmittelalters wie z. B. bei der Kirche St. Martin mit einem vermuteten Herrenhof, bei

9 Heiko STEUER, Erzbergbau im Schwarzwald zur Salierzeit, in: Siedlungen und Landesausbau zur Salierzeit Teil 2 (wie Anm. 1) S. 67–96; DERS., Die Entwicklung des Bergbaus in den deutschen Mittelgebirgen seit der Römerzeit und ihr Zusammenhang mit der Besiedlung, in: Siedlungsforschung, Archäologie-Geschichte-Geographie 10, 1992, S. 121–144; Carl PAUSE, Sven SPIONG, Sophie STELZLE-HÜGLIN u. Heiko STEUER, Montanarchäologische Ausgrabungen im Bergbaurevier Sulzburg, Kreis Breisgau-Hochschwarzwald, in: Archäologische Ausgrabungen in Baden-Württemberg 1993, Stuttgart 1994, S. 314–319; Matthias SIEBENSCHOCK u. Heiko WAGNER, Mittelalterliche Bleierzverhüttung in Bollschweil, Kreis Breisgau-Hochschwarzwald, in: Ebd., S. 320–323; Andreas BRUNN, Gert GOLDENBERG u. Ulrich ZIMMERMANN, Weitere montanarchäologische Untersuchungen im mittelalterlichen Bergbaurevier am Birkenberg bei St. Ulrich, Gde. Bollschweil, Kreis Breisgau-Hochschwarzwald, in: Archäologische Ausgrabungen in Baden-Württemberg 1992, Stuttgart 1993, S. 380–384. Zu der schriftlichen Überlieferung jüngst Heiko STEUER u. Alfons ZETTLER, Der Bergbau und seine Bedeutung für Freiburg, in: Geschichte der Stadt Freiburg Bd. 1: Von den Anfängen bis zum »Neuen Stadtrecht« von 1520, (im Druck)

10 Vgl. Matthias UNTERMANN in diesem Band S. 206f.

11 Heiko STEUER, Archäologie und Geschichte des Zähringer Burgberges, in: Geschichte der Stadt Freiburg Bd. 1 (wie Anm. 9).

12 Vgl. aber Hugo STEGER, *Regula/Riegel am Kaiserstuhl – Helvetum? Ein römischer Rechts- und Verwaltungsbezirk in der römisch-germanischen Kontaktzone am Oberrhein: Die Kontinuität seiner Bezeichnung in einem Ortsnamen und ein verschollener Siedlungsname, in: Römer und Alamannen im Breisgau. Studien zur Besiedlungsgeschichte in Spätantike und frühem Mittelalter (Archäologie und Geschichte. Freiburger Forschungen zum ersten Jahrtausend in Südwestdeutschland 6) Sigmaringen 1994, S. 233–361.

der westlich gelegenen Kirche St. Peter und bei der Wiehre sowie bei Adelhausen zum Kern der Entwicklung Freiburgs geworden ist, sondern daß sich vielmehr zur Neugründung eines Marktes gerade das Zwischenfeld dafür angeboten hat. An keiner der erwähnten Lokalitäten, St. Peter, St. Martin, Wiehre oder Herdern, entstand Freiburg, sondern zwischen ihnen, auf einer Fläche an der Dreisam, die des Zähringers Konrad Eigentum war, *in loco mei proprii iuris, scilicet Friburg*, die also schon den Namen trug.

Wie die topographische Situation gegen Ende des 11. Jahrhunderts zu bewerten ist, hat die Forschung ständig beschäftigt, hat zuletzt Berent Schwineköper in vielen Schriften erarbeitet und beschrieben [13]. Wie die wirtschaftspolitische Situation gewesen ist, hat Hagen Keller bis in jüngste Zeit überzeugend, auch alle archäologischen neuen Ergebnisse berücksichtigend, dargestellt [14]. Neues ist den Schriftquellen kaum noch zu entnehmen; doch die Archäologie gibt unerwartete neue Aufschlüsse, über die Matthias Untermann in diesem Band berichtet.[15]

3. Das Netz der Städte im 11. Jahrhundert

Wenn im folgenden der archäologische Kenntnisstand beschrieben wird, wie andere Städte des näheren und ferneren Umkreises im Vergleich zu Freiburg ausgesehen haben, Orte, von denen Fernkaufleute kamen, die sich in Freiburg niederließen und die sie also kannten und von wo sie Anregungen hierher mitbringen konnten, dann müssen städtische Strukturen von der Nordschweiz im Süden bis hinab zur Nord- und Ostseeküste zum Vergleich herangezogen werden, quer durch das Deutsche Reich zur Zeit der Salier. Fernkaufleute sahen viel [16], das Leben in der Stadt förderte die Kommunikation, und so kann damit gerechnet werden, daß die Ausbreitung von Innovationen zügig erfolgte [17]. Es ist also erlaubt, archäologische Befunde der gleichen Zeit aus anderen Orten für mögliche Erscheinungen in Freiburg heranzuziehen, um das Bild der frühen Stadt zu entwerfen [18].

Herzog Konrad hat 1120 in seiner Marktgründungsurkunde für Streitfälle beschlossen, es solle nach dem gebräuchlichen und anerkannten Recht a l l e r Kaufleute, insbesondere aber dem der Kölner geurteilt werden (§ 5). Berent Schwineköper [19] hat nach-

13 Vgl. Anm. 5.

14 Vgl. Anm. 3.

15 Vgl. Matthias UNTERMANN in diesem Band S. 195ff. Zu den jüngsten Berichten über archäologische Ergebnisse vgl. Peter SCHMIDT-THOMÉ u. Ulrich ECKER, Freiburg im Breisgau, in: Stadtluft, Hirsebrei und Bettelmönch (wie Anm. 1) S. 93–107 und Matthias UNTERMANN, Der steinerne Wohnbau in Südwestdeutschland, in: Ebd., S. 225–239; Monika PORSCHE, Die mittelalterliche Stadtbefestigung von Freiburg im Breisgau (Materialhefte zur Archäologie in Baden-Württemberg 22) Stuttgart 1994.

16 Berent SCHWINEKÖPER, Das hochmittelalterliche Städtewesen Westeuropas und die Städtegründungen der Herzöge von Zähringen, in: Die Zähringer. Schweizer Vorträge und neue Forschungen, hg. von Karl SCHMID (Veröffentlichungen zur Zähringer-Ausstellung III) Sigmaringen 1990, S. 375–380, hier S. 375.

17 Heiko STEUER, »Objektwanderung« als Quelle der Kommunikation. Die Möglichkeiten der Archäologie, in: Kommunikation und Alltag in Spätmittelalter und früher Neuzeit, red. von Helmut HUNDSBICHLER (Sitzungsberichte der Österreichischen Akademie der Wissenschaften Phil.-Hist. Klasse 596 = Veröffentlichungen des Instituts für Realienkunde des Mittelalters und der frühen Neuzeit 15) Wien 1992, S. 401–440.

18 SCHWINEKÖPER (wie Anm. 16) S. 375: »Die Kenntnis des europäischen Städtewesens war im 10. und 11. Jh. durch die umherreisenden Fernkaufleute sicher weit verbreitet und mußte von potentiellen Städtegründern bei den vorhergehenden Verhandlungen berücksichtigt werden.«

19 Berent SCHWINEKÖPER, Bonn, Köln und Freiburg im Breisgau. Bemerkungen zu den mittelalterlichen Beziehungen der Städte, in: Die Stadt in der europäischen Geschichte, Festschrift Edith Ennen, hg. von Werner BESCH u. a., Bonn 1972, S. 471–489, hier S. 484.

drücklich darauf hingewiesen, daß dies keine bloße Erwähnung des Beispiels Köln sei, sondern daß sich tatsächlich Kölner Kaufleute in Freiburg und Freiburger in Köln aufgehalten, gehandelt haben, daß also reale Beziehungen bestanden hätten und daher Kenntnisse von der anderen Stadt vorauszusetzen seien. Kölner Kaufmannsrecht war in Freiburg wohlbekannt. 1106 vermittelte Herzog Bertold II. bei der Belagerung Kölns wohl auf Wunsch der Bürger einen Frieden mit Heinrich V., was beweist, daß ein Zähringer höchstpersönlich die Verhältnisse in der damals größten Handelsstadt nördlich der Alpen kannte[20]. 1106 ist das Jahr, in dem Köln die neuen großen Vorstädte durch Wall und Graben sicherte und damit das befestigte Stadtareal auf 203,6 ha anwachsen ließ[21] (Freiburgs späterer Mauerring umschloß gerade 30 ha). Bertold II. kannte auch das Modell eines *burgus*, einer Siedlung der Ministerialen und sonstigen Dienstleute, als auf herrschaftliche Initiative gegründete planmäßige Siedlung mit Gewerbe; so war Bertolds II. Onkel Mönch in Cluny, und diese Abtei verfügte über mehrere *burgus*-Siedlungen[22].

Man sollte noch nicht damit rechnen, daß nur *mercatores manentes* in Freiburg lebten, also Kaufleute, die am Markt Freiburg für längere Zeit oder dauernd zu bleiben gedachten, sondern noch lange *mercatores frequentantes* voraussetzen, Kaufleute, die sich nur vorübergehend hier aufhielten. Auch wenn sie in Freiburg gegen einen Jahreszins *fori possessores*, Marktanwohner wurden, so waren sie dies u. U. zugleich an mehreren Orten und versippt mit Kaufleutefamilien in vielen Städten, in Köln und Genf, in Arras oder Bozen, wohl auch in Straßburg, Basel und Breisach, aber auch in den Zähringer Orten wie Villingen. So mögen mehrere *mercatores personati* auch aus Köln sowie aus Straßburg, Breisach oder Basel gekommen sein, wie Kaufleute aus diesen Orten in Köln aufgrund ihrer Zunamen nachgewiesen sind[23]. Ein Groß- und Fernhändler hatte also sicherlich nicht nur an einem Ort sein Grundstück und ein Haus, sondern verfügte über mehrere Stützpunkte, die er gemietet hatte; für die Städte der Hanse ist dies vielfach überliefert[24]. Auch in Freiburg hatte der Kaufmann, der ein Haus errichtete, für Gebäude und Grundstück einen jährlichen Zins zu zahlen. Es wäre von besonderem Interesse zu erfahren, woher die sich zum Bleiben entschlossenen Kaufleute bzw. jene, die auch hier ein Haus bauen wollten, gekommen sind und wie groß ihr Wirkungskreis war, welche Kenntnisse von Stadt sie mitbrachten. Der Begriff ›Kaufmann‹ wurde um 1100 synonym zum Begriff ›Stadtbewohner‹, wenn auch nicht alle Stadtbewohner deshalb Kaufleute waren.

Im Westen, in Frankreich und Burgund, werden die Siedlungen von Handwerkern und Kaufleuten bei zentralen befestigten Plätzen, vom ummauerten Kloster bis zur Burg, vom Bischofssitz bis zur Königspfalz auch *burgus* genannt, wobei – so T. Endemann – es im 9. Jahrhundert noch offen ist, ob es eine Korrelation zwischen *burgus* und Markt gibt, doch seit der Mitte des 11. Jahrhunderts kann man im gesamten von ihr untersuchten Gebiet Frankreichs und des Westens Marktfunktion und damit einen Handelsplatz bei einem *burgus* als wahrscheinlich annehmen[25].

20 SCHWINEKÖPER (wie Anm. 19) S. 482.

21 Zur Geschichte Kölns vgl. Hugo STEHKÄMPER, Die Stadt Köln in der Salierzeit, in: Die Salier und das Reich Bd. 3.: Gesellschaftlicher und ideengeschichtlicher Wandel im Reich der Salier, hg. von Stefan WEINFURTER, Sigmaringen 1991, S. 75–152, hier S. 122; Zur Archäologie Heiko STEUER, Stadtarchäologie in Köln, in: Stadtkernforschung, hg. von Helmut JÄGER (Städteforschung A 27) Köln–Wien 1987, S. 61–102.

22 KELLER (wie Anm. 3) S. 271.

23 SCHWINEKÖPER (wie Anm. 19) S. 482f.

24 Klaus FRIEDLAND, Die Hanse, Stuttgart–Berlin–Köln 1991.

25 Traute ENDEMANN, Markturkunde und Markt in Frankreich und Burgund vom 9. bis 11. Jahrhundert (Vorträge und Forschungen Sonderbd. 4) Konstanz–Stuttgart 1964, S. 158–161.

4. Der Freiburger *burgus* und der städtische Anfang

Für den *burgus* in Freiburg, in dem die *burgenses* wohnten, die gemeinsam mit den Fernhändlern die Verabredung für den neuen Marktort mit Konrad trafen, sind – in Tradition mit den Wehren in der Wiehre und dem lange betriebenen Silberbergbau zu sehen – Gewerbe und vor allem schon ein Markt anzunehmen, zu dem auch Fernhändler gekommen sind. Eine wesentliche Rolle haben der Metallhandel und die Metallverarbeitung gespielt[26], und dieses waren Betätigungsfelder auch für Adlige bzw. für aus dem Kreis der Ministerialen stammende Leute.

Der *burgus* lag zu Füßen der Burg auf dem Schloßberg. Nach dem Rang der Bewohner ist mit für jene Zeit beachtlichen Bauten zu rechnen, aber auch mit einfachen Gebäuden für die schlichten Dienstleute.

Die Siedlung Wiehre, »bei den Wehren«, war vermutlich eine locker bebaute langgestreckte Anlage längs der Dreisam, besonders auf dem Nordufer, von der Schwabentor-Brücke bis zur Kirche St. Peter, also sicherlich über einen Kilometer lang. Es bestanden dort wahrscheinlich mehrere große Gehöfte mit Mühlen, darunter auch der Grafenhof und die Grafenmühle, zwar erst 1316 erwähnt, aber sicher älter; und das Grafenamt hatten um 1100 die Zähringer inne. Nach Berent Schwineköper ist der gräfliche Hof nicht nur Sitz der durch den Vogt geleiteten Verwaltung, sondern auch zeitweiliger Wohnsitz später des Stadtherrn[27]. Hagen Keller zieht als anschauliches Bild den Ort Denzlingen heran, der aus einer lockeren, sehr langgestreckten Reihe von Höfen am Glotterbach besteht[28]. Wie die Gehöfte selbst ausgesehen haben können, vermag vielleicht am ehesten die Rekonstruktion der Holzbauten vor dem Züricher Münsterhofareal zu zeigen (Abb. 1)[29]. Es handelt sich um Pfosten-Schwellen- oder Schwellenbauten mit Stabwänden von ca. 6 m x 9 m Größe. Über rein bäuerliche Gehöfte des 11. Jahrhunderts und der Zeit um 1100 sind wir noch wenig informiert, da solche in Süddeutschland bisher kaum ausgegraben worden sind. Im Dorf Wülfingen ist das Gebäude mit ausgemauertem Steinkeller etwa 11 m x 11 m groß, die dazugehörenden zweischiffigen Pfostenhäuser messen etwa 8 m x 15 m, beide Typen sind also größer als die Holzhäuser in den Städten Zürich und Freiburg um 1100[30].

26 Vgl. den Beitrag von Matthias UNTERMANN, in diesem Band S. 206f.

27 SCHWINEKÖPER, Topographische Grundlagen (wie Anm.5) S. 15. Vgl. den Beitrag von Hans SCHADEK in diesem Band S. 260ff.

28 KELLER (wie Anm. 3) S. 264.

29 Jürg E. SCHNEIDER u. Daniel GUTSCHER, Holz- und Steinbauten aus dem 9./10. bis 12. Jh. in Zürich. Ergebnisse der Rettungsgrabungen 1977–1983 auf dem Zürcher Münsterhof, in: Siedlungen und Landesausbau zur Salierzeit Teil 2 (wie Anm. 1) S. 195–215, z.B. Abb. 11; auch Jürg E. SCHNEIDER, Zürich, in: Stadtluft, Hirsebrei und Bettelmönch (wie Anm. 1) S. 69–89, hier S. 78 Abb.

30 Vgl. z. B. die Gehöfte in Wülfingen, Stadt Forchheim, nach Mechthild Schulze-Dörrlamm, zusammengefaßt bei Norbert WAND, Das Dorf der Salierzeit. Ein Lebensbild, Sigmaringen 1991, S. 40 Abb. 30–31. Norbert Wand erläutert die Entstehung des Vierseitgehöftes mit Wohn- und Wirtschaftsbauten um einen Platz um 1100, parallel zur beginnenden »Versteinerung« von Fundamenten der Hauptgebäude oder der Keller gegenüber der sonst weiter vorherrschenden Holzbauweise. – Die Gebäudespuren im dörflichen Bereich Sindelfingen/Obere Vorstadt der Periode I um 1100 erlauben keine Rekonstruktion der Größe der Häuser oder der Parzellenstruktur; hier stehen noch in Periode II (2. Hälfte des 13. und 14. Jh.) Pfostenhäuser der Ausmaße 8 m x 10 m oder 8 m x 8 m, mit ersten Steinfundamenten für Schwellbalken; vgl. Barbara SCHOLKMANN, Sindelfingen/Obere Vorstadt (Forschungen und Berichte zur Archäologie des Mittelalters in Baden-Württemberg) Stuttgart 1978, S. 41ff. mit Beilage 8 und 9. – Die verdienstvollen Arbeiten von Immo Beyer reichen noch nicht aus, um ein neues Bild der Frühzeit Freiburgs zu entwerfen, da die Befunde und vor allem ihre Datierungen bisher nicht umfassend zur Überprüfung vorgelegt sind: Immo BEYER, Bauliche Hin-

Abb. 1 Zürich, Münsterhof. Rekonstruktion nach Befunden der Zeit um 1136/39 bzw. des späteren 12. Jahrhunderts (nach: Stadtluft, Hirsebrei und Bettelmönch, wie Anm. 1, S. 78).

Es zeichnet sich jedoch großräumig ab, daß der Übergang von der Holz- zur Steinbauweise bei normalen Wohn- und Wirtschaftsgebäuden in den Dörfern wie in den frühen Städten zur gleichen Zeit um 1100 erfolgt.

Die Marktgründung von 1120 führte Kaufleute von gesellschaftlichem Ansehen (*mercatores personati*), die Marktanwohner (*fori possessores*), die Vertragspartner (*coniuratores fori*) zusammen, wozu auch die Kaufleute und die anderen Bewohner des *burgus*, die *burgenses* gehörten, und zwar jeweils auf ein Areal, das nach einem Grundschema von 50 x 100 Fuß bzw. 16 m x 32 m abgemessen war, also rund 510 qm betrug, und das als Maß für den Jahreszins zu gelten hat.

Freiburg bestand also um 1120 »aus dem sich in der nördlichen Altstadthälfte bildenden Markt, einer Ministerialensiedlung am Fuß des Schloßbergs und einer handwerklich orientierten Wiehrebebauung nördlich der Dreisam mit Schwerpunkten in Oberlinden-Gerberau und bei der St. Peterkirche«[31].

Für die Darstellung der Frühgeschichte Freiburgs ist somit entscheidend, wozu die Siedlungsbefunde mit den Handwerksplätzen zur Metallbearbeitung auf dem »Harmonie«-Gelände gezählt werden, zur alten Wiehresiedlung etwa oder zur neuen Marktsiedlung.

5. Das »Idealbild« einer Stadt um 1100

Ich könnte mir die Beschreibung von Freiburg über die noch begrenzten Ausgrabungsflächen hinaus, wie es um 1100 ausgesehen haben mag, relativ leicht machen und eine Inhaltsangabe des Buches geben, das unter dem Titel »Eine Stadt um 1100« als Band in der

weise zur Gründung Freiburgs im Breisgau 1091. Ein Beitrag des Hochbauamtes zur Stadtkernforschung und Monumentenarchäologie in der Freiburger Altstadt, in: Nachrichten des Schweizerischen Burgenvereins Jg. 65, Bd. 17, 1992, S. 58–67. Vgl. auch den Beitrag von Matthias UNTERMANN in diesem Band S. 195 ff.

31 Josef DIEL, Die Tiefkeller im Bereich Oberlinden. Zeugnisse der baulichen Entwicklung Freiburgs im 12. und 13. Jh. (Stadt und Geschichte 2) Freiburg i. Br. 1981, S. 9.

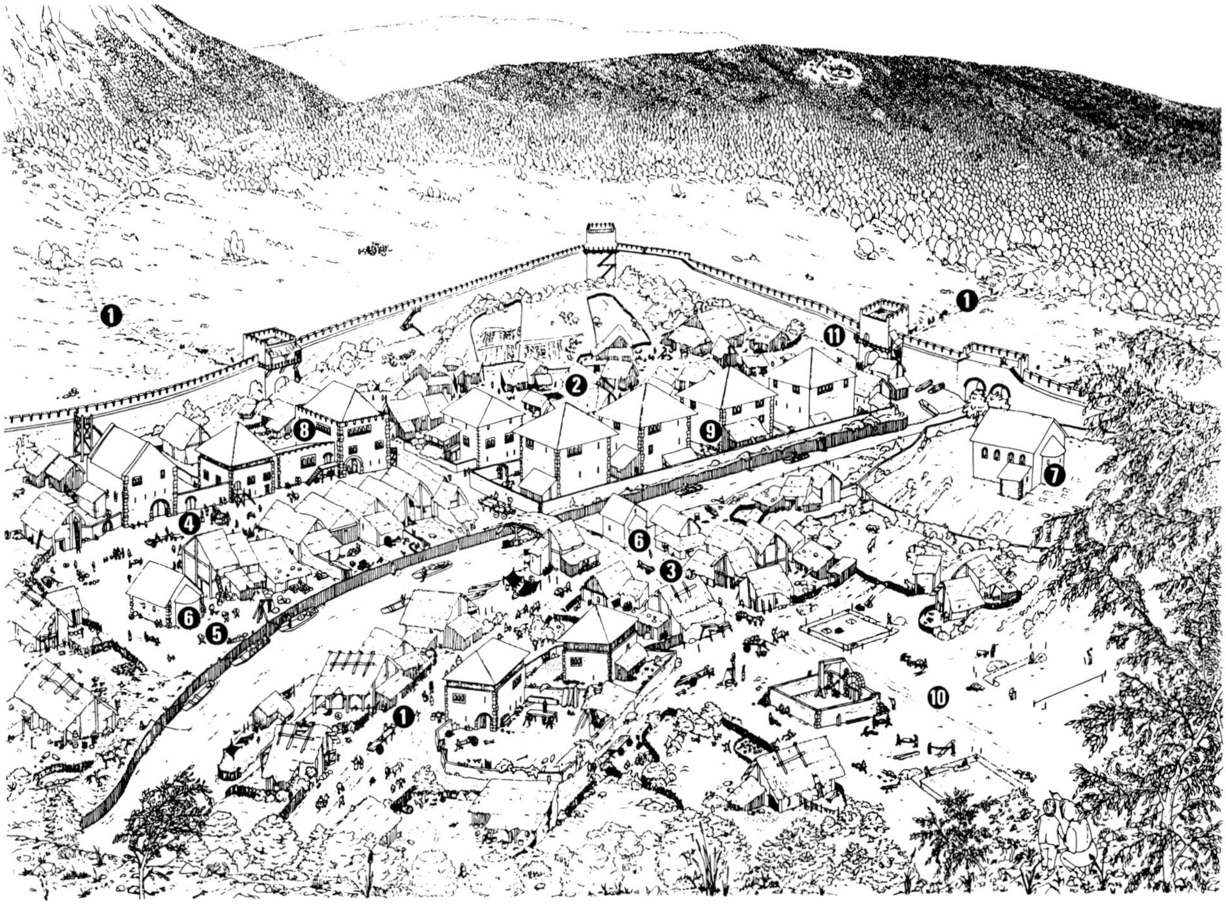

Abb. 2 Eine »Stadt um 1100« (nach Dorothee Rippmann et al., wie Anm. 32, S. 8 Abb. 2). 1 Alte Landstraße, 2 und 3 Handwerkersiedlungen, 4 Markt, 5 Schiffslände, 6 Kapellen, 7 Pfarrkirche mit Friedhof, 8 Die ersten Steinhäuser, 9 Neue Häuserzeile, 10 Baustellen, 11 Stadtmauer.

Reihe der Begleitschriften zur Salier-Ausstellung in Speyer 1991 erschienen ist[32]. Die sorgfältig gearbeitete Rekonstruktionszeichnung (Abb. 2), gedacht als eine Zusammenschau der Kenntnisse über die Stadt um 1100, faßt überwiegend Ergebnisse der Grabungen in Basel zusammen. Viele Details sind korrekt und griffig wiedergegeben, aber das Gesamtbild bedarf doch zahlreicher Korrekturen, z. B. entsteht hier der falsche Eindruck, daß massive Steinbauten wie in spätromanischer Zeit die Straßen säumten und fast schon eine geschlossene Straßenfront bildeten, was dann schon die allgemeine Vorstellung von der spätmittelalterlichen Stadt assoziiert.

32 Dorothee Rippmann, Jürg Tauber, Angelika Friederici u. Pavel Lavicka (Text) sowie Fanny Hartmann (Bild), Eine Stadt um 1100. Spurensuche und Einladung zur Stadtbesichtigung, Sigmaringen 1991; Vgl. auch Fanny Hartmann, Pavel Lavicka, Dorothee Rippmann u. Jürg Tauber, Die salische Stadt – ein Idealbild. Entworfen nach archäologischen Befunden vornehmlich in Basel, in: Siedlungen und Landesausbau zur Salierzeit Teil 2 (wie Anm. 1) S. 177–194. Zu den Datierungsproblemen meine Rezension, in: Spektrum der Wissenschaft Juni 6, 1992, S. 132–134; Entgegnung der Autoren und eine angeforderte Stellungnahme von mir, Ebd., Dezember 12, 1992, S. 9. – Rolf d'Aujourd'hui u. Christoph Ph. Matt, Züm Stand der Stadtarchäologie in Basel im Hinblick auf die Entwicklung der Grundstücks- und Bebauungsstrukturen der mittelalterlichen Stadt, in: Archäologie des Mittelalters und Bauforschung im Hanseraum. Eine Festschrift für Günter P. Fehring, hg. von Manfred Gläser (Schriften des Kulturhistorischen Museums Rostock 1)

Doch es ist vielmehr so, daß um 1100 in Basel auf relativ großen Parzellen im mittleren oder hinteren Teil manchmal ein Steingebäude stehen kann und zur Straße nach vorn unterschiedlich bemessene Holzgebäude mit Werkstätten errichtet waren; insgesamt muß aber der Eindruck einer sehr lockeren Bebauung bleiben[33].

Die entscheidende Antwort, wie es denn nun tatsächlich ausgesehen hat in der Stadt um 1100, hängt von der sicheren Datierung der archäologischen Befunde ab, und da gibt es grundsätzliche Differenzen. Das ausführlich rekonstruierte Bild der Stadt nach Befunden in Basel gehört nicht in die Zeit um 1100, sondern wohl erst in die Jahrzehnte um 1200 oder in das frühe 13. Jahrhundert. Ich habe deshalb schon auf die Rekonstruktionszeichnung zu Zürich mit der Fraumünsterabtei für das spätere 12. Jahrhundert hingewiesen, eine Situation, die bald 100 Jahre oder drei Generationen jünger als das generalisierende Modell um 1100 ist[34]. Man hat den Eindruck, daß manches aus dieser Zeit zurückprojiziert worden zu sein scheint.

Für Freiburg heißt es später, also noch nicht in der Marktgründungsurkunde, daß für die neu hinzugekommenen Kaufleute Parzellen von 50 auf 100 Fuß abgemessen sind, also etwa 16 m auf 32 m, wobei der Steinbau in jener Zeit, im 12. Jahrhundert, als turmartiges Bauwerk ungefähr 9 m im Quadrat mißt, so daß auf den Parzellen noch viel Platz für andere Gebäude frei blieb.

Um 1100 zeichnet sich im archäologischen Befund überregional ab, daß die Steinbauweise auch im profanen Wohnbau sowohl im ländlichen Bereich als auch in der Stadt jetzt erstmals eingeführt wird. Das beginnt mit der Wahl von Stein für die Fundamente und Keller, ehe das Erdgeschoß in Steinmauerwerk ausgeführt wird. Mit einem Gefälle von Süd nach Nord breitet sich diese Innovation in Deutschland aus. Während in den alpennahen Städten die Steinbauweise sich zuerst durchzusetzen beginnt, was jedoch ebenfalls viele Jahrzehnte braucht, und man trotzdem weiterhin den Holzbau neben dem Steinbau kennt, vergehen im Norden noch einige Generationen, ehe das Stadthaus in Stein üblich wird. Weithin in Mitteleuropa sind die städtischen Häuser immer noch als Fachwerkbauten zu denken.

Um 1100, und das hängt mit der Entstehung einer großen Zahl von Städten erst im 12. Jahrhundert zusammen, ist die Entwicklung eines städtischen Haustyps als spezielle

Rostock 1993, S. 213–242, hier Anm. 1; vgl. auch unten Anm. 98. – Rolf d'Aujourd'hui, Zum Forschungsstand der Stadtarchäologie unter besonderer Berücksichtigung der Ergebnisse aus Basel, in: C.J.C. Reuvens – Lezing 3, 22e reuvensdagen, Utrecht 1992, S. 30, Anm. 4 zu der oben genannten Rekonstruktion der Idealstadt anhand Basler Forschungsergebnisse; bisher: Ders., Die Entwicklung Basels vom keltischen Oppidum zur hochmittelalterlichen Stadt. Überblick Forschungsstand 1989, zweite, überarbeitete Auflage Basel 1990. – Die wissenschaftliche Diskussion zwischen dem Leiter der Archäologischen Bodenforschung des Kantons Basel-Stadt, Rolf d'Aujourd'hui, und ehemals in Basel tätigen Wissenschaftlern, Dorothee Rippmann und Pavel Lavicka, ist nicht frei von Emotionen.

33 D'Aujourd'hui/Matt (wie Anm. 32) Anm. 1: »Anstelle der breiten Hauptstraße mit repräsentativen Steinhäusern muß hier für die salische Zeit eine schmale, von Holzhäusern gesäumte Gasse angenommen werden (siehe Schneidergasse/Stadthausgasse). Auch der Rekonstruktion der Stadtmauer liegt ein überholter Forschungsstand zugrunde ...«.

34 Schneider/Gutscher (wie Anm. 29) Abb. 5 und 11: Die erste Abb. zeigt den Zustand der Häuser vor dem Abriß um 1250, die zweite Abb. die Rekonstruktion für die Zeit um 1136/39. Zur Beilage 1 heißt es »Steinhäuser des 10./12. Jahrhunderts«. Die Steinhäuser sind (vgl. Ebd., S. 200) teilweise schon um 1100 errichtet worden; jedenfalls lassen sich Fundamente stratigraphisch in diese Zeit datieren. Die nachgewiesenen Fundamentreste sind spärlich, die Rekonstruktion des Aufgehenden ist nach anderen – jüngeren – Befunden erschlossen; vgl. Jürg E. Schneider, Der städtische Hausbau im südwestdeutsch-schweizerischen Raum, in: Zur Lebensweise in der Stadt um 1200 (wie Anm. 1) S. 17–38 mit Befunden zu Steinhäusern in Zürich mit Kernbauten seit 1200.

Hausform des Kaufmanns und Handwerkers noch voll im Gange, als Emanzipation vom ländlichen Haus und vom Wohnsitz des Adligen. Noch bilden die Holzgebäude der Handwerker und Händler das Regelbild – und nicht nur die spezielle Bebauung eines anderen Viertels wie in der »Idealstadt« gezeichnet. Das Idealbild einer Stadt um 1100 läßt sich für die Zeit der Salier prinzipiell nicht entwerfen, da die regionalen Unterschiede zwischen Süd- und Norddeutschland viel zu groß sind. Es braucht noch Jahrzehnte, bis innovatives Handeln Angleichungen hervorruft, und trotzdem bleibt bis in jüngste Zeit der Unterschied zwischen süddeutschen Städten, die durch Häuser aus Stein gekennzeichnet sind, und süd- und mitteldeutschen Städten mit Fachwerkhäusern sowie norddeutschen küstennahen Städten mit Ziegelsteinfassaden. Aber schon eine derartige schematisierende Formulierung vereinfacht unzulässig.

Wenn es um Stadtgeschichte im 11./12. Jahrhundert geht, sind die unterschiedlichen Voraussetzungen für die einzelnen Städte zu beachten: Da sind Köln und Basel als alte Bischofsstädte mit römischer Wurzel, die schon auf eine längere mittelalterliche Tradition zurückblicken können, in denen der Bischof als Stadtherr für den Ausbau gesorgt hat, und da ist Freiburg, ein *burgus*, eine Siedlung zu Füßen des Schloßbergs, an die ab 1120 eine neue Marktsiedlung angeschlossen wird, als Ergebnis von zweiseitigen Verhandlungen zwischen dem Zähringer Konrad und den bedeutenden, wichtigen Kaufleuten, den *mercatores personati*, in der Hoffnung, daß nun daraus eine Stadt werden wird.

6. Kennzeichen der mittelalterlichen Stadt

Was eine Stadt ist und welche entscheidenden Facetten eine Siedlung zur Stadt machen, das ist fast für jede Epoche der Weltgeschichte anders zu beschreiben. Die Suche nach allgemeingültigen Kriterienbündeln führt nicht weiter, sondern das jeweils Wesentliche gilt es zu betonen: Die mittelalterliche Stadt kennzeichnen folgende, der archäologischen Forschung zugängliche Kriterien:

- Konzentration von Bevölkerung auf relativ engem Raum, die Handwerk und Gewerbe betreibt, und zwar in spezialisierter Form,
- Ansiedlung von Kaufleuten, besonders von Fernhändlern,
- neue Bauformen wie das Holzhaus mit besonderem Grundriß, das steinerne Haus oder das Gebäude mit großen Speicher- und Kellerräumen zur Warenstapelung, das spezifische, bald mehrstöckige städtische Haus,
- die fortschreitende Verdichtung der Bebauung,
- der Markt(platz) bzw. die Marktstraße und die Münzstätte
- die Befestigung, die Abgrenzung der Stadt gegenüber dem Land.

Nicht dem Archäologen zugänglich sind die weiteren Kriterien wie

- die rechtliche Herausnahme des Stadtbereichs aus dem Umland[35], das eigene Stadtrecht,
- und nicht zu unterschätzen: städtisches Lebensgefühl, die Mentalität des Stadtbewohners, wobei auf Umwegen auch der Archäologe seinen Erkenntnisbeitrag leisten kann, nämlich wenn es um städtischen Lebensstil, um damit verbundene spezielle zivilisatorische Güter geht, und auch z. B. um Kommunikation, gespiegelt in der Durchsetzung von Innovationen, die andernorts kennengelernt und akzeptiert worden sind.

35 SCHWINEKÖPER (wie Anm. 16) S. 379.

Für die Erforschung der mittelalterlichen Stadt gilt: Der Historiker kann sagen, daß etwas bestanden hat, z. B. ein *burgus*, der Archäologe kann demgegenüber sagen, was dort gestanden hat und wie es ausgesehen haben mag.

Die Lebensweisen in der Stadt und auf dem Land unterscheiden sich so grundsätzlich, daß dies betont werden muß: Dem leicht isolierten Leben und Arbeiten auf dem bäuerlichen Gehöft im Rahmen eines Dorfes steht die städtische Lebensform des für den Markt produzierenden Handwerkers und des Kaufmanns gegenüber, die eng nebeneinander wohnen und zugleich weit in Zentraleuropa herumkommen. Dort traditionsbewußtes Handeln, hier Aktion und Reaktion auf Innovationen und der Zwang zur Regelung des engen Miteinanders.

Heinz Stoob hat die Entwicklung der mittelalterlichen Stadt statistisch erfaßt und das Wiederaufleben städtischer Lebensform nach Abbruch städtischer Organisationsformen in der Spätantike und im Frühmittelalter beschrieben. Während sich seit der karolingischen Zeit städtische Vor- und Frühformen entwickeln[36], entsteht erst gegen 1200 die Stadt im Rechtssinne. In einem Histogramm (Abb. 3) werden die Städtegründungen im Verlauf der Zeit verzeichnet. Von rund 2000 erfaßten Städten sind in den Jahrzehnten von 1150 (damit setzt die Darstellung ein) bis 1200 mit zunehmender Tendenz gerade 10–20 Städte pro Jahrzehnt entstanden, während nach 1200 die Zahl exponentiell zunimmt und zu über 200 Städtegründungen pro Jahrzehnt gegen 1300 führt. Ab 1120/1150 setzt also erst die steil ansteigende Kurve der ›Gründungsstädte‹ ein, an deren Anfang auch Freiburg einzureihen ist[37], d. h. gegenwärtig rechnet die Forschung für die Zeit um 1300 mit etwa 2500 Städten im Reichsgebiet und am Ende des 15. Jahrhunderts dann mit 3000–3500 Städten, in Mitteleuropa mit 5000 Städten[38].

Um die frühe mittelalterliche Stadt noch schärfer zu kennzeichnen, müssen als entscheidende Kriterien gerade die Kommunikation im Bereich der mobilen Fernkaufleute gesehen werden und die Organisation des Marktes als regelmäßige Einrichtung, auf dem

36 In regelmäßiger Folge erschienen in den letzten Jahren Sammelwerke zur Frühgeschichte der europäischen Stadt mit den jeweils neuen archäologischen Ergebnissen: Vor- und Frühformen der europäischen Stadt im Mittelalter Teil 1 u. 2, hg. von Herbert Jankuhn, Walter Schlesinger u. Heiko Steuer (Abh. Akad. Wiss. Göttingen Phil.-Hist. Klasse, Dritte Folge 83 und 84) Göttingen ²1975; European Towns. Their Archaeology and Early History, hg. von Maurice W. Barley, London 1977; The Comparative History of Urban Origins in Non-Roman Europe: Ireland, Wales, Denmark, Germany, Poland and Russia from the Ninth to the Thirteenth Century Part I u. II, hg. von Howard B. Clarke u. Anngret Simms (BAR International series 255) Oxford 1985; Heiko Steuer, Bestandsaufnahmen der archäologischen Forschungsergebnisse zur Stadt des Mittelalters und ihren Ursprüngen, in: Siedlungsforschung. Archäologie-Geschichte-Geographie 4, 1986, S. 225–237; Stadtkernforschung, hg. von Helmut Jäger (wie Anm. 21); Jürgen Sydow, Städte im deutschen Südwesten. Ihre Geschichte von der Römerzeit bis zur Gegenwart, Stuttgart 1987; The Rebirth of Towns in the West AD 700–1050, hg. von Richard Hodges u. Brian Hobley (CBA Research Report 68) Oxford 1988. Stadtarchäologie in Deutschland und den Nachbarländern. Ergebnisse, Verluste, Konzeptionen (Lübecker Schriften zur Archäologie und Kulturgeschichte 14) Bonn 1988; La genèse et les premiers siècles des villes médiévales dans les Pays-Bas méridionaux, un problème archéologique et historique. 14ᵉ Colloque International Spa, 6. – 8. sept. 1988 (Crédit Communal Collection Histoire, série in 8, 83) Bruxelles 1990; Frühgeschichte der europäischen Stadt. Grundlagen und Voraussetzungen, Berlin 1991, hg. von Hansjürgen Brachmann u. Joachim Herrmann; Burg – Burgstadt – Stadt. Zur Genese mittelalterlicher nichtagrarischer Zentren in Ostmitteleuropa, hg. von Hansjürgen Brachmann, Berlin 1995.

37 Heinz Stoob, Forschungen zum Städtewesen in Europa Bd.1: Formen und Schichten der mitteleuropäischen Städte. Eine Aufsatzfolge, Köln–Wien 1970, S. 21; Klaus Gerteis, Die deutschen Städte in der frühen Neuzeit, Darmstadt 1986, S. 6 Abb. 1.

38 Evamaria Engel, Wege zur mittelalterlichen Stadt, in: Burg – Burgstadt – Stadt (wie Anm. 36) S. 9–26, hier S. 12.

Abb. 3 Stufen der Stadtentstehung in Mitteleuropa (nach Heinz Stoob, wie Anm. 37).

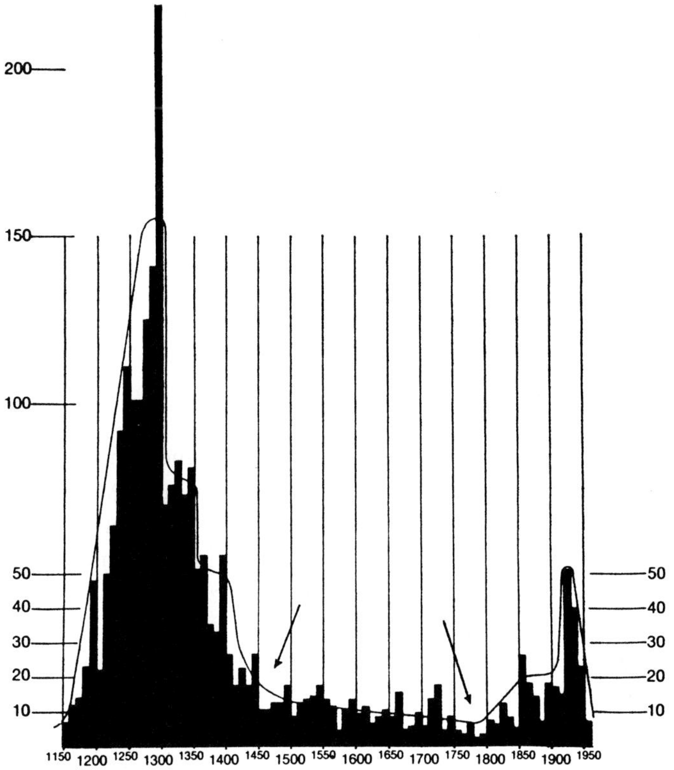

nicht nur im Rahmen des Nahmarkthandels landwirtschaftliche Güter der Umgebung verkauft werden, sondern wo sich die Fernkaufleute einfinden, Qualitätsgüter verkaufen und auch kaufen und vom Ort mitführen zu fernen Märkten. Um welche Waren es sich gehandelt hat, darauf kann hier nicht näher eingegangen werden; sicher waren dabei Wein, Metalle und vor allem auch Silber.

Handwerk, auch spezialisiertes Metallhandwerk, gibt es im Rahmen der grundherrschaftlichen Organisation, im Rahmen der spätrömischen *villae rusticae* ebenso wie auf den frühmittelalterlichen Höhensiedlungen wie dem Zähringer Burgberg, die damit keinen frühstädtischen Charakter zeigen, sondern Abbild der autarken Lebensweise großer Grundherrn sind. Fernhändler, eingebunden in den Personenverband der grundherrschaftlichen Organisation der Klöster oder Bischofssitze, der königlichen Pfalzen, können ebenso nur dazu eingesetzt werden, diese Elite der Gesellschaft mit Luxusgütern zu versorgen.

Mittelalterliche städtische Lebensweise wird erst dann faßbar, wenn diese Fernhändler als unabhängige Leute handeln und planen können, wobei es ganz unterschiedliche Formen der Unabhängigkeit geben kann. Die Herrschaft, der König, muß ihnen Schutz und Sicherheit garantieren und an den Marktorten den Handelsfrieden gewährleisten. Kaufleute waren wie Pilger, Geistliche und Reisende aller Art auf Schutz angewiesen, auch auf Rechtssicherheit, wenn sie die von der Gesellschaft gewünschten Leistungen, nämlich Fernhandel zu organisieren, erbringen sollten.

Markt und Kaufmann sind die wesentlichen Elemente für die frühe mittelalterliche Stadt; Fernkaufleute gibt es schon lange, auch das Marktrecht und damit verbunden das Münzrecht sind seit langem als königliches Regal durchgesetzt worden. In ottonischsalischer Zeit wurden zahlreiche neue Märkte gegründet, am Ende der Epoche steht die Marktgründung Freiburg 1120. Das Neue dabei ist die rechtliche Verabredung zwischen Konrad und den Kaufleuten zur Einrichtung eines Marktes, ohne daß der König daran beteiligt war[39].

7. Phasen der mittelalterlichen Stadtentwicklung bis um 1100

Die Bewertung der städtischen Struktur um 1100 in Freiburg hängt von der vorangegangenen Entwicklung der mittelalterlichen Stadt insgesamt ab, die mehrere Phasen durchlaufen hat[40].

7.1 Phase 1

Mit dem Niedergang des römischen Reichs im Westen verlieren die römischen Städte als Vororte der *civitates* ihre politische, soziale und wirtschaftliche Bedeutung. Die Einwohnerschaft sinkt rapide ab. Das trifft in unserer Nachbarschaft für Straßburg ebenso zu wie für Kaiseraugst und ist ein allgemein – auch archäologisch – zu fassendes Phänomen. Mit dem Niedergang der politisch-staatlichen Zentralmacht kommen lokale Herrschaftsstrukturen in großer Zahl auf, die sich immer mehr durchsetzen. Auf dem Gebiet des Römischen Reichs sind das die großen senatorischen Familien und bei den Germanen die Anführer größerer Kriegergefolgschaften. Auf beiden Seiten entwickelt sich eine Lebensweise, die auf örtlicher Herrschaft und autarker Wirtschaftsweise beruht, abgesichert durch private Armeen – so im römischen Gebiet – oder durch die Kriegergefolgschaft – so bei den Germanen. Die römische Stadt wird verlassen, die *vici* und *villae* werden oftmals aus Sicherheitsgründen auf Höhen verlegt und provisorisch befestigt, ebenso wie die Germanen ihre Höhensiedlungen ausbauen. Die politisch führenden Gruppen sitzen dort, und sie monopolisieren gewissermaßen das Handwerk.

Im süddeutschen Gebiet gehört der Runde Berg bei Urach als gut ausgegrabenes Beispiel auf germanischem Gebiet dazu[41]: Ein großes Gehöft mit den entsprechenden Handwerksbetrieben zur Herstellung von Schmuck und Waffen, zur Versorgung der Gefolgschaft hat gerade auf der Kuppe dieses Berges als Sitz eines germanischen Kleinkönigs Platz, dessen Luxusgüter als Fragmente ausgegraben werden. Der Zähringer Burgberg ist größer; hier haben rund um den Herrensitz, den wir unter der mittelalterlichen Burg vermuten können, mehrere ranghohe Krieger ihre Gehöfte mit dort zusammengefaßten Handwerksbetrieben errichtet[42]. Die große Zahl derartiger Höhensiedlungen im römischen Gebiet und im alamannischen Südwesten charakterisiert diese Auflösung ehemaliger römischer staatlicher Organisation in ein Nebeneinander vieler, mehr oder weniger gleichrangiger kleiner Herrschaftsgebiete mit Königen bzw. Kleinkönigen, womit für das

39 STEUER/ZETTLER (wie Anm. 9).

40 Allgemein dazu ENNEN (wie Anm. 8); SYDOW (wie Anm. 36); PITZ (wie Anm. 8).

41 Der Runde Berg bei Urach, hg. von Helmut BERNHARD u. a. (Führer zu archäologischen Denkmälern in Baden-Württemberg 14) Stuttgart 1991, mit weiterer Literatur.

42 Heiko STEUER, Die Alamannen auf dem Zähringer Burgberg (Archäologische Informationen aus Baden-Württemberg 13) Stuttgart 1990; DERS. (wie Anm. 11); DERS., Handwerk auf spätantiken Höhensiedlungen des 4./5. Jh. in Südwestdeutschland, in: The Archaeology of Gudme and Lundeborg, København 1993, S. 128–144. Vgl. auch den Beitrag von Gerhard FINGERLIN in diesem Band, S. 37ff.

4./5. Jahrhundert an Stelle der wenigen größeren römischen Städte diese Form der auf Autarkie ausgerichteten vielen flächig gestreuten Herrensitze tritt.

Der Zähringer Burgberg ist ebenso wie der Runde Berg keine präurbane, keine frühstädtische Siedlung, wie das für den Runden Berg in den ersten Vorberichten und danach ständig wiederholt publiziert wird, sondern nur ein Herrensitz.

Städte gibt es nicht mehr, weil sie nicht mehr in das wirtschaftlich-soziale Gefüge passen. Die Frage nach der Kontinuität von Städten von der Antike zum Mittelalter ist deshalb falsch gestellt; auch wenn eine Kontinuität kirchlicher Organisation an manchen zentralen Orten zu fassen ist.

7.2 Phase 2

Mit der Durchsetzung neuer Herrschaftsstrukturen unter den Merowingerkönigen bis hin zu den frühen Karolingern verlieren diese vielen kleinen politischen Machtgebilde wieder ihre Selbständigkeit und haben sich dem fränkischen König zu unterwerfen. Ihre militärisch geschützten Höhensiedlungen müssen aufgegeben werden; die Besiedlung an solchen Plätzen wie dem Zähringer Burgberg endet deshalb auch meist bald nach 500. Handwerk und Fernhandel werden an die zentralen Königshöfe und an die Pfalzen gebunden; die grundsätzliche Organisation ändert sich wenig, nur die herrschaftliche Zuordnung wandelt sich. Vielfältig gestreut findet Produktion von wertvollen Gütern wie Gläsern und Waffen im Milieu grundherrlicher Gehöfte statt, die als Pfalzen der Merowingerkönige im archäologischen Fundbild bisher noch nicht erforscht sind, da sie sich kaum von großen ländlichen Gehöften unterscheiden.

Die Organisation des Münzwesens beschreibt anschaulich die wirtschaftliche Struktur jener Zeit, des 6. und 7. und frühen 8. Jahrhunderts. Währungsbasis ist Gold; die Goldmünzen sind aber für einen Nahmarkt viel zu wertvoll und werden mehr als Prestigegüter, für Soldzahlungen an ranghohes Kriegergefolge und für Luxusgüter gedient haben denn als Münze im Zahlungsverkehr. Im Auftrage des Königs, der Bischöfe und weniger Großer prägen im Frankenreich mehr als 2000 uns namentlich bekannte Monetare bzw. Goldschmiede Münzen an vielen hundert (über 800) Orten derartige Goldmünzen[43]. Städte gibt es immer noch nicht; sie passen nicht in das wirtschaftlich-soziale und politische Gefüge der Zeit.

7.3 Phase 3

Mit den Karolingern ändert sich nicht nur das Währungssystem, sondern jetzt entwickeln sich nach rund einem halben Jahrtausend Pause wieder städtische Siedlungsformen[44]. Grundlage des Währungssystems wird nun Silber, und die Münzen können in einem Marktbetrieb auch genutzt werden.

43 Peter BERGHAUS, Wirtschaft, Handel und Verkehr der Merowingerzeit im Lichte numismatischer Quellen, in: Untersuchungen zu Handel und Verkehr der vor- und frühgeschichtlichen Zeit in Mittel- und Nordeuropa Teil III: Der Handel des frühen Mittelalters (Abh. Akad. Wiss. Göttingen Phil.-Hist. Klasse, Dritte Folge 150) Göttingen 1985, S. 193–213; Heiko STEUER, Gewichtsgeldwirtschaften im frühgeschichtlichen Europa, in: Untersuchungen zu Handel und Verkehr der vor- und frühgeschichtlichen Zeit in Mittel- und Nordeuropa Teil IV: Der Handel der Karolinger- und Wikingerzeit (Abh. Akad. Wiss. Göttingen Phil.-Hist. Klasse Dritte Folge 156) Göttingen 1987, S. 405–527.

44 Rebirth of Towns (wie Anm. 36) – Heiko STEUER, Die Handelsstätten des frühen Mittelalters im Nord- und Ostsee-Raum, in: La genèse et les premiers siècles des villes médiévales dans les Pays-Bas méridionaux (wie Anm. 36) S. 75–116.

Abb. 4 Haithabu. Das Parzellengefüge (nach Kurt Schietzel, wie Anm. 48, Kart. 2).

Noch eine der ersten Münzbewilligungen für einen Ort rechts des Rheins 833 durch Ludwig d. Fr. für Corvey formuliert diese Koppelung: weil der Ort eines Marktes bedurfte, wird eine Münze errichtet (*quia locum mercationis ipsa regio indigebat*)[45].

Es entstehen also zentrale Orte, und zwar als geplante Siedlungen durch herrschaftliche, meist königliche Initiative. Karolingische Pfalzen sind archäologisch durch ihr neues Erscheinungsbild erkennbar. Im Sinne der karolingischen Renaissance sind Pfalzen wie Aachen und Ingelheim wie antike Paläste erbaut. An der Grenze zu den Sachsen entstehen königliche Großburgen mit einer Besatzung von Hunderten von Leuten, die auch handwerklich tätig sind, wie z. B. auf der Büraburg bei Fritzlar im Grenzgebiet zu den Sachsen mit mehreren hundert gleichartig gebauten Häusern[46].

Es entstehen in Grenzlage des Reichs für den Fernhandel auf königlichem Grund und Boden Händlertreffpunkte der Fernkaufleute, die von hier aus den weitgespannten Handel organisieren und betreiben.

Der Handelsplatz Dorestad am Niederrhein erlebt seine Blütezeit im 9. Jahrhundert[47], und der Grenzhandelsplatz Haithabu entwickelt sich zwischen dem karolingisch-ottonischen Reich und dem Norden im 9. und 10. Jahrhundert (Abb. 4)[48]. Infrastrukturmaßnahmen großen Umfangs und regelmäßige Parzellierungen mit Grundstücken für Handwerker und Fernkauf-

45 Jaques Paul MIGNE, Patrologiae cursus completus. Series secunda. Patres Latini Bd. 104, Sp. 1229.

46 Norbert WAND, Büraburg, in: Reallexikon der Germanischen Altertumskunde Bd. 4, Berlin – New York ²1981, S. 98–102 mit Literatur; vgl. auch Anm. 144.

47 Peter JOHANEK, Willem VAN ES, W. J. H. VERWERS, Peter BERGHAUS, Dorestad, in: Reallexikon der Germanischen Altertumskunde Bd. 6, Berlin–New York ²1986, S. 59–82.

48 Herbert JANKUHN, Haithabu. Ein Handelsplatz der Wikingerzeit, achte, neubearbeitete und stark erweiterte Auflage Neumünster 1986; Kurt SCHIETZEL, Stand der siedlungsarchäologischen Forschung in Haithabu – Ergebnisse und Probleme (Berichte über die Ausgrabungen in Haithabu Bd. 16) Neumünster 1981; Dieter ECKSTEIN u. Kurt SCHIETZEL, Zur dendrochronologischen Gliederung und Datierung der Baubefunde von Haithabu, in: Untersuchungen zur Anthropologie, Botanik und Dendrochronologie, hg. von Dieter ECKSTEIN (Berichte über die Ausgrabungen in Haithabu Bd. 11) Neumünster 1977, S. 141–164; STEUER (wie Anm. 44).

leute haben die archäologischen Ausgrabungen freigelegt und freilegen können, weil diese Orte wüst geworden und nicht von modernen Städten überbaut sind. Über Dorestad ist bekannt, daß der König, der Bischof von Utrecht und andere Große hier Parzellen hatten und ihre Häuser an freie Fernkaufleute und Kaufleute anderer Grundherren vermieteten, wodurch sie sich auf diese Weise in den Fernhandel einschalteten, die Produkte ihrer Grundherrschaften absetzen und andere einkaufen konnten.

Die Aachener Pfalzkaufleute – so ist für das Jahr 808 überliefert – hatten *mansiones* im ganzen Reich und genossen an vielen Orten Sonderrechte, meist Zollfreiheit. In Regensburg haben ebenfalls Anfang des 11. Jahrhunderts viele Grundherrschaften, Klöster und Bistümer, aber auch weltliche Große, Hofstätten[49].

Noch wesentlich wichtiger als das Handwerk waren in diesen frühstädtischen Siedlungen Markt und Fernhandel unter Regie des Königs, in Dorestad etwa unter Kontrolle Karls des Großen, in Haithabu unter Aufsicht des Dänenkönigs Göttrik, der (seine) Kaufleute mit Gewalt von einem Handelsplatz Rerik an der südlichen Ostseeküste im Slawengebiet nach Haithabu verbrachte, wie die fränkischen Reichsannalen für 808 erwähnen. Für alle diese Orte berichten die Quellen, daß sich hier Kaufleute aus allen Ländern der Welt treffen[50].

Aus dem Binnenland sind bisher derartige Handelsplätze kaum bekannt oder untersucht. Die im Diedenhofener Capitular erwähnten Grenzhandelsorte zu den Slawen werden ähnlich strukturiert gewesen sein und wiesen eine erhebliche Grundfläche auf[51]. Jüngste Forschungen haben in Karlburg bei Würzburg eine vergleichbar großflächige Siedlung mit zahlreichen Hinweisen auf Fernhandel und Kunsthandwerk erschlossen, so daß der einseitige Eindruck, nur an der Küste habe es derartige frühstädtisch parzellierte Handelsplätze gegeben, relativiert wird[52]. Südlich und nördlich der *villa* erstreckte sich auf der westlichen Seite des Mains ein 800–900 m langer und etwa 150–200 m breiter besiedelter Streifen auf der hochwasserfreien Niederterrasse, in dem bei Probegrabungen zahlreiche Grubenhäuser mit Resten handwerklicher Tätigkeit freigelegt worden sind.

Einige Spuren von umfassenden planerischen Infrastrukturmaßnahmen scheint es für Konstanz mit Hinweisen auf Straßen- und Brückenbau im 9. Jahrhundert zu geben[53].

7.4 Phase 4

Diese großflächigen Händlertreffpunkte verlieren nach dem 10. Jahrhundert an Bedeutung, weil ihre Funktion nicht mehr gebraucht wird. Statt der zentralen königlichen Organisation von Händlertreffpunkten übernehmen parallel zum Schwinden dieser Zentralmacht der karolingischen Könige die Bischöfe und Äbte, Grafen und andere Amtsträger die Leitung und Planung der frühstädtischen Siedlungen.

49 Lothar KOLMER, Regensburg in der Salierzeit, in: Die Salier und das Reich Bd. 3 (wie Anm. 21) S. 191–213, hier S. 195.

50 Heiko STEUER, Zur ethnischen Gliederung der Bevölkerung von Haithabu anhand der Gräberfelder, in: Offa 41, 1984, S. 189–212.

51 Wolfgang HÜBENER, Die Orte des Diedenhofener Capitulars von 805 in archäologischer Sicht, in: Jahresschrift für mitteldeutsche Vorgeschichte 72, 1989, S. 251–266.

52 Peter ETTEL u. Dieter RÖDEL, Castellum und villa Karloburg. Historische und archäologische Überlieferung, in: 1250 Jahre Bistum Würzburg. Archäologisch-historische Zeugnisse der Frühzeit, hg. von Jürgen LENSSEN und Ludwig WAMSER, Würzburg 1992, S. 297–318; Ludwig WAMSER, Zur archäologischen Bedeutung der Karlburger Befunde, in: Ebda., S. 319–343.

53 Judith OEXLE, Konstanz, in: Stadtluft, Hirsebrei und Bettelmönch (wie Anm. 1) S. 58.

Ihr Kennzeichen ist im topographischen Bild die Konzentration von Kirchen, Stiften und Klöstern, als Kirchenkreuz oder Kirchenkranz, einschließlich zugehöriger Handwerkersiedlungen[54]. Die ottonischen und salischen Könige schaffen es jedoch, Markt und Münze als Regal durchzusetzen: Für das 10. und 11. Jahrhundert wächst die Zahl der Marktrechtsverleihungen sowie der Münzstätten im Reich wieder massiv an[55]. Neue Märkte entstehen; alte Stadtplätze behalten ihr Marktrecht kraft Gewohnheitsrecht wie die auf die römische Zeit zurückgehenden Bischofsstädte an Rhein und Donau[56]. Dabei ist von Köln über Mainz und Straßburg bis Regensburg zu registrieren, daß bei den die Kontinuität bildenden kirchlichen Zentren im Umkreis der antiken Stadt jeweils eine neue Händlerniederlassung zwischen Römermauer und Fluß entsteht[57], mit einer Längserstreckung von bis zu einem Kilometer Länge.

Archäologisch ist bisher wenig über die räumliche Organisation der ottonisch-salischen Städte bekannt, außer daß Pläne und Karten mit der Verteilung der kirchlichen Zentren in größerer Zahl vorliegen. Genannt seien nur die zwei Beispiele Konstanz und Basel[58].

Die spanische Stadt León besteht im 10. Jahrhundert als Hauptstadt und Königssitz aus ca. 30 Klöstern und zahlreichen grundherrschaftlichen Höfen, an denen Handwerk konzentriert ist, auf etwa 20 ha locker besiedelter Fläche. Marktrecht ist seit 997 belegt[59].

Die Ausbreitung stadtartiger Siedlungen mit Märkten für den Fernhandel spiegelt sich am deutlichsten in der Verbreitung und vor allem der Zahl der Münzprägeorte[60]. Nach einem ersten Anstieg unter den Ottonen, wobei die meisten neuen Münzstätten an Bistümer und Klöster gebunden sind, wächst die Zahl unter den Saliern noch einmal deutlich an. Für die Ottonen sind 63 Diplome überliefert, von denen 58 für geistliche Empfänger ausgestellt sind; von den über 120 Münzstätten, die unter den Saliern prägten, standen mehr als 40 unter königlicher Regie. Insgesamt wird für das Deutsche Reich die Zahl von über 150 Münzstätten gegen 1100 erreicht, für die denn auch ein Markt anzunehmen ist; eine beachtliche Zahl, auch wenn viele Münzstätten nur gelegentlich und zeitlich begrenzt tätig waren.

54 Erich HERZOG, Die ottonische Stadt. Die Anfänge der mittelalterlichen Stadtbaukunst, Berlin 1964; Günther BINDING, Städtebau und Heilsordnung. Künstlerische Gestaltung der Stadt Köln in ottonischer Zeit, Düsseldorf 1986.

55 Bernd KLUGE, Deutsche Münzgeschichte von der späten Karolingerzeit bis zum Ende der Salier (ca. 900 bis 1125) Sigmaringen 1991; Ulrich KLEIN, Die Münzprägung im südwestlichen Schwaben. Stand und Aufgaben der Forschung, in: Fernhandel und Geldwirtschaft. Beiträge zum deutschen Münzwesen in sächsischer und salischer Zeit, hg. von Bernd KLUGE, Sigmaringen 1993, S. 89–109.

56 Hartmut WOLFF, Die Kontinuität städtischen Lebens in den nördlichen Grenzprovinzen des Römischen Reiches und das Ende der Antike, in: Die Stadt in Oberitalien und in den nordwestlichen Provinzen des Römischen Reiches, hg. von Werner ECK u. Hartmut GALSTERER (Kölner Forschungen 4) Mainz 1991, S. 287–318.

57 Detlev ELLMERS, Frühmittelalterliche Handelsschiffahrt in Mittel- und Nordeuropa, Neumünster ²1984, S. 186ff. Abb. 145–150.

58 OEXLE (wie Anm. 53) S. 58 mit Abb.; D'AUJOURD'HUI, Entwicklung Basels (wie Anm. 32) S. 40 Abb. 19.

59 Carlos ESTEPA DÍEZ, León. II. Stadt und Bistum, in: Lexikon des Mittelalters Bd. 5, München – Zürich 1991, Sp. 1888.

60 Vgl. Anm. 55.

7.5 Phase 5

Die vor Jahren von Heinz Stoob erarbeitete Graphik über den Anstieg der Städtegründungen veranschaulicht aber, daß die eigentliche Phase der Stadtentstehung erst nach 1150 unter den Staufern einsetzt[61]. Das gleiche trifft für die Anzahl der Münzstätten zu, die sich nach 1140 bis 1197 schon auf rund 215 belief und weiter anstieg[62]. Die Phase der Markt- und Stadtgründungen in ottonischer und salischer Zeit, wozu auch Freiburg gehört, ist mit Berechtigung für sich zu betrachten.

8. Städtische Infrastruktureinrichtungen

Herrschaftlich geplante Städte gab es zur Gründungszeit von Freiburg schon seit langem. Den Fernkaufleuten war es gleichgültig, zu welcher »Phase« im Rahmen der frühstädtischen Entwicklung die Orte zählten, zu denen sie reisten und in denen sie seßhaft werden konnten, ob das ein Platz war, der auf eine frühe Pfalz zurückging wie Zürich, oder ein früher Marktort an einem Bischofssitz wie Basel oder Konstanz oder ein Ort, an dem die Privilegierung gerade erst erfolgte, wie in Freiburg. Entscheidend waren diese Privilegien, der Schutz, den die Kaufleute genossen, und der wirtschaftliche Vorteil, den sie hatten.

Für die Organisation von Markt und Handel waren gewisse Infrastrukturmaßnahmen notwendig. Das Stadtareal mußte geordnet sein, Parzellen für die Kaufleutehäuser mußten zur Verfügung gestellt werden, ein System von Straßen bestimmte von Beginn an die Grundstruktur. An Flüssen und Seeufern mußten Anlegeplätze für Schiffe geschaffen werden, Brücken oder Kaimauern.

8.1 Straßensystem

Die Freiburger Straßen gehören in den Anfang der städtischen Planung; ihr Verlauf schließt sich an die überörtlichen Trassen an, die am Ausgang des Dreisamtales zu einer wichtigen Kreuzung führten. An diese fügten sich die auf Veranlassung von Herzog Konrad ausgelegten Straßen des neuen Marktes an. Matthias Untermann hat gezeigt, daß umfängliche Planungen für das gesamte Stadtareal den Verlauf der Bächle schon um 1170/80 festlegten und die nötigen Aufschüttungen veranlaßten[63].

Die überregionalen Straßenführungen überstanden auch den Niedergang der älteren römischen Städte, deren eigentliches Straßennetz nicht überlebte und neue Linien durch alltäglichen Gebrauch entstehen ließen, d. h. obrigkeitliche Planung ist bei den älteren Städten anfänglich kaum zu belegen oder zu erkennen[64].

61 Vgl. Anm. 37.

62 Ulrich KLEIN, Die Münzprägung der Zähringer gegen Ende des 12. Jahrhunderts im Lichte eines neuen Fundes, in: Die Zähringer III (wie Anm. 16) S. 341–350, hier S. 341.

63 Vgl. Matthias UNTERMANN in diesem Band S. 205.

64 Als Beispiele Köln: Heiko STEUER, Stadtarchäologie in Köln, in: Stadtkernforschung, hg. von Helmut JÄGER (wie Anm. 21) S. 61–102, vgl. Abb. 1 mit Abb. 8; STEHKÄMPER (wie Anm. 21) S. 75–152; Regensburg: Werner GAUER, Archäologisch-topographische Stadtkernforschung am Beispiel Regensburg, in: Stadtkernforschung (wie Anm. 21) S. 161–176, vgl. Abb. 1 und Abb. 2; KOLMER (wie Anm. 49) S. 191–213; auch Gerhard WALDHERR, Castra Regina – Regensburg. Vom römischen Legionslager zur bajuwarischen Herzogsstadt, in: Verhandlungen des Historischen Vereins für Oberpfalz und Regensburg 131, 1991, S. 43–56; Straßburg: Philippe DOLLINGER, Straßburg in salischer Zeit, in: Die Salier und das Reich Bd. 3 (wie Anm. 21) S. 153–164; Trier: Kurt BÖHNER, Urban and Rural Settlement in the Frankish Kingdom, in: European Towns (wie Anm. 36) S. 185–202, vgl. Fig. 6.

Obrigkeitlich geplante Handelsplätze wie Haithabu mit der Grundplanung aus dem Anfang des 9. Jahrhunderts verfügen jedoch von Beginn an über ein auf Dauer bleibendes Straßensystem[65].

Während im Süden bisher selten befestigte Straßen ausgegraben worden sind, lassen sich im Norden, wohl wegen des feuchten Untergrundes, mehrfach mit Holzbohlen gepflasterte Wege in der Stadt nachweisen, die zudem häufig erneuert wurden[66].

8.2 Parzellengefüge

Auf das immer zuerst ausgelegte Straßensystem beziehen sich die Parzellen und ihre Bebauung. In alten Städten, die auf die römische Zeit zurückgehen wie Köln, Trier, Regensburg oder Zürich, entwickeln sich Parzellengrößen relativ gleicher Abmessungen, die jedoch nicht normiert erscheinen, sondern die die bewegte Topographie – durch den Naturraum und die jahrhundertealte Vorgeschichte dieser Orte bestimmt, z. B. die bergige Situation – berücksichtigen und aufgreifen.

Wie bei anderen Orten bedeuten auch in Freiburg die in den Schriftquellen überlieferten Maße nicht eine exakte Vermessung im Stadtareal, sondern zuerst eine Besteuerungseinheit. Die ungefähren Grundmaße von 50 x 100 Fuß der ursprünglichen Parzellen wurden später geteilt, und die Grundstücke hatten dann nur noch 25 Fuß Breite[67]. Die früh-

65 Jankuhn (wie Anm.48) S. 91f. mit Abb. 39 und 40; Hildegard Elsner, Wikingermuseum Haithabu: Schaufenster einer frühen Stadt, Neumünster o. J., S. 30f. nach Schietzel (wie Anm. 48) Kartierung 2.

66 Haithabu: Elsner (wie Anm. 65) S. 14f., 9./10. Jh.; – Hannover: Helmuth Plath, Die Anfänge der Stadt Hannover, in: Hannoversche Geschichtsblätter NF 15, 1961, S. 169–216 Abb. 11 (auch als Separatdruck 1971), um 1200; zu Hannover zuletzt: A. Büscher, Siedlung Tigislehe – Lehnhofsiedlung – Marktsiedlung? Überlegungen zur Frühgeschichte der Stadt Hannover, in: Die Kunde NF 44, 1993, S. 95–113; Lübeck: Mieczyslaw Grabowski, Mittelalterlicher Straßenbelag in der Königsstraße zu Lübeck, in: Archäologie in Deutschland 1991, Heft 4, S. 56: 13. Jh.; Ders., Zur Infrastruktur der mittelalterlichen Königsstraße zu Lübeck: Straßenbeläge, Abwassersystem, Brunnen und Wasserleitungen, in: Archäologisches Korrespondenzblatt 23, 1993, S. 241–249; Monika Remann, Mittelalterliche Straßenbefestigung auf dem Lübecker Stadthügel, in: Archäologisches Korrespondenzblatt 21, 1991, S. 439–444, 12. Jh.; Dies., Frühe Straßenbeläge in Lübeck. Ergebnisse einer Notbergung in der Breiten Straße 1984, in: Untersuchungen zu Bau- und Kulturgeschichte Lübecks. Mit einem Beitrag zu Greifswald (Lübecker Schriften zur Archäologie und Kulturgeschichte 22) 1992, S. 201–215, 2. Hälfte 12. Jh.; – Hameln: Hans-Wilhelm Heine, Zur mittelalterlichen Keramik aus der Grabung Neue Marktstraße 23 in Hameln, Ldkr. Hameln-Pyrmont, in: Nachrichten aus Niedersachsens Urgeschichte 55, 1986, S. 191–242: Knüppelweg. – In Lübeck scheint sogar die Marktfläche mit Holzbohlen auf Unterzügen gepflastert gewesen zu sein, sofern die Spuren nicht zugleich auch Reste von Marktbuden sind: Doris Mührenberg, Archäologische Untersuchungen auf dem Lübecker Markt, ein Vorbericht, in: Archäologischer Befund und historische Deutung. Festschrift für Wolfgang Hübener, hg. von Hartwig Lüdtke (= Hammaburg NF 9) 1989, S. 301–309, S. 305 mit Abb. 1.

67 Günter P. Fehring, Grundstücks- und Bebauungsstrukturen im Mittelalter, in: 25 Jahre Archäologie in Lübeck (Lübecker Schriften zur Archäologie und Kulturgeschichte 17) Bonn 1988, S. 74: Parzellengrößen für Freiburg, Flumet und Diessenhofen/Schweiz, Mariakerke/Flandern 50 x 100 Fuß; für Freiburg i. Ü., Bern, Aarberg etc. 60 x 100 Fuß; für Kenzingen 30 x 50 Fuß; für Thun und Burgdorf 40 x 60 Fuß; für London 50 x 150 Fuß.– Für Köln sind seit 1135 die sog. Schreinsbücher, gewissermaßen Grundbücher (bis 1798) überliefert, eine einzigartige Situation. Die Schreinskarten erlauben für viele Bereiche der Stadt, das Parzellengefüge und einzelne Liegenschaften über Jahrhunderte zu verfolgen; auch in moderne Kartenbilder wurden die Angaben übersetzt, obwohl exakte Parzellenmaße daraus nicht abgeleitet werden können; vgl. Hermann Keussen, Topographie der Stadt Köln im Mittelalter, 2 Bde., Bonn 1910, Nachdruck 1986; Robert Hoeniger, Kölner Schreinsurkunden des 12. Jahrhunderts, Bonn 1884–1894; Clemens von Looz, Hausverkauf und Pfändung in Köln im 12. Jahrhundert, in: Zwei Jahrtausende Kölner Wirtschaft, hg. von Hermann Kellenbenz u. Klara van Eyll, Köln 1975, S. 195–204. Mehrstöckige Steinhäuser kosteten zwischen 10 und 30 Mark, die Mark ist zu 233,8 g Silber zu rechnen.

städtischen Siedlungen dieser Epoche hatten jeweils ihre eigene spezielle Grundstruktur. Eine regelmäßige, über 200 Jahre gleichbleibende Parzellierung vom Beginn der Siedlung im frühen 9. Jahrhundert bis zum Ende im 11. Jahrhundert erschloß den gesamten Stadtplatz Haithabu von 20–30 ha mit relativ kleinen Grundstücken von kaum 6–10 m x 12–20 m und ebenso kleinen Holzhäusern mit Maßen höchstens bis 7 m x 17,50 m[68] (Abb. 4); in der Nachfolgestadt Schleswig maßen die Parzellen im 12. Jahrhundert 15 m x 15–30 m, im 14. Jahrhundert 10 m x 25–30 m[69].

Die Parzellen in Dorestad waren sehr groß; sie bestanden aus 8 m breiten Streifen, auf denen mit der Schmalseite zum Strom bis zu 30 m lange Gebäude, manchmal mehrere hintereinander oder auch nebeneinander gestanden haben. Anscheinend haben immer drei Streifen zu 8 m zusammengehört, was zu einer Parzelle von 24 m Breite führte[70]. Von diesen aus wurden hölzerne Brücken in den Strom gebaut, die im Laufe der Zeit immer mehr verlängert werden mußten, um dem sich ändernden Flußlauf zu folgen, und die schließlich über 200 m lang wurden. Sie sind (s. u.) auf einer Flußlänge von über einem Kilometer nachgewiesen.

In Lödöse markieren im 11. Jahrhundert Gräben die Breite der Parzellen von 8–10 m, wozu es in Schweden zahlreiche Parallelen gibt[71].

In Lübeck, 1159 neugegründet[72], messen die Parzellen 27 m x 78 m oder 23 m x 78 m, auch 27 m x 55 m (95 x 195 Fuß) oder 22 m x 40 m (75 x 140 Fuß) bzw. geteilt dann 10 m x 40 m. Die Entwicklung führt also vom großen Grundstück zur Kleinparzelle. Das gleiche läßt sich in Braunschweig[73] beobachten; in der Turnierstraße sind zu Anfang um 1100 die

68 Vgl. Anm. 65.

69 Volker Vogel, Zum Parzellengefüge in der Stadt um 1200, in: Zur Lebensweise in der Stadt um 1200 (wie Anm. 1) S. 257–262; Ders., Schleswig im Mittelalter. Archäologie einer Stadt, Neumünster 1989, S. 44 Abb. 41.

70 Eindrucksvolle Rekonstruktion in: Verleden Land. Opgravingen in Nederland, hg. von Johan H.F. Bloemers u. a., Amsterdam ²1986, S. 135; van Es/Verwers, s. v. Dorestad, in: Reallexikon der Germanischen Altertumskunde Bd. 6 (wie Anm. 47) S. 65–76; W.A.M. Hessing, Willem A. van Es u. W.J.H. Verwers, Wijk bij Duurstede – Dorestad, in: Romeinen, Friesen en Franken in het hart van Nederland, red. von Willem A. van Es u. W.A.M. Hessing, Utrecht 1994, S. 226–238.

71 Kristina Carlssson, Lödöse als Handelsort vor und während der Hansezeit, in: Archäologie des Mittelalters und Bauforschung im Hanseraum (wie Anm. 32) S. 75–82, hier S. 76.

72 Fehring (wie Anm. 67) S. 74–76: statt der vermuteten Grundstücksgrößen von 25 x 100 Fuß verschiedene Maße: 22 m x 40 m (75 x 140 Fuß), 27 m x 55 m (95 x 195 Fuß) etc.; Gabriele Legant-Karau, Vom Großgrundstück zur Kleinparzelle. Ein Beitrag der Archäologie zur Grundstücks- und Bauentwicklung Lübecks um 1200, in: Archäologie des Mittelalters und Bauforschung im Hanseraum (wie Anm. 32) S. 207–215, hier S. 212: Um 1159 im Bereich Alfstraße zwei Grundstücke der Maße 27 m x 78 m (2106 qm) und 23 m x 78 m (1794 qm), vor 1175 Grundstücke 27 m x 28 m (756 qm), 23 m x 29 m (667 qm), Eckgrundstücke 23 m x 49 m (1127 qm) und 27 m x 50 m (1350 qm), ab 1175 werden die Grundstücke kleiner: 14 m x 27 m (378 qm) und 7,5 m x 23 m (173 qm).– Dies., Mittelalterlicher Holzbau in Lübeck an der Schwelle vom ländlichen zum städtischen Siedlungsgefüge, in: Archäologisches Korrespondenzblatt 24, 1994, S. 333–345, hier S. 344: große Eckgrundstücke bis ins 13. Jh. mit bis zu 1350 qm Fläche, in Richtung Hafen innerhalb des Baublocks bereits vor 1200 kleine, bis zu 45 Prozent überbaute, unter 200 qm große Grundstücke.

73 Hartmut Rötting, Zur hochmittelalterlichen Gebäude- und Parzellenstruktur des Marktortes und der frühen Stadt von Braunschweig im Weichbild »Altstadt«, in: Topographie und Hausbau der Frühzeit in Städten des hansischen Wirtschaftsraumes (Lübecker Schriften zur Archäologie und Kulturgeschichte 20) Bonn 1990, S. 139–148: 12–20 m x 40 m bei größerer Variabilität, vgl. Abb. 3 und 4; Ders., Archäologische Siedlungsbefunde zu den Vor- und Frühformen von Braunschweig, in: Berichte zur Denkmalpflege in Niedersachsen 11, Heft 3, 1991, S. 100–104.

Parzellen 12–20 m x 40 m groß und werden später geteilt. Auch für Göttingen liegen Angaben vor[74].

In Minden[75] messen Parzellen in der Bäckerstraße ca. 10–12 m x 25 m; ähnlich sieht die Struktur in Münster am Alten Steinweg aus[76].

Für Basel als ältere Stadt in bewegtem Areal liegen die Verhältnisse verschieden, je nachdem welches Quartier betrachtet wird[77] (Abb. 5). In der Unteren Talstadt, Petersberg, betragen die mit Holzhäusern bebauten Parzellen 6–8 m x 25 m und auch ca. 15 m x 15 m ausgehend von den variablen Gebäudegrundrissen; im Areal Untere Talstadt, Stadthausgasse, sind im Bereich der drei Turmhäuser mit 9 m x 9 m Grundfläche die Breiten der Parzellen auf etwa 16 m zu erschließen, im Bereich Schneidergasse liegt die ältere Parzellenbreite wohl bei 9 m, die bald noch einmal geteilt wird. In der Oberen Talstraße, Gerberstraße lassen sich für das 12./13. Jahrhundert Parzellenbreiten von 7–8 m messen bei mehr als 20 m Tiefe.

Ausgehend von den Grabungsbefunden in der Oberstadt West in Burgdorf hat Daniel Gutscher dezidiert festgestellt, daß man sich von der Vorstellung einer festen Parzellierung von 40 x 60 Fuß, wie sie der Schriftüberlieferung entnommen wird, lösen muß und daß die Parzellenbreiten um 1,5 m differieren[78]. Die Maße liegen ungefähr bei 8 m Breite, und die Steinbauten auf den Parzellen haben um 1200 5–7 m Breite und 9–11 m Länge. Im Bereich Schloß und ›Alter Markt‹ markieren die an der umlaufenden Befestigung errichteten Holz- und späteren Steinhäuser des 11./12. Jahrhunderts Parzellenbreiten von ungefähr 6–8 m Breite[79].

Für Zürich sind ähnliche Verhältnisse wie für Basel und Burgdorf zu verzeichnen[80], d. h. die Parzellierung des Stadtareals erscheint nicht genormt und eher willkürlich gewachsen, spiegelt jedoch ebenso wie in anderen Städten das Ergebnis eines längeren Prozesses, der im Durchschnitt gleichartig große Grundstücke hat entstehen lassen. Diese wiederum sind in einem Vorgang, der zahlreiche einzelne Schritte umfaßte, durch das Zusammenwachsen mehrerer unabhängiger Hausteile schon im 14. Jahrhundert vollständig überbaut worden (Abb. 6). »Die Grundstücksgrößen wie auch deren Überbauung

74 Sven SCHÜTTE, Die Entwicklung der Gebäude- und Parzellenstruktur im hoch- und spätmittelalterlichen Göttingen, in: Topographie und Hausbau (wie Anm. 73) S. 119–138, vgl. Abb. 3.1: Großparzellen, Anfang 14. Jh., mit nachfolgenden Teilungsprozessen.

75 Gabriele ISENBERG, Archäologische Beobachtungen zur Ausbildung der Parzellenstrukturen und zur baulichen Nutzung der Grundstücke in mittelalterlichen Städten Westfalens, in: Topographie und Hausbau (wie Anm. 73) S. 109–118.

76 ISENBERG (wie Anm. 75) Abb. 4: Bebauungsstrukturen und Parzellengliederung im 12./13. und 13./14. Jh.

77 D'AUJOURD'HUI/MATT (wie Anm. 32) S. 231–242 und die Abb. 2–5; Maße werden, wohl wegen der Variabilität, nicht genannt.

78 Daniel GUTSCHER, Zum Forschungsstand der Stadtarchäologie – Burgdorf als Modellfall, in: Archäologie der Schweiz 16, Heft 2, 1993, S. 99–102, bes. S. 100; DERS., Fragen zur zähringischen Gründungsstadt. Der Modellfall Burgdorf, in: Archäologie des Mittelalters und Bauforschung im Hanseraum (wie Anm. 32) S. 137–142.

79 Jürg SCHWEIZER, Burgdorf, in: Die Zähringer. Anstoß und Wirkung, hg. von Hans SCHADEK und Karl SCHMID (Veröffentlichungen zur Zähringer-Ausstellung II) Sigmaringen 1986, S. 282–289 mit den Abb. 165–167; DERS., Das zähringische Burgdorf, in: Die Zähringer III (wie Anm. 16) S. 15–24; DERS., Die Stadt Burgdorf (Die Kunstdenkmäler der Schweiz 75) Basel 1985.

80 Jürg E. SCHNEIDER (wie Anm. 29) S. 83 ff. mit Lit. S. 499; DERS., Zürichs Weg zur Stadt. Archäologische Befunde zur frühen Stadtgeschichte (7. bis 13. Jahrhundert), in: Nobile Turegum multarum copia rerum. Drei Aufsätze zum mittelalterlichen Zürich, hg. von DEMS., Zürich 1982, S. 2–37.

Abb. 5 Basel, Petersberg. Fundamente von Holzhäusern (nach Ludwig Berger, wie Anm. 88, Plan II).

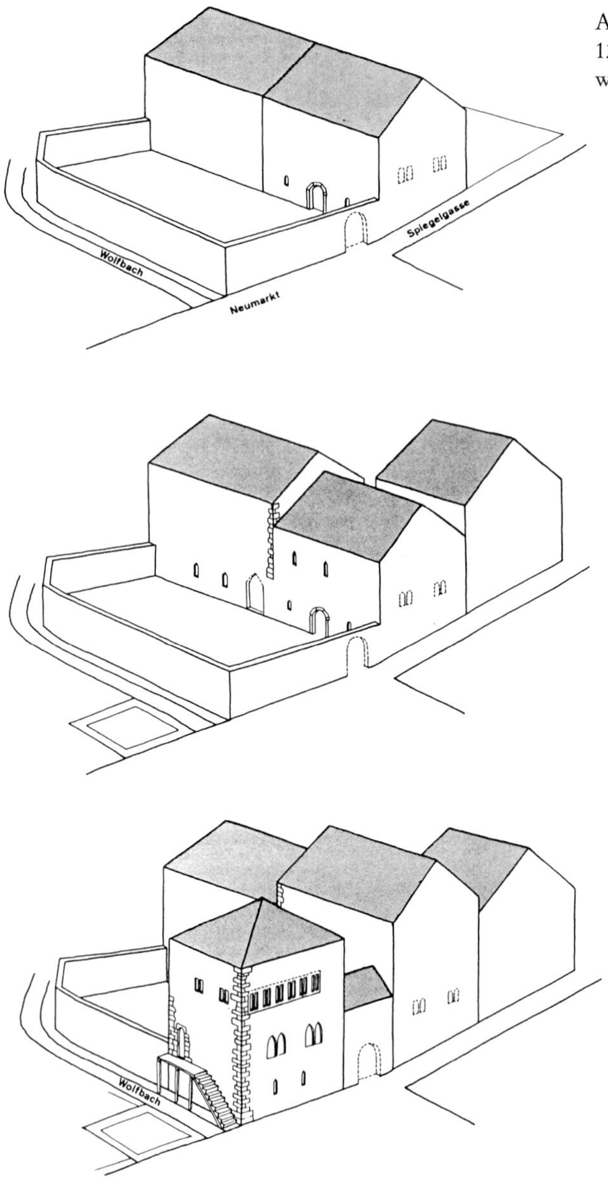

Abb. 6 Zürich, Neumarkt 4, Bauabfolge 1200 bis 1300 (nach Jürg E. Schneider, wie Anm. 103, Abb. 21, 23, 24).

variieren am oberen und am unteren Rennweg sehr stark und folgen im späten 12. und 13. Jahrhundert überhaupt keiner Gesetzmäßigkeit. Gleiches gilt auch für die andere Limmatseite, die ›Mehrere Stadt‹«[81]. Vielleicht könnte man als Mittelwert Blöcke von 8 m Breite und 15 m Tiefe annehmen.

Zum Abschluß sei als willkürlich herausgegriffenes Beispiel noch die jüngere Stadtwüstung Freyenstein in Brandenburg genannt[82]. Hier wurden drei Hauskeller des 13. Jahrhunderts in einer Straßenflucht ausgegraben, aus deren Abstand eine Parzellenbreite von ca. 9 m und eine Tiefe von 12–16 m erschlossen werden kann.

81 Schneider (wie Anm. 29) S. 83 f.

82 Christa Plate, Die Stadtwüstung des 13. Jahrhunderts von Freyenstein, Kr. Wittstock, Bezirk Potsdam (Veröffentlichungen des Museums für Ur- und Frühgeschichte Potsdam 23) Berlin 1989, S. 209–222.

8.3 Städtische Häuser: Vom Holz- zum Steinbau

Die städtische Lebensweise der Handwerker und Kaufleute führte zwangsläufig zu einem neuen städtischen Haustyp, indem das bisher gewohnte ländliche Bauernhaus umgestaltet wurde oder indem ein ganz neuer Grundriß mit einer neuen Bauweise zusammen entwickelt wurde[83].

Im Katalog »Stadtluft, Hirsebrei und Bettelmönch« formulieren Matthias Untermann und Jürg E. Schneider: »In keiner Stadt des südwestdeutsch-ostschweizerischen Raums, Zürich ausgenommen, sind so viele Steinhäuser des 12. Jahrhunderts bekannt wie in Freiburg i. Br. ... In Freiburg wie in Zürich werden die Gassenzüge im ausgehenden 13. Jahrhundert geschlossen«[84].

Freiburg entsteht zu einer Zeit, als im städtischen Hausbau der Wechsel vom traditionellen Holzhaus zum Steingebäude erfolgt. Um 1100 sind die ersten Steinfundamente, in Stein ausgebaute Keller und vielleicht tatsächlich die ersten weitgehend aus Stein errichteten Kaufmanns- oder Handwerkerhäuser nachweisbar, neben denen das Holzhaus als Pfostenschwellenbau oder Schwellbalkenbau noch weiter besteht und parallel dazu das städtische Fachwerkhaus entwickelt wird. Noch verteilen sich die Holzhäuser – zumeist Wohngebäude – und die Steinhäuser – zumeist Speicher- und Repräsentationsgebäude sowie weitere Nebengebäude locker auf der Parzelle. Es dauert rund zwei Jahrhunderte, bis in den süddeutschen und schweizerischen Städten die einzelnen Baukörper auf der Parzelle »zusammenwachsen« und der Kernbau an die Straße rückt, der zuvor in Städten wie Basel und Zürich, anders als in Freiburg, auf dem rückwärtigen Parzellenbereich errichtet worden war, was dann die geschlossene Straßenfront entstehen läßt (Abb. 6).

In Zürich standen im Vorgelände der Fraumünsterabtei Holzhäuser[85], bei denen der Übergang von der Holz- zur Steinbauweise erfaßt wird, wie die Ausgrabungen von Jürg E. Schneider und Daniel Gutscher gezeigt haben. Fünf Holzgebäude bilden eine kleine karolingerzeitliche Siedlung, gegründet zugleich mit dem Baubeginn der Fraumünsterabtei 853. Die Häuser sind klein, messen gerade 7 m x 11 m; es sind Pfosten-Schwellen-Bauten oder Schwellenbauten auf einzelnen Unterlegsteinen bzw. Trockenmauerfundamenten. Es handelt sich nicht um bäuerliche Gebäude, sondern wohl um die Wohnbauten von Dienstleuten der Abtei (immerhin wurden hier Reste farbig bemalter Fenstergläser des 9./10. Jahrhunderts gefunden), und sie stehen anscheinend, mit baulichen Veränderungen, bis ins 12. Jahrhundert. Ein Haus (IV) erhält noch im 10. Jahrhundert einen rechteckigen Anbau von 7 m x 5 m aus Stein, der bis um 1100 zum Hauptteil des Hauses wird mit zwei gemauerten Stockwerken und einem dritten Obergeschoß aus Holz. Dieses Wohngeschoß zeigt Wandmalereien des 11. Jahrhunderts, und aus diesem Haus stammt im übrigen auch der erste Kachelofen Zürichs aus dem zweiten Viertel des 13. Jahrhunderts. Im Erdgeschoß des Steinhauses befand sich die Küche; der hölzerne Anbau, eigentlich der Vorgängerbau, nahm jetzt das Vieh auf. Weitere Steinhäuser, an die Immunitäts-

83 Allgemein: Schneider (wie Anm. 34) S. 17–38; Günter P. Fehring, Städtischer Hausbau in Norddeutschland von 1150 bis 1250, in: Zur Lebensweise in der Stadt um 1200 (wie Anm. 1) S. 43–61.– Ders., »Domus lignea cum caminata« – hölzerne, turmartige Kemenaten des späten 12. Jahrhunderts in Lübeck und ihre Stellung in der Architekturgeschichte, in: Archäologischer Befund und historische Deutung (wie Anm. 66) S. 271–283; Matthias Untermann, Der steinerne Wohnbau in Südwestdeutschland, in: Stadtluft, Hirsebrei und Bettelmönch (wie Anm. 1) S. 225–239.

84 Matthias Untermann u. Jürg E. Schneider, Schlußbemerkungen, in: Stadtluft, Hirsebrei und Bettelmönch (wie Anm. 1) S. 248.

85 Schneider/Gutscher (wie Anm. 29); Daniel Gutscher, Karolingische Holzbauten im Norden der Fraumünsterabtei, in: Zeitschrift für Schweizerische Archäologie und Kunstgeschichte 41, 1984, S. 207–224.

mauer angelehnt (I, II, VIII), mit gleich vielen Stockwerken und einer Grundfläche von 5 m x 10 m oder 10 m x 10 m, sind in der ersten Hälfte des 12. Jahrhunderts errichtet worden[86]. Die Rekonstruktionszeichnung verschafft einen guten Eindruck von den Hausformen, dem Niveau der Bauten (Abb. 1). Sie stellen gewissermaßen einen kleinen *burgus* dar, in dem die Dienstleute, Ministerialen, gewohnt haben.

An anderen Stellen der Stadt ist mit ähnlichen Holzhäusern zu rechnen, deren Umsetzung in Stein in einem längeren Um- und Ausbauprozeß erfolgte. »Im späten 12. und vor allem im 13. Jahrhundert wuchsen die Steinhäuser wie Pilze aus dem Boden und ersetzten die in Holz gefügten Vorgängerbauten«, faßt Jürg E. Schneider die Entwicklung in Zürich zusammen[87].

Im 12. und 13. Jahrhundert standen auch in Basel nebeneinander Holzhäuser und mehrstöckige Steinhäuser. Im Siedlungsareal am Petersberg[88] wurden die Fundamentbereiche von Holzhäusern an regelmäßigen Gassenfluchten auf Blockparzellen ausgegraben, die in mehreren Bauphasen vom 9. bis ins 13. Jahrhundert gestanden haben. Die Konstruktion basiert auf Schwellenbalken mit Holzwänden in Stabbauweise, vergleichbar den Bauten in Zürich.

Städtische Holzhäuser hatten damals in Mitteleuropa durchaus schon eine lange Tradition. Erlaubt sei ein Sprung in den Norden bis nach Haithabu und Schleswig. In Haithabu war schon im 9. Jahrhundert mit den leichten, in Stabbauweise errichteten und vielfach erneuerten Gebäuden von 3,50 m x 8–10 m und 7 m x 17,50 m gegenüber den ländlichen Gehöften eine besondere städtische Grundrißform entwickelt worden[89]. In der Ausgrabungsfläche im Zentrum des Handelsplatzes, die etwa fünf Prozent der Gesamtfläche ausmacht, standen etwa 50 derartige städtische Häuser von Handwerkern und Händlern, so daß für Haithabu insgesamt gegen 1000 Gebäude geschätzt werden können. Auf den Parzellen wurden Fässer aus dem Holz der Weißtanne als Brunnenröhren sekundär verwendet, die zu jener Zeit nur aus dem Schwarzwald oder den Vogesen kommen konnten. Sie haben sicherlich Wein, aber als Container auch andere Waren, von Getreide bis zu Waffen, wassergeschützt transportiert. Es ist überliefert, daß Wein aus dem Elsaß, nach Schwineköper sicher ebenso Wein aus dem Breisgau, an friesische Kaufleute verkauft bzw. gegen gefärbte Stoffe getauscht worden ist (Gedicht des Ermoldus Nigellus in einer Elegie an König Pippin)[90].

Aus der Zeit um 1100 sind in dem bald nach 1050 entstandenen Schleswig zahlreiche Holzhäuser freigelegt worden, Pfostenbauten mit Schwellriegelkonstruktion und vertikal verbretterter Wand (Abb. 7)[91]. Die Häuser sind höchstens etwa 6 m auf 11,20 m groß; sie sind also vergleichbar mit denen in Zürich, wenn auch dort die Pfosten nicht mehr ein-

86 Die Datierung der Bauabfolgen beschreibt das Nebeneinander der Bauweisen: SCHNEIDER/GUTSCHER (wie Anm. 29) Beilage 1 bezeichnen mit unterschiedlichen Farbtönen die Holzbauten des 9./12. Jh. (IV–VII) und die Steinbauten des 10./12. Jh. (I–III, VIII). Um 1100 sind beide Bauweisen im gleichen Quartier üblich.

87 Jürg E. SCHNEIDER, Der mittelalterliche Steinbau in Zürich, in: Stadtluft, Hirsebrei und Bettelmönch (wie Anm. 1) S. 239–247, hier 240. In Thun wurden ebenerdige gassenständige Schwellenbauten von 6 m x 9 m Grundmaß noch aus dem frühen 13. Jahrhundert von mächtigen Planierungsschichten bedeckt, auf denen sich die Stadtbebauung weiter entwickelt: Daniel GUTSCHER, Thun BE, Obere Hauptgasse 6/8, in: Jahrbuch der Schweiz. Gesellschaft für Ur- und Frühgeschichte 73, 1990, S. 238f.

88 Ludwig BERGER, Die Ausgrabungen am Petersberg in Basel, Basel 1963; HARTMANN/LAVICKA/RIPPMANN/TAUBER (wie Anm. 32) S. 180.

89 ELSNER (wie Anm. 65) S. 26 mit Abb., S. 30f.; ECKSTEIN/SCHIETZEL (wie Anm. 48) S. 141–164.

90 SCHWINEKÖPER (wie Anm. 19) S. 471f.

91 Volker VOGEL, Profaner Holzbau des 11. bis frühen 13. Jahrhunderts in Schleswig, in: Siedlungen und Landesausbau zur Salierzeit Teil 1 (wie Anm. 1) S. 263–276.

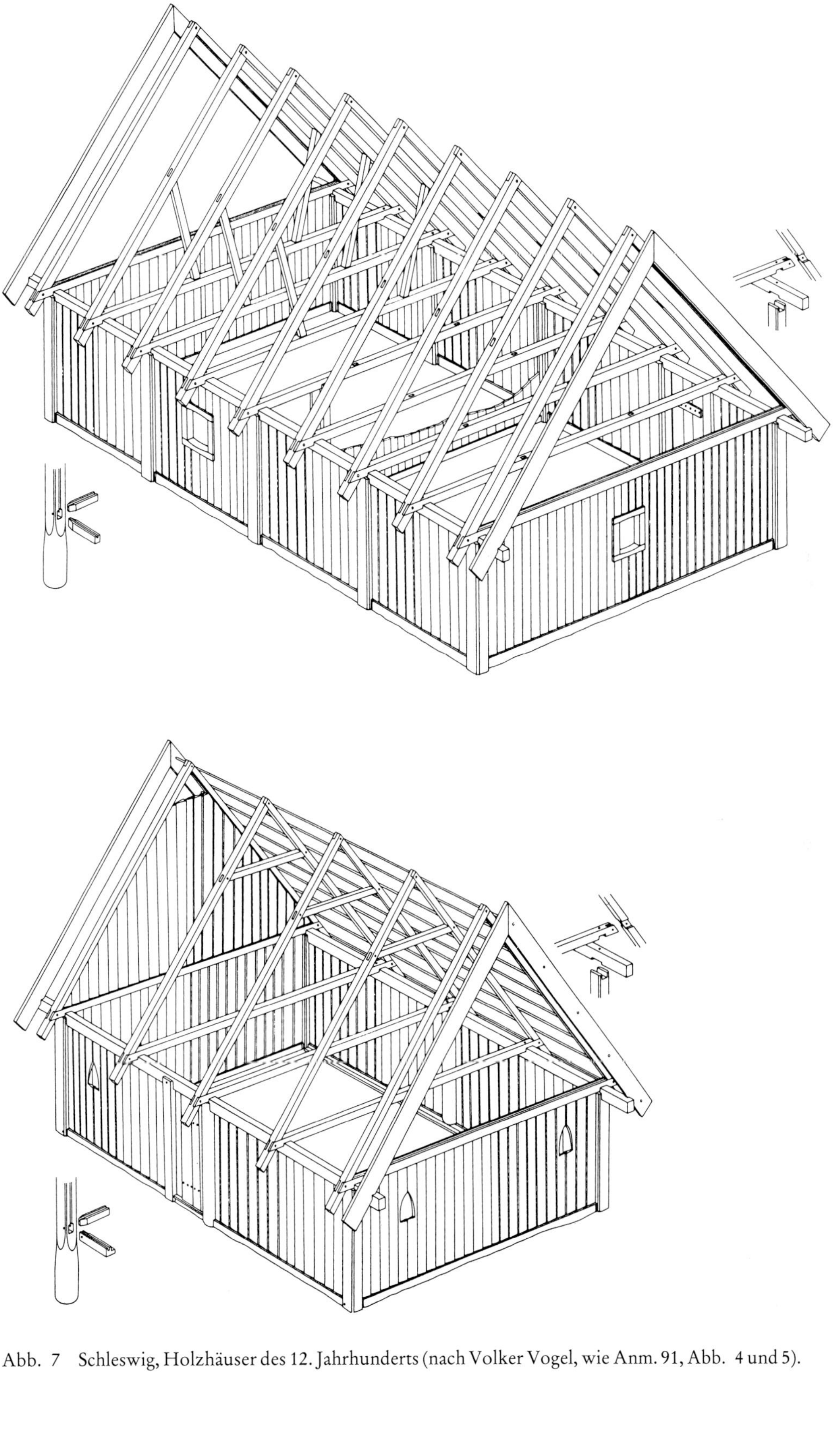

Abb. 7 Schleswig, Holzhäuser des 12. Jahrhunderts (nach Volker Vogel, wie Anm. 91, Abb. 4 und 5).

gegraben sind, sondern auf einer Steinunterlage stehen. In Schleswig haben wir es ohne Frage mit städtischen Häusern zu tun, die in dieser Hafenstadt die übliche Gebäudeform darstellen.

Die Gebäude im zu Haithabu zeitgleichen Handelsplatz Dorestad an der Rheinmündung waren jedoch noch wie Bauernhäuser gebaut, die zweckentfremdet als Speicher und Lagerhäuser sowie Wohnsitze der Kaufleute genutzt wurden und die an die in den Fluß hineinwachsenden Straßen oder Schiffsbrücken herangerückt waren. Noch hatte sich hier kein eigentlich »städtisches« Haus entwickelt.

Auch in Dorestad konnten zahlreiche Brunnenröhren, dendrochronologisch datiert auf 720–770 und 795–835, nachgewiesen werden, ebenfalls sekundär verwendete Fässer, die hier jedoch aus Eichenholz hergestellt waren. Aber ihre Herkunft aus dem Mittel- und Oberrheingebiet ist ebenfalls sicher nachzuweisen.

Die Zahl der archäologischen Befunde zur Hausentwicklung ist im Süden noch begrenzt. Die Grabungsergebnisse in Ulm, die Judith Oexle veröffentlicht hat[92], geben Aufschluß über das Aussehen der frühen Stadt. Für das Jahr 1134 werden in Ulm *cives* erwähnt, die das *oppidum* befestigen; eine Stadtbefestigung ist seit 1128 vorhanden. Auf dem Münsterplatz ist eine mehrphasige Besiedlung nachgewiesen. Das älteste Haus ist in die Zeit um 1000 (Dendrodatum 995 +/– 10) datiert, die nachfolgenden Bauten decken die Zeitspanne bis gegen 1200 ab. Quadratische Schwellbalkenkonstruktionen, etwa 8 m x 8 m, bilden die größeren Holzhäuser, die also ähnliche Ausmaße im Grundriß haben wie die Steintürme in Basel und Zürich oder die Kemenaten in nördlichen Städten wie Lübeck. Die Holzhäuser in Ulm sind also in ihrer Bauweise mit den bisher vorgestellten zu vergleichen und sind von den Maßen her typische Stadthäuser. Auch für Tübingen ist ein derartiges Spaltbohlenhaus des späten 12. Jahrhunderts unter dem Kornhaus nachgewiesen[93].

Neue Grabungen im Königshofbereich von Rottweil haben die Bebauungsstrukturen in diesem älteren Stadtareal erschlossen und ebenerdige Pfostenhäuser, Holzständerbauten, sowie Keller freigelegt[94]. Nachdem der Königshof in der zweiten Hälfte des 11. Jahrhunderts Vorort der Herzöge von Schwaben geworden war, vollzog sich im 12. Jahrhundert der Übergang vom Königshof zur Stadt. Das zeigt sich darin, daß im Übergang vom 11. zum 12. Jahrhundert eine massive Ausweitung der Besiedlung auf 35 ha erfolgte, die dann wohl auch zu dieser Zeit befestigt und mit einem Wall umgeben wurde. Diese Besiedlung dauerte am Ort bis ins frühe 13. Jahrhundert, hat also noch parallel zur Neugründung der Stadt am anderen Platz um 1140 weiter existiert. Eine Feuersbrunst um 1200 kann mit zur Verlagerung beigetragen haben. Die Bebauungsspuren in dieser Phase der Stadtgeschichte von Rottweil aus der Zeit um 1100 sollten mit Freiburger Befunden verglichen werden. Die Holzbauten in Ulm werden wegen der massiven Pfosten mehrge-

92 Judith OEXLE, Ulm, in: Stadtluft, Hirsebrei und Bettelmönch (wie Anm. 1) S. 165–181, bes. S. 169ff.; DIES., Der Ulmer Münsterplatz im Spiegel archäologischer Quellen (Archäologische Informationen aus Baden-Württemberg 21) Stuttgart 1991.

93 Erhard SCHMIDT, Hochmittelalterliche Keller mit Spaltbohlenwänden aus dem Kornhaus in Tübingen, in: Archäologische Ausgrabungen in Baden-Württemberg 1989, Stuttgart 1990, S. 332–335; DERS., Ein hochmittelalterlicher holzverkleideter eingetiefter Raum aus dem Kornhaus in Tübingen, in: Archäologische Ausgrabungen in Baden-Württemberg 1987, Stuttgart 1988, S. 272–276. Die Spaltbohlenwände sind einige Dezimeter hoch erhalten. Neue Deutung: Barbara SCHOLKMANN, Hochmittelalterliche »Holzkeller« oder Kastengruben einer Gerberei? Zur Interpretation eines Befundes unter dem ehemaligen Kornhaus in Tübingen, in: Archäologie des Mittelalters und Bauforschung im Hanseraum (wie Anm. 32) S. 357–366.

94 Christian GILDHOFF u. Winfried HECHT, Rottweil, in: Stadtluft, Hirsebrei und Bettelmönch (wie Anm. 1) S. 109–125, hier S. 112ff.

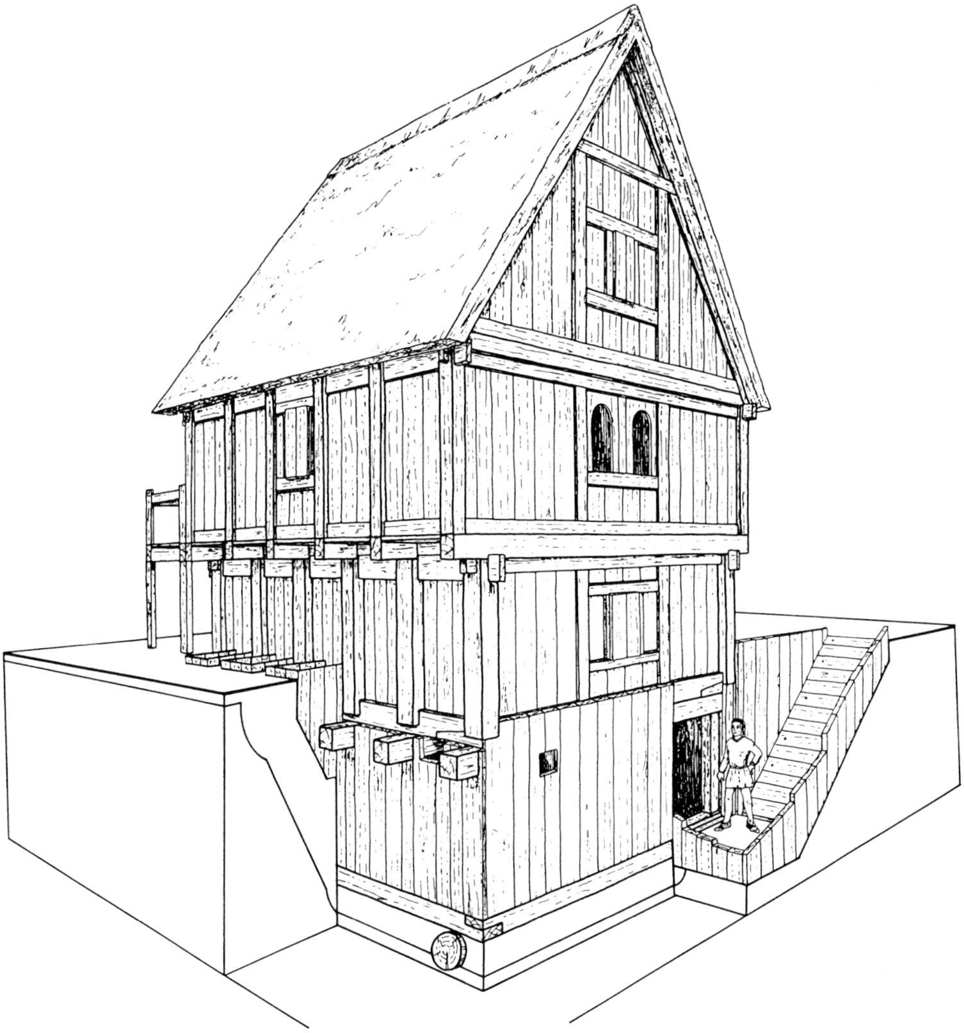

Abb. 8 Lübeck, unterkellerter und mehrgeschossiger Ständerbau, letztes Viertel 12. Jahrhundert (nach Gabriele Legant-Kalau, wie Anm. 72, S. 343 Abb. 13).

schossig rekonstruiert. Sie haben die Aufgabe von Wohntürmen übernommen. Hier setzt die Versteinerung der Häuser erst um 1200 ein. Vergleiche zu norddeutschen Turmhäusern aus Holz werden gezogen[95]. Das eindrucksvollste Beispiel ist aus Lübeck veröffentlicht. Nach der Zerstörung des älteren Handelsplatzes Alt-Lübeck im Jahr 1138 wurde an neuem Ort von Graf Adolf II. von Holstein 1143 Lübeck zum ersten Mal und dann von Heinrich dem Löwen 1159 zum zweiten Mal gegründet. Die archäologischen Befunde können also nicht zeitgleich mit Freiburg um 1100 sein. Aber aus den Jahren um 1187, dendrochronologisch datiert, ist ein aus schweren Balken errichtetes, mehrstöckiges turmartiges Holzhaus mit Kachelhofen (Haus Alfstraße 11) ausgegraben worden (Abb. 8)[96]. Die Maße betragen 8,10 m x 7,30 m mit einem Keller von fast 3 m Tiefe. Weitere

95 Oexle (wie Anm. 92) S. 178 mit Abb.
96 Fehring (wie Anm. 83); jetzt mit neuer Rekonstruktion Legant-Karau, Holzbau in Lübeck (wie Anm. 72) S. 343 mit Abb. 13.

gleichartige Bauten sind bekannt. Sie standen nicht an der Straßenfront der Grundstücke, sondern zurückgesetzt in der Mitte der Parzelle. Im vorderen Grundstücksbereich waren ebenerdige Bauten errichtet, von wo aus Treppen in den Keller dieser Turmbauten führten.

Einige weitere Beispiele aus süddeutschen Städten folgen: Die archäologischen Untersuchungen in Villingen haben aus dem 12. Jahrhundert die Fundamente von Holzhäusern erbracht, eines davon dendrochronologisch datiert 1169, und zwar ein Schwellbalkengebäude wie in Zürich oder Schleswig mit den Maßen 6 m x 8 m – in der einen Hälfte mit gedieltem Fußboden, in der anderen mit einem steingepflasterten Boden[97]. Steinerne Häuser sind dann erst aus den Jahren um 1200 nachgewiesen, mit Maßen von 6 m x 10 m.

Die umfassendsten Untersuchungen fanden in der mittelalterlichen Stadt Basel statt, wo die Ausgrabungen vielfältige Einblicke gerade in die Zeit um 1100 ermöglicht haben. Das hat denn auch zur farbigen Rekonstruktion der »Stadt um 1100« geführt, die ich anfänglich besprochen habe[98]. R. d'Aujourd'hui und Chr. Ph. Matt nehmen zur Rekonstruktion Stellung[99]: »Mit Interesse haben wir im Katalog zur Salierausstellung die offensichtlich nach Befunden aus Basel rekonstruierte salische Idealstadt kennengelernt, ... denn die Grabungsbefunde vermitteln für das Kerngebiet der Stadt zwischen Petersberg und Andreasplatz ein ganz anderes Bild der Bebauung. Anstelle der breiten Hauptstraße mit repräsentativen Steinhäusern muß hier für die salische Zeit eine schmale, von Holzhäusern gesäumte Gasse angenommen werden.«

Basel ist wie Konstanz alte Bischofsstadt, die deshalb auch eine längere Baugeschichte aufweist. Das alte Zentrum um das Münster steht nicht im Mittelpunkt des Interesses, wenn es um die Stadt der Zeit um 1100 geht. Zwar gibt es, über die Untersuchungen in Kirchen hinaus, auch Hinweise auf die karolingische Besiedlung des Münsterhügels, wozu zahlreiche Grubenhäuser gehören, aber im folgenden sollen nur die Haus- und Gehöftformen der Zeit um 1100 genannt werden.

Die Siedlung im Bereich Petersberg mit der in den späten dreißiger Jahren ausgegrabenen und von Ludwig Berger veröffentlichten Holzbebauung des 11./12. Jahrhunderts ist in anderem Zusammenhang erwähnt worden[100]. Sechs Bauten, die durch zwei Gassen in drei Gruppen geteilt werden, wurden mit guten Erhaltungsbedingungen freigelegt. Diese Holzhäuser sind – wie für Zürich und den Norden beschrieben – als Schwellbalken-Ständerbauten zu deuten; die Schwellbalken ruhen teilweise auf Steinunterlagen, die Bretterwände sind in Stabbauweise eingesetzt. Die Häuser weisen mehrere Räume auf, haben in einigen Fällen einen quadratischen Grundriß mit Außenmaßen von 5 m x 5 m oder 9 m x 9 m, andere Größenverhältnisse (8 m x 11 m; 4,5 m x 5 m; 4,5 x 4,5 m; 8 m x 11,5 m) entsprechen denen in Zürich (6 m x 9 m).

Die Grabung gibt nur einen kleinen Ausschnitt einer größeren Baseler Talsiedlung wieder, die auf weite Strecken hin in Holz errichtet gewesen ist. Der Ausschnitt wurde als Handwerkersiedlung bezeichnet, wobei die Massen an gefundenen Lederresten für Gerber, Schuster und Sattler, allgemein für Lederbearbeiter, sprechen könnten, ohne daß ein genauerer Hinweis auf die Organisation des Handwerks in diesem Areal möglich ist.

97 Bertram Jenisch, »... alhie zuo vilingen ...«. Eine Stadt des Mittelalters im Streiflicht (Archäologische Informationen aus Baden-Württemberg 15) Stuttgart 1990, S. 13ff.

98 Zum folgenden d'Aujourd'hui, Entwicklung Basels (wie Anm. 32) und d'Aujourd'hui/Matt (wie Anm. 32).

99 D'Aujourd'hui/Matt (wie Anm. 32) S. 241 Anm. 1. Vgl. auch Anm. 32.

100 Vgl. Anm. 88.

Wie in Zürich sind auch hier in Basel vor allem Stabbauten mit durchgehendem Schwellenkranz oder Bohlenständerbauten unter einem Walmdach nachgewiesen. Die Innenwände bestanden wohl aus Flechtwerk, dessen senkrechte Staken in gelochte Schwellbalken eingesetzt waren. Auch ein- bis zweigeschossige Ständerkonstruktionen mit Kopf- und Fußbändern unter einem Kehlbalkendach werden postuliert[101]. Diese Siedlung ist mit den Holzbaubefunden in Freiburg, Bereich »Harmonie«-Gelände, gut zu vergleichen, auch über den Aspekt der handwerklichen Bestimmung der Anwesen.

Südlich anschließend zum Petersbergareal in Basel wurden schon bei früheren Grabungen Steinbauten des 11./12. Jahrhunderts nachgewiesen. Genauere Aufschlüsse haben aber erst die modernen Grabungen an der Stadthausgasse und an der Schneidergasse erbracht. Besonders auffällig sind die drei in gleichem Abstand errichteten, etwa quadratischen Kernbauten an der Stadthausgasse, datiert in das späte 11. oder frühe 12. Jahrhundert (Phase 2). Die Maße betragen ungefähr 9 m im Quadrat; auch wenn nur noch Bruchstücke der Häuser erhalten sind, so doch mehr als nur Teile der Fundamente, nämlich Aufgehendes, verputztes Kieselwacken-Mauerwerk bis in 3,50 m Höhe. Diese Kernbauten standen im hinteren bzw. mittleren Bereich der Grundstücke, während zur Straße hin mit einer Reihe von Holzbauten, Werkstätten und Buden, vielleicht auch mit Speicher- und Lagerräumen gerechnet wird. Bis zum 14. Jahrhundert wuchsen die Gebäude durch Anbauten zur Stadthausgasse und zum Birsig, bis die gesamte Parzelle überbaut war. In den Bereichen Untere Talstadt, Schneidergasse, und Niederterrasse, Nadelberg konnte der Ausbau der Parzellen seit dem 11. Jahrhundert verfolgt werden[102]. Für das 11./12. Jahrhundert, die Zeit um 1100, sind an der Schneidergasse Holzbauten an der Straßenfront und Feuer- und Ofenplätze bzw. Werkplätze auf den Parzellen nachgewiesen. Dazu gehören um 1100 im hinteren Parzellenbereich Steinhäuser. Im Gebiet Nadelberg werden die Holzbauten in das 12./13. Jahrhundert datiert, zu denen ebenfalls Herdplätze auf dem Hofareal gehören, die nach den Abfällen mit Metallverarbeitung zu tun hatten. Die ältesten Kernbauten aus Stein gehören hier erst in das 13. Jahrhundert. Um 1200 entstanden mächtige Wehrtürme in der Stadt, so an der Schneidergasse und im Bereich der Stadthausgasse nahe der Straßenfront über älteren Holzhäusern.

Die ersten Steinbauten an der Schneidergasse auf dem rückwärtigen Teil der hier 9 m bzw. vor der Teilung 18 m breiten Parzellen werden ebenfalls schon in die Zeit um 1100 datiert. Der Kernbau Schneidergasse 8/10 war als zweiräumiges Gebäude entstanden. Es hatte die Grundmaße von 6 m zu 8 m, drei Stockwerke und war mit einem flachen Pultdach gedeckt, wie die monumentenarchäologische Untersuchung ergeben hat. Eine Außenstiege führte zum Hocheingang in der ersten Etage. Um 1200 wurde das Steinhaus nach Süden erweitert, ein Wohnturm der Maße 7 m x 7 m wurde angebaut; er war vier Stockwerke hoch und verfügte ebenfalls über einen Hocheingang. Ein Wehrturm kommt auf der Parzelle hinzu, mit 1,60 m starken Mauern und 6,50 m Seitenlänge; mehrere Lagen an Bossenquadern sind erhalten geblieben. Auch hier standen die frühen Steinhäuser oder Wohntürme der Zeit vor und um 1100 inmitten des Grundstücks, während der Wehrturm – durchaus mit dem Ziel der Repräsentation – in die Straßenflucht gerückt worden ist. Derartige vielteilige Wohnsitze, wie der hier beschriebene aus zwei Steinhäusern und

101 Schneider (wie Anm. 34) S. 18.

102 D'Aujourd'hui/Matt (wie Anm. 32) S. 235 mit Abb. 3 und 5.– d'Aujourd'hui, Entwicklung Basels (wie Anm. 32) S. 18: Über die Wehrtürme äußert sich eine Urkunde von 1180, in der Kaiser Barbarossa den Bau von *wicborgen*, also von festen, wehrhaften Häusern, in der Stadt ohne Erlaubnis des Stadtherrn verbietet, d. h. es wurden solche Wehrtürme gebaut.

später zusätzlich noch einem Wohnturm, gehörten wohl Adligen oder bischöflichen Ministerialen.

Auch für Zürich sind an verschiedenen Stellen frühe Steinhäuser mit einer bewegten Baugeschichte untersucht worden, so z. B. am Neumarkt/Spiegelgasse[103]. Die Entwicklung setzt hier jedoch später ein: Um 1200 wird ein Kernbau aus Stein errichtet; die Wände des nicht unterkellerten Erdgeschosses bestehen aus sog. Ährenmauerwerk (*opus spicatum*) und bilden einen Grundriß von 7,5 m x 10 m. Drei Stockwerke hoch mag der Bau gewesen sein. In der zweiten Hälfte des 13. Jahrhunderts wurden an zwei Seiten rechteckige Steingebäude angefügt; schließlich wurde um 1300 – das ist 200 Jahre später als die Gründungszeit Freiburgs – auf dem Grundstück ein Turm errichtet mit einem Grundriß von 7 m auf 8 m. Der außen gelegene Hocheingang führte in das erste Obergeschoß des insgesamt dreistöckigen Gebäudes, das mit Fensteröffnungen weitgehend noch erhalten geblieben ist.

Die Rekonstruktionszeichnung zu diesen späteren Gebäuden des 13. Jahrhunderts[104] (Abb. 11) war anscheinend Vorlage für die farbige Skizze der salierzeitlichen Stadt um 1100 in dem vorgestellten Buch[105]. Für diese sehr ähnlichen Bauformen erstrecken sich die Datierungen in Basel und Zürich teilweise von 1100 bis 1250/1300, was es zu beachten gilt, wenn man historische Interpretationen vornimmt.

Ein weiteres Zürcher Beispiel stammt aus der Storchengassen 5/In Gassen 1; benachbart zu den schon beschriebenen Baukomplexen an der Immunitätsmauer der Fraumünsterabtei. Hier wurde ein dreiteiliges Steingebäude des 12./13. Jahrhunderts untersucht. Der Kernbau über trapezoidem Grundriß mißt 8,5 m zu 6 m bzw. 7 m, angebaut wurden Haus B und später C, wie die Baufluchten erkennen lassen[106]. Die Rekonstruktion zeigt ihre Mehrstöckigkeit, zwei Stockwerke aus Stein und das dritte, oberste in Stabbauweise, also nicht als Fachwerk errichtet. Im späten 13. Jahrhundert wurden die Bauwerke weiter erhöht und wirkten mit 15 m bzw. 12 m Höhe wie Türme.

In der Oberburg der Zähringerstadt Burgdorf – als »Alter Markt« überliefert, was zugleich auf den neuen Markt hinweist – mit der markanten doppeltürmigen Anlage aus der Zeit um 1200 wurden, aufgereiht in der Vorburg an der – späteren – Mauer, frühstädtische Häuser ausgegraben, die um 1100 als turmartige Bauten über Grundflächen von 6 m x 6 m zuerst in Holz, dann in Stein errichtet und dann später wie in Basel und Zürich ständig umgebaut, verändert und erweitert worden sind. »Die Forschungen belegen, daß mindestens entlang der Hangflanken ... mit einer stadtartigen Bebauung zu rechnen ist ... Es handelt sich um eine lockere Agglomeration von turmartigen Steingebäuden über quadratischem Umriß«[107]. Im 13. Jahrhundert wurden diese Häuser dann abgebrochen. Man

103 Jürg E. SCHNEIDER, Zürich, Rindermarkt und Neumarkt. Entstehung und Entwicklung eines Quartiers. Archäologie – Bau- und Kunstgeschichte – Geschichte, Zürich 1989, S. 44 ff.

104 SCHNEIDER (wie Anm. 103) S. 51 Abb. 24 (Neumarkt 4, spätes 13. Jh.) vgl. auch Falttafel 1 und 2 (Der »höfische« Kern am Rindermarkt/Neumarkt in der ersten und in der zweiten Hälfte des 13. Jh.).

105 Vgl. Anm. 32.

106 SCHNEIDER (wie Anm. 34) S. 25 Abb. 7 und 8.

107 SCHWEIZER (wie Anm. 79) S. 286. Die Situation in Burgdorf wird in Zukunft nach einer Reihe von Ausgrabungen vielleicht anders zu beurteilen sein. Ein älterer Siedlungskern, der auch den Namen Burgdorf verständlich machen würde (Hinweis Th. Zotz 15.7.95), konnte im Areal der Unterstadt bei archäologischen Ausgrabungen nachgewiesen werden, in dem Mühlen und andere Gewerbebetriebe angesiedelt waren. Sie sind nicht erst nach der Erweiterung 1287–1300 (vgl. Jürg SCHWEIZER, ebda. S. 288 Nr. 249.4) entstanden, sondern gehen in das 11./12. Jahrhundert zurück. – Zur Oberen Altstadt Daniel GUTSCHER u. Heinz KELLENBERGER, Die Rettungsgrabungen in der Burgdorfer Marktlaube 1985, in: Archäologie im Kanton Bern 1, Bern 1990, S. 241–266, S. 247 Abb. 9: Rekonstruktion einer möglichen Stadtansicht um 1200. Vgl.

darf postulieren, daß hier ein *burgus*, eine frühstädtische Markt- und Händlersiedlung auf dem Berg bestanden hat, lange vor der eigentlichen Stadtgründung. Die Befestigungsmauer gehört dort erst in die Zeit um 1200. Burgdorf fiel als schon länger bestehende Burganlage (genannt 1139) 1090 an die Zähringer. Der Platz wird ähnlich ausgesehen haben wie der *burgus* in Freiburg bzw. kann als Illustration für Freiburg dienen.

Im nördlichen Deutschland hatte sich aus dem Holzhaus durch Verbindung mit der Steinbauweise eine Zwischenform entwickelt, bei der gewissermaßen die beiden sonst getrennt stehenden Bauten, das Holzhaus und der Steinturm, zusammengeschoben wurden.

In Minden haben Ausgrabungen die Abfolge der Bebauung vom Pfostenbau des 12. Jahrhunderts zur gemischten Bauweise mit hölzernem Vorderhaus und steinernem Kemenatenteil im rückwärtigen Teil des Gebäudes im 13. Jahrhundert erschlossen[108]. Durch zahlreiche weitere Beispiele kann dieses skizzierte Bild bestätigt werden. In Braunschweig, Bereich Altstadt-Turnierstraße West[109], gehören die ältesten Hausbefunde und Kastenbrunnen in die Zeit um 1100. Es handelt sich um dreiachsige Schwellen-Ständer-Bauten mit den Maßen 5 m zu 12 m, die zur Lagerhaltung dienten und teilweise unterkellert waren. Erste Befunde von Holzbauten über einer Grundschwelle und in Verbindung mit Ständern, die auf einzelnen Steinen ruhten oder bereits einer vermörtelten Sockelmauer aufsaßen, sind für das 12. Jahrhundert belegt. Steinerne Turmhäuser oder Kemenaten (von denen um 1900 noch mindestens 100 erhalten waren) mit 6–10 m Seitenlänge folgen auch hier erst im 13. Jahrhundert. Aber rechteckige Steinhäuser, teilunterkellert, mit den Maßen von 6 m x 12 m sind schon im 12. Jahrhundert in Braunschweig errichtet worden. Mischformen wie in Minden, das hölzerne Vorderhaus mit der steinernen Kemenate im hinteren Gebäudeteil, scheinen in Braunschweig schon im 13., möglicherweise bereits im späteren 12. Jahrhundert ausgebildet worden zu sein[110].

Im ländlichen Bereich als Adelssitz errichtete Steinbauten werden oftmals als Vorbild für die Steingebäude in der Stadt angesehen. Ein Beispiel aus Norddeutschland, vom Rand des Harzes bei Osterode, ist der Herrensitz bei Düna, dessen mehrphasige Baugeschichte ergraben werden konnte. Noch vor 1000 wurde ein repräsentatives Steingebäude – nur gering eingetieft, ohne Keller – errichtet über zweiräumigem Grundriß und zweigeschossig, wobei das obere Geschoß aus umgestürzten Mauerteilen sicher rekonstruiert werden konnte. Die Maße betragen 8 m auf 11 m, sind also mit den bisher vorgestellten Steingebäuden gut zu vergleichen. Das Fundament für die außen gelegene Treppe zum oberen Geschoß ist erhalten, ebenso das für eine große Herdstelle bzw. für einen Kuppelofen. Das obere Geschoß wird als Saal nicht unterteilt gewesen sein. Nach einem Brand wurden die Fundamente im Gebäudeinneren verstärkt und oben ein weiteres Stockwerk in Fachwerk aufgesetzt – was sich aus den Resten des später erneut abgebrannten Gebäudes ablesen läßt. Die historische Zuordnung dieses Herrensitzes, an dem im übrigen Rammelsberger Kupfererz verhüttet worden ist, bleibt dunkel, da die erste Erwähnung erst aus dem Jahr 1286 stammt. Doch liegt das Anwesen an einer alten, seit dem 10. Jahrhundert vielfach nachweisbaren Fernstraße entlang des südlichen Harzrandes vom

auch GUTSCHER, Modellfall Burgdorf (wie Anm. 78) S. 138: im Gebiet des vorstädtischen Weilers Holzbrunnen im Bereich der späteren Unterstadt ist – dendrochronologisch datiert – in der Mitte des 12. Jahrhunderts eine Gewerbesiedlung vorhanden.

108 ISENBERG (wie Anm. 75) Abb. 2.

109 RÖTTING, Gebäude- und Parzellenstruktur (wie Anm. 73).

110 RÖTTING, Gebäude- und Parzellenstruktur (wie Anm. 73) S. 142. Die Datierungen erscheinen noch schwankend. Vgl. auch DERS., Siedlungsbefunde (wie Anm. 73) S. 100–104 mit Abb. 3.

Leinetal über die Pfalz Pöhlde nach Thüringen. Die Analyse des politischen Umfeldes spricht für Reichsgut in Düna, womit die Bedeutung des Bauwerks skizziert ist, das mit einer speziellen wirtschaftlichen Aufgabe (Gewinnung und Verarbeitung von Buntmetall zum Zwecke des Handels) verbunden war. Dieses Steinhaus, mit den Spuren der Nebengebäude in eine Stadt versetzt, würde das für die Schweizer Städte beschriebene Bild bestätigen, ist jedoch – sofern die Datierung akzeptiert werden kann – deutlich älter[111].

Als weiteres Beispiel sei auf den Wohnturm in der Wüstung Elsinchusen im Kreis Soest in Westfalen hingewiesen[112]. Mit den Außenabmessungen von ca. 9,60 m auf 11,80 m ist er nur wenig größer als der Turm von Düna und ähnlich fundamentiert. Nach vergleichbaren Baubefunden wird die Errichtung hier erst um 1170/80 angenommen.

Die zahlreich angeführten Beispiele sprechen davon, daß in der Geschichte des Hausbaus wie in der Geschichte der mittelalterlichen Stadt ein zeitlich paralleler Umbruch zu verzeichnen ist, was sich leicht erklärt, da es sich um voneinander abhängige Phänomene handelt. Spezielle städtische Hausformen für Handwerker und Kaufleute wurden schon in den Frühformen der Stadt im 9. und 10. Jahrhundert entwickelt. Von der traditionellen Bauweise in den Dörfern mit mehrschiffigen Pfostenhäusern wurde nur das Baumaterial Holz übernommen; die Häuser selbst wurden kleiner und lagen mit ihren Abmessungen deutlich unter 20 m Länge und 10 m Breite, was für den Zweck als Wohn- und Arbeitsstätte der Kaufleute und Händler reichte. In Zürich (6 m x 9 m) und Basel (4 m x 4,5 m oder 8 m x 11,5 m), in Schleswig (5 m x 7 m), Emden (4 m x 7 m) und Antwerpen (6,5 m x 13 m) standen im 11. Jahrhundert in der frühen städtischen Siedlung Holzhäuser, sog. Ständerbauten auf Grundschwellen); in der 2. Hälfte des 12. Jahrhunderts standen in Minden (8,5 m x 18 m), Danzig (9 m x 18 m) oder Lübeck (6,80 m x 22 m) mehrgeschossige Holzhäuser, sog. Fachwerk- oder Bohlenhäuser auf Grundschwellen. Die Grundfläche in städtischen Siedlungen ist kostbar, daher erweiterte man eher in die Tiefe und baute Keller, und außerdem stockte man später die Häuser auf.

Die Gründung Freiburgs 1091 und die Einrichtung eines Marktes um 1120 fallen in einen Zeitabschnitt, mit dem die Welle der Stadtgründungen verstärkt einsetzt. In der gleichen Epoche vollzieht sich der Übergang vom Holz- zum Steinbau. Die städtischen Führungsgruppen, patrizische Kaufleute, Ministerialen und stadtsässige Adlige übernahmen das Vorbild des Steinhauses vom Befestigungsbau, vom Kirchen- und Klosterbau und von den Palastbauten der Pfalzen. Sie entwickelten daraus das städtische Steinhaus als repräsentativen Bau, als feuersicheren Speicher und mit Kamin versehener Kemenate, der als Wohn- und Wehrturm in die Höhe gebaut, als Steinwerk dem lebensgerechteren Holzhaus, das mit dem Giebel zur Straße stand, im rückwärtigen Hofbereich angegliedert wurde. Wie anfangs erwähnt, ging man auch bei den dörflichen Gehöften zur Verwendung des Steins als Baumaterial, zuerst für die Kellerauskleidung, dann für die Fundamente von Fachwerkhäusern oder für massive Sockel- bzw. Erdgeschosse über. Der Prozeß, Steine für den städtischen Mauer- und Hausbau zu verwenden, fängt um 1100 an, lange bleiben noch Holzhäuser in Stabbauweise stehen oder werden errichtet. Bis zum 13. Jahrhundert wird dann im Süden die Versteinerung der gesamten Stadt erreicht,

111 Lothar KLAPPAUF, Ausgrabung des frühmittelalterlichen Herrensitzes von Düna/Osterode, in: Berichte zur Denkmalpflege in Niedersachsen. Ausgrabung 1979–1984, Stuttgart 1985, S. 222–230: In der Farbabb. 4 gegebene Datierungen: Phase II (ca. 800–1000 n. Chr.) Errichtung des repräsentativen Steingebäudes, Phase III (ca. 1000–1100) Ausbau des Steingebäudes.

112 Rudolf BERGMANN, Der hochmittelalterliche Wohnturm in der Ortswüstung Elsinchusen bei Geseke, Kr. Soest, in: Zwischen Pflug und Fessel. Mittelalterliches Landleben im Spiegel der Wüstungsforschung, hg. im Auftrag des Landschaftsverbandes Westfalen-Lippe von Bendix Trier, Münster 1993, S. 93–102.

während in weiten Teilen des Reiches Fachwerkhäuser[113] als städtische Wohn- und Wirtschaftsgebäude errichtet werden und im Norden schließlich, aus Feuerschutzgründen, Backsteinfassaden[114]. Parallel zur Versteinerung konzentrieren sich die Gebäude auf die Straßenfronten und bilden schließlich geschlossene Reihen von Stein-, Fachwerk- oder Backsteinhäusern.

Somit bestimmen um 1100 Holzhäuser das Stadtbild, und erst um 1200 treten Steinbauten in den Vordergrund. Im Norden, wo traditionell weniger Stein verwendet wurde, erfolgt die Umwandlung zeitlich verzögert. Für ein Stadtquartier in Lübeck, das städtische Züge erst durch die Wiedergründung unter Heinrich dem Löwen 1159 annahm, ist dieser Übergang von der ländlichen zur städtischen Bauweise über dendrochronologische Daten jetzt gut dokumentiert[115]. Mehrgeschossige Ständerbauten (Keller, Erdgeschoß, Obergeschoß, Dachgeschoß) mit Wänden in Stabbauweise charakterisieren bald nach 1175 hier das Stadtbild.

8.4 Märkte und Marktplätze

Kennzeichen städtischer Siedlung ist der Markt, über den Handwerker ihre Überproduktion und Kaufleute ihre Waren verkaufen können; Orte werden über die Verleihung des Münz- und Marktrechts zur Stadt. Eine Wurzel der mittelalterlichen Stadt ist der Markt[116].

Unterschiedliche Lösungen wurden gefunden, um in der Stadt den Marktbetrieb abzuhalten. Für die Seehandelsplätze wurden die umfangreichen Brückenkonstruktionen zu nützlichen Marktflächen, da in den eng parzellierten Stadtarealen selbst kein Platz dafür war.

In Dorestad wurden während des 8. und 9. Jahrhunderts dicht nebeneinander jeweils 8 m breite, aber bis zu 200 m lange, dem sich verlagernden Fluß folgende Schiffsbrücken aus Holz auf dichtem Pfahlrost gebaut. Mehr als 100 Brücken bildeten auf einer Breite von über einem Kilometer eine Hafenfront und eine riesenhafte Marktfläche[117]. Im frühen 9. Jahrhundert betrug die Größe des Stadtareals rund 200 ha und umfaßte am Ufer sicherlich mehr als 50–100 Anwesen.

In Haithabu sind ebenfalls nebeneinander errichtete Schiffsanlegestege für das 10./11. Jahrhundert nachgewiesen, auf denen Marktbetrieb geherrscht hat, wie das von den Schiffen und den Brücken in großen Mengen ins Wasser gefallene Handelsgut bezeugt[118]

113 Elmar ALTWASSER u. Ulrich KLEIN, Bemerkungen zu den Fachwerkhäusern des 13. Jahrhunderts, in: Archäologie des Mittelalters und Bauforschung im Hanseraum (wie Anm. 32) S. 429–447 mit Karte Abb. 1; Ulrich KLEIN, Die datierten Fachwerkbauten des 13. Jahrhunderts, in: Zeitschrift für Archäologie des Mittelalters 13, 1985, S. 109–129.

114 Aufkommen der Backsteine als neues Baumaterial ab ca. 1160, vgl. FEHRING, Städtischer Hausbau (wie Anm. 83) S. 53; allgemeine Verbreitung des Backsteinbaus gegen 1300, ebd., S. 58; zum Backstein in Lübeck Wolfgang ERDMANN, Entwicklungstendenzen des Lübecker Hausbaus 1100 bis um 1340 – eine Ideenskizze, in: Seehandelszentren des nördlichen Europa. Der Strukturwandel vom 12. zum 13. Jahrhundert (Lübecker Schriften zur Archäologie und Kulturgeschichte 7) Bonn 1983, S. 19–38, bes. S. 22.

115 LEGANT-KARAU, Holzbau in Lübeck (wie Anm. 72) S. 333–345.

116 Walter SCHLESINGER, Der Markt als Frühform der deutschen Stadt, in: Vor- und Frühformen der europäischen Stadt im Mittelalter Teil 1 (wie Anm. 36) S. 262–293; ENGEL (wie Anm. 38) S. 19ff.

117 Vgl. Anm. 47 und 70.

118 ELSNER (wie Anm. 65) S. 110f. mit Abb.; Kurt SCHIETZEL, Hafenanlagen von Haithabu, in: Archäologische und naturwissenschaftliche Untersuchungen an ländlichen und frühstädtischen Siedlungen im deutschen Küstengebiet vom 5. Jh. v. Chr. bis zum 11. Jh. n. Chr. Bd. 2: Handelsplätze des frühen und hohen Mittelalters, hg. von Herbert JANKUHN, Kurt SCHIETZEL u. Hans REICHSTEIN, Weinheim 1984, S. 184–191.

(Abb. 9). Die Brücken sind bis zu 60 m lang und liegen dicht nebeneinander. Aus den vier ergrabenen Anlagen an einem Uferstreifen von 40 m Breite lassen sich für die gesamte Uferzone des Handelsplatzes Haithabu von 600 m Länge mehr als 50 Stege errechnen.

Die Nachfolgestadt Schleswig am Nordufer der Schlei errichtete ebenfalls Schiffsbrücken, die dem ausweichenden oder verlandenden Fluß folgend im Laufe einer Generation mehrfach verlängert werden mußten, insgesamt aber immer eine große Marktfläche bildeten[119]. Dendrochronologisch datierte Bauphasen von 1087, 1095, 1100 führen zu einer Reihe von 8 Brücken, die als Marktflächen gedient haben werden. Denn die Fläche des späteren Marktes, des heutigen Rathausmarktes, nahm damals eine Kirche mit Friedhof ein, und die Bebauung der anschließenden Parzellen erstreckte sich weit in diese Fläche hinein.

Andere Städte an Flüssen oder Seen bauten die Uferzonen durch Kaianlagen zu Marktflächen aus, so Lübeck[120], Köln[121] und auch Konstanz[122]. Hier wurde ein älteres Hafenbecken durch einen mächtigen Erddamm abgeriegelt, vor oder um 1100, und zwar zum Zwecke der Baulanderweiterung und zugleich zur Gewinnung eines Hafenkais. Mehrere ottonische Hafenstege oder Brücken sind freigelegt worden[123].

Wieder andere Städte, zu denen auch Freiburg gehört, organisierten den Marktbetrieb an den wichtigsten Straßen durch die Stadt, die entsprechend breit waren, und von wo aus direkt oder in Kellern und Erdgeschossen der Kaufleutehäuser gehandelt wurde[124]. Der Pachtzins an den Straßen für die angeworbenen Kaufleute war eine Gegenleistung auch für den Handelsgewinn.

Großflächige Marktplätze inmitten des Stadtareals entstanden erst im Laufe der Zeit. Die archäologischen Forschungen in vielen Städten haben gezeigt, daß diese Freiflächen erst sekundär aus dem bebauten Stadtgebiet herausgeschnitten worden sind; denn unter fast allen Marktflächen wurden städtische Parzellenstrukturen mit vielgestaltiger Bebauung freigelegt; als Beispiele können Schleswig, Hamburg, Kiel, Braunschweig, Verden a. d. Aller, Magdeburg »Alter Markt«, Köln und Osnabrück genannt werden[125]. Man könnte die sekundäre Schaffung »Alter Märkte« als eine Regelerscheinung bezeichnen, die zumeist im fortgeschrittenen 12. Jahrhundert und um 1200 stattfand. Auch die jüngere Freiburger Marktfläche rund um das Münster ist eine sekundäre Erscheinung. Anfänglich war das Münster von einem Friedhof umringt, und nahe der Friedhofsmauer standen

119 Vogel, Schleswig (wie Anm. 69) S. 16f. und Abb. 14.

120 Manfred Gläser, Der Lübecker Hafenmarkt und die angrenzende Bebauung, in: 25 Jahre Archäologie in Lübeck (wie Anm. 67) S. 125–128; Ingrid Schalies, Erkenntnisse der Archäologie zur Geschichte des Lübecker Hafens vom 12.–16. Jh., Ebd., S. 129–132.

121 Heiko Steuer, Werkzeug der Schiffbauer vom Rheinufer in Köln, in: Archäologie des Mittelalters und Bauforschung im Hanseraum (wie Anm. 32) S. 311–330; Ders. (wie Anm. 64).

122 Marianne Dumitrache, Der Konstanzer Hafen im 12.–14. Jahrhundert im Lichte der archäologischen Ausgrabungen auf der Marktstätte und in der Brotlaube, in: Archäologie des Mittelalters und Bauforschung im Hanseraum (wie Anm. 32) S. 331–340, bes. Abb. 3. Allg. Judith Oexle, Zur Siedlungsgeschichte des Konstanzer Stadthügels, in: Freiburger Diözesan-Archiv 109, 1989, S. 7–26; Dies. (wie Anm. 53) S. 58, Abb. oben rechts: Hafenbrücken spätes 10. Jh. (dendrochronologische Datierung).

123 Oexle (wie Anm. 53) S. 58.

124 Vgl. Detlev Ellmers, Die Verlagerung des Fernhandels vom öffentlichen Ufermarkt in die privaten Häuser der Kaufleute, in: Topographie und Hausbau (wie Anm. 73) S. 101–118.

125 Eine Zusammenstellung bei Steuer, Beitrag der Archäologie zur Stadtgeschichtsforschung (wie Anm. 8) S. 179f. mit Anm.; zu Osnabrück Wolfgang Schlüter, Versuch der Interpretation der Grabungsbefunde auf dem Marktplatz der Stadt Osnabrück, in: Osnabrücker Mitteilungen 92, 1987, S. 11–19, und Theodor Penners, Markt und Marktplatz von Osnabrück im Mittelalter. Entstehung und Entwicklung im Lichte neuer Bodenfunde, Ebd., S. 21–65.

Abb. 9 Haithabu, Hafengebiet mit Brücken, 10./11. Jahrhundert (nach Hildegard Elsner, wie Anm. 65, S. 111 Abb.).

die üblichen Stadthäuser mit Kloaken auf dem Hofgrundstück, die erst um 1200 aufgekommen sind[126]. Kirchenfundamente mit Friedhof unter späteren Marktflächen finden wir in Schleswig, wie oben geschildert, und auch in Braunschweig so wie in Freiburg.

Für Duisburg jedoch ist eine Marktfläche kontinuierlich seit dem 9. Jahrhundert nachgewiesen und archäologisch untersucht[127], an der später auch eine Markthalle errichtet wurde.

Auf den Marktplätzen standen zuerst mobile Stände und Buden, die sogenannten Bänke, ehe dann später auch größere Gebäude errichtet wurden, z. B. Markthallen, Gewandhäuser, Waagen und Festhäuser. Archäologisch sind für Lübeck und auch Magdeburg derartige Bänke aus dem 12./13. Jahrhundert nachgewiesen[128], und bildlich sind sie seit der frühen Neuzeit vielfach und gut belegt. Eine Reihe aus ca. 3 m x 3 m messenden Holzbuden stand in Magdeburg auf dem Markt. Die quadratisch gelegten Schwellbalken sind in einem Steinpflaster des 13. Jahrhunderts überliefert, unter denen ein älteres Pflaster des 12. Jahrhunderts freigelegt wurde. In Lübeck sind auf dem Schrangen durch dünne Pfostenlöcher zahlreiche Buden der Abmessung 3 m x 1,20 m aus dem 13. Jahrhundert nachgewiesen, von denen wohl über 100 einst in vier Reihen den Marktplatz füllten. Daß Städte zumeist über mehrere Marktplätze verfügten, kann hier nicht weiter erörtert werden, z. B. Ufermärkte und Brücken für den Fernhandel und Märkte für den Nahhandel zur Landseite hin, an der Hauptstraße oder in einem anderen Quartier.

8.5 Stadtbefestigung

Erst die archäologische Forschung hat die Geschichte der Freiburger Stadtbefestigung neu erschlossen und die erste Bauphase zeitlich nahe an die Marktgründung von 1120 herangerückt, die Bauzeit liegt höchstens zwei bis drei Jahrzehnte später[129]. Damit bietet sich der Vergleich mit der ältesten Stadtmauer im benachbarten Basel an, die Burkhardsche Stadtmauer, errichtet am Ende des 11. Jahrhunderts oder um 1100 (Abb. 10)[130].

Befestigungswälle oder Mauern gehörten nicht von Anfang an oder regelhaft zur mittelalterlichen Stadt. Die großflächigen Händlertreffpunkte des 9. Jahrhunderts wie Dorestad oder Haithabu waren nicht befestigt. Dorestad erhielt auch nie einen Wall oder eine Mauer, auch wenn es in den späteren Jahrzehnten ständig unter Wikingerüberfällen zu leiden hatte.

126 Vgl. dazu in diesem Band Matthias UNTERMANN S. 225.

127 Günter KRAUSE, Stadtarchäologie in Duisburg, in: Stadtarchäologie in Duisburg 1980–1990, hg. von DEMS. (Duisburger Forschungen 38) Duisburg 1992, S. 1–65 und S. 93–168 mit älterer Literatur.

128 Doris MÜHRENBERG, Öffentliche Plätze und Märkte in Lübeck, in: Archäologie des Mittelalters und Bauforschung im Hanseraum (wie Anm. 32) S. 289–296; DIES., Der Markt zu Lübeck. Ergebnisse archäologischer Untersuchungen, in: Beiträge zur Archäologie von Slawen und Deutschen (Lübecker Schriften zur Archäologie und Kulturgeschichte 23) Bonn 1993, S. 83–154; Ernst NICKEL, Der »Alte Markt« in Magdeburg, Berlin 1964, mit Beilagen.

129 PORSCHE (wie Anm. 15) S. 54 mit Plan Abb. 15 zur Bauabfolge; übersichtlicher Plan auch bei UNTERMANN (wie Anm. 7) S. 238 Abb. und DERS., Ausgrabungen auf dem »Harmonie«-Gelände in der Freiburger Altstadt, in: Archäologische Ausgrabungen in Baden-Württemberg 1990, Stuttgart 1991, S. 243–246 mit Abb. 154. Vgl. zukünftig DENS., Das »Harmonie«-Gelände in Freiburg im Breisgau (Forschungen und Berichte zur Archäologie des Mittelalters in Baden-Württemberg 18) Stuttgart 1995 (im Druck).

130 D'AUJOURD'HUI, Entwicklung Basels (wie Anm. 32) S. 21: In einer Verbriefung von Schenkungen an das Kloster St. Alban wird um 1102/3 beiläufig erwähnt, daß Bischof Burkhard die Stadt mit einer Mauer befestigt habe; in einer weiteren Urkunde von 1205/6 wird davon gesprochen, daß das Kloster St. Leonhard innerhalb der Stadtmauer liege.

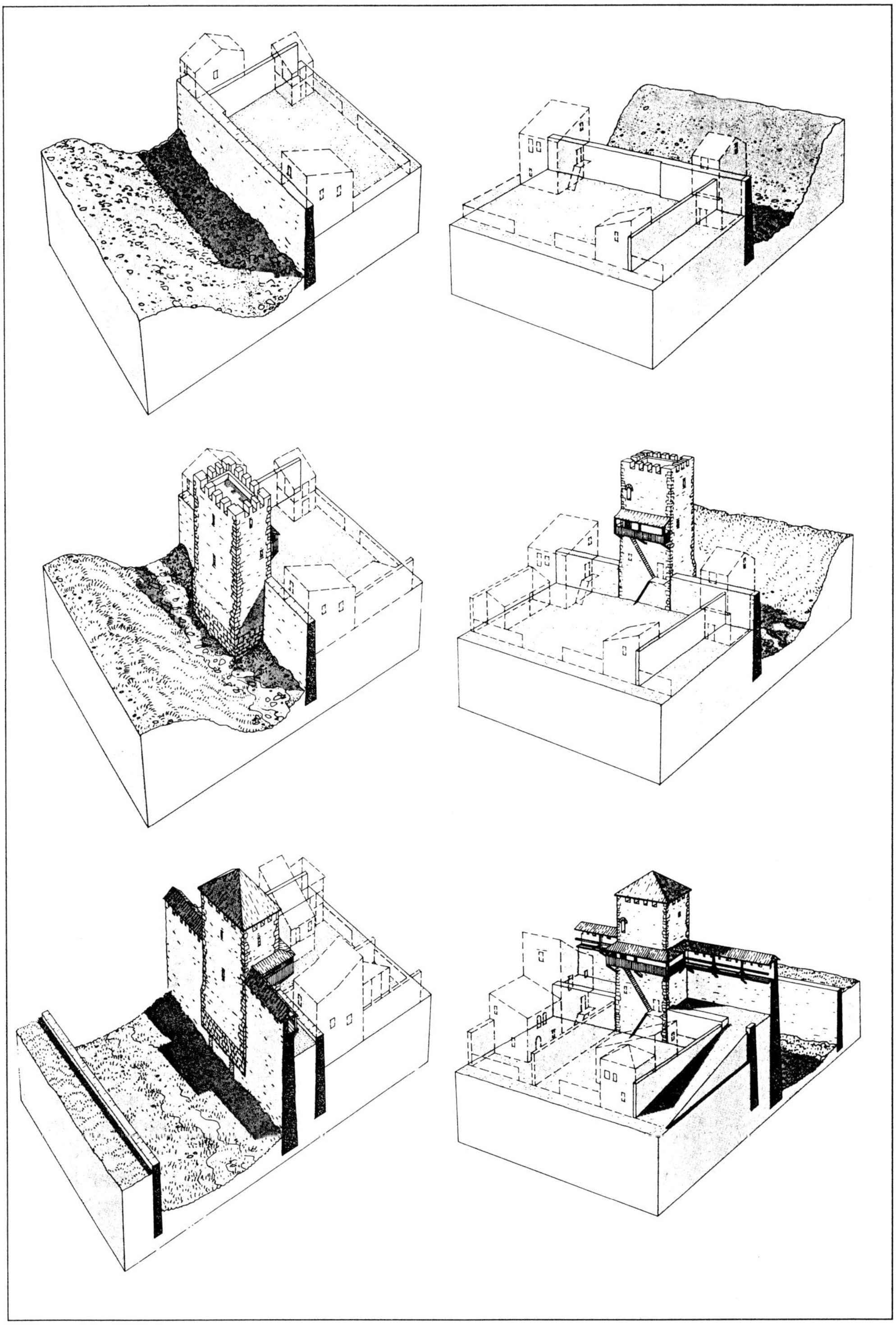

Abb. 10 Basel, Stadtbefestigung, Bauabfolge ca. 1100, 12. Jahrhundert, 13. Jahrhundert (nach Rolf d'Aujourd'hui, Zum Forschungsstand, wie Anm. 32, Abb. 5).

Auch die alten, aus antiken *civitates* wieder neu erwachsenen Kaufleute- und Handwerkersiedlungen wie Köln waren anfänglich nicht befestigt, lagen außerhalb der römischen Mauerringe, die immer noch als Steinbrüche ausgeschlachtet wurden.

Solange die Stadtherrschaft, König oder Bischöfe, die Sicherheit des Marktes garantieren konnte, war die Stadtbefestigung nicht notwendig, auch wenn der Befestigungsbau allgemein bekannt war. Das zeigen die großen, gegen die Sachsen gerichteten Reichsburgen Karls des Großen, die Steinmauern mit Türmen hatten, oder auch die Bischofsburgen von Köln, über Münster und Paderborn bis Halberstadt und Magdeburg, die mit Wall und Graben gesichert waren[131]. Aber das galt nicht für alle Suburbien mit der Konzentration von Handwerk und Handel. Die großen Vorburgen der ottonischen Pfalzen wie Werla und Tilleda, in denen Hunderte von Grubenhäusern versammelt waren, hatten eine Befestigung aus Wall und Mauern[132]. Auch Kloster- oder Königshöfe hatten Befestigungen; als Beispiel sei nur der Hof Gebesee bei Erfurt wegen seiner frühstädtischen Züge genannt, bei dem viele Dutzend Grubenhäuser als gewerbliche Produktionsanlagen durch einen Graben geschützt waren[133].

Befestigungen für Handwerker- und Händlersiedlungen kommen erst seit der Mitte des 10. Jahrhunderts auf. Für die Kölner Kaufleutesiedlung vor der Römermauer am Rhein werden Wall und Graben 948 erwähnt[134]. Haithabu wird im späten 10. Jahrhundert mit einem mächtigen Wall gesichert[135]. Manch andere ottonische Bischofsstadt sowie die großen Suburbien der genannten Pfalzen wie Werla und Tilleda werden befestigt.

Regensburg wurde schon – wie erläutert – 917 ummauert, Namur 937, Verdun 985, Cambrai und Metz vor 1000; im 11. Jahrhundert folgten die Bischofsstädte Lüttich (vor 1002), Utrecht, Mainz, Trier, Speyer, Worms, Straßburg und Augsburg. In Cambrai wurde um 1090 unter Mithilfe der Marktleute die hölzerne Palisade durch eine Steinmauer ersetzt[136]. So spricht auch schon die Mauerbauordnung des Bischofs Theodelach von Worms (891–914) von der Mithilfe der Stadtbewohner und der Leute aus dem Umland beim Befestigungsbau[137].

1106 erhält Köln rund um die neuen Vorstädte eine Befestigung, wie die schriftliche Überlieferung mit Berichten über Auseinandersetzungen zwischen Stadtherrn, dem Bischof, und den Patriziern und Bürgern berichtet. Der Verlauf dieser Befestigung wurde archäologisch bisher nicht überprüft; sie bestand aber nach bisheriger Meinung zumeist noch aus Wall und Graben, während Basel die steinerne Stadtmauer um 1100, Freiburg um 1140 erhält[138]. Daß dem unter Bertold V. errichteten massiven Mauerring mit dem

131 Gerhard Streich, Burg und Kirche während des deutschen Mittelalters. Untersuchungen zur Sakraltopographie von Pfalzen, Burgen und Herrensitzen. Pfalz- und Burgkapellen bis zur staufischen Zeit Bd. 1 u. 2 (Vorträge und Forschungen Sonderbd. 29,1 u. 2) Sigmaringen 1984.

132 Paul Grimm, Tilleda, eine Königspfalz am Kyffhäuser Bd. 1, Berlin 1968, u. Bd. 2, Berlin 1990; Carl-Heinrich Seebach, Die Königspfalz Werla, Neumünster 1967, S. 35 und Abb. 14; Edgar Ring, Die Königspfalz Werla. Die mittelalterliche Keramik, Braunschweig 1990, S. 9 und S. 108 Abb. 1.

133 Peter Donat, Zehn Keller von Gebesee, Lkr. Erfurt. Studien zu hochmittelalterlichen Kelleranlagen, in: Alt-Thüringen 27, 1993, S. 207–264 mit Abb. 1.

134 Steuer (wie Anm. 21) S. 82 ff.

135 Heiko Steuer, Neues zum Befestigungswesen von Haithabu, in: Prähistorische Zeitschrift 46, 1971, S. 135–138; Ders., Befaestningsanlaeg i Hedebys sydlige forland, in: H. Hellmuth Andersen, H.J. Madsen, Olfert Voss, Danevirke (Jysk arkaeologiske Selskabs Skrifter XIII), København 1976, S. 64–72.

136 Pitz (wie Anm. 8) S. 180 f.

137 Sydow (wie Anm. 36) S. 35.

138 Archäologische Forschungsergebnisse verändern das Geschichtsbild gegenwärtig am häufigsten. Peter Schmidt-Thomé u. Hans Schadek, Die Stadtbefestigung von Freiburg im Breisgau in der Zähringerzeit.

dendrochronologisch auf 1201/2 datierten Martinstor eine ältere Befestigung vorausging, wird aus einer Erwähnung im Stadtrodel von Brücken beim Stadtwall erschlossen (*omnes pontes ad vallum civitatis*). Doch spricht Bernhard von Clairvaux bei seinem Besuch in Freiburg anläßlich des Aufrufs für den Kreuzzug im Jahr 1146 nur von einem *vicus*, womit in der Regel eine unbefestigte Siedlung bezeichnet wurde [139].

9. Einwohnerzahlen

Nicht sehr umfangreich sind die Angaben in den Schriftquellen zur Größe bzw. zur Einwohnerzahl der frühen Städte um 1100. Manchmal erlauben auch die archäologischen Forschungen Schätzungen.

Regensburg wird von einem Mönch des Klosters St. Emmeram beschrieben, wie es um 1080 ausgesehen hat [140]. Er erläutert die große Pfalzanlage als Wohnsitz des Kaisers, den Saal des Königs und andere öffentliche Großbauten; es folgen die zahlreichen Klöster, die mächtigen Höfe der Kirchenfürsten, das große Areal mit den Häusern der Vornehmen des Reichs; einen weiteren Kern der Stadt bildet die Bischofskirche, und in diesem bischöflichen Stadtteil, im *pagus cleri*, wohnen auch die Kaufleute, die also kein eigenes Quartier haben. Aber es gab doch noch einen weiteren Stadtteil der Kaufleute, den *pagus mercatorum*, der früh in die Gesamtbefestigung der Stadt einbezogen wurde. Veranlaßt wurde dies von Herzog Arnulf von Bayern etwa um 917, und diese Befestigung gilt als früheste umfassende nachantike Stadtmauer Europas [141]. Die Beschreibung Regensburgs ist sicherlich mehr als ein Topos; sie beschränkt sich aber auf die Erläuterung der Schwerpunkte, der Quartiere, ohne daß man etwa einen unmittelbaren Eindruck von der Anzahl und Größe der Häuser bekommen könnte.

Schaffhausen wird oftmals als das aufschlußreichste Beispiel für die Schätzung der Einwohnergröße genannt: Gelegen an der Stromschnelle des Rheins mußten die Schiffe oberhalb und unterhalb anlegen können. Die Kaufleute mußten umladen und den Warentransport über Land vornehmen, wofür dann zwischenzeitlich auch Lagerraum gestellt wurde. 1045 hatte Graf Eberhard von Nellenburg von Kaiser Heinrich III. für Schaffhausen das Münzrecht erhalten, wohl verbunden mit dem Marktrecht. Der Güterbeschrieb etwa aus dem Jahr 1100 [142] berichtet ausführlich: Das Kloster Allerheiligen, dem der Markt inzwischen geschenkt worden war, erhielt von Schaffhausen Abgaben von 112 Hofstätten, von der Münzstätte, von 9 Brotbäckereien, vom Zoll und von den »Bänken«, von den Schiffen, von 9 Bier- und 2 Weintavernen, von 2 Mühlen. Man geht davon aus, daß tatsächlich alle Hofstätten zum Markt gehört und dort auch konzentriert gelegen haben, und errechnet eine Bevölkerung von etwa 500–600 bzw. 1000 Leuten.

Archivalische und archäologische Befunde, in: Die Zähringer III (wie Anm. 16) S. 351–373 haben seinerzeit theoretisch erschlossen, daß auch der *burgus* und die Freiburger Marktgründung von Beginn an befestigt gewesen sein müssen, was kurz darauf durch Ausgrabungen bestätigt wurde (vgl. Anm. 15 und Anm. 129).

139 Vgl. PORSCHE (wie Anm. 15) S. 43 u. 44f. und den Beitrag von Matthias UNTERMANN in diesem Band S. 195ff.

140 KOLMER (wie Anm. 49) S. 192f.

141 PITZ (wie Anm. 8) S. 109.

142 So SYDOW (wie Anm. 36) S. 48; Berent SCHWINEKÖPER, Zur Problematik von Begriffen wie Stauferstädte, Zähringerstädte und ähnlichen Bezeichnungen, in: Südwestdeutsche Städte im Zeitalter der Staufer, hg. von Erich MASCHKE u. Jürgen SYDOW (Stadt in der Geschichte 6) Sigmaringen 1980, S. 95–172, hier S. 109, nennt aber erst das Jahr 1150.

Es gibt für den zeitgleichen Doppelort Obermarsberg-Horhusen in Westfalen entsprechende Zahlen, aufgrund des Güterverzeichnisses von Abt Erkenbert von Corvey[143]. Es handelt sich um einen an Stelle der zerstörten Eresburg entstandenen Handelsplatz, dessen Markt- und Münzrecht im Jahr 900 an das Kloster Corvey übergegangen war: 5 Kirchen, 3 Mühlen, 3 Haupthöfe, 26½ Mansen und etwa 92 Hofstellen bilden den Marktort, was nach Heinz Stoob etwa 750–1000 Personen entspricht[144].

Diese Größenordnung von 500–1000 Einwohnern für einen frühen Marktort wird auch für die älteren erwähnten Händlertreffpunkte geschätzt. Für Haithabu im 10. Jahrhundert konnte ich anhand der Gräberfelder die Größe der Einwohnerzahl mit 1000 errechnen[145]. Die gleiche Größenordnung bei der Schätzung städtischer Einwohner folgt aus der Zahl der Häuser[146].

Die mehr als einen Kilometer lange Hafenfront von Dorestad umfaßt bei einer Parzellenbreite von 8 m schätzungsweise 50–100 Anwesen mit je 10 Bewohnern, was als Größenordnung 500–1000 Einwohner ergibt[147].

Auch für Köln, wo ein schon 948 umwallter befestigter Handelsplatz vor der alten Römermauer am Rhein in der sog. Rheinvorstadt bestand, ist aufgrund der Größe ebenfalls mit wenigen 1000 Einwohnern zu rechnen, wozu noch Leute in den Kloster- und Stiftssiedlungen und in der Bischofsburg beim heutigen Dom gerechnet werden können. Doch der Bevölkerungsanstieg in der größten Stadt Mitteleuropas nördlich der Alpen ist rapide; um 1200 wird von 40000 Einwohnern ausgegangen. Für Zürich rechnet man noch um 1300 mit nicht mehr als 5000 Einwohnern.

An einem Marktplatz von 100 m Länge und 20 m Breite, wie er für den Ort Logne in den Ardennen überliefert ist, wo Abt Wibald von Stablo 1140 versuchte, einen Markt einzurichten[148], hätten bei 16 m Breite der Parzellen, wie sie für Freiburg angegeben werden, gerade sechs Höfe an jeder Seite Platz. Deshalb sieht Schwineköper diesen Markt auch als klein an. Denn bei tatsächlich hundert Höfen beiderseits einer Marktstraße, wie sie für Schaffhausen als Zahl genannt werden, käme man auf die beachtliche Länge von 800 m. Das weist zurück auf die alten frühstädtischen Großsiedlungen mit etwa einem Kilometer Hafen- und Kailänge bei Dorestad und Haithabu. Dorestad hatte eine Stadtfläche von 200 ha, Haithabu nur von 30–40 ha. Zum Vergleich: In Basel schließt die Burkhardsche Stadtmauer von 1100 etwa 25 ha ein, der spätere ummauerte Bereich von Freiburg umfaßt 30 ha. Daraus folgt, daß die Zahl der Hofstätten am *forum* von Freiburg begrenzt gewesen sein muß oder daß die Häuser eben nicht alle am Markt, sondern über das sich entwickelnde Straßennetz in der Stadt verteilt gestanden haben.

Aber auch die mehr als 30 m langen Häuser in Dorestad würden nicht einmal auf solche Parzellen passen, wie sie in Freiburg zur Verfügung gestellt wurden, eher auf solche, schon als frühe Stadthäuser bezeichnete Bauten wie in Haithabu.

Noch einige weitere Größenordnungen: Die Talstadt von Basel war etwa 750 m lang und umfaßt 25 ha (ohne den Münsterhügel). In Freiburg ist die Kaiser-Joseph-Straße als

143 SCHWINEKÖPER (wie Anm. 142) S. 109.

144 Schon für die Büraburg lassen sich derartige Größenordnungen als Besatzung errechnen. Vgl. WAND (wie Anm. 46) S. 98–102: Allein entlang der 1100 m langen Befestigungsmauer stehen nach Ausweis der Grabungen dicht an dicht 3 m breite und 7,50 m lange zweiräumige Pfostenbauten, was über 350 Häuser für den Gesamtverlauf ergibt, wozu weitere Gebäude in der Innenfläche und in den südöstlichen Vorburgen kommen.

145 STEUER (wie Anm. 50) S. 194.

146 Vgl. hier S. 104 und Anm. 89.

147 Vgl. S. 113 und Anm. 117.

148 SCHWINEKÖPER (wie Anm. 142) S. 110.

Abb. 11 Zürich, Rindermarkt/Neumarkt, Bebauung in der ersten Hälfte 13. Jahrhundert (nach Jürg E. Schneider, wie Anm. 103, Falttafel 1).

Markt etwa 500 m lang. Nach der Parzellengröße von 16 m Breite und 32 m Tiefe hatten auf beiden Seiten etwa 30 Grundstücke oder nach dem Plan von Noack gerade 25 Platz, also 50–60 Kaufleute konnten sich hier niederlassen, mit Familien und Anhang wohl 500–600 Einwohner. Doch kann man davon ausgehen, daß zur Marktstraße auch die Nebenstraßen zu zählen sind, auch wenn nicht von Anfang an das ganze Stadtareal systematisch vermessen wurde.

Der Kreis schließt sich: Für die frühe Stadt und den Markt müssen schon aus Raumgründen eigene Haus-, Wohn- und Lagerformen entwickelt werden. Das ist das mehrstöckige Fachwerkhaus oder der Steinturm, der in die Höhe ausweicht.

10. Die Stadt um 1100

Die Zusammenschau der Entwicklung von Basel (Abb. 2) und Zürich (Abb. 11) läßt den Beginn der auf relativ kleinem Grundriß errichteten Steinhäuser um 1100 und ihre Entwicklung bis ins 13. Jahrhundert verfolgen. Dabei fällt auf, daß die Bauten im Laufe der Jahrzehnte komplexer werden, immer eine große Variabilität aufweisen, an Höhe zunehmen und Turmcharakter annehmen. Holz spielt im Bau – bei den obersten Stockwerken und bei den Nebengebäuden – weiterhin eine wichtige Rolle.

Zwar wird immer davon gesprochen, daß die Anregung für den städtischen Steinbau aus dem adligen Wehrbau und aus der Nachahmung der großen Pfalzen-, Burgen- und Mauerbauten stammt. Dies ist sicher richtig, zumal in Basel um 1100 die Stadtmauer mit entsprechenden Anbauten von steinernen Häusern tatsächlich vorhanden ist und zumal auch anzunehmen ist, daß die ersten Besitzer von Steinbauten Adlige und Ministerialen gewesen sind. Aber die Position der Steingebäude im hinteren Teil der Grundstücke und die Ergänzung durch Holzbauten zeigt doch, daß zugleich die Entwicklung zum typischen Stadthaus auf den Weg gekommen ist. Wenn dieses auch erst dann voll entwickelt ist, als geschlossene Straßenfronten aus aneinandergesetzten Steinhäusern zusammengewachsen sind, so liegen die Wurzeln in den Jahrzehnten um 1100, nicht weil der Adel oder weil Ministerialen in eine entstehende Stadt, in einen *burgus*, ziehen, ihre Wohnsitze dorthin verlegen bzw. ihre Hausformen mitbringen, sondern weil dort die neue Lebensweise der städtischen Kaufleute und der Handwerker entwickelt worden ist. Die Wurzeln für diese Entwicklung haben wir auch in Freiburg zu suchen und zu finden. Dabei sollte allerdings berücksichtigt werden, daß Träger des exponierten Fernhandels und ebenso exponierter Handwerkszweige wie die Buntmetall- und Silberverarbeitung im Kreis der Ministerialen und des Adels zu suchen sind. So sei erinnert, daß in der Urkunde von 1028, die die Rechte an den Silbergruben im südlichen Schwarzwald an den Bischof von Basel überträgt, auch Sulzburg genannt wird. Sulzburg ist als ›Sulzibergeheim‹ erstmals 840 erwähnt. Das dort 993 gegründete Kloster St. Cyriak wurde vom Grafen Birchtilo 1010 an den Bischof von Basel übergeben. Der Basler Bischof Adalbero hatte sich 1004 bei König Heinrich II. in Straßburg für das Kloster des Becelin um die Erlaubnis bemüht, in *Rincka* einen Markt zu gründen. Der Silberbergbau, vielleicht schon vor der Jahrtausendwende, und diese Marktrechtsverleihung von 1004, die Beziehungen zu den Ottonen und dann zum Basler Bischof hätten eigentlich hier einen zentralen Ort für den Breisgau und früh eine Stadt bzw. einen Markt entstehen lassen müssen[149].

Wie es mit dem Markt verbundenen Münzrecht für unser Gebiet aussieht, gilt es weiter zu untersuchen. Breisach prägte nicht mehr, wann Freiburg ein Münzrecht bekam, ist

149 Zu den Ausgrabungen in Sulzburg und der frühen Erzgewinnung: PAUSE/SPIONG/STELZLE-HÜGLIN/STEUER (wie Anm. 9); Carl PAUSE u. Sven SPIONG, Siedlungsarchäologische Untersuchungen im Bergbaurevier Sulzburg, Kreis Breisgau-Hochschwarzwald, in: Archäologische Ausgrabungen in Baden-Württemberg 1994, Stuttgart 1993, S. 334–341; Erze, Schlacken und Metalle. Früher Bergbau im Südschwarzwald (Freiburger Universitätsblätter 109) Freiburg 1990, darin: Alfons ZETTLER, Die historischen Quellen zum mittelalterlichen Bergbaugeschehen, S. 59–78 und Ulrich ZIMMERMANN, Die Ausgrabungen in alten Bergbaurevieren des südlichen Schwarzwaldes, S. 115–146; DERS., Untersuchungen zum frühen Bergbau im Südschwarzwald, in: Montanarchäologie in Europa, hg. von Heiko STEUER u. Ulrich ZIMMERMANN (Archäologie und Geschichte. Freiburger Forschungen zum ersten Jahrtausend in Südwestdeutschland 4) Sigmaringen 1993, S. 201–229; Alfons ZETTLER, Sulzburg im früheren Mittelalter, in: Geschichte der Stadt Sulzburg Bd. 1: Sulzburg von der Stadtwerdung bis zum ausgehenden Mittelalter, hg. im Auftrag der Stadt Sulzburg von der Anna Hugo Bloch-Stiftung, Freiburg i. Br. 1993, S. 335–391.

unsicher; im Marktprivileg von 1120 ist es nicht erwähnt. Auch Sulzburg hatte kein Münzrecht, seit 999 jedoch Villingen. Die Vermünzung des Silbers lag eben für die meisten Breisgauorte weiter beim Bischof von Basel.

Die Zähringer hatten das Recht zur Münzprägung 999 für Villingen bekommen, mit dem Zusatz, sie könnten es verlegen, wohin sie wollten[150]. Wenn auch darüber nichts überliefert ist, kann man für ein so mächtiges Geschlecht wie die Zähringer voraussetzen, daß sie Münzen prägten (vielleicht im *burgus* von Freiburg); die eigentliche bekannte Prägung fällt erst in die Zeit des späten 12. Jahrhunderts[151], mit den sog. Löwen- und Adler-Pfennigen, – Herrschaftssymbole und noch nicht Bilder mit Wappencharakter. Diese Münzen werden indirekt den Zähringern zugewiesen, da nur sie in unserem Gebiet unmittelbaren Zugriff auf entsprechende Silbervorräte hatten.

Die Grabungen von Matthias Untermann auf dem »Harmonie«-Gelände in Freiburg[152] haben im Rahmen der frühen Bebauung, die um 1100 einsetzt, auch mehrere Werkplätze freigelegt, auf denen die Metalle Blei, Kupfer und Silber verarbeitet worden sind, womit einerseits Hinweise auf die Erzgewinnung in den Schwarzwaldtälern, andererseits auch auf die Silberherstellung gegeben werden: »Aus der Marktrechtsverleihung von 1120 hat man erschlossen, daß Freiburg vornehmlich als Handelsstützpunkt zur Stadt geworden und aufgeblüht ist. Die archäologischen Befunde lassen jedoch erkennen, daß die ertragreiche Silber- und Kupferverarbeitung in einem Kernbereich (!) der späteren Stadt angesiedelt war und vermutlich einige Jahrzehnte vor der Marktgründung von 1120 zurückreicht.«[153]. Damit haben wir m.E. den entscheidenden Hinweis auf einen wesentlichen Charakterzug schon des *burgus* und noch älterer Siedlungen, die entsprechend wichtiges Handwerk eingeschlossen hatten, zu dem dann der Markt der Fernhändler hinzugekommen ist.

Städte, herrschaftlich geplante Siedlungen zur Konzentration von Handel und Handwerk, gab es zum Zeitpunkt der Freiburger Marktgründung schon lange. Einiges wissen wir von ihrem Aussehen, wenn wir archäologische Befunde aus mehreren Orten zusammentragen. Wie gesagt, war es den Fernkaufleuten sicherlich gleichgültig, ob sie sich in einer alten oder in einer neu gegründeten Stadt niederließen. Auf die Vorteile kam es an. Wie immer deutlicher wird, gab es im Raum Freiburg eine Verdichtung wirtschaftlicher Tätigkeit: die Nutzung des Wassers in der Wiehre nicht nur für Mühlen, sondern auch die Nutzung dieser Mühlen für andere Aufgaben als die Getreideproduktion: es ging um die Gewinnung und Verwertung des Silbers bis hin zur Münzprägung.

150 Clemens REHM, Münzen aus dem zähringischen Einflußbereich, in: Die Zähringer II (wie Anm. 79) Sigmaringen 1986, S. 105.
151 KLEIN (wie Anm. 62) S. 347.
152 UNTERMANN, Ausgrabungen (wie Anm. 129).
153 UNTERMANN, Ausgrabungen (wie Anm. 129) S. 245.

Freiburg 1091?

Die schriftlichen Quellen zur Gründungsgeschichte: Marbacher Annalen, *Fratres de Friburch* im St. Galler Verbrüderungsbuch und Konradprivileg

Von KARL SCHMID (†)

I. Vorbemerkung*

Die Behandlung der schriftlichen Quellen zur Entstehung Freiburgs ist ein schwieriges, weil in der Forschung umstrittenes Unterfangen. Es beginnt nicht nur mit Fragen, sondern endet auch mit solchen. Daher ist es erforderlich, den Beitragstitel »Freiburg 1091« mit einem Fragezeichen zu versehen. Bliebe es nämlich weg, so hätte jener Freiburger Journalist wohl recht gehabt, der in einem Artikel »900 Jahre Freiburg im Breisgau« über die »verpaßte Gelegenheit« eines Stadtjubiläums 1991 schrieb[1]. Und dies nicht zuletzt deshalb, weil in Freiburg das Stadtjubiläum seit langem mit Bezug auf das Jahr 1120, nicht im Blick auf 1091 gefeiert worden ist[2]. Ganz dem entsprechend hat im Jahre 1970 ein Rechtshistoriker aus Anlaß des 850sten Stadtjubiläums in der Freiburger Universität den Festvortrag über das Thema »Das Freiburger Stadtrecht von 1120 in neuerer Sicht« gehalten, mit dem er die teils erstaunte, teils gar peinlich berührte Festversammlung davon zu überzeugen suchte, daß die Freiburger Gründungsurkunde von 1120 in Wirklichkeit eine

* Überarbeiteter Text des Vortrags vom 16. Dezember 1991. Da sich der Vortrag im Rahmen der Ringvorlesung vorwiegend nicht an ein Fachpublikum richtete, waren bei der Erörterung der schriftlichen Quellen zur Entstehungsgeschichte Freiburgs nicht allein die gängigen Wege der Text- und Traditionskritik zu beschreiten, sondern auch editorische Gepflogenheiten vorzustellen und zu erläutern (Abschnitt II.3.). Karl Schmid hat diese Passagen, die er während des Vortrags mit eingeblendeten Folien und Dias veranschaulicht hatte, auch in der überarbeiteten Fassung, die ansonsten von der Vortragsfassung erheblich abweicht, beibehalten. Diese überarbeitete Fassung wurde kurz vor dem Tode des Autors nochmals einer durchgreifenden Revision unterzogen. Dabei plante Karl Schmid noch zwei zusätzliche Kapitel ein (II.5. »Die Zähringergenealogie von St. Peter« ; III.4. »Die Freiburger Kirche«), die jedoch nicht mehr zur Ausführung gelangten. Da sich hierzu auch keinerlei Aufzeichnungen mehr vorfanden, beschränkt sich die vorliegende Textkonstruktion auf die Umsetzung der umfangreichen handschriftlichen Korrekturen und Ergänzungen, die Karl Schmid am Handexemplar seiner überarbeiteten schriftlichen Fassung des Vortragstextes vorgenommen hat. Diese reichen bis zum Abschnitt II.3.; bis einschließlich Anmerkung 29 ist zudem die Position der Fußnoten markiert worden, allerdings ohne daß der Autor die entsprechenden Anmerkungen noch hätte anbringen können (stichworthafte Notizen liegen bis einschließlich Anm. 24 vor). Deren Ausführung oblag dem Unterzeichneten, wobei es geboten schien, die Referenzen auf ein Mindestmaß zu beschranken. Für die zuvorkommend gewährte Einsichtnahme in sein Manuskript sei Ulrich Parlow (Freiburg i. Br.) herzlich gedankt, dessen Regestenwerk (wie Anm. 48) das Rückgrat jeder künftigen ›Zähringer‹-Forschung bilden wird.

Volkhard Huth

1 Walter VETTER, in: »Badische Zeitung« Nr. 5 vom 7. 1. 1991.

2 Zum Stadtjubiläum 1920 vgl. die »im Auftrag des Stadtrats entworfen(e)« Festschrift von Peter P. ALBERT, Achthundert Jahre Freiburg im Breisgau, 1120–1920. Bilder aus der Geschichte der Stadt, Freiburg i. Br. 1920 sowie die Bemerkungen bei Berent SCHWINEKÖPER, Zu den topographischen Grundlagen der Freiburger Stadtgründung, in: Freiburg im Mittelalter. Vorträge zum Stadtjubiläum 1970, hg. v. Wolfgang MÜLLER (Veröffentlichung des Alemannischen Instituts 29) Bühl/Baden 1970, S. 7–23.

Fälschung sei[3]. Ist demnach auch »Freiburg 1120« mit einem Fragezeichen zu versehen? Wenn in Anbetracht der angedeuteten Unsicherheiten ein Freiburger Kollege meinte, »Freiburg 1091« sei ein »kühner Titel«, so hat er gewiß recht. Ist doch soviel sicher, daß es sich nicht um die Alternative ›1091‹ oder ›1120‹ handeln kann. Vielmehr geht es ganz einfach um den Vorgang der Entstehung Freiburgs.

Inzwischen hat Bernhard Diestelkamp seinen Standpunkt über das »um 1120 begründete Freiburg im Breisgau« nochmals präzisiert, um Mißverständnisse auszuräumen: Daß der Streit um die sogenannte Gründungshandfeste die Gründungsgeschichte nicht berühren muß, habe er von Anfang an betont, und: »Vor allem werden die ... Überlegungen [über die bürgerliche Freiheit; K. S.] nicht dadurch beeinträchtigt, ob man nun eine Gründungsurkunde um 1120 akzeptiert oder nicht«[4]. Diese Äußerungen sind hilfreich, geben aber, wenn nicht 1991 wie schon 1970 Enttäuschung Platz greifen soll, zum erneuten Fragen, nicht jedoch zum Feiern Anlaß.

In diesem Sinne sind zunächst die vorhandenen Zeugnisse vorzustellen, um danach den Quellenwert ihrer Aussagen abschätzen und ihre Aussagemöglichkeiten beurteilen zu können. Dabei aber wird es unumgänglich sein, auf den Wortlaut der lateinischen Textstellen und auf die Methoden ihrer Kritik einzugehen. Da die Erörterung von schriftlichen Quellen wegen ihrer bisweilen komplizierten Überlieferung weniger anschaulich ist als die Abbildungen oder Kartenskizzen zu archäologischen oder siedlungsgeschichtlichen Quellen, soll mit Hilfe einer synoptischen Darstellung der einschlägigen Textstellen versucht werden, den notwendigen Vergleich zu erleichtern[5]. Gelingt es, die Textaussagen zu durchschauen, dann wird es hoffentlich möglich sein, den Wert und die Aussagekraft der Nachricht, Freiburg sei im Jahre 1091 ins Leben getreten, zu ermessen.

II.1 Die Konradurkunde von 1120

Die von Thomas Zotz vorgelegte Übersicht der im nördlichen Breisgau bis um 1100 entstandenen Siedlungen zeigt ein recht buntes Bild von -ingen-, -heim-, -hausen-, -hofen-, -kirch- und anderen Orten. Freiburg aber fehlt[6]. Es taucht am Ausgang des Dreisamtals dort auf, wo sich, im späteren Bereich von Oberlinden, die nach Westen und Norden verlaufende Straße gabelt. Ob man von »plötzlichem« Auftauchen sprechen kann, wäre wichtig zu wissen, weil aus der Art und dem Zeitpunkt der Namengebung Schlüsse auf den Entstehungsvorgang Freiburgs gezogen werden könnten[7]. Einstweilen muß man sich mit der Annahme »um 1100« begnügen, die einen größeren oder kleineren Spielraum vor und nach der Jahrhundertwende läßt. Immerhin bietet die »Konradurkunde«, die im

3 Bernhard DIESTELKAMP, Gibt es eine Freiburger Gründungsurkunde aus dem Jahre 1120? Ein Beitrag zur vergleichenden Städtegeschichte des Mittelalters sowie zur Diplomatik hochmittelalterlicher Städteprivilegien, Berlin 1973; ferner DERS., Die Freiburger Gründungsurkunde von 1120. Zum Stand der Diskussion, in: Alemannisches Jahrbuch 1979/80, 1983, S. 1–20, hier S. 1: »Meine bei dieser Gelegenheit vertretenen Thesen haben Aufsehen, ja Ärgernis erregt ... «. Vgl. die Besprechung von Berent SCHWINEKÖPER, in: Zeitschrift des Breisgau-Geschichtsvereins »Schau-ins-Land« 98, 1979, S. 150f.

4 Bernhard DIESTELKAMP, »Freiheit der Bürger – Freiheit der Stadt«, in: Die abendländische Freiheit vom 10. bis zum 14. Jahrhundert. Der Wirkungszusammenhang von Idee und Wirklichkeit im europäischen Vergleich, hg. von Johannes FRIED (Vorträge und Forschungen 39) Sigmaringen 1991, S. 485–510, Zitat S. 500, Anm. 72.

5 Textsynopse unten S. 149 am Ende des Beitrages.

6 Vgl. den Beitrag von Thomas ZOTZ, in diesem Band S. 49ff.

7 Zum Namen ›Freiburg‹ s. unten Abschnitt III.4.

sorgfältig gefertigten, kostbaren Güterbuch des Zisterzienserklosters Tennenbach aus der Mitte des 14. Jahrhunderts mit seinen schönen Initialen überliefert ist[8], einen Anhaltspunkt. Wie die Rubrik *Friburg* zeigt, war das Kloster in der Stadt selbst präsent (Abb. 1). Mit einer in roter Farbe gehaltenen Initiale *N* wird in der Art einer urkundlichen Bekanntmachung: *Notum sit omnibus tam futuris quam presentibus* die Verfügung eingeleitet: *qualiter ego Cůnradus in loco mei proprii iuris scilicet Friburg:* »daß ich, Konrad, an dem Ort, der mein Eigengut ist, nämlich Freiburg«, *forum constitui*, »einen Markt eingerichtet habe«, und zwar »im Jahr nach der Geburt des Herrn 1120« (*anno ab incarnatione domini M°C°XX°*)[9]. Fünfundfünfzig Rechtssätze sind es, die der sog. »Tennenbacher Text« enthält. Die meisten von ihnen finden sich auch in dem umfangreichen Freiburger Stadtrodel (Abb. 2). Formal eine Schriftrolle (Rotulus), die wohl nach dem Aussterben der Zähringer im Jahr 1218 entstanden ist, stellt die im Original erhaltene Notitia eine im Auftrag der Bürger gefertigte Rechte-Zusammenstellung in achtzig Sätzen dar[10]. Daß diese jedoch zum Jahr 1120 nicht Konrad als Marktgründer, sondern *Berhtoldus dux Zæringie* als Stadtgründer nennt – heißt es doch, Bertold habe verfügt, daß auf seinem Eigengut Freiburg als freie Stadt entstehen solle (*liberam constituit... fieri civitatem*)[11] –, stellt einen eklatanten Widerspruch zur Konradurkunde dar, was den Gründer angeht.

Dieser Widerspruch wird im Tennenbacher Güterbuch nach der Wiedergabe der Konradurkunde offen und direkt angesprochen. Da nun des alten Rechts und Rodels der Gründung der Stadt Erwähnung getan ist, so heißt es, sei darüber hinaus bekannt zu machen, daß dieser Herr und Graf Konrad nicht der Gründer der Stadt Freiburg war (*quod iste dominus Cůnradus comes non fuit primus fundator civitatis Friburg*), sondern sein Bruder Bertold, der Herzog von Schwaben (*sed frater eius Berhtoldus, dux Sueuie*), der im Jahr 1118 die Stadt gegründet hat (*civitatem condidit*) und später (1122) in Molsheim bei Straßburg getötet wurde, wie Chroniken bezeugen[12].

Zweierlei geht hier durcheinander. Wenn Konrad, der Graf und Marktgründer, gar nicht der erste Gründer der Stadt gewesen ist, sondern sein Bruder Bertold, der *dux Sueuie*, so geht dem ›Marktgründer‹ der ›Stadtgründer‹ voraus; außerdem war Konrads Bruder Bertold nicht »Herzog von Schwaben«, wohl dagegen sein gleichnamiger Vater Gegenherzog gegen den Staufer Friedrich[13].

Schon über eineinhalb Jahrhunderte lang, seit der Entdeckung des Tennenbacher Konrad-Textes durch Heinrich Schreiber im Jahre 1829, währt der Streit über den Gründer Freiburgs, den Zeitpunkt der Gründung und die Zuverlässigkeit der genannten Rechts-

8 Das Tennenbacher Güterbuch (1317–1341), bearb. von Max WEBER, Günther HASELIER, Alfons SCHÄFER, Hans Georg ZIER, Paul ZINSMAIER. Mit Registern von Friedrich VON DER ROPP (Veröffentlichungen der Kommission für geschichtliche Landeskunde von Baden-Württemberg A 19) Stuttgart 1969, Abb. 3 nach S. XXXII.

9 Ebd., S. 164; Rekonstruktion der Konradurkunde durch Walter SCHLESINGER, Das älteste Freiburger Stadtrecht. Überlieferung und Inhalt, in: Zeitschrift der Savigny-Stiftung für Rechtsgeschichte, Germanistische Abteilung 83, 1966, S. 63–116. Dazu jetzt Marita BLATTMANN, Die Freiburger Stadtrechte zur Zeit der Zähringer. Rekonstruktion der verlorenen Urkunden und Aufzeichnungen des 12. und 13. Jahrhunderts, 2 Bde. (Veröffentlichungen aus dem Archiv der Stadt Freiburg im Breisgau 27) Freiburg i. Br. – Würzburg 1991, hier Bd. 1, S. 39ff.

10 Zum Stadtrodel zuletzt BLATTMANN, Bd. 1 (wie Anm. 9) S. 8ff.

11 S. Textvergleich unten im Anhang und BLATTMANN, Bd. 2 (wie Anm. 9) S. 552.

12 Tennenbacher Güterbuch (wie Anm. 8) S. 168.

13 Ottonis et Rahewini Gesta Friderici I. imperatoris l. I.c.7/8, hg. von Georg WAITZ, Bernhard VON SIMSON (MGH SS rer. Germ. in us. schol. [46]) Hannover – Leipzig 1912, Ndr. Hannover 1978, S. 23f.

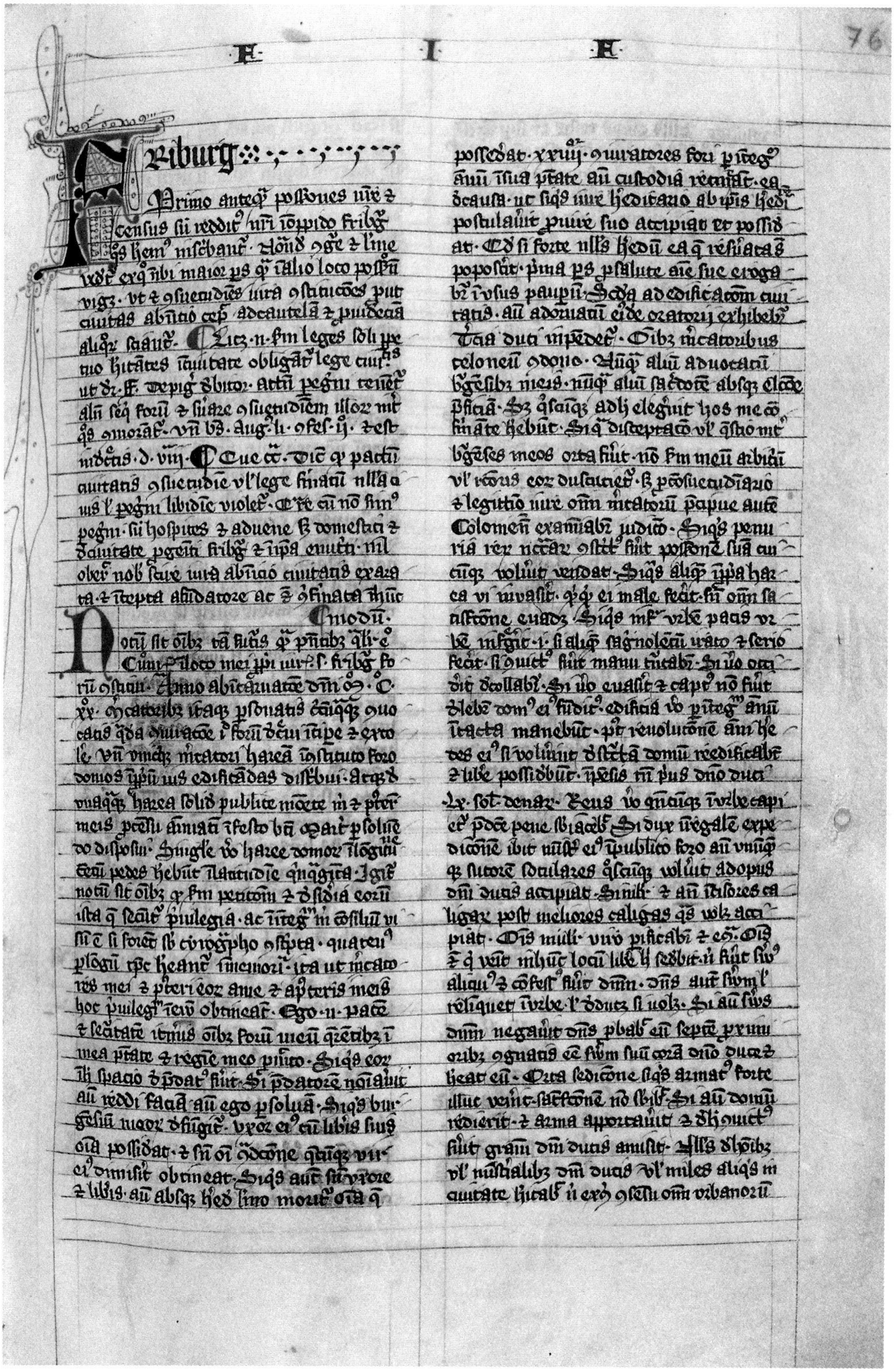

Abb. 1 Seite aus dem Güterbuch des Zisterzienserklosters Tennenbach (GLA Karlsruhe, Abteilung Beraine, Nr. 66/8553, Spalten 305/6). Beginn der Konradurkunde von 1120 etwa in der Mitte der linken Spalte mit der großen *N* - Initiale.

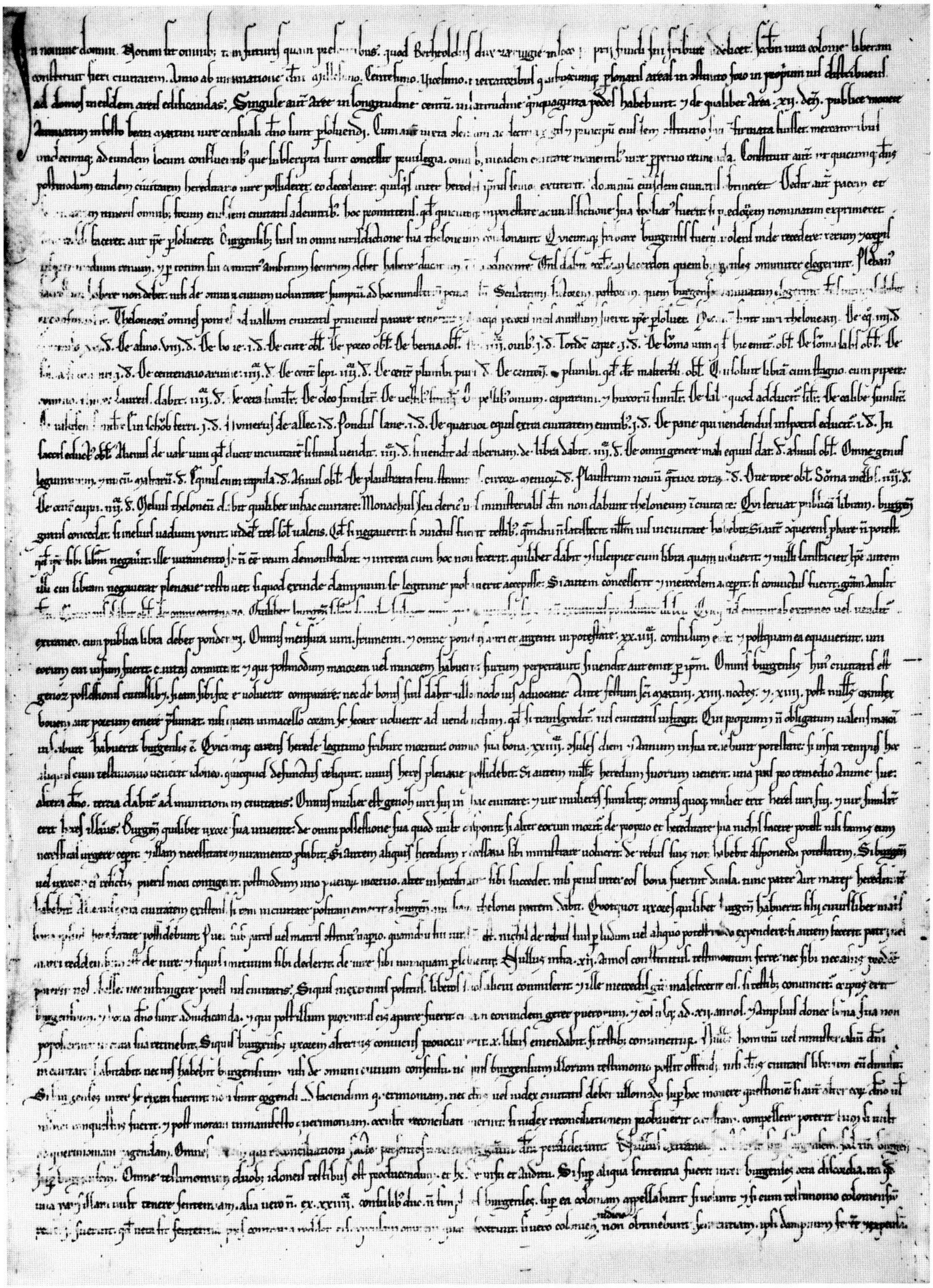

Abb. 2 Der Freiburger Stadtrodel (Stadtarchiv Freiburg i. Br., A 1: I a Nr. 1, 1120). Auf dieser Pergamentrolle ließen die Freiburger Bürger um 1218 das in ihrer Stadt geltende Recht zusammenstellen. Der Beginn des angeblichen Urkundentextes von 1120 nennt nicht Konrad, sondern seinen Bruder, Herzog Bertold, als Stadtgründer.

dokumente, ein Streit, der Freiburg in der Stadtrechtsforschung erst recht berühmt gemacht hat[14].

Da eine vergleichbare nichtkönigliche Rechtsgewährung, zumal in Form einer Urkunde, für die Zeit um 1120 ansonsten nicht bekannt ist, wird sie für anachronistisch gehalten: Ist doch nicht nur die Konradurkunde, sondern auch der Stadtrodel angezweifelt worden. Grund genug für den Rechtshistoriker, seine Bedenken nicht aufzugeben[15]. Dabei geht es um nichts Geringeres als um die Kriterien von Markt und Stadt, die Zusammenhänge von Stadtherr, Stadtrechten und ihrer Verschriftlichung, um das Kaufmannsrecht und die Schwurgenossenschaft sowie um das Verhältnis von Bürger und Kommune. Hans Schadek geht darauf ein[16], weshalb hier die Nennung weniger Namen von Forschern der jüngeren Zeit genügen kann, von Walter Schlesinger und Berent Schwineköper, Bernhard Diestelkamp und Karl Kroeschell, von Hagen Keller und Marita Blattmann, deren zweibändiges Werk »Die Freiburger Stadtrechte zur Zeit der Zähringer« 1991 erschienen ist.

Wir halten indessen fest: Die Anfänge von Freiburg haben mit den Gründern Konrad und/oder Bertold zu tun. Das erste im Original erhaltene Dokument zur Stadtgeschichte ist der nach dem Aussterben der Zähringer um 1220 entstandene Stadtrodel. Ihm zufolge hat ein Herzog Bertold die Stadt gegründet, während der Wortlaut von Konrads Gründungsurkunde im Tennenbacher Güterbuch aus der Mitte des 14. Jahrhunderts überliefert ist. Je später aber die Überlieferung, desto problematischer erscheint sie. Denn dann ist zumindest mit Abschreibefehlern und Korrekturen, mit Interpolationen und Amplifikationen, d. h. mit Veränderungen oder Erweiterungen des Textes zu rechnen. Daher ist die Rekonstruktion der Fakten bzw. der sie festhaltenden Schriftzeugnisse aller Art, nicht nur der Konradurkunde und des Stadtrodels, geboten. Es geht um Textkritik, nicht weniger aber auch um Traditionskritik, wie sich zeigen wird.

II.2 Die *Fratres de Friburch*

Ein Eintrag von *Fratres de Friburch* findet sich im St. Galler Verbrüderungsbuch[17]. Er steht unter einer Doppelarkade in der zweiten Kolumne, umfaßt unter der Überschrift – beginnend mit *Paldof* – 17 Namen. Die beiden letzten Buchstaben von *Friburch* sind links vom mittleren Arkadenkapitell zu sehen (Abb. 3). Vom Typ her entspricht der Eintrag der Freiburger Brüder den neben ihm stehenden *Fratres*-Einträgen von Marlenheim und Mülhausen, wenngleich er offenbar von einer anderen, aber etwa zur gleichen Zeit schreibenden Hand herrührt.

14 Besonders markant in diesem Zusammenhang Konrad Beyerles Diktum im Verfassungsausschuß der Weimarer Nationalversammlung am 28. Mai 1919 (im Rahmen des »Berichts über die Grundrechte«), zitiert bei Georg von Below, Zur Deutung des ältesten Freiburger Stadtrechts, in: Zeitschrift der Gesellschaft für Beförderung der Geschichts-, Altertums- und Volkskunde von Freiburg, dem Breisgau und den angrenzenden Landschaften 36, 1920, S. 1–30, S. 19f.; vgl. Diestelkamp, Gibt es eine Freiburger Gründungsurkunde ... ? (wie Anm. 3) S. 10.

15 Zusammenfassend Diestelkamp, Die Freiburger Gründungsurkunde (wie Anm. 3) S. 19f.

16 In diesem Band, S. 231 ff.

17 St. Galler Stiftsarchiv, Cod. sangall. Class. I. Cist. C 3. B 55, A fol. 20r (pag. 19); vgl. Karl Schmid, Das ältere und das jüngere St. Galler Verbrüderungsbuch, in: Materialien und Untersuchungen zu den Verbrüderungsbüchern und den älteren Urkunden des Stiftsarchivs St. Gallen, hg. von Michael Borgolte, Dieter Geuenich, Karl Schmid (Subsidia Sangallensia 1 = St. Galler Kultur und Geschichte 16) St. Gallen 1986, S. 15–38 sowie Dens., Versuch einer Rekonstruktion der St. Galler Verbrüderungsbücher, ebd., S. 81–276, S. 129 (Faksimile).

Abb. 3 *Fratres de Friburch* im Verbrüderungsbuch der Abtei Sankt Gallen (Cod. sangall. Class. I. Cist. C 3, B 55, A fol. 20r [pag. 19]). Ihr Eintrag findet sich in der zweiten Kolumne von links und beginnt in Höhe des mittleren Arkadenkapitells.

Es handelt sich um eine Schicht von Einträgen, die ins Verbrüderungsbuch des Klosters St. Gallen aufgenommen worden sind, jedoch nicht zum Grundstock, d. h. nicht zu den Namen aus der Zeit der Anlage des Bandes im 9. Jahrhundert gehören, sondern zu einer jüngeren Namenschicht der Brüder des Klosters Schienen bei Stein am Rhein (*NOMINA FRATRVM DE SKINA*), die in der ersten Spalte von *AMBRICHO ABBA* bis *huppret* mit anschließenden Nachträgen verzeichnet sind. Die älteren wie die jüngeren Nameneinträge halten Personen bzw. Personengruppen zum Zwecke des Gebetsgedenkens fest[18]. Indessen handelt es sich bei den nach Freiburg, Marlenheim, Mülhausen usw. genannten Personengruppen nicht wie bei Schienen um Mönche oder Kleriker, sondern nach Meinung der Forschung um Angehörige von Bruderschaften oder Pilgergruppen[19]. Doch ist der Eintrag deshalb merkwürdig, weil in Freiburg kein St. Galler Besitz nachzuweisen ist, abgesehen davon, daß zwischen dem dritten und vierten Namen *Rŏtvuilo* steht, also unklar ist, ob sich dieses Toponym nur auf den nächsten oder auf alle folgenden Namen bezieht. Auch sind die ortsgebundenen Nameneinträge im St. Galler Verbrüderungsbuch so stark auf das Oberrheingebiet mit Schwerpunkten um Straßburg, in der südlichen Ortenau und im nördlichen Breisgau wie im Oberelsaß konzentriert, daß schon vermutet worden ist, der Codex habe sich vorübergehend einmal dort, nämlich im Straßburger Kloster Ettenheim, befunden[20]. Da es sich aber – mit Ausnahme von wenigen Einträgen, zu denen auch der Freiburgs gehört – um Sammeleinträge von der gleichen Hand handelt, könnten diese vom Oberrhein jeweils zusammen nach St. Gallen gelangt und dort ins Verbrüderungsbuch eingeschrieben worden sein. Außerdem ist zu bemerken, daß es sich bei den die Nameneinträge näher bezeichnenden Orten nicht um solche mit St. Galler Besitz handelt, während solcher allerdings in der Nachbarschaft oder weiteren Umgebung von ihnen nachzuweisen ist[21]. Das spricht nicht für eine vom Reichskloster St. Gallen ausgegangene Initiative. Vielleicht hatte sie ihren Ursprung im Oberrheingebiet selbst.

Was nun Freiburg selbst angeht, so ist nicht zu verkennen, daß zwar nicht hier, aber um Freiburg herum in Haslach, Uffhausen, Merzhausen und wohl auch in Wiehre, vor allem aber in Kirchzarten und am Schönberg St. Galler Besitzungen bezeugt sind[22]. Während uns aber aus dieser Anzahl sanktgallischer Besitzorte *Fratres*-Gruppen nicht genannt sind, ist dies merkwürdigerweise beim nicht sanktgallischen, sondern zähringischen *Friburch* der Fall. Für eine Erklärung wäre der Zeitpunkt von Belang, lieferte doch eine

18 SCHMID, Das ältere und das jüngere St. Galler Verbrüderungsbuch (wie Anm. 17) S. 37; allg. DERS., Das liturgische Gebetsgedenken in seiner historischen Relevanz am Beispiel der Verbrüderungsbewegung des früheren Mittelalters, jetzt in: DERS., Gebetsgedenken und adliges Selbstverständnis im Mittelalter. Ausgewählte Beiträge. Festgabe zu seinem sechzigsten Geburtstag, Sigmaringen 1983, S. 620–644.

19 Heinrich BÜTTNER, Aus den Anfängen der Stadt Freiburg. Freiburgs Erwähnung im St. Galler Verbrüderungsbuch, in: Schau-ins-Land 74, 1956, S. 31–38, bes. S. 32 Anm. 7; in Druckvorbereitung befindet sich der an das Anm. 17 zitierte Werk anschließende Band »Subsidia Sangallensia II« , hg. von Nora GÄDEKE, Uwe LUDWIG, Karl SCHMID und Alfons ZETTLER.

20 Aloys SCHULTE, Zu den Verbrüderungsbüchern von St. Gallen und Reichenau, in: Mittheilungen des Instituts für Österreichische Geschichtsforschung 11, 1890, S. 123–127, S. 126.

21 Vgl. z. B. Freiburger Urkundenbuch Bd.1, bearb. von Friedrich HEFELE, Freiburg i. Br. 1940, Nr. 307 S. 274f., Nr. 367 S. 334ff., hier S. 337. Zu berücksichtigen ist ferner, daß St. Gallen im Oberrheintal über Censualen verfügt hat; vgl. Dieter GEUENICH, Die Censuales-Listen im Codex Traditionum und die Register des Melchior Goldast, in: Materialien (wie Anm. 17) S. 39–80, S. 59f.

22 Vgl. Otto P. CLAVADETSCHER, Paul STAERKLE, Die Dorsualnotizen der älteren St. Galler Urkunden. Faksimile-Ausgabe (Urkundenbuch der Abtei St. Gallen, 2. Ergänzungsheft) St. Gallen 1970, S. 128f., ferner die beigelegte Faltkarte von Michael BORGOLTE, Der Besitz der Abtei St. Gallen nach den Urkunden der merowingischen und karolingischen Epoche, in: Materialien (wie Anm. 17).

Datierung den frühesten Nachweis für die Existenz Freiburgs[23]. Doch haben Versuche, die Namen – auch jene aus Freiburg – genauer zu datieren, bisher nicht zu einem sicheren Ergebnis geführt. Jedenfalls ist aber dieser offenbar älteste Freiburg-Beleg schon deshalb interessant, weil er *Fratres* aus Freiburg namentlich nennt, die doch wohl eine genossenschaftlich organisierte Personengruppe bildeten.

II.3 Die sogenannten Marbacher Annalen

Auch bei diesem Quellenzeugnis handelt es sich um eine späte, aus der Mitte des 13. Jahrhunderts überlieferte, ›Marbacher Annalen‹ genannte Chronik[24]. Die Freiburg betreffende Stelle zum Jahr 1091 findet sich in der Jenenser Handschrift dort, wo der Text durch äußere Einflüsse nur noch schwer lesbar ist. Wir orientieren uns an der Jahreszahl *MXCII* (Abb. 4). Drei Zeilen tiefer heißt es auf der rechten Seite: *Hic preterito anno, in proprio allo/dio* (steht schon auf der nächsten, schlecht lesbaren Zeile, und danach:) *Brisaugie Friburch civitatem* (dann wieder gut erkennbar:) *iniciavit*. Zu deutsch: »Dieser hat im vorhergehenden Jahr auf seinem Eigengut im Breisgau die *civitas* Freiburg begonnen«.

Hic (»dieser«) ist Bertold, der zum Herzog erhobene Zähringer – dieses Demonstrativpronomen bezieht sich auf den vorangehenden Jahresbericht, d. h. hinweisend auf den dort genannten *Bertholdum de Zeringen ducem tocius Suevie*, den von den *principes Alemannie* erhobenen Bruder Gebhards, des Bischofs von Konstanz[25]. Daß der Beginn Freiburgs ins Jahr vor der zu 1092 berichteten Herzogserhebung gehört, erfolgte er doch *preterito anno*, d. h. 1091, weist die diesbezügliche Notiz schon formal als Zusatz aus. Und daß die angehängte, Freiburg betreffende Aussage wegen ihres zeitlichen Rückgriffs auf das offenbar wichtige Geschehen im Jahr davor auffällig erscheint, ist längst bemerkt und zu erklären gesucht worden[26]. Es empfiehlt sich, vor diesem Unterfangen die Gewohnheiten des Verfassers der sog. Marbacher Annalen und seiner Vorlage anzusehen, um eine Vorstellung von seiner Arbeitsweise zu bekommen.

Ipso anno, fährt der Text nach der Freiburger Gründungsnotiz fort, sei der Augsburger Propst Ulrich nach dem Tod Altmanns von Passau zum Bischof ordiniert worden, was 1092 geschah, wie aus Bernolds Bericht zu diesem Jahr hervorgeht[27]. *Post mortem Altmanni* stammt nur indirekt aus Bernold, der den Tod Altmanns zum Jahr 1091 ausführlich berichtet, während der Marbacher Annalist unter dem Bericht zum Jahr *MXC* (1090) anfügt: *Sequenti anno Altmannus Pataviensis episcopus … obiit …*, d. h. 1091. Bei Bernold hingegen findet sich zum Jahr 1092 wie in den ›Marbacher Annalen‹ ein Rückgriff: *in praeterito anno, id est dominicae incarnationis 1091,* sei Graf Friedrich von Mömpelgard (Montbéliard), der Erbe der Güter der Turiner Gräfin Adelheid und Verfechter der Sache des hl. Petrus, gestorben[28]. An die Stelle dieser von ihm weggelassenen Mitteilung *in praeterito anno* bei Bernold hat der Marbacher Annalist die Notiz *Hic preterito anno …*

23 Zur bisherigen Diskussion vgl. BÜTTNER (wie Anm. 19) sowie unten S. 143.

24 Überliefert nur in der Handschrift Jena, Thüringer Universitäts- und Landesbibliothek, Codex Bos. q. 6; Edition: Annales Marbacenses qui dicuntur, hg. von Hermann BLOCH (MGH SS rer. Germ. in us. schol. [9.]) Hannover – Leipzig 1907, Ndr. Hannover 1979.

25 Annales Marbacenses ad ann. 1092 (wie Anm. 24) S. 37.

26 Vgl. Johannes HALLER, Die Marbacher Annalen. Eine quellenkritische Untersuchung zur Geschichtsschreibung der Stauferzeit, Berlin 1912, S. 82.

27 Bernoldi Chronicon ad ann. 1092, in: MGH SS 5, S. 454.

28 Ebd.

Abb. 4 Die Notiz der ›Marbacher Annalen‹ 1091: Der wegen Beschädigung der Handschrift (Thüringer Universitäts- und Landesbibliothek Jena, Codex Bos. q. 6, fol. 135v) nur schwer lesbare Satz beginnt gegen Ende der 14. Zeile von unten und erstreckt sich noch über die Hälfte der folgenden Zeile bis zu dem wieder gut erkennbaren Wort *iniciauit.*

Friburch iniciavit gesetzt. Während bei Bernold der Rückbezug der Grafennotiz verifizierbar ist, ist dies bei der Freiburger Gründungsnotiz nicht der Fall.

Der gleiche Sachverhalt liegt bei der Marbacher Gründungsnotiz vor. *Eodem anno*, so heißt es unter der ersten Notiz zum Jahr *MXC* (1090), ist die Marbacher Kirche des hl. Augustinus von Burchard von Geberschweier gegründet worden, dessen Helfer und Kooperator Manegold von Lautenbach war. Die bei Bernold zu diesem Jahr fehlende Mitteilung über die Gründung des südwestlich von Colmar gelegenen Augustiner-Chorherrenstiftes Marbach im Elsaß, nach dem die ›Annalen‹ ihren Namen tragen, wird allerdings mit seiner Hilfe ausführlich erläutert, was wiederum mit einem *Hic* geschieht, das sich hier nicht auf den Laiengründer Marbachs, sondern auf den Magister Manegold bezieht, wobei Notizen Bernolds zu den Jahren 1094 und 1098 größtenteils wörtlich benutzt worden sind[29]. Sie werden vom Marbacher Annalisten vorgezogen und als Erläuterung der Hauptnotiz über die Gründung von Marbach verwendet, die Bernold zum Jahr 1094 ausschließlich als Aktion Manegolds darstellt, der das *monasterium clericorum apud Marhbach* einzurichten begonnen habe (*instituere cepit*). Schon diese Beobachtungen zeigen, wie intensiv, gezielt und flexibel der Marbacher Annalist sein Geschichtswerk für die beginnenden 1090er Jahre aus Bernolds Chronik gestaltet hat, wobei Weglassungen und Umstellungen die Hervorhebung dessen bewirkten, was er für wichtig hielt.

Diesen Vorgang kann der gedruckte Text der ›Marbacher Annalen‹, die sogenannte Edition, nur andeuten. Dabei sind die Nachrichten über Marbach und Freiburg in normaler Type im Unterschied zum Kleingedruckten wiedergegeben, dessen Herkunft am rechten Seitenrand durch abgekürzte Hinweise und Jahreszahlen, hier »Bern.« für Bernold bzw. »ib.« für ibidem (ebenda), vermittelt wird. Mit den Hinweisen »Not. Marb.« zu den im Normaldruck wiedergegebenen Stellen wird auf sog. ›Marbacher Notizen‹ verwiesen, zu denen merkwürdigerweise auch die Mitteilung über die Freiburger Gründung gerechnet wird. Diese Marbach selbst und Freiburg betreffenden Notizen quellenkritisch zu untersuchen, ist unerläßlich.

Die Anmerkungsziffern 1 und 4 in der Edition der ›Marbacher Annalen‹ rekurrieren auf Randnotizen zur Erfurter ›Chronica minor‹ im Einsiedler Codex 628; zu der Freiburg-Mitteilung heißt es dort: *Anno Domini MXCI. Ber[tholdus de] Zeringen dux Sw[evie] iniciavit civitatem [Fri]burk in Brizkgů[we]*. Das ist just in etwas veränderter und verkürzter Form, nun aber mit dem vorangestellten Jahr 1091 und mit der vollen Nennung des Subjekts, Bertolds von Zähringen, Herzogs von Schwaben, die Mitteilung der sog. Marbacher Annalen. Sehen wir auch diese Stelle in der Handschrift des Klosters Einsiedeln an (Abb. 5), so findet sich tatsächlich am rechten Rand der zweispaltig geschriebenen Erfurter ›Chronica minor‹ bei *Victor* bzw. *Vrbanus papa* besagte Notiz. Am rechten Rand beschnitten, blieb nur noch das *B* mit Abkürzungsstrich von *Bertholdus* und darunter *Sw* von *Swevie* sowie *Brizkgů* von *Brizkgů[we]* erhalten, wobei nicht zu verkennen ist, daß sich darüber, ähnlich verstümmelt, auch die uns schon bekannte Marbach-Notiz zum Jahre 1090 findet. Während die Marginalnotizen dem 14. Jahrhundert zugewiesen werden, wird die Schrift des Textes selbst ins Jahr 1288 datiert[30].

Damit haben wir den Grund vor Augen, der den Herausgeber der ›Marbacher Annalen‹ veranlaßt hat, die Marbach- samt der Freiburg-Notiz für »Notae Marbacenses« zu halten und zu bemerken, die von Eduard Heyck, dem Verfasser der »Geschichte der Her-

29 Annales Marbacenses ad ann. 1092 (wie Anm. 24) S. 37.

30 Benediktinerabtei Einsiedeln, Stiftsbibliothek, Cod. 628 (321), fol. 15r. Vgl. Monumenta Erphesfurtensia saec. XII. XIII. XIV., hg. von Oswald HOLDER-EGGER (MGH SS rer. Germ. in us. schol. [42.]) Hannover 1899, S. 516f.

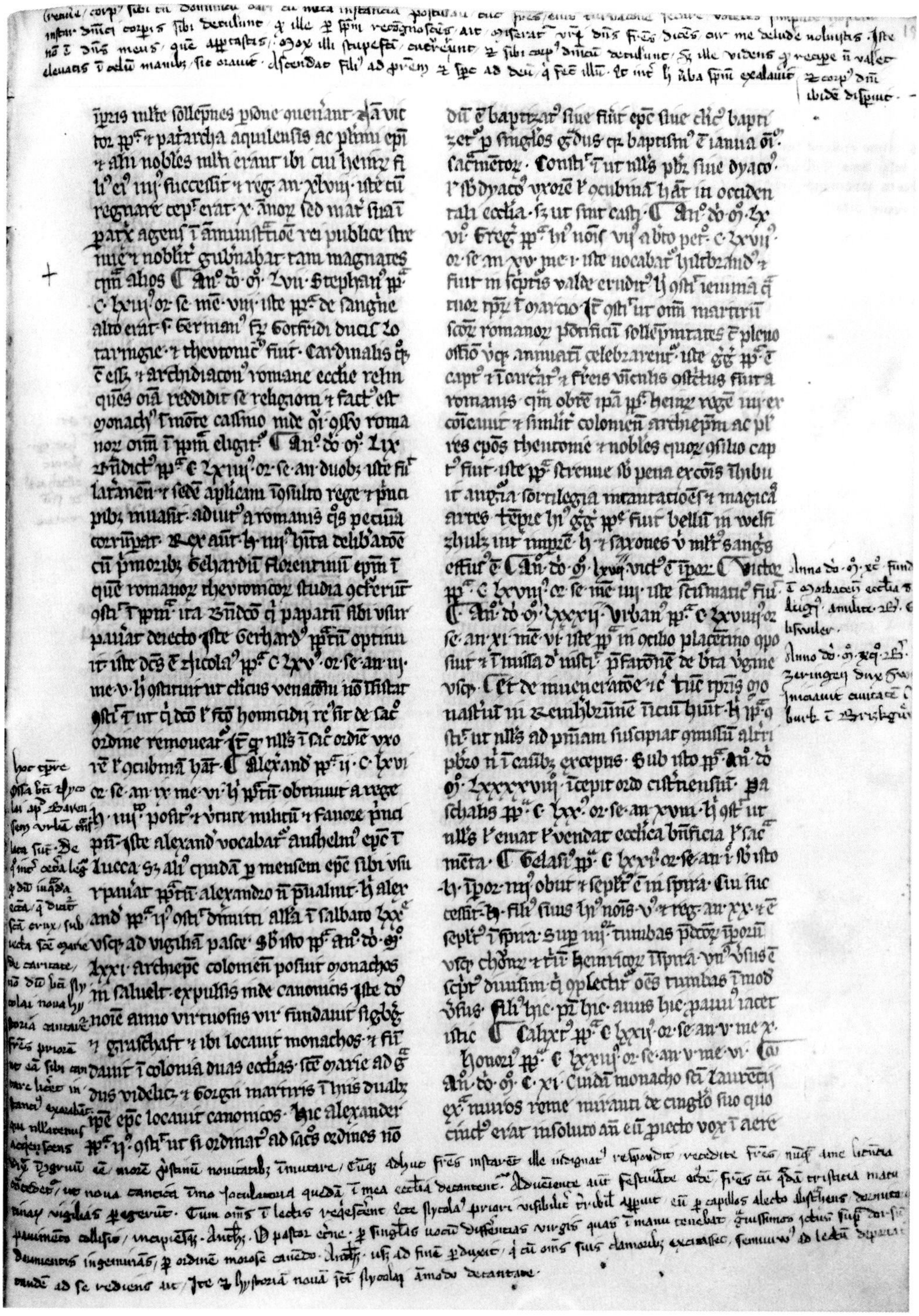

Abb. 5 Am rechten Rand dieser Seite einer Chronik des 13. Jahrhunderts (Benediktinerabtei Einsiedeln: Stiftsbibliothek; Cod. 628 [321], fol. 15r) hat ein Schreiber des 14. Jahrhunderts zwei Zusätze neben der rechten Textspalte angefügt, die sich auf die ›Gründung‹ des Klosters Marbach und die der Stadt Freiburg beziehen. Durch spätere Beschneidung der Handschrift sind diese Notizen nur verstümmelt erhalten.

zoge von Zähringen«, zurückgewiesene Marbacher Mitteilung über den Beginn Freiburgs 1091 besitze doch mehr Glaubwürdigkeit[31]. Immer wieder hat man ihr vertraut: In ihr wurde, um die Diskrepanz der Freiburg betreffenden Überlieferung zwischen 1091 und 1120 zu überbrücken, die Mitteilung vom Baubeginn der Burg Freiburg erblickt, wobei natürlich der Begriff *civitas* störte.

Vor etwa zwanzig Jahren haben Wolfgang Stülpnagel und Berent Schwineköper die Klingen in dieser Angelegenheit gekreuzt[32]. Schwineköper lehnte die These, im Jahr 1091 sei nicht nur die Burg Freiburg, das »feste Haus« auf dem Schloßberg, sondern auch »die Erbauung einer Großanlage« mit Burg und Burgweiler (*burgus* genannt) begonnen worden, entschieden ab. Er blieb bei seiner von Schlesinger akzeptierten These: »Civitas ist eben nicht nur für den Schreiber der Marbacher Annalen, sondern für alle Chronisten dieser Zeit eine Stadt«! Er erklärte die Marbacher Notiz als »falsche Einordnung zu 1092«[33], statt zu 1120 oder 1122. Das heißt: Die zeitliche Einordnung der Freiburger Gründungsnotiz zu 1092 bzw. 1091 wäre als Fauxpas der Überlieferung zu betrachten. In der Tat, die Bezeichnung Bertolds als *dux Suevie* stammt unzweifelhaft aus den von Bernold von St. Blasien abhängigen sog. Marbacher Annalen zum Jahre 1092. Da aber in der Notiz zum Jahr 1091 die Bezeichnung Bertolds als *dux Suevie* anachronistisch ist, weil Bertold in Wirklichkeit erst 1092 zum Herzog von Schwaben gemacht wurde, ist die Einsiedler Notiz bezüglich des Schwabenherzogs Bertold zum Jahr 1091 der Falschaussage überführt, während das auf die zum Jahr 1092 stehende Notiz in den ›Marbacher Annalen‹ nicht zutrifft.

Halten wir fest: Die Selbständigkeit der Gründungsmitteilung »Freiburg 1091« in den ›Marbacher Annalen‹ wird durch die Einsiedler Notiz nicht gestützt. Diese ist wegen des *dux Suevie* sekundär.

II.4 Die Nachrichten des Straßburger Propstes Friedrich von St. Thomas über Freiburg und die Zähringer

Die Forschung hält immer wieder Überraschungen bereit. Zu ihnen rechne ich den Umstand, daß in der Freiburg- und in der Zähringerforschung Johannes Hallers Studie über »Die Marbacher Annalen« aus dem Jahr 1912[34] – soweit ich sehe – noch nicht berücksichtigt wurde. Wollte der Herausgeber der Quelle, Hermann Bloch, um 1140 in Marbach zusammengestellte »Notae Marbacenses« ermittelt haben, weil die sog. Marbacher Annalen eine »Hohenburger Chronik« darstellten[35], so fand er den Widerspruch Hallers. Der erste, von 631 bis 1200 reichende Teil dieses Werkes sei, so meinte dieser, dem Propst Friedrich von St. Thomas in Straßburg und Kaplan Kaiser Heinrichs VI. zuzuschreiben, dem Verfasser sowohl der Reichschronik als auch der an sie anschließenden Straßburger Reichsannalen. Daß Hallers auch die Zähringer und Freiburg berücksichtigenden Unter-

31 Eduard HEYCK, Geschichte der Herzoge von Zähringen, Freiburg i. Br. 1891, Ndr. Aalen 1980, S. 587; BLOCH (wie Anm. 24) S. 37 Anm. 4.

32 Wolfgang STÜLPNAGEL, Über neuere Arbeiten zu Fragen der Freiburger Stadtgründung, in: Schau-ins-Land 88, 1970, S. 5–22; Berent SCHWINEKÖPER, Zu Fragen der Freiburger Stadtgründung. Eine Stellungnahme, in: Schau-ins-Land 91, 1973, S. 31–40 mit einem »Nachwort« von Wolfgang STÜLPNAGEL, ebd., S. 40f.

33 SCHWINEKÖPER (wie Anm. 32) S. 34.

34 HALLER (wie Anm. 26) S. 82.

35 Hermann BLOCH, Die elsässischen Annalen der Stauferzeit. Eine quellenkritische Einleitung. Mit einem Anhang von Ernst POLACZEK (Regesten der Bischöfe von Straßburg I) Innsbruck 1908, S. 87ff.

suchungen so lange auf sich beruhen konnten, lag wohl an den Folgen des Ersten Weltkriegs. Mit ihm nämlich hörten die lebhaften und kontroversen Bemühungen um die staufische Reichsannalistik im Elsaß auf, an denen sich unter anderen auch Schulte, Hampe, Oppermann und Simonsfeld beteiligt hatten. Erst 1976 hat Irene Schmale-Ott in der Neuausgabe von Wattenbachs Geschichtsquellen die Forschung kritisch gemustert und auch zum Streit um die Verfasserschaft der sog. Marbacher Annalen Stellung genommen: »Nimmt man Propst Friedrich von Straßburg«, dem als Pfarrer in Kolmar die Marbacher Bibliothek zur Verfügung stand, »als Verfasser ... an, dann wird auch der große Anteil Marbachs an dem Werk verständlich. Auch das Interesse ... an den Basler Bischöfen, an den Zähringern, an der Gründung von Freiburg usw. fände eine natürliche Begründung«. Daher ist »Blochs Hohenburger Chronik von 631 bis 1212« – so Schmale-Ott – »zu streichen«[36], was nichts anderes heißt als: Haller hat recht.

Damit sind zwar auch die angeblich 1140 zusammengestellten ›Notae Marbacenses‹ zu streichen. Doch gilt es nun, dem Wissen eines Geschichtsschreibers über Freiburg und die Zähringer, der wie Otto von Freising auch im Reichsdienst tätig war, auf die Spur zu kommen. Schon Haller hat sein »nicht gewöhnliches Interesse für das Geschlecht der Zähringer« konstatiert: »Die Aufnahme der Gründung Freiburgs im Breisgau durch Berthold II. ›auf seinem Eigen‹ spricht für die Aufmerksamkeit, die er dem Zähringer Hause schenkte«[37]. Hier wird von der Gründung Freiburgs durch Bertold II. wie von einem Faktum gesprochen. Grund genug, um Hallers Aussagen einer sorgsamen, wenn auch lange versäumten Prüfung zu unterziehen. Ich habe bei der Vorbereitung dieses Vortrags alle Zähringerstellen in den sog. Marbacher Annalen zusammengestellt und – wie schon Haller – den Eindruck gewonnen, daß sie nicht wahllos und sorglos kompiliert, sondern von einem Könner mit Bedacht komponiert sind und auch dort einen teils neuen Sinn ergeben, wo es sich um Übernahmen aus Bernolds Chronik oder Ottos von Freising ›Taten Friedrichs I.‹ handelt. Kürzen oder Weglassen und Verändern oder Ergänzen des Wortlauts der Vorlage, wobei natürlich auch Irrtümer und Versehen, die jedoch ihrerseits aufschlußreich sind, vorkommen, beherrschte der Propst erstaunlich gut. Und was die ›Zähringer‹ angeht, so gibt er, wie ich meine, überraschend informative Auskünfte vor allem über ihre Rolle in der Reichsgeschichte, ihre Stellung in Burgund und ihr Verhältnis zu den Welfen. Ich kann diese Beobachtungen hier nicht ausbreiten, verspüre aber Lust, in einem der nächsten Semester eine Seminarübung über »Die Zähringer in der Chronik des Propstes Friedrich von Straßburg« zu halten[38].

Nur ein Beispiel: Nicht erst der Tod des mit Heinrich IV. verfeindeten Bertold I., des *dux Karinthiorum qui et Zeringen, vir catholicus et Heinrico omnimodis contrarius* zum Jahr 1078 wird gemeldet. In der von Otto von Freising übernommenen Schilderung über das von Heinrich IV. gegen die Sachsen 1075 aufgebotene Heer der *quatuor magni duces,* der Herzöge von Böhmen, Bayern, Schwaben und von Lothringen, macht unser Geschichtsschreiber aus dem Heer der vier ein solches der fünf Herzöge (*quinque magni duces*), wobei als fünfter *Bertholdus dux Karinthiorum qui et Zeringen* eingefügt wird[39].

36 Irene Schmale-Ott, in: Wilhelm Wattenbach, Deutschlands Geschichtsquellen im Mittelalter. Vom Tode Kaiser Heinrichs V. bis zum Ende des Interregnums Bd. 1, bearb. von Franz-Joseph Schmale unter Mitarbeit von Irene Schmale-Ott und Dieter Berg, Darmstadt 1978, S. 120ff. (Zitat S. 123) mit Literaturhinweisen.

37 Haller (wie Anm. 26) S. 81f.

38 Diese Lehrveranstaltung wurde im Wintersemester 1992/93 am Historischen Seminar der Universität Freiburg i. Br. abgehalten.

39 Ottonis Gesta Friderici I. l. I c.6 (wie Anm. 13) S. 22; Annales Marbacenses (wie Anm. 24) S. 29f.

Diese Ergänzung ist richtig und zeigt, daß der Verfasser viel mehr als bloß ein Abschreiber war.

Was aber seine Freiburg angehende Notiz *Hic*, nämlich Bertold, *in proprio allodio ... civitatem iniciavit* betrifft, so stimmt sie, von der Zeitstellung ganz abgesehen, in der Wortwahl jedenfalls mit der Formulierung des Konradprivilegs von 1120 *in loco mei proprii iuris ... forum constitui* nicht überein. Dagegen finden sich in den Jahresberichten Bernolds zu 1092 und 1093 alle verwendeten Satzglieder, sowohl *in proprio allodio* als auch *initiavit*, etwa *pacem initiavit*, und auch *in praeterito anno ... 1091* wie für die Städte Mailand, Cremona etc. *civitates de Longobardia* in anderen Zusammenhängen wieder[40]. Die Notiz »Freiburg 1091« dürfte demnach weder von einer anderen Vorlage stammen noch eine falsche Einordnung zu 1092/91 anstatt zu 1122 sein, wie Schwineköper meinte[41]. Wie durchdacht hier gearbeitet wurde, geht einmal mehr aus der Mitteilung der Gründung des Klosters St. Peter im Schwarzwald hervor, die wiederum Bernolds Chronik entnommen ist. Nach ihr hat der Bruder des Herzogs, Bischof Gebhard von Konstanz, *monasterium sua ... consecratione initiavit*[42]; die verkürzende Übersetzung »Gebhart weihte das Kloster« läßt die uns interessierende Pointe aus, heißt es doch: »durch seine Weihe« (*sua consecratione*) hat er das Kloster begonnen« (*initiavit*; wohl im Sinne von »zum Leben erweckt«)[43]. Diese Aussage Bernolds hat der Straßburger Geschichtsschreiber aber nicht übernommen. In Entsprechung zu »Bertold hat das neue Kloster gegründet« (*novum monasterium construxit*) formulierte er: »das sein Bruder später geweiht hat« (*quod postea frater suus consecravit*)[44]. Die mehrfach vorkommende, rechtlich etwas unklare, fast tendenziös anmutende Formulierung *sua consecratione initiavit*, die in ihrer ursprünglichen Bedeutung *mysteriis initiare* dem kultischen Bereich zugehört[45], hat er indessen nicht etwa fallen lassen, nein: er hat sie auf Freiburg angewandt. Angesichts der Übertragung des Verbs *initiare* vom Kloster auf die Stadt hat er gewiß doch nicht unbedacht formuliert: *civitatem Friburch iniciavit*. Daraus dürfte hervorgehen, daß die Quelle Qualität besitzt.

Halten wir fest: Der Straßburger Geschichtsschreiber hat offensichtlich aus seiner Sicht und mit seinem Wissensstand, demjenigen nämlich von etwa 1190, geschrieben. Er, der aus eigener Anschauung die *civitates* Italiens und gewiß auch Freiburg zu seiner Zeit gekannt hat, war augenscheinlich der Überzeugung, die *civitas Friburch* sei von Bertold im Jahr vor seiner Herzogserhebung (*preterito anno*) begonnen worden. Dabei erscheint – wie schon im Fall St. Peters – der Begriff *initiare*, was sein Verständnis und seine Übersetzung angeht, allerdings problematisch. Sollen wir vielleicht wie dort sagen, die *civitas* sei »zum Leben erweckt worden«? Wie dem auch sei – der Grund, der den Straßburger Propst bewog, das *initium* Freiburgs präzise ins Jahr 1091 zu setzen, ist nach wie vor verborgen. Es sei denn, man bringt Freiburg mit dem 1090 durch den Tod Bertolds von Rheinfelden, des Schwabenherzogs, möglich und notwendig gewordenen neuen Beginn der Herrschaft Bertolds II. in Verbindung. Seine Herzogserhebung 1092 spricht dafür. Und »Freiburg 1091« auch?

40 Bernoldi Chronicon (wie Anm. 27) S. 454 ff.

41 SCHWINEKÖPER (wie Anm. 33).

42 Bernoldi Chronicon ad ann. 1093 (wie Anm. 27) S. 456.

43 Die Chronik Bernolds von St. Blasien. Nach der Ausgabe der Monumenta Germaniae übers. von Eduard WINKELMANN, neu bearb. von Wilhelm WATTENBACH (Die Geschichtsschreiber der deutschen Vorzeit 48) Leipzig ²1893, Ndr. New York – London 1970, S. 78.

44 Annales Marbacenses ad ann. 1093 (wie Anm. 24) S. 38.

45 Vgl. s. v. in: Thesavrvs Lingvae Latinae Vol. VII,1, Leipzig 1934/64, Sp. 1649–1653, bes. Nr. I B Sp. 1650 f.

III.1 Enttäuschungen im Kampf um das Herzogtum und die ›Bertold-Tradition‹ in St. Peter um 1200

Mit dieser Frage kommen wir vom quellenkritisch-methodischen zum historischen Teil unserer Erörterungen. Sind die Forschungen über Freiburg bis in die neuere Zeit von Rechts- und Verfassungshistorikern beherrscht worden, so haben die bisherigen Vorträge, zuletzt derjenige von Heiko Steuer[46], eindrucksvoll gezeigt, wie erfolgreich und selbstbewußt die Archäologie auf dem Vormarsch ist. Die Historiker sehen sich da herausgefordert mitzuhalten. Daß es mit Ausnahme der etwas kümmerlichen Aufzeichnungen im Kloster St. Peter keine ›zähringische Hausüberlieferung‹ zu geben scheint, ist bedauerlich, aber wahr. Auch die Bemerkungen des Propstes Friedrich von Straßburg, des Hauptzeugen der Thronkandidatur Herzog Bertolds V. im Thronstreit 1198 und Kenners der Zähringergeschichte, sind nicht als Hausüberlieferung in der Art etwa der ›Historia Welforum‹, der Welfengeschichte[47], zu betrachten. Dazu kommt ein ihm unterlaufener folgenschwerer Fehler. Hat er doch Bertold II. und dessen Sohn Bertold III. nicht unterschieden, sondern fälschlicherweise den Tod Bertolds II., des 1092 zum Schwabenherzog erhobenen Gründers von Freiburg, zum Jahr 1122 gemeldet und ihn durch Mord enden lassen, dem in Wirklichkeit Bertold III. bei Molsheim nahe Straßburg zum Opfer fiel[48]. Da die ältesten genealogischen Aufzeichnungen über die Zähringer in St. Peter in die Zeit vor 1206 unter dem Abt Bertold zurückgehen[49], dürfte zu eben dieser Zeit die Kalamität bezüglich des Gründers und des Zeitpunkts der Gründung von Freiburg entstanden sein. Im Angesicht der Stiftergräber wußte man in St. Peter natürlich, daß auf den 1111 verstorbenen Bertold II. sein 1122 ermordeter Sohn Bertold III. folgte. Er habe, so die Zähringergenealogie, als der älteste der Söhne Bertolds II. (*prior natu*) Freiburg gegründet (*civitatem Friburg condidit*), da er im Herzogtum nachgefolgt war (*cum in ducatum successisset*). Das Herzogtum Schwaben ist gemeint, das schon Bertold I. vor demjenigen von Kärnten erhalten hätte: Nun erinnern wir uns an den Tennenbacher Text, der Bertold, den *dux Sueuie*, nicht seinen Bruder, den Grafen Konrad, als ersten Gründer (*primus fundator*) von Freiburg bezeichnete[50].

Daher dürfte die Annahme einer Sukzession im Dukat und das Wissen um den Stadtgründer Bertold, das auch der Straßburger Geschichtsschreiber hatte – vielleicht stammte es gar von ihm -, dazu geführt haben, den Schwabenherzog Bertold, nicht Konrad als Freiburger Gründer zu betrachten. Denn auch der Freiburger Stadtrodel von 1218 postuliert Bertold als Gründer. Die unzutreffende Behauptung der Zähringergenealogie aus St. Peter, die Bertolde I bis III seien Herzöge von Schwaben gewesen, kann sehr wohl auf den Straßburger Geschichtsschreiber zurückgehen, der Bertold II. erst 1122 sterben ließ. Da 1122 in Wirklichkeit jedoch Bertold III. starb, erklärt sich nicht nur die Kontamination der Bertolde II und III, sondern wohl das Zustandekommen der ›Bertold-Tradition‹ in

46 In diesem Band, S. 79ff.

47 Historia Welforum, hg. von Erich KÖNIG (Schwäbische Chroniken der Stauferzeit 1) Sigmaringen ²1978; zur Quelle zuletzt Otto Gerhard OEXLE, Adeliges Selbstverständnis und seine Verknüpfung mit dem liturgischen Gedenken – das Beispiel der Welfen, in: Zeitschrift für die Geschichte des Oberrheins 134, NF 95, 1986, S. 47–75, bes. S. 50f.

48 Sämtliche Quellennachweise demnächst bei Ulrich PARLOW, Zähringerregesten. Kommentierte Quellendokumentation zur Geschichte der Herzöge von Zähringen, Diss. phil. Freiburg i. Br. 1994 (in Druckvorbereitung) Regest Nr. 230.

49 Vgl. Franz-Ludwig BAUMANN, Geschichtliches aus St. Peter, 13. – 18. Jahrhundert, in: Freiburger Diözesan-Archiv 14, 1881, S. 63–96, hier S. 68f., zum Folgenden S. 84.

50 Tennenbacher Güterbuch (wie Anm. 8) S. 168.

St. Peter und Freiburg, was den Stadtgründer angeht. Daß man um 1200 im Kloster St. Peter die älteren Zähringer für Herzöge von Schwaben hielt, kommt einem Irrtum gleich, der auf die mißverstandene, vom Straßburger Chronisten vermittelte Stelle der Bernoldchronik zurückgehen dürfte. Damit aber ist die Straßburger wie die Sankt Petriner Geschichtsschreibung in ihrer je eigenen Tendenz charakterisiert.

In Wirklichkeit nämlich hatten die älteren Bertolde zwar alles daran gesetzt, das Herzogtum Schwaben in ihre Hände zu bekommen. Doch blieb ihnen das versagt. Bertolds II. Wahl zum Schwabenherzog 1092, mit der alle verfügbaren Kräfte an Laien und Klerikern unter Führung der zähringischen Brüder Gebhard und Bertold für Papst Urban II. mobilisiert werden sollten, blieb bekanntlich Episode und konnte nichts daran ändern, daß die Staufer die Herzöge von Schwaben waren und blieben. Sie liefen den Zähringern den Rang ab, da sie, beginnend mit dem ersten Schwabenherzog Friedrich 1079, über das Herzogtum hinaus im 12. Jahrhundert das König- und Kaisertum errangen.

Schuld daran war der sog. Investiturstreit. Fast ein halbes Jahrhundert lang, von den 1070er Jahren bis zum Wormser Konkordat von 1122, waren Reich und Kirche im wechselnden Auf und Ab der Kämpfe gespalten. Die Erinnerung daran, daß in dieser Zeit nicht nur Freiburg entstand, sondern die Zähringer selbst ihren Anfang nahmen, indem sie im nördlichen Breisgau ihren Herrschaftssitz auf- und ausbauten, vermag zur Vergegenwärtigung der uns interessierenden historischen Situation beitragen.

Ich hinterfrage also aus der Sicht der politischen Geschichte Schriftquellen über die Anfänge Freiburgs, wobei ich teilweise Erörterungen des Vortrags von Thomas Zotz[51] aufnehme und weiterführe.

III.2 Konrad, Freiburg und das zähringische Herzogsgeschlecht

Die urkundliche Feststellung, Konrad habe am Ort seines eigenen Rechts, nämlich Freiburg, 1120 einen Markt konstituiert, provoziert drei Fragen: Warum wird Konrad nicht Herzog genannt? Weshalb ist der Markt nicht vom Herzog gegründet worden? Und: Wenn Freiburg ein Ort eigenen Rechts Konrads war (*locus mei proprii iuris*), wie ist er in den Besitz desselben gelangt? Diese Fragen betreffen das Herzogsgeschlecht, nicht nur Konrad allein. Sie sind aber in der Forschung noch nicht zureichend beantwortet worden, obwohl ich sie schon 1979 aufgeworfen habe[52].

Damit wenden wir uns der Familie der Stadtgründer zu und machen uns klar, daß der Aufbau ihrer Herrschaftsposition im Breisgau während des Investiturstreites in mehreren Stufen vor sich ging. Konrads Aktivitäten sind wohl als dritte Stufe anzusehen, der als erste die kriegerische Stufe mit ihren Verwüstungen am Anfang des Investiturstreites und als zweite zu Beginn der 1090er Jahre eine der wirtschaftlichen Prosperität dienende Stufe, eine Aufbauphase sozusagen, voranging, bevor schließlich die Organisation und rechtliche Verankerung des Zentrums mit der Burg Zähringen und dem Markt Freiburg der Zähringerherrschaft ihr Gesicht verlieh. So ist es gekommen, aber so einfach ist es nicht gewesen. Denn Konrad war zunächst gar nicht Herzog. Als *frater ducis*, Bruder des

51 In diesem Band, S. 49ff.

52 Vortrag im Rahmen eines Kolloquiums (14./15. September 1979); Druck: Die Burg Wiesneck und die Eroberung des Breisgaus durch Berthold II. im Jahre 1079, in: Kelten und Alemannen im Dreisamtal. Beiträge zur Geschichte des Zartener Beckens, hg. von Karl Schmid (Veröffentlichung des Alemannischen Instituts 49) Bühl/Baden 1983, S. 115–139, bes. S. 123f.

Herzogs, begegnet er zu Lebzeiten Bertolds und hat als solcher 1120 den Markt Freiburg eingerichtet. Wir stoßen hier auf die Frage der zähringischen Erbteilung im Jahr 1111. Sie erscheint kompliziert, weil Alter und Reihenfolge der Söhne und Töchter nicht sicher zu ermitteln sind. Der nach König Rudolf von Rheinfelden genannte Rudolf verstarb bald nach dem Vater, während Bertold III. im Todesjahr des Vaters König Heinrich V. auf dessen Romzug begleitete[53]. Wenn der wohl erheblich jüngere Konrad noch minderjährig war, stand er unter der Vormundschaft seines älteren Bruders.

Ihm gehörte sicher Freiburg als *locus proprii iuris*, so die Konradurkunde, bzw. als *allodium proprium*, so der Straßburger Kompilator. Das wird bestätigt durch die Schenkung eines Adelbero in Adelhausen, bei der als *dominus* und *frater ducis* Konrad zugegen war, nicht jedoch der Herzog selbst[54]. Die Lage Freiburgs am Rand des Wildbanngebietes und die genannten Bezeichnungen des *locus* Freiburg sprechen – wie ich mit Thomas Zotz meine – nicht dafür, daß der Ort, an dem Freiburg entstand, altes Patrimonium der Bertolde, d. h. nach Erbrecht (*iure hereditario*) überkommen war. Seine Besiedlung stellte vielmehr einen Zugriff dar, wobei der oder die Zugreifenden nach eigenem Recht handelten. Konrad aber hat die neue Siedlung gewiß doch mit Zustimmung des Bruders und wohl schon auf Grund einer Aktivität des Vaters in Anspruch genommen. Denn eigenmächtig, d. h. ohne königliche Zustimmung, hat er sie dann mit dem Marktrecht versehen. Diese Handlungsweise des vom Herrscher unabhängig agierenden *dominus* Konrad aber kann in ihrer Bedeutung erst recht eingeschätzt werden, wenn noch weitere, etwa gleichzeitige Kostproben seines entschlossenen und eigenmächtigen Zugriffs auf andere Herrschaftspositionen in Betracht gezogen werden.

Kurz vor der Freiburger Marktgründung 1120 hat der *dominus* und *puer adolescens* genannte Sohn Herzog Bertolds II. Schaffhausen mit bewaffneter Schar angegriffen und schrecklich heimgesucht[55]. Konrad hat nämlich eine Attacke gegen das Allerheiligenkloster wiederholt, die schon sein Vater 1102 geritten hatte, als er behauptete, das Kloster stehe nicht auf rechtmäßig zwischen dem Klostergründer Eberhard und seinem Vater Bertold I., dem Vogt der Bamberger Kirche, getauschten Grund und Boden. Konrad hat demnach eine rechtserhebliche Fehde seines Vaters wiederaufgenommen.

Und nicht viel später griff er nach dem Tod des Abtes Ulrich von St. Gallen massiv in die Abtwahl des Reichsklosters ein. Mit 600 Bewaffneten vertrieb er den vom König bereits bestätigten Abt Heinrich von Twiel und setzte seinen eigenen Kandidaten durch[56]. Auch in diesem Fall trat er in die Fußstapfen seines Vaters, der, bevor er 1079 den Breisgau eroberte, von den St. Gallern im Thurgau eine empfindliche Niederlage bezog. Die

53 PARLOW (wie Anm. 48) Regesten Nr. 171 und Nr. 172.

54 Überliefert im ›Rotulus Sanpetrinus‹; vgl. Friedrich VON WEECH, Der Rotulus Sanpetrinus nach dem Original im Großh. General-Landesarchiv, in: Freiburger Diözesan-Archiv 15, 1882, S. 135–184, S. 148; Edgar FLEIG, Handschriftliche, wirtschafts- und verfassungsgeschichtliche Studien zur Geschichte des Klosters St. Peter auf dem Schwarzwald (Beilage zum Jahresbericht des Großherz. Friedrichsgymnasiums in Freiburg i. Br. 1907/8, Programm Nr. 799) Freiburg i. Br. 1908, Nr. 76 S. 110; Freiburger Urkundenbuch Bd. 1 (wie Anm. 21) Nr. 9 S. 4.

55 Continuatio Casuum sancti Galli c.23, hg. von Gerold MEYER VON KNONAU, in: Mittheilungen zur vaterländischen Geschichte 17, NF 7, 1879, S. 54 ff.; Die Rechtsquellen des Kantons Schaffhausen. Teil 1: Stadtrechte. Bd.1: Das Stadrecht von Schaffhausen I. Rechtsquellen von 1045 bis 1415, bearb. von Karl MOMMSEN, abgeschlossen von Hans LIEB und Elisabeth SCHUDEL (Sammlung Schweizerischer Rechtsquellen 12,1,1) Aarau 1989, Nr. 9 S. 14 f. Vgl. PARLOW (wie Anm. 48) Regesten Nr. 202 und Nr. 203.

56 Continuatio Casuum sancti Galli c.35 (wie Anm. 55) S. 92 ff.; vgl. Gerlinde PERSON, Die Herren von Singen-Twiel und der Reichenauer Kelhof in Singen, in: Singen – Dorf und Herrschaft. Singener Stadtgeschichte Bd. 2, hg. von Herbert BERNER, Konstanz 1990, S. 46.

Spannung zwischen Bertold II. und St. Gallen aber wurde noch dadurch extrem verschärft, daß Heinrich IV. den Bruder des eppensteinischen Rivalen und Nachfolgers seines Vaters in Kärnten, den schon erwähnten eppensteinischen Abt Ulrich von St. Gallen, zum Patriarchen von Aquileia machte[57]. Denn dieser setzte sich mit List und Tücke in den Besitz des von Bertold II. beherrschten Hohentwiel und verpflanzte auf diese Weise die um Kärnten erbittert geführte, langwierige Fehde ins schwäbische Land. Kein Zweifel: Konrads Eingriff in St. Gallen ist als Wiedergutmachung der seinem Vater 1079 und 1086 zugefügten Schmach zu betrachten. Und daß Heinrich V. dann tatsächlich den von Konrad gegen den Twieler gesetzten Abt investierte[58], spricht ebenso nachdrücklich für die Wiedergutmachungsthese wie die Tatsache, daß vor 1132 und 1152 im Gefolge Konrads in St. Peter ein *Eberhardus de Twiela*, nun offenbar ein Mann des Zähringerherzogs, nach dem stolzen Hegauberg genannt wird[59]. Ein Indiz gewiß für die zähringische Rückgewinnung des Hohentwiel. Man denkt hier an den Eintrag der *Fratres de Friburch* im St. Galler Verbrüderungsbuch, der wohl am ehesten in die Zeit des St. Galler Abtes Manegold von Zähringers Gnaden passen dürfte.

Die Aktivitäten Konrads schon vor dem Tod seines Bruders Bertold, des Herzogs, in Schaffhausen und in St. Gallen, die auch den Hohentwiel einschlossen, geben Anlaß zu erwägen, ob sich Konrad im Bodenseegebiet weiterhin und noch stärker engagiert hätte, wäre nicht sein Bruder Bertold III. 1122 umgekommen. Jedenfalls scheint es nicht auf Zufall zu beruhen, daß nunmehr Konrads Schwager Graf Ulrich von Gammertingen als Vogt von St. Gallen hervortritt[60]. Und der Umstand, daß die Tochter des Markgrafen Hermann II. von Baden mit dem spanheimischen Herzog von Kärnten vermählt wurde und dessen Sohn Hermann III. gar die Markgrafschaft Verona von König Konrad III. verliehen wurde, daß endlich König Lothar III. 1127 nach der Ermordung von Konrads Neffen Wilhelm von Burgund den Zähringer als Erben anerkannte und Herzog Konrad zum Rektor von Burgund machte[61], spricht für Bemühungen um Wiedergutmachtung und für eine Verteilung derselben unter den Verwandten Konrads, was St. Gallen, Kärnten/Verona und Burgund betrifft, wobei sich Konrad als Erbe der Rheinfeldener besonders der Burgundpolitik annahm und durch seine Heirat mit Clementia von Namur neue und weitreichende Verbindungen an den Niederrhein öffnete. Hier scheinen die Konturen einer gezielten Rekuperations- bzw. Entschädigungpolitik auf.

Niemand weiß, was aus dem zähringischen Geschlecht und der zähringischen Herrschaft und – so fügen wir hinzu – was aus Freiburg geworden wäre, wenn Herzog Bertold III. nicht eine Mordtat ereilt und er Söhne gehabt hätte. Die Linientrennungen davor und danach, die der markgräflichen Hermanne von Baden und der Herzöge von Teck, erin-

57 Continuatio Casuum sancti Galli c.21 und 30 (wie Anm. 55) S. 47f. bzw. S. 76; SCHMID (wie Anm. 52) S. 117f.

58 Continuatio Casuum sancti Galli c.35f. (wie Anm. 55) S. 92–99; PERSON (wie Anm. 56).

59 VON WEECH (wie Anm. 54) S. 160f., FLEIG (wie Anm. 54) Nr. 118 S. 115; Hermann FLAMM, Ein neues Blatt des Rotulus San Petrinus aus dem Freiburger Stadtarchiv, in: Zeitschrift für die Geschichte des Oberrheins 67, NF 28, 1913, S. 72–84, hier S. 84.

60 Continuatio Casuum sancti Galli c.39 (wie Anm. 55) S. 103; Hans-Martin MAURER, Die hochadligen Herren von Neuffen und von Sperberseck im 12. Jahrhundert. Eine personengeschichtliche Untersuchung, in: Zeitschrift für Württembergische Landesgeschichte 25, 1966, S. 59–130, bes. S. 93. Vgl. insges. PARLOW (wie Anm. 48) Regest Nr. 239.

61 Zu den frühen Markgrafen von Baden jetzt Karl SCHMID, Baden-Baden und die Anfänge der Markgrafen von Baden, in: Zeitschrift für die Geschichte des Oberrheins 140, NF 101, 1992, S. 1–37; zur Übertragung des Rektorats Burgund an Herzog Konrad (1127) demnächst PARLOW (wie Anm. 48) Regest Nr. 249 mit allen Nachweisen.

nern daran, daß es alles andere als selbstverständlich war, daß Konrad ein Zähringer und Freiburg somit die Mutterstadt zähringischen Stadtrechts geworden ist. Daß jedoch Konrad, den man mit Gerd Tellenbach für den begabtesten Zähringer halten wird[62], von früher Jugend an Maßnahmen ergriff, um die Wiedergutmachung des seinen Vorfahren und damit auch ihm selbst zugefügten Unrechts zu erzwingen, ist nicht zu verkennen. Die tiefen und letztlich nicht mehr zu heilenden Wunden, die das erlittene Schicksal den Nachfahren Bertolds I. schlug, dem Kaiser Heinrich III. das schwäbische Herzogtum mit einem Ring versprochen hatte, der aber mit einem Ersatz, dem fernen Herzogtum Kärnten, vorliebnehmen mußte, das ihm jedoch Heinrich IV. dann wiederum wegnahm, werden etwa daran sichtbar, daß die Zähringer auch nach dem Verlust des Herzogtums Kärnten in der Kölner Königschronik fast durchgehend *duces Carinthie* und mehrfach auch von der Reichskanzlei so genannt wurden[63]. Das wird als Reminiszenz, wenn nicht als unerfüllt gebliebener Anspruch zu verstehen sein. Andererseits hat man später die Zähringer, wie in St. Peter, als Herzöge von Schwaben betrachtet, obschon sie dies, von dem Intermezzo des Gegenherzogtums Bertolds II. gegen den Staufer abgesehen, nicht gewesen sind, aber stets werden wollten.

III.3 Bertolds II. Herrschaftsaufbau in der Königsferne und die Entstehung des Zentrums Zähringen – St. Peter – Freiburg

Diese Perspektive gibt nun doch einen Blick wenigstens auf »Freiburg 1091« frei. Nachdem Bertold I., an seinem Schicksal irre geworden, 1078 auf der dem Sitz der Staufer benachbarten Limburg gestorben war, suchte sein Sohn das Weite und setzte sich, wie wir wissen, von den St. Gallern im Thurgau geschlagen, im Breisgau, an ihnen dort Rache nehmend, auf dem traditionsreichen Zähringer Burgberg fest[64]. Dort mußte er sich zwar gegen die saliertreuen Bischöfe von Basel und Straßburg behaupten, die im Breisgau und in der Ortenau über beachtlichen Einfluß und Besitz verfügten. Nach anfänglichen kriegerischen Auseinandersetzungen scheint man sich jedoch arrangiert zu haben. Dazu trug wohl die im südlichen Schwarzwald starke klösterliche Reformbewegung bei, namentlich im Breisgau der Einfluß der Abtei Cluny, der sich der Basler Bischof Burchard zugetan wußte[65]. Markgraf Hermann von Verona, der selbst Mönch in Cluny wurde, und dem saliertreuen Basler Bischof Burchard ist es zuzuschreiben, daß aus der zunächst nicht lebensfähigen cluniazensischen Zellengründung am Tuniberg das Kloster St. Ulrich im Möhlintal wurde. Hugo Ott und andere haben diesem für die Anfänge und den Verlauf der Zähringergeschichte wichtigen Aufeinandertreffen der durch den Investiturstreit verfeindeten Parteien ihre Aufmerksamkeit geschenkt[66]. Ich kann darauf nicht näher ein-

62 Gerd TELLENBACH, Artikel »Konrad, Herzog von Zähringen«, in: Neue Deutsche Biographie Bd. 12, Berlin 1980, S. 533f.

63 Hierzu jetzt Thomas ZOTZ, Dux de Zaringen – dux Zaringiae. Zum zeitgenössischen Verständnis eines neuen Herzogtums im 12. Jahrhundert, in: Zeitschrift für die Geschichte des Oberrheins 139, NF 100, 1991, S. 1–44, bes. S. 20, S. 26.

64 SCHMID (wie Anm. 52) S. 117f.

65 Vgl. Joachim WOLLASCH, St. Alban in Basel. Zur Klostergründung eines exkommunizierten Bischofs im Investiturstreit, in: Institutionen, Kultur und Gesellschaft im Mittelalter. Festschrift für Josef Fleckenstein zu seinem 65. Geburtstag, hg. von Lutz FENSKE, Werner RÖSENER und Thomas ZOTZ, Sigmaringen 1984, S. 285–303; SCHMID (wie Anm. 61) S. 28ff.

66 Hugo OTT, Probleme um Ulrich von Cluny, in: Alemannisches Jahrbuch 1970, 1971, S. 9–29; Karl SCHMID, Vom Werdegang des badischen Markgrafengeschlechts, in: Zeitschrift für die Geschichte des

gehen, da es jetzt um Freiburg geht. Daß jedoch ein Modus vivendi dort gefunden werden mußte, wo die beiden Lager wie im Bereich von Zähringen und Freiburg – die Zähringer Kirche und die Umkirch-Filiale St. Peter bei Freiburg standen unter dem Basler Patronat[67] – hautnah nebeneinander lagen, dürfte kaum zweifelhaft sein. An die Stelle der Feindschaft wird so die Rivalität, dann mit der Zeit aber auch Verträglichkeit getreten sein. Und mehr und mehr mochte sogar die Einsicht gewachsen sein, sich zu verständigen. Teil dieses Vorgangs war nicht zuletzt auch die Entstehung des zähringischen Herrschaftszentrums im Breisgau. Gewiß konnte der Ausbau des Herrschaftssitzes im Bereich des Zähringer Burgberges aus lagebedingten und verkehrstechnischen Gründen unter viel günstigeren Bedingungen am Ausgang des Dreisamtales erfolgen. Und gewiß nicht zufällig geschah dies, als Heinrich IV. sich über Jahre hinweg in Italien aufhielt und Bertold II. das Rheinfeldener Erbe antrat. Nach Bernold betrieb damals Welf die Wahl eines neuen Gegenkönigs gegen Heinrich[68]; und man hat darüber gerätselt, ob er dabei wohl an sich selbst oder an Bertold II. dachte. Es war jedoch der päpstliche Legat und Bischof von Konstanz Gebhard, der sich im Zuge der Erhebung seines Bruders Bertold zum Herzog von Schwaben an die Spitze der *militia s. Petri* setzte und das Gesetz des Handelns durch eine umfassende Friedensaktion zu gewinnen hoffte. Doch Gebhards großangelegter Anlauf für die Sache seines Papstes Urban II. konnte trotz der Entschlossenheit mancher, wie etwa Manegolds von Lautenbach, die bis dahin schon mehrfach vergeblich versuchte Verständigung mit dem gebannten Herrscher letztendlich nicht verhindern. Welf IV. ging mit seinen Söhnen voran, und Bertold folgte ihm sehr zum Unwillen seines bischöflichen Bruders[69]. Der von Otto von Freising berichtete Verzicht Bertolds II. auf das Herzogtum Schwaben ermöglichte vor der Jahrhundertwende den Ausgleich mit der salischen Partei[70]: dem Herrscher wie dem staufischen Schwabenherzog. Obwohl Otto von Freising als Kompensation für den Verzicht auf das Herzogtum nur das *nobilissimum Suevie oppidum* Zürich namentlich nennt, das Bertold aus der Hand des Kaisers erhielt, dürfte außer Zweifel stehen, daß der Schritt Bertolds auch Folgen für den Aus- und Aufbau seines Herrschaftszentrums im Breisgau hatte.

Ohne den Vorgang des salisch-zähringischen Ausgleichs überbewerten zu wollen, da ja beide Seiten keinen Anlaß hatten, die Verständigung hochzuspielen, solange der große Konflikt noch nicht gelöst war – er währte bekanntlich weiter –, wird man die Folgen des Ausgleichs zwischen Bertold II. und dem Salier im Hinblick auf den Breisgau zu bedenken haben. Denn Bertold, der in den 1090er Jahren keinen weltlichen Herrn über sich hatte, zumal sich der Kaiser eben in Italien aufhielt, handelte somit kraft eigenen Rechtes,

Oberrheins 139, NF 101, 1991, S. 45–77, S. 73 ff.; DERS. (wie Anm. 61) S. 28 ff.; Joachim WOLLASCH, Zur Verschriftlichung der klösterlichen Lebensgewohnheiten unter Abt Hugo von Cluny, in: Frühmittelalterliche Studien 27, 1993, S. 317–349, bes. S. 341 ff.

67 Karl SCHMID, Auf der Suche nach der Zähringer Kirche in der Zähringerzeit, in: Zeitschrift des Breisgau-Geschichtsvereins »Schau-ins-Land« 112, 1993, S. 7–29; zum engeren historischen Bezugsrahmen auch Johannes Ekkehard LICHDI, Bistum Basel und zähringische Herrschaftsbildung in der Freiburger Bucht, in: Zeitschrift des Breisgau-Geschichtsvereins »Schau-ins-Land« 110, 1991, S. 7–63.

68 Bernoldi Chronicon ad ann. 1091 (wie Anm. 27) S. 452.

69 Zur Rolle Bischof Gebhards von Konstanz in den politischen Konflikten der letzten Regierungsjahre Heinrichs IV. demnächst die Studie von Karl SCHMID, Volkhard HUTH, Bischof Gebhard von Konstanz als päpstlicher Legat, in: Hansjörg GRAFEN, Volkhard HUTH, Karl SCHMID, Die Krise der salischen Herrscherdynastie 1105/6 (Veröffentlichungen des Max-Planck-Instituts für Geschichte; in Druckvorbereitung).

70 Ottonis Gesta Friderici I. l. I c.8 (wie Anm.13) S. 24 f.; vgl. Karl SCHMID, Zürich und der staufisch-zähringische Ausgleich 1098, in: Die Zähringer. Schweizer Vorträge und neue Forschungen, hg. von DEMS. (Veröffentlichungen zur Zähringer-Ausstellung III) Sigmaringen 1990, S. 49–79.

wenn nicht als *miles s. Petri*, d. h. verpflichtet nurmehr den eigenen Getreuen und dem Legaten des Papstes, seinem Bruder, und dessen Parteigängern. Bernold bescheinigt Bertold denn auch, keiner seiner Vorgänger habe im alemannischen Dukat so glühend nach dem Rechten gesehen wie er (*ad faciendam iusticiam exarsit*)[71]. Was liegt da näher, als anzunehmen, Bertold, der die Burg Zähringen als seinen Stammsitz erkor und das Hauskloster von Weilheim nach St. Peter im Schwarzwald verlegte, habe sich wie in Zürich, wo er nach Meinung der Forschung in den 1090er Jahren die Siedlung beim Großmünster nördlich der Limmat anlegte[72], auch im Breisgau als Initiator einer neuen Siedlung betätigt? Heißt es doch: *civitatem Friburg iniciavit*. Heinrich Büttner meinte, in Zürich hätten die Zähringer im endenden 11. Jahrhundert gewissermaßen ihre Kräfte im Städtebau erprobt[73]. Doch könnte es nicht sein, daß sie dort und hier zugleich wirkten und daß das Bewirkte beim politischen Ausgleich vom Herrscher – sozusagen nachträglich – anerkannt und dem Zähringer zuerkannt wurde? Mit dem bezeichnenden Unterschied zwar, daß für Bertold in Zürich und wohl auch in Zähringen die Reichsrechte, in Freiburg dagegen die Eigenrechte wichtig waren. Jedenfalls paßt die Anlage von Freiburg in die zweite Phase des zähringischen Herrschaftsaufbaues gut hinein, während die Sicherung der rechtlichen Stellung der Neusiedler als Bürger und Kaufleute zur dritten Phase gehört. Dabei ist von Konrad in Freiburg ein Faktum geschaffen worden, als der Kaiser, diesmal Heinrich V., gebannt war. Der Markt aber hatte Bestand, wurde also vom Herrscher wohl wiederum nachträglich anerkannt. Waren aber die Handlungsweisen Bertolds und Konrads tatsächlich durch die besondere politische Lage bestimmt, in der sie vorgenommen worden sind, dann ergeben sich aus ihnen ganz selbstverständlich noch weitere Einsichten.

III.4 Der Name Freiburg

Kurz ist noch an den Namen »Freiburg« zu erinnern, der den Namenforschern bei der Deutung seines Zweitgliedes ›-burg‹ Schwierigkeiten macht[74]. Ob ›Burg‹ hier ein befestigtes Haus, einen ›Burgus‹, eine Burgsiedlung also, oder eine Stadt meint, ist die Frage. Ihre Klärung wäre hilfreich, nein: sie ist notwendig. Und das gilt nicht weniger auch für das erste Glied des Namens: ›frei‹. Ohne den Fachvertretern vorgreifen zu wollen, sei nur mit Blick auf den Quellenbefund gesagt, daß Freiburg in der Wildbann-Urkunde von 1008, die Adelhausen, Wiehre, Herdern und Zähringen nennt[75], nicht vorkommt. Es handelt sich somit wohl um eine Siedlung, die nach 1008 entstand, aber schon da war, als sie 1120 das Marktrecht erhielt.

71 Bernoldi Chronicon ad ann. 1094 (wie Anm. 27) S. 458.

72 Schmid (wie Anm. 70) bes. S. 73.

73 Heinrich Büttner, Die Anfänge der Stadt Zürich, jetzt in: Schwaben und Schweiz im frühen und hohen Mittelalter. Gesammelte Aufsätze von Heinrich Büttner, hg. von Hans Patze (Vorträge und Forschungen 15) Sigmaringen 1972, S. 315–326, Zitat S. 326.

74 Vgl. Georg von Below, Deutsche Städtegründungen im Mittelalter mit besonderem Hinblick auf Freiburg i. Br., Freiburg i. Br. 1920, S. 42; Walter Schlesinger, Stadt und Burg im Lichte der Wortgeschichte, in: Studium Generale 16/8, 1963, S. 433–444; Hagen Keller, Über den Charakter Freiburgs in der Frühzeit der Stadt, in: Festschrift für Berent Schwineköper, hg. von Helmut Maurer und Hans Patze, Sigmaringen 1982, S. 249–284, hier S. 269ff.

75 MGH DH II Nr.188; vgl. Lichdi (wie Anm. 67) S. 14ff.

Nachdem in der Freiburg-Forschung die Antithese von »gewachsener« oder »gegründeter« Stadt fragwürdig geworden ist und Hagen Keller die verfassungsrechtlichen, topographischen und sozialgeschichtlichen Probleme der Entstehung Freiburgs im Zusammenhang erörtert und dabei insbesondere die Aktivitäten der beteiligten Gruppen an Siedlern herausgearbeitet hat[76], scheint es geboten, auch das herrschaftliche Problem eigens zu akzentuieren. Das aber bedeutet nichts anderes, als die Funktion Freiburgs im Aufbauwerk des Herrschaftszentrums der ›Zähringer‹ zu diskutieren.

Wenn es aber zutrifft, daß sich vor Konrad schon Bertold II. wegen des Schismas und der aktuellen Kaiserferne veranlaßt sah, seine Getreuen und Helfer nicht nur zu schützen, sondern auch durch wirtschaftliche Anreize zu gewinnen und zu fördern, wobei er selbst wohl den größten Gewinn hatte, dann paßt jedenfalls der Name ›Frei-burg‹ hervorragend zu diesem Vorgang, auf was immer sich der Begriff ›frei‹ beziehen und wie immer man ihn erklären mag. Auch an Freiburg im Üchtland ist dabei zu denken.

IV. Zusammenfassung

Im Blick auf den Werdegang vom Markt zur Stadt und den Zusammenhang von Burg und Stadt im hohen Mittelalter, ein Thema, auf das am Fall Freiburgs Alfons Zettler zu sprechen kommen wird[77], ist Freiburg aufs Ganze gesehen wohl kaum außergewöhnlich. Das Aufregende an Freiburg ist, daß Bertold und Konrad ohne Billigung des Königs offenbar Maßnahmen ergriffen und Rechte gewährten, die ansonsten zumindest der herrscherlichen Erlaubnis bzw. Zustimmung bedurften. Es ist die »Freiburg 1091« und »Freiburg 1120« charakterisierende historische Situation, die das Außergewöhnliche begründet und daher erklären kann. Das hat allerdings zur Folge, daß die Absichten des oder der Gründer von Burgsiedlung und Markt stärker als bisher in Betracht zu ziehen sind. Tut man dies, dann kommt allerdings zur Burg und zum Kloster, kommt also zu Zähringen und St. Peter, d. h. zum namengebenden wie wehrhaften und zum geistlich-kulturellen Mittelpunkt der Herrschaft, noch ein anderer zentraler Ort hinzu, der vor allem für die wirtschaftlichen Belange des Aufbaues eines Herrschaftszentrums nicht weniger wichtig war als die beiden anderen genannten. Die Anlage und Förderung der Siedlung des Namens Freiburg und deren rechtlicher Auf- und Ausbau ist ein mehrere Etappen durchlaufender Vorgang gewesen. Von wem und wann diese Siedlung ihren Namen Freiburg erhielt, bleibt zu fragen. Und von welchem Zeitpunkt oder Zustand an man von einer ›Stadt‹ reden will, ist eine Sache der Definition dessen, was eine Stadt ausmacht. Die neuen »Stadtkernforschungen«, über die Matthias Untermann berichten wird[78], werden zeigen, wie weit man zeitlich zurückkommt, ob »Freiburg 1091« aus dieser Sicht überhaupt möglich erscheint.

Mein Anliegen war es, ins Gedächtnis zurückzurufen, daß Freiburg vielleicht sogar das geschichtsträchtigste Werk der Zähringer überhaupt geworden ist. Von Freiburg, der Schöpfung der Zähringer, war offenbar schon der Straßburger Geschichtsschreiber so beeindruckt, daß er die für ihn gänzlich ungewöhnliche Notiz vom *initium* Freiburgs im Jahr vor der Herzogserhebung Bertolds, nämlich 1091, hundert Jahre bevor er schrieb, der Mitteilung wert befand.

76 Keller (wie Anm. 74).
77 In diesem Band, S. 151 ff.
78 In diesem Band, S. 195 ff.

Die Zähringer sind als ›Städtegründer‹ in die Geschichte eingegangen. Und man spricht von der Ausbildung eines ›Freiburger Rechtskreises‹[79]. Demgegenüber hatte die Rede »Vom Staat der Herzoge von Zähringen«[80] schwere Bedenken zur Folge. Otto von Freising hat als Urheber des Diktums »Herzöge ohne Herzogtum« zu gelten[81]. Doch stellt sich die Frage nach der Tendenz einer solchen Äußerung. Kein Zweifel: Das Ringen um den Aufstieg der beiden Geschlechter im Herzogtum Schwaben haben die Staufer für sich entschieden. Wollte man jedoch die Zähringer als Verlierer bezeichnen, so würde man damit die Kriterien zu Gunsten der hier angelegten politischen Maßstäbe verabsolutieren. Es bleibt daher abzuschätzen, was es bedeutete, daß sich die Zähringer als Herzogsgeschlecht in Opposition zum salischen König- und Kaisertum zu formieren wußten und auf dem Gebiet städtischer Siedlungsformen im Rahmen hochmittelalterlicher Territorialpolitik Zukunftsträchtiges zu bewerkstelligen verstanden. Trifft diese Einschätzung aber die Verhaltensweise und die Leistung der Zähringer, so erscheint die Kunde von »Freiburg 1091« und »Freiburg 1120« nicht unglaubwürdig.

79 Vgl. Johanna Bastian, Der Freiburger Oberhof (Veröffentlichungen des Alemannischen Instituts 2) Freiburg i. Br. 1934, S. 2ff.

80 Theodor Mayer, Der Staat der Herzoge von Zähringen (Freiburger Universitätsreden 20) Freiburg i. Br. 1935; wieder in: Ders., Mittelalterliche Studien. Gesammelte Aufsätze, Lindau – Konstanz 1959, S. 350–364; vgl. das forschungsgeschichtlich-kritische Resümee bei Karl Schmid, Zähringergeschichte und Zähringertradition als Themen der Zähringerforschung, in: Die Zähringer. Eine Tradition und ihre Erforschung, hg. von Dems. (Veröffentlichungen zur Zähringer-Ausstellung I) Sigmaringen 1986, S. 211–228, hier S. 223.

81 Ottonis Gesta Friderici I. l. I c.9 (wie Anm. 13) S. 25; dazu Gerd Althoff, Die Zähringerherrschaft im Urteil Ottos von Freising, in: Die Zähringer I (wie Anm. 80) S. 43–58 und Ders., Die Zähringer – Herzöge ohne Herzogtum, in: Die Zähringer III (wie Anm. 70) S. 81–94; Zotz (wie Anm. 63) S. 6f.

Anhang: Textsynopse

Bernold-Chronik (vor 1100)	Marbacher Annalen (ca. 1190)	Randnotizen im Einsiedler Codex 628 (14. Jahrhundert)	Genealogia monasterii sancti Petri (vor 1206)	Tennenbacher Güterbuch (ca. 1340)	Freiburger Stadtrodel (1218)
a. 1092 … principes Alemanniae … Berthaldum ducem totius Sueviae constituerunt.	a. 1092. Principes Alemannie … Bertholdum de Zeringen ducem tocius Suevie constituerunt …			… qualiter ego Cůnradus in loco mei proprii iuris scilicet Friburg forum constitui anno ab incarnatione domini $M^{O}C^{O}XX^{O}$.	… quod Berhtoldus dux Zæringie in loco proprii fundi sui, Friburc videlicet, secundum iura Colonie liberam constituit fieri civitatem anno ab incarnatione domini millesimo. centesimo. vicesimo …
	Hic preterito anno [1091] in proprio allodio Brisaugie Friburch civitatem iniciavit.	Anno domini $M^{O}XCI^{O}$ Ber[tholdus de] Zeringen dux Sw[evie] iniciavit civitatem [Fri]burk in Brizkgů[we].		… quod iste dominus Cůnradus comes non fuit primus fundator civitatis Friburg, sed frater eius Berhtoldus dux Sueuie, qui anno domini $M^{O}C^{O}XVIII$ civitatem condidit …	
a. 1093 … dux Berthaldus monasterium novum in honorem sancti Petri in praedio suo … extruxit … Hoc … frater ipsius ducis Gebehardus … sua consecratione initiavit.	a. 1093 … B[ertholdus] dux Alemannie, qui et de Zeringen, cenobium monachorum … construxit, quod postea frater eius Gebehardus Constantiensis episcopus consecravit.		Quo defuncto filii eius, Berchtoldus scilicet, huius nominis tertius, et Conradus, non minori deuotione erga locum hunc liberales extiterunt,	Quo defuncto filius eius Berhtoldus, huius nominis tercius, et Cůnradus.	
Hartmannus comes et frater eius … novum monasterium in proprio allodio … construxerunt, quod … Constantiensis episcopus … sua consecratione iniciavit.	… Hic B[ertholdus] postea Moll[esheim occ]isus est.		quorum Berchtoldus prior natu, cum in ducatum successisset, civitatem Friburg condidit anno dominice incarnationis MCXVIII …	Quorum Berhtoldus prior natu, cum in ducatum successisset, civitatem Friburg, ut supra notatum, condidit …	

Das Freiburger Schloß und die Anfänge der Stadt

Von Alfons Zettler

Wenn das Freiburger Schloß im Rahmen der Reihe »Freiburg 1091« präsentiert werden soll, so heißt das, daß man sich mit Grundproblemen der mittelalterlichen Landesgeschichte auseinandersetzen muß, die vielleicht am besten mit dem Begriffspaar »Burg und Stadt« charakterisiert werden können. Burg und Stadt, das sind allgemein gesagt Formen der mittelalterlichen Besiedlung und wichtige Elemente des Landesausbaus. Königtum, Fürsten und Adel bedienten sich dieser Elemente zur Formierung und Befestigung ihrer Herrschaft. Während die Burg unmittelbar und ganz zentral der Sphäre des Adels und des Fürstentums zugeordnet ist, bildet die Stadt ein komplexeres Phänomen, das über Adel und Herrschaft und damit natürlich auch über die Epoche des Mittelalters hinausweist[1].

Diese allgemeinen Bemerkungen zeigen Probleme des Zueinanders von Stadt und Burg auf, denen man sich auch in unserem speziellen Fall Freiburg gegenübersieht und die bei den folgenden Ausführungen stets im Auge zu behalten sind, wie zum Beispiel: Welche Rolle spielt die Burg im Prozeß der Stadtwerdung? Stellt die herrschaftliche Burg ein Element der mittelalterlichen Stadt dar, oder wie sonst ist sie dieser zugeordnet? Oder zugespitzt: Ist eine mittelalterliche Stadt ohne Burg überhaupt denkbar?

Man sollte nun glauben, daß gerade bei den Zähringern solche Fragen einigermaßen geklärt wären, denn als deren historisches ›Markenzeichen‹ gilt ja die Gründung und Förderung zahlreicher Städte im deutschen Südwesten und in Hochburgund[2]. Aber auch bei

1 *Burg:* Lexikon des Mittelalters 2, München – Zürich 1983, Sp. 957–1003. *Stadt*: Max Weber, Grundriß der Sozialökonomik, III. Abt., Tübingen 1925 (»Die Stadt«); Robert Fossier, L'enfance de l'Europe, aspects économiques et sociaux, Paris 1982; Edith Ennen, Die europäische Stadt des Mittelalters, Göttingen 1979; Jürgen Sydow, Städte im deutschen Südwesten. Ihre Geschichte von der Römerzeit bis zur Gegenwart, Stuttgart – Berlin – Köln – Mainz 1987. – Grundlegend hinsichtlich des Aspekts »Burg und Stadt« Walter Schlesinger, Stadt und Burg im Lichte der Wortgeschichte, in: Studium Generale 16, 1963, S. 433–444, wiederabgedr. in: Die Stadt des Mittelalters, hg. von Carl Haase, Darmstadt [3]1978, Bd. 1, S. 102–128; vgl. ferner Herwig Ebner, Die Burg als Forschungsproblem mittelalterlicher Verfassungsgeschichte, in: Die Burgen im deutschen Sprachraum. Ihre rechts- und verfassungsgeschichtliche Bedeutung 1, hg. von Hans Patze (Vorträge und Forschungen 19) Sigmaringen 1976, S. 11–82, bes. S. 70ff. (mit Hinweisen).

2 Aus der umfangreichen Lit. seien nur genannt: Ernst Hamm, Die Städtegründungen der Herzöge von Zähringen in Südwestdeutschland (Veröffentlichungen des Alemannischen Instituts Freiburg i. Br. 1) Freiburg i. Br. 1932; Berent Schwineköper, Das hochmittelalterliche Städtewesen Westeuropas und die Städtegründungen der Herzöge von Zähringen (Protokoll des Konstanzer Arbeitskreises für mittelalterliche Geschichte Nr.289 vom 6. 12. 1986); gedr. in: Die Zähringer. Schweizer Vorträge und neue Forschungen, hg. von Karl Schmid (Veröffentlichungen zur Zähringer-Ausstellung III) Sigmaringen 1990, S. 375–380; Marita Blattmann, Die Freiburger Stadtrechte zur Zeit der Zähringer. Rekonstruktion der verlorenen Urkunden und Aufzeichnungen des 12. und 13. Jahrhunderts (Veröffentlichungen aus dem Archiv der Stadt Freiburg im Breisgau 27/1–2) Freiburg – Würzburg 1991. – Das Buch von Françoise Divorne, Berne et les villes fondées par les ducs de Zähringen au XIIe siècle. Culture médiévale et modernité, Brüssel 1991, leidet daran, daß es die gesamte neuere Zähringerforschung nicht zur Kenntnis nimmt.

den Zähringerstädten kann man, wie das hier im Mittelpunkt stehende Beispiel Freiburg deutlich zeigt, keine pauschalen Antworten geben. Zwar hat die Präsenz der Herrschaft bei fast allen Zähringerstädten Ausdruck in der Errichtung einer Burg gefunden, aber in keinem Fall läßt sich genau ermessen, welche Rolle die Burg in dem oft recht gestreckten Vorgang der frühen Entwicklung einer Stadt spielte[3]. Der Städteforschung galt Freiburg lange als klassisches Beispiel einer mittelalterlichen Gründungsstadt, die nicht auf älteren Grundlagen emporwuchs, sondern durch die Markturkunde des Zähringers Konrad ins Leben gerufen wurde[4]. Die Burg spielte dabei allenfalls eine Nebenrolle[5]. Wenn aber neuerdings im gesteigerten Bewußtsein um die Komplexität von Stadtgründung und Stadtwerdung im Mittelalter auch bei der ältesten Zähringerstadt mehr und mehr die Voraussetzungen und Vorstufen des Marktgründungsaktes von 1120 ins Blickfeld rücken, dann gewinnt die Frage nach der Burg wieder größeres Gewicht[6].

Aus der Zähringerzeit haben wir nur zwei Notizen über die Existenz der Burg auf dem Freiburger Schloßberg; sämtliche Gebäude und Einrichtungen sind heute verschwunden, und auch die Archäologie kann nicht weiterhelfen. Denn der Schloßberg war in den vergangenen Jahren nicht Ziel archäologischer Ausgrabungen wie einige Bereiche der Freiburger Altstadt und der Zähringer Burgberg[7]. Lediglich ein in unserem Zusammenhang nennenswerter Bodenfund vom Schloßberg liegt vor, nämlich Bruchstücke eines römischen Mosaiks, gefunden bei Grabarbeiten 1819. Heinrich Schreiber hat die Bruchstücke gerettet und die Fundumstände genau beschrieben. Er nahm aufgrund des Fundes an, auf dem Schloßberg habe zur Römerzeit ein Kastell bestanden (Abb. 1)[8]. Erst in der Neuzeit

3 Vgl. die entsprechenden Ausführungen zu den Burgen von Bern, Breisach, Freiburg i. Br., Freiburg i. Ü., Moudon im Waadtland, Neuenburg am Rhein, Offenburg, Rheinfelden AG, Thun BE und Villingen in meinem Aufsatz: Zähringerburgen. Versuch einer landesgeschichtlichen und burgenkundlichen Beschreibung der wichtigsten Monumente in Deutschland und in der Schweiz, in: Die Zähringer III (wie Anm. 2) S. 95ff., sowie die Diskussion dieser Fragen unter dem Aspekt von Markt und Stadt: Hans SCHADEK, Vorstädtische Siedlung und ›Gründungsstädte‹ der Zähringer – der Beitrag der Archäologie zur Entstehungsgeschichte von Markt und Stadt, in: Archäologie und Geschichte des ersten Jahrtausends in Südwestdeutschland, hg. von Hans Ulrich NUBER u. a. (Archäologie und Geschichte 1) Sigmaringen 1990, S. 417–455.

4 Die ältere Literatur findet sich verzeichnet in: Die Zähringer. Eine Tradition und ihre Erforschung, hg. von Karl SCHMID (Veröffentlichungen zur Zähringer-Ausstellung I) Sigmaringen 1986, S. 241ff., sowie bei BLATTMANN (wie Anm. 2). – Zum Problem der Gründung Freiburgs zusammenfassend mit Hinweisen: Die Zähringer. Anstoß und Wirkung, hg. von Hans SCHADEK und Karl SCHMID (Veröffentlichungen zur Zähringer-Ausstellung II) Sigmaringen 1986, S. 224ff.

5 Vgl. beispielsweise Berent SCHWINEKÖPER, Zu Fragen der Freiburger Stadtgründung. Eine Stellungnahme, in: Schau-ins-Land 93, 1973, S. 31–41, und Hagen KELLER, Über den Charakter Freiburgs in der Frühzeit der Stadt, in: Festschrift für Berent Schwineköper. Zu seinem siebzigsten Geburtstag, hg. von Helmut MAURER und Hans PATZE, Sigmaringen 1982, S. 249–282, wo dieser Frage gerade zwei Sätze eingeräumt werden (S. 271 und 273).

6 Siehe unten S. 190ff. den letzten Abschnitt dieses Beitrags.

7 Zu den Altstadtgrabungen Freiburg zuletzt Matthias UNTERMANN in diesem Band S. 195ff. – Zum Zähringer Burgberg zusammenfassend: Heiko STEUER, Die Alamannen auf dem Zähringer Burgberg. Begleitheft zur Ausstellung (Archäologische Informationen aus Baden-Württemberg 13) Stuttgart 1990.

8 Heinrich SCHREIBER, Der Schloßberg bei Freiburg, in: Freiburger Adreßkalender, 1844, S. XIV ff.; DERS., Geschichte der Stadt und Universität Freiburg im Breisgau 1: Von der ältesten Zeit, bis zum Tode Herzogs Bertold V. von Zähringen, Freiburg i. Br. 1857, S. 10ff.; Ernst WAGNER, Fundstätten und Funde aus vorgeschichtlicher, römischer, und alamannisch-fränkischer Zeit im Großherzogtum Baden 1: Das badische Oberland, Tübingen 1908, S. 217f.; Klaus PARLASCA, Die römischen Mosaiken in Deutschland (Römisch-Germanische Forschungen 23) Berlin 1959, S. 94 Anm. 4, urteilt: Das Mosaik »ist nicht antik, sondern gehört zu einer romanischen Burg, die sich dort befand«. Zur Bewertung des Fundes zuletzt Gerhard FINGERLIN in diesem Band S. 18. – Herrn Dr. Fingerlin sei für bereitwillige Auskünfte über das Mosaik auch an dieser

Abb. 1 Fragmente des antiken Fußbodenmosaiks vom Schloßberg im Freiburger Museum für Ur- und Frühgeschichte (Bild: A. Zettler).

Stelle herzlicher Dank gesagt. Das Mosaik, das den vorliegenden Gutachten zufolge entgegen Parlascas Annahme zweifellos antik ist – darauf verweist beispielsweise die Verwendung gescherbter Terra Sigillata – und wohl aus der mittleren Kaiserzeit stammt, wurde 1819 bei Grabarbeiten am Nordhang des Schloßbergs gefunden; der Fundort ist aufgrund der Aktenlage einigermaßen lokalisierbar (Akten LDA Freiburg); vgl. neben dem unveröffentlichten Gutachten von H. von Petrikovits Franz Kirchheimer, Bericht über Spuren römerzeitlichen Bergbaus in Baden-Württemberg, in: Archäologische Nachrichten aus Baden 19, 1977, S. 21; zuletzt im Hinblick auf die Burg Schadek (wie Anm. 13) S. 32 Anm. 2a. Es handelt sich offenbar um knapp 30 Fragmente; die zum Teil recht großen Bruchstücke sprechen für eine Erhebung damals aus ursprünglicher Lage. Eine Antwort auf die Frage, welcher Art von Gebäude das Mosaik zugehörte, muß den Fachleuten überlassen bleiben. Freilich wird es sich kaum um ein »Römerkastell« (so Schreiber) oder um einen »Warthurm« (Fritz Geiges, Das alte Freiburg 1: Von der Gründung der Stadt Freiburg im Breisgau bis zum Aussterben derer Herzoge von Zähringen 1218, in: Schau-ins-Land 11, 1884, S. 47f.), eine militärische Einrichtung also, gehandelt haben; vielmehr ist angesichts des Mosaiks an eine zivile Anlage gehobener Ausstattung zu denken (freundlicher Hinweis von Prof. Dr. H. U. Nuber). – Die Fragen, die sich daraus für unser Thema ergeben, sind vielfältig. Sie betreffen die Siedlungsqualität im Bereich des Schloßbergs und der Altstadt Freiburg ebenso wie die Frage nach der Priorität von Burg oder Siedlung und natürlich den wichtigen Aspekt der Wahl gerade dieses Burgplatzes durch die Zähringer, wobei der Komplex Dreisam-Fluß – Straße – Flußübergang in die Überlegungen miteinzubeziehen ist. Da die wirtschaftliche Basis der römischen Anlage am Hang des Schloßbergs nicht ebendort angesiedelt gewesen sein kann, sondern in der Ebene, im Altstadtbereich, zu suchen ist, muß die Diskussion um die Martinskirche (später Franziskanerkloster) und um den schon früher in diesem Bereich postulierten Herrenhof erneut aufgerollt werden (vgl. die Bemerkungen von Keller, wie Anm. 5, S. 265ff.; siehe ferner unten S. 181 Anm. 92; Matthias Untermann stellt anhand der bisher vorliegenden Grabungsergebnisse aus dem Altstadtbereich Freiburg fest, eine römische Ansiedlung könne nur am Hang des Schloßbergs oder weiter flußaufwärts im Dreisamtal gelegen haben; siehe in diesem Band S. 199).

scheinen die mittelalterlichen Bauten in der Bildüberlieferung auf, zunächst noch einigermaßen integer, wie es aussieht, dann aber einbezogen in die österreichischen und französischen Festungsbauten, bevor sie 1745 mit diesen in vollständiger Zerstörung untergingen. Das Schicksal des Untergangs teilt das Freiburger Schloß mit den anderen Zähringerburgen im Oberrheinland wie Breisach[9], Neuenburg am Rhein[10], Rheinfelden[11] und in gewisser Weise auch mit Zähringen selbst[12].

I. Das bauliche Erscheinungsbild der Burg im 16. Jahrhundert – Versuch einer Beschreibung anhand der Bild- und Schriftquellen

Unser Wissen über das Freiburger Schloß beruht deshalb in ganz beträchtlichem Maß auf den Schriftquellen und den frühneuzeitlichen Bildern vom Schloßberg (Abb. 2). Auf ihnen erscheint die Burganlage so gegliedert, wie das auch die Schriftquellen aus dem späteren Mittelalter besagen: nämlich in eine »obere Burg«, gelegentlich der »obere Stein« genannt, und eine »niedere Burg«[13]. Außerdem fällt bei allen Ansichten übereinstimmend ein kräftiger Turm mit steilem Dach ins Auge, den man wohl kaum anderswo als auf dem

Ein weiteres wichtiges Thema angesichts der römischen Besiedelungsspuren ist die Frage nach der Bezugnahme der Zähringer auf dieses antike Substrat, das bei der Intensivierung der Besiedelung im Bereich Schloßberg und Altstadt Freiburg doch wohl noch wahrnehmbar gewesen ist. Gerade das Beispiel des Zähringer Burgbergs lehrt, daß im Gelände erkennbare vor- oder frühgeschichtliche Besiedelung oder Befestigungen im Hochmittelalter Einfluß auf die herrschaftliche Inanspruchnahme eines Platzes nehmen und insofern herrschaftsbegründend wirken konnten (künftig Alfons ZETTLER u. a., Burgenbuch des Breisgaus, in Vorbereitung). – Zu Schreibers archäologischer Betätigung Hans Ulrich NUBER, Heinrich Schreiber und die Landesarchäologie, Vortrag bei der Tagung »Heinrich Schreiber 1793–1872: ein Freiburger Gelehrtenschicksal«, Tagung der Katholischen Akademie der Erzdiözese Freiburg in Zusammenarbeit mit dem Stadtarchiv Freiburg am 13. Febr. 1993.

9 Günther HASELIER, Geschichte der Stadt Breisach am Rhein, Teil 1, Breisach 1969, S. 86; vgl. ZETTLER, Zähringerburgen (wie Anm. 3) S. 137ff.; DERS., Burgen im mittelalterlichen Breisgau, in: Château Gaillard 16, 1992, ersch. 1994, S. 357.

10 Die Burg zu Neuenburg am Rhein dürfte bereits im Mittelalter untergegangen sein; vgl. ZETTLER, Zähringerburgen (wie Anm. 3) S. 131f.

11 Die Zähringerburg auf dem »Stein« im Rhein bei Rheinfelden wurde im 15. Jahrhundert gebrochen, doch verlieren sich die Spuren ihrer Ruine erst im Zuge der Festungsbauten während des 17. Jahrhunderts; vgl. ZETTLER, Zähringerburgen (wie Anm. 3) S. 122ff.

12 Die Ruine der Burg Zähringen zeigt noch Reste der auf Befehl König Rudolfs von Habsburg nach der Zerstörung seit 1281 von den Freiburgern wiedererrichteten Burg; Freiburger Urkundenbuch, bearb. von Friedrich HEFELE, Bd. 1, Freiburg i. Br. 1940, Nr. 340; vgl. Peter Paul ALBERT, Die Burg Zähringen und ihre Besitzer, in: Zeitschrift der Gesellschaft für Beförderung der Geschichts-, Altertums- und Volkskunde von Freiburg, dem Breisgau und den angrenzenden Landschaften 28, 1912, S. 1–88; Hugo OTT, Die Burg Zähringen und ihre Geschichte, in: Die Zähringer I (wie Anm. 4) S. 5–16; ferner ZETTLER, Zähringerburgen (wie Anm. 3) S. 101ff.

13 Graf Konrad II. räumte 1330 seinem Sohn Friedrich das Recht ein, *zů Friburg uf der oberen burg oder uf der nideren hus zů haltende mit sinem wibe und mit sinem gesinde oder aber in dem hofe in der Owe, dem man sprichet voget Gôllins hofe:* Urkunden zur Geschichte der Grafen von Freiburg, hg. von Josef DAMBACHER, in: Zeitschrift für die Geschichte des Oberrheins 13, 1861, S. 95f.; vgl. Hans SCHADEK, Burg und Stadtbefestigung von Freiburg bis zum Ende des 16. Jahrhunderts, in: Stadt und Festung Freiburg 2: Aufsätze zur Geschichte der Stadtbefestigung (Veröffentlichungen aus dem Archiv der Stadt Freiburg im Breisgau 22) Freiburg i. Br. 1988, S. 13, wo die Problematik im Hinblick auf die Baugeschichte des Schlosses unter den Grafen von Freiburg im 13. Jahrhundert ausführlich erörtert wird. Ebd., S. 32 Anm. 6, die Nachweise zum »oberen Stein«.

Abb. 2 Ansichten des Freiburger Schlosses aus dem 16. und 17. Jahrhundert.
a Manuel Deutsch
b Gregor Sickinger, kleiner Stich
c Salzburger Zeichnung, Hauptansicht
d Gregor Sickinger, großer Stich
e Salzburger Zeichnung, Randskizze
f Merian
(Bilder: Stadtarchiv Freiburg)

Felskopf der heutigen Ludwigshöhe zu lokalisieren hat [14]. Er ragt aus der Gebäudegruppe der Gesamtanlage hervor, in die er andererseits eingebunden ist. Man erkennt außerdem auf den ersten Blick, daß sich die Anlage über mehrere Geländestufen erstreckt haben muß [15].

Auf unserer Abbildung sind die älteren Ansichten der Burg in Auswahl wiedergegeben. Sie stammen von: Manuel Deutsch (1549) – das ist das älteste einigermaßen nach der Wirklichkeit gearbeitete Bild von Freiburg –, dann: von einem unbekannten Meister (sogenannte Salzburger Zeichnung, ca. 1554/1589, die außer der Hauptansicht von Stadt und Burg noch ein zusätzliches Randbild bringt, auf dem die Burg allein und aus einem anderen Blickwinkel wiedergegeben ist), des weiteren von Gregor Sickinger (»kleiner« und »großer« Sickinger, gedruckt 1589) sowie von Merian (gedruckt 1643). Was den Wert und die Naturtreue dieser Bilder betrifft, wäre vor allem anzumerken, daß der Holzschnitt von Deutsch das Schloß vielleicht seitenverkehrt wiedergibt, was bei dieser Technik öfters vorkommt. Doch auch diese Abbildung hat den auffälligen Turm mit steilem Dach, der das Ensemble der Burganlage überragt und beherrscht. Die Dachform, ein nach zwei Seiten hin abgewalmtes Satteldach, erlaubt Rückschlüsse auf die Architektur und Grundrißgestalt des großen Turms [16].

Vor allem die Salzburger Zeichnung verdeutlicht die eben näher besprochene Gliederung besonders gut, weil sie den Felsen mit der »oberen Burg« von der Seite und nicht von der Torfront des Schlosses her gibt [17]. Auch der Steilabfall des Burgfelsens, der den großen Turm zusätzlich hervorhob, ist hier gut erkennbar. Er entstand durch das Aushauen eines gewaltigen Halsgrabens aus dem felsigen Rücken des Schloßbergs, und der große Turm wurde unvermittelt auf dessen westlicher Kante errichtet. Es fällt aber auch auf, daß der Künstler der Salzburger Zeichnung die Höhenverhältnisse übertrieben hat [18].

Während nun die Salzburger Hauptzeichnung über die Umfassungsmauern des Schlosses hinweg einen Blick in den geräumigen Innenhof der untersten Bebauungsebene

14 Vgl. Berent SCHWINEKÖPER, Historischer Plan der Stadt Freiburg im Breisgau (vor 1850) (Veröffentlichungen aus dem Archiv der Stadt Freiburg im Breisgau 14) Freiburg i. Br. 1975, S. 12 Nr. 106 und 108 und Plan. – Die Zusammenstellung der ältesten historischen Ansichten der Burg auf dem Schloßberg in der hier wiedergegebenen Form ist SCHADEK (wie Anm. 13) S. 12 Abb. 3–7 zu verdanken. Ausführliche Informationen zu den Bildern – ebenso wie zu den hier nicht wiedergegebenen Ansichten von Gregor Reisch in seiner »Margarita philosophica« (1503/1504), des Freskos von 1450/80 aus dem Münster zu Freiburg, in der Chronik des Johann Sattler (Bad. Landesbibliothek Karlsruhe, Hs. 643; erste Hälfte 16. Jahrhundert) und der Zeichnung von 1514 im »Compendium actorum seu annales monasterii S. Petri in Nigra Sylva, tomus I« des Gregorius Baumeister usw. – finden sich in dem Katalog »Stadt und Festung Freiburg 1« (wie Anm. 20) S. 13 ff. Nr. 1 ff. Zu diesen Bildzeugnissen ist zu bemerken, daß auch sie in groben Zügen dem entsprechen, was im folgenden zu erörtern sein wird. – Von den älteren Zusammenstellungen und Arbeiten zum Thema seien genannt: Ingeborg KRUMMER-SCHROTH, Bilder aus der Geschichte Freiburgs, Freiburg i. Br. 1970; Freiburg im Breisgau. Impressionen einer Stadt, hg. im Jubiläumsjahr 1970 von Hans SCHNEIDER; Heinfried WISCHERMANN, Der Freiburger Schloßberg nach alten Ansichten und Plänen, in: Freiburger Stadtbild 3, 1974, S. 25–28; Helmut BENDER, Freiburg. Stiche und Texte aus vergangenen Jahrhunderten, Freiburg i. Br. 1985.

15 Die Unterscheidung zwischen Ober- und Niederburg dürfte eher rechtlicher Natur gewesen sein und bedeutet keinesfalls, daß man sich zwei baulich vollständig getrennte Anlagen vorzustellen hätte; vgl. SCHADEK (wie Anm. 13) S. 34 Anm. 38a.

16 Vgl. ZETTLER, Zähringerburgen (wie Anm. 3) S. 111 und passim.

17 Zur Salzburger Zeichnung vgl. ZETTLER, Zähringerburgen (wie Anm. 3) S. 152 und 163 mit Anm. 314. – Werner NOACK, Eine neue Ansicht von Freiburg aus dem 16. Jahrhundert, in: Zeitschrift des Freiburger Geschichtsvereins 43, 1931, S. 55 ff., urteilt S. 61: »Für die Kenntnis der Burghalde im 16. Jahrhundert ist die Zeichnung besonders wertvoll«.

18 Vgl. NOACK (wie Anm. 17).

gewährt, findet sich an ihrem Rand zusätzlich die Hauptfront mit dem Burgtor dargestellt. Diese Skizze stimmt mit Sickingers Stich im großen und ganzen überein, doch den kleineren Graben und die Zugbrücke vor dem Schloßtor finden wir sonst nur noch im Salzburger Randbild und bei Merian. Die Existenz eines »unteren« Burggrabens neben dem erwähnten großen Halsgraben bestätigt ein Bericht des Ritters Klaus vom Hus aus dem Jahre 1358. Dem Ritter war im Verlauf der Auseinandersetzungen zwischen Graf Egino III. von Freiburg und der Gräfin Klara von Tübingen aufgetragen worden, Freiburg für den Grafen in Besitz zu nehmen. Als Beweis für die Erfüllung seiner Aufgabe sollte er Späne aus den Stadttoren und von der Burg beibringen. Sein Bericht lautet folgendermaßen: *Und hab us der leni an der burg ein span usgehouwen, want die brug uf getzogen was, das ich zuo dem tore nit komen mochte ... Und han zwen spene us zwein toren der stat zu Friburg gehouwen ... und des ze urkünde senden ich üch die vorgenannten spene mit disem brief*[19].

An den erwähnten massiven Turm, der sich auf der höchsten Stelle des Burgfelsens erhob und die gesamte Anlage überragte, scheint sich nach Süden hin ein langgestreckter Gebäudetrakt angeschlossen zu haben. Vielleicht darf man ihn als Palas ansprechen. Turm und Palas hätten dann jedenfalls während des späteren Mittelalters die »obere Burg« gebildet. Die »niedere Burg« schloß an Turm und Palas auf dem steilen Felsen an. Das heißt, ihre Errichtung setzt mit einiger Wahrscheinlichkeit den Bestand der »oberen Burg« in dieser oder jedenfalls sehr ähnlicher Form bereits voraus. Das legt nicht nur die Salzburger Zeichnung nahe, sondern dies geht auch aus den Grundrissen des Schlosses aus der Festungszeit hervor. Sie zeigen nämlich alle dieselbe, in Form eines Trapezes um einen Innenhof angeordnete Anlage, deren eine Schmalseite eben die »obere Burg« auf dem Felskopf der Ludwigshöhe bildete[20]. Am deutlichsten zum Ausdruck kommt der zweigliedrige Charakter des mittelalterlichen Schlosses in einer Urkunde Graf Konrads II. von Freiburg aus dem Jahr 1330, mit welcher der Schloßherr seinem Sohn Friedrich das Recht einräumt, *zů Friburg uf der oberen burg oder uf der nideren hus zů haltende mit sinem wibe und mit sinem gesinde*[21].

Wenn damit die hauptsächlichen Bauetappen des mittelalterlichen Schlosses Konturen gewinnen – die »obere Burg« dürfte in ihren Grundzügen noch auf die Zähringer, die »niedere« auf deren Erben, die Freiburger Grafen, zurückgehen –, so gestaltet sich die Beschreibung der »niederen Burg« im einzelnen schwieriger. Eine ganze Reihe von Bauten besetzt die übrigen Seiten des Burghofs, und dies scheint anzuzeigen, daß es sich hier um ein über längere Zeit gewachsenes Ensemble handelt. Besonders ins Auge fallen zunächst die Rundtürme. Gregor Sickinger gibt einen, Merian indessen zwei Rundtürme. Die Festungsgrundrisse zeigen ebenfalls zwei Rundtürme, oder korrekt: zwei runde Halbtürme, aber im Vergleich mit Merian an anderem Ort, nämlich an der Südfront der Burg[22]. Rundtürme gehören seit dem 13. Jahrhundert, also seit dem Ausgang der Zähringer, in der südwestdeutschen und westschweizerischen Burgenarchitektur zum festen Formen-

19 Urkundenbuch der Stadt Freiburg im Breisgau, hg. von Heinrich SCHREIBER, Bd. 1/2, Freiburg i. Br. 1828/29, S. 460 f.; vgl. Martin WELLMER, Der vorderösterreichische Breisgau, in: Vorderösterreich. Eine geschichtliche Landeskunde, hg. von Friedrich METZ, Freiburg ²1967, S. 283, sowie SCHADEK (wie Anm. 13) S. 13 f.

20 Vgl. Stadt und Festung Freiburg 1: Karten und Pläne zur Geschichte der Stadtbefestigung, bearb. von Josef DIEL – Ulrich ECKER – Wolfgang KLUG – Rolf SÜSS (Veröffentlichungen aus dem Archiv der Stadt Freiburg im Breisgau 22/1) Freiburg i. Br. 1988, passim, sowie SCHWINEKÖPER (wie Anm. 14) Plan.

21 Volles Zitat und Nachweis siehe oben Anm. 13.

22 Stadt und Festung Freiburg 1 (wie Anm. 20) S. 34.

gut und wären hier in Freiburg im Baugefüge der Grafenburg des 13. Jahrhunderts demnach nichts Ungewöhnliches[23].

Josef Schlippe, der sich um die Erforschung der Zähringerburgen verdient gemacht hat, wollte daher in einem dieser Rundtürme den 1295 urkundlich erwähnten Michaelsturm des Schlosses sehen, der seiner Meinung zufolge den Torturm der »niederen Burg« gebildet habe. In der besagten Urkunde heißt es nämlich, die Michaelskapelle liege *infra muros castri de Friburc prope turrim dictam sancti Michahelis*, also innerhalb der Mauern des Schlosses beim Michaelsturm[24]. Daß dieser als Torturm des Schlosses anzusehen sei, schloß Schlippe aus der in der Urkunde geäußerten Befürchtung, die Betreuung der Burgkapelle durch unzuverlässige Geistliche stelle eine Gefahr für die Herrschaft dar, weil mit deren Hilfe Feinde in das Schloß eindringen könnten[25].

Aber bei genauerer Betrachtung der in Frage kommenden Bauten gelingt es nicht, einen der Rundtürme als Michaelsturm zu erweisen. Und offenbar steht auch keiner von ihnen in enger baulicher Verbindung mit dem Burgtor. Die Rundtürme werden deshalb und auch angesichts ihrer Bauform erst der Phase des Wiederaufbaus der 1366 von den Freiburgern teilweise zerstörten Burg zugehören und nicht der Grafenburg des 13. und 14. Jahrhunderts[26]. Dies ist umso wahrscheinlicher, als 1366 bei der Einnahme des Schlosses wohl gerade die »niedere Burg« besonders gelitten haben dürfte. Inwieweit Gebäude des 13. Jahrhunderts im Bereich der »niederen Burg« die gewaltsamen Veränderungen beim Übergang Freiburgs an Österreich unbeschadet überdauert haben, ist ohnehin eine Frage, in der keine sichere Entscheidung mehr gelingt[27].

23 Im südwestdeutschen Bereich konstatiert Alexander ANTONOW, Burgen des südwestdeutschen Raums im 13. und 14. Jahrhundert unter besonderer Berücksichtigung der Schildmauer (Veröffentlichung des Alemannischen Instituts Freiburg i. Br. 40) Bühl/Baden 1977, S. 27, das Auftreten des runden »Bergfrieds« seit ca. 1220; im Elsaß begegnen runde Wehr- oder Haupttürme auf Burgen nach den Feststellungen von Charles-Laurent SALCH, Dictionnaire des Châteaux de l'Alsace médiévale, Strasbourg 1976, S. 357f., ebenfalls seit ca. 1220. Vgl. ferner Alexander ANTONOW, Planung und Bau von Burgen im süddeutschen Raum, Frankfurt/Main 1983, S. 178ff. u. ö., sowie Walter HOTZ, Kleine Kunstgeschichte der deutschen Burg, 4. Aufl. Darmstadt 1979, S. 42ff.; DERS., Pfalzen und Burgen der Stauferzeit, Darmstadt 1981, S. 74ff. (zum Rundturm von Gelnhausen); ferner Cord MECKSEPER, Ausstrahlungen des französischen Burgenbaus nach Mitteleuropa im 13. Jahrhundert, in: Beiträge zur Kunst des Mittelalters. Festschrift für Hans Wentzel, Berlin 1975, S. 135ff.; Ch. TONNELLIER, Les donjons de Philippe-Auguste, in: Archeologia 52, S. 72f. 1972. – Freilich sind im Südwesten des Reiches auch schon vor dem 13. Jahrhundert gelegentlich Rundtürme auf Burgen zu beobachten (siehe beispielsweise die Bemerkungen von Werner MEYER, Runde Haupttürme auf Burgen in der Umgebung Basels, in: Mélanges d'archéologie et d'histoire médiévales en honneur du Doyen Michel de Boüard [Mémoires et documents, publiés par la Société de l'école des chartes 27] Genève – Paris 1982, S. 287–293, sowie von Thomas BILLER – Bernhard METZ, Anfänge der Adelsburg im Elsaß in ottonischer, salischer und frühstaufischer Zeit, in: Burgen der Salierzeit, hg. von Horst Wolfgang BÖHME, Teil 2, Sigmaringen 1991, S. 245–284; vgl. auch die anderen Beiträge in dem zuletzt zitierten Sammelband), doch ist im Falle des Schloßbergs zu Freiburg auch der Bauzusammenhang zu beachten. Denn das Schloß zeigt auf den alten Abbildungen neben seinem zähringischen Kern ein ausgedehntes Bauensemble vom Typ des Castellum mit Randbebauung und Innenhöfen, wie es unter französischem und italienischem Einfluß im deutschen Südwesten während des 13. Jahrhunderts Einzug hielt; vgl. Thomas BILLER, Die Burgengruppe Windstein (30. Veröff. der Abt. Architektur des Kunsthist. Instituts der Univ. zu Köln) Köln 1985, S. 278ff. mit Abb. 78; ANTONOW, Planung und Bau, S. 134ff. mit Abb. 21; SALCH, Dictionnaire, S. 359ff. mit fig. 1; Thomas BILLER, Die Adelsburg in Deutschland. Entstehung, Form und Bedeutung, München 1993, S. 156ff., und Thomas DURDÍK, Kastellburgen des 13. Jahrhunderts in Mitteleuropa, Prag 1993.

24 Freiburger Urkundenbuch 1 (wie Anm. 12) S. 194 Nr. 171; vgl. SCHADEK (wie Anm. 13) S. 13f.

25 Joseph SCHLIPPE, Burgen der Zähringer, in: Badische Heimat 39, 1959, S. 285.

26 Zur Zerstörung der Burg 1366 SCHADEK (wie Anm. 13) S. 14.

27 Vgl. ebd.

Die Chronik des Jakob Twinger von Königshofen, geschrieben 1386, notiert nun die einzige mittelalterliche Baunachricht zum Freiburger Schloß aus der Periode der Grafen von Freiburg: *als man zählte 1270 jor, do wart die Burg zu Friburg gebauwen*[28]. Wenn diese Nachricht zutrifft, dann könnte der Grundstock der in der Unterburg wiedergegebenen Gebäude eben aus jener Zeit stammen. Es hat jedenfalls eine gewisse Wahrscheinlichkeit für sich, daß sich die Freiburger Grafen, die das Zähringererbe im Breisgau antraten, 1218 um den Ausbau der Burg über ihrer Stadt gekümmert haben. Denn im Unterschied zu den Zähringern, die eine ganze Reihe großer Burgen in Stadt und Land ihr Eigen nannten[29], gewann für die Grafen in dieser Periode das Schloß zu Freiburg als Sitz und Herrschaftsmittelpunkt so zentrale Bedeutung, daß man es geradezu als ›Residenz‹ bezeichnen könnte[30]. Das recht unregelmäßige Baugefüge, wie es in den Bildzeugnissen entgegentritt, zeigt indessen auch an, daß wohl nicht nur eine einzige größere Baumaßnahme während des 13. Jahrhunderts anzunehmen ist. Am ehesten an die Freiburger

28 Hg. von Johann SCHILTER, Straßburg 1698, S. 316. Vgl. ferner eine (wohl von Königshofen abhängige) Basler Chronik des 15. Jahrhunderts, die bemerkt, *anno 1270 wart das sloß gebuwen*: Quellensammlung der badischen Landesgeschichte, hg. von Franz Josef MONE, Bd.1, Karlsruhe 1848, S. 219. Dazu zuletzt SCHADEK (wie Anm. 13) S. 34 Anm. 37, der die ansprechende Vermutung äußert, daß angesichts des reichspolitischen Engagements des Grafen Konrad I., der 1271 in Böhmen starb, dessen Sohn Egino II. für die Durchführung des Baues verantwortlich gewesen sein mag. Dem stünde die spätere Überlieferung des Johann SATTLER in seiner »Chronicke der Stadt Freyburg im Breisgaw« (Unveränderter Nachdruck der 1698 von Johann Schilter herausgegebenen Ausgabe, Vorwort und Transkription von Robert FEGER, Freiburg 1979) S. 24, nicht entgegen, wo es heißt, bereits der Gemahl der zähringischen Erbtochter Agnes, Graf Egino von Urach-Freiburg, habe ob der Stadt ein neues Schloß erbaut. Sattler hätte dann lediglich – wie er das auch sonst gelegentlich tut – die drei Grafen namens Egino, die während des 13. Jahrhunderts lebten, untereinander verwechselt; vgl. SCHADEK (wie Anm. 13) S. 34 Anm. 37 und 38. – SCHLIPPE (wie Anm. 25) S. 273 und 287.

29 ZETTLER, Zähringerburgen (wie Anm. 3) S. 95ff.

30 Das findet beispielsweise Ausdruck darin, daß Graf Egino der Jüngere in den Urkunden »dominus (castri) de (in) Friburc(h)« u. ä. genannt wird: Urkunden zur Geschichte der Grafen von Freiburg, hg. von DAMBACHER (wie Anm.13) S. 232 (1220) bzw. Freiburger Urkundenbuch 1 (wie Anm. 12), S. 18ff. Nr. 35; DAMBACHER S. 235 bzw. Freiburger Urkundenbuch 1, S. 22 Nr. 37 (1221); DAMBACHER S. 239 bzw. Freiburger Urkundenbuch 1, S. 28f. Nr. 42 (vor 1226 August 30: ... *nobilem uirum Eginonem comitem de Vrah iuniorem, dominum in Friburch, elegimus in aduocatum* ...); DAMBACHER S. 240 (1229: *dominus de Friburch*); DAMBACHER S. 241 bzw. Freiburger Urkundenbuch 1, S. 35f. Nr. 48 (1232: *dominus in Friburc*); DAMBACHER S. 244f. bzw. Freiburger Urkundenbuch 1, S. 38f. Nr. 51 (1234: *dominus in Friburc*), usw. Zu Graf Egino von Urach-Freiburg vgl. Heinrich BÜTTNER, Egino von Urach-Freiburg, der Erbe der Zähringer, Ahnherr des Hauses Fürstenberg (Veröffentlichungen aus dem Fürstlich Fürstenbergischen Archiv 6) Donaueschingen 1939. – Die zentrale Rolle, die Freiburg mit dem Schloß als Mittelpunkt der gräflichen Herrschaft spielte, wird des weiteren erkennbar in der Erklärung des St. Peterer Abtes und Konvents von vor 1226, wo weiter gesagt ist, man werde seitens St. Peters auch jeden Sohn des Egino zum Vogt nehmen, der die Burg Freiburg mit der anhangenden Stadt als legitimer Erbe besitze (*quicumque filiorum suorum ... castrum Friburch cum adiacente civitate quasi heres legitimus possederit:* Freiburger Urkundenbuch 1 Nr. 42); vgl. dazu Julius MAYER, Geschichte der Benediktinerabtei St. Peter auf dem Schwarzwald, Freiburg i. Br. 1893, S. 32f.; ZETTLER, Zähringerburgen (wie Anm. 3) S. 106f.; künftig Thomas ZOTZ, St. Peter unter den Zähringern und unter den Grafen von Freiburg. Hausklosterfunktion und Vogteifrage, in: Das Kloster St. Peter auf dem Schwarzwald (in Druckvorbereitung). Burg/Schloß und Herrschaft im Hinblick auf die Charakterisierung »Residenz«: Ernst KLEBEL, Mittelalterliche Burgen und ihr Recht, in: Anzeiger der Österreichischen Akademie der Wissenschaften, Phil.-hist. Kl. 1952, Nr. 23 S. 368–379. Zum Begriff »Residenz« siehe jetzt die Schriftenreihe »Residenzenforschung«, hg. von der Residenzen-Kommission der Göttinger Akademie der Wissenschaften, insbesondere Klaus NEITMANN, Was ist eine Residenz? Methodische Überlegungen der spätmittelalterlichen Residenzbildung, in: Vorträge und Forschungen zur Residenzenfrage, hg. von Peter JOHANEK (Residenzenforschung 1) Sigmaringen 1990; Fürstliche Residenzen im spätmittelalterlichen Europa, hg. von Werner PARAVICINI und Hans PATZE (Vorträge und Forschungen 36) Sigmaringen 1991; ferner: Residenzen. Aspekte hauptstädtischer Zentralität von der frühen Neuzeit bis zum Ende der Monarchie, hg. von Kurt ANDERMANN (Oberrheinische Studien 10) Sigmaringen 1992.

Grafen und die bei Twinger von Königshofen überlieferte Baunachricht wird man auch bei dem »unteren Palas« denken, wie ich den großen, fast kubischen Bau nennen möchte, der bei Sickinger und Merian an der rechten Seite der Anlage erkennbar ist. In dem Eckbau links des Burgtors – ebenfalls bei Sickinger und Merian sowie auf der Salzburger Zeichnung gut zu sehen – könnte ein Turmstumpf oder ebenfalls der Rest eines repräsentativen Burggebäudes aus der Grafenzeit stecken.

Zusammenfassend betrachtet hinterläßt das Schloß, wie es die frühneuzeitlichen Ansichten darbieten, den Eindruck eines über Jahrhunderte gewachsenen Baugefüges. Es war deutlich in zwei Bereiche untergliedert – einmal den »Stein« oder die »obere Burg«, wo am ehesten noch Bauten aus der Zähringerzeit gesucht werden können, während die Disposition der »niederen Burg« in den Grundzügen wohl den Grafen von Freiburg zwischen 1218 und 1366 zuzuschreiben ist.

II. Freiburg im Rahmen des zähringischen Burgenbaus

Wir haben gesehen, daß in dem kräftigen Turm, den sämtliche historischen Ansichten im Bereich der heutigen Ludwigshöhe zeigen, wahrscheinlich die älteste und im Grundbestand noch zähringische Partie des Schlosses zu vermuten ist. Bleibt zu fragen, wann dieser Turm erbaut wurde und in welche Zeit die erste herrschaftliche Inanspruchnahme des Schloßbergs fällt. Da für die zähringische Burg in Freiburg – wie übrigens bei den meisten Burgen[31] – keine frühen Baunachrichten und aus der Zähringerzeit überhaupt nur zwei ausdrückliche Erwähnungen vorliegen[32], führt der zweite Weg zur Erhellung der älteren Geschichte des Schloßbergs über die vergleichende Betrachtung anderer Zähringerburgen.

Als bedeutende Leistung der Zähringer gilt neben der Urbarmachung des Schwarzwaldes die Gründung von Städten und die Förderung der wirtschaftlichen Entwicklung in ihrem Herrschaftsbereich[33]. Darüber ist eher ein wenig in Vergessenheit geraten, daß die Herzöge auch große Burgenbauer waren – und dies im Gleichklang mit ihrer Städtepolitik. Denn zur hochmittelalterlichen Gründungsstadt gehörte in aller Regel eine Burg, in der sich die Stadtherrschaft konzentrierte und manifestierte[34]. Das gilt im besonderen

31 Am Beispiel des Elsaß: SALCH (wie Anm. 23) S. 367ff. mit Tabelle S. 371; Christian WILSDORF, L'apparition des châteaux en Haute-Alsace d'après les textes, 1000–1200, in: Archéologie militaire. Les pays du nord (Actes du 101e Congrès national des Sociétés savantes, Lille 1976) Paris 1978, S. 61–76; vgl. jetzt BILLER – METZ (wie Anm. 23) Anhang S. 280–284. Für den Breisgau künftig: ZETTLER u. a., Burgenbuch des Breisgaus (in Vorbereitung).

32 Siehe unten Anm. 79.

33 Theodor MAYER, Der Staat der Herzoge von Zähringen (Freiburger Universitätsreden 20) Freiburg i. Br. 1935, wiederabgedr. in: DERS., Mittelalterliche Studien, Lindau – Konstanz 1959, S. 350–364; HAMM (wie Anm. 2); Heinrich BÜTTNER, Zum Städtewesen der Zähringer und Staufer am Oberrhein während des 12. Jahrhunderts, in: Zeitschrift für die Geschichte des Oberrheins 105, NF 66, 1957, S. 63–88; zuletzt SCHWINEKÖPER (wie Anm. 2). Vgl. ferner die Bemerkungen von KELLER (wie Anm. 5) S. 249ff. sowie von Karl SCHMID, Zürich und der staufisch-zähringische Ausgleich 1098, in: Die Zähringer III (wie Anm. 3) S. 49ff., bes. S. 79.

34 Allg. zum Verhältnis Burg und Siedlung bzw. Stadt neben der in Anm. 1 genannten Lit.: Gabriel FOURNIER, Le château dans la France médiévale – essai de sociologie monumentale, Paris 1978, S. 172ff. und 176ff. – Die Konzentration von Stadtherrschaft in der Burg ist ein wenig untersuchtes Thema und wird meist nur am Rande berührt, vgl. beispielsweise Pierre HÉLIOT, Sur les résidences princières bâties en France du Xe au XIIe siècle, in: Le Moyen Age 61, 1955, S. 27–61 sowie S. 291–317; Edith ENNEN, Les différents types de for-

Maße für die Zähringerstädte in Burgund, wo die Herzöge seit 1127 das Rektorat, ein Reichsamt, ausübten[35]. Hier war das zähringische Terrain ständig bedroht vom Zugriff des Königs und von dem stolzen und Eigenständigkeit gewohnten Adel[36]. Als Friedrich Barbarossa im Sommer 1156 die Erbtochter des Grafen Wilhelm von Mâcon, Beatrice, ehelichte und dadurch dem staufischen Haus die Grafschaft Burgund gewann[37], erlitten die Zähringer in dieser wichtigen Durchgangslandschaft zu den Alpenpässen und in die Provence einen entscheidenden Rückschlag. Und es waren ausgerechnet die alten Konkurrenten der Zähringer im Herzogtum Schwaben, durch die das Rektorat in der Folgezeit immer stärker ausgehöhlt wurde. Diese besondere Situation der Zähringer in Burgund spiegelt sich nicht nur in der ansehnlichen Zahl der Zähringerstädte, sondern in auffälliger Weise auch im Burgenbau, der im folgenden näher betrachtet werden soll.

Von der Existenz der Burg Nydegg in der um 1191 ins Leben gerufenen Zähringerstadt Bern hören wir zuerst in einer Urkunde König Rudolfs von Habsburg. Im Rahmen der üblichen Privilegienbestätigung für die Reichsstädte gewährte Rudolf Bern bald nach seiner Krönung – im Jahre 1274 – eine Amnestie, denn die Berner hatten offenbar die Wirren der späten Stauferzeit und des Interregnums dazu genutzt, die von Herzog Bertold V.

mation de villes européennes, in: Le Moyen Age 62, 1956, S. 397–411; Michael MITTERAUER, Herrenburg und Burgstadt, in: Zeitschrift für bayerische Landesgeschichte 36, 1973, S. 470–521; EBNER (wie Anm. 1) S. 11–82, bes. S. 70 ff.; Werner MÄGDEFRAU, Burg und Stadt im Mittelalter. Erbe und wissenschaftlich-politischer Auftrag, in: Burg und Stadt in Geschichte und Gegenwart (= Wissenschaftliche Zeitschrift, Friedrich-Schiller-Universität Jena. Gesellschafts- und sprachwissenschaftliche Reihe 28, 1979) S. 361–372; André CHÉDEVILLE, Le phénomène urbain à la veille d'une évolution décisive, in: Le paysage monumental de la France autour de l'an Mil, sous la direction de Xavier BARRAL I ALTET, Paris 1987, S. 63–71; Michel BUR, Le château, in: Ebd., S. 73–83; vgl. außerdem die einschlägigen Beiträge in: Mélanges d'archéologie (wie Anm. 23). Regionale Studien: Wolfgang PODEHL, Burg und Herrschaft in der Mark Brandenburg. Untersuchungen zur mittelalterlichen Verfassungsgeschichte unter besonderer Berücksichtigung von Altmark, Neumark und Havelland (Mitteldeutsche Forschungen 76) Köln – Wien 1975, bes. S. 56 ff.; Berent SCHWINEKÖPER, Zur Problematik von Begriffen wie Stauferstädte, Zähringerstädte und ähnlichen Bezeichnungen, in: Südwestdeutsche Städte im Zeitalter der Staufer (Stadt in der Geschichte 6) Sigmaringen 1980, bes. S. 121 ff.; Jürgen SYDOW, Adelige Stadtgründer in Südwestdeutschland, in: Ebd. S. 173 ff.; Paul HOFER, Die freiburgischen Stadtanlagen des Mittelalters, in: Geschichte des Kanton Freiburg, Freiburg i. Ü. 1981, Bd. 1, S. 207–226. – Ganz ausgespart bleibt die Problematik in dem jüngst erschienenen Werk von BILLER, Die Adelsburg (wie Anm. 23), dessen Titel einen umfassenden Anspruch formuliert, das aber den zentralen herrschaftlichen Aspekt des Burgenbaus weitgehend verkennt.

35 Laetitia BOEHM, Geschichte Burgunds. Politik – Staatsbildungen – Kultur, Stuttgart – Berlin – Köln – Mainz 1971, S. 122 ff.; Hartmut HEINEMANN, Untersuchungen zur Geschichte der Zähringer in Burgund, in: Archiv für Diplomatik 29, 1983, S. 42–192 (Teil I), sowie ebd., 30, 1984, S. 97–257 (Teil II).

36 Vgl. Hans Dietrich KAHL, Die Angliederung Burgunds an das mittelalterliche Imperium. Zum geschichtlichen Hintergrund des Schatzfundes von Corcelles-près-Payerne, in: Schweizerische numismatische Rundschau 48, 1969, S. 13–105; Eduard HLAWITSCHKA, Die Königsherrschaft der burgundischen Rudolfinger, in: Historisches Jahrbuch 100, 1980, S. 444–456.

37 Ferdinand GÜTERBOCK, Zur Geschichte Burgunds im Zeitalter Barbarossas, in: Zeitschrift für schweizerische Geschichte 17, 1937, S. 145–229, bes. S. 171 ff.; BÜTTNER, Staufer und Zähringer (wie Anm. 45) S. 34 ff.; DERS., Friedrich Barbarossa und Burgund. Studien zur Politik der Staufer während des 12. Jahrhunderts, in: Probleme des 12. Jahrhunderts. Reichenau-Vorträge 1965–1967 (Vorträge und Forschungen 12) Konstanz – Stuttgart 1968, S. 79–119; BOEHM (wie Anm. 35) S. 129 ff.; Hartmut HEINEMANN, Die Zähringer und Burgund, in: Die Zähringer I (wie Anm. 4) S. 62 ff.; Gerd ALTHOFF, Die Zähringerherrschaft im Urteil Ottos von Freising, in: Die Zähringer I (wie Anm. 4) S. 43–58; René LOCATELLI, Frédéric Ier et le royaume de Bourgogne, in: Friedrich Barbarossa. Handlungsspielräume und Wirkungsweisen des staufischen Kaisers, hg. von Alfred HAVERKAMP (Vorträge und Forschungen 40) Sigmaringen 1992, S. 169–192; vgl. auch Joachim BUMKE, Höfische Kultur. Literatur und Gesellschaft im hohen Mittelalter, 2 Bde., München 1986.

erbaute Burg im Aarebogen unterhalb ihrer Stadt zu schleifen[38]. Die Nydegg erhob sich, wie auch der spätere Name des Geländes andeutet, unterhalb des eigentlichen Plateaus der Stadt – eine merkwürdige Lage, die man mit der Priorität der Burg zu begründen pflegt, die schon vor der Gründung der Stadt Bern den Aareübergang an dieser Stelle gesichert hätte (Abb. 3)[39].

Im Bruch der Herzogsburg durch die Berner äußerte sich, für jedermann sichtbar, die Abschüttelung der Stadtherrschaft und das Bewußtsein um die Reichsfreiheit, die Bern nach dem Ende der Zähringer allmählich gewann. Wenn nicht vor geraumer Zeit bei der Nydeggkirche Ausgrabungen vorgenommen worden wären, wüßten wir nichts von der baulichen Gestalt dieser Zähringerburg, die im Berner Stadtrecht ganz harmlos einfach

38 Fontes rerum Bernensium 3, Bern 1888, Nr. 69 (ausgestellt 16. Jan. 1274 von König Rudolf von Habsburg und gleichlautend von Adolf von Nassau am 11. Febr. 1293): ... *relaxamus et remittimus omnem accionem et questionem, quam contra vos possemus proponere super castro ad nos* (scil. Rudolf) *spectante, sito in ipso Bernensi civitate, quod vacante imperio vos asseritis destruxisse;* vgl. Regesta Imperii VI/1: Die Regesten des Kaiserreichs unter Rudolf, Adolf, Albrecht, Heinrich VII. 1273–1313. Nach der Neubearbeitung und dem Nachlasse Johann Friedrich Böhmers neu hg. und erg. von Oswald REDLICH mit einem Anhang von Carlrichard BRÜHL, Hildesheim – New York 1969, S. 34 Nr. 87. Vgl. ferner Paul HOFER, Die Kunstdenkmäler des Kantons Bern 1: Die Stadt Bern (Die Kunstdenkmäler der Schweiz 28) Basel 1952. Eben erschienen ist der Grabungsbericht von DEMS. – Hans Jakob MEYER, Die Burg Nydegg. Forschungen zur frühen Geschichte von Bern (Schriften der Historisch-Antiquarischen Kommission der Stadt Bern, publiziert aus Anlass des Jubiläums Bern 800, Nr. 5) Bern 1991, wo Hofer S. 22ff. zu den Schriftquellen Stellung nimmt. – Der Name »Nydegg« dürfte erst im 14. Jahrhundert im Zuge der Traditionsbildung um die Burg aufgekommen sein, die bis dahin stets namenlos bleibt und in allen Zeugnissen seit dem 13. Jahrhundert als *domus* bzw. *des herzogen hus* erscheint, während die an deren Stelle erbaute Kapelle *kapellen ze nydegge ze Berne dú da stat uffen des herzogen huse* diesen Namen trägt. Es ist also davon auszugehen, daß es sich hier um eine nachträgliche Benennung handelt, zumal keine andere Zähringer Stadtburg einen eigenen Namen trug. Entgegen Hofers Argumentation können daher aus dem Namen »Nydegg« keine Argumente hinsichtlich der Gestalt, Funktion und Datierung des zähringischen Donjons gewonnen werden. – HOFER (ebd., S. 19ff.) räumt der Deutungsmöglichkeit im Sinne eines Droh- und Trutznamens »Neid-egg« den Vorzug ein, bedenkt dabei aber nicht die späte Bildung des Namens, der doch wohl aus der Perspektive des höher gelegenen Stadtareals und der Berner Bürger gewählt wurde. Dies wiederum hat auch Konsequenzen für die andere Burg dieses Namens, die mit den Zähringern in Zusammenhang gebracht worden ist: H. BEI DER WIEDEN, Burg Niedeck bei Göttingen als Gründung eines Zähringers?, in: Göttinger Jahrbuch 1965, S. 77–83 (Hinweis Ansel-Mareike Andrae-Rau). – Die Zerstörung der Burg datiert Hofer, der von »Abtragung« spricht, auf »1268 bis 1273« (HOFER – MEYER S. 24, mit Angabe zahlreicher vergleichbarer »Burgenbrüche« während des Interregnums).

39 Siehe jetzt HOFER – MEYER (wie Anm. 38) S. 134ff. Vorzähringische Burgreste fanden sich bei den Untersuchungen nicht, so daß die früher gelegentlich geäußerte Annahme einer älteren »Reichsburg« an dieser Stelle (vgl. die Nachweise bei HOFER – MEYER S. 53ff.) in den Beobachtungen von 1951 bis 1963 jedenfalls keine Stütze findet. Gleichwohl hält Meyer an schon älteren, vorwiegend strategischen Überlegungen fest und trennt Burg und Stadt. Die Gründung der Stadt Bern im Jahre 1191 habe die Burg überflüssig gemacht. Ein »Nebeneinander« oder »Miteinander« wird ausgeschlossen. Da das Gründungsdatum von Bern »traditionsgeschichtlich erhärtet« sei, müsse die Burg vor der Stadt entstanden sein, mithin noch zur Zeit Herzog Bertolds IV. Dagegen ist einzuwenden, daß die Burg in allen frühen Quellen klar und deutlich der Stadt als herrschaftliche *domus* zugeordnet erscheint. – Hofer hingegen hält an seiner früher ausgesprochenen, anderen Datierung in die Regierung Herzog Bertolds V. grundsätzlich fest, macht aber an Meyers neue These insofern Konzessionen, als er in Erwägung zieht, Bertold V. habe die Anregungen zum Bau der Berner Burg noch vor dem Antritt der Herzogsherrschaft 1186 erhalten (S. 191ff.). – Die recht gezwungen erscheinende Trennung von Burg und Stadt in gut eidgenössischer Tradition, auf deren angebliche Überwindung durch die neue Publikation Jürg Schweizer in seiner Einführung eigens hinweist (S. 12), hat zur Folge, daß die siedlungsgeschichtlichen Zusammenhänge nicht in den Blick genommen werden und der Band eben gerade nicht, wie ebenfalls in der Einführung angekündigt (S. 13), »weiter in die Stadtgeschichte« von Bern führt. Vgl. auch die Rezension von Werner MEYER in: Nachrichten des Schweizerischen Burgenvereins 65, 1992, S. 67f.

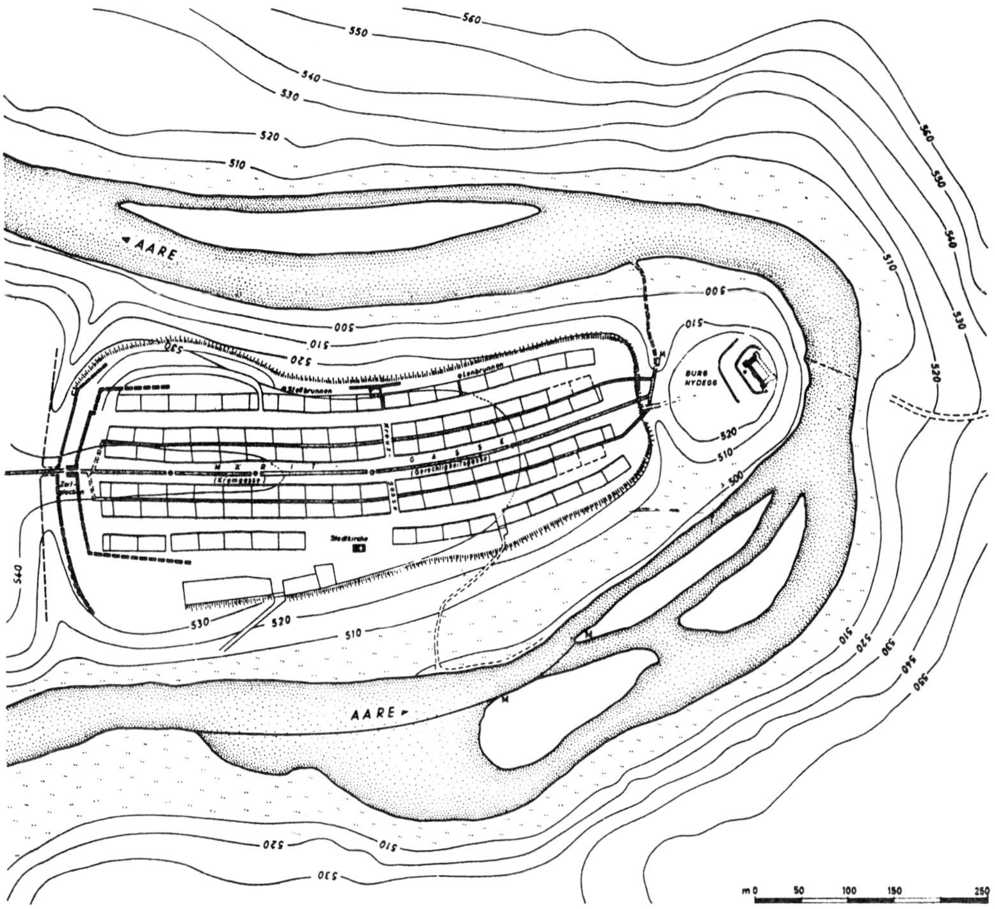

Abb. 3 Burg und Stadt Bern BE im 12./13. Jahrhundert (R. Spörhase, Karten zur Entwicklung der Stadt Bern, Bern-Stuttgart 1971, Bl. 2).

domus, also »Haus«, des Herzogs Bertold genannt wird[40]. Die Rekonstruktionszeichnung zeigt das Fundament eines gewaltigen Turmes auf rechteckigem Grundriß, etwa 22,5 m auf 16,2 m[41]. An den Ecken ist das Mauerwerk durch Wandvorlagen, sogenannte Contreforts, verstärkt[42]. Der Turm bildete das einzige Gebäude der Burg und war mit einem großen Ringgraben umwehrt. Anhand der Mauerstärke von rund fünf Metern im

40 Das Stadtrecht von Bern (Sammlung Schweizerischer Rechtsquellen, Abt. 2: Die Rechtsquellen des Kantons Bern I: Die Stadtrechte 1/2), 2. Aufl. bearbeitet von Hermann RENNEFARTH, Aarau 1971, S. 6 (vgl. auch die Einleitung S. XLVf. und LIX): *VIII. De domo etiam, quam dux Berctoldus apud uos firmavit, uobis statuendo promittimus, quod de ipsa nunquam a nobis uel a successoribus nostris aliquod dampnum patiamini uel grauamen;* vgl. die deutsche Übertragung ebd.: *VIII. Vnd von dem / hus, so herzog Berchtold bi v̊ch hat gestift, geloben wir v̊ch, dz ir von dem / selben huse von vns noch von v̊nserm nachkommen niemer werdent bekůmert noch beswert.* Vgl. dazu ZETTLER, Zähringerburgen (wie Anm. 3) S. 137. HOFER – MEYER (wie Anm. 38) S. 22ff., ziehen die Übertragung nicht heran. – Zur Handfeste zuletzt BLATTMANN (wie Anm. 2) S. 366ff. u. ö.

41 Die bei ZETTLER, Zähringerburgen (wie Anm. 3) Tabelle S. 163, wiedergegebenen, aufgrund der schwierigen Publikationslage anhand mehrerer widersprüchlicher Zeichnungen ermittelten Maße sind jetzt nach HOFER – MEYER (wie Anm. 38) S. 126f. zu berichtigen.

42 ZETTLER, Zähringerburgen (wie Anm. 3) S. 136 und 149ff.; jetzt HOFER – MEYER (wie Anm. 38) S. 127.

unteren Bereich kann man annehmen, daß der aus großen Quadern gefügte Turm der Nydegg ähnlich hoch aufragte, wie das bei anderen Burgtürmen der Zähringer nachweisbar ist, nämlich rund 30 m (Abb. 4)[43].

Über einen ähnlichen Turm in Freiburg im Üchtland, von dem jedoch kein Bild erhalten blieb, berichten spätere Chronisten. Die Errichtung dieser Burg schreibt man gewöhnlich Herzog Bertold IV., dem Gründer von Fribourg, zu und setzt sie in die Mitte des 12. Jahrhunderts[44]. Im nahe Fribourg gelegenen Thun wiederum, das zwar keine Zähringergründung ist, den Zähringern aber die Impulse seiner Entwicklung zur Stadt verdankt[45], blieb die Herzogsburg nahezu unversehrt erhalten. Der klobige Turm, errichtet von Herzog Bertold V.[46], gibt heute noch den ersten Blickfang von Thun ab, wenn man sich der Stadt nähert. Nur das oberste Geschoß wurde in späterer Zeit, wohl von den Kiburgern, den Erben der Zähringer in der Schweiz, neu aufgesetzt, sonst ist die Burg im spätzähringischen Baubestand erhalten (Abb. 5)[47].

Sicher stellt der Donjon von Thun nicht die größte und auch nicht die architektonisch qualitätvollste Zähringerburg dar, denn anders als beispielsweise bei der Nydegg in Bern ist das Mauerwerk des Turmes nicht in mächtigen, fein geglätteten Quadern ausgeführt, sondern zeigt außen zu großen Teilen schlichte Feldsteine mit Verputz[48]. Und gewiß

43 Wenn man ein Dach, wie es in Burgdorf original erhalten blieb, miteinrechnet, und nicht mit HOFER – MEYER S. 127f. u. ö. von einer Wehrplatte mit Zinnenkranz ausgeht, dürfte die Burg noch eine etwas größere Höhe erreicht haben; vgl. ZETTLER, Zähringerburgen (wie Anm. 3) Tabelle S. 163. Aufgrund meiner Bauanalyse der Zähringerburgen kann ich mich der von HOFER – MEYER vertretenen Meinung nicht anschließen.

44 HOFER, Die freiburgischen Stadtanlagen (wie Anm. 34) S. 211ff.; Pascal LADNER, Politische Geschichte und Verfassungsentwicklung Freiburgs bis zum Ausgang des Mittelalters, in: ebd., S. 168ff.; Die Zähringer II (wie Anm. 4) S. 238ff. Nrn. 195ff.; vgl. ZETTLER, Zähringerburgen (wie Anm. 3) S. 132ff.; BLATTMANN (wie Anm. 2) S. 20ff. u. ö.; HOFER – MEYER (wie Anm. 38) S. 139ff., wo Freiburg i. Ü. nicht eigens behandelt wird.

45 Politische Aspekte: Heinrich BÜTTNER, Die Erschließung des Simplon als Fernstraße (1953), wiederabgedr. in: Ders., Schwaben und Schweiz im frühen und hohen Mittelalter. Gesammelte Aufsätze, hg. von Hans PATZE (Vorträge und Forschungen 15) Sigmaringen 1972, S. 335f.; DERS., Zur politischen Erfassung der Innerschweiz im Hochmittelalter, in: Deutsches Archiv 6, 1943, S. 475–515; DERS., Waadtland und Reich im Hochmittelalter, in: Deutsches Archiv 7, 1944, S. 79–132, wiederabgedr. in: DERS., Schwaben und Schweiz, S. 393–436; DERS., Staufer und Zähringer im politischen Kräftespiel zwischen Bodensee und Genfersee während des 12. Jahrhunderts, in: Mitteilungen der Antiquarischen Gesellschaft in Zürich 40, Heft 3, 1961 (= 125. Neujahrsblatt) wiederabgedr. in: DERS., Schwaben und Schweiz, bes. S. 516ff. mit Karte S. 519; vgl. ferner HEINEMANN (wie Anm. 35) 2, Karte nach S. 237. – Zur Stadtentwicklung: Paul F. HOFER, Die Stadtanlage von Thun. Burg und Stadt in vorzähringischer Zeit, Thun 1981.

46 In Thun war im 12. Jahrhundert ein Freiherrengeschlecht ansässig. Im Jahre 1250 kam es zu einem Schiedsspruch zwischen dem Ritter Rudolf von der Tanne und den linksrheinischen Erben der Zähringer, den Grafen von Kyburg. Die Urkunde hält fest, Rudolfs Vorfahren hätten Schloß und Stadt Thun aus freien Stücken und ohne Zwang einem Herzog B. von Zähringen überlassen: *castrum in Tune et omnia que sunt infra fossatum eiusdem ville ... quia predecessores R. militis eadem bona B. duci Zeringie felicis memorie libere et voluntarie contulerunt;* Fontes rerum Bernensium 2, Bern 1882, S. 322ff. Nr. 296; vgl. ZETTLER, Zähringerburgen (wie Anm. 3) S. 143ff.; zuletzt HOFER – MEYER (wie Anm. 38) S. 139ff.

47 Hans Gustav KELLER, Die Erbauung der Burg und die Entstehung der Stadt Thun. Eine burgen- und stadtgeschichtliche Untersuchung, in: Zeitschrift für Schweizerische Geschichte 12, 1932, S. 265–299; R. QUENEDEY, Le donjon de Thoune et les donjons normands du XIIe siècle, in: Bulletin archéologique 1934/35, Paris 1938, S. 601ff.; H. BUCHS, Beiträge zur Baugeschichte des Schlosses Thun. Bericht über die Ergebnisse von Untersuchungen zwischen 1904 und 1959, in: Historisches Museum Schloß Thun. Jahresbericht 1963, S. 6ff.; vgl. ZETTLER, Zähringerburgen (wie Anm. 3) S. 153, 159ff. Vgl. jetzt HOFER – MEYER (wie Anm. 38) S. 140ff. mit teils anderer Sicht der Baugeschichte.

48 Vgl. ZETTLER, Zähringerburgen (wie Anm. 3) S. 159 mit Tabelle S. 163: Das m. E. sicher zu erschließende ursprüngliche Obergeschoß dürfte in Holzbauweise ausgeführt gewesen sein.

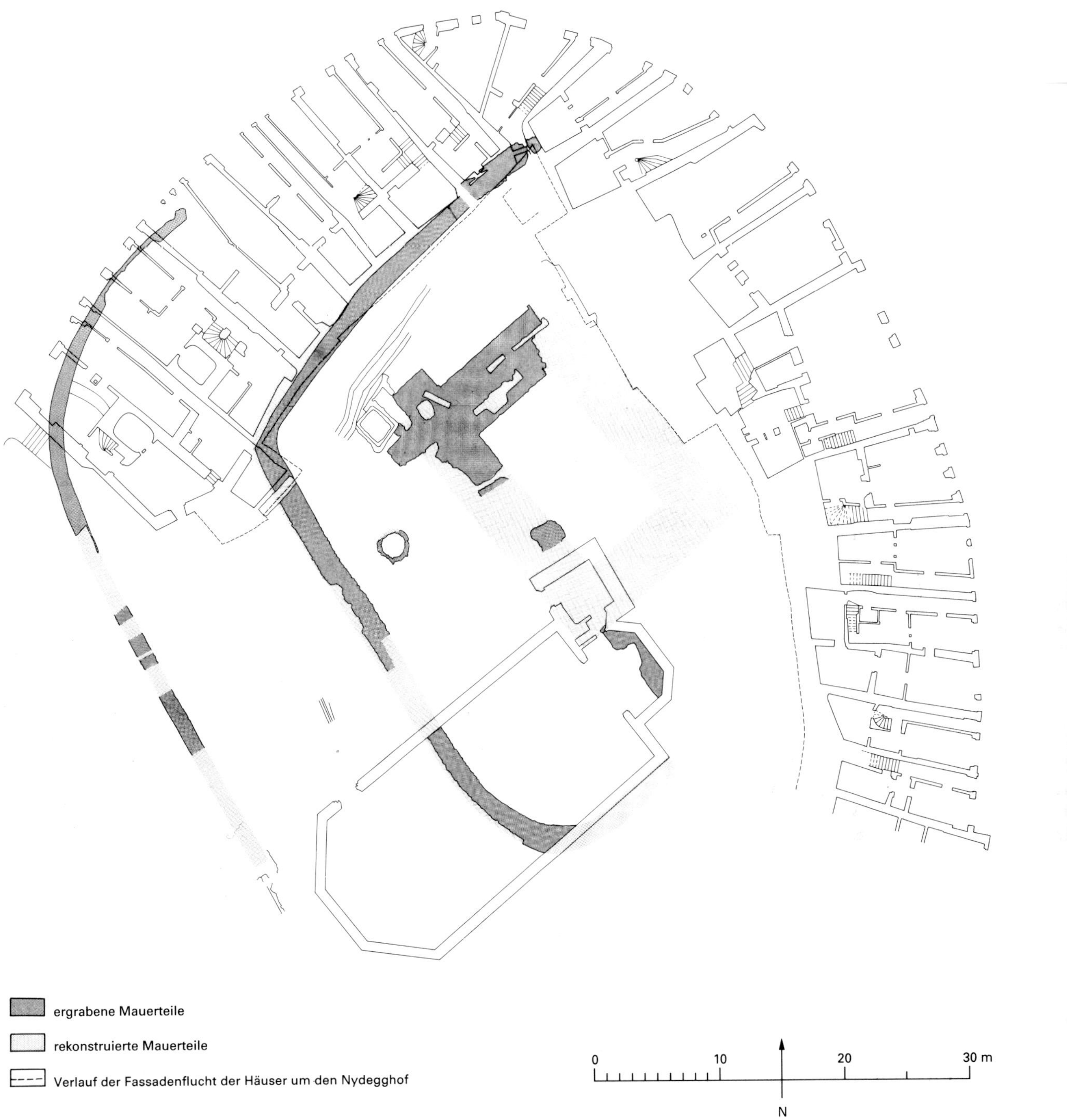

Abb. 4 Die Burg (Nydegg) in Bern BE (nach Hofer/Meyer 1991).

zählte Thun auch nicht zu den Burgen, auf denen Herzog Bertold V. mit Vorliebe und über längere Perioden zu weilen und Hof zu halten pflegte. Doch vermittelt der Turm, der als einziger Zähringer Donjon freistehend und in fast ursprünglicher Gestalt erhalten blieb, einen guten Eindruck von der zähringischen Burgenbaukunst des späteren 12. Jahrhunderts.

Wir wenden nun den Blick vom Rektorat Burgund auf die nähere Heimat der Zähringer, auf den Breisgau. Auch von der Stammburg der Rheinfeldener, die mit dem Erbgut König Rudolfs (1077–1080) über dessen Tochter Agnes 1078 an den nachmaligen Herzog Bertold II. (von Zähringen) fiel[49], ist eine bildliche Darstellung überliefert. Die Burg lag auf einer Felseninsel, dem sogenannten »Stein«, vor dem linken Rheinufer. Dieser topographischen Lage wegen muß die Burginsel mitsamt der Siedlung Rheinfelden zum burgundischen Königreich gehört haben, bevor Basel 1006 und Burgund 1032 an das Deutsche Reich fielen[50]. Für die Zähringer war Rheinfelden aus mehreren Gründen von nicht geringer Bedeutung. Einmal bildete der »Stein« buchstäblich den Brückenkopf zwischen ihren linksrheinischen und rechtsrheinischen Gütern, denn über die Insel mit der Burg führte auch eine Rheinbrücke (in der früheren Zähringerzeit übrigens die einzige weit und breit: der Basler Brückenschlag erfolgte erst 1225)[51]. Außerdem erinnerte Rheinfelden die Zähringer an ihren Vorfahren Rudolf, der die schwäbische Herzogswürde bekleidet und im Verlauf des Investiturstreits sogar die Königskrone errungen hatte (Abb. 6)[52].

In der eidgenössischen Chronik des Werner Schodoler findet sich das einzige Bild der 1445 von den Baslern mit Hilfe von Solothurn und Bern gebrochenen Feste[53]. Erkennbar

49 Heinrich BÜTTNER, Die Zähringer im Breisgau und Schwarzwald während des 11. und 12. Jahrhunderts, in: Schau-ins-Land 76, 1958, Wiederabdruck in: DERS., Schwaben und Schweiz (wie Anm. 45) S. 143–162, bes. S. 150f.; DERS., Staufer und Zähringer (wie Anm. 45) S. 444ff.; DERS., Basel, die Zähringer und Staufer. Studien zum politischen Kräftespiel am Oberrhein im 11./12. Jahrhundert, in: Basler Zeitschrift für Geschichte und Altertumskunde 57, 1958, wiederabgedr. in: DERS., Schwaben und Schweiz (wie Anm. 45) S. 215f.; vgl. auch Karl SCHIB, Zur Geschichte der schweizerischen Nordgrenze, in: Zeitschrift für schweizerische Geschichte 25, 1947, S. 1ff.; HEINEMANN, Burgund (wie Anm. 35) I S. 101ff.

50 Vgl. allg. die oben Anm. 35–36 genannte Lit. – HEINEMANN, Burgund (wie Anm. 35) I S. 68ff.; vgl. ferner ZETTLER, Zähringerburgen (wie Anm. 3) S. 114ff.; HOFER – MEYER (wie Anm. 38) S. 139ff., wo Rheinfelden nicht eigens behandelt wird.

51 Allgemein immer noch Hermann AUBIN, Die Rheinbrücken im Altertum und Mittelalter, in: Rheinische Vierteljahrsblätter 7, 1937, S. 111–126, hier S. 120f. – Martin ALIOTH – Ulrich BARTH – Dorothee HUBER, Basler Stadtgeschichte 2: Vom Brückenschlag 1225 bis zur Gegenwart, Basel 1981, S. 12f. – Weiter rheinaufwärts bestand 1207 eine Brücke in Laufenburg (Karl SCHIB, Geschichte der Stadt Laufenburg, Aarau 1951, S. 26ff.) und seit der Mitte des 12. Jahrhunderts eine solche in Zurzach: Martin HARTMANN, Eine spätrömische und eine mittelalterliche Rheinbrücke in Zurzach AG, in: Archäologie der Schweiz 10, 1987, S. 13–15; Walter DRACK – Rudolf FELLMANN, Die Römer in der Schweiz, Stuttgart – Jona SG 1988, S. 92f. und 574ff.; vgl. Fritz GLAUSER, Stadt und Fluß zwischen Rhein und Alpen, in: Die Stadt am Fluß, hg. von Erich MASCHKE – Jürgen SYDOW (Stadt in der Geschichte 4) Sigmaringen 1978, S. 66ff. mit Karte S. 69. – Zur herrschaftlichen (und damit nicht selten in Verbindung mit Burgen stehenden) Funktion von Brücken vgl. Erich MASCHKE, Die Brücke im Mittelalter, in: Ebd. S. 9–39.

52 Vgl. dazu Dieter MERTENS, Die Habsburger als Nachfahren und als Vorfahren der Zähringer, in: Die Zähringer I (wie Anm. 4) S. 151–174; ZETTLER, Zähringerburgen (wie Anm. 3) S. 125ff.

53 Die eidgenössische Chronik des Wernher Schodoler. Wissenschaftlich bearb. Faksimile-Ausgabe, hg. von Alfred A. SCHMID u. a., Luzern 1978/79, Bd. 2, fol. 124v; vgl. den zugehörigen Text im 1983 erschienenen Kommentarband, bearb. von Pascal LADNER. Auf die Textedition machte mich freundlicherweise Herr Prof. Ladner aufmerksam; meine diesbezüglichen Angaben (ZETTLER, Zähringerburgen, wie Anm. 3, S. 125) sind dementsprechend zu korrigieren. – Zum Wert der Darstellung vgl. Richard FELLER – Edgar BONJOUR, Geschichtsschreibung der Schweiz vom Spätmittelalter zur Neuzeit 1, Basel – Stuttgart [2]1979, S. 296f., wo es heißt, Schodolers Illustrationen zählten »zu den besten der schweizerischen Chronistik ... Sie haben sich von

Abb. 5 Das Schloß Thun BE. Aquarellierte Federzeichnung (Bernisches Historisches Museum).

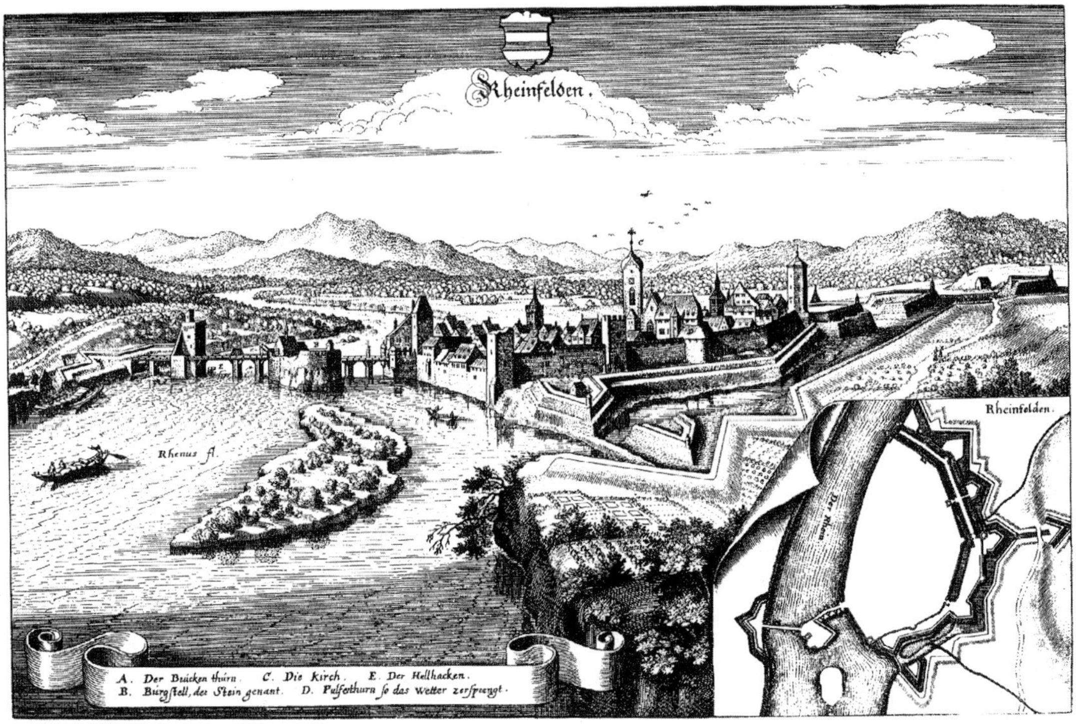

Abb. 6 Rheinfelden AG mit dem »Stein« im Rhein
(M. Merian, Topographia Alsatiae, Frankfurt/Main 1663, S.44).

ist neben den Feldlagern auf beiden Ufern des Rheins vor der Silhouette der Stadt Rheinfelden ein hoch aufragender Donjon auf rechteckigem Grundriß, der fast die ganze Felseninsel einnimmt. Da Schodoler hier den Rheinfeldener Krieg illustriert, zeigt der mächtige Turm schon einige Schrammen, die ihm die Basler mit ihrer größten Büchse beigebracht hatten. Dreißig Schuß mit diesem schweren Gerät mußten die Eidgenossen tun, bevor sich ein Loch im Gemäuer des Turmes zeigte. Der Bruch der Burg gelang damals nur deshalb – jedenfalls, wenn man den Augenzeugenberichten Glauben schenken darf – weil sich im Innern der aus großen Quadern gefügten und über vier Meter starken Wände des Donjons eine Schwachstelle befand. In einer Wand nämlich war ein »Schneck«, das heißt: eine Wendeltreppe eingebaut. Diese hatten die Schützen ausgespäht und ins Visier genommen[54]. Für uns ist der Bericht über die kriegerischen Ereignisse 1445 deshalb interessant, weil er wiederum auf den gleichen Typ des stark befestigten Donjons weist – wie er uns schon in Bern, Fribourg und Thun begegnet ist. Freilich bleibt unsicher, welcher Zähringer den Burgturm von Rheinfelden errichtet hat. Sein regelmäßiges Großquaderwerk, das die Berichterstatter ausdrücklich erwähnen, legt nahe, an die Herzöge Bertold IV. oder V. zu denken, zu deren Zeit in Rheinfelden wohl auch die erste Brücke geschlagen wurde (Abb. 7)[55].

Wie Rheinfelden liegt Breisach in ausgesprochen exponierter Position am Rhein. Als Herzog Bertold V. 1198 auf seine Thronkandidatur verzichtete und den Staufer Philipp von Schwaben zu unterstützen versprach, erlangte er dafür eine Pfandschaft über

der mittelalterlichen Formenwelt gelöst, geben mit kräftigem Naturalismus ihre Zeit wieder ... können sogar in ihren Städtedarstellungen topographische Treue beanspruchen«. – Auf Schodolers Bild der Rheinfeldener Feste haben bereits Sebastian Burkart, Geschichte der Stadt Rheinfelden bis zu ihrer Vereinigung mit dem Kanton Aargau, Aarau 1909, S. 111, und Walther Merz, Die mittelalterlichen Burganlagen und Wehrbauten des Kantons Aargau 2, Aarau 1906, S. 431 Abb. 350, aufmerksam gemacht; bei Karl Schib, Geschichte der Stadt Rheinfelden, Rheinfelden 1961, fehlt es. – Neben den wegen ihrer Bedeutung in die MGH (Constitutiones 4, hg. von A. Schwalm, Hannover – Leipzig 1909/1911, S. 1551–1559) aufgenommenen Rechnungen des Burggrafen zu Rheinfelden aus den Jahren 1303 bis 1306 hat sich das Urbar der Feste Rheinfelden (Handschrift im Haus-, Hof- und Staatsarchiv in Wien, hg. von Dietrich Schwarz, Zürich 1973) aus dem Jahre 1400 in einer Handschrift von 1415, die also angesichts der noch integren Burg auf dem »Stein« entstand, erhalten. Die Handschrift ist mit Miniaturen ausgeschmückt, von denen zwei die Feste auf dem Stein darstellen. Für die Kenntnis der Burg in baulicher Hinsicht bringen sie jedoch wenig, denn in der zweiten Burgdarstellung erscheint der »Stein« »mit ähnlichen, aber ganz anders angeordneten Versatzstücken«, wie im anderen Bild dargestellt, »woraus hervorgeht, daß man hier keinerlei ›Porträtähnlichkeit‹ erwarten darf« (ebd., S. 25).

54 Chronik des Erhard von Appenwiler, hg. von August Bernoulli, Basler Chroniken 4, Leipzig 1890, S. 261; Chronik des Hans Sperrer, genannt Brüglinger, ebd., S. 193 f. Zu den Chroniken vgl. Feller – Bonjour (wie Anm. 53) 1 S. 38 bzw. S. 35 f.

55 Daß der schon erwähnte Reisebericht über Bernhard von Clairvaux' Reisen im deutschen Südwesten offenbar auch die Feste Rheinfelden ausdrücklich nennt – Bernhard wirkte einmal *iuxta castrum Rinvelt* und ein anderes Mal *apud castrum Rinvelth*: Ex libris de vita et miraculis s. Bernhardi Clarevallensis abbatis (wie Anm. 79) S. 124 f. –, besagt zwar, daß diese 1146 bereits bestand, gibt aber nichts her im Hinblick auf die Frage nach dem Bauherrn des festen Quaderturms, den die Eidgenossen unter Führung Basels 1445 teilweise in Schutt und Asche legten. Vgl. dazu Schib (wie Anm. 53) S. 31, der den Reisebericht jedoch irreführend zitiert und infolgedessen nicht richtig deutet: »... bei der Stadt Rheinfelden (iuxta castra Rinvelt)«. Zu den ältesten Zeugnissen von der Burg auf dem Stein Zettler, Zähringerburgen (wie Anm. 3) S. 115 ff. – Als Bauherrn des Donjons hat man gelegentlich Herzog Konrad (1122–1152) in die Debatte geworfen, der auch als Gründer der Stadt Rheinfelden gilt: ebd., S. 122 mit Anm. 13; siehe ferner Schadek, (wie Anm. 3) S. 448–451. – Zur Brücke siehe oben Anm. 51. – Während die spätzähringischen Burgen Freiburg i. Ü. und Rheinfelden bei Hofer – Meyer (wie Anm. 38) als Vergleichsbeispiele zu Bern fehlen, wird dort S. 147–150 ein 1973 und 1978 freigelegtes, wohl römisches Monument in Kleinbasel als weiterer »Zähringerdonjon« mit der Nydegg zu Bern in Verbindung gebracht; vgl. auch dazu Zettler, Zähringerburgen (wie Anm. 3) S. 144 mit Anm. 238.

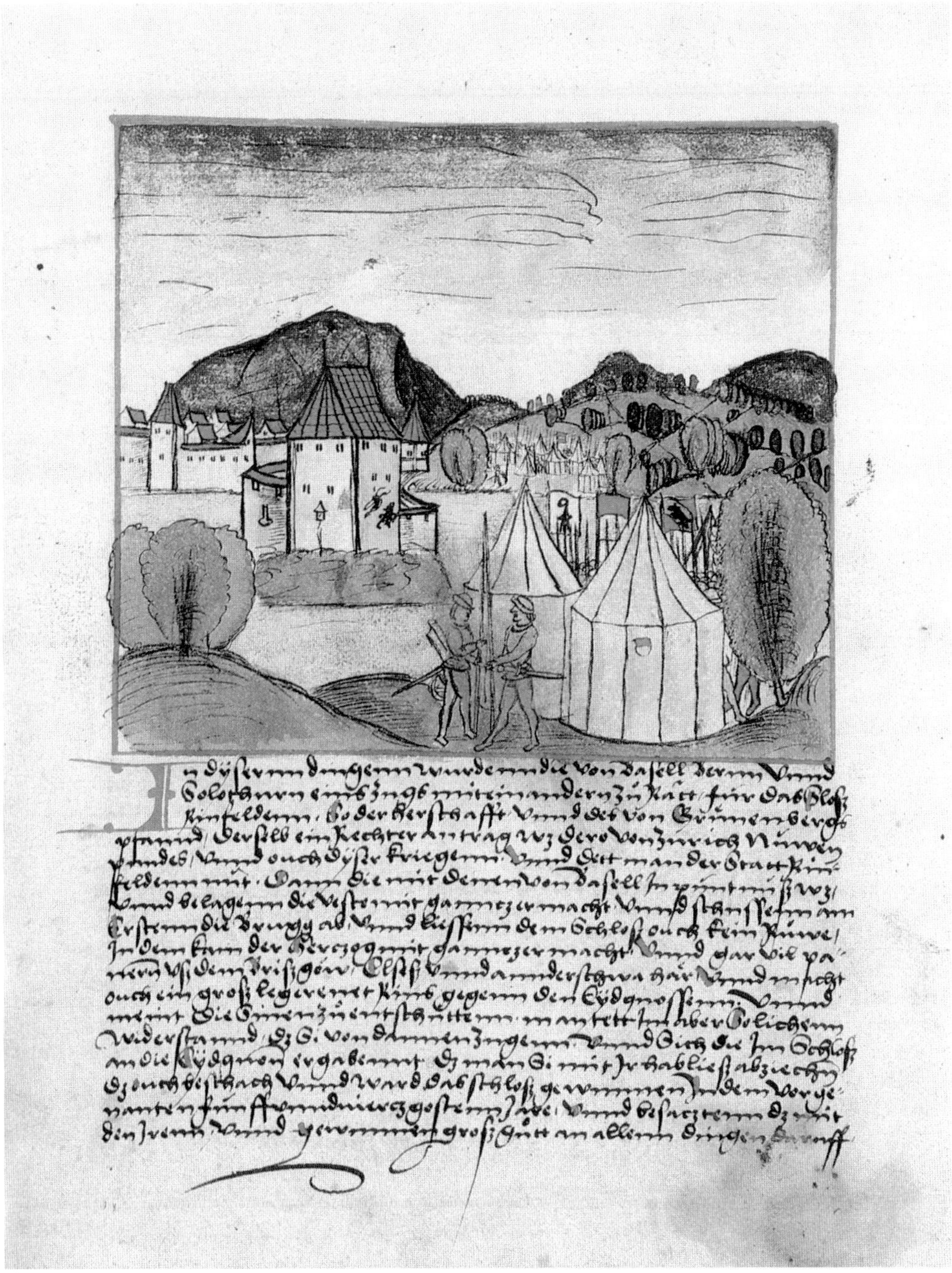

Abb. 7 Das Schloß Rheinfelden AG in der Chronik des Werner Schodoler, Anfang 16. Jahrhundert (Bild: Gemeindearchiv Bremgarten AG).

Breisach[56]. Dort ließ er laut der überlieferten Bauinschrift[57] – von der übrigens erst kürzlich ein Fragment wiedergefunden wurde[58] – den mächtigen Burgturm errichten, der bis 1741 Bestand hatte und in einer ganzen Reihe von Zeichnungen und Plänen festgehalten ist[59]. Auf dem markanten Inselberg in der Rheinaue ragte an der Südspitze das Münster und sozusagen als Pendant im Norden der in ähnlicher Höhe dargestellte zähringische Turm auf. Wieder ist es ein aus großen Quadern gefügter Donjon, den die Zeichnungen des Straßburger Meisters Arhardt, die auch als Vorlage für Merians Stiche dienten, von allen Seiten recht genau wiedergeben. Mindestens vier, wenn nicht fünf Geschosse sind erkennbar, oben drei befensterte und darunter ein oder zwei fensterlose (Abb. 8)[60].

Die Betrachtung der wichtigsten Zähringerburgen lehrt, daß alle diese Festen demselben Bautyp angehören. Es handelt sich in allen Fällen um hohe, breitgelagerte Türme mit unmäßig starken Mauern, die in der Regel das einzige Gebäude der jeweiligen Burg bilden. Man kann die spätzähringische Burgenarchitektur deshalb mit den sogenannten Donjons géants, also den Gigantentürmen Westeuropas, namentlich in der Normandie und in England, in Verbindung bringen[61]. Das berühmteste Beispiel spätnormannischen Burgenbaus stellt sicherlich der Tower von London dar, ein gewaltiger Turm auf rechteckigem Grundriß von rund 36 auf 40 m und Mauerstärken von über 4 m. Errichtet von den Normannen in den Jahren nach der Eroberung Englands 1066 als Königsburg über der Themse am Rand der Londoner City, hat dieser Donjon, in dem ja bekanntlich die englischen Kronjuwelen aufbewahrt werden, die Zeiten einigermaßen intakt überdauert

56 Historischer Hintergrund der Pfandschaft ist, daß der Herr von Breisach, der Basler Bischof Heinrich, im Juli 1185 die Hälfte von Breisach dem Staufer Heinrich VI. zu Lehen gegeben hatte; dazu zuletzt Berent SCHWINEKÖPER, Das »Pariagium« als Mittel staufischer Territorialpolitik, in: Geschichte und ihre Quellen. Festschrift für Friedrich Hausmann zum 70. Geburtstag, hg. von Reinhard HÄRTEL, Graz 1987, S. 99–110. – Zur Geschichte Breisachs unter den Staufern und dem letzten Zähringer vgl. HEYCK (wie Anm. 80) S. 451f. mit Anm. 1351; Alfons KOHLER, Die Burgen des mittelalterlichen Breisgaus. Quellennachrichten über ihre Entstehung, Besitzverhältnisse, militärische und wirtschaftliche Bedeutung der Breisgauer Burgen, Diss. phil. Freiburg i. Br. 1940, S. 15; HASELIER (wie Anm. 9) S. 74ff., bes. S. 85ff.; Zusammenstellung der Quellenbelege bei Helmut MAURER, Breisach, in: Die deutschen Königspfalzen 3: Baden-Württemberg, 1. Lfg., Göttingen 1988, S. 46–62. – Über den Charakter Breisachs in der Frühzeit äußert sich Gerd ALTHOFF, Breisach – ein Refugium für Rebellen im frühen Mittelalter?, in: Archäologie und Geschichte 1 (wie Anm. 3) S. 457–471; vgl. jetzt Thomas ZOTZ, Est in Alsaciae partibus castellum Brisicau. Breisach als Schauplatz der politischen Geschichte im 10. Jahrhundert, in: Zeitschrift des Breisgau-Geschichtsvereins »Schau-ins-Land« 111, 1992, S. 9–23. – Zur Archäologie Breisachs zuletzt Michael SCHMAEDECKE, Der Breisacher Münsterberg. Topographie und Entwicklung (Forschungen und Berichte der Archäologie des Mittelalters in Baden-Württemberg 11) Stuttgart 1992.

57 Sie lautete: *Hanc dux Berchtoldus portam struxisse notatur / A quo pro fraude Burgundia depopulatur*, oder ähnlich. MERTENS (wie Anm. 52) S. 158ff., gibt in Anm. 43 einen Überblick über die tradierten Lesarten der offenbar bereits in der frühen Neuzeit nicht mehr zuverlässig lesbaren Inschrift. – Zur Deutung der zähringischen Burginschriften – in Burgdorf hat sich eine weitere erhalten – vgl. auch ZETTLER, Zähringerburgen (wie Anm. 3) S. 114 mit Anm. 87.

58 Gabriele WEBER, »Hanc Dux Berchtoldus ...«. Zur Wiederauffindung eines zähringischen Inschriftenfragments von der Breisacher Burg, in: Denkmalpflege in Baden-Württemberg 21, 1992, S. 52–54.

59 Zur Zerstörung der Burg siehe oben Anm. 9. – Zu den historischen Ansichten und Plänen vgl. Gerd-Willi DIETZ, Mons Brisiacus. Vorschläge zum Ausbau der Oberstadt Breisachs, Diss. ing. TU Berlin 1982, sowie SCHMAEDECKE (wie Anm. 56). Der älteste bekannte Plan von Breisach, der ebenfalls von großer Bedeutung für die Kenntnis der Anlage ist: HASELIER (wie Anm. 9) Taf. 31.

60 Die Bilddokumente sind großenteils wiedergegeben bei ZETTLER, Zähringerburgen (wie Anm. 3) Taf. 14 und 15; zu Arhardts Werk Werner NOACK, Johann Jacob Arhardts Breisacher Zeichnungen, in: Schau-ins-Land 61, 1934, S. 85–91. – Zur Baugestalt des Turmes äußerten sich zuletzt HOFER – MEYER (wie Anm. 38) S. 160ff.

61 Vgl. ZETTLER, Zähringerburgen (wie Anm. 3) S. 149ff. (mit Hinweisen).

Abb. 8 Das Schloß Breisach: Zeichnung von J.-J. Arhardt, um 1643
(Bild: Augustinermuseum Freiburg i. Br.).

(Abb. 9)[62]. An solche Dimensionen reichen die zähringischen Türme zwar nicht ganz heran, aber im Vergleich mit den zahlreichen Burgen dieses Typs in den Landschaften Frankreichs und Englands – dort wurden während des 11. und früheren 12. Jahrhunderts vorwiegend Donjons auf rechteckigem Grundriß gebaut[63] – im Vergleich also mit den französischen und englischen Turmburgen schneiden unsere zähringischen Monumente recht gut ab. Sie würde man in Westeuropa zu dem Viertel des Bestandes zählen müssen, das die gewaltigsten Dimensionen und Mauerstärken aufweist[64], während sie als Gruppe im Deutschen Reich ohne Parallele bleiben.

Ein Turm vom Typ des spätnormannischen Donjons wahrscheinlich auf rechteckigem Grundriß ist aus den neuzeitlichen Abbildungen des Schloßbergs zweifellos auch für Freiburg zu erschließen. Und nicht nur die ältesten Ansichten aus dem 16. Jahrhundert, sondern auch die Pläne des 17. und 18. Jahrhunderts geben den zähringischen Turm im Gefüge der Festungsbauten wieder, mit denen Österreich und Frankreich den Schloßberg nach dem Dreißigjährigen Krieg abwechselnd sicherten. Im Baugefüge des österreichischen »Leopoldoburgum« beispielsweise findet sich der alte Turm ganz rechts oben (Abb.10)[65]. Und sogar noch die letzten Bestandsaufnahmen des Schlosses vor der Spren-

62 Zum Tower of London Derek RENN, Norman Castles in Britain, London – New York ²1973, S. 329ff. Nr. 73.

63 Neben dem letzte Anm. zit. Werk über die normannischen Burgen auf den britischen Inseln nenne ich hier nur André CHÂTELAIN, Châteaux forts et féodalité en Ile de France du XIe au XIIIe siècle, o. O. 1983; ausführliche Angaben bei ZETTLER, Zähringerburgen (wie Anm. 3) S. 149ff., und HOFER – MEYER (wie Anm. 38) S. 173ff.

64 Siehe oben Anm. 41.

65 Stadt und Festung Freiburg 1 (wie Anm. 20) S. 51.

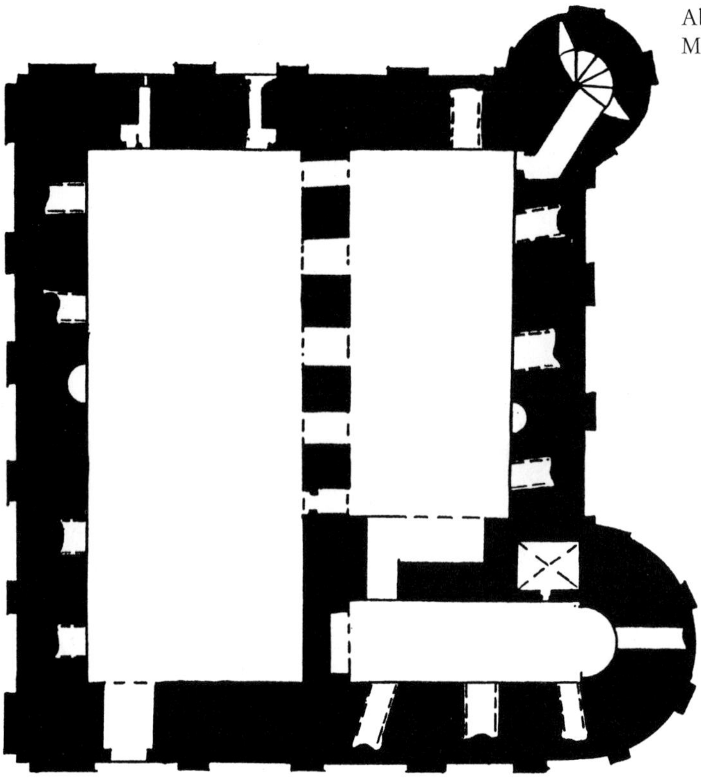

Abb. 9 Der Tower von London, M 1:372 (nach Renn 1976).

gung 1745, die 1988 in der Ausstellung »Stadt und Festung Freiburg« vom Stadtarchiv der Öffentlichkeit präsentiert wurden, zeigen diesen zähringischen Kern der Burg (Abb.11)[66].

Da als Bauherren der Türme von Bern, Fribourg, Thun und Breisach zweifellos Bertold IV. und V., also die beiden letzten Herzöge von Zähringen, benannt werden konnten[67], die zwischen 1152 und 1218 regierten, wird man den Bau des Freiburger Turms ohne Bedenken in diese Zeitspanne setzen dürfen. Aber können wir die Errichtung noch genauer fassen und datieren? Und können wir den Turm einem der beiden Bertolde zuschreiben?

III. Der Freiburger Donjon

Sucht man eine Antwort auf diese Fragen, so könnte ein Ausgangspunkt das doch schon recht dichtgewobene Wissen um die Bautätigkeit unter Bertold V. sein. Die Nydegg in Bern, die Burgen Thun und Breisach sowie das bisher noch nicht erwähnte Schloß von Burgdorf sind zweifellos das Werk des letzten Zähringers. Zum andern hat sich in den letzten Jahren herausgestellt, in welch erstaunlichem Maß gerade Bertold V. seine Stadt

66 Stadt und Festung Freiburg 1 (wie Anm. 20) S. 336ff. (und Cover). Auf den beiden Ansichten der Festung von Nord und Süd erkennt man den alten zähringischen Turm, der zwar schon etwas lädiert erscheint, das charakteristische Dach ist verschwunden, aber der Stumpf überragt immer noch die anderen Bauten.

67 Vgl. ZETTLER, Zähringerburgen (wie Anm. 3) S. 165ff.

Abb. 10 Die österreichische Festung »Leopoldoburgum« auf dem Schloßberg zu Freiburg i. Br. (Nach: Stadt und Festung Freiburg 1988).

Abb. 11 Die Festung auf dem Schloßberg zu Freiburg i. Br. 1745 (Bild: Stadtarchiv Freiburg).

Freiburg im Breisgau bevorzugt und gefördert hat. Das gilt für den spätromanischen Bau und die Ausstattung des Münsters – ich nenne nur das Jessefenster und das Böcklin-Kreuz[68] – ebenso wie für die repräsentative Ausgestaltung der Stadtbefestigung mit Mauern und Türmen. Erst neulich hat man mit einer Holzuntersuchung ein festes Datum für den Bau des Martinstores, 1201/1202 nämlich, gewinnen können[69]. Und im Münster zu Freiburg, nicht in der Familiengrablege der Zähringer im Kloster St. Peter auf dem Schwarzwald, hat Bertold denn auch sein Grab gefunden[70].

Daß Bertold V. in seinen späteren Lebensjahren vorwiegend im Breisgau weilte und offenbar mit Vorliebe auf dem Freiburger Schloß Hof hielt, das illustriert besonders eindrucksvoll eine im Kloster Tennenbach aufgezeichnete Geschichte, die wohl im Jahr 1215 spielt. Als Papst Innozenz III. im Lateran zu Rom ein Konzil abhielt – so heißt es dort –, sei der Herzog von Zähringen wegen seiner boshaften Tyrannei und seines Unglaubens von verschiedenen Seiten angeklagt worden. Bertold habe daraufhin den Tennenbacher Abt Bertold von Urach – dieser war ein Neffe des Zähringers – auf das Freiburger Schloß bestellt, um ihn, der an dem Konzil teilgenommen hatte, in dieser Angelegenheit zu befragen, denn er fürchtete das »Schwert der Kirche«, also den Exkommunikationsspruch. Abt Bertold kam dem Befehl des Onkels nach und traf den Herzog heiter und vergnügt in seiner *curia* im *castrum Friburch*, also in der Burg auf dem Schloßberg. Das höfische

68 Die Zähringer II (wie Anm. 4) S. 144ff. Nr. 110 und S. 147ff. Nr. 111.

69 Hans SCHADEK – Peter SCHMIDT-THOMÉ, Die Stadtbefestigung von Freiburg im Breisgau in der Zähringerzeit, in: Die Zähringer III (wie Anm. 3) S. 351–373, bes. S. 359f.

70 Katalog der Wohltäter und Aebte von St. Peter, hg. von Franz Ludwig BAUMANN, in: Freiburger Diözesan-Archiv 14, 1881, S. 86: ... *sepultus est in monasterio Friburg* (= Genealogia Zaringorum, hg. von Georg WAITZ, in: MGH SS 13, Hannover 1881, S. 736); vgl. Das Tennenbacher Güterbuch (1317–1341), hg. von Max WEBER (Veröffentlichungen der Kommission für geschichtliche Landeskunde in Baden-Württemberg, Reihe A: Quellen 19) Stuttgart 1969, S. 169; SATTLER (wie Anm. 28) S. 23: ... *bestettet und begraben worden in unser lieben Frawen Muenster hie zu Freyburg im Breisgaw*. Vgl. dazu Dieter GEUENICH, Bertold V., der »letzte Zähringer«, in: Die Zähringer I (wie Anm. 4) S. 101–116, bes. S. 109f. – Zum Grab Bertolds V. im Freiburger Münster und zu der lange Zeit als sein Abbild geltenden überlebensgroßen Figur eines Ritters MERTENS (wie Anm. 52) S. 165–168 (Exkurs zum Grab Bertolds V.) – dort wird auch der gleich zu nennende Nekrologvermerk Bertolds V. in St. Peter behandelt – sowie Karl SCHMID, Wie sich ein Rätsel löst: Die Suche nach dem Grab Bertolds V. im Freiburger Münster, in: Die Zähringer II (wie Anm. 4) S. 425–430. – Schließlich zu der immer wieder aufgeworfenen Frage (siehe beispielsweise Berent SCHWINEKÖPER, Das Zisterzienserkloster Tennenbach und die Herzöge von Zähringen. Ein Beitrag zur Gründungs- und Frühgeschichte des Klosters, in: Forschen und Bewahren. Das Elztäler Heimatmuseum in Waldkirch. Kultur- und landesgeschichtliche Beiträge zum Elztal und zum Breisgau, hg. von Heinrich LEHMANN und Willi THOMA, Waldkirch 1983, S. 135), warum Bertold V. die letzte Ruhe nicht in der zähringischen Grablege zu St. Peter, sondern im Freiburger Münster fand, urteilt GEUENICH a. a. O., S. 110, m. E. zu Recht: »Warum der letzte Zähringer nicht, wie die meisten seiner Vorfahren, in St. Peter beigesetzt worden ist, darüber äußert sich keine Quelle; nirgends ist die Rede davon, daß er mit den Mönchen des zähringischen Hausklosters so verfeindet gewesen sei, daß sie ihm das Begräbnis in ihren Mauern verweigert hätten, obwohl dies immer wieder unterstellt wird ... Die Vermutung, der Herzog sei zum Zeitpunkt seines Todes exkommuniziert gewesen und deshalb nicht in St. Peter bestattet worden, läßt sich jedenfalls nur durch die Fürstenbergische Chronik des 17. Jahrhunderts stützen; doch scheint dieser späten Überlieferung, wie schon Heyck vermutete, ein Mißverständnis der ... Erzählung von der Rückkehr des Tennenbacher Abtes vom Laterankonzil zugrundezuliegen«. Neben dem von Geuenich angeführten Sanpetriner Necrologvermerk des letzten Zähringers, seiner Sanpetriner Memoria und dem Papstbrief an den Herzog von 1218 könnte man vor allem anführen, daß Bertold V. ja nicht in ungeweihter Erde, sondern im Freiburger Münster bestattet wurde. – Zu dieser Frage und zur Zähringer-Sepultur in St. Peter künftig Alfons ZETTLER, Zähringermemoria und Zähringertradition im hochmittelalterlichen Kloster St. Peter, in: Das Kloster St. Peter auf dem Schwarzwald (in Druckvorbereitung).

Leben wird ausführlich geschildert, man war mit Spielen und Würfeln beschäftigt. Des Herzogs Dienstmannen und Ritter führten Tänze auf und sangen zur Leier. Dieses Treiben kam dem Zisterzienserabt ziemlich töricht vor, und er sehnte sich nach der Einsamkeit seines Klosters, denn – so heißt es wörtlich: »der Palast erschien ihm wie ein Kerker« (*quod palacium carcer ei esset*). Da der Bericht des Urachers nicht den Erwartungen Herzog Bertolds entsprach, sei dieser in große Wut geraten und habe den höllischen Schwur getan, wenn der Tennenbacher Abt nicht der Sohn seiner Schwester wäre, er hätte ihn kopfüber den Burgfelsen (*de rupe castri*) hinabstürzen lassen[71]. Auch wenn diese Erzählung zu den bekannten Schauergeschichten der Zisterzienser, besonders des Caesarius von Heisterbach gehört, die von Bertold V. ein Zerrbild des grausamen und tyrannischen, des gottlosen und geizigen Fürsten zeichnen[72], belegt sie doch das Bewußtsein seiner Zeitgenossen um die häufige und überaus prächtige Hofhaltung des Herzogs im Freiburger Schloß.

So scheint auf den ersten Blick einiges dafür zu sprechen, Bertold V. als Bauherrn des Freiburger Burgturms in Anspruch zu nehmen. Aber Bertold V. hat auch, wie ebenfalls erst in den letzten Jahren genauer bekannt geworden ist, in Burgdorf, der Zentrale des burgundischen Zähringergutes und insofern Freiburg vergleichbar, ein von Grund auf neues Schloß erbauen lassen (Abb. 12). Es handelt sich hier nicht bloß um einen mächtigen Donjon, sondern um ein dreigliedriges Architekturensemble, bestehend aus Wehrturm, Palas bzw. Donjon und Halle. Jürg Schweizer, der in Burgdorf Ausgrabungen durchgeführt und das Schloß im Rahmen der schweizerischen Kunstdenkmäleraufnahme untersucht hat, charakterisiert Burgdorf so: »Das Burgdorfer Schloß ist eine der wenigen großen Hochadelsburgen der Stauferzeit, die alle wesentlichen Teile aus ihrer Hauptbauzeit bewahrt haben. Die um 1200 geschaffene Verteilung der Baumassen ist dominierend geblieben. Im Unterschied zu vielen ›gewachsenen‹ Burganlagen war die spätzähringische Erneuerung von Burgdorf so weitgehend und umfaßte ein so großes Bauvolumen, daß ältere Teile nur in der Grunddisposition nachwirken, spätere Zutaten sich dem Gesamtbild unterordnen. Das Schloß stellt daher in seinen Grundzügen auch nach 800 Jahren noch weitgehend einen einheitlichen Baugedanken dar. Markant hebt sich die Burgdorfer Anlage durch ihre rationale planmäßig-durchdachte Disposition von den zahlreichen unregelmäßig-amorphen, stark von der Topographie geprägten Burgen ab. Die Anordnung der beiden Wohn- und Repräsentationsbauten, Palas und Halle, im rechten Winkel und die annähernd orthogonale Stellung des Wehrturms erinnern an die Disposition mehrerer Pfalzen«[73]. Die imposante Hauptfront dieses wahrhaft fürstlichen Palastes bildeten der völlig fensterlose Wehrturm, verbunden durch einen flachen Torbau mit dem Palas, der in der Art eines Donjons gehalten ist. Daran schloß im rechten Winkel die repräsentative Halle des Schlosses an (Abb. 13).

Die Bauzeit des Burgdorfer Schlosses läßt sich unter anderem mit Hilfe einer ähnlichen Inschrift wie in Breisach recht genau bestimmen. Es ist gewiß kein Zufall, daß der Bau – ebenso wohl wie der von Breisach – um das Jahr 1200 begonnen wurde[74], da Bertold V. eben seine Thronkandidatur (1198) aufgegeben hatte, zur selben Zeit auch, als in Freiburg die Baumaßnahmen an der Stadtbefestigung und im Münster anzusetzen sind. Das Burg-

71 Vita fratris Hugonis de Tennebach, c. 6–7, hg. von Franz Josef Mone, in: Quellensammlung zur badischen Landesgeschichte, Bd. 4, Karlsruhe 1867, S. 67; vgl. Geuenich (wie Anm. 70) S. 108f.

72 Vgl. Mone in der Einleitung zur Ausgabe der Vita fratris Hugonis de Tennebach (wie Anm. 71) S. 64, sowie Geuenich (wie Anm. 70) S. 110f.

73 Jürg Schweizer, Das zähringische Burgdorf, in: Die Zähringer III (wie Anm. 3) S. 19.

74 Vgl. Zettler, Zähringerburgen (wie Anm. 3) S. 175, zur Inschrift ebd., S. 114 und S. 172.

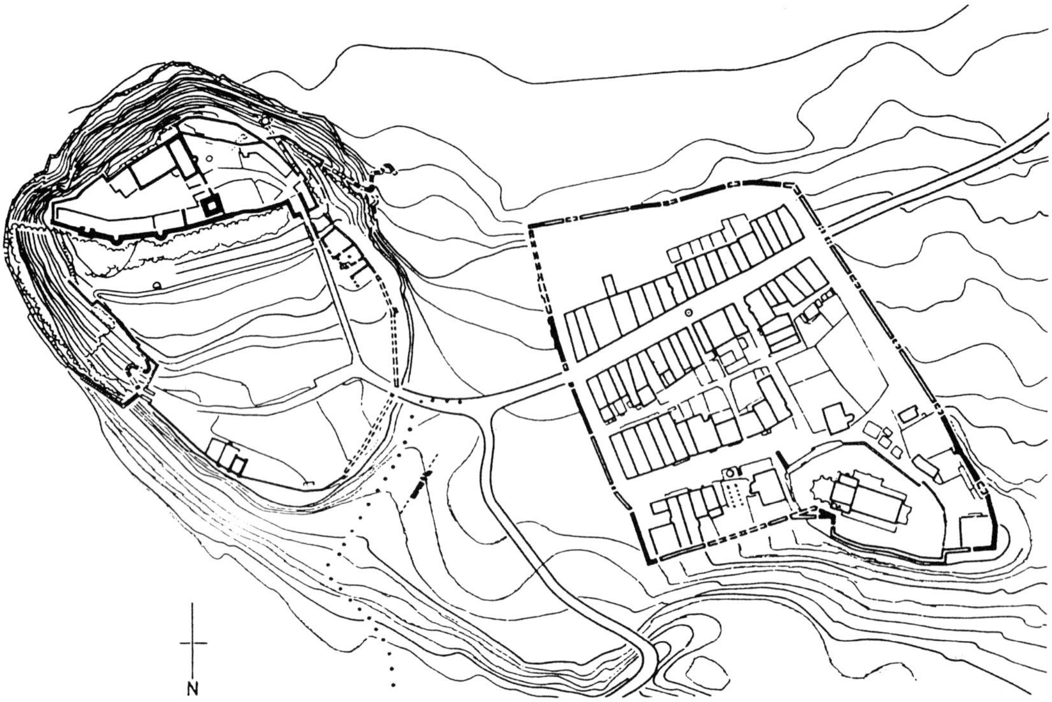

Abb. 12 Schloß und Stadt Burgdorf BE (Quelle: Jürg Schweizer, Die Stadt Burgdorf. Die Kunstdenkmäler des Kantons Bern, Landband 1, Basel 1985, S.28, Abb. 23).

Abb. 13 Das Schloß BurgdorfBE (Reproduktion mit Genehmigung der Kunstdenkmäler des Kantons Bern, Foto: Gerhard Howald, Bern).

dorfer Schloß verleiht deshalb ebenso wie die vorhin erwähnten, in literarischen Zeugnissen genannten Freiburger Bauten gleichsam dem Aufstieg der Zähringer in den Kreis der thronfähigen Fürstenhäuser Europas Ausdruck.

Von derlei anspruchsvoller Architektur geben die Bilder der Burg auf dem Freiburger Schloßberg leider nichts mehr zu erkennen, und vor dem Hintergrund von Burgdorf ist es schwer vorstellbar, daß Bertold V. in dem für die Zähringer damals zweifellos zentraleren und bedeutenderen Freiburg »nur« einen festen Turm vom Typ des spätnormannischen Donjons errichtet hätte. Ich halte es deshalb für äußerst unwahrscheinlich, daß der letzte Zähringer, zumindest nach 1200, noch auf dem Schloßberg gebaut hätte. Sehr viel besser in das Gesamtbild passen würde dessen Vater Bertold IV. Auf diesen Herzog könnte unter anderem eine – wenn auch sehr späte und sonst nicht verbürgte – Nachricht deuten: Ein Zähringerstammbaum aus dem 16. Jahrhundert bemerkt zu Bertold IV.: *Diser hatt das Schloß zu Freiburg vollendt*[75]. In Klammern sei angefügt, daß diese Notiz natürlich viele Fragen aufwirft, denen hier nicht nachgegangen werden kann. So müßte beispielsweise die Möglichkeit einer Abhängigkeit des Stammbaums von Sattlers »Chronik der Stadt Freiburg im Breisgau«, geschrieben um 1510, geprüft werden, wo über Bertold IV. gesagt ist: er habe *vil gutter stifftungen vollbracht / als nemlich: / den baw der stadt Freyburg im Breisgaw vollfuerett er / der von seinen forderen angefangen was ...*[76]. Außerdem könnte eine Kontamination mit Freiburg im Üchtland vorliegen, wo Bertold IV. tatsächlich als Gründer von Burg und Stadt gelten darf[77].

IV. Die Anfänge Freiburgs in der Forschung

Die Frage nach der Besiedelung, oder besser gesagt: der herrschaftlichen Inanspruchnahme des Freiburger Schloßbergs vor ca. 1150, ist somit klar von der Diskussion um die ältesten bildlich überlieferten Bauwerke zu scheiden. Denn diese zeigen entgegen der Meinung von Josef Schlippe, der den Donjon auf der Ludwigshöhe Herzog Bertold II. und damit dem 11. Jahrhundert zuweisen wollte[78], keine Architektur mehr, die in frühzähringische Zeit zurückreichen würde. Und auch die erste Erwähnung der Burg führt nur unwesentlich vor die Jahrhundertmitte zurück. Am 3. Dezember 1146 hat Bernhard von Clairvaux in Freiburg den Kreuzzug gepredigt. Den Begleitern des Abtes, die einen Reisebericht niederschrieben, verdanken wir die erste Nennung des Münsters und der Burg, denn *prope castrum Frieburg* heilte Bernhard einen Blinden, während Freiburg

75 Den Hinweis auf die Archivalie (Hauptstaatsarchiv Stuttgart J 1 Nr. 51), der Clemens Rehm zu verdanken ist, entnehme ich dem Beitrag von Schadek (wie Anm. 13) S. 33 Anm. 21, ohne die Gelegenheit zu einer genaueren Inaugenscheinnahme im Archiv gefunden zu haben. – Allgemein sprechen natürlich auch die Gründung des üchtländischen Freiburgs durch Bertold IV. und die von Blattmann (wie Anm. 2) S. 350ff. vermutete Erneuerung des Stadtrechts von Freiburg im Breisgau durch Bertold IV. dafür; dazu jüngst nochmals Dies., Die Freiburger Stadtrechte am Oberrhein und in der Schweiz, in: De l'autonomie des villes: Besançon 1290–1990. Actes du colloque organisé par l'Association du Septième Centenaire des Franchises de Besançon, Besançon, septembre 1990 (Annales littéraires de l'Université de Besançon 470) Paris – Besançon 1992, S. 101–111.

76 Sattler (wie Anm. 28) S. 22.

77 Vgl. oben Anm. 44. – Wie das Schicksal der Urkunde König Friedrichs II. vom 6. Sept. 1219 (Die Zähringer II, wie Anm. 4, S. 116f. Nr. 89, ausgestellt in Hagenau) deutlich macht (vgl. Hartmut Heinemann, Wie eine Königsurkunde für die Bürger von Freiburg im Breisgau nach Freiburg im Üchtland kam, in: ebd., S. 431–434), sind angesichts des gleichen Namens beider Städte Verwechslungen Tür und Tor geöffnet.

78 Schlippe (wie Anm. 25) S. 273 und 287.

den Berichterstattern sonst als *vicus*, als offene, unbefestigte Siedlung erschien[79]. Wenn sich so zwar Grundlinien der Entwicklung auf dem Schloßberg seit der zweiten Hälfte des 12. Jahrhunderts abzeichnen, ist man für die Periode vor der ersten ausdrücklichen Bezeugung des Schlosses auf Rückschlüsse aus der Überlieferung zu den Anfängen Freiburgs und der älteren Zähringer-Geschichte angewiesen.

Vor allem die erste Nennung der Burg im Jahre 1146 bewog Eduard Heyck, den Altmeister der Zähringerforschung, zu folgendem Urteil: »Aufragend über der von ihm geschaffenen und gehüteten Stadt, auf dem unteren Grat des Berges, hatte also Herzog Konrad einen festen Sitz erbaut, so wie das Zeitalter der Kreuzzüge in einer neuen schöneren und verbesserten Technik seine Burgen baute, jedem Angriffe, wie man gemeint hatte, gewachsen. Anstatt der dürftigen Stammburg, auf der wir ihn im Jahre 1128 trafen« – Heyck spricht an dieser Stelle von der Burg Zähringen – »sollte hier«, in Freiburg, »ein neues wahrhaftes Herzogsschloss entstehen, von dem aus des Herrn Blicke über die Gassen seiner aufblühenden Stadt hinweg bis zu den schönen, sanften Linien des Kaiserstuhls und bis zu der Mauer Alamanniens, der blauen Kette der Vogesen schweiften. Wir können denken, die neue, feste Burg muß ihm, nicht minder als die Stadt, eine mit Vorliebe gehegte Schöpfung gewesen sein. Einen sondernden Namen aber hatte er dem jungen Schlossbau anscheinend nicht gegeben ...«[80]. Soweit Heyck, der Konrads Marktgründung und den Bau einer ersten Burg auf dem Schloßberg in enge Verbindung setzte. Markt und Herzogsschloß bildeten seiner Meinung nach die Konstituenten der jungen Stadt, die 1120 planmäßig ins Leben gerufen worden oder – wie man einmal formuliert hat – gleichsam mit einem Paukenschlag auf den Plan getreten sei. Mit dieser etwas romantisch anmutenden Darstellung der Marktgründung und ihren angeblich genossenschaftlich-bürgerlichen Konnotationen brach Heyck (der übrigens in der Hansestadt Rostock aufgewachsen ist) mit der Freiburger Historiographie des 19. Jahrhunderts[81], für welche die Namen Hermann Schreiber und Josef Bader stehen mögen, und die sich wiederum in den Bahnen der Sanpetriner und der älteren Zähringer-Geschichtsschreibung bewegte. Schreiber und Bader waren in ihren Werken über die »Geschichte der Stadt Freiburg« auf der Grundlage der älteren Traditionen, also unter Einbeziehung der Marginalnotiz zu 1091 in den Marbacher Annalen sowie des (darauf beruhenden) Berichts in der Chronik Jakob Twingers von Königshofen[82] davon ausgegangen, das »Dorf Frei-

79 Ex libris de vita et miraculis s. Bernhardi Clarevallensis abbatis, hg. von Georg WAITZ, MGH SS 26, Hannover 1888, S. 116; vgl. L. KÄSTLE, Des hl. Bernhard von Clairvaux Reise und Aufenthalt in der Diözese Konstanz, in: Freiburger Diözesan-Archiv 3, 1866, S. 275–315; Die Zähringer II (wie Anm. 4) S. 235f. – Auch sonst ist die Burg auf dem Schloßberg zur Zähringerzeit nur selten bezeugt. An sie wäre zu denken, wenn unter den Zähringerherzögen Bertold IV. und Bertold V. Rechtsgeschäfte *apud Friburc* getätigt werden: *His ita gestis tandem eadem causa apud Friburc in presentia ducis Berhtoldi... terminatur...* (1152–86): Der Rotulus Sanpetrinus nach dem Original im Großherzoglichen General-Landesarchiv zu Karlsruhe, hg. von Friedrich VON WEECH, Freiburger Diözesan-Archiv 15, 1882, S. 152. Des weiteren: *Hac traditione in nostro monasterio ... peracta, descendentes cum domno B(ertoldo) abbate apud Friburc in presentia domni sui ducis Bertholdi, advocati nostri, huius nominis quinti, ipso laudante et firmante legaliter donationis sue, causam terminarunt* (1200): ebd., S. 153.

80 Eduard HEYCK, Geschichte der Herzoge von Zähringen, Freiburg i. Br. 1891, ND Aalen 1980, S. 305.

81 Über Heyck und sein Zähringerwerk Karl SCHMID, Aspekte der Zähringerforschung, in: Zeitschrift für die Geschichte des Oberrheins 131, NF 92, 1983, S. 225ff. – Vgl. allg. Peter JOHANEK, Mittelalterliche Stadt und bürgerliches Geschichtsbild im 19. Jahrhundert, in: Die Deutschen und ihr Mittelalter, hg. von Gerd ALTHOFF, Darmstadt 1992, S. 81–100.

82 Annales Marbacenses, ed. Hermannus BLOCH, MGH Script. rer. Germ. in usum schol., Hannover 1907, S. 37: *Anno Domini MXCII. Principes Alemannie ad defensionem sancte matris ecclesie unanimiter convenerunt sibique ad hoc negotium exequendum fratrem Gebehardi Constantiensis episcopi Bertholdum de Ze-*

burg« – wie Schreiber sich ausdrückt – habe bereits gegen Ende des 11. Jahrhunderts an eine bestehende Burg angeknüpft, deren Name folglich auf die Siedlung übergegangen sein müsse[83].

Damit sind wir wieder bei der eingangs angesprochenen Problematik »Stadt und Burg« angelangt. Welcher Platz und welche Rolle kommt der Burg auf dem Schloßberg im Rahmen des frühen Freiburgs zu? Oder zugespitzt: Stand an der Wiege Freiburgs eine herrschaftliche Burg oder eine Siedlung? Daß dem Namensinn bei der Beleuchtung dieser Frage eine zentrale Rolle zukommt, wird schon deutlich, wenn man bedenkt, daß dieser sich nicht an die Topographie oder ein älteres Toponym anlehnt, sondern gewählt, neu geschöpft wurde. Die entscheidende Frage in diesem Zusammenhang zielt nicht nur auf den Namen »Freiburg«, sondern auch auf die Instanz, die ihn verlieh. Wenn man hier klarer sehen will, muß man zunächst Eduard Heycks Bild von der Gründung Freiburgs 1120 auf der grünen Wiese einer Prüfung unterziehen. Denn es war die eben zitierte Sicht des langezeit maßgeblichen Zähringerhistoriographen Heyck, die sich gegenüber den älteren Darstellungen durchsetzte und infolgedessen auch in der Germanistik Anklang fand. Ernst Erich Metzner betrachtete »Freiburg« als originären Namen der von Konrad gegründeten und auch von diesem im Zusammenwirken mit den von ihm herbeigerufenen Kaufleuten so benannten Marktsiedlung. Er stellte Freiburg im Breisgau als namengebendes Vorbild an den Beginn einer ganzen Reihe gleichnamiger Siedlungen und Gründungsstädte. Das alemannische Freiburg habe Pate gestanden für Freiburg an der Elbe, Freiburg in Lothringen, Freyburg an der Unstrut und andere mehr. Die Übertragung dieses »sprechenden Stadtnamens« in andere Landschaften sei durch dynastische Verbindungen der Zähringer zu erklären und seine Beliebtheit zu verstehen aus dem Namensinn. Denn Freiburg sei »überall ein ganz aus dem Deutschen erklärbarer Gründungsstadtname des Sinns ›freier (das heißt mit städtischer Freiheit ausgestatteter) befestigter Ort‹« oder: »›freier (städtischer) Ort mit Befestigung‹ ... der als solcher weder auf eine namengebende Burg noch einen namengebenden unbefestigten ›burgus‹ zurückweist und nicht einmal die Anlage einer Burg zusammen mit der Stadt voraussetzt ...«[84].

Daß aber Heycks historisches Bild, auf dem diese Deutung des Namens seitens der neueren Germanistik letztendlich beruht, keineswegs zutrifft, ist längst bemerkt worden[85]. Vor allem Hagen Keller hat im Anschluß an die Arbeiten von Walter Schlesin-

ringen ducem tocius Sueviae constituerunt, qui nondum ducatum aliquem habuit, etsi iam dudum nomen ducis habere consueverit. Hic preterito anno in proprio allodio Brisaugie Friburch civitatem iniciavit. (Im Cod. Einsiedl. 628 lautet die Notiz: *Anno Domini MXCI. Bertholdus de Zeringen dux Swevie iniciavit civitatem Friburk in Brizkgůwe*); vgl. Karl SCHMID in diesem Band, S. 133 ff.; Königshofen und die übrigen Traditionen zu den Anfängen Freiburgs sind zusammengestellt in: Die Zähringer II (wie Anm. 4) S. 224 ff.

83 SCHREIBER (wie Anm. 8) S. 35 ff.; Joseph BADER, Geschichte der Stadt Freiburg im Breisgau, Freiburg i. Br. 1883, S. 70 ff.; Bader läßt die Frage offen, ob Bertold II. oder Bertold. III. Freiburg ins Leben rief.

84 Ernst Erich METZNER, Freiburg/Fribourg und seine Namensvettern, in: Wortschatzprobleme im Alemannischen, hg. von W. HAAS – A. NÄF (Germanistica Friburgensia 7) 1983, S. 211–229, hier S. 214.

85 Vgl. beispielsweise Horst FUHRMANN, Deutsche Geschichte im hohen Mittelalter (Deutsche Geschichte 2) Göttingen 1978, S. 94 f.: »Auf dem Wege in die Stadtfreiheit befand sich nicht nur ein Teil der alten Bischofsstädte mit einer manchmal bis in die römische Zeit zurückreichenden Siedlungskontinuität. Bei Gründungen aus wilder Wurzel sind gewisse Freiheiten vom Gründungs- und Stadtherrn sogleich zugestanden worden. Das früheste erhaltene Beispiel einer landesherrlichen Gründung dürfte das Stadtrecht von Freiburg im Breisgau 1120 sein. Die Zähringer hatten auf Allodialgut 1091 eine Burg mit einem suburbium errichtet: ›vriburg‹; 1120 sind durch einen Boten Kaufleute zusammengerufen worden; mit ihnen wurde eine ›eidliche Vereinbarung‹ (coniuratio) über einen zu gründenden Marktort getroffen«. Vgl. ferner die Artikel »Freiburg i. Br.« von Hans THIEME in: Handwörterbuch zur deutschen Rechtsgeschichte 1, Berlin 1971, Sp. 1220 f. und von Karl SCHMID in: Lexikon des Mittelalters 4, München – Zürich 1989, Sp. 888–892, mit Hinweisen.

ger und Berent Schwineköper ausführlich und sehr differenziert über die Ursprünge Freiburgs gehandelt. Sein Entwurf vom »Charakter Freiburgs in der Frühzeit der Stadt« beruht vor allem auf der Untersuchung der Frage, welche Siedlungselemente im 11. Jahrhundert im Bereich der späteren Stadt vorhanden waren. Außerdem führt Kellers neuerliche Interpretation der Markturkunde von 1120 weiter. In den aus einer verwickelten Überlieferung herausgeschälten Aufzeichnungen wird ja bekanntlich nicht über die Gründung der Stadt Freiburg, sondern lediglich über die Stiftung eines Marktes und die Setzung eines Marktrechts durch Konrad, den jüngeren Bruder Herzog Bertolds III., berichtet. Dies geschah an einem Ort, über den Konrad verfügte, der schon zuvor »Freiburg« hieß (*in loco mei proprii iuris scilicet Friburg*[86]) und an dem bereits *burgenses* lebten. Deshalb ist – so auch schon Schlesingers Tenor – davon auszugehen, daß der von Konrad initiierte Markt bei oder in einer 1120 bereits längere Zeit bestehenden Siedlung eingerichtet wurde. Dies findet – so Keller – auf allgemeiner Ebene eine Stütze in der Beobachtung, daß die seit dem 10. Jahrhundert zahlreich bezeugten Marktverleihungen stets an eine schon bestehende Siedlung anschlossen[87].

Und weil der 1120 bestehende Ort Freiburg laut der Urkunde von Leuten bewohnt war, die gemeinsam mit den von Konrad herbeigerufenen Kaufleuten als *burgenses* bezeichnet werden, könne das ältere Freiburg kein einfaches Dorf[88], sondern müsse eine »dichter gebaute, schon größere Siedlung anderen Charakters« gewesen sein[89]. Denn das Wort »burgenses« – so Keller – meine »Bewohner eines ›burgus‹«. *Burgus* aber nannte man zu jener Zeit in Frankreich, in Burgund und im Nordwesten des Reiches Siedlungen, die bei Klöstern entstanden oder in Zuordnung zu Straßen, Brücken und Burgen planmäßig errichtet wurden[90]. Den *burgus* unterschied von den ländlichen Dörfern und Weilern, daß seine Bewohner rechtliche Vergünstigungen genossen, die man als Freiheiten, *libertates*, bezeichnete. Ferner hoben ihn überwiegend handwerklich und gewerblich geprägte Wirtschaftsformen sowie Marktfunktionen von den agrarischen ländlichen Siedlungen ab. So heterogen der Kreis der Bewohner eines *burgus* nach Herkunft, Stand und wirtschaftlichem Status auch sein mochte: die besondere rechtliche Stellung schloß diese zu einer Gemeinschaft zusammen. In diesem Sinne konnten Siedlungen vom Typ des *burgus* eine Keimzelle der mittelalterlichen Stadt sein. Aufgrund dieser hier nur sehr gerafft wiederzugebenden Überlegungen nimmt Keller – der die Burg auf dem Schloßberg nur am Rande miteinbezog, weil ein *burgus* nicht notwendigerweise an eine Burg anschließen mußte, sondern auch an eine andere herrschaftliche Position wie einen Herrenhof, eine Mühle oder Brücke oder ähnliches anknüpfen konnte – eine von Konrads Vater Bertold II. gelenkte Aufsiedelung im Bereich der Straßengabelung Oberlinden, der Salzstraße, der Schuster- und der südlichen Herrenstraße während den neunziger Jahren des 11. Jahrhunderts an, die den Charakter eines »burgus« hatte und damals auch schon den

86 Elenchus fontium historiae urbanae, hg. von C. VAN DER KIEFT u. a., 1, Leiden 1967, S. 82–102. Die komplizierte Überlieferungslage ist ausführlich dargestellt bei KELLER (wie Anm. 5) S. 250ff. (mit Angabe der älteren Quelleneditionen und Literatur) und jüngst von BLATTMANN (wie Anm. 2) S. 37ff. und 325ff. – Den Beitrag der stadtarchäologischen Forschungen skizziert neuerdings SCHADEK (wie Anm. 3) bes. S. 42ff.

87 KELLER (wie Anm. 5) S. 25f. (mit den Nachweisen der diesbezüglichen Arbeiten Schlesingers).

88 KELLER (wie Anm. 5) S. 273.

89 Hagen KELLER, Die Zähringer und die Entwicklung Freiburgs zur Stadt, in: Die Zähringer I (wie Anm. 4) S. 21; DERS. (wie Anm. 5) S. 258–262, 268f.

90 Gabriel FOURNIER, Art. »Burgus«, in: Lexikon des Mittelalters 2, München – Zürich 1983, Sp. 1099–1101; Traute ENDEMANN, Markturkunde und Markt in Frankreich und Burgund vom 9. bis 11. Jahrhundert (Vorträge und Forschungen, Sonderbd. 4) Konstanz – Stuttgart 1964, S. 123ff.

Namen Freiburg erhielt[91]. Der Name »Freiburg« wäre somit – diesen Schluß zieht Keller freilich nicht explizit, seine Ausführungen legen ihn indes nahe – zu erklären aus der rechtlichen Sonderstellung der von Bertold II. ins Leben gerufenen ›neuen‹ Siedlung. Das Namenglied »-burg« würde auf den Charakter der Siedlung als eines *burgus/burgum*, das Namenglied »Frei-« auf die rechtliche Stellung der Bewohner, auf deren »libertates«, verweisen.

Unter Einbeziehung neuer Aspekte, die in der Ringvorlesung zur Sprache kamen, könnte den Überlegungen Kellers, diese im Hinblick auf die im Bereich der späteren Stadt vorhandenen Elemente akzentuierend[92], hinzugefügt werden, wie sehr das Gelände um den Schloßberg bereits in vorzähringischer Zeit sozusagen durch die Verdichtung von Infrastruktur charakterisiert und, unter dem Aspekt der Besiedelung, wesentlich von der längs der Dreisam sich erstreckenden lockeren Siedlung Wiehre bestimmt war. Gerhard Fingerlin hat gezeigt, daß hier eine römische und wohl auch frühmittelalterliche Schwarzwaldtransversale aus dem Dreisamtal kommend auf eine Nord-Süd-Verbindung im Rheintal stieß, und Thomas Zotz faßte das Ensemble von Flußübergang, Straßengabelung und Flußdämmung zusammen unter dem Begriff eines »locus publicus«, gekenn-

91 KELLER (wie Anm. 89) S. 21ff.; DERS. (wie Anm. 5) S. 269ff. – Zu Anknüpfungspunkten von »burgi« ENDEMANN (wie Anm. 90) S. 158ff. – Im Anschluß an Keller sagt Ernst PITZ, Europäisches Städtewesen und Bürgertum von der Spätantike bis zum hohen Mittelalter, Darmstadt 1991, S. 182: »... vermutlich von Burgund aus eingeführt, hat sich das Wort Burgus im französischen Sinne in Deutschland in der Ortsnamengebung, und nur in ihr, als gleichberechtigt (mit Stadt; Anm. d. Vf.) durchgesetzt; das erste Zeugnis dafür ist der Name der 1120 gegründeten Stadt Freiburg«; vgl. ebd., S. 290 und 307f.

92 Als hauptsächliche Elemente der vor- bzw. frühfreiburgischen Besiedlung sind vor allem die Wiehre (zuerst belegt 1008) mit der Kirche St. Peter, dann die Kirche St. Martin, der Grafenhof und die Grafenmühle diskutiert worden; eine topographische Übersicht bietet der Katalog: Die Zähringer II (wie Anm. 4) S. 227f. Nr. 182 Abb. 136. Diese Einrichtungen können hier nicht im einzelnen angesprochen werden; deshalb nur einige Anmerkungen dazu im Hinblick auf die Frage nach der Burg auf dem Schloßberg. – St. Martin: Am 25. Mai 1246 schenkte Graf Konrad von Freiburg den Franziskanern die Martinskapelle zu Freiburg, deren Patronat er innehatte, und vier anstoßende Hofstätten (Freiburger Urkundenbuch 1, [wie Anm. 12] S. 78 Nr. 91). Da Graf Konrad über diesen Komplex verfügte und außerdem im Besitz des Patronats war, den er nur von den Zähringern geerbt haben konnte, und weil der Dekan Hermann von Nußbach im selben Jahr bestätigt, daß er der Martinskirche über 40 Jahre lang vorgestanden habe, muß diese schon in der Zähringerzeit bestanden haben. Auch wenn in der Forschung umstritten ist, ob St. Martin als Pfarrkirche anzusehen sei, ist es doch auffällig, daß diese im Stadtbereich neben dem 1146 erstmals bezeugten, von Herzog Konrad erbauten Münster bestand (dazu: Die Zähringer II, wie Anm. 4, S. 137–141 Nr. 106). Man muß deshalb in Erwägung ziehen, daß St. Martin zu den vorstädtischen Anlagen gehörte, die Einfluß auf die Stadtwerdung genommen haben und die zum Umfeld der im 11. Jahrhundert gegründeten Burg auf dem Schloßberg rechneten. Vgl. KELLER (wie Anm. 5) S. 265, und Jürgen TREFFEISEN in: Die Zähringer II (wie Anm. 4) S. 230 Nr. 187 (mit ausführlichen Hinweisen); Sankt Martin in Freiburg i. Br. Geschichte des Klosters, der Kirche und der Pfarrei, hg. vom Katholischen Pfarramt St. Martin Freiburg i. Br. anläßlich des 200jährigen Bestehens der Pfarrei St. Martin, Freiburg i. Br. 1985. – Zum Grafenhof am Fuß des Schloßbergs Hans SCHADEK in diesem Band S. 260ff., zur Grafenmühle Freiburger Urkundenbuch (wie Anm. 12) 3, Nr. 219, vom 3. Sept. 1311, vgl. Berent SCHWINEKÖPER, Die Vorstädte von Freiburg im Breisgau während des Mittelalters, in: Stadterweiterung und Vorstadt, hg. von Erich MASCHKE – Jürgen SYDOW, Veröffentlichungen der Kommission für geschichtliche Landeskunde in Baden-Württemberg, Reihe B: Forschungen 51, Stuttgart 1969, S. 47ff.; DERS. (wie Anm. 14) S. 12f.; Wolfgang STÜLPNAGEL, Über neuere Arbeiten zu Fragen der Freiburger Stadtgründung, in: Schau-ins-Land 88, 1970, S. 14ff.; KELLER (wie Anm. 5, S. 264) jetzt SCHADEK in diesem Band S. 231ff. Man kann über diese Konstituenten Freiburgs jedenfalls soviel sagen, daß beide unmittelbar der Burg auf dem Schloßberg zugeordnet waren und somit durchaus in zähringische Zeit zurückführen dürften. Wenn diese Elemente bereits aus frühzähringischer Zeit stammen, könnte man eine sinnvolle und chronologische Abfolge der Besiedlung, ausgehend vom Fuß des Schloßbergs über die Straßengabelung Oberlinden zum Markt im mittleren Bereich der Kaiser-Joseph-Straße, also in Richtung Nordwesten auf St. Martin zu, rekonstruieren.

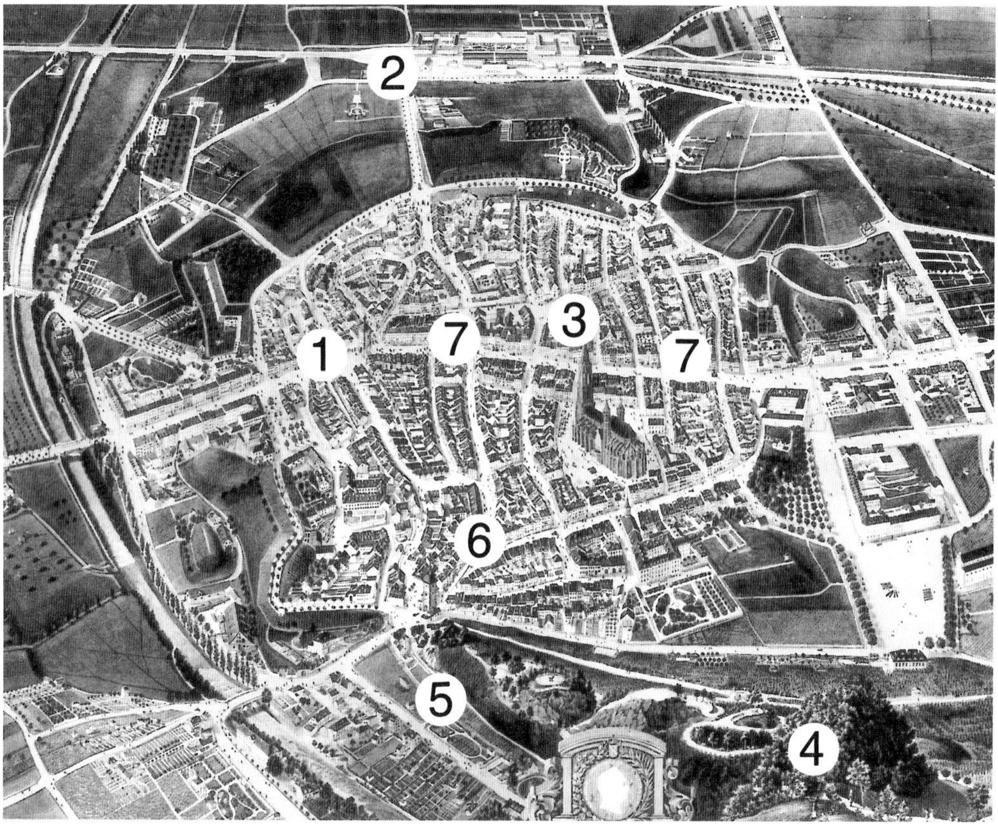

Abb. 14 Freiburg im Breisgau nach der Schleifung der Festungsanlagen: Panoramabild von J.W. Lerch 1852: Wiehre (1), St. Peter (2), St. Martin (3), Schloßberg (4), Grafenhof und Grafenmühle (5), Oberlinden (6) und Markt Konrads (7) (Bildgrundlage: Stadtarchiv Freiburg).

zeichnet durch öffentliche Einrichtungen, deren Betrieb und Unterhaltung in der Kompetenz des zuständigen Grafen oder Herzogs und somit der Zähringervorfahren lag (Abb. 14)[93]. Und schließlich muß an dieser Stelle ein Sachverhalt erwähnt werden, den Keller bei seinen Erwägungen nicht berücksichtigt hat, der aber für die Anfänge der Burg auf dem Schloßberg und auch der Stadt Freiburg wesentlich zu sein scheint, wie schon die Forschung vor Heyck im letzten Jahrhundert klar erkannt hatte: die Existenz von Ruinen eines zivilen römischen Bauwerks gehobener Klasse auf dem Schloßberg, das ein polychromes Mosaikpaviment hinterlassen hat[94]. Wie bei der Burg Zähringen, wo eine große vor- oder frühgeschichtliche Wallanlage, die den Berg umgürtet, bis heute deutlich im Gelände erkennbar ist, dürfte auch hier in Freiburg eine bereits von den Zähringern wahrgenommene königliche oder jedenfalls fürstliche Vergangenheit des Platzes eine nicht gering zu veranschlagende Rolle gespielt haben[95]. Dies aber verweist darauf, daß der

93 Siehe Gerhard FINGERLIN in diesem Band S. 18 Anm. 21 und Thomas ZOTZ in diesem Band S. 73.
94 Siehe oben Anm. 8. – KELLER (wie Anm. 5) S. 255 Anm. 30, erwähnt den Fund auf dem Schloßberg lediglich im Zusammenhang der »frühmittelalterlichen Straßenführung in der Freiburger Bucht«.
95 Zu den Ausgrabungen auf dem Zähringer Burgberg zusammenfassend STEUER (wie Anm. 7). – C(hristian) A. MÜLLER, Die Burg Zähringen, in: Badische Heimat 50, 1970, S. 26, geht allerdings wohl zu weit, wenn er die Burg Zähringen kurzerhand als traditionelles Zubehör »des Grafenamts im Breisgau« bezeichnet und meint: »Hier war der Sitz der Verwaltung und mochten auch bedeutende Tagungen und Gerichtsverhand-

Bau einer Burg auf dem Schloßberg ebenso wie die in diesem Zusammenhang stehende, verstärkte Siedlungstätigkeit an dessen Fuß in einem in besonderer Weise herrschaftsbegründenden Akt wurzeln dürfte. Daher liegt es auch nahe, daß Burg und Siedlung Freiburg ein gemeinsames Initium hatten. Die aufgeworfenen Fragen sind deshalb kaum unter dem Blickwinkel der Siedlung allein zu klären, wie das Keller versuchte, sondern der Schloßberg muß zentral in die Betrachtung miteinbezogen werden.

V. »Freiburg« – das Problem von »Burg und Siedlung« im Spiegel des Namens

Weder die Deutung des Namens »Freiburg« seitens der älteren Historiographie im Sinne eines Burgnamens, der auf die Siedlung übergegangen sei, noch die jüngeren Versuche einer Interpretation im Sinne von »burgus/burgum« unter Hervorhebung des genossenschaftlich-«stadtbürgerlichen« Bezuges, die ihre schärfste Zuspitzung bei Metzner gefunden hat, scheinen die Sache recht zu treffen. Gegen die erstgenannte Deutung spricht, daß »Freiburg« entgegen der Meinung der älteren Geschichtsschreibung – namentlich Heycks – kein typischer Name für eine Adelsburg ist. Das erhellen schon die Nennungen aus dem 12. und 13. Jahrhundert. Siedlung und Burg trugen offenbar den gleichen Namen, ja erscheinen unter diesem zusammengefaßt, so daß dort, wo eine genauere Unterscheidung beabsichtigt war, zu dem Namen nähere Angaben gefügt werden mußten. Das gilt in gewisser Weise für die Markturkunde Konrads von 1120, in der von dem *locus* Freiburg gesprochen wird, wobei hier im Hinblick auf die Gründung des Marktes besonders auf die bereits bestehende Siedlung dieses Namens abgehoben worden sein dürfte[96]. Ganz deutlich wird dies dann in dem die einzelnen Elemente scheidenden Begriffspaar *castrum* und *vicus*, unter dem Freiburg in der Reisebeschreibung des Bernhard von Clairvaux 1146 erscheint[97].

Es ist deshalb fast schon überflüssig zu sagen, daß »Freiburg« zudem nicht den geläufigen Paradigmata adeliger Burgnamenbildung im Hochmittelalter entspricht. Man pflegt die Namen der Adelsburgen zu klassifizieren in sogenannte primäre und sekundäre Burgnamen. Beide Typen erscheinen während des 11. und 12. Jahrhunderts in großer Zahl. Primäre Burgnamen werden definiert als jeweils spezifisch für eine bestimmte Burg neu geschöpft und verliehen (Beispiele: Castel, Lichteneck). Bei den sekundären Burgnamen handelt es sich um ursprüngliche Toponyme oder Siedlungsnamen, die dann auf eine

lungen stattgefunden haben, auch wenn sie in keiner Chronik oder Urkunde erwähnt sind«. Es ist demgegenüber zu fragen, an was die Herzöge hier im einzelnen anknüpfen zu können glaubten. Vgl. auch ZETTLER, Zähringerburgen (wie Anm. 3) S. 101 ff.

96 Es kann hier offen bleiben, ob Konrad zu dem Zeitpunkt der Marktgründung 1120 Burg *und* Siedlung Freiburg sein Eigen nannte oder nur die Burg bzw. nur die Siedlung. Hiermit wäre ja das Problem des Erbgangs von Bertold II. († 1111) auf seine Söhne Bertold III., Rudolf († wohl 1111) und Konrad angesprochen, der nicht recht überschaubar ist. Denkbar wäre eine Erbteilung, deren genauere Disposition dann zu untersuchen bliebe, oder auch eine Erbschaft der Söhne zu gesamter Hand. – Im Zusammenhang unserer Überlegungen sei nur *ein* interessantes Detail vermerkt, das vielleicht in diesen Rahmen gehört: Bei der Gründung des Marktes 1120 sagt Konrad (im Unterschied zu den späteren Rezensionen des Stadtrechts, vgl. BLATTMANN, wie Anm. 2, S. 200 ff.), er behalte den Nutzen aus dem Markt nicht seinen *successores*, also den folgenden Zähringer Herzögen, sondern seinen, Konrads, eigenen Nachkommen (*posteri*) vor. Liegt hier ein Hinweis darauf vor, daß Konrad nur Teile von Freiburg, und womöglich gerade nicht die herrschaftliche Position der Burg ebendort, besessen hätte?

97 Wie Anm. 79. Vgl. SCHADEK (wie Anm. 13) S. 9 mit Anm. 6.

Burg, die zugehörige Herrschaft und die entsprechende adelige Familie übergegangen sind (Beispiele: Schwarzenberg, Egisheim). Und nur eine verschwindend geringe Zahl der Adelsburgen trägt einen Namen, der mit dem Glied »-burg« gebildet ist; in der Nordostschweiz beispielsweise hat man gerade 5% gezählt. Ungleich häufiger treten im sekundären Paradigma Zusammensetzungen mit »-berg«, im primären solche auf »-egg«, »-fels« oder »-stein« entgegen, welch letztere zu den Trutz- und Drohnamen zu rechnen sind oder mindestens eine entsprechende Konnotation verraten[98]. Dementsprechend ist ja dann auch für die Burg auf dem Schloßberg zu Freiburg gelegentlich die Bezeichnung »Stein« überliefert[99].

Fragt man nach dem Namensinn von »Freiburg« unter dem Aspekt des Zueinanders von Burg und Siedlung, bedarf es zunächst einiger Bemerkungen zu dem Namenglied »-burg«, das Metzner übrigens eher am Rande in seine Überlegungen einbezogen hat. Seine Interpretation erscheint schon deshalb als einseitig, weil eigentlich beide Namenglieder gleichermaßen berücksichtigt werden müssen, wenn das Namenwort – wovon auszugehen ist – ein sinnvolles Ganzes bildete. Nun hat das Wort »Burg« eine lange Geschichte, die weit vor das Aufkommen der Adelsburg zurückführt. Diese Entwicklung ist in der Literatur ausführlich dargestellt und zum Teil kontrovers diskutiert worden, was hier nicht ausgebreitet werden muß[100]. Es mag stattdessen sinnvoll sein, in aller Kürze einige hauptsächliche Bedeutungsstränge des Wortes, die für das Verständnis des Namensinns von »Freiburg« wichtig erscheinen, an konkreten Beispielen aus der Region aufzuzeigen und zu erläutern. Mustert man den Bestand an Ortsnamen in den Oberrheinlanden, so fallen unter anderem Straßburg, Horburg, Offenburg, Neuenburg, Nimburg, Burkheim und Burg im Dreisamtal auf. Die elsässische Metropole und Bischofsstadt Straßburg gründet auf einem römischen Legionslager und hat ihren antiken Namen Argentorate während des frühen Mittelalters mit dem heute gültigen vertauscht[101]. Bei Straßburg dürften zwei Aspekte für die Adaption des Namengliedes »-burg« ausschlaggebend gewesen sein: die Prägung der Siedlung durch die Befestigungswerke des alten Legionslagers und die Funktion als Bischofssitz, als bischöfliche Civitas. Das erstere gilt auch für Horbourg bei Colmar[102], während bei Burkheim am Kaiserstuhl »Burk-« Bezug nimmt auf eine vorgeschichtliche Siedlung auf der Höhe oberhalb des Dorfes[103]. Burg im Dreisamtal erinnert an das keltische Oppidum Tarodunum, in dessen Areal der Ort liegt

98 Heinrich BOXLER, Die Burgnamengebung in der Nordostschweiz und in Graubünden (Studia Linguistica Alemannica 6) Frauenfeld und Stuttgart 1976, bes. S. 79ff.; vgl. beispielsweise auch Fritz SCHNELBÖGL, Die deutschen Burgennamen, in: Zeitschrift für bayerische Landesgeschichte 19, 1956, S. 205–235. Für die Region sind wichtig Hans JÄNICHEN, Zur Übertragung von Burgnamen, in: Alemannisches Jahrbuch 1959, S. 34–53; Wolfgang STÜLPNAGEL, Burgen und -burg-Namen im Breisgau, in: Alemannisches Jahrbuch 1970, S. 30–37.

99 Wie Anm. 13.

100 S. unten Anm. 111.

101 Über das römische Straßburg: Histoire de Strasbourg, hg. von Georges LIVET – Francis RAPP, Toulouse 1987, S. 87ff.; 12. Aux origines de Strasbourg, Straßburg 1988; Jean-Pierre KLEIN – Jean-Jacques SCHWIEN, Strasbourg et ses fortifications au Moyen Age et à l'époque moderne. Mise au point et essai de synthese, in: Vivre au Moyen Age. 30 ans d'archéologie médiévale en Alsace, Straßburg 1990, S. 21–31; Eugen REINHARD, Die Römer- und Bischofsstadt im alemannischen Raum Süddeutschlands und der Nordschweiz, in: Zeitschrift für die Geschichte des Oberrheins 138, NF 99, 1990, S. 23ff.; über die mittelalterliche Stadt: Le diocèse de Strasbourg, hg. von Francis RAPP (Histoire des diocèses de France 14) Paris 1982, S. 14ff.; SYDOW (wie Anm. 1) S. 30.

102 Joseph CLAUSS, Historisch-topographisches Wörterbuch des Elsaß, Zabern 1895–1914, S. 495f., vgl. ebd., S. 45ff.

103 Vgl. Albert KRIEGER, Topographisches Wörterbuch des Großherzogtums Baden 1, Heidelberg ²1904, Sp. 352ff.; Tausendzweihundert Jahre Burkheim: 762–1962, Endingen am Kaiserstuhl 1962.

und dessen antiker Name in *Zarten*, Kirch*zarten* und Hinter*zarten* bewahrt geblieben ist. In spätere Zeiten, die deutlich nach der Gründung von Freiburg i. Br. liegen, führt Neuenburg am Rhein. Es ist eine von dem Zähringerherzog Bertold IV. gegründete Stadt. Die Wahl des Namens ist hier, wie bei Freiburg im Üchtland, sicherlich herrschaftlich bestimmt gewesen und erfolgte vor dem Hintergrund der beiden Freiburg, gehört also bereits in den Bereich der Wirkungsgeschichte des Namens von Freiburg im Breisgau[104]. Wenn Herzog Bertold IV. seinen Gründungen die Namen »Freiburg« und »Neuenburg« verliehen hat, so zeigt sich schon in der Bezugnahme auf Freiburg im Breisgau und ebenso in der Komposition »Neuen-burg«, daß auch hier nicht der von Metzner hinsichtlich Freiburgs im Breisgau betonte genossenschaftliche, sondern der herrschaftliche Aspekt und der Stadtherr bei der Namengebung im Vordergrund standen. Ähnlich verhält es sich wahrscheinlich bei der in zähringischem Besitz befindlichen, aber vom Straßburger Bischof zu Lehen gehenden Stadt Offenburg in der Ortenau, wobei auch in diesem Fall strittig bleibt, ob hier zuerst eine Burg und/oder eine frühstädtische Siedlung diesen Namen erhielt und welchen Anteil daran die Straßburger Bischöfe bzw. die Zähringer hatten[105]. Klarer scheinen die Verhältnisse bei Nimburg (Gemeinde Teningen) zu liegen, wo offenbar im früheren Mittelalter eine Siedlung dieses Namens nahe den römischen Resten auf dem Nimberg entstand. Die Bergkirche steht jedenfalls auf den Relikten eines antiken Gebäudes, auf die das Namenglied »-burg« offenbar Bezug nimmt. Erst später ging der Siedlungsname Nimburg auf die Adelsfamilie der Nimburger Grafen und deren herrschaftliche Burg auf dem nördlichen Sporn des Bergrückens sowie das an dessen Fuß emporwachsende Dorf über, wurde also sekundär zum Burgnamen[106].

Wichtig in unserem Zusammenhang scheinen die Konnotationen des Namenglieds »-burg« zu sein, wie sie bei der Bischofsstadt Straßburg vorliegen: nämlich »Burg« als Vorläufer von »Stadt«, wie vorher schon angedeutet wurde[107]. Mit »burg« wurden dementsprechend im früheren Mittelalter vielfach die Begriffe *civitas*, *urbs* und *oppidum* glossiert, und als Namenwort bezeichnete »-burg-« im deutschsprachigen Bereich seit ältester Zeit Siedlungen mit zentralörtlichen Funktionen, vor allem Bischofsstädte (Salzburg, Hamburg, Würzburg usw.), die in den Quellen unter den eben genannten lateinischen Begriffen gefaßt werden. In diesem Zusammenhang ist ferner erwähnenswert, daß in den alten bischöflichen *civitates* an den Ufern des Rheins, die ihre antiken Namen bewahrt haben – wie beispielsweise Konstanz, Basel, Speyer, Mainz usw. – zumindest die im früheren Mittelalter entstandenen *suburbia* den Namen »Burg« oder eine damit zusammengesetzte Ortsbezeichnung trugen – beispielsweise in Konstanz die »Niederburg«[108].

104 HAMM (wie Anm. 2) S. 115ff.; Louis CARLEN, Art. »Freiburg i. Ü.«, in: Lexikon des Mittelalters 4, München – Zürich 1989, Sp. 892–894.

105 HAMM (wie Anm. 2) S. 115ff.; Alfons SCHÄFER, Offenburg, eine zähringische Stadtgründung?, in: Zeitschrift für die Geschichte des Oberrheins 123, NF 84, 1975, S. 50ff.; ZETTLER, Zähringerburgen (wie Anm. 3) S. 130f.; vgl. Hans HARTER, Die Zähringerministerialen »von Schopfheim« in der Ortenau – Ein Beitrag zum »Offenburg-Problem«, in: Die Ortenau 74, 1994, S. 229ff.

106 Teningen: Nimburg, Bottingen, Teningen, Köndringen, Landeck, Heimbach. Ein Heimatbuch, hg. von Peter SCHMIDT, Teningen 1990, S. 31 (Dieter GEUENICH) und S. 98ff. (Alfons ZETTLER).

107 SCHLESINGER (wie Anm. 1) S. 102ff.; vgl. jetzt für den deutschen Südwesten: SYDOW (wie Anm. 1) S. 26ff.; Hagen KELLER u. a., Mittelalterliche Städte auf römischer Grundlage im einstigen Dekumatenland, in: Zeitschrift für die Geschichte des Oberrheins 135, NF 96, 1987, S. 1–64, bes. S. 57ff.

108 KRIEGER (wie Anm. 103) Sp. 1220 (bezeugt seit 1295). Über die frühmittelalterliche Stadt und ihre Entwicklungsstufen Helmut MAURER, Konstanz im Mittelalter 1: Von den Anfängen bis zum Konzil (Geschichte der Stadt Konstanz 1) Konstanz 1989, S. 44f. und S. 52ff.; vgl. ferner SYDOW (wie Anm. 1) S. 31f.; REINHARD (wie Anm. 101) S. 21ff.

Diese in der Regel von Gewerbe und Warenaustausch geprägten Quartiere unmittelbar um die eigentliche »Bischofsburg«, also um die Kathedrale mit dem bischöflichen Palatium, dienten ursprünglich der Versorgung der bischöflichen Hofhaltung mit Waren des täglichen und – über den Markt, der Fernhändler anzog – des gehobenen Bedarfs. Der Bischof übte dort zunehmend öffentliche Befugnisse und Funktionen wie Bann, Markt, Zoll und Münze aus, die ursprünglich beim König gelegen hatten und die Einnahmen brachten. Die umfassendere Bedeutung des Namenworts »-burg-« schloß sowohl den eigentlichen Sitz der Herrschaft, in diesem Falle des geistlichen Fürsten, also die »Bischofsburg«, als auch die Suburbia ein, die sich im Laufe der Zeit um diese gelagert hatten[109]. »Burg« konnte also im Hochmittelalter jedenfalls den (geistlichen) »Fürstensitz«, die Zentrale eines (geistlichen) Fürstentums mit allen zugehörigen herrschaftlichen und wirtschaftlichen Elementen und Funktionen konnotieren.

Bekanntlich gingen die geistlichen »Fürsten« den laikalen Magnaten in dieser Hinsicht voran. Das hat seinen Grund vor allem darin, daß die bischöfliche *sedes*, und damit auch der fürstliche Hof, ortskonstant war. Zum andern überließ der König den Bischöfen (und Äbten) bereitwilliger die zu einer solchen Entwicklung notwendigen öffentlichen Rechte und Funktionen, die man auch als »Freiheiten« bezeichnete, denn die geistlichen Herrschaften konnten ja nicht wie die adeligen vererbt werden und unterlagen damit nicht der Tendenz zur Allodialisierung. Der König partizipierte in vielerlei Hinsicht an der Entwicklung der bischöflichen *civitates*, und unter den Ottonen erlangten diese im Rahmen der »Reichskirche« große Bedeutung für das Königtum, sei es als Pfalzen im Rahmen der Königsgastung, sei es bei der Ausübung öffentlicher Funktionen. Erst um die Jahrtausendwende werden die ersten Ansätze ähnlicher Zentrumsbildungen auch bei den Laienfürsten im Spiegel der königlichen Privilegierung erkennbar. Der Zähringervorfahr Bezelin (»von Villingen«) beispielsweise war einer der ersten, denen der König entsprechende »Freiheiten« verlieh: Graf Bertold erhielt im Jahre 999 ein königliches Privileg »für seinen Ort Villingen«, das älteste erhaltene Marktprivileg für einen Laien, das alle wichtigen öffentlichen Funktionen beinhaltete, nämlich Markt, Münze, Zoll und Bann[110]. Dieses Privileg steht am Anfang einer Entwicklung, die während des 11. Jahrhunderts ihren Höhepunkt erreichte[111].

Wenn die königlichen Privilegien den rechtlich-normativen Aspekt dieser Entwicklung aufzeigen, die letztlich zur Herausbildung der »Landesherrschaften« des späteren

109 Edith ENNEN, Bischof und mittelalterliche Stadt. Die Entwicklung in Oberitalien, Frankreich und Deutschland, in: Stadt und Bischof, hg. von Bernhard KIRCHGÄSSNER und Wolfram BAER (Stadt in der Geschichte 14) Sigmaringen 1988, S. 29–42; vgl. auch Reinhold KAISER, Bischofsherrschaft zwischen Königtum und Fürstenmacht. Studien zur bischöflichen Stadtherrschaft im westfränkisch-französischen Reich im frühen und hohen Mittelalter (Pariser Historische Studien 17) Bonn 1981; Howard CLARKE – Anngret SIMMS, The Comparative History of Urban Origins in Non-Roman Europe: Ireland, Wales, Denmark, Germany, Poland and Russia from the ninth to the thirteenth century (British Archaeological Records, International Series 255) Oxford 1985.

110 Gerd ALTHOFF, Warum erhielt Graf Bertold im Jahre 999 ein Marktprivileg für Villingen?, in: Die Zähringer III (wie Anm. 2) S. 269–274.

111 Vgl. beispielsweise Walter SCHLESINGER, Der Markt als Frühform der Stadt, in: Vor- und Frühformen der europäischen Stadt im Mittelalter 1, hg. von Herbert JANKUHN – Walter SCHLESINGER – Heiko STEUER (Abhandlungen der Akademie der Wissenschaften in Göttingen, Phil.-Hist. Kl., 3. Folge, Nr. 83) Göttingen 1973, S. 262–293; jüngst Hansjürgen BRACHMANN, Der Markt als Keimform der mittelalterlichen Stadt – Überlegungen zu ihrer Genese im ostfränkischen Reich, in: Frühgeschichte der europäischen Stadt. Voraussetzungen und Grundlagen, hg. von Hansjürgen BRACHMANN – Joachim HERRMANN (Schriften zur Ur- und Frühgeschichte 44) Berlin 1991, S. 117–130 (vgl. hierzu die Rez. von Christian GILDHOFF in: Zeitschrift für Archäologie des Mittelalters 20, 1992 (1993), S. 219ff.)

Mittelalters führte, so ist auf der anderen Seite festzuhalten, daß das Wort »burg« bzw. seine lateinischen Entsprechungen *civitas* und *urbs*, manchmal auch *oppidum*[112], im konkreten Zusammenhang zentraler Orte weltlicher Magnaten seit dem späteren 10. Jahrhundert ebenfalls eine erhebliche Rolle zu spielen beginnt. Auch dies ist für unsere Zwecke am besten anhand einiger Beispiele aus Südwestdeutschland nachzuvollziehen. Es ist wohl kein Zufall, daß die um 900 sich herausbildenden Mittelgewalten bereits mit ihrem ersten Auftritt über Plätze verfügen, die als *urbes* und *oppida*, will heißen: »Burgen«, bezeichnet werden. Gerade die ältesten bezeugten Zentren der schwäbischen Herzöge und des Hochadels erscheinen in den Quellen als *urbs* o. ä. (= »burg«) oder enthalten das Namenglied »-burg-«, so beispielsweise der Sitz des Grafen Erchanger, der mit Burkhard I. um den Dukat in Schwaben kämpfte: *Thietpoldispurch* (überliefert allerdings bei Ekkehard im mittleren 11. Jahrhundert). Der St. Galler Klosterchronist nennt diesen Ort im Zusammenhang der Festsetzung und Verwahrung des Bischofs Salomo III. von Konstanz 914 durch den nach der Herzogswürde in Schwaben strebenden Grafen, so daß es naheliegt, an einen befestigten oder von Natur aus festen Platz zu denken. Und da in der Geschichte, die sich um die Festsetzung des Bischofs Salomo III. von Konstanz rankt, die Frau Erchangers eine entscheidende Rolle spielt, assoziiert man weiter Eigenbesitz und einen familiären Mittelpunkt des Grafen[113]. Ferner wären anzuführen die »Burgen« (*urbes*) des Schwabenherzogs Burkhard, die Widukind anläßlich dessen Unterwerfung unter König Heinrich I. nennt[114]. Ähnliches gilt für die folgenden Herzöge von Schwaben bis ins 11. Jahrhundert, wobei hier auf Beispiele verzichtet werden kann.

112 Friedrich GEPPERT, Die Burgen und Städte bei Thietmar von Merseburg, in: Thüringisch-Sächsische Zeitschrift für Geschichte und Kunst 16, 1927, S. 161–244; Gerhard KÖBLER, *Civitas* und *vicus, burg, stat, dorf* und *wik,* in: Vor- und Frühformen (wie Anm. 111) S. 61–76 *(civitas* entspricht *burg*); DERS., *burg* und *stat* – Burg und Stadt?, in: Historisches Jahrbuch 87, 1967, S. 305–325; Annie RENOUX, Châteaux normands du Xe siècle dans le »De moribus et actis primorum Normanniae ducum« de Dudon de Saint-Quentin, in: Mélanges d'archéologie et d'histoire médiévales (wie Anm. 23) S. 327–346 (Tabelle S. 329: *urbs* und *civitas* stehen an der Spitze der Belege); Antonin HEJNA, Curia, curtis, castrum, castellum. Ein Beitrag zur Differenzierung der selbständigen Herrensitze im 10. bis 13. Jahrhundert, in: Siedlung, Burg und Stadt. Studien zu ihren Anfängen, hg. von Karl-Heinz OTTO und Joachim HERRMANN (Deutsche Akademie der Wissenschaften zu Berlin, Schriften der Sektion für Vor- und Frühgeschichte 25) Berlin 1969, S. 210–217 (Prager Burg und Vysehrad als »civitas« und »urbs«). – BLATTMANN (wie Anm. 2) S. 448ff., verzeichnet die Belege für »civitas« und »urbs« in der zähringischen Stadtrechtsfamilie. Wenig ergiebig für die hier verfolgte Fragestellung ist Otto BORST, »Burg« und »Stadt«, in: Das andere Wahrnehmen: Beiträge zur europäischen Geschichte, August Nitschke zum 65. Geburtstag gewidmet, hg. von Martin KINTZINGER – Wolfgang STÜRNER – Johannes ZAHLTEN, Köln – Weimar – Wien 1991, S. 295–308.

113 Ekkehardi IV. Casus s. Galli, ed. Gerold MEYER VON KNONAU, Mittheilungen zur vaterländischen Geschichte 15/16, hg. vom Historischen Verein des Kantons St. Gallen, 1877, S. 70; ed. Hans F. HAEFELE (Ausgewählte Quellen zur deutschen Geschichte des Mittelalters, Freiherr vom Stein-Gedächtnisausgabe 10) Darmstadt 1980, S. 46/47. Vgl. dazu Hans-Martin MAURER, Die Entstehung der hochmittelalterlichen Adelsburg in Südwestdeutschland, in: Zeitschrift für die Geschichte des Oberrheins 117, NF 78, 1969, S. 295–332, hier S. 306; Ekkehard bezeichnet des weiteren die königliche Pfalz Bodman, wo Erchanger als Pfalzgraf waltete, als *oppidum* des Magnaten (HAEFELE S. 36/37). – 915 ist Erchanger nach siegreicher Schlacht von seinen Anhängern zum Herzog erhoben worden; vgl. Helmut MAURER, Der Herzog von Schwaben. Grundlagen, Wirkungen und Wesen seiner Herrschaft in ottonischer, salischer und staufischer Zeit, Sigmaringen 1978, S. 36ff. – *Thiepoldisburg* ist nicht sicher lokalisiert. Jüngst hat Eberhard DOBLER, Die Schrotzburg – eine alemannische Herzogsburg des 8. Jahrhunderts, in: Hegau 24/25, 1979/80, S. 7–26, die (schon zuvor von Stälin vertretene) Meinung geäußert, es handle sich um die Schrotzburg auf dem Schiener Berg bei Radolfzell.

114 Widukindi res gestae Saxonicae I/27, hg. von Albert BAUER und Reinhold RAU (Ausgewählte Quellen zur deutschen Geschichte des Mittelalters, Freiherr vom Stein-Gedächtnisausgabe 8) Darmstadt 1977, S. 59: *Eo ordine rex factus Heinricus perrexit cum omni comitatu suo ad pugnandum contra Burchardum ducem*

Für uns ist wichtiger, daß auch in der zähringischen Vorfahren- und Verwandtschaft das Namenglied »-burg« Tradition im Zusammenhang zentraler Orte hat. Eng verwandt und politisch liiert mit Herzog Bertold I. war der Zürcher Graf Eberhard, der sich im mittleren 11. Jahrhundert nach Nellen*burg* zubenannte[115]. Oder schließlich Herzog Bertold I. (von Kärnten) selbst, der dem bekannten Bericht Frutolfs zufolge *in quodam oppido suo Lintperg naturaliter munito* 1077 angesichts der Verwüstung Schwabens durch König Heinrich IV. dem Wahnsinn verfiel und starb[116]. Nur bei dem aus einiger zeitlicher und auch räumlicher Distanz schreibenden Frutolf heißt dieses adelige Zentrum, das durch eine geistliche Institution in Weilheim ergänzt wurde, Lint*perg*, in der zähringischen Überlieferung hingegen stets Lint*burg*. So wird im Zwiefaltener Necrolog Markgraf Hermann, der 1074 in Cluny verstorbene Sohn Herzog Bertolds I., *com(es) de Lintburk*, derselbe in einer Schaffhauser Zeugenliste um 1100 *marchio de Linthburch* genannt. Außerdem ist im Rotulus Sanpetrinus ein Ritter Bertold von Limburg (*de Lintburg*) bezeugt, der im früheren 12. Jahrhundert *ante postitium ... Lintburgensis urbis* einen Vertrag abschloß[117]. Den realen Hintergrund der Bezeichnungen »oppidum« und »urbs« für die Limburg zeigen die Ergebnisse von Ausgrabungen 1913/14 auf, denen zufolge die Siedlung auf dem Bergkegel offenbar die gesamte, ausgedehnte Hochfläche einnahm; durch einen Graben war sie ferner in zwei Bezirke unterteilt.

Abschließend sei neben dem welfischen Ravens*burg* oder Heinrichs IV. Harz*burg*[118] noch *Burg*dorf im Kanton Bern genannt. Von dem Schloß zu Burgdorf, der einzigen nahezu vollständig in der Gestalt des 12. Jahrhunderts erhaltenen Zähringerburg, war weiter oben schon die Rede. Burgdorf bildete ursprünglich das Zentrum der rheinfeldischen Güter im ehemaligen Königreich Hochburgund, die infolge des Todes Herzog Bertolds von Rheinfelden über dessen Schwester, die Tochter König Rudolfs und Gemahlin Herzog Bertolds II. von Zähringen, an die Zähringer fielen. Der Name »Burgdorf« wird gewöhnlich abgeleitet von einem Vorgänger des Schlosses auf dem einzigartigen, dreiseitig freistehenden, steil aus der Ebene herausragenden Schloßfelsen. Ausgrabungen haben jüngst gezeigt, daß zumindest in der Zähringerzeit das gesamte Plateau von dem Schloß und dem sog. Alten Markt, einem »suburbium«, in dem auch zähringische Ministerialität siedelte, in Anspruch genommen war. Auch hier also die Zweigliederung des ausgedehnten Komplexes einer fürstlichen »urbs« ähnlich wie bei der Limburg Herzog Bertolds I.[119]. Gemeinsam ist beiden Plätzen auch ihre buchstäblich herausgehobene topographische Lage, man könnte sagen: ihre hochadelige oder fürstliche Qualität. Vor dem Hintergrund der ausgebreiteten Beispiele kann kaum Zweifel daran bestehen, daß der mit »-burg« zusammengesetzte Name von Freiburg im Breisgau im Bewußtsein um solche

Alamanniae. Hic cum esset bellator intolerabilis, sentiebat tamen, quia valde prudens erat, congressionem regis sustinere non posse, tradidit semet ipsum ei cum universis urbibus et populo suo; vgl. dazu Hans-Martin MAURER (wie Anm. 113) S. 306.

115 KRIEGER (wie Anm. 103) Bd. 2, Sp. 284 ff., zum Namen Sp. 288.

116 Frutolfs und Ekkehards Chroniken und die anonyme Kaiserchronik, ed. Franz-Josef SCHMALE und Irene SCHMALE-OTT (Ausgewählte Quellen zur deutschen Geschichte des Mittelalters, Freiherr vom Stein-Gedächtnisausgabe 15) Darmstadt 1972, S. 88/89; vgl. dazu Hans-Martin MAURER, Weilheim bis zur Stadtgründung, in: Heimatbuch Weilheim a. d. Teck, 1969, S. 32 ff.; Karl SCHMID, in: Die Zähringer II (wie Anm. 4) S. 21 f. Nr. 10.

117 Rotulus Sanpetrinus (wie Anm. 79) S. 169 und 170; Edgar FLEIG, Handschriftliche, wirtschafts- und verfassungsgeschichtliche Studien zur Geschichte des Klosters St. Peter auf dem Schwarzwald, Diss. phil. Freiburg i. Br. 1908, Nr. 163. Vgl. Hans-Martin MAURER (wie Anm. 113) S. 297.

118 Hans-Martin MAURER (wie Anm. 113) S. 297 f.

119 Vgl. Jürg SCHWEIZER in: Die Zähringer II (wie Anm. 4) S. 282 ff., sowie DENS., Das zähringische Burgdorf, in: Die Zähringer III (wie Anm. 2) S. 15–24.

älteren bischöflichen und herzoglichen, mit einem Wort: fürstlichen Zentralorte gewählt wurde und eine entsprechende Programmatik ausdrückt. Die Bildung des Namens »Freiburg« steht somit in der Tradition herzoglicher bzw. hochadeliger Zentralorte im deutschen Südwesten und weist auf entsprechende Ambitionen der Zähringer bzw. auf deren Anspruch auf das Herzogtum Schwaben hin.

Das Namenglied »frei-« kann ebenfalls kaum auf stadtbürgerliche Freiheiten der Bewohner bezogen werden, wie Metzner will, sondern ist ebenfalls aus herrschaftlich-zähringischer Perspektive und aus der spezifischen Situation der Anfänge Freiburgs vor 1120 zu erklären. Metzner geht hier, wie gesagt, von unzutreffenden historischen Voraussetzungen aus: zum einen davon, daß Freiburg im Breisgau 1120 als Marktsiedlung sozusagen auf der grünen Wiese, ex nihilo, ins Leben gerufen worden sei und zum anderen von der schematischen Subsumierung sämtlicher Orte namens Freiburg unter ein und denselben Namensinn. Wenn Metzner alle Ortsnamen »Freiburg« in einen Topf wirft, wenn hier »ein Stadtname Freiburg« postuliert wird, der auf dem Wege über dynastische Beziehungen der Zähringer im ganzen deutschen Sprachgebiet verbreitet worden sei, so ist dies unter historischem Blickwinkel unzulässig, weil hier die Genese des ältesten Ortsnamens »Freiburg« mit dessen Wirkungsgeschichte vermengt wird. Es ist vielmehr nötig, die Namengebung »Freiburg« in jedem einzelnen Fall genau zu prüfen und jeweils die geschichtliche Situation, in der die Namen verliehen wurden, zu berücksichtigen. Mit dieser Feststellung soll natürlich nicht die Möglichkeit von Abhängigkeiten in Abrede gestellt werden, falsch ist aber die Verabsolutierung Metzners. Und es versteht sich von selbst, daß der erste Vertreter des Namens »Freiburg« umgedeutet und mit verändertem Sinn rezipiert worden sein könnte, wozu gerade das außerordentlich weitgespannte mittelalterliche Bedeutungsspektrum von »frei, Freiheit«[120] breiten Raum ließ, aber dies gehört nicht zur Geschichte von Freiburg im Breisgau, sondern zur Wirkungsgeschichte des Namens »Freiburg«. Ein hervorragendes Beispiel eben dafür, das natürlich seinerseits wiederum auch in die Geschichte Freiburgs führt, bietet die Bezeichnung der Freiburger Bürgerschaft für ihre Kommune als *libera civitas* im Stadtrodel von 1218 – eine Bezeichnung, die mit dem Ortsnamen identisch war und deren politischer Gehalt in der Deutung der Bürgerschaft daher durch jenen untermauert wurde.

Bei Freiburg im Breisgau ist indessen eines sicher: Dieser Name wurde bewußt gewählt und neu geschaffen, und dabei konnte man sich nicht an ein älteres »Freiburg« anlehnen. Auf dem Boden des späteren Freiburg, wir sagten es schon, bestand zwar eine »vorfreiburgische« Besiedelung, die sicherlich zumindest teilweise in die neue »urbs« der Zähringer miteinbezogen worden ist, doch zusammengeschmolzen haben das bestehende Alte und das hinzukommende Neue fürstlicher Wille und eben der neu geschöpfte Name »Freiburg«, der diesem fürstlichen Willen Ausdruck verlieh.

120 Geschichtliche Grundbegriffe. Historisches Lexikon zur politisch-sozialen Sprache in Deutschland, hg. von Otto BRUNNER – Werner CONZE – Reinhart KOSELLECK, Bd. 2, Stuttgart 1975, bes. S. 446ff.; Art. »Freiheit, Freie« in: Lexikon des Mittelalters 4, München – Zürich 1989, Sp. 896ff.; Die abendländische Freiheit vom 10. zum 14. Jahrhundert. Der Wirkungszusammenhang von Idee und Wirklichkeit im europäischen Vergleich, hg. von Johannes FRIED (Vorträge und Forschungen 39) Sigmaringen 1991, dort besonders die Einführung des Herausgebers, S. 7ff. – Zur »bürgerlichen Freiheit« ebd., S. 485ff. (Bernhard DIESTELKAMP); vgl. auch Knut SCHULZ, Denn sie lieben die Freiheit so sehr …: Kommunale Aufstände und Entstehung des europäischen Bürgertums im Hochmittelalter, Darmstadt 1992.

VI. Freiburg 1091 – das Zueinander von Burg und Siedlung in der Gründungsphase

Es ist also zum Schluß zu fragen, in welchem historischen Rahmen, unter welcher historischen Konstellation Freiburg so benannt wurde und damit gewissermaßen sichtbar ins Leben trat. Es wurde schon darauf hingewiesen, daß eine Siedlung dieses Namens bereits geraume Zeit vor der Gründung des Marktes im Jahre 1120 existierte. Nur auf sie kann sich die vieldiskutierte Notiz in den Marbacher Annalen beziehen, die über die »Initiation« einer Civitas Freiburg im Zusammenhang der Herzogswahl Bertolds II. 1092 zum Jahre 1091 berichtet. Den Erkenntnissen von Karl Schmid zufolge darf die Nachricht als gute Überlieferung genommen werden [121]. Besonders bemerkenswert scheint in unserem Zusammenhang zu sein, daß die Marbacher Notiz in der Vorstellung der Gründung eines herzoglichen Zentralortes verhaftet ist, und dies in zweifacher Weise: Einmal schließt die Notiz an den auf Bernold beruhenden Bericht über die Wahl Bertolds II. zum »Herzog von Schwaben« an, und zum anderen benutzte der Autor für den neuen Ort eben diesen gewöhnlich mit »burg« glossierten und eine fürstliche Zentrale konnotierenden Begriff »civitas«. Ein solches Unternehmen Bertolds, wie es die Marbacher Annalen ex eventu berichten, entbehrt im Lichte dessen, was wir über die zweite Phase der Konsolidierung zähringischer Herrschaft im Breisgau während den späteren achtziger und frühen neunziger Jahren wissen, jedenfalls nicht der Wahrscheinlichkeit.

Bereits im Jahre 1079, als Bertold II. vom oberen Neckar her kommend die Burg Wiesneck im Dreisamtal nahm und den Breisgau eroberte [122], wird er sich ohne Zweifel nicht nur in Zähringen, sondern auch an dem wichtigen Verkehrsknotenpunkt am Ausgang des Dreisamtales festgesetzt haben, wo er später Freiburg ins Leben rief. Bertold konnte hier offenbar an das Grafenamt des Vaters anknüpfen, der die Breisgau-Grafschaft und damit wohl auch diesen »locus publicus« verwaltet hatte. Es ist kaum vorstellbar, daß Bertold, der ganz offenkundig im Sinne führte, den nördlichen Breisgau in Besitz zu nehmen, auf längere Sicht auf die Nutzung und damit auf die Sicherung und den Schutz dieses nicht zuletzt in wirtschaftlicher Hinsicht wichtigen Platzes durch eine Burg verzichten konnte, der zudem – wie Zähringen – einen Eckpunkt des baslischen Wildbannbezirks markierte [123]. Und wenn am Fuß des Schloßbergs nicht nur ein Verkehrsknoten, sondern auch eine Verdichtung anderer wirtschaftlich nutzbarer Infrastruktur gegeben war, mußte das eine weitere Besiedelung geradezu anziehen und die Verherrschaftlichung, zumal in der Situation, der sich Bertold II. im Breisgau gegenübersah, interessant erscheinen lassen. Aber während mangels Quellen offenbleiben muß, ob Bertold II. bereits 1079 am Fuß des Schloßbergs und auf diesem tätig geworden ist, erscheint die erste Phase der Formierung zähringischer Herrschaft im Breisgau von 1079 bis 1090 eher durch Aktivitäten Bertolds in Zähringen und Umgebung gekennzeichnet – es sei erinnert an die Zähringer Burg und an die Vorgänge um die Zähringer Kirche –, während der Platz des späteren Freiburg im Hintergrund bleibt – vielleicht gerade deshalb, weil hier bereits seit älterer Zeit fest

121 Vgl. Karl Schmid in diesem Bd., S. 139.

122 Karl Schmid, Die Burg Wiesneck und die Eroberung des Breisgaus durch Bertold II. im Jahr 1079, in: Kelten und Alemannen im Dreisamtal. Beiträge zur Geschichte des Zartener Beckens, hg. von dems. (Veröffentlichung des Alemannischen Instituts Freiburg im Breisgau 49) Bühl/Baden 1983, S. 115–139.

123 Vgl. Zettler, Zähringerburgen (wie Anm. 3) S. 101ff. Johannes Lichdi, Bistum Basel und zähringische Herrschaftsbildung in der Freiburger Bucht, in: Zeitschrift des Breisgau-Geschichtsvereins »Schau-ins-Land« 110, 1991, S. 7–63, hat die zähringische Durchdringung des Wildbannbezirks unter herrschaftlicher Perspektive thematisiert und untersucht.

etablierte öffentliche und gräfliche Einrichtungen verankert waren, auf die Bertold ungehinderten Zugriff hatte, während er sich in Zähringen offenbar stärker mit dem eingesessenen breisgauischen Adel auseinanderzusetzen hatte. Spätere Tauschaktionen mit St. Peter zeigen, daß wichtige Güter in Zähringen in der Hand anderer Herren waren[124].

Nicht zuletzt die Verlagerung der Aktivitäten von Zähringen, einem Platz, der im übrigen kaum wirtschaftlich nutzbare Infrastruktur und Entfaltungsmöglichkeiten bot, auf den Ausgang des Dreisamtales mit der Wiehre ist dann kennzeichnend für eine zweite Phase zähringischer Herrschaft im Breisgau, die ungefähr mit den Daten 1090 bis 1098 zu umreißen wäre. Eine erhebliche Stärkung von Bertolds Position und der Gregorianer in Schwaben brachte zunächst die Erhebung seines Bruders Gebhard zum Bischof von Konstanz 1084. Seit 1087 zeigen die Quellen zudem den Anspruch Bertolds II. auf die schwäbische Herzogswürde an. Während die Chronistik des durch die Eroberung des Breisgaus schwer geschädigten Klosters St. Gallen Bertold bis weit in die neunziger Jahre hinein unter dem gewalttätig klingenden Titel eines Markgrafen führt[125], erscheint er bereits in der Urkunde über den Gütertausch zwischen Basel und Cluny zugunsten des Klosters St. Ulrich, ausgestellt 1087 im breisgauischen Rendelshusen, als *dux*[126]. Das Herzogtum Schwaben rückte für Bertold tatsächlich in greifbare Nähe, als Herzog Bertold von Rheinfelden 1090 ohne direkten männlichen Nachkommen verstarb und die Zähringer über Bertolds II. Frau Agnes, die Tochter König Rudolfs, materiell und ideell in das Rheinfeldener Erbe eintraten[127]. Dadurch wurde im übrigen der Breisgau nun auch geographisch zur Mitte des Familienbesitzes[128], und das Adelsgeschlecht der Zähringer, wenn diese Formulierung erlaubt ist, beginnt als solches in Erscheinung zu treten. Wenn Bertold II. in der quasi prädukalen Phase, in der Zeit seiner Anwartschaft auf die Wahl zum Herzog von Schwaben seit dem Jahr 1091 – wie die Sanpetriner Überlieferung will – die Gründung des Zähringer »Hausklosters« St. Peter auf dem Schwarzwald in der Nachfolge und unter Einbeziehung des Weilheimer Stifts in Angriff nahm[129], dann wird dies demnach kaum eine isolierte Maßnahme gewesen, sondern einhergegangen sein mit der Aufwertung und der Konzipierung (vielleicht auch schon dem Ausbau) des Platzes Frei-

124 Um das Jahr 1111 tradierte der *nobilis homo* Gerold von Scherzingen Güter in Gundelfingen und Zähringen an St. Peter (Rotulus Sanpetrinus [wie Anm. 79] S. 141; FLEIG [wie Anm. 117] Nr. 13 und S. 22); Gerolds Manse mit Hof in Zähringen tauschte Herzog Konrad zwischen 1122 und 1132 gegen sein Eigen in Amoltern, nämlich die Kirche mit einem Hof, zurück (Rotulus Sanpetrinus S. 160f.; FLEIG Nr. 118 und S. 33). – Zur Zähringer Kirche: Karl SCHMID, Die Zähringer Kirche unter den breisgauischen Besitzungen Basels in der um 1180 auf 1139 gefälschten Papsturkunde, in: Die Zähringer III (wie Anm. 3) S. 281–304; Hugo OTT, Die Reutebachkirche bei Zähringen im Visitationsbericht von 1597, in: Ebd., S. 305–308.

125 Casuum s. Galli continuatio anonyma, ed. Heidi LEUPPI, Zürich 1987, S. 137ff.; vgl. den Bericht des Reichenauer Klosterchronisten Gall Öhem, der auf den verlorenen St. Galler Annalen beruht: Karl BRANDI, Die Chronik des Gallus Öhem (Quellen und Forschungen zur Geschichte der Abtei Reichenau 2) Heidelberg 1893, S. 99; dazu SCHMID (wie Anm. 122); vgl. Die Zähringer II (wie Anm. 4) S. 22f. Nr. 11.

126 Wenn man den als Spitzenzeugen angeführten »Herzog Bertold« nicht auf den Rheinfeldener Bertold, der damals Herzog von Schwaben war, beziehen will: Monuments de l'histoire de l'ancien évêché de Bâle 1, ed. Joseph TROUILLAT, Porrentruy 1852, S. 207ff. Nr. 140; Recueil des chartes de l'abbaye de Cluny 4, ed. Auguste BERNARD – Alexandre BRUEL (Collection de documents inédits sur l'histoire de France 57,4) Paris 1888, S. 787f. Nr. 3622.

127 Bernoldi Chronicon ad a. 1090, ed. Georg Heinrich PERTZ, MGH SS 5, Hannover 1848, S. 450; HEYCK (wie Anm. 80) S. 116f. und S. 157; vgl. SCHMID (wie Anm. 122) S. 115ff.; DERS., Zürich und der staufisch-zähringische Ausgleich 1098, in: Die Zähringer III (wie Anm. 3) S. 60ff.; ZETTLER, Zähringerburgen (wie Anm. 3) S. 112ff.

128 HEINEMANN (wie Anm. 35) S. 101ff.; DERS. (wie Anm. 37) S. 60f.

129 Die Zähringer II (wie Anm. 4) S. 123ff. – Künftig Karl SCHMID, Die Gründung von St. Peter im Zeithorizont des mittleren Investiturstreits (in Druckvorbereitung).

burg zu einem Zentralort, der über die entsprechenden öffentlichen Funktionen verfügen und auch die notwendigen repräsentativen, herrschaftlichen Einrichtungen besitzen sollte. Denn im Besitz des alten und traditionsreichen Breisgauer »Vororts« Breisach war der Bischof von Basel, und es bestand keinerlei Aussicht, daran anknüpfen zu können. Mit anderen Worten: Es ging in diesen Jahren nicht nur um die Erhöhung Bertolds durch ein Fürstentum, sondern – freilich in enger Verzahnung damit, denn das Fürstentum war natürlich ein wichtiges Element auch für die adelige Geschlechterbildung – um die Formierung des Adelsgeschlechts der Zähringer, die sich ferner in den entsprechenden Vorgängen bei der Familie von Bertolds älterem Bruder, dem 1074 in Cluny verstorbenen Markgrafen Hermann spiegelt, nämlich um die Schaffung der objektiven Elemente, an die sich die Existenz eines adeligen Geschlechts unter anderem knüpfte: um die Einrichtung von »Hauskloster« und »Stammburg«[130].

Man könnte gegen eine solche Sicht der Dinge freilich einwenden, daß die Zähringer weder sich selbst nach Freiburg zubenannten noch von ihren Zeitgenossen so bezeichnet wurden. Aber dies hat indessen eben damit zu tun, daß der Formierungsprozeß des Adelsgeschlechts und die ohnehin besonderen Bedingungen der zähringischen Herrschaftsbildung im Breisgau auf dem Höhepunkt des Investiturstreits zusammenfielen und gekreuzt wurden von dem Erwerb eines Fürstentums – eines Fürstentums, das Bertold 1092 durch die freie Wahl der schwäbischen Gregorianer und in Konkurrenz zu dem von Heinrich IV. ernannten königlichen Amtsträger, dem Staufer Friedrich, und unabhängig vom salischen König errang[131]. Darauf verweist neben dem reichspolitischen Aspekt, auf den gleich noch einzugehen sein wird, auch das Schicksal von Bertolds I. Limburg und von dessen Stift in Weilheim. Wurde letzteres im Zuge der Gründung von St. Peter wieder aus dem Besitz Hirsaus gelöst, wohin es Gebhard gegeben hatte, und an St. Peter aufgetragen, so daß das neue Kloster auf dem Schwarzwald in der Tradition und Nachfolge des alten in Weilheim erscheinen konnte[132], so schuf Bertold II. eine neue »Stammburg«, die allein in der Verfügungsgewalt seiner Familie und Dynastie zu bleiben bestimmt war, während die alte »urbs« Limburg Bertolds I. offenbar unter den Brüdern Hermann und Bertold aufgeteilt worden oder jedenfalls an beide übergegangen und damit als herrschaftliches Zentrum dem einen wie dem anderen Bruder unbrauchbar geworden war: Um 1100 nennt eine Schaffhauser Urkunde – dieselbe, die Bertold II. erstmals als »Herzog von Zähringen« bezeichnet – seinen Neffen Hermann II. »Markgraf

130 Vgl. dazu allg. Karl SCHMID, Zur Problematik von Familie, Sippe und Geschlecht, Haus und Dynastie beim mittelalterlichen Adel. Vorfragen zum Thema »Adel und Herrschaft im Mittelalter«, in: Zeitschrift für die Geschichte des Oberrheins 105, NF 66, 1957, S. 1–62 (wiederabgedr. in: DERS., Gebetsgedenken und adliges Selbstverständnis im Mittelalter. Ausgewählte Beiträge, Sigmaringen 1983, S. 183–244); vgl. DENS., Adel und Reform in Schwaben, in: Investiturstreit und Reichsverfassung, hg. von Josef FLECKENSTEIN (Vorträge und Forschungen 17) Sigmaringen 1973, S. 295–319 (wiederabgedruckt in: Gebetsgedenken und adliges Selbstverständnis, S. 336–359; vgl. ferner DENS., Adelssitze und Adelsgeschlechter rund um den Bodensee, in: ZWLG 47, 1988, S. 1–29.

131 Gerold MEYER VON KNONAU, Jahrbücher des Deutschen Reiches unter Heinrich IV. und Heinrich V. (Jahrbücher der Deutschen Geschichte) Bd. 4, Berlin 1903, ND 1965, S. 276ff. und S. 479ff. (Rückkehr 1096); S. 226ff. (1088 Tod des Königs Hermann); vgl. Eugen KILIAN, Itinerar Kaiser Heinrichs IV., Karlsruhe 1886, S. 114ff. – Zur Geschichte des Herzogtums Helmut MAURER (wie Anm. 113) S. 218ff. – Herzog Friedrich von Schwaben weilte mit Heinrich IV. längere Zeit in Italien (dazu Thomas ZOTZ in diesem Band S. 71), wo er 1091 in Verona bezeugt ist.

132 Die Zähringer II (wie Anm. 4) S. 123ff.; künftig Karl SCHMID (wie Anm. 129) und Sönke LORENZ, Zur Geschichte des »verlegten« Klosters Weilheim vor und nach 1093 (in Druckvorbereitung).

von Limburg«[133], und bekanntlich erscheint derselbe Hermann dann im Jahre 1112 mit der Zubenennung »von Baden«[134].

Nach allem, was bisher gesagt worden ist, darf man davon ausgehen, daß die Anfänge Freiburgs tatsächlich in der Zeit zu suchen sind, welcher sie die Marbacher Notiz zuordnet, und daß die Burg auf dem Schloßberg ein wesentliches Element dieser Einrichtung Freiburgs war. Das heißt: Spätestens mit der zweiten Phase der Verherrschaftlichung des Breisgaus durch die Zähringer beginnt auch die mittelalterliche Geschichte des Schloßbergs. Wenn wir nun abschließend noch einmal fragen, wie der Name »Frei-burg« im Rahmen der historischen Ereignisse zu verstehen sei, muß zunächst daran erinnert werden, daß die Periode des »mittleren Investiturstreits« durch die fast totale Absenz königlicher Gewalt in Deutschland gekennzeichnet war. Kaiser Heinrich IV. zog 1090 trotz der geschwächten Position des salischen Königtums nach Italien, um »seinen« Papst Clemens III. durchzusetzen und gegen die gefährliche Verbindung Herzog Welfs V. mit Mathilde von Tuszien einzuschreiten. Nachdem Heinrich zunächst einige Erfolge hatte verbuchen können, wendete sich jedoch bald das Glück. Ende 1092 scheiterte der Versuch des Saliers, Canossa zu erobern, Heinrichs Sohn Konrad lief zu den Gegnern über und ließ sich 1093 zum König von Italien krönen. Durch das Bündnis der lombardischen Städte, das sich um Papst Urban gegen Heinrich bildete, wurde der Kaiser ins östliche Oberitalien abgedrängt und dort eingeschlossen, denn der Rückzug nach Norden über die von den Welfen kontrollierten Alpenpässe blieb ihm bis 1096 versperrt[135]. Da der Gegenkönig Hermann von Salm bereits 1088 ums Leben gekommen und – wie gesagt – 1090 das Herzogtum der Gregorianer vakant geworden war, fiel Bertold II. 1090 nicht nur die Führung der päpstlichen Partei zu, sondern de facto auch die Anwartschaft auf das Gegenkönigtum, auch wenn der Luxemburger Hermann keinen Nachfolger mehr fand. Unter diesen Vorzeichen konnte Bertold schon vor seiner Wahl zum Herzog von Schwaben im Jahre 1092 aus einer quasi königsgleichen Position heraus in einem temporär königsfreien Raum agieren, unter diesen Vorzeichen hat er St. Peter gegründet und den Marbacher Annalen zufolge auch die *civitas* Freiburg, seinen fürstlichen »Vorort« im Breisgau, um diesen von Helmut Maurer in Bezug auf die Herzogsherrschaft in Schwaben geprägten Begriff hier aufzugreifen[136].

Es kann an dieser Stelle nicht weiter auf das breite Bedeutungsspektrum des Wortfelds »frei, Freiheit« im Mittelalter eingegangen werden[137]. Nur ein Gesichtspunkt sei im Hinblick auf unsere Fragestellung »Siedlung und Burg« und den ursprünglichen Namensinn von Freiburg noch angedeutet. Auf die Absenz des Königs ist schon mehrfach hingewiesen worden, und es ist auch klar, daß Bertold II. als Exponent der päpstlichen Partei keine Privilegierung, keine königlichen »Freiheiten« für Freiburg erwarten konnte[138]. So mag »Frei-burg« zum einen den Anspruch Bertolds II. fassen, die *civitas* Freiburg aus eigener Leistung, an Königs Statt, und doch eben gerade ohne salisch-königliches Zutun geschaffen zu haben. Die öffentlichen Funktionen und besonderen Rechte, die »Freiheiten« in der Sicht von Adel und Fürsten, weil sie beim Königtum lagen und deshalb eigentlich vom König geliehen werden mußten, wie Bann, Markt, Zoll, Münze u. ä., hat Bertold hier

133 Karl SCHMID, Vom Werdegang des badischen Markgrafengeschlechtes, in: Zeitschrift für die Geschichte des Oberrheins 139, NF 100, 1991, S. 47 ff. mit den Nachweisen.

134 Ebd., S. 50 f.

135 Vgl. SCHMID in diesem Band S. 145; ZOTZ in diesem Band S. 71.

136 Helmut Maurer (wie Anm. 113) S. 33 ff.

137 S. oben Anm. 84–85 und 120.

138 S. oben Anm. 135.

für sich und seine Gründung in Anspruch genommen[139]. Nicht stadtbürgerliche Freiheit der Freiburger spiegelt sich im Namen der ältesten Zähringerstadt, sondern die »libertas« des Gründers und Stadtherrn. Mit dem Namen »Freiburg« faßte dieser die vorhandene Besiedelung und die öffentliche Infrastruktur unter dem Gewölbe des von ihm geschaffenen neuen Rechts ideell zusammen, während die Errichtung einer herrschaftlichen Burg auf dem Schloßberg die neue Schöpfung konkret zu sichern bestimmt war und dem Platz augenfällig den Schirm und Schutz des Fürsten, der ihr Gedeihen wünschte, garantieren sollte. »Freiburg« bezog sich demnach auf die von Bertold II. errichtete *civitas* im ganzen, der Name rekurriert aber dem Sinne nach auf die Qualität der Siedlung, wie sie Bertold geschaffen hatte, während die Burg auf dem Schloßberg bei der Namengebung nicht die entscheidende Rolle spielte. Gleichwohl, so kann man sagen, war sie ein konstitutives Element des ältesten Freiburgs, ähnlich wie bei den »Gründungsstädten«[140] der späteren Zähringer auch.

139 Vgl. Thomas ZOTZ in diesem Band S. 76ff. – Über die geradezu als königlich zu bezeichnende Memorienstiftung Herzog Bertolds II. in St. Peter auf dem Schwarzwald künftig ZETTLER, Zähringermemoria und Zähringertradition (wie Anm. 70).
140 Zum Begriff vgl. Die Zähringer II (wie Anm. 4) S. 224ff.

Archäologische Befunde zur Frühgeschichte der Stadt Freiburg

Von Matthias Untermann

Die aktuelle historische Forschung zur Frühzeit der Stadt Freiburg argumentiert bei zahlreichen Fragen und Problemen mit Ergebnissen und Befunden der archäologischen Stadtforschung. In der Tat hat die archäologische Erforschung dieser Frühzeit seit den Bemerkungen von Peter Schmidt-Thomé im Zähringerkatalog von 1986[1] und von Hans Schadek im Sammelband »Archäologie und Geschichte des ersten Jahrtausends«, erschienen 1990[2], beträchtliche Fortschritte gemacht. Als erste haben wohl Ernst Hamm und Karl Gruber[3] den Blick dafür geweckt, daß die Stadt in ihren Strukturen einen eigenen historischen Quellenwert besitzt: mit der Rekonstruktion des »Zähringerkreuzes« im Straßensystem der Altstadt und mit der Rekonstruktion der sogenannten Hofstätten in der neuzeitlichen Parzellenstruktur. Monumentale Überreste der Zähringerzeit waren allerdings für die ältere Forschung nicht faßbar, abgesehen allenfalls von Resten der Stadtbefestigung und der unter dem Münster ergrabenen, älteren »konradinischen« Pfarrkirche[4]. Es bedeutete eine gewisse Sensation, daß Leo Schmidt und Peter Schmidt-Thomé 1981 erstmals Reste eines städtischen Wohnhauses aus dem Jahr 1173 vorstellen konnten[5].

Die intensivere Erforschung des mittelalterlichen Wohnbaus in Freiburg begann vor kaum mehr als 10 Jahren: Außer von den eben genannten Wissenschaftlern des Landes-

1 Peter Schmidt-Thomé, Quellenforschung in letzter Minute. Erfahrungen der Stadtkernarchäologie in Zähringerstädten am Beispiel Freiburgs im Breisgau, in: Die Zähringer. Anstoß und Wirkung, hg. von Hans Schadek und Karl Schmid (Veröffentlichungen zur Zähringer-Ausstellung II) Sigmaringen 1986, S. 416–418.

2 Hans Schadek, Vorstädtische Siedlung und ›Gründungsstädte‹ der Zähringer – der Beitrag der Archäologie zur Entstehungsgeschichte von Markt und Stadt, in: Archäologie und Geschichte des ersten Jahrtausends in Südwestdeutschland, hg. von Hans Ulrich Nuber, Karl Schmid, Heiko Steuer und Thomas Zotz (Archäologie und Geschichte 1) Sigmaringen 1990, S. 417–456.

3 Karl Gruber, Bilder zur Entwicklungsgeschichte einer deutschen Stadt. Diss. TH Karlsruhe 1914, München 1914; Ders., Die Gestalt der deutschen Stadt, München 1952, 2. Aufl. 1976, S. 57–61, Abb. 43–61; Ernst Hamm, Entstehung und Entwicklung des Altstadtgrundrisses von Freiburg i. Br. Diss. Ing. Karlsruhe 1920; Ders., Die Städtegründungen der Herzöge von Zähringen in Südwestdeutschland (Veröffentlichungen des Alemannischen Instituts 1) Freiburg 1932; Georg von Below, Die Stadtgründungen im Mittelalter mit besonderem Hinblick auf Freiburg, Freiburg 1922.

4 Wolfgang Erdmann, Die Ergebnisse der Rettungsgrabung 1969 im Münster Unserer Lieben Frau zu Freiburg i. Br., in: Nachrichtenblatt der Denkmalpflege in Baden-Württemberg 13, 1970, S. 1–24.

5 Leo Schmidt und Peter Schmidt-Thomé, Ein Keller aus der Frühzeit der Stadt Freiburg, in: Denkmalpflege in Baden-Württemberg 10, 1981, S. 43–46; Leo Schmidt, Kellerkartierung und Hausforschung in Freiburg i. Br., in: Denkmalpflege in Baden-Württemberg 14, 1985, S. 112–122. – Der Rekonstruktionsversuch der zähringerzeitlichen Steinbebauung Freiburgs, den L. Schmidt aus der Analyse des Kellerplans und der von ihm und J. Diel (vgl. unten Anm. 6) untersuchten Keller erarbeitet hat, bietet auch nach den neueren archäologischen Forschungen einen im ganzen zutreffenden Gesamteindruck – wenn auch im Detail Korrekturen und Ergänzungen nötig sind.

denkmalamts war sie von Josef Diel[6], damals am Stadtplanungsamt, initiiert worden und wird heute besonders auch von Immo Beyer, vom städtischen Hochbauamt, betrieben[7]. In den letzten Jahren ist eine ganze Anzahl zähringerzeitlicher Häuser bekannt geworden, ja man kann sagen, daß eigentlich in allen genauer untersuchten Hauskomplexen der Altstadt Reste des 12. Jahrhunderts zutage getreten sind und manche weitere sicher zukünftig noch faßbar werden (Abb. 1). Dieser Erkenntniszuwachs wurde vor allem dadurch möglich, daß Holzbalken »dendrochronologisch« (durch Analyse der Jahrringe) datiert werden können. Diese Methode liefert im Gegensatz zu allen anderen Datierungsmethoden der Bauarchäologie jahrgenaue Daten[8]. Die Freiburger Holzdatierungen sind von Burghard Lohrum (Ettenheimmünster) und von Bernd Becker (Universität Hohenheim) im Auftrag von Stadtarchiv, Hochbauamt oder Landesdenkmalamt erarbeitet worden.

Die ältesten noch erhaltenen Steinhäuser Freiburgs reichen bis in die Zeit der Marktgründung von 1120 zurück. Der oft gestellten Frage nach der »ältesten« Siedlungsgeschichte, nach den vor-städtischen Strukturen, läßt sich allerdings nur mit Hilfe von archäologischen Befunden nachgehen – die notwendigen großflächigen Untersuchungen bei allfälligen Neubauprojekten im Altstadtbereich waren jedoch bis in jüngste Zeit wegen des dafür erforderlichen, beträchtlichen Personal- und Finanzaufwands nicht möglich.

Seit 1990 konnten (auf dem »Harmonie«-Gelände, zwischen Grünwälderstraße und Gerberau, sowie im Haus Salzstr. 20) umfangreiche, zusammenhängende Befunde aus der Frühzeit der Stadt ergraben und dokumentiert werden, die zusammen mit älteren und

6 Josef DIEL, Die Tiefkeller im Bereich Oberlinden. Zeugnisse der baulichen Entwicklung Freiburgs im 12. und 13. Jahrhundert (Stadt und Geschichte 2) Freiburg 1981.

7 Die zahlreichen Bauuntersuchungen von Immo Beyer entziehen sich zunehmend der wissenschaftlichen Diskussion: Darstellung und Deutung der Befunde werden von Hypothesen überlagert, die ohne Kenntnisnahme allgemeiner historischer und archäologischer Methoden entwickelt wurden und auch die Ergebnisse der aktuellen historischen und archäologischen Forschung in Freiburg nur punktuell, willkürlich und ohne Nachweise rezipieren. Zwei Publikationen enthalten zahlreiche Abbildungen von Bauaufnahmen, die jedoch nicht sachgerecht erläutert und interpretiert werden: Immo BEYER, Kelleruntersuchung »Roter Bären« Oberlinden 12. Stadtplanungsamt Freiburg 1988 (vgl. dazu unten Anm. 22 und 33); DERS., Bauliche Hinweise zur Gründung Freiburgs im Breisgau 1091, in: Nachrichtenblatt des Schweizerischen Burgenvereins Jg. 65, Bd. 17, 1992, S. 57–67 (nach Ende des Vortragszyklus erschienen). Nicht von Abbildungen begleitet war der Katalogbeitrag: Turmhaus (Salzstraße 20) in Freiburg i. Br., in: Die Zähringer II (wie Anm. 1) S. 231–232, Nr. 189. Die dort dargelegten Aussagen sind bauarchäologisch nicht korrekt begründet (und unzutreffend), haben aber im Umkreis der Zähringer-Ausstellung einigen Einfluß auf die historische Forschung zum frühen Freiburg gewonnen. Zu diesem Haus hat Beyer seine Hypothesen unter dem Eindruck der Arbeiten des Landesdenkmalamts 1992 (in: Bauliche Hinweise, wie oben, S. 61–62) neu formuliert, allerdings interpretiert er weiterhin den Baubefund nicht richtig; vgl. unten Anm. 8 und 14.

8 Vgl. zum Stand der Methode: Burghard LOHRUM, Fachwerkbau, in: Stadtluft, Hirsebrei und Bettelmönch. Die Stadt um 1300. Ausst.-Kat., Zürich-Stuttgart 1992–93, Stuttgart 1992, S. 248 ff. – Die Datierung von Häusern aufgrund einzelner Hölzer ist recht problematisch; dies wird gerade bei dem bislang am besten untersuchten Haus Salzstr. 20 deutlich. Es gibt dort vier datierbare, hölzerne Tür- und Fensterstürze, die jeweils ungestört im Mauerwerk sitzen; drei davon gehören aber nach baustratigraphischen Kriterien und nach den (mit mehreren Balken) datierten Deckenbalkenlagen in eine jeweils jüngere Zeit. Vgl. LÖBBECKE, Bauentwicklung (wie Anm. 14) S. 33, 37, Fig. 1, 8. Für die kurzen Sturzbalken ist damit zu rechnen, daß Hölzer aus anderem Zusammenhang, ja sogar Hölzer aus dem jeweils abgebrochenen Vorgängerbau verwendet werden konnten. Wenn es sich nicht um umfangreiche Fachwerk- oder Dachstuhl-Konstruktionen handelt, bildet das dendrochronologisch bestimmte Fällungsjahr einzelner Balken nur einen »terminus post quem« für den jeweiligen Steinbauteil.

Abb. 1 Freiburger Altstadt-Plan vor 1944, eingetragen sind Daten dendrochronologisch datierter Häuser und Holzfunde: vor 1150: Oberlinden 10, 14, Salzstr. 18, 20, Grünwälderstr. 12,16, 18; 1150-1200: Oberlinden 2,10, Herrenstr. 34, 58, Münsterplatz 40, 42, Schusterstr. 29, Salzstr. 20, Kaiser-Joseph-Str. 219, Löwenstr. 4, Turmstr. 6; 1200–1250: Oberlinden 2, 10, Herrenstr. 34, 48, 58, Münsterplatz 42, Schusterstr. 29, Salzstr. 20, 31, Martinstor; 1250-1300: Schwabentor, Oberlinden 2, 6, 10, 12, Herrenstr. 34, 58, Schusterstr. 33, 46, Salzstr. 18, 20, 22, 24, Kaiser-Joseph-Str. 219, Löwenstr. 4; 1300–1450: Oberlinden 14, Münsterplatz 42, Augustinerkirche (Zeichnung Loes Swart, Freiburg).

jüngeren, kleinflächigen Beobachtungen neue Aussagen zur Entstehungs- und Gründungsgeschichte Freiburgs aus archäologischer Sicht erlauben[9].

Die Publikation der Ergebnisse dieser und älterer archäologischer Untersuchungen werden von der Fachwelt und der Öffentlichkeit dringend erwartet: Die Mehrzahl der archäologischen Befunde aus der Frühzeit Freiburgs ist nämlich bis heute noch nicht publiziert worden und damit für die historische Forschung nicht zugänglich. Dies ist aus den Eigenheiten der archäologischen Arbeitsweise heraus unvermeidlich. Die Befunde wurden im Zusammenhang mit Erdarbeiten und Hausumbauten dokumentiert und sind, so eindrucksvoll sie sich gelegentlich präsentieren, nicht unmittelbar aussagekräftig. Die Rekonstruktion der Bauabfolgen und des ursprünglichen Aussehens von Gebäuden bedarf ebenso wie die Begründung einer absoluten Datierung intensiver Nacharbeit und der Mithilfe verschiedener Fachleute – solange aber eine Bauuntersuchung und eine Grabung der anderen folgt (unsere Ausgrabungen laufen seit 1988 ohne Winterpausen das ganze Jahr hindurch), kann ein Bericht über archäologische Befunde nicht mehr sein als ein Werkstattbericht, der den momentanen Stand der Auswertung und Diskussion spiegelt.

Zahlreiche Kollegen und Fachstudenten wirken seit 1988 an der Auswertung mit: Stephan Kaltwasser bearbeitet die Keramikfunde[10], Burghard Lohrum die dendrochronologischen Daten, Ulrich Klein die Münzfunde, Dieter Neubauer die Silices[11], Marion Sillmann die botanischen Reste[12], Andrea Soffner die Glasfunde, Karin Sczech die Befunde zur Abfallentsorgung, Monika Porsche die Stadtmauer[13] und Frank Löbbecke das Haus Salzstr. 20[14]; auch mit Bearbeitung von herausragenden Einzelfunden und Detailfragen haben wir vielfache Unterstützung erfahren[15]. Archäologische Forschung ist schon von

9 Matthias UNTERMANN, Ausgrabungen auf dem »Harmonie«-Gelände in der Freiburger Altstadt, in: Archäologische Ausgrabungen in Baden-Württemberg 1990, Stuttgart 1991, S. 243–246. – Dieser Beitrag ist, ebenso wie das 1990 erschienene Führungsblatt gleichen Titels, durch ergänzende Beobachtungen bei den Ausschachtungsarbeiten 1991 und durch die fortgeschrittene Auswertung der Befunde und des Fundmaterials in einigen Punkten überholt, aber in den Grundlinien gültig geblieben; vgl. jetzt auch Matthias UNTERMANN, Frühe Holzbauten auf dem Grundstück Salzstr. 20, in: Archäologische Ausgrabungen in Baden-Württemberg 1991, Stuttgart 1992, S. 281–283; DERS., Der steinerne Hausbau in Südwestdeutschland, Freiburg im Breisgau, in: Stadtluft (wie Anm. 8) S. 232–239, bes. S. 238.

10 Vorberichte: Stephan KALTWASSER, Auf den Spuren mittelalterlicher Keramikglasur – glasierte Geschirrkeramik des Freiburger Augustinereremitenklosters, in: Archäologische Nachrichten aus Baden 46, 1991, S. 33–43; DERS., Keramik im Breisgau, in: Stadtluft (wie Anm. 8) S. 323–328.

11 Dieter NEUBAUER, Die Silexartefakte der Stadtkerngrabungen Grünwälderstr. 18 und Oberlinden 19 in Freiburg/Brsg., in: Archäologische Nachrichten aus Baden 46, 1991, S. 21–29.

12 Marion SILLMANN, Botanische Großreste aus mittelalterlichen Latrinen und Gruben in Freiburg im Breisgau. Diss. Innsbruck, in Bearbeitung. – Vorbericht: DIES., Nahrungspflanzen aus der Latrine 10 in Freiburg, Gauchstraße, in: Stadtluft (wie Anm. 8) S. 293–295.

13 Monika PORSCHE, Die mittelalterliche Stadtbefestigung von Freiburg im Breisgau (Materialhefte zur Archäologie in Baden-Württemberg 22) Stuttgart 1994.

14 Frank LÖBBECKE, Die mittelalterliche Bauentwicklung des Hauses »Zum roten Basler Stab« (Salzstr. 20) in Freiburg im Breisgau. Magisterarbeit Köln 1992, Ms. – Vorberichte: DERS., Das Haus »zum Roten Basler Stab« (Salzstr. 20) in Freiburg, in: Archäologische Ausgrabungen in Baden-Württemberg 1991, Stuttgart 1992, S. 279–281; UNTERMANN, Steinerner Hausbau (wie Anm. 9) S. 236 und passim – Vgl. demnächst: Frank LÖBBECKE, Das Haus »Zum Roten Basler Stab« in Freiburg i. Br., in: Denkmalpflege in Baden-Württemberg 24, 1995, im Druck.

15 Hierfür sei, außer den bisher genannten, auch Babette Warncke, Stefanie Schmid, Eckhard Czarnowski, Andreas Kathage, Christoph Raub, Rolf-Dieter Blumer, Ilse Fingerlin, Rüdiger Becksmann, Ivo Rauch und Katharina Günther herzlich gedankt.

Beginn an Teamarbeit: Nur durch das Engagement und die unbestechliche Sorgfalt aller Grabungsmitarbeiter, zunächst vor Ort bei fachgerechter Freilegung und Dokumentation von Mauerwerk und Erdschichten, dann bei den Auswertungsarbeiten im Innendienst, werden Ergebnisse erzielt, die kritischer Betrachtung standhalten können.

Die vor-städtischen Siedlungskerne

Welche Beobachtungen hat die Archäologie mit ihren Teildisziplinen zum Problem der vor-städtischen Siedlungen im späteren Stadtgebiet beizutragen?[16] Zu den »topographischen Grundlagen der Freiburger Stadtgründung« kann vorerst nicht sehr viel Neues gesagt werden, einiges mehr dafür zur Frage nach »dem Charakter Freiburgs in der Frühzeit der Stadt«, um die prägnanten Aufsatztitel von Berent Schwineköper und Hagen Keller zu bemühen. Zur Frage nach der Burg auf dem Schloßberg, zu Lage und Gestalt der 1008 genannten Wiehre und zum Dreisamübergang gibt es bis heute keine archäologischen Erkenntnisse. Die ältesten Fundstücke auf den Grabungen im Süden des Stadtgebiets sind römische Keramikscherben, wenig charakteristische Stücke, oft stark verschliffen, also vom Wasser hierhin geschwemmt. Zeitgleiche Mauerreste oder Gruben fehlen völlig – eine römische Ansiedlung muß oberhalb der Altstadt gelegen haben, sei es am Schloßberg oder im Tal dreisamaufwärts. Auch völkerwanderungszeitliche und frühmittelalterliche Siedlungsspuren oder Funde fehlen im bisher durchgesehenen Freiburger Fundmaterial – von einigen verstreuten Scherben abgesehen.

Zur Lage der 1008 genannten Siedlung »Wiehre«[17] gibt es allerdings neue »Negativbefunde«: Weder die Grabung im Commerzbank-Areal am Holzmarkt noch die Untersuchungen auf dem KTS-Gelände am Bahnhof haben Spuren einer frühmittelalterlichen Siedlung erbracht.

Im Bereich der KTS hat sich bestätigt, was schon die 1988 zusammengestellten Festungspläne nahegelegt haben[18]: Die Peterskirche in der Lehener Vorstadt, die zur Wiehre gehörte, lag nicht nahe am Bahnhof, wie es vor allem Werner Noack vermutet hatte[19].

16 Der Forschungsstand wird ausführlich dargeboten von: Hagen Keller, Über den Charakter Freiburgs in der Frühzeit der Stadt, in: Festschrift für Berent Schwineköper zu seinem 70. Geburtstag, hg. von Helmut Maurer und Hans Patze, Sigmaringen 1982, S. 249–282; ergänzende Bemerkungen dazu: Ders., Die Zähringer und die Entwicklung Freiburgs zur Stadt, in: Die Zähringer. Eine Tradition und ihre Erforschung, hg. von Karl Schmid (Veröffentlichungen zur Zähringer-Ausstellung I) Sigmaringen 1986, S. 17–29. – Die wichtigsten älteren Studien, die gegenüber der frühen Forschung von einer vor-städtischen Besiedlung des Freiburger Altstadtgebiets ausgehen: Bernhard Schelb, Zwei Siedlungen des Frühmittelalters auf dem Boden der Stadt Freiburg, in: Schau-ins-Land 68, 1949, S. 3–22; Wolfgang Stülpnagel, Der Boden Freiburgs vor und nach Gründung der Stadt, in: Schau-ins-Land 86, 1965, S. 70–86; Berent Schwineköper, Topographische Grundlagen zur Freiburger Stadtgründung, in: Freiburg im Mittelalter, hg. von Wolfgang Müller (Veröffentlichung des Alemannischen Instituts 29) Bühl 1970, S. 7–23; Wolfgang Stülpnagel, Über neuere Arbeiten zu Fragen der Freiburger Stadtgründung, in: Schau-ins-Land 88, 1970, S. 5–22.

17 Keller, Charakter (wie Anm. 16) S. 263–264.

18 Stadt und Festung Freiburg Bd. 2, hg. von Josef Diel u. a. (Veröffentlichungen aus dem Archiv der Stadt Freiburg 22) Freiburg 1988, bes. Plan Nr. 59.

19 Werner Noack, Fragen des Kunsthistorikers an den Historiker im Zusammenhang mit der Vorgeschichte der Freiburger Stadtgründung, in: Schau-ins-Land 73, 1955, S. 3–17, hier S. 11–12; Ders., Das kirchliche Freiburg in der Vergangenheit, in: Schau-ins-Land 77, 1959, S. 18–25, hier S. 9. – Ebenso dann Berent Schwineköper, Historischer Plan der Stadt Freiburg im Breisgau (vor 1850) (Veröffentlichungen aus dem Archiv der Stadt Freiburg im Breisgau 14) Freiburg 1975, hier Nr. 74; Keller, Charakter (wie Anm. 16) S. 263–264; Keller, Zähringer (wie Anm. 16) S. 20. – Vgl. zum Stand der historischen Diskussion auch

Suchgrabungen vor Baubeginn und eine Georadar-Prospektion[20] haben gezeigt, daß es im gesamten Areal der KTS weder einen Kirchenbau, noch einen zugehörigen Friedhof, noch Überreste einer mittelalterlichen Siedlung gegeben hat, und auch keine Reste der Stadtmauer der Lehener Vorstadt. Diese Mauer muß, wie es die Festungspläne nahelegen, weiter stadteinwärts verlaufen sein, etwa auf Höhe der heutigen Moltkestraße; dort, nahe am Stadttheater muß auch die Peterskirche liegen.

Zum zweiten möglichen frühen Siedlungskern, der Burg auf dem Schloßberg, gibt es ebenfalls noch keine archäologischen Befunde[21], ebensowenig zu Grafenhof und Grafenmühle in der Oberau[22].

Der nahegelegene Dreisamübergang und die Straßengabelung an Oberlinden, topographisch bemerkenswerte Punkte, wurden oft als vor-städtische Elemente angesprochen[23]; gerade diese Straßengabelung fällt im sonst regelmäßigen Straßensystem als möglicherweise älteres Element auf. Hier könnte sich eine frühe, der Burg zugeordnete Siedlung befunden haben, nach Hagen Keller vielleicht eben jener *burgus*, dessen Bewohner als *burgenses* in der Marktrechtsurkunde von 1120 auftreten[24].

Die Grabungen des Landesdenkmalamts auf dem Grundstück Oberlinden 19 haben jedoch einen klaren Negativbefund erbracht. Die intensive Nutzung dieser Parzelle beginnt erst im zweiten Drittel des 12. Jahrhunderts mit dem Bau eines unterkellerten Hauses an Oberlinden, zu dem bald ein ebenfalls unterkellertes, hölzernes Hinterhaus hinzutritt. Geringe ältere Nutzungsspuren reichen, der gefundenen Keramik zufolge, nicht in die älteste, im »Harmonie«-Areal faßbare Bauzeit der Stadt zurück.

Stülpnagel, Neuere Arbeiten (wie Anm. 16) S. 17–18 und Jürgen Treffeisen, Urkunde zur St. Peterskirche, in: Die Zähringer II (wie Anm. 1) S. 229 Nr. 184.

20 Arne Maier, Bericht über die geophysikalische Untersuchung der Fläche zwischen Sedanstraße und Bertholdstraße in der Stadt Freiburg (KTS), Karlsruhe 1991, Ms. verf.; Andreas Kathage, Bericht zur Georadar-Untersuchung des KTS-Geländes, Karlsruhe 1991, Ms. verf. – Zur Methode vgl. Peter Schmidt-Thomé und Andreas Kathage, Geophysikalische Prospektion in der Niederungsburg von Vörstetten, Kreis Emmendingen, in: Archäologische Ausgrabungen in Baden-Württemberg 1991, Stuttgart 1992, S. 235–239, mit Lit.

21 Zur Burg jetzt zusammenfassend Zettler, in diesem Band S. 151 ff.

22 Zu Grafenmühle und Grafenhof: Schwineköper, Topographische Grundlagen (wie Anm. 16) S. 15 ff.; Stülpnagel, Neuere Arbeiten (wie Anm. 16) S. 14–17; erneut Berent Schwineköper, Zu Fragen der Freiburger Stadtgründung, in: Schau-ins-Land 91, 1973, S. 31–41, hier S. 35–39; vgl. jetzt auch Hans Schadek in in diesem Band S. 260 ff. – Der neue Vorschlag von Beyer, den Grafenhof im Haus Oberlinden 10–12 zu lokalisieren und in das 11. Jahrhundert zu datieren [Bauliche Hinweise (wie Anm. 7) S. 60 und Artikel von Wulf Rüskamp in der Badischen Zeitung vom 20. August 1991], widerspricht nicht nur den schriftlichen Quellen, sondern ist auch mit dem Baubefund des Hauses nicht zu vereinen. Vgl. die frühere Darstellung Beyers, in: Roter Bären (wie Anm. 7) S. 8–12, Abb. S. 30–54; im Text (und besonders auch in der Grundrißzeichnung S. 47) werden auch dort Befunde und hypothetische Rekonstruktion nicht getrennt. Die angeblich »in den Feudalbereich« weisende Bogenarchitektur im heutigen Keller (Bauliche Hinweise, 1992, S. 61) gehört zu einem deutlich in den anstehenden Kies eingetieften Laufniveau (das Niveau des anstehenden Bodens ist eingetragen in: Roter Bären (wie Anm. 7) Abb. S. 50–51). Es handelt sich also bei der Bogenstellung um die Innenteilung eines Kellerraums, der wohl aus der zweiten Hälfte des 12. Jahrhunderts stammt. Beim Bau dieses Kellers wurde das Fundament des südwestlich angrenzenden, älteren Steinhauses (Oberlinden 10) freigelegt und verputzt.

23 Schwineköper, Topographische Grundlagen (wie Anm. 16) S. 18–19; Stülpnagel, Neuere Arbeiten (wie Anm. 16) S. 18–19; Keller, Charakter (wie Anm. 16) S. 268–269.

24 Keller, Charakter (wie Anm. 16) S. 269–273; Ders., Zähringer (wie Anm. 16) S. 21. – Zum frühen Freiburg als *burgus* vgl. bereits Franz Beyerle, Zur Typenfrage der Stadtverfassung, in: Zeitschrift der Savigny-Stiftung für Rechtsgeschichte, Germanistische Abteilung 50, 1930, S. 1–114, hier S. 50 ff.

Auf der Südseite von Oberlinden, im Bereich des Gasthofs Bären, konnten von Immo Beyer Steinbauten aus der Frühzeit der Stadt dokumentiert werden[25], entsprechende Baureste fehlen jedoch im Norden dieser Straße. Eine locker gruppierte Siedlung rund um die Straßengabelung an der oberen Linde gab es somit nicht – der Negativbefund von Oberlinden 19 spricht dagegen, daß hier ein besonders früher Siedlungskern im Sinne eines Burgweilers zu suchen ist.

Ein dritter früher Siedlungskern ist bei der Kirche St. Martin, der späteren Franziskanerkirche, am Rathausplatz gesucht worden[26]. In der Kirche war die Bodenabsenkung für den Heizungseinbau 1974 leider ohne Beteiligung der Archäologie begonnen worden, so daß hier nur noch begrenzte Untersuchungen möglich waren[27]. Gefunden wurden Reste der älteren Martinskirche – jener Kapelle, die Graf Konrad 1246 den Franziskanern übertrug und die damals schon mehr als 40 Jahre vom Dekan Hermann von Nußbach betreut worden war[28]. Die gefundenen Mauerreste lassen sich nur schwer genauer datieren; das einzige Stück an Architekturplastik, eine Säulenbasis, spricht für eine Entstehung im 12. Jahrhundert, also wohl schon nach der Stadtgründung. Reste der hier vermuteten, frühmittelalterlichen Eigenkirche und eines zugehörigen Hofes waren nicht zu identifizieren, können aber wegen der tiefgreifenden Zerstörung durch die Baustelle nicht völlig ausgeschlossen werden. Die archäologische Fundsituation spricht aber gegen die Annahme einer vor-städtischen Hofanlage: Ein landwirtschaftlich genutzter Herrenhof hätte sich nämlich durch reiche Keramikfunde abzeichnen müssen, wie sie für landwirtschaftlich geprägte Siedlungen charakteristisch sind. Im Bereich der Kirche wäre die Erde zwar immer wieder umgelagert, aber nie vollständig abtransportiert worden. Auch auf dem knapp 100 Meter entfernten Gelände an der Gauchstraße, das 1988/89 planmäßig ergraben wurde[29], sind keine so frühen Befunde und keine frühmittelalterlichen Fundstücke zutage gekommen. Die Nutzung begann dort erst im Laufe des 12. Jahrhunderts.

25 BEYER, Roter Bären (wie Anm. 7) S. 8–12.

26 Ausführlich: KELLER, Charakter (wie Anm. 16) S. 265–268. – Vgl. SCHELB (wie Anm. 16) S. 7 ff.; STÜLPNAGEL, Boden (wie Anm. 16) S. 81–82; KELLER, Zähringer (wie Anm. 16) S. 20; Dieter Michael HENSLE, St. Martin zu Freiburg, eine frühmittelalterliche Eigenkirche und eine alte Pfarrkirche, in: St. Martin in Freiburg i. Br. Geschichte des Klosters, der Kirche und der Pfarrei, München – Zürich 1985, S. 10–25. – Wesentliches Argument für die frühmittelalterliche Datierung der Martinskirche war (neben dem »fränkischen« Patrozinium) die Überzeugung, daß nach der Marktgründung 1120 nicht zwei Kirchen gleichzeitig gebaut worden wären. Vgl. aber dazu die Situationen in Waldkirch und Endingen: Heinrich ROTH, St. Peter und St. Martin bei Waldkirch. (Veröffentlichung des Alemannischen Instituts 12) Waldkirch 1953 – Von seiten der Historiker hat sich Heinrich BÜTTNER gegen die weitausgreifenden Hypothesengebäude zur frühmittelalterlichen Entstehung von Martins- und Peterskirche gewandt und ihre Entstehung nach 1120 für unproblematisch gehalten: Die Zähringer im Breisgau und Schwarzwald während des 11. und 12. Jahrhunderts, in: Schau-ins-Land 76, 1958, S. 9–10, Anm. 49.

27 Peter SCHMIDT-THOMÉ, Zur mittelalterlichen Baugeschichte der ehemaligen Franziskanerklosterkirche St. Martin in Freiburg, in: St. Martin in Freiburg i. Br. Geschichte des Klosters, der Kirche und der Pfarrei, München – Zürich 1985, S. 125–137.

28 Freiburger Urkundenbuch, bearb. von Friedrich HEFELE, Bd. 1, Freiburg 1940, S. 78–80 Nr. 91 (1246), S. 81 Nr. 93 (1246). Die Funktion der Martinskirche vor 1246 ist ungeklärt, der angenommene Ursprung als Hofkapelle nicht belegbar; sie diente mehrfach als Gerichtsort vgl. Freiburger Urkundenbuch 1, S. 66–67 Nr. 81 (1245), S. 69–70 Nr. 83 (1245). Es ist vielleicht kein Zufall, daß Graf Konrad von Freiburg gleich nach der Schenkung seiner Martinskirche an die Franziskaner den (von der Stadt gewählten ?) Pleban Rudolf absetzen und seinen Bruder Gebhard (zugleich päpstlicher Kaplan und Kanoniker in Straßburg) an der *matrix ecclesia* einsetzen ließ. Vgl. hierzu die Briefe von Papst Innozenz IV.: Freiburger Urkundenbuch 1, S. 86 Nr. 99 (8. April 1247), S. 87–88 Nr. 101 (5. Juni 1247).

29 Matthias UNTERMANN, Stephan KALTWASSER, Archäologische Untersuchungen in der Altstadt von Freiburg i. Br., in: Archäologische Ausgrabungen in Baden-Württemberg 1989, Stuttgart 1990, S. 299–303.

Für alle drei Siedlungskerne, die in der bisherigen Forschung für die vor-städtische Zeit diskutiert wurden, fehlen also positive archäologische Nachweise – ganz im Gegenteil, soweit sorgfältige archäologische Untersuchungen stattfanden, haben sie für die Frühzeit Freiburgs ungestörten Boden angetroffen.

In großen Teilen des Stadtgebiets entlang der Dreisam fehlen immerhin aber noch jegliche archäologische Beobachtungen – dies gilt vornehmlich für die Oberau und für den Bereich südlich der Dreisam in der heutigen Wiehre. Bei der Frage nach den vor-städtischen Siedlungen wird man in Zukunft das Augenmerk auch dorthin richten müssen.

Der Siedlungsbeginn im Altstadtbereich: Grabungsbefunde auf dem Areal des »Harmonie«-Kinos

Wichtige Befunde zur frühen Stadtgeschichte sind 1990 auf dem Gelände des ehemaligen »Harmonie«-Kinos an der Grünwälderstraße ergraben worden (Abb. 2), das drei mittelalterliche Parzellen umfaßt. Hier standen auf den Grundstücken Grünwälderstr. 16 und 18 zwei barocke Häuser, 1717 und 1725 erbaut[30]; das Doppelhaus 18 wurde 1841 von der bürgerlichen Lesegesellschaft »Harmonie« erworben und nach 1845 stark erweitert. Die Hofbereiche beider Grundstücke waren noch nicht modern unterkellert; alle dort ergrabenen Baureste sind inzwischen, wie die Barockhäuser selbst, dem Neubau eines Kinocenters zum Opfer gefallen. Nur die Stadtmauer, die das Gelände nach Süden begrenzt, die barocken Keller und die Straßenfassade blieben erhalten.

Den monumentalsten Befund im »Harmonie«-Gelände bildete die hochmittelalterliche Stadtmauer (Abb. 3), die beim barocken Festungsbau nur hier zwischen Altstadt und Schneckenvorstadt nicht abgebrochen wurde und noch heute den Geländesprung oberhalb der Gerberau markiert. Die Mauer ist von der ursprünglichen Geländeoberfläche aus gebaut worden, die 2,75 m unter der heutigen liegt. Mit ihrer absolut horizontal nivellierten Fundamentoberkante und dem gleichmäßigen Mauerwerk aus großen Paragneis-Bruchsteinen zeigt sie deutlich die Hand einer qualifizierten Werkstatt und unterscheidet sich von allen bislang bekannten privaten Steinbauten im Stadtgebiet. Auffallenderweise ist das Mauerwerk innen wie außen nicht ausgefugt worden, wie dies sonst ganz üblich ist. Außen ist die für Freiburg charakteristische, schräge Mauerschürze[31] dagegen gesetzt worden (Abb. 4), die bis zur Sohle des vorgelagerten Grabens hinabreicht. Innen hat man Kies und Erde angeschüttet: Diese Aufschüttung war im »Harmonie«-Bereich noch bis zu 1,5 m hoch erhalten; die höheren Teile sind zusammen mit der Stadtmauerkrone beim Neubau des Festsaals der Lesegesellschaft 1845 abgetragen worden. Zum Stadtgebiet hin wurde die bis zu sechs Meter breite Erdanschüttung von einer dünnen Stützmauer begrenzt, gegen die später Scheunen und Ställe gebaut wurden.

Dieser aufgeschüttete, vermutlich um die ganze Stadt umlaufende ›Rondenweg‹ übernahm wohl die Funktion eines Wehrgangs. Die Freiburger Mauer entsprach damit in man-

30 Dendrochronologische Datierung durch B. Lohrum.

31 Peter Schmidt-Thomé, Die Stadtbefestigung von Freiburg im Breisgau zum Ende der Zähringerzeit. Neue archäologische Befunde, in: Château Gaillard 14, Najac 1988, Caen 1990, S. 375–392; Hans Schadek, Peter Schmidt-Thomé, Die Stadtbefestigung von Freiburg im Breisgau. Archivalische und archäologische Quellen, in: Die Zähringer. Schweizer Vorträge und neue Forschungen, hg. von Karl Schmid (Veröffentlichungen zur Zähringer-Ausstellung III) Sigmaringen 1990, S. 351–373. – Ausführliche Vorlage und Diskussion der Befunde jetzt bei Porsche (wie Anm. 13) S. 51–80.

Abb. 2 Grünwälderstr. 16/18 (»Harmonie«); Blick über die Grabung 1990: vorne der Steinkeller eines Holzhauses (1. Viertel 12. Jahrhundert), das für den Bau des Stadtmauer-Rondenwegs abgebrochen wurde (Foto Landesdenkmalamt Baden-Württemberg).

chen Elementen der im 13. Jahrhundert entsprechend ausgebauten Basler Stadtmauer[32]. Einen aufgeschütteten Rondenweg hatte vermutlich auch die Stadtmauer von Staufen im Breisgau. In Freiburg scheint diese mehrgliedrige Gestalt der Stadtmauer mit senkrechter, flach fundamentierter Hauptmauer, Schürzenmauer, Aufschüttung und Stützmauer einer einheitlichen Konzeption zu entstammen, die freilich, wie bei einem Bauprojekt dieser

32 Zusammenfassend: Rolf d'Aujourd'hui, Die Entwicklung Basels vom keltischen Oppidum zur hochmittelalterlichen Stadt, Überblick Forschungsstand 1989, Basel 2. Aufl. 1990, S. 21–22. – Vgl. dazu besonders Dens., Christian Bing, Hochmittelalterliche Stadtbefestigung und Entwicklung der Bebauung zwischen Leonhardsgraben und Spalenvorstadt/Heuberg, in: Basler Zeitschrift für Geschichte und Altertumskunde 88, 1988, S. 261–300; Christoph Ph. Matt, Die mittelalterlichen Stadtbefestigungen am Petersgraben und die Quartiere hinter der Stadtmauer, in: Jahresbericht der Archäologischen Bodenforschung des Kantons Basel-Stadt 1988, Basel 1990, S. 60–97.

Abb. 3 Grünwälderstr. 16/18 (»Harmonie«), Stadtmauer; sie zieht mit einem breiten Wackenfundamen quer durch den verfüllten Kellerraum eines älteren Holzhauses (Foto Landesdenkmalamt Baden-Württemberg).

Größe nicht anders denkbar, in mehreren Abschnitten errichtet wurde – zunächst die Hauptmauer, dann, als diese geschlossen war, Rondenweg und Mauerschürze[33].

Ganz überraschend war nun, daß die Stadtmauer quer durch zwei ältere Häuser hindurchläuft, die für den Mauerbau abgebrochen werden mußten. Es handelt sich um ein teilunterkellertes Holzhaus im Osten und um einen Steinkeller in der Mitte der Gra-

33 Beyer hat hierin zwei deutlich getrennte Bauabschnitte gesehen: Roter Bären (wie Anm. 7) S. 4–5 mit Abb. S. 27–28. Er versucht, dies u. a. damit zu belegen, daß das gestufte Quaderfundament des Martinstores (Abb. S. 29) »nachträglich bewegt und mit Kieselsteinen verstemmt worden [ist], um eine neue, leicht aufgefächerte Flucht gegenüber der des Tores aufzunehmen. Dies wird nun mit dem Bau der Mauerschürze verständlich«. Ein solcher Eingriff in das Fundament eines Turms ist bautechnisch unmöglich. Beyers Argumentation zum angebl. romanischen Schwabentor ist bereits von H. Schadek in: Schadek, Schmidt-Thomé, Stadtbefestigung (wie Anm. 31) S. 362–363 zurückgewiesen worden. – Der senkrechte Teil der Freiburger Mauer ist, im Gegensatz zur sonst vergleichbaren Basler Stadtmauer und zur schrägen Mauerschürze, nicht ausgefugt und verputzt, also nicht als Ansichtsfläche gedacht: Porsche (wie Anm. 13) S. 60 und Abb. 23.

Abb. 4 Isometrische Veranschaulichung der Siedlungsentwicklung im Bereich Grünwälderstr. 16/18 - Gerberau: oben um 1120/30, unten um 1200 (Zeichnung Loes Swart, Freiburg).

bungsfläche. Das Holzhaus stand auf einem Schwellenkranz: Die unteren Balken der Wände waren meist einfach auf dem Erdboden verlegt, nur teilweise mit einer Steinlage unterfüttert. Nach dem Abbruch der Wände blieben die scharfen Kanten des ehemaligen, aus Lehm gestampften Erdgeschoßfußbodens erhalten, in dem sich eine Feuerstelle abzeichnete. In einer Ecke dieses Hauses befand sich ein 1,80 m tiefer Keller, der ebenfalls einen Lehmfußboden hatte und mit einer Flechtwerkwand ausgekleidet war. Von dieser Auskleidung haben sich eine Steckenspur und das Wandgräbchen erhalten. Die Stadtmauer ist im Bereich dieses verfüllten Kellers besonders tief fundamentiert worden (Abb. 3).

Ein zweites, beim Bau der Stadtmauer abgebrochenes Haus stand weiter westlich (Abb. 2). Sein Keller war mit Mauern ausgekleidet, die in sehr charakteristischer Form aus relativ kleinen Flußkieseln, sogenannten Wacken, gesetzt war, in wechselnd nach rechts und links geneigten Lagen, im »Fischgrätverband«. In jeder Wand war eine rechteckige Nische eingelassen, die von Holzbrettern ausgesteift wurde; da diese Bretter vergangen sind, ist das Mauerwerk darüber jeweils etwas eingefallen. Der Eingang befand sich in einer Ecke, hier war die Türöffnung mit ihrem Quadergewände noch teilweise erhalten, ihr oberer Teil ist bei einem Kellerbau des 17. Jahrhunderts zerstört worden. Außen führte die Kellertreppe mit ihren grob behauenen Buntsandsteinstufen kellerparallel nach oben. Die Mauern des Kellers sind nur 0,30 m dick. Sie können also oberhalb des Erdbodens kein Steinhaus getragen haben; auch dieses Gebäude war also im Aufgehenden aus Holz erbaut.

Zu dieser älteren Siedlungsperiode, die noch nicht mit dem Stadtmauerbau rechnete, gehören weitere Befunde: Im Osten stand unmittelbar an der heutigen Grünwälderstraße ein Holzhaus; westlich von ihm sind alle Befunde bereits den barocken Kellern zum Opfer gefallen. Auf dem Nachbargrundstück hat sich jedoch der Fußboden eines zweiten, ziemlich großen Holzhauses erhalten, das vermutlich hofseitig an ein straßenseitiges Haus angebaut war. Seine Wände müssen genau in der Flucht des hier später erbauten, gleich großen Steinhauses gelegen haben.

Weiter zugehörig zur ersten Nutzungsperiode des Geländes waren eine Vielzahl von Gruben, die vermutlich der Entnahme von Lehm zur Auskleidung von Öfen dienten. Außerdem gab es eine zweiteilige Grube mit deutlichen Brandspuren, die vermutlich als Schmelzofen zu deuten ist. Der Erdboden war großflächig mit Holzkohle bedeckt. Die Holzkohle zeugt nicht von einem Gebäudebrand: Sie stammt nämlich überwiegend von Buchenholzscheiten sowie von Ästchen verschiedener Hölzer. Für den Hausbau hat man in Freiburg fast nur Tannenstämme verwendet, gelegentlich auch Eiche; Buchenholz ist zum Bauen ganz ungeeignet, wohl aber als Holzkohle für alle Schmelzprozesse mit hoher Temperatur.

Als Funde wurden zahlreiche Fragmente von Schmelztiegeln geborgen (Abb. 5), an denen zum Teil noch Spuren des darin geschmolzenen Metalls hafteten. Die Analyse der Metallreste an den Tiegelscherben hat gezeigt, daß auf diesem Gelände Silber verarbeitet worden ist[34]. Die dabei entstehenden Metalldämpfe haben sich – als Umweltverschmutzung – im Erdreich niedergeschlagen: Die Erdproben zeigen hohe Gehalte von Blei, dazu

34 Die Analyse der Metallspuren an Tiegelscherben und im Erdreich verdanken wir Herrn Prof. Dr. Christian Raub vom Institut für Edelmetallchemie, Schwäbisch Gmünd. Für zahlreiche Hinweise und Hilfen danken wir Herrn Rolf-Dieter Blumer, Restaurator beim Landesdenkmalamt. – Vgl. vorläufig Christoph RAUB, Stephan KALTWASSER und Matthias UNTERMANN, Naturwissenschaftliche und archäologische Befunde zur frühen Silberproduktion in Freiburg, in: Matthias UNTERMANN, Das »Harmonie«-Gelände in Freiburg im Breisgau (Forschungen und Berichte der Archäologie des Mittelalters in Baden-Württemberg 18) Stuttgart 1995 (im Druck).

Abb. 5 Schmelztiegel, 1. Drittel 12. Jahrhundert, aus dem »Harmonie«-Areal (Foto Archäologisches Landesmuseum, Außenstelle Konstanz).

von Kupfer, Silber und Begleitmetallen, die für die Silbererze des Schwarzwalds charakteristisch sind. Auf dem Gelände der »Harmonie« fand also nicht nur eine Weiterverarbeitung von Silber statt, sondern vielleicht der eigentliche Metallgewinnungsprozeß aus den im Schwarzwald abgebauten Erzmineralien – das Blei bindet beim »Abtreiben« von reinem Silber die störenden Beimengungen und läßt sich wegen seines anderen Schmelzpunkts leicht abscheiden.

Metallreste kamen nur wenige zutage, vor allem Gußtropfen aus Kupfer und Silber und einige kleine Blechstreifen aus Kupfer. Dies braucht nicht zu überraschen – auf Reststücke der kostbaren Metalle hat man besonders achtgegeben.

Nach dem Bau der Stadtmauer wurde die Silberverarbeitung auf dem »Harmonie«-Gelände nicht aufgegeben. Sie beschränkte sich nun allerdings auf das östliche Grundstück. Hier wurde einige Zeit nach dem Stadtmauerbau das straßenseitige Haus durch einen Steinbau gleicher Größe ersetzt, von dem die Erdgeschoßmauern mit ihrem pietrarasa-Ritzputz noch gut erhalten waren. Bei der für das 12. Jahrhundert typischen pietrarasa-Technik bleiben die Steinköpfe zwischen den breit ausgestrichenen Fugen sichtbar, in die Fugen werden mit der Kellenspitze waagerechte, meist auch senkrechte Linien geritzt, die ein dekoratives Quadernetz zeichnen. Im Hof dieses Gebäudes hat man weitere Gruben zur Lehmgewinnung gegraben, hier haben sich auch weitere Holzkohlenschichten mit Tiegelfragmenten abgelagert.

Auf dem mittleren Grundstück ist schon etwas früher ein aufwendiges Steinhaus an der Straße erbaut worden, dessen Ostmauer mit der Südostecke in Resten erhalten blieb. Außen war das Mauerwerk aus Bruchstein gebaut, die Ecke sogar aus großen, sorgfältig geflächten Buntsandsteinquadern. Zum Hof hin ließ man das ältere Holzgebäude zunächst stehen, es erhielt aber einen neuen Fußboden, der nun nicht mehr von Holzkohle verschmutzt wurde. Bei einem späteren Umbau ist dann auch dieser Holzanbau durch ein Steinhaus gleicher Größe ersetzt worden.

Die Datierung der frühen Siedlung: 1091–1120?

Die Frage nach der genauen Datierung dieser frühen Freiburger Siedlungsperioden stellt sich den Archäologen gerade im Zusammenhang mit dem Thema »Freiburg 1091«. Der bisherige archäologische Forschungsstand erlaubt nämlich nicht, wenn man ihn kritisch betrachtet, die aufgefundenen Mauern und Keramikscherben so genau zu bestimmen – ohne neue Forschungsarbeit kann man die ergrabene Siedlung nur pauschal ins 12. Jahrhundert datieren. In Freiburg spitzt sich aber die Frage unvermeidbar auf das Verhältnis der ergrabenen frühen Siedlung zu den beiden meistdiskutierten Daten zu: vor oder nach 1120? – bzw. vor oder nach 1091?

Unangreifbare Kriterien für eine »absolute« Datierung[35] der Befunde wurden bei dieser Grabung nicht faßbar. Trotzdem gibt es natürlich verschiedene, allerdings unterschiedlich sichere Hinweise und Überlegungen zur zeitlichen Einordnung der ergrabenen Siedlungsphasen im Südteil der Altstadt.

Archäologische Befunde, auf denen ja nur ganz ausnahmsweise einmal eine Jahreszahl angeschrieben steht, können (und müssen) auf mehreren Argumentationsebenen zeitlich eingeordnet werden – wenn zunächst einmal die relative Abfolge der Bauten und Schichten geklärt und damit Siedlungsperioden definiert sind[36]. Ein erstes Kriterium ist die Zeit-

35 In der Archäologie werden »relative« (»älter«/«jünger«) und »absolute« Datierung, d. h. Angabe von Jahreszahlen, unterschieden. Die relative Datierung ist eindeutig, klare Grabungsbefunde und sorgfältige Dokumentation vorausgesetzt – »relativ« meint nicht »ungefähr«, sondern bestimmt die Relationen »älter/jünger/gleichzeitig«. Absolute Datierungen schaffen die Verbindung zur historischen Zeitrechnung.

36 Jürg TAUBER hat kürzlich den hervorragenden Wert der »stratigraphischen Methode« in Zweifel gezogen – bis hin zu deren wichtigem Grundsatz, »daß die untere Schicht älter ist als die obere«. Er fordert, »die Stratigraphie von Fall zu Fall mit Hilfe anderer Kriterien – etwa der Keramiktypologie – abzusichern«, vgl.: Aspekte zu Möglichkeiten und Grenzen einer Archäologie des Mittelalters, in: Methoden und Perspektiven der Archäologie des Mittelalters. Tagungsberichte zum interdisziplinären Kolloquium vom 27.–30. September 1989 in Liestal (Schweiz) (Archäologie und Museum 20) Liestal 1991, S. 7–30, hier S. 9. – Es wäre wichtiger gewesen, Historiker und Naturwissenschaftler, die mit archäologischen Ergebnissen konfrontiert werden, darauf hinzuweisen, daß Stratigraphie (= Abfolge von Schichten, Gruben und Mauern) ein der Geologie entlehntes Ordnungsschema ist, das den Objekten archäologischer Forschung nicht ganz gerecht wird. Aussagen zur Stratigraphie sind oft nicht evident, sie werden während des Grabungsvorgangs aufgestellt und müssen bei der folgenden Auswertung überprüft werden. Die Erarbeitung einer Stratigraphie setzt gerade bei den vielteiligen Befunden einer Stadtgrabung während allen Arbeitsgängen theoretisch begründete Entscheidungen voraus: Die Deutung des sichtbaren und dokumentierten archäologischen Befundes gewinnt deshalb nur durch laufende Diskussionen während und nach der Grabung ihre Gültigkeit. Dies gibt aber keinen Anlaß, den Wert der stratigraphischen Methode grundsätzlich in Frage zu stellen: Gerade für Untersuchungen von Häusern und Arealen im Stadtgebiet gibt es keine andere Möglichkeit, die Abfolge von Bau- und Siedlungsphasen wissenschaftlich diskussionsfähig zu erarbeiten. Allerdings werden in Grabungsberichten die Leser allzuoft mit methodisch fragwürdigen Beweisgängen konfrontiert – von den Fehlerquellen seien deshalb zwei genannt: (1) Der untere, tiefer liegende Befund in einer Profilzeichnung (= senkrechter Schnitt durch die Schichtenfolge) kann jünger sein als der darüberliegende; es gibt z. B. konkav ausgebrochene Gruben, die andere Schichten unterhöhlen, und nachträgliche Unterfangungen von älteren Mauern. (2) Die in einer Schicht enthaltenen Funde können selbstverständlich älter (und zwar viel älter) sein, als die Ablagerung der Erde an der ergrabenen Stelle: Die Funde datieren also nicht notwendig die umgebende Erdschicht. Dieser alltäglichen Beobachtung, daß ältere Objekte beim Umlagern von Erdreich mitgeschleppt werden, ist seltsamerweise in der deutschsprachigen mittelarchäologischen Forschung keine systematische Beachtung geschenkt worden, ebensowenig dem (statistisch gesehen unvermeidlichen) Eindringen jüngerer Gegenstände in ältere Fundkomplexe, z. B. durch Tiergänge oder bei den Grabungsarbeiten. Es gibt nicht einmal eingeführte Fachbegriffe für die in England gebräuchlichen Termini »residual« bzw. »intrusive finds«. Vgl. als kurze, kritische Einführung in diese Fragen: Philip BARKER, Techniques of Archaeological Excavation, 2. Aufl. London 1982, vgl. S. 181 ff., S. 196 ff., S. 216 ff.

Abb. 6 Münzen des 12. Jahrhunderts, aus den Grundstücken Grünwälderstr. 16/18, Salzstr. 20, Gerberau 46 (Foto Württembergisches Landesmuseum Stuttgart, Münzkabinett).

stellung der in den Erdschichten enthaltenen Gegenstände: Viele von diesen sind allerdings heute noch gar nicht oder nur in große Perioden datierbar, Werkzeuge und Kleinteile aus Eisen zum Beispiel, aber auch Dachziegel und Backsteine.

Besser steht es in der Regel mit Münzen. Die Freiburger Grabungen haben bislang in den frühen Erdschichten fünf Münzen erbracht (Abb. 6). Diese Münzen entstammen alle der Münzstätte der Zähringer, die zunächst in Breisach, später dann in Freiburg arbeitete. Leider sind alle fünf Münzen durch sich selbst nicht genauer bestimmbar: Sie zeigen ein anonymes Münzbild, keine Inschriften, die sie einem der Zähringerherzöge zuweisbar machen. Insgesamt sind diese frühen Zähringermünzen recht selten und können nur durch ihr Vorkommen in besser datierbaren, durch andere Münzsorten bestimmten Münzschätzen allgemein in das 12. Jahrhundert datiert werden. Für unsere Fragestellung bedeuten sie somit gar keine Hilfe, so interessant es sein wird, ihr Material mit den Metallproben aus der Grabung zu vergleichen.

Als recht gut datierbar gilt die Gefäßkeramik. Die frühen Gruben und Schichten auf dem »Harmonie«-Gelände haben in der Tat eine nicht ganz geringe Zahl von Scherben erbracht, die charakteristische Formen aufweisen (Abb. 7). Leider steht die Erforschung und Datierung der oberrheinischen Keramik, gerade des 11. und 12. Jahrhunderts, noch ganz in den Anfängen. Erst im 13. Jahrhundert kann man bestimmte Gefäßformen mit sicheren, historisch belegten Daten verbinden. Die ältesten, in größerer Menge auftretenden Formen der Keramik der »Harmonie« werden zum Beispiel in der Nordwestschweiz, wo die Entwicklung der Gefäßformen in vielem parallel verlaufen ist, in das spätere 11. und das frühe 12. Jahrhundert datiert[37].

37 Vgl. zum Problem der Keramikdatierung: TAUBER (wie Anm. 36) S. 15–20. – Wichtige neuere Keramikpublikationen, deren absolute Datierung aber jeweils für das späte 11. und 12. Jahrhundert vorerst nicht ausreichend gesichert ist: Dorothee RIPPMANN, Basel Barfüßerkirche, Grabungen 1975–1977 (Schweizerische Beiträge zur Kulturgeschichte und Archäologie des Mittelalters 13) Olten – Freiburg 1987, S. 259–271; Wer-

Aus dieser Keramikdatierung »um 1100«, mit deutlichem Spielraum nach oben und unten, läßt sich nicht entscheiden, ob die älteste Siedlungsperiode auf dem »Harmonie«-Gelände, die Zeit vor Bau der Stadtmauer, schon 1091 begonnen hat oder erst 1120. Der Siedlungsbeginn hat jedenfalls nicht »vor« dem späteren 11. Jahrhundert gelegen – es gibt keinerlei positive Indizien für eine deutlich frühere Nutzung des Geländes. Aber ein Siedlungsbeginn erst nach 1120 läßt sich, allein von der Keramik aus gesehen, nicht ausschließen.

Ebenso problematisch ist die Datierung der bautechnischen Details: Holzbauten sind, wenn das Holz verloren ist, meist nicht datierbar. Bei den Steinbauten läßt sich auf dem »Harmonie«-Gelände eine bemerkenswerte Abfolge verschiedener Mauerwerkstechniken beobachten: vom unverputzten Fischgrätmauerwerk des frühen Steinkellers über das Bruchstein-/Großquadermauerwerk des ersten Steinhauses, das innen ein Wackenmauerwerk mit gequadertem Ritzputz aufwies, bis hin zu dem charakteristischen Mauerwerk des jüngeren Steinhaus-Anbaus mit seinem Wechsel von Wacken- und Bruchstein-Schichten. Diese typologische Abfolge braucht natürlich nicht chronologisch zwingend zu sein – Bauherr und Funktion der Bauten waren unterschiedlich, manche Eigenheit war vielleicht von den finanziellen Möglichkeiten und dem erforderlichen Bauaufwand oder von Gewohnheiten des Maurermeisters bedingt. Gerade das typische Mauerwerk der Stadtmauer findet sich an keinem anderen Bauwerk in Freiburg wieder.

Feste Daten – zumindest ein Zeitrahmen für die verschiedenen Mauerwerkstechniken – werden in den nächsten Jahren aus der Untersuchung stehender Häuser zu präzisieren sein, bei denen Holzbalken im Mauerwerk oder in den Balkendecken eine dendrochronologische Datierung über die Jahrringfolgen erlauben. Für die Bauten des »Harmonie«-Geländes liegt nur ein einziges solches dendrochronologisches Datum vor, nämlich für einen Balken im Mauerwerk des östlichen, straßenseitigen Hauses. Die hier verwendete Tanne ist nicht lange nach 1138 gefällt worden[38]. Der Bau des Hauses selbst ist jedenfalls jünger als der Bau der Stadtmauer.

Hier wird immerhin schon eine überraschende Aussage möglich: Die Stadtmauer ist nicht erst im 13. Jahrhundert gebaut, wie man bislang angenommen hat[39], sondern im ergrabenen Bereich schon vor der Mitte des 12. Jahrhunderts errichtet worden.

Der archäologische Befund läßt sich damit wie folgt zusammenfassen: Schon vor dem Stadtmauerbau gab es eine längerdauernde Siedlungsperiode mit zahlreichen Bauaktivitäten. In dieser frühen Zeit war der Bau der Stadtmauer sicherlich noch nicht geplant, sonst hätte man nicht in der zukünftigen Trasse zwei unterkellerte Häuser errichtet, die

ner MEYER und Jürg TAUBER, in: Werner MEYER, Die Frohburg. Ausgrabungen 1973–1977 (Schweizerische Beiträge zur Kulturgeschichte und Archäologie des Mittelalters 16) Zürich 1989, S. 59–65; Jürg TAUBER, Die Ödenburg bei Wenslingen, eine Grafenburg des 11. und 12. Jahrhunderts (Basler Beiträge zur Ur- und Frühgeschichte 12) Derendingen – Solothurn 1991, S. 67–86; Rainer ATZBACH, Andreas SKUTECKI und Ingo WOLF, Andreasplatz, die mittelalterliche Keramik aus der Grabung Andreaskirche, in: Jahresbericht der Archäologischen Bodenforschung des Kantons Basel-Stadt 1989, Basel 1991, S. 59–68. – Einen wichtigen neuen Festpunkt im 11. Jahrhundert wird vermutlich die Keramik der Altenburg bei Füllinsdorf erbringen, auf die J. Tauber schon wiederholt hingewiesen hat. Diese Keramik wird durch beigefundene Münzen absolut datiert; ihre Publikation war für 1992 angekündigt, ist aber bis 1994 nicht erschienen.

38 Es handelt sich um einen Balken, der die ganze Länge der Ostmauer durchzog und vermutlich zur Befestigung einer hölzernen Wandverkleidung (Täferung) im ehemaligen Obergeschoß diente. Die beträchtliche Länge dieses Holzes macht eine Zweitverwendung unwahrscheinlich; vergleichbare »Mauerlatten« sind von den frühen Häusern Grünwälderstr. 22, Herrenstr. 37, Münsterplatz 40 und Löwenstr. 6 bekannt.

39 SCHMIDT-THOMÉ, Stadtbefestigung (wie Anm. 31); SCHADEK, SCHMIDT-THOMÉ, Stadtbefestigung (wie Anm. 31).

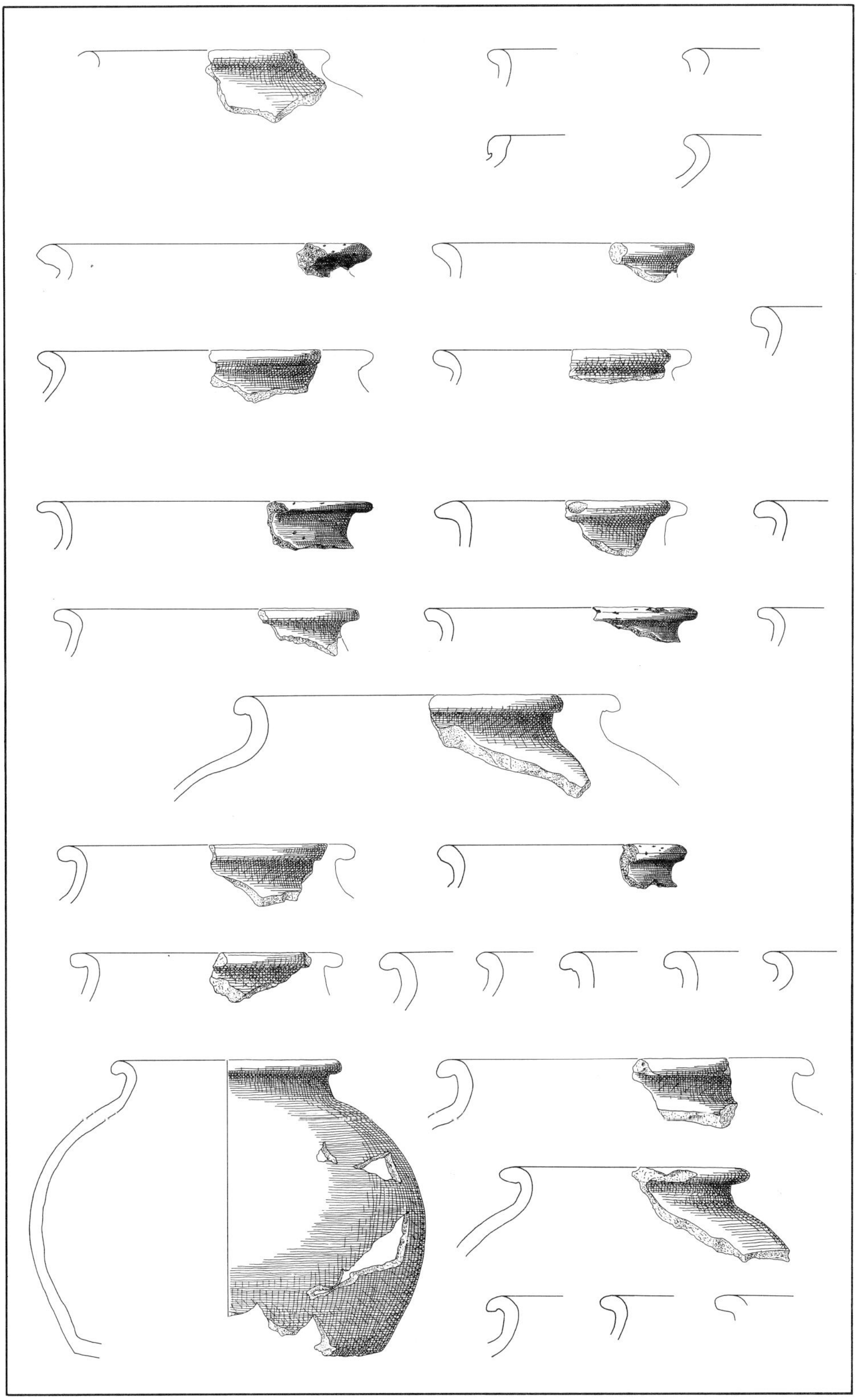

Abb. 7 Keramikfunde der ältesten Siedlungsperiode von der »Harmonie« (Zeichnung Michael Hadwich, Freiburg).

dann wieder abgebrochen werden mußten. Diese ältere Siedlungsperiode ist nach der ältesten, hier gefundenen Keramik »um 1100« zu datieren, mit einem Unsicherheitsfaktor, der die Jahre 1091 und 1120 beide mit einschließt.

Es gibt gute Argumente, diese ältere Siedlung, die vor dem Bau der Stadtmauer bestand, der Zeit vor der Marktgründung zuzuweisen und ihren Beginn in das letzte Jahrzehnt des 11. Jahrhunderts zu setzen. Dies bedarf der Kombination mit den Daten und Überlegungen, die aus den schriftlichen Quellen gewonnen wurden. Erstens ist nämlich sicher damit zu rechnen, daß 1120 in Freiburg bereits eine nicht ganz unbedeutende Siedlung bestand: der von Hagen Keller gesehene *burgus*. Zweitens gibt es keine positiven Indizien für eine Siedlung auf Freiburger Altstadtgebiet vor dem hier diskutierten Gründungsjahr 1091.

Auf keiner der zahlreichen Grabungen und Baustellenbeobachtungen in Freiburg ist Keramik zutage gekommen, die typologisch älter ist als die Keramik der ersten Siedlungsperiode auf dem »Harmonie«-Grundstück. Aus archäologischer Sicht bilden also diese Baustrukturen – nach heutiger Kenntnis – den Siedlungsbeginn auf dem Freiburger Altstadtgebiet. Die älteste Siedlungsperiode endet, archäologisch formuliert, mit dem Bau der Stadtmauer; etwa gleichzeitig beginnt die Errichtung von steinernen Häusern anstelle der älteren Holzbauten. Diese zweite Periode ist deutlich vor der Mitte des 12. Jahrhunderts anzusetzen, das heißt also: nicht allzulange nach der Marktgründung von 1120. Das Zwischenergebnis kann man stark vereinfacht zusammenfassen: Der im späten 11. Jahrhundert entstandene *burgus* Freiburg erhält 1120 Marktrecht und wird gleichzeitig mit einer monumentalen Stadtmauer zur »Stadt« im hochmittelalterlichen Sinn ausgebaut.

Zu diesen Schlagworten wird abschließend noch etwas zu sagen sein. Zunächst können aber noch einige weitere, archäologisch gewonnene Beobachtungen »zum Charakter Freiburgs in der Frühzeit der Stadt« beigetragen werden, zum frühen Hausbau nämlich, zur Parzellenstruktur und zum Straßensystem.

Der frühe Hausbau: Bauuntersuchungen und Grabungen im Haus Salzstraße 20

Im nördlich der »Harmonie« liegenden Grundstück Salzstraße 20 sind bei einer umfangreichen Grabung und Bauuntersuchung 1991/92 bedeutende mittelalterliche Baureste erfaßt worden (Abb. 8–9)[40]. Besonders attraktiv sind hier die erhaltenen Teile früher Steinbauten: Im westlichen Hausteil blieb ein zweigeschossiges, ursprünglich nicht unterkellertes Steinhaus erhalten. Es ist wohl 1127 erbaut worden und stand unmittelbar an der Salzstraße[41]. Die östliche Außenwand zeigt beide Hausecken aus Großquadern, mit profilierten Ecksteinen; im ehemaligen Erdgeschoß besteht sie aus Kleinquadern. Die südlich angrenzende Rundbogentür eines Anbaus (Abb. 10) rechnet, wie man an der Schwellenhöhe deutlich sehen kann, mit einem deutlich angewachsenen Fußbodenniveau. 1183 wurde das Haus unterkellert; ins Erdgeschoß führte jetzt eine höher gelegene Tür: Schwelle und Gewände sind im heutigen Keller erkennbar. Im ursprünglichen Oberge-

40 Der Gesamtkomplex wird von Frank Löbbecke bearbeitet; vgl. oben Anm. 14.

41 Im angrenzenden Steinhaus Salzstr. 18, das bereits gegen das Haus Salzstr. 20 gemauert wurde, ist ein Türsturzholz im ehemaligen Erdgeschoß dendrochronologisch in das Jahr 1140 datiert: BEYER, Bauliche Hinweise (wie Anm. 7) S. 62 (Datierung B. Lohrum).

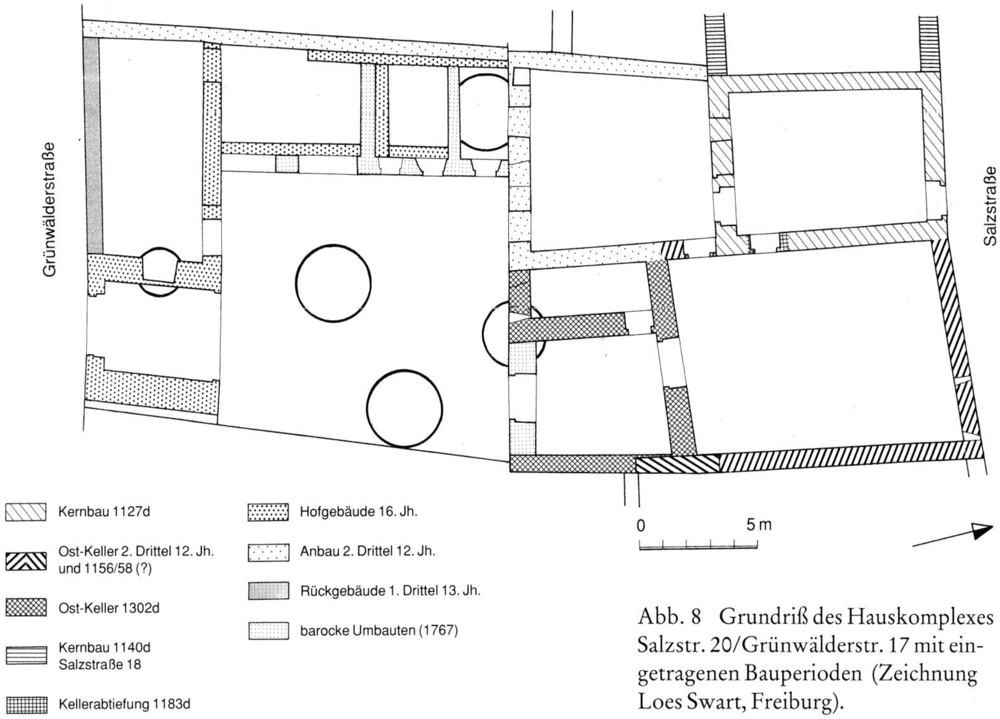

Abb. 8 Grundriß des Hauskomplexes Salzstr. 20/Grünwälderstr. 17 mit eingetragenen Bauperioden (Zeichnung Loes Swart, Freiburg).

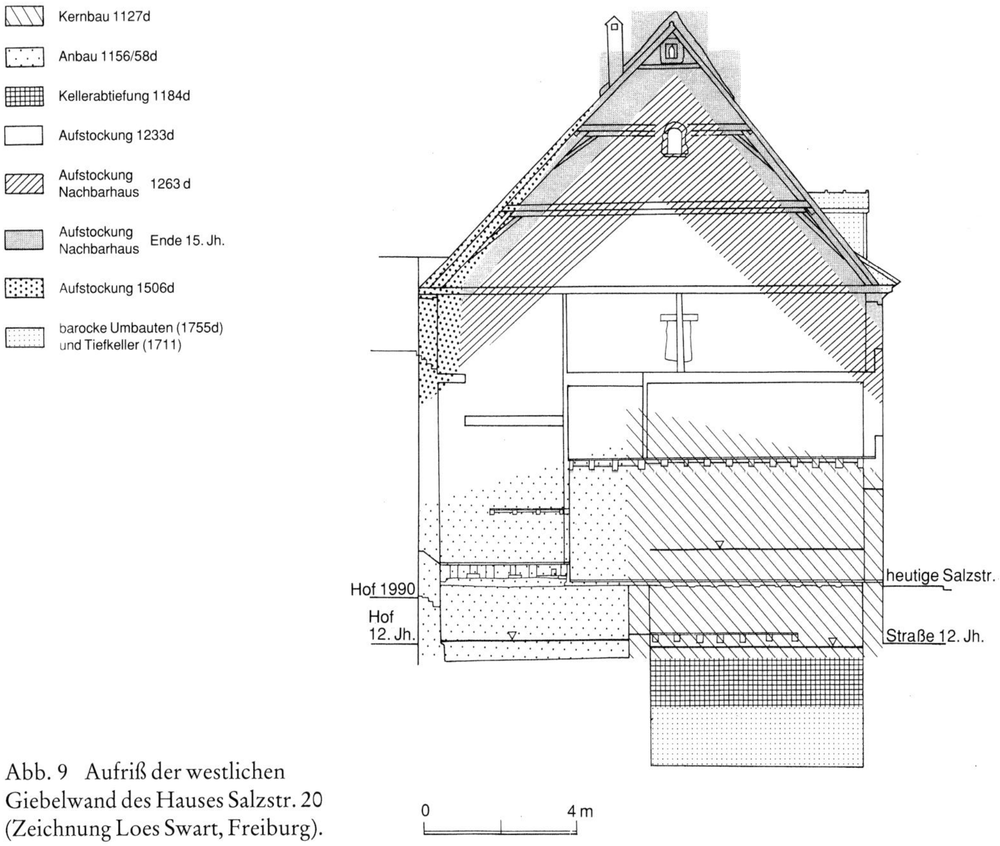

Abb. 9 Aufriß der westlichen Giebelwand des Hauses Salzstr. 20 (Zeichnung Loes Swart, Freiburg).

Abb. 10 Salzstr. 20; Außenwand des Kernbaus von 1127 (Quaderecke mit Sockelstein); von links angefügt ist der hofseitige Anbau (ca. 1167) mit Rundbogentür (Foto Landesdenkmalamt Baden-Württemberg).

schoß der gleichen Wand ist der Rundbogen dieser jüngeren Tür sichtbar; ursprünglich befand sich hier ein schmales Fenster mit verputzter Laibung. Das Mauerwerk besteht im oberen Wandteil aus Wacken und endet oben mit einer geraden Kante, vielleicht der ehemaligen Traufline. Es zeigt noch Reste von altem Außenverputz mit den charakteristischen eingeritzten Quaderlinien. Innen ist in beiden Geschossen der alte Wandputz mit seinen Ritzlinien weitgehend erhalten (Abb. 11). Der Verputz ist so wenig verschmutzt, daß man davon ausgehen muß, daß das Obergeschoß nicht mit einem offenen Feuer, sondern mit einem Kachelofen beheizt war.

Die nachträgliche Unterkellerung ist in der Straßenseite zur Salzstraße deutlich zu erkennen: oben, abgeschnitten von der modernen Kellerdecke, die älteste, aus Kleinquadern gebaute Wand, darin rechts die ehemalige Tür zur Salzstraße; darunter zunächst das Kellermauerwerk von 1183, ganz unten eine erneute Kellerabtiefung der Barockzeit (1711). Das Phänomen der nachträglichen Unterkellerung der frühen Steinhäuser Frei-

Abb. 11 Salzstr. 20; originaler Verputz im Obergeschoß des Kernbaus von 1127 (Foto Landesdenkmalamt Baden-Württemberg).

burgs ist seit den Untersuchungen von Josef Diel an zahlreichen Häusern der Innenstadt nachgewiesen worden (Abb. 12)[42].

Wichtig und überraschend sind aber noch einige ganz neu ergrabene Befunde im östlichen Kellerteil des Hauses: Neben dem westlichen Haus von 1127 steht heute ein Bauteil von 1302, mit dem für Freiburg charakteristischen, zweigeschossigen Keller und dem großen, tonnengewölbten Vorkeller. Dem heutigen Keller ging ein älterer Steinkeller des 12. Jahrhunderts voraus, der etwas schmaler war und eine Gasse zum westlichen Hausteil frei ließ[43].

42 Diel (wie Anm. 6); dendrochronologisch datiert sind die nachträglichen Unterkellerungen der Häuser Schusterstr. 33 (Tiefkeller 1220), Herrenstr. 34 (Kern 1175, Tiefkeller 1225), Münsterplatz 42 (Kern 1167±10, Tiefkeller 1248), Salzstr. 22 (Tiefkeller 1253), Oberlinden 6 (Tiefkeller 1257), Salzstr. 18 (Tiefkeller 1263), Schusterstr. 36 (Tiefkeller 1270), Kaiser-Joseph-Str. 219/221 (Tiefkeller 1294). – Vgl. jetzt auch Löbbecke, Bauentwicklung (wie Anm. 14) S. 56–62.
43 Löbbecke, Bauentwicklung (wie Anm. 14) S. 25–27, 32–38.

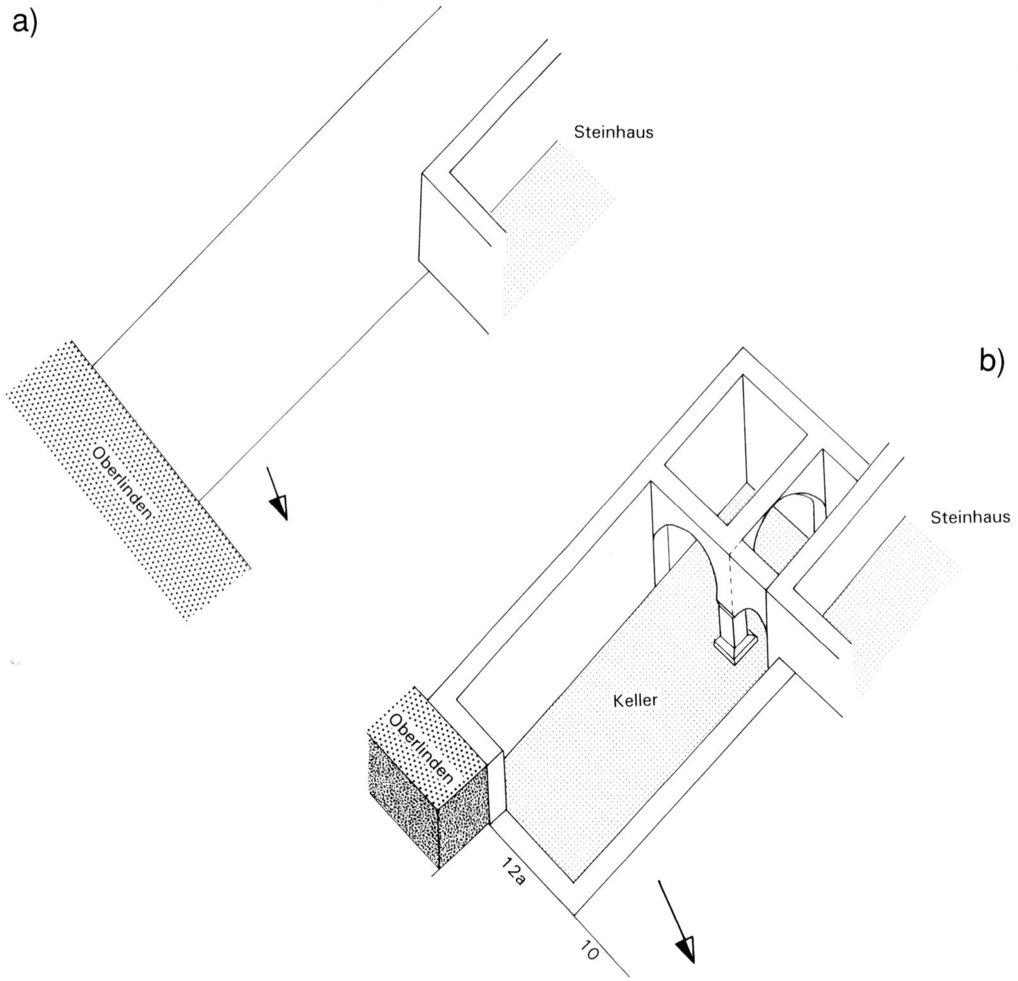

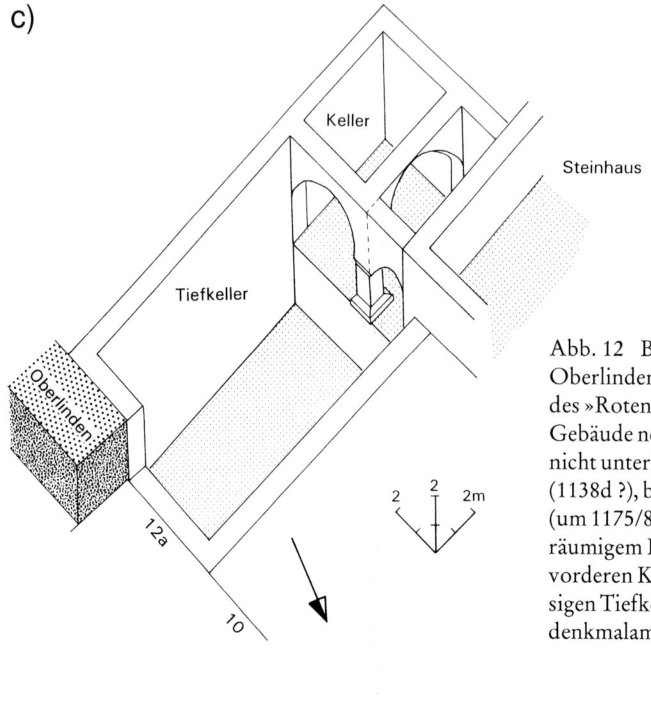

Abb. 12 Bauentwicklung des Hauses Oberlinden 12a (nordwestlicher Hausteil des »Roten Bären«): a) unbekannte (Holz-) Gebäude neben dem rückwärtig gelegenen, nicht unterkellerten Steinhaus Oberlinden 10 (1138d ?), b) nach Aufhöhung des Straßenniveaus (um 1175/80) Neubau eines Steinhauses mit dreiräumigem Keller, c) nachträgliche Abtiefung des vorderen Kellerraums zu einem zweigeschossigen Tiefkeller (1263d) (Zeichnung Landesdenkmalamt Baden-Württemberg).

Unter beiden Kellerräumen sind, 5,40 m unter dem heutigen Straßenniveau, noch tiefere, ältere Keller zutage gekommen, die nicht mit Mauern ausgekleidet waren (Abb. 8). Sie zeichnen sich als einfache Gruben im anstehenden Kies ab und müssen zu Holzbauten gehört haben[44]. Diese Keller waren mit 3,20 m bemerkenswert tief. Über ihre Funktion und Nutzung läßt sich vorerst nicht viel sagen, weil sie erst im Zuge der Umbauten weiter freigelegt werden können, ohne daß das darüber stehende Haus statisch gefährdet wird. Auch ihre genaue Zeitstellung bleibt noch unklar, da die Verfüllung kaum Funde enthält – das aber entspricht genau der Verfüllung der ältesten Keller auf dem »Harmonie«-Grundstück. Die stratigraphische Anbindung an Fußböden und Erdschichten ist durch die jüngeren Kellerräume vollständig abgeschnitten worden.

Beide Holz-Erde-Keller entsprechen in den Fluchten den heute noch bestehenden Baulinien und Parzellengrenzen, verschoben nur um wenige Dezimeter. Es gibt darüber hinaus noch einen dritten, gleichartig tiefen Keller, etwas kleiner an Grundfläche, im Bereich des Zwischenbaus am Hof. Dieser Keller ist gut in die hier ergrabene Stratigraphie mit ihren reichen Keramikfunden eingebunden: Er gehört sicher in die älteste Nutzungsperiode des Grundstücks. Nach der gefundenen Keramik ist er zeitgleich mit der ältesten Besiedlung auf dem »Harmonie«-Areal und vermutlich älter als das straßenseitige Steinhaus von 1127.

Noch ein weiterer Befund auf dem Grundstück Salzstraße 20 verdient Beachtung: Im Hinterhaus des Grundstücks, entlang der Grünwälderstraße, wurde als ältester Befund der Rand einer Straßenbefestigung erfaßt. Sie gehört zu einer Straße, die genau unter der Grünwälderstraße verläuft, und ist mit Kies aufgeschüttet und festgestampft worden, bevor das Grundstück Salzstraße 20 in diesem Bereich abgezäunt und bebaut war. Deshalb endet die Kiesschüttung etwa einen Meter hinter der späteren Baulinie mit einer unregelmäßigen Kante. Schon bald, noch bevor zahlreiche Funde ins Erdreich gelangen konnten, ist der heutige Hinterhausbereich mit einem Holzhaus überbaut worden, das vermutlich einen Holzfußboden hatte. Nur ganz im Westen führte eine Einfahrt auf den Innenhof des Grundstücks; dieser Bereich war immer durch eine Holzwand abgetrennt. Das rückwärtige Holzgebäude ist im frühen 13. Jahrhundert durch ein Steinhaus gleicher Größe ersetzt worden, von dem das Kleinquadermauerwerk der straßenseitigen Erdgeschoßwand in Resten erhalten blieb.

Im Bereich des ehemaligen Eingangs sind zahlreiche Funde zutage gekommen, vor allem natürlich Keramik, aber auch ein emailbemaltes Glas, das zu den ansehnlichsten Fundstücken der jüngeren Grabungen zählt (Abb. 13). Es ist mit feinen Ranken bemalt, in der Art einer Borte, wie sie bei Glasfenstern vorkommt. Als Farbe wurde aber nicht Schwarzlot, sondern weißes Email verwendet; das Glas gehörte deshalb wohl nicht zu einem Fenster, sondern war als Einlegearbeit, zum Beispiel im Deckel eines Schmuckkästchens, gedacht und vielleicht ursprünglich mit glänzender Metallfolie hinterlegt[45].

Der Befund der Straßenpflasterung an der Grünwälderstraße ist überraschend. Er bedeutet nämlich nicht nur, daß die heutige Straße hier in Verlauf und Breite genau der ältesten faßbaren mittelalterlichen Straße entspricht, sondern er zeigt auch, daß die Straßen mit hohem Aufwand befestigt wurden, noch bevor die angrenzenden Grundstücke fertig bebaut waren. Das gegenüberliegende, um 1140/50 erbaute Steinhaus auf dem »Harmonie«-Gelände rechnet sogar schon mit einer ersten Erneuerung und Aufhöhung des Straßenpflasters in der Grünwälderstraße.

44 UNTERMANN, Frühe Holzbauten (wie Anm. 9).

45 Das Glas wurde von Katrin Hubert, Konstanz, restauratorisch gesichert. Für rasche Hilfe und Diskussion danke ich dem Corpus Vitrearum Medii Aevi, Freiburg: Prof. Dr. Rüdiger Becksmann und Ivo Rauch M.A. Die Aufnahme mit polarisiertem Licht wird dem Photographen des CVMA verdankt.

Abb. 13 bemaltes Glasplättchen, evtl. Verzierung eines Holzkästchens, 1. Hälfte 12. Jahrhundert, aus dem Grundstück Salzstr. 20 (Foto Corpus Vitrearum Medii Aevi, Freiburg).

Reserveflächen für das Wachstum der Stadt: Grabungsergebnisse im Bereich Gauchstraße/Unterlinden

Noch deutlicher läßt sich der Befund der frühen Straßenanlage im Nordwestteil der Stadt fassen. Dort hat das Landesdenkmalamt 1988/92 zwölf mittelalterliche Parzellen zusammen mit einem Teil der angrenzenden Straßen ergraben (Abb. 14)[46], veranlaßt durch den Bau einer großen Tiefgarage. Gauchstraße und Unterlinden waren ursprünglich nur halb so breit wie heute und sind, wie alle Straßen dieses Quartiers, beim Wiederaufbau nach den Zerstörungen des Zweiten Weltkriegs auf die heutige Breite vergrößert worden[47]. Auch hier waren das Straßenpflaster der Gauchstraße (Abb. 15) und der Straße Unterlinden die ältesten archäologisch faßbaren Befunde. Die angrenzenden Grundstücke blieben hier aber noch lange Zeit unbebaut. Im ergrabenen Bereich wurde erst um 1200 das erste Steinhaus an der Gauchstraße errichtet. Zuvor war aber das Straßenniveau schon zweimal aufgehöht worden, zunächst bei einer Erneuerung des Pflasters und dann erneut durch mächtige Aufplanierungen um rund 1,50 m. Die in dieser Aufschüttung enthaltene Keramik war älter als die Funde aus den angrenzenden Parzellen und datiert in die zweite Hälfte des 12. Jahrhunderts; an Unterlinden war die gleiche Aufhöhung des Straßenniveaus faßbar.

Ein auffallend schmales Hofgrundstück an der Gauchstraße (Vorkriegs-Hausnummer 21) ist früher bebaut worden als die benachbarten Grundstücke (Abb. 16–17). Hier entstand ein Steinhaus mit zweigeschossigem Keller, tonnengewölbtem Vorkeller und ummauertem Hof, wie es damals in Freiburg üblich wurde. Das Gelände zwischen der Gauchstraße und der heutigen Straße Unterlinden war schon vor Beginn dieser Bauarbeiten parzelliert worden: Die Grundstücksgrenzen liegen genau in der Mitte zwischen beiden Straßen. Trotzdem gab es keine Einheitsgrundstücke: Zum Eckhaus an der Merianstraße gehört ein Großgrundstück entlang Unterlinden, das mit einer steinernen Hofmauer umschlossen war; andere Parzellen scheinen zwar schmal gewesen zu sein, aber

46 Vgl. oben Anm. 29.

47 Bernhard VEDRAL, Altstadtsanierung und Wiederaufbauplanung in Freiburg i. Br. 1925–1951 (Stadt und Geschichte 8) Freiburg 1985, S. 40ff.

Abb. 14 Quartier Gauchstraße/Unterlinden, Parzellenteilung und Bebauung um 1300 und um 1500. Dunkel gerastert: Wohnhäuser; schraffiert: frühe Parzellengrenzmauern; hell gerastert: Scheunen (Zeichnung Landesdenkmalamt Baden-Württemberg).

Abb. 15 gestampftes Straßenpflaster (2. Drittel 12. Jahrhundert) in der unteren Gauchstraße (Grabung 1989) (Foto Landesdenkmalamt Baden-Württemberg).

von Anfang an von der Gauchstraße bis Unterlinden durchzulaufen. Auch das Großgrundstück berücksichtigt die vorausgegangene Parzellierung: Es faßt mehrere, an der Gauchstraße einzeln bebaute Parzellen zusammen.

Vor 1200 war das Gelände im Nordwesten der Altstadt nach den ergrabenen Baubefunden wie nach Aussage der Keramikfunde noch weitgehend unbebaut; einige kleine Gruben und Pfostenstellungen belegen eine extensive Nutzung; vielleicht gehörte auch schon der Nordostteil zum Eckhaus an der Merianstraße. Erst im Laufe des 13. Jahrhunderts sind hier Häuser erbaut worden – wenige unterkellerte Steinhäuser, die meisten zunächst aus Holz und ohne Keller. Die Grundstücke an der Gauchstraße haben eine einheitliche Struktur: Hinter dem Haus liegt ein schmaler, nur rund sechs Meter breiter Hof mit der gemauerten Latrine; die Grundstücke waren anfangs meist nur durch Zäune abgetrennt, die erst im Spätmittelalter durch steinerne Hofmauern ersetzt wurden.

Jenseits der Straße Unterlinden, in der Nordwestecke der Stadtmauer hat die Stadt Freiburg das Dominikanerkloster, das Predigerkloster, angesiedelt, *inter duas ripas*, wie es in der Urkunde von 1238 heißt[48]. Mit *ripas* sind die Stadtbäche gemeint, in der heutigen Merianstraße und in Unterlinden, die das bis dahin namenlose Gelände begrenzen. Bettelordensklöster wurden, wie es die ältere Forschung betont hat, meist nahe der Stadtmauer auf noch unbebautem Gelände angesiedelt. Diese alte Überzeugung trifft bekanntlich in Freiburg weder auf das Franziskanerkloster an St. Martin zu, noch auf das Augustinereremitenkloster an der Salzstraße[49]. Auch andernorts, wie zum Beispiel in Rottweil,

48 Freiburger Urkundenbuch Bd. 1 (wie Anm. 28) S. 48–51 Nr. 63; zu den Bächle ebd. Anm. 2.

49 Das Franziskanerkloster erhält 1246 neben der Martinskirche vier angrenzende Hofstätten: Freiburger Urkundenbuch Bd. 1 (wie Anm. 28) S. 78–80 Nr. 91. In der Urkunde zugunsten der Augustinereremiten von 1278 fehlt eine entsprechende Angabe (Freiburger Urkundenbuch Bd. 1 (wie Anm. 28) S. 285–286 Nr. 317); in der Sakristei des Klosters war eine Kapelle erhalten, die nach der Klostertradition als Kapelle einer vorklösterlichen Eremiten-(=Wilhelmiten-)Ansiedlung galt: Chronik der Freiburger Augustiner-Eremiten, GLA Karlsruhe, Hs. 1311, fol. 3; zuerst zitiert von NOACK, Fragen (wie Anm. 19) S. 13. Die von DIEL (wie Anm. 6) S. 32–33 genannten älteren Fundamente unter der Augustinerkirche gehören zum Theatereinbau des 19. Jahrhunderts (Hinweise von P. Schmidt-Thomé).

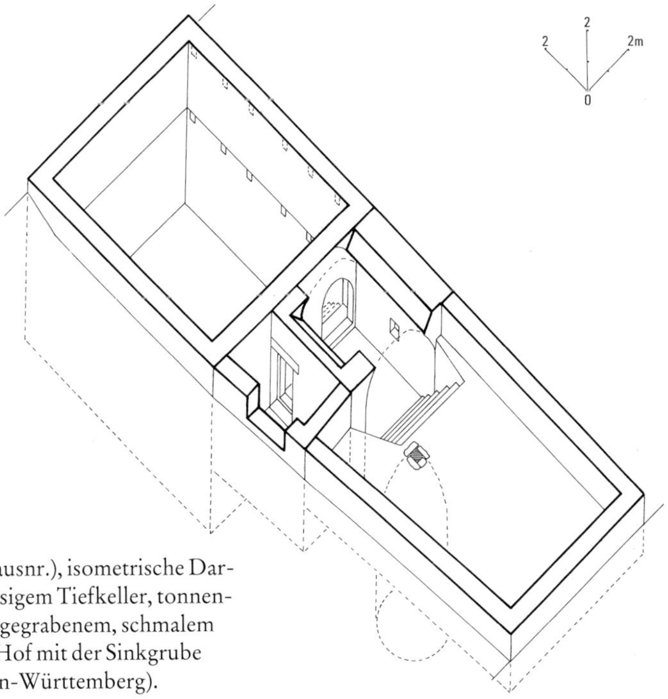

Abb. 16 Gauchstr. 21 (Vorkriegs-Hausnr.), isometrische Darstellung der Parzelle; mit zweigeschossigem Tiefkeller, tonnengewölbtem Vorkeller, nachträglich abgegrabenem, schmalem Nebenraum sowie dem ummauerten Hof mit der Sinkgrube (Zeichnung Landesdenkmalamt Baden-Württemberg).

Ulm, Schwäbisch Gmünd und Basel, haben archäologische Ausgrabungen gezeigt, daß die Grundstücke am Stadtrand, auf denen Bettelordensklöster gegründet wurden, schon vorher mit Häusern bebaut waren, auch wenn die Gründungsurkunde, wie z. B. in Basel, das Gegenteil behauptet[50]. Die Befunde an der Freiburger Gauchstraße machen es aber durchaus wahrscheinlich, daß 1237, im Jahr der Grundsteinlegung der Freiburger Predigerkirche[51], die Grundstücke im Nordwestteil der Stadt eben erst bebaut wurden, daß hier also noch kein »fertiges«, intensiv genutztes Stadtquartier entstanden war.

Noch etwas weiter ins Spätmittelalter greift eine letzte Beobachtung an der Gauchstraße aus: Die älteren Häuser liegen, wie es die ergrabenen Latrinen des 13. Jahrhunderts zeigen, an der Gauchstraße und an der Merianstraße. Im 16. Jahrhundert hat sich dieses Bild grundlegend gewandelt[52]: An der Gauchstraße liegen teilweise nur noch Scheunen,

50 Rottweil, Dominikaner (nach 1268): Christian GILDHOFF und Winfried HECHT, Rottweil, in: Stadtluft (wie Anm. 8) S. 117–119, 123–125; Ulm, Franziskaner (1229 ?): Judith OEXLE, Der Ulmer Münsterplatz im Spiegel archäologischer Quellen (Archäologische Informationen aus Baden-Württemberg 21) Stuttgart 1991, S. 15–24; Villingen, Franziskaner (1268): Bertram JENISCH, »... alhie zuo vilingen ...« (Archäologische Informationen aus Baden-Württemberg 15) Stuttgart 1990, S. 15ff. Schwäbisch Gmünd, Augustinereremiten (kurz vor 1288): Hartmut SCHÄFER, Archäologische Ausgrabungen in der Kirche des ehemaligen Augustinerklosters in Schwäbisch Gmünd, Ostalbkreis, in: Archäologische Ausgrabungen in Baden-Württemberg 1984, Stuttgart 1985, S. 214–216; Basel, Franziskaner (1250): RIPPMANN (wie Anm. 37) S. 52ff.

51 Josef STEINHART, Ein unbekannter Brief des Konstanzer Bischofs Heinrich von Tanne an die Freiburger Dominikaner aus dem Jahr 1237, in: Zeitschrift des Breisgau-Geschichtsvereins »Schau-ins-Land« 101, 1982, S. 47–64.

52 Die Auflistung bei Hermann FLAMM, Geschichtliche Ortsbeschreibung der Stadt Freiburg i. Br. II: Häuserstand 1400–1806 (Veröffentlichungen aus dem Archiv der Stadt Freiburg im Breisgau IV, 2) Freiburg 1903 [Reprint Freiburg 1978], s. v. Gauchstraße, Merianstraße, Rotteckplatz, Unterlinden ist unvollständig und ordnet Namen und Häuser nicht immer korrekt zu; die Art der Darstellung läßt nicht erkennen, wie oft Grundstücke zusammengefaßt und wieder getrennt wurden und wie einige Häuser an der Gauchstraße zu

Abb. 17 Gauchstr. 21, Blick in den zweigeschossigen, noch weitgehend verfüllten Tiefkeller, hinten die Reste der Rundbogentür zum tonnengewölbten Vorkeller (Foto Landesdenkmalamt Baden-Württemberg).

die älteren Häuser sind vollständig abgebrochen, ihre Latrinen wurden verfüllt oder mit Abwasserkanälen von Norden her genutzt. Die wichtigeren Häuser standen nun an der Straße Unterlinden, damals »Bei den Predigern«. Diese Situation blieb bis zu den Zerstörungen von 1944 im wesentlichen erhalten.

Anlaß für die Umwertung der Straße Unterlinden ist wohl die Auflassung des Peterstors, das im 15. bis 17. Jahrhundert vermauert war[53]; die Straße nach Lehen und Breisach führte damals durch das Predigertor, obwohl es nicht an einer der alten Hauptstraßenachsen der Stadt liegt. Die zuvor unbedeutende Straße vor dem Predigerkloster hat dadurch ihre Aufwertung gefunden.

Hinterhäusern von Grundstücken an Merianstraße und Unterlinden wurden. Faßbar wird die Abwertung der Gauchstraße an den Grundstücken Gauchstr. (Vorkriegs-Hausnrn.) 21, 23 I, 23 II, 35; die Häuser Gauchstr. 41 I und 41 II waren zwischen 1666 und 1702 ganz abgegangen. An den Grundstücken Gauchstr. 21–23 II zeigte sich dieser Befund auch archäologisch. – Dieses Phänomen eines innerstädtischen Wüstungsprozesses ist in jüngerer Zeit nicht mehr beachtet worden; vgl. Hermann FLAMM, Der wirtschaftliche Niedergang Freiburgs i.Br. und die Lage des städtischen Grundeigentums im 14. und 15. Jahrhundert (Volkswirtschaftliche Abhandlungen der Badischen Hochschulen VIII, 3) Karlsruhe 1905, bes. S. 139–150.

53 Vgl. dazu PORSCHE (wie Anm. 13) S. 160f.

Die öffentliche Infrastruktur der frühen Stadt: Straßenbau, Stadtmauer, Marktstraße und Wasserversorgung

Die Befunde zur frühen Straßenbefestigung und zur Kontinuität der Baufluchten verdienen Beachtung. An keiner Stelle der Stadt sind bislang Baulinien faßbar geworden, die nicht von den frühesten Bauten des 12. oder 13. Jahrhunderts bis 1944 konstant geblieben wären – abgesehen natürlich von den gut faßbaren und zum Teil urkundlich überlieferten Ausnahmen bei großvolumigen Neubauten, wie zum Beispiel dem Bau des neuen Münsterchores mit den notwendigen Eingriffen in die umliegende Bebauung[54], der Überbauung eines schmalen Gäßchens am Sickingenpalais[55], dem Neubau der Jesuitenkirche[56] oder auch dem Neubau des Wenzingerhauses im Hofbereich älterer Häuser, die abgebrochen wurden und den heutigen Hof bilden[57]. Die Straßenflucht und die älteste Straßenbefestigung gehören an der Gauchstraße wie an Unterlinden und an der Grünwälderstraße in die jeweils älteste Siedlungsperiode, sie sind jeweils älter als die hier später entstehenden Steinbauten. Die alte Stadtgeschichtsforschung scheint also darin Recht gehabt zu haben, das Straßensystem Freiburgs als authentische Quelle aus der Frühzeit der Stadt zu betrachten (Abb. 1).

Für den heutigen Historiker stehen aber nicht primär Schönheit und Regelhaftigkeit des Stadtplans im Vordergrund des Interesses, sondern die Beobachtung, daß schon im Bereich der Grünwälderstraße der Siedlungsbeginn verbunden war mit einer nicht unbeträchtlichen Investition in die öffentliche Infrastruktur.

Das zweite, noch viel aufwendigere öffentliche Bauprojekt war dann, wenige Jahrzehnte später, der Bau der Stadtmauer[58]. Die Aufnahme aller älteren Fundstellen zeigt, daß die Bautechnik dieser Mauer über weite Strecken hin ganz einheitlich ist und daß sie von einer eigenen Bauhütte errichtet wurde. Bauabschnitte entsprechend den Parzellen der Anlieger sind hier nicht zu beobachten, anders als etwa an der Burkhardschen Mauer des späten 11. Jahrhunderts in Basel[59]. Im Gegenteil scheint die umlaufende Rondenweganschüttung den Nahbereich der Freiburger Mauer vor einer Überbauung durch die privaten Anlieger zu schützen, deren Besitzstand durch den Abbruch verschiedener Häuser empfindlich gestört worden war. Im späten Mittelalter ist dann diese Zone von den angrenzenden Häusern als Garten (»Zinnengärtlein«) genutzt worden[60].

Für einen dritten großen planerischen Eingriff gibt es keine archäologischen Befunde: Die breite Marktstraße (heute: Kaiser-Joseph-Straße), Hauptachse der hochmittelalterlichen Stadt, liegt knapp westlich der bislang ältesten faßbaren Siedlungszone. Westlich

54 Grundsteinlegung 24. März 1354; vgl. Ernst ADAM, in: Die Parler und der Schöne Stil 1350–1400. Ausst.-Kat., Köln 1978, I, S. 296.

55 Urkunde vom 7. Februar 1728 im Generallandesarchiv Karlsruhe, Abt. 21, Conv. 153. – Werner KORN, Ein verschwundenes Gäßle in Alt-Freiburg, in: Schau-ins-Land 83, 1965, S. 130–134.

56 Arthur DISCHLER, Zur Baugeschichte der alten Universität zu Freiburg im Breisgau, in: Zeitschrift des Freiburger Geschichtsvereins 44, 1934, S. 1–80, bes. S. 11–13, S. 65 Abb. 2.

57 Befundaufnahme 1991/92; Ortsakte im Landesdenkmalamt Freiburg, Archäologie des Mittelalters.

58 PORSCHE (wie Anm. 13) S. 122–126.

59 Rolf D'AUJOURD'HUI, Guido HELMIG, Die Burkhardsche Stadtmauer aus der Zeit um 1000, in: Basler Zeitschrift für Geschichte und Altertumskunde 83, 1983, S. 353–365, vgl. ebd. S. 250–270; D'AUJOURD'HUI, BING (wie Anm. 32) S. 261, S. 295; vgl. MATT (wie Anm. 32) S. 62.

60 Die Zinnengärten sind in den Grundstücksverträgen, soweit dies die Exzerpte des LDA zeigen, erstmals 1503 genannt. Die Stadt hat für die Nutzung dieses Bereichs eine eigene Abgabe verlangt, das »Zinnenrecht«, im 18. Jahrhundert auch »Zinnenzins« genannt: *nach dem Zins dem die Zinnen an der stat mur der garten halb gennd* GLA 24/24 1503 Aug 12.

von ihr sind bis heute keine Funde bekannt, die früher zu datieren sind als in die zweite Hälfte des 12. Jahrhunderts[61]. Dies gilt, wie oben angesprochen, auch für die Martinskirche. Am Haus »Zum Walfisch« in der Franziskanerstraße und im Bereich der Gauchstraße sind die ältesten Steinhäuser sogar erst in der Zeit um 1200 zu fassen[62].

Stadtmauer und Marktstraße gehören, wie ein Blick auf den Stadtplan zeigt, im Planungskonzept unmittelbar zusammen. Es gibt – dies sei noch einmal angemerkt – keinerlei Befunde zu einem gelegentlich angenommenen älteren, engeren Befestigungsring Freiburgs[63]; bei der neu erschlossenen Datierung der erhaltenen Mauer »bald nach 1120« ist die Annahme einer älteren Befestigung ohnehin kaum noch sinnvoll. Die Marktstraße liegt vielleicht nicht in einer alten Straßenachse, sondern gerade in jenem Freibereich, der 1120 noch nicht bebaut war, also am Westende der damals bestehenden Siedlung. Die Stadtmauer umfaßte damit anfangs eine beträchtliche Freifläche, die erst nach und nach aufgesiedelt wurde. Überschneidungen zwischen der Mauer und der bestehenden Siedlung waren offenbar trotzdem nicht zu vermeiden: Die Altstadt wurde im Süden von dem außerhalb bleibenden Gewerbebach abgetrennt. Ob dies allein verteidigungstechnische Gründe hat oder ob damit bewußt unterschiedliche Rechtsbereiche geschaffen werden sollten, bedarf zukünftiger Forschung.

Es gibt noch einen vierten umfassenden Planungseingriff, der im gesamten östlichen Teil der Altstadt tiefgreifende Einwirkungen auf die Grundstücks- und Hausnutzung hatte: die Höherlegung des Straßenniveaus, die ehemalige Erdgeschoßräume zu Kellern werden ließ. Archäologisch gibt es dazu bislang nur in der Gauchstraße und in Unterlinden planmäßig ergrabene Befunde. Die Aufschüttung war dort jeweils ein einmaliger Vorgang, der natürlich in mehreren unterschiedlichen Schichten stattfand, wie dies bei den Transportkapazitäten des mittelalterlichen Baugewerbes nicht anders zu erwarten ist[64]. Das älteste Steinhaus an der Gauchstraße rechnete jedenfalls schon um 1200 mit dem um 1,50 m erhöhten Niveau, das praktisch dem heutigen entsprochen hat.

Als Anlaß für diese ausgesprochen arbeitsintensive Aufschüttung, die praktisch überall im Altstadtgebiet zu beobachten ist und überall Probleme mit den angrenzenden Häusern mit sich brachte, hat Josef Diel wohl zu Recht die Anlage der Stadtbäche genannt[65]. Grund dafür ist die äußerst problematische Versorgung der Stadt mit Wasser: Das Grundwasser liegt so tief, daß der Bau von Tiefbrunnen nur mit hohem Aufwand möglich ist[66]. In der Tat sind Tiefbrunnen nur selten urkundlich faßbar, und auch ein archäologischer Nachweis fehlt bis jetzt; keines der Häuser an der Gauchstraße oder auf dem »Harmonie«-Areal hat jemals einen Tiefbrunnen besessen. Freiburg hat wohl schon früh eine »duale« Wasserversorgung erhalten, getrennt für Trinkwasser und Brauchwas-

61 Dendrochronologisch datierte Bauhölzer aus dem 12. Jahrhundert sind hier bekannt aus den Häusern: Turmstr. 6, Keller: 1176, und Löwenstr. 4, Keller: 1162±10 (Datierung durch B. Lohrum).

62 Carl Anton Meckel, Ein romanisches Haus in Freiburg im Breisgau, in: Die Denkmalpflege 12, 1910, S. 27–28 (wiederabgedruckt in: Zeitschrift des Breisgau-Geschichtsvereins »Schau-ins-Land« 104, 1985, S. 247–255) (auch erschienen im Sonderdruck: Ein Häuserblock der Altstadt. Geschichte des Anwesens der Sparkasse, Ausstellung 23. Mai – 14. Juni 1985, hier S. 83–92).

63 Hensle (wie Anm. 26) S. 16, hat eine um 1000 entstandene Befestigung postuliert; dieser These ist von historischer Seite bereits widersprochen durch Schadek, in: Stadt und Festung 2 (wie Anm. 18) S. 18–19.

64 So erklärt sich wohl auch der von Beyer, Roter Bären (wie Anm. 7) S. 6 referierte Befund, daß in der Salzstraße »24 Erdschichten« vorhanden seien [Abb.: Ders., Bauliche Hinweise (wie Anm. 7) S. 63]. Lockere Aufschüttungen sind offenbar nicht von verdichteten Straßenbefestigungen unterschieden worden.

65 Diel (wie Anm. 6) S. 42–44.

66 Erläuterungen zur Geologischen Karte Freiburg i. Br. und Umgebung 1:50 000, Stuttgart 1977, S. 271.

ser[67]. Das Trinkwasser wurde mit Deichelleitungen zu öffentlichen Laufbrunnen in der Stadt geführt, das Brauchwasser für Gewerbe, Haustiere und Hauswirtschaft floß offen in den weitverzweigten Stadtbächen. Die Anlage dieser Stadtbäche hatte einen sorgfältigen Niveauausgleich aller Straßen zur Voraussetzung, mit einem einheitlichen, geringen Gefälle zwischen dem Einlaß am Schwabentor und dem Auslaß am Predigertor. Die Freiburger Bächle sind 1237 und 1244 erstmals urkundlich faßbar, beide Male bereits im Westteil der Altstadt[68]. Ihre Anlage und die Aufhöhung der Straßen müssen schon früher stattgefunden haben, nach den archäologischen Befunden wohl in der zweiten Hälfte des 12. Jahrhunderts.

Ebenfalls schon ins 12. Jahrhundert zurückverfolgen läßt sich der Bau großer, rund gemauerter Latrinen, die ursprünglich zu jedem einzelnen Grundstück gehörten und eine geordnete Entsorgung von Regenwasser, Abwasser und Fäkalien gestatteten (Abb. 18)[69]. Diese Latrinen sind an vielen Freiburger Häusern bis zum Bau der Schwemmkanalisation 1890 in Benutzung geblieben und dabei immer wieder geleert worden[70]. Da die regelmäßige Leerung sehr arbeitsaufwendig (und für Arbeiter, Hausbewohner und Nachbarn unangenehm) war, hat man möglichst nur vergängliches Material hineingeworfen, nicht, wie andernorts, alle zerbrochenen Glasgefäße und Töpfe oder gar unbrauchbar gewordenen Hausrat[71]. Für die Freiburger Archäologie haben die Latrinen mithin nicht dieselbe Bedeutung wie in Ulm oder Konstanz, wo immer wieder eine Vielzahl von guterhaltenen, museumswürdigen Fundstücken aus Latrinen geborgen werden können[72]. Nur ganz selten sind Freiburger Latrinen schon im 12.–15. Jahrhundert aufgelassen worden: Sie liefern dann, vor allem über die Speiseabfälle (Pflanzenreste und Tierknochen), wichtige Aufschlüsse zum Lebensstandard der Bevölkerung, zur Struktur der Lebensmittelversorgung sowie zur Gestalt und Nutzung der mittelalterlichen Umwelt.

67 Zur Trinkwasser- und Brauchwasser-Versorgung Freiburgs gibt es keine moderne Forschung. Vgl. Joseph RÖSCH, Beschreibung der Brunnen-Leitung zu Freiburg im Breisgau. Freiburg 1848, hier S. 6–8 zu den Tiefbrunnen (H[einrich] M[ÜLLER], Die Wasserversorgung Freiburgs, in: Breisgauer-Chronik 5, 1913, S. 70–74, ist weitgehend eine Paraphrase des Buches von Rösch); Josef FUCHS, Stadtbäche und Wasserversorgung in mittelalterlichen Städten Südwestdeutschlands, in: Städtische Versorgung und Entsorgung im Wandel der Geschichte, hg. von Jürgen SYDOW (Stadt in der Geschichte 8) Sigmaringen 1981, S. 29–42 geht nur am Rand auf Freiburg ein. Die Auffassung, daß die Stadtbäche primär der Wasserversorgung dienen, nicht der Reinlichkeit der Straßen und der Entsorgung von Schmutzwasser, setzt sich in der Freiburger Lokalforschung erst langsam durch. – Nach der Ordnung von 1543 durfte erst nach zehn Uhr abends im Sommer, bzw. neun Uhr im Winter, Abfall in die Stadtbäche geschüttet werden (Stadtarchiv Freiburg, B 3 Nr. 1, fol. 22r–22v); ebendort, fol. 28r–30v auch eine Beschreibung der alten Brunnenleitung im Jahr 1555 sowie der neuen Leitungen von 1559 (fol. 30v–31v) und 1590 (fol. 38v–40v). Die älteste Beschreibung der Brunnenleitung stammt von 1535 (Stadtarchiv Freiburg C 1 Brunnen Nr. 1). Vgl. auch die städtische Ordnung »zu Raumung unnd Seyberung der Gassen unnd Bäch« vom 10. Mai 1559 (Stadtarchiv Freiburg, A 1 IXa).

68 Freiburger Urkundenbuch Bd. 1 (wie Anm. 28) S. 48–51 Nr. 63 (1238, zum Dominikanerkloster) S. 81 Nr. 93 (1246, zu St. Martin).

69 Die ältesten bislang in Freiburg faßbaren Latrinen dieses Typs stammen wohl aus dem mittleren 12. Jahrhundert: Grünwälderstr. 16 (Holzfund in der Fäkalienschicht dendrochronologisch datiert: nach 1140; Latrine nach kurzer Nutzungszeit verfüllt), Salzstr. 20 (älter als ein Holz-Erde-Keller der Bauphase Ia).

70 Noch ungedruckt ist die Dissertation von Karin SCZECH: Entsorgung in der mittelalterlichen Stadt am Beispiel von Konstanz und Freiburg, Freiburg 1994; vgl. zur Problematik Martin ILLI, Von der Schîßgruob zur modernen Stadtentwässerung, Zürich 1987.

71 Edgar HÖFLER, Martin ILLI und Judith OEXLE, Versorgung und Entsorgung der mittelalterlichen Stadt, in: Stadtluft (wie Anm. 8) S. 251–374. – Vgl. Ulf DIRLMEIER, Die kommunalpolitischen Zuständigkeiten und Leistungen süddeutscher Städte im Spätmittelalter, in: Städtische Versorgung und Entsorgung im Wandel der Geschichte, hg. von Jürgen SYDOW (wie Anm. 67) S. 113–150.

72 Vgl. den Katalog Stadtluft (wie Anm. 8) – Die äußerst fundreiche Latrine des Freiburger Augustinereremiten-Klosters enthielt allerdings große Mengen an Keramik-, Glas- und Holzgegenständen, Ofenkacheln, Stoff- und Lederresten aus dem späten 13. – 16. Jahrhundert. Der Anlaß für die Einfüllung dieser Abfälle bedarf weiterer Forschung. – Vgl. zu Bergung und Fundmaterial: Peter SCHMIDT-THOMÉ, Die Abortgrube des

Abb. 18 Gauchstr. 21, teilweise freigelegte und abgebaute Kuppel der runden, 5,5 m tiefen Sinkgrube im Hof (Foto Landesdenkmalamt Baden-Württemberg).

Klosters der Augustinereremiten in Freiburg, in: Archäologische Ausgrabungen in Baden-Württemberg 1983, Stuttgart 1984, S. 240–244; Ders., Hölzernes Alltagsgeschirr und Spiele aus einer mittelalterlichen Abfallgrube in Freiburg, in: Der Keltenfürst von Hochdorf. Methoden und Ergebnisse der Landesarchäologie. Ausst.-Kat., Stuttgart 1985, S. 463–471; Ders., Hölzernes Tischgeschirr des 13. Jahrhunderts, in: Zur Lebensweise der Stadt um 1200 (Zeitschrift für Archäologie des Mittelalters Beiheft 4) Bonn 1986, S. 129–158; Erwin Baumgartner und Ingeborg Krueger, Phönix aus Sand und Asche. Glas des Mittelalters. Ausst.-Kat. Basel/Bonn 1988, München 1988, S. 49–53, S. 213–214 Kat. 195; Kaltwasser, Keramikglasur (wie Anm. 10); Johanna Banck, Mittelalterliche Textilfunde aus der Latrinengrube des Augustiner-Klosters in Freiburg i. Br., in: Fundberichte aus Baden-Württemberg 16, 1991, S. 593–610; Ulrich Müller, Holzfunde aus Freiburg/Augustinerkloster und Konstanz. Herstellung und Funktion einer Materialgruppe aus dem späten Mittelalter. Diss. Kiel 1992, Ms. – Vgl. Die Latrine des Augustinereremiten-Klosters in Freiburg im Breisgau, mit Beiträgen von Peter Schmidt-Thomé, Johanna Banck, Ilse Fingerlin, Stephan Kaltwasser, Ulrich Müller, Ralph Röber, Andrea Soffner und Matthias Untermann (Materialhefte zur Archäologie in Baden-Württemberg) Stuttgart 1995.

Die Parzellierung des Stadtareals: das Problem des Hofstättenmaßes

Konrad hat, nach Aussage der Marktgründungsurkunde von 1120, jedem Neusiedler eine »Hofstätte« zur Bebauung zugewiesen. Das »Einheitsmaß« der Parzellen, 50 x 100 Fuß, ist, wie W. Schlesinger 1966 dargelegt hat, erst später in die Stadtrechtsprivilegien aufgenommen worden, nach der neuesten Beweisführung von M. Blattmann wohl von Berthold IV. ca. 1152[73]. Die ältere Stadtgeschichtsforschung hatte versucht, den Altstadt-Plan mit einem einheitlichen Grundstücksraster von 50 x 100 Fuß zu überziehen. Dieser weitgehend hypothetisch bleibende Ansatz ist zu Recht seit einigen Jahren aus der wissenschaftlichen Diskussion verschwunden[74]. Großflächige, mehrere Parzellen übergreifende Grabungen haben seit 1988 wichtige neue Befunde zur Grundstücksaufteilung und zur Frage des Hofstättenmaßes gebracht.

Auf dem Areal zwischen Gauchstraße und Unterlinden, im Nordwesten der Altstadt, wurde deutlich, daß die Parzellen vor Beginn der Bebauung planmäßig aufgeteilt waren (Abb. 14), nämlich in der Mitte zwischen beiden Straßen, und daß sie eine relativ einheitliche Breite hatten. Die Größe der Hofstätten beträgt dort nur etwa 7 x 22 m, also rund 24 x 72 Fuß. Großgrundstücke entstanden, indem mehrere schmale Parzellen zusammengefaßt wurden. Ein einheitliches System von 50 x 100 Fuß großen Hofstätten hat es also in Freiburg nicht gegeben, die Grundstücksgrenzen sind aber auch in den Randbereichen der Stadt früh abgesteckt worden.

Überraschend waren dann die Befunde auf dem »Harmonie«-Areal (Abb. 4). Dort sind zwei Parzellengrenzen ergraben worden, von denen eine nicht mehr in der neuzeitlichen Grundstücksstruktur vorhanden war. Der Abstand dieser Mauern mißt rund 16 m, die Tiefe des Grundstücks zwischen Grünwälderstraße und Stadtmauer rund 32 m: Dies ergibt fast genau das Hofstättenmaß des Stadtrodels von 50 x 100 Fuß. Das östlich angrenzende Grundstück ist deutlich schmaler, aber alle Mauern laufen nach Osten in die Grenzwand hinein: Das Nachbarhaus Grünwälderstraße 20 ist also erst später von diesem Grundstück abgeteilt worden; bis hin zu dessen Ostgrenze ergibt sich wiederum ein Maß von ca. 16 m.

Das Alter dieser Parzellengrenzen bedarf noch der Überprüfung. Es fällt nämlich auf, daß sie nicht in einer Flucht mit den Grenzen zwischen Salzstraße und Grünwälderstraße liegen. Überdies hat der frühe Steinkeller eine Treppe, die westlich der späteren Parzellen-

73 Walter SCHLESINGER, Das älteste Freiburger Stadtrecht. Überlieferung und Inhalt, in: Zeitschrift der Savigny-Stiftung für Rechtsgeschichte, Germanistische Abteilung 83, 1966, S. 63–116, hier S. 81ff.; vgl. dazu jetzt Marita BLATTMANN, Die Freiburger Stadtrechte zur Zeit der Zähringer (Veröffentlichungen aus dem Archiv der Stadt Freiburg 27) Freiburg – Würzburg 1991, S. 103–104, S. 136, S. 178, S. 708, S. 713.

74 Die frühe, vollständige Parzellierung und regelhafte Bebauung des Altstadtgebiets ist zunächst (entsprechend der älteren Deutung der Marktrechtsurkunde) mit der »Gründung« von 1120 zusammengebracht worden; so vertreten z. B. von: FLAMM, Niedergang (wie Anm. 52) S. 135ff. In bildliche Form gebracht wurde die Gründungsstadt »freier und gleicher Bürger«, deutlich ideologisch behaftet, von GRUBER, Bilder (wie Anm. 3) und von DEMS., Gestalt (wie Anm. 3) Abb. 44–45. – Eine topographisch genaue Rekonstruktion der Hofstätten versuchte zunächst HAMM, Städtegründungen (wie Anm. 3) S. 40ff., bes. S. 81–93 und Abb. 3, dann Werner NOACK, Kunstgeschichtliche Probleme der mittelalterlichen Stadtplanung, in: Oberrheinische Kunst 7, 1936, S. 5–18, hier 9f. mit Abb. 3. – Jüngere, kritischere Ansätze: Berent SCHWINEKÖPER, Beobachtungen zum Problem der »Zähringerstädte«, in: Schau-ins-Land 84/85, 1966/67, S. 49–78, hier 50–57, 62–66; DIEL (wie Anm. 6) S. 10–14; Wolfgang KLUG, Zum Problem der Hofstätten in Freiburg i. Br., in: Zeitschrift des Breisgau-Geschichtsvereins »Schau-ins-Land« 104, 1985, S. 177–194 (auch erschienen im Sonderdruck: Ein Häuserblock der Altstadt. Geschichte des Anwesens der Sparkasse, Ausstellung 23. Mai – 14. Juni 1985, hier S. 13–30).

grenze verläuft. Vielleicht ist das Gelände nach dem Bau der Stadtmauer neu parzelliert worden.

Auch das Haus Salzstraße 20 steht auf einer breiten Parzelle von 16,5 x 36,5 m Größe (Abb. 8). Da im Vorderhaus zwei getrennte, hochmittelalterliche Gebäude faßbar sind, die erst 1303 aneinander angebaut und erst 1505 unter einem gemeinsamen Dachstuhl zusammengefaßt wurden, war sorgfältig zu prüfen, ob es sich um eine oder um zwei, später zusammengelegte Parzellen handelt. Es gibt aber keine Anzeichen für eine ehemalige Teilung der Parzelle, keine Mauer, aber auch keinen Zaun. Ganz im Gegenteil, die ergrabenen mittelalterlichen Grenzmauern bilden genau die heutigen, äußeren Parzellengrenzen. Auch der Hofbereich zeigt eine ganz kontinuierliche Nutzung, mit immer wieder erneuerten Nebengebäuden im Westteil und an der Grünwälderstraße sowie dem offenen Hof im Osten, mit frühen Gruben und Latrinen. Die beiden Häuser an der Salzstraße gehören also zu einem Grundstück. Ihre unterschiedliche Gestaltung und Baugeschichte muß in ihrer Funktion und Nutzung gesucht werden: Im Westen stand ein frühes, erst nachträglich unterkellertes Steinhaus, im Osten zunächst ein zweiräumiges, unterkellertes Holzhaus, das noch im 12. Jahrhundert durch ein unterkellertes Steinhaus ersetzt wurde. Auch andernorts, z. B. in Zürich, gehören zu den großen, »reichen« Stadtgrundstücken mehrere, zunächst isoliert stehende Häuser[75], die erst im Laufe der Zeit zu einem Gebäude zusammenwachsen.

Die älteste Siedlung – eine planmäßige Stadtanlage?

Die Struktur der ältesten Siedlungsperiode im ergrabenen Bereich zwischen Salzstraße und Gerberau wird durch die frühen Holzbauten gut faßbar. Alle diese Bauten entsprechen auffällig genau den jüngeren Baulinien; die früheste Siedlung prägt also bereits die spätere Struktur der Grundstücke, die dann einige Jahrzehnte später mit Steinhäusern wiederholt wird. Keiner der älteren Bauten steht schräg zum Straßennetz; auch alle anderen Nutzungsspuren, z. B. Gruben und Zäune, fügen sich dem Raster von Straßen und Häusern ein. In der Siedlungsstruktur wird mithin keine ältere, dörflich-ungeregelt bebaute Siedlung faßbar.

Der archäologische Befund spricht also dafür, die erste Siedlungsperiode in der Freiburger Altstadt als planmäßig angelegte Siedlung anzusprechen – planmäßig in dem Sinne, daß in einem sehr frühen Stadium der Anlage bereits feste Straßen gebaut werden und daß die Parzellen eine etwa gleiche Breite und eine ähnliche Struktur aufweisen. Diese Siedlung war zumindest auf den drei ergrabenen Parzellen des »Harmonie«-Areals gewerblich orientiert: Dort wurde Silber produziert und weiterverarbeitet. Auf dem Grundstück Salzstraße ist die Metallverarbeitung vielleicht erst etwas später zu fassen, die Auswertung der Funde steht aber dort noch aus.

Diese frühe Siedlung erstreckt sich auf der Südseite der Salzstraße, vom Schloßberg ausgehend, dreisamabwärts. Sie steht anfangs unmittelbar mit der Dreisam-Niederung in Verbindung[76]. Eine Umwehrung dieser Siedlung war vermutlich nicht vorhanden, die spätere Stadtbefestigung mit Sicherheit noch nicht geplant.

75 Jüngster Überblick, mit Lit.: Jürg E. SCHNEIDER, Zürich, in: Stadtluft (wie Anm. 8) S. 68–91; DERS., Der mittelalterliche Steinbau in Zürich, in: ebenda, S. 239–247.

76 Es ist ungeklärt, ob der Lauf des Gewerbebachs auf einen alten Dreisam-Arm zurückgeht; zumindest im Bereich der Fischerau wird der Gewerbebach auf seiner Südseite hin von einem aufgeschütteten Damm gefaßt: Grabung Fischerau 12 (1992), Ortsakten Landesdenkmalamt Freiburg, Archäologie des Mittelalters.

Diese frühe Siedlung scheint mit dem 1120 bestehenden Ort Freiburg zu identifizieren zu sein. Sie verdankt, wenn die Beobachtungen zur planmäßigen Anlage zutreffen, ihre Entstehung einem herrschaftlichen Akt: Sie ist gegründet. Die Eigenschaft als Gründungssiedlung, das Fehlen einer Befestigung und die gewerbliche Ausrichtung gelten als Merkmale des Siedlungstypus *burgus*, wie er im 11. Jahrhundert in Frankreich und im Nordwesten Mitteleuropas auftritt, als vorstädtische Siedlungsform, entstanden neben Klöstern und Burgen[77]. Der Markt gehört zu diesen, in anderer historischer Situation entstandenen, westeuropäischen *burgi* von Anfang an dazu.

Der archäologische Befund scheint mithin die entsprechenden Schlüsse aus den Formulierungen der Konradurkunde zu bestätigen: Hagen Keller hat ja bereits einen »gelenkten Siedlungsvorgang« vor 1120 vermutet[78]. In Freiburg wäre demnach ab 1120 ein wenig älterer, herrschaftlich geprägter *burgus* zu einer Stadt im hochmittelalterlichen Sinn ausgebaut worden, mit der Verleihung des Marktrechts, mit der Anlage einer breiten Marktstraße und mit dem Bau einer überaus aufwendigen Befestigungsanlage. Der »Gründungscharakter« Freiburgs, den gerade die jüngere Forschung zurückgedrängt hat zugunsten der Betonung der älteren Wurzeln, aus denen die Stadt entstanden sei, scheint mir von den archäologischen Befunden zur öffentlichen Infrastruktur, seien es die Straßen, die Parzellierung, die Stadtmauer oder die Stadtbäche, wieder stärker in den Vordergrund zu treten.

Viele der hier vorgetragenen Überlegungen bedürfen noch der abschließenden Überprüfung in der Grabungsdokumentation, der weiteren Auswertung des Fundmaterials, vor allem aber auch des Vergleichs mit den älteren, flächenmäßig stark begrenzten Grabungen. Die Einordnung in gleichartige und abweichende Entwicklungen in den benachbarten Städten, zum Beispiel in Basel, wird ebenfalls neue Einsichten bringen. Die notwendige archäologische Nacharbeit ist umfangreich und nicht in kurzer Zeit zu leisten.

Die hier vorgestellten Befunde mögen aber schon jetzt Anlaß geben zu weiterführenden historischen Überlegungen, zum Beispiel zu Fragen nach der frühen Silberverarbeitung[79] oder nach der Rolle der Ministerialen bei der Entstehung des *burgus*. Immerhin lag gerade an der Grünwälderstraße und an der Salzstraße schon früh, das heißt am Ende des 13. Jahrhunderts, Hausbesitz der großen Freiburger Familien, zum Beispiel der Küchlin, derer von Keppenbach und der Snewlin, die zunächst wohl Ministerialen der Zähringer waren[80].

77 Vgl. Gabriel FOURNIER, Burgus, in: Lexikon des Mittelalters Bd. 2, München – Zürich 1983, Sp. 1099–1101; Edith ENNEN, Die europäische Stadt des Mittelalters, 3. Aufl. Göttingen 1979, bes. S. 104f. – Ernst PITZ, Europäisches Städtewesen und Bürgertum, Darmstadt 1991, S. 181 ff.

78 KELLER, Zähringer (wie Anm. 16) S. 22.

79 Vgl. Erze, Schlacken und Metalle. Früher Bergbau im Südschwarzwald, Freiburger Universitätsblätter 109, 1990; Heiko STEUER, Erzbergbau im Schwarzwald zur Salierzeit, in: Siedlungen und Landesausbau zur Salierzeit II, hg. von Horst Wolfgang BÖHME (Römisch-Germanisches Zentralmuseum Mainz, Monographien 28) Sigmaringen 1991, S. 67–96.

80 Hermann NEHLSEN, Cives et milites de Friburg. Ein Beitrag zur Geschichte des ältesten Freiburger Patriziats, in: Schau-ins-Land 84/85, 1966/67, S. 79–124; DERS., Die Freiburger Familie Snewlin. Rechts- und sozialgeschichtliche Untersuchungen zur Entwicklung des mittelalterlichen Bürgertums (Veröffentlichungen aus dem Archiv der Stadt Freiburg im Breisgau 9) Freiburg 1967; Josef FLECKENSTEIN, Bürgertum und Rittertum in der Geschichte des mittelalterlichen Freiburg, in: Freiburg im Mittelalter, hg. von Wolfgang MÜLLER (wie Anm. 16) S. 77–95; DERS., Die Problematik von Ministerialität und Stadt im Spiegel Freiburger und Straßburger Quellen, in: Stadt und Ministerialität, hg. von Erich MASCHKE und Jürgen SYDOW (Veröffentlichungen der Kommission für geschichtliche Landeskunde in Baden-Württemberg Reihe B, Forschungen 76) Stuttgart 1973, S. 1–15; KELLER, Charakter (wie Anm. 16) S. 273–282.

Die noch anstehenden Grabungen und Bauuntersuchungen werden auch von archäologischer Seite eine kritische Überprüfung der vorgetragenen Thesen ermöglichen. Immerhin scheint jetzt schon die Annahme einer Siedlung des späten 11. Jahrhunderts im Südteil der Freiburger Altstadt auch archäologisch begründet zu sein.[81]

81 Befunde, Quellen und Keramikfunde vom »Harmonie«-Gelände sind inzwischen bearbeitet: Matthias UNTERMANN, Das »Harmonie«-Gelände in Freiburg im Breisgau, mit Beiträgen von Dietrich HAKELBERG, Stephan KALTWASSER, Dieter NEUBAUER, Monika PORSCHE, Christoph J. RAUB und Jaco WEINSTOCK (Forschungen und Berichte der Archäologie des Mittelalters in Baden-Württemberg 19) Stuttgart 1995 (im Druck).

Bürger und Kommune

Die sozial- und verfassungsgeschichtliche Entwicklung Freiburgs von der Gründung bis in die Zeit um 1250

Von Hans Schadek

Im Juli 1893 gab der Breisgauverein »Schau-ins-Land« im Kaisersaal des Historischen Kaufhauses ein festliches Bankett zu Ehren Heinrich Schreibers, dessen 100. Geburtstag zu feiern war. Die Leistungen des Historikers auf dem Feld der Geschichte wurden dabei vielfach gewürdigt, unter anderem, dem Gusto der Zeit entsprechend, in einem »lebenden Bild«, in dem Personen auftraten, die Schreibers historisches Interesse gefunden hatten: der Erfinder des Pulvers Bertold Schwarz, Matthäus Hummel, der erste Rektor der Universität, der Bauernkriegsführer Hans Müller von Bulgenbach, Ferdinand Mayer von Fahnenberg, der Retter aus Kriegsnöten, und – allen voran – als »der Gründer der Stadt« Herzog Bertold II. von Zähringen[1]!

Für Heinrich Schreiber hatte in der Tat der 1111 verstorbene Bertold II. in der Entstehungsgeschichte Freiburgs eine entscheidende Rolle gespielt: Seiner Auffassung nach hatte dieser die Burg auf dem Schloßberg gebaut, an deren Fuß dann während der Herrschaft des Herzogs eine dörfliche Siedlung von Dienstmannen, Handwerkern und Bergleuten entstanden war: die Keimzelle der künftigen Stadt. Den qualitativen Sprung, »die Umbildung des Dorfes in die Stadt Freiburg«, verband sich für Schreiber allerdings mit einem anderen Namen, mit dem Herzog Konrads[2]: Hatte Schreiber doch die wegweisende Entdeckung gemacht, daß als der Aussteller des 1120 verliehenen Stadtrechts und damit als der wahre Gründer der Stadt Konrad von Zähringen zu gelten hatte – und nicht der in der traditionellen Überlieferung schon seit dem beginnenden 13. Jahrhundert genannte Bertold III.[3] Schreiber hat als erster auch die historische Sonderstellung und Aussagekraft der konradinischen Gründungsurkunde erkannt und auszuwerten gesucht[4] – eines Textes, dem später der Konstanzer Historiker Konrad Beyerle als Zentrumsabgeordneter im Verfassungsausschuß der Deutschen Nationalversammlung sogar eine rechtsgeschichtlich bis in die Neuzeit hineinreichende Wirkung zuschreiben wollte. Allerdings, seiner kühnen These – »an der Schwelle des Kapitels der [bürgerlichen]

1 Stadtarchiv Freiburg, C 3/287/6 (Errichtung eines Denkmals für Professor Dr. Heinrich Schreiber, 1876–1897); K 2/1 (Nachlaß Breisgauverein »Schau-ins-Land«), Protokollbuch 1890–1900, S. 75f., 91f., 96f., 100f. Vgl. zu Schreiber vor allem: Robert William Rieke, Heinrich Schreiber 1793–1872 (Beiträge zur Freiburger Wissenschafts- und Universitätsgeschichte 9) Freiburg 1956. Eine neue Gesamtwürdigung Heinrich Schreibers unternahm eine 1993 von der Katholischen Akademie der Erzdiözese Freiburg und dem Stadtarchiv Freiburg zu Schreibers 200. Geburtstag ausgerichtete Tagung, deren Vorträge in der Reihe der »Veröffentlichungen aus dem Archiv der Stadt Freiburg i. Br.« zu publizieren beabsichtigt ist.

2 Heinrich Schreiber, Geschichte der Stadt Freiburg im Breisgau, 1.Teil, Freiburg 1857, S. 35ff., S. 41ff.

3 Heinrich Schreiber, Die älteste Verfassungsurkunde der Stadt Freiburg im Breisgau, zum erstenmal in ihrer ächten Gestalt herausgegeben, Freiburg 1833.

4 Schreiber bemerkte allerdings noch nicht, daß sich nur der geringere Teil des unter Konrads Namen überlieferten Stadtrechts in der – später dann rekonstruierten – Urkunde von 1120 wiederfindet; vgl. jetzt: Marita Blattmann, Die Freiburger Stadtrechte zur Zeit der Zähringer. Rekonstruktion der verlorenen Urkunden und Aufzeichnungen des 12. und 13. Jh., 2 Bde. (Veröffentlichungen aus dem Archiv der Stadt Freiburg im Breisgau 27) Freiburg 1991.

Grundrechte stehen die Sätze, die der Herzog Konrad von Zähringen 1120 der Stadt Freiburg i. Br. [...] gegeben hat« – begegneten die Fachkollegen rasch mit energischem Widerspruch[5].

Dennoch hat Beyerle, der sich bekanntlich mit der Frühgeschichte der mittelalterlichen Stadt eingehend beschäftigt hat[6], richtig gesehen, daß mit der Begründung eines auf die Stadt und ihre Bewohner begrenzten Rechtskreises und mit der schriftlichen Fixierung dieser Rechte etwas Neues ins Licht der Geschichte getreten war, daß also Freiburg ein frühes Beispiel für eine Entwicklung bot, die im 13. Jahrhundert zu einer Flut von privilegierten Stadtgründungen führte[7]. Wichtigste Zeugnisse der Frühphase dieses nicht nur rechtsgeschichtlich so bedeutsamen Vorgangs, der Ausbildung der mittelalterlichen Stadt in allen ihren wesentlichen Elementen, sind vor allem die Stadtrechtstexte, und auch dies begründet Freiburgs Sonderstellung im deutschen Raum: Die stattliche Zahl von Rechtsprivilegien, die der Kommune in den ersten zwei Jahrhunderten seit der Gründung des Marktes 1120 verliehen worden sind, ist außergewöhnlich; sie allein schon belegen Freiburgs raschen und ohne größere Brüche fortschreitenden Wandel vom herrschaftlichen Marktort zur Stadt mit weitreichenden Kompetenzen in der Behandlung der eigenen Angelegenheiten – eine Entwicklung, die offenbar beispielhaft war, da sich zahlreiche Neugründungen mit Freiburger Recht bewidmen ließen[8].

Die frühen Freiburger Rechtstexte sind Primärquellen, die Auskunft geben nicht nur über die verfassungsrechtliche Situation der Stadt und die Rechte ihrer Bürger, sondern ebenso über die Entwicklung der sozialen Gegebenheiten, über die Entstehung einer sich erstmals formierenden und gegen das Umland absetzenden urbanen Gesellschaft, über deren Gliederung und über den Anteil der verschiedenen Gruppen an der sich allmählich vollziehenden Ausgestaltung der Kommune – einer Bürgergemeinde, die schließlich die Verwaltung der inneren Belange und später auch die Gestaltung der äußeren Beziehungen selbst in die Hand zu nehmen willens und fähig war.

Mit der 1991 erschienenen Arbeit von Marita Blattmann über die Freiburger Stadtrechte des 12. und 13. Jahrhunderts[9] liegt nun eine verläßliche Edition jener Texte vor, die unsere Aufmerksamkeit beanspruchen: das Gründungsprivileg von 1120; die rekonstruierte Bestätigungsurkunde Bertolds IV. von 1152; die sogenannte Erweiterte Handfeste, eine – ebenfalls erschlossene – Privilegienbestätigung Bertolds V. von 1186; der Stadtrodel von 1218; der zwischen 1317 und 1341 niedergeschriebene Tennenbacher Text und schließlich die deutschsprachigen Stadtrechte von 1275 und von 1293.

Greifen wir aus der Fülle der Texte zunächst jene beiden Schriftquellen heraus, die in besonders engem Bezug zu dem von Karl Schmid bereits interpretierten Konradprivileg[10] stehen: den sogenannten Stadtrodel und den Tennenbacher Text, die beide in ihren Prologen detaillierte Aussagen zur Gründung Freiburgs machen. Diese »Gründungsberichte« informieren uns auch über die beteiligten Personengruppen, unter ihnen

5 Georg von Below, Zur Deutung des ältesten Freiburger Stadtrechts, in: Zeitschrift der Gesellschaft für Beförderung der Geschichts-, Altertums- und Volkskunde von Freiburg, dem Breisgau und den angrenzenden Landschaften 36, 1920, S. 1–30, hier: S. 19ff. (dort auch das Zitat).

6 Vgl. Neue Deutsche Biographie 2, Berlin 1955, S. 206f.

7 Jürgen Sydow, Städte im deutschen Südwesten, Stuttgart u. a. 1987, S. 50.

8 Blattmann (wie Anm. 4) I, S. 3f., 16ff.

9 Wie Anm. 4.

10 Siehe seinen Beitrag in diesem Band. Vgl. Blattmann (wie Anm. 4) I, S. 37ff.; II, S. 531ff. (Text des Privilegs).

solche, die bei der Gründung in besonderer Weise hervorgetreten sind und die, so muß man annehmen, unter den Marktsiedlern eine exponierte Stellung eingenommen haben.

Der unmittelbar nach dem Tod Bertolds V., also wohl schon im Jahre 1218, von den Bürgern selbst konzipierte und niedergeschriebene Text des Stadtrodels [11] berichtet, Herzog Bertold III. habe 1120 beschlossen, auf eigenem Boden, nämlich Freiburg, eine mit Kölner Recht ausgestattete *libera civitas*, eine freie Stadt zu gründen, indem er angesehenen Kaufleuten (*mercatoribus personatis*) am festgelegten Markt Hofstätten zu Eigen gab, mit der Auflage, auf ihnen Häuser zu errichten. Nachdem die Gründung durch die Zustimmung von König und Fürsten ihre rechtliche Absicherung erhalten hatte, habe er den Kaufleuten, die von allen Seiten diesem Ort zugeströmt seien (*mercatoribus undecumque ad eundem locum confluentibus*), die anschließend beschriebenen Rechte gewährt, die für alle Bewohner der Stadt auf ewige Zeiten gelten sollten.

Der »Gründungsbericht« des Stadtrodels schildert den Gründungsvorgang so, wie er sich im Bewußtsein der Bürger 100 Jahre nach dem Ereignis spiegelte. Dabei ist eine Täuschungsabsicht auszuschließen: Der oder die Verfasser des Stadtrodels fingierten keine Urkunde des Herzogs, sondern schrieben lediglich – um befürchtete Rechtsminderungen abzuwehren oder auch, um mit dem Herrschaftswechsel Vorteile zu gewinnen – den Rechtszustand fest [12]. Sie hatten keinen Anlaß, den Gründungsvorgang verfälscht zu schildern. Dennoch enthält der Bericht Angaben, die offensichtlich die Gründungswirklichkeit nicht zutreffend wiedergeben. Der große zeitliche Abstand zum Gründungsgeschehen und das mittlerweile gewandelte Selbstverständnis der Bürger, die ihren Ort als – voll ausgebildete – Stadt, nicht mehr nur als Markt begriffen, führte zur Umdeutung einer anderen älteren Tradition, die im Tennenbacher Güterbuch überliefert [13] und dem verlorenen Konradprivileg entnommen ist. Ihr zufolge hatte Konrad von Zähringen (noch) nicht die Gründung einer Stadt, sondern eines Marktes im Sinn, dessen Ausbau er, nachdem er von überall angesehene Kaufleute zusammengerufen hatte, auf der Grundlage einer eidlichen Vereinbarung beginnen wollte. Die von den Kaufleuten gewünschten Privilegien, die zu ihrer Sicherung in schriftlicher Form festgehalten wurden,[14] ließ Konrad von zwölf seiner angesehensten Ministerialen auf Reliquien für sich und seine Nachkommen beschwören und bekräftigte selbst durch Handschlag mit einem freien Mann (*homo liber*) und den *coniuratores fori*, den Marktgeschworenen, diese eidliche Verpflichtung. Hier wird also nicht vom amtierenden Herzog eine Stadt gegründet, mit königlicher Zustimmung und unter Bewidmung mit dem Recht einer anderen hochangesehenen Stadt, sondern ein Markt wird errichtet auf der Basis einer Vereinbarung zwischen dem Herrn der Siedlung und einer Anzahl von Kaufleuten, die sich dort niederlassen wollen aufgrund der erzielten günstigen Rechtszusagen [15].

Die exponierte Stellung, die der Gruppe der *mercatores* wohl nicht nur in der Frühphase der Stadt eingeräumt wurde, tritt im »Gründungsbericht« klar zutage. Ganz offensichtlich wurde den Kaufleuten für den Ausbau der jungen Siedlung eine hohe Bedeutung beigemessen. Das Vorgehen des Zähringers erinnert in dieser Hinsicht an die Abmachung zwi-

11 Stadtrodel von ca. 1218: Ebd. I, S. 8ff.; II, S. 552ff. (Text). Vgl. zum folgenden Hagen KELLER, Über den Charakter Freiburgs in der Frühzeit der Stadt, in: Festschrift für Berent Schwineköper. Zu seinem 70. Geburtstag, hg. von Helmut MAURER und Hans PATZE, Sigmaringen 1982, S. 249–282.

12 BLATTMANN (wie Anm. 4) I, S. 231ff.

13 Tennenbacher Privileg: Ebd. I, S. 14ff.; II, S. 534ff. (Text). Vgl. in diesem Band K. SCHMID Abb. 1 S. 128.

14 Die schriftliche Form der Privilegierung ist – nicht zu Recht – in Frage gestellt worden; vgl. BLATTMANN (wie Anm. 4) I S. 347ff.

15 KELLER (wie Anm. 11) S. 251.

schen Heinrich VI. und dem Bischof von Basel im Breisacher Teilungsvertrag von 1185, zur Niederlassung auf dem dortigen Burgberg nur Kaufleute zuzulassen[16]. Die den Freiburger *mercatores* zuerkannte Führungsfunktion innerhalb der Bürgerschaft wird unterstrichen durch die Bestimmung des Konradprivilegs, daß Streitigkeiten unter den Einwohnern des Ortes, den *burgenses*, nach Kaufmannsrecht, insbesondere nach dem der Kölner Kaufleute, zu entscheiden waren[17]. Die ältere Forschung hat daraus und aus der nicht zutreffend interpretierten Verbindung von Kaufmannschaft und Eidesleistung den Schluß gezogen, die Gilde – als beschworene Einung der Kaufleute – sei die Rechtsform gewesen, in der sich die Marktgemeinde zu Freiburg konstituiert habe. Kaufmannsgilde und Marktgemeinde seien dort anfangs identisch gewesen, da es sich bei den ersten Siedlern durchweg um Kaufleute gehandelt habe, die als »Unternehmerkonsortium kapitalistischen Stils« vom Gründer mit der Errichtung des Marktes beauftragt worden seien[18].

Gegen diese These sind so stichhaltige Einwände vorgetragen worden[19], daß sie in dieser prononcierten Form ad acta gelegt werden kann. Dennoch bleibt zu beachten, daß nach dem Wortlaut der Konradurkunde der Ausbau des Marktes angeworbenen Kaufleuten anvertraut wurde, die zuvor hier nicht ansässig waren. Woher diese kamen, ist nicht bekannt. Die von Hans Planitz formulierte Ansicht, der Städtegründer habe sie »aus Westdeutschland, vor allem aus Köln, herbeigerufen«[20], stützt sich auf den zitierten Passus des Gründungsprivilegs, daß Streitigkeiten insbesondere nach dem Recht der Kölner Kaufleute entschieden werden sollten. Doch ist zu bedenken, daß es seit den ottonischen Marktprivilegien üblich war, »die Berufung auf das Kaufmannsrecht durch die Nennung bestimmter Bezugsorte zu präzisieren«. Das Marktprivileg von Allensbach am Bodensee 1075 nennt das Recht der Kaufleute von Mainz, Worms und Konstanz als verbindliche Richtschnur, das elsässische Altdorf – etwa zur gleichen Zeit – das der Kaufleute von Mainz, Köln und Straßburg[21]. Von hier aus auf die Zusammensetzung der Kaufmannschaft in diesen beiden Orten schließen zu wollen, geht nicht an. Allerdings saß in Freiburg eine Familie, die sich nach Köln als ihrem Herkunftsort benannte: Die Brüder Heinrich und Konrad von Köln (*de Colonia*) treten als Zeugen in einer Freiburger Schenkung des ausgehenden 12. Jahrhunderts auf, und ein *Hugo dictus de Colonia* ist 1250 als *civis Friburgensis* belegt[22]. Vielleicht dürfen wir diese Nennungen doch als Nachweis für die

16 Eberhard GOTHEIN, Wirtschaftsgeschichte des Schwarzwaldes und der angrenzenden Landschaften, Straßburg 1892, S. 108f. Berent SCHWINEKÖPER, Das »Pariagium« als Mittel staufischer Territorialpolitik, in: Geschichte und ihre Quellen. Festschrift für Friedrich Hausmann zum 70. Geburtstag, hg. von Reinhard HÄRTEL, Graz 1987, S. 99–110, hier: S. 105.

17 Vgl. zum Rechtsinhalt des *ius mercatorum:* Karl KROESCHELL, Ius omnium mercatorum, precipue autem Coloniensium, in: Festschrift für Berent Schwineköper (wie Anm. 11) S. 283–290.

18 GOTHEIN (wie Anm. 16) S. 92. Hermann JOACHIM, Gilde und Stadtgemeinde in Freiburg i. Br., in: Festgabe für Anton Hagedorn, Hamburg und Leipzig 1906, S. 27–114, hier: S. 70ff. Fritz RÖRIG, Die Gründungsunternehmerstädte des 12. Jh., in: DERS., Hansische Beiträge zur deutschen Wirtschaftsgeschichte (Schriften der baltischen Kommission zu Kiel 9) Breslau 1928, S. 243–277. Mit anderen Akzenten: Franz BEYERLE, Untersuchungen zur Geschichte des älteren Stadtrechts von Freiburg i. Br. und Villingen i. Schw. (Deutschrechtliche Beiträge V, 1) Heidelberg 1910, S. 139ff.

19 Vgl. etwa Johannes BÄRMANN, Die Stadtgründungen Heinrichs des Löwen und die Stadtverfassung des 12. Jh. (Forschungen zur deutschen Rechtsgeschichte 1) Köln – Graz 1961, S. 111ff. Luise VON WINTERFELD, Gründung, Markt und Ratsbildung deutscher Fernhandelsstädte, in: Westfalen-Hanse-Ostseeraum (Veröffentlichungen des Provinzialinstituts für Westfälische Landes- und Volkskunde I, 7) Münster 1955, S. 9–89.

20 Hans PLANITZ, Die deutsche Stadt im Mittelalter, Graz – Köln 1954, S. 134f.

21 KELLER (wie Anm. 11) S. 261.

22 Freiburger Urkundenbuch (im folgenden: FUB), bearb. von Friedrich HEFELE, Bd. 1–3, Freiburg 1940–1957, I, S. 9 Nr. 24, S. 101 Nr. 118. Zu weiteren Trägern dieses Namens vgl. die FUB-Register.

Beteiligung von Fernkaufleuten an der Marktgründung von 1120 nehmen. Heiko Steuer stellt in seinem Beitrag als entscheidendes Kriterium der frühen mittelalterlichen Stadt die Existenz eines Marktes heraus, der nicht mehr nur als Umschlagplatz für die landwirtschaftlichen Güter der Umgebung dient, sondern wo sich Kaufleute einfinden, die Qualitätsgüter kaufen und verkaufen – Kaufleute übrigens, die durchaus nicht unbedingt, auch wenn sie, wie in Freiburg, Marktanwohner wurden, dauernd in der Stadt zu bleiben gedachten. Vielfach waren sie nämlich in verschiedenen Städten im Handel engagiert[23]. Genauer abschätzbar ist freilich, wie gesagt, der Herkunftsbereich der Freiburger *mercatores personati* nicht. Wir müssen jedenfalls realistischerweise damit rechnen, daß eine größere Zahl von ihnen, wenn nicht die meisten, allenfalls aus dem Raum zwischen Straßburg und Basel, zwischen Elsaß, Schwarzwald und Bodensee nach Freiburg gekommen ist[24]. Auch jene *merchatores*, die dem Rat der Stadt Breisach »um 1227« (Abb. 1) angehör-

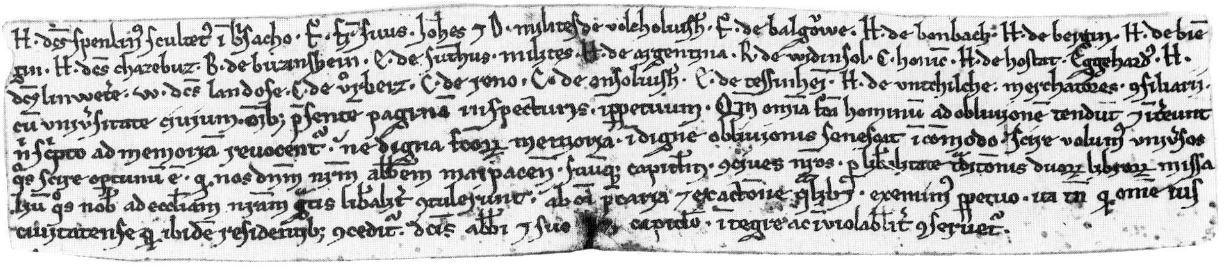

Abb. 1 Der Schultheiß, die Räte – 10 Ritter und 12 Kaufleute – und die ganze Gemeinde von Breisach befreien ihre Mitbürger, den Abt und das Kapitel des Klosters Marbach, die ihrer Kirche zwei Missale geschenkt haben, von allen Steuern und Abgaben und gewährleisten ihnen für immer den uneingeschränkten Genuß des vollen Bürgerrechts (Archives Départementales du Haut-Rhin).

ten[25], stammten, soweit die Namen das erkennen lassen, aus der nächsten Umgebung Breisachs und aus dem Elsaß. Selbst in einer Stadt wie Zürich kamen die Zuwanderer des 12. und 13. Jahrhunderts »aus der nächsten und näheren Umgebung«; Fernhändler sind nur in wenigen Fällen festzustellen[26].

Auch die Frage nach dem Sozialstatus der *mercatores personati* läßt sich nicht ohne weiteres beantworten. Denn der Begriff des *mercator*, der auf den ersten Blick hin so eindeutig bestimmbar scheint, umreißt zunächst nur eine Funktion; er besagt letztlich noch nichts über die ständische Herkunft der so bezeichneten Personen. Sie können nicht einmal von vornherein als freie Leute angesehen werden. Abhängige Kaufleute mit Zensua-

23 Siehe seinen Beitrag in diesem Band.

24 Die Auswertung der Freiburger Familiennamen, die aus Ortsnamen gebildet wurden, ergibt für die Jahre bis 1300, daß die Namensträger überwiegend aus dem Raum um Freiburg und aus Südbaden stammten, erst in zweiter Linie – mit relativ gleichem Anteil – aus der Schweiz, dem Elsaß und dem deutschen Reich (mit hohem süddeutsch-schwäbischem Anteil). Bernhard DZIUBA, Familiennamen nach Freiburger Quellen des 12.–15. Jh. (Forschungen zur oberrheinischen Landesgeschichte 18) Freiburg 1963, S. 55ff.

25 Archives départementales du Haut-Rhin, H Marbach, carton 2. Ediert von Paul HUGOT, Les ruines de Marbach, in: Curiosités d'Alsace 1, 1861/62, S. 401–416, hier: S. 410f. Herrn Kollegen Jean-Luc Eichenlaub, Departementalarchiv Colmar, danke ich für den Hinweis auf den Druckort der Urkunde. Hugot datiert diese in die erste Hälfte des 13. Jh. Auf »cirka 1227« wird sie datiert von Günther HASELIER, Geschichte der Stadt Breisach am Rhein, Bd. 1, Breisach 1969, S. 97. Der Schriftduktus der Urkunde erlaubt eine Zuweisung in die ersten Jahrzehnte des 13. Jh.

26 Emil VOGT, Ernst MEYER, Hans Conrad PEYER, Zürich von der Urzeit zum Mittelalter, Zürich [1971], S. 208ff.

lenstatus, nur mehr durch ihre Abgabeverpflichtung belastet, sonst aber weitgehend freizügig, lassen sich im städtischen Handel dieser Zeit häufig nachweisen[27], und die Bezeichnung als *personatus* kann, wie eine elsässische Quelle vom Ende des 11. Jahrhunderts belegt, auch dem *serviens*, dem Ministerialen zugedacht werden[28].

Unser Augenmerk hat deshalb zunächst den weiteren an der Marktgründung beteiligten Personengruppen zu gelten. Treten diese doch neben den *mercatores* recht differenziert hervor[29]: Den Schutz innerhalb seines Marktbereiches gewährt Konrad allen, die den neugegründeten Markt aufsuchen, den *forum querentes*. Die Nutzung der Allmende dagegen wird eingeschränkt auf jene, die Besitz am Markt haben, auf die *fori possessores*. Zwölf *nominatissimi ministeriales*, zähringische Ministerialen von höchstem Rang, bürgen für ihren Herrn; diese ritterlichen Dienstleute gehören – zu diesem Zeitpunkt jedenfalls – nicht zum Markt, sondern sind Vertreter der herrschaftlichen Seite[30]. Die Marktgeschworenen, die *coniuratores fori* wiederum, die Vertragspartner bei der beeidigten Vereinbarung, sind »nicht die Gesamtheit der Neuankömmlinge oder gar der Einwohnerschaft, sondern eine hervorgehobene Gruppe, die für sich und für die anderen die Vereinbarung« mit dem Zähringer bekräftigte – ebenso wie ein als *homo liber* bezeichneter freier Mann. Den *coniuratores fori* könnten ausschließlich Kaufleute angehört haben, doch zählten zu den Schwörenden vermutlich auch Vertreter jener *burgenses*, die im Konradprivileg mehrfach angesprochen sind: Der Begriff erscheint immer dann, wenn es um Privilegien für die ›Gesamtheit‹ der Marktbewohner geht. Daraus ergibt sich, daß sich am Ort der Marktgründung nicht nur Kaufleute niederließen, sondern daß eine weitere Gruppe von Einwohnern mit ihnen privilegiert wurde, die hier entweder bereits vor den Kaufleuten siedelte oder die sich ihnen im Zuge der Gründung zugesellte.

Mit den Ergebnissen der vorausgehenden Beiträge hat sich die Annahme verdichtet, daß der Begründung des Marktes im Jahre 1120 die Anlage einer Siedlung vorgeschaltet war, die mit einer ersten, später ausgebauten herrschaftlichen Burg auf dem Schloßberg[31] in enger Verbindung gestanden haben muß. Dieser »präurbane Siedlungskern«, der offenbar bereits den Namen Freiburg trug, ist als Ansatzpunkt für die Marktsiedlung genutzt worden – die Gründungsurkunde formuliert eindeutig: *in loco ... Friburg forum constitui*[32]. Damit ist auch die dort bereits ansässige Siedlungsgemeinschaft in den Verband der neuen Marktbewohner, also der Kaufleute, miteinbezogen worden. Das Wichtige an dieser Überlegung ist in sozialgeschichtlicher Hinsicht, daß hiermit ein neuer Zugang zur Lösung der in den letzten Jahren viel diskutierten Frage gefunden ist, welchen Anteil die Ministerialität in Freiburg an der Entstehung der Bürgerschaft hatte, an ihrer Zusammensetzung in den ersten Jahrzehnten nach der Gründung und vor allem auch am Aufstieg der führenden Familien, die in Freiburg erst nach dem Herrschaftswechsel ab 1218 deutlicher in Erscheinung treten: der Snewlin, Fasser, von Munzingen, von Krozin-

27 Knut SCHULZ, Zensualität und Stadtentwicklung im 11./12. Jh., in: Beiträge zum hochmittelalterlichen Städtewesen, hg. von Bernhard DIESTELKAMP (Städteforschung A, 11) Köln – Wien 1982, S. 73–93. DERS., Stadtrecht und Zensualität, in: Klever Archiv 3, 1981, S. 13–36.

28 Luise VON WINTERFELD, Versuch über die Entstehung des Marktes und den Ursprung der Ratsverfassung in Lübeck, in: Zeitschrift des Vereins für Lübeckische Geschichte und Altertumskunde 25, 1929, S. 365–488, hier: S. 426f.

29 Vgl. zum folgenden KELLER (wie Anm. 11) S. 256f.

30 Josef FLECKENSTEIN, Bürgertum und Rittertum in der Geschichte des mittelalterlichen Freiburg, in: Freiburg im Mittelalter, hg. von Wolfgang MÜLLER (Veröffentlichung des Alemannischen Instituts 29) Bühl/Baden 1970, S. 77–95, hier: S. 79.

31 Siehe den Beitrag von A. ZETTLER in diesem Band.

32 KELLER (wie Anm. 11) S. 257f., 269ff.

Abb. 2 Ein Bergknappe schiebt einen Karren mit Erzgestein aus dem Bergstollen. Holzschnitt aus der Margarita philosophica des Freiburger Kartäuserpriors Gregor Reisch (Stadtarchiv Freiburg).

gen und andere, von denen noch die Rede sein wird. Wenn nämlich die Bewohner der Burgsiedlung in die Marktgründung miteinbezogen worden sind, dann müssen dies insbesondere zähringische Dienstleute gewesen sein, die – je nach Rang – unterschiedliche Aufgaben wahrgenommen haben, in herrschaftlichem Auftrag als Handwerker, in der Güter- und Wirtschaftsverwaltung, wohl auch in der Beaufsichtigung und Regelung des Marktverkehrs, ja sie werden im Handel selbst tätig gewesen sein. Wir dürfen ein Engagement zähringischer Ministerialen auch im Bereich des Handels zunächst deshalb annehmen, weil für eine Reihe anderer Städte des 12. Jahrhunderts – es handelt sich allerdings in der Regel um Bischofsstädte wie Basel, Straßburg, Mainz, Worms, Trier und andere – Ministerialen als Händler, in Straßburg z. B. als Pelzhändler im bischöflichen Dienst und auf eigene Rechnung, als Tuchhändler, als Geldverleiher im Wechselgeschäft und im Silberhandel nachgewiesen werden konnten[33]. Erinnern wir uns, daß die von Matthias Untermann geleiteten Grabungen auf dem »Harmonie«-Areal an der Grünwälderstraße Schmelzplätze für Blei, Kupfer und Silber zutage gefördert haben, die in die Entstehungszeit Freiburgs zu datieren sind[34]. Die Ausbeutung von Erz- und Silbervorkommen (Abb. 2) war herrschaftliches Privileg, und wir strapazieren unsere Phantasie wohl nicht zu sehr, wenn wir annehmen, daß der Zähringer den Handel mit Metallen und vor allem den in seiner Bedeutung gar nicht zu überschätzenden Silberhandel durch seine Dienstleute betreiben ließ.

Von der Forschung ist in den letzten Jahren die Bedeutung lokaler Märkte für die adelige (und klösterliche) Grundherrschaft genauer herausgearbeitet worden. An den seit dem

33 Knut SCHULZ, Ministerialität und Bürgertum in Trier (Rheinisches Archiv 66) Bonn 1968. DERS., Die Ministerialität in rheinischen Bischofsstädten, in: Stadt und Ministerialität, hg. von Erich MASCHKE und Jürgen SYDOW (Veröffentlichungen der Kommission für geschichtliche Landeskunde in Baden-Württemberg, Reihe B, 76) Stuttgart 1973, S. 17–42. Helga MOSBACHER, Kammerhandwerk, Ministerialität und Bürgertum in Straßburg, in: Zeitschrift für Geschichte des Oberrheins 119, NF 80, 1971, S. 33–173. Thomas ZOTZ, Bischöfliche Herrschaft, Adel, Ministerialität und Bürgertum in Stadt und Bistum Worms (11.–14. Jh.), in: Herrschaft und Stand, hg. von Josef FLECKENSTEIN (Veröffentlichungen des Max-Planck-Instituts für Geschichte 51) Göttingen 1977, S. 93–136.

34 Siehe seinen Beitrag in diesem Band.

11. Jahrhundert in wachsender Zahl privilegierten, häufig aber auf ältere Strukturen zurückgehenden Jahrmärkten – viele vom Typus des Erntemarktes zur Spätsommer- und Herbstzeit – mußten die großen Grundherrschaften ein lebhaftes Interesse haben. Erlaubten sie doch den Absatz der Überschußproduktion agrarischer und gewerblicher Waren. Insofern scheint der Zwang zum Verkauf dieser Produkte, der auf den Grundherren lastete, sogar die Ausbildung von Marktfunktionen befördert zu haben, wo eine entsprechende Einrichtung fehlte[35]. Dies mag auch für Freiburg zutreffen. Jedenfalls wird die Anlage eines Marktes an dieser Stelle gerade für die adeligen Grundherren, die *nobiles viri* von Adelhausen und anderen breisgauischen Orten, von erheblichem Vorteil gewesen sein, die dann auch als in der Stadt sitzende *mercatores* die vom Herzog gewährten Vergünstigungen, insbesondere die Befreiung vom Zoll, in Anspruch genommen haben könnten. Möglich sogar, daß sie sich in der Folgezeit nicht auf den Verkauf ihrer grundherrlichen Erträge beschränkten, sondern sich mit dem daraus erlösten Kapital an echten Handels- und Geldgeschäften beteiligt haben; Nachkommen adeliger Familien sind später, wie wir sehen werden, als Bürger feststellbar[36].

Es ist deshalb noch einmal zu überlegen, welchen Charakter und welche Funktion die dem Markt vorausgehende Siedlung besaß. Dabei ist die Frage, wo die Vorbilder für die Entstehung des *locus Friburg* zu suchen sind, zweitrangig. Zu fragen ist vielmehr, ob die Sicht zutrifft, die den Ort vor allem als Annex der Burg interpretierte, angelegt zu ihrer Versorgung, der dem Wirtschaftshof mit den Werkstätten der Handwerker Raum bot und den Ministerialen und Eigenleuten als Wohnplatz diente, soweit sie nicht auf der Burg unterkamen. Thomas Zotz zeigt in seinem Beitrag über Siedlung und Herrschaft anhand der Wildbannbeschreibung von 1008, daß die alten grundherrschaftlich geprägten Siedlungen in einem Halbkreis um den späteren Marktplatz Freiburg lagen, dessen Boden noch nicht grundherrschaftlich aufgeteilt und agrarisch genutzt war[37]. Hier konnte Bertold II., der durch die Abwesenheit der Reichsgewalt im Breisgau unangefochten die Herrschaft ausübte, auch den Siedlungscharakter frei bestimmen. Wenn sich zudem bestätigt, daß schon in dieser Burgsiedlung, die offenbar nicht zuerst an Oberlinden, sondern auf dem »Harmonie«-Areal an der Grünwälderstraße zu suchen ist, vor 1120 Buntmetalle und Silber verarbeitet wurden[38], wird man, auch unter dem Aspekt, daß die grundherrschaftlichen Erträge des Umlandes nach einer Absatzmöglichkeit verlangten, sich diesen Ort bereits als einen Platz des Gewerbes und ansatzweise auch schon des Handels vorstellen können – befördert durch das Eigeninteresse des Zähringers, dem im übrigen Marktgeschäfte vom Marktort Villingen her nicht unvertraut gewesen sein dürften. Der dort von Otto III. im Jahre 999 dem Grafen Bertold konzedierte Markt mit Münz- und Zollrecht wurde im 12. Jahrhundert – wann genau, ist umstritten – durch die abseits errichtete Stadt abgelöst und fand damit zu einer neuen, zeitgemäßeren Form[39].

35 Franz Irsigler, Grundherrschaft, Handel und Märkte zwischen Maas und Rhein im frühen und hohen Mittelalter, in: Grundherrschaft und Stadtentstehung am Niederrhein, hg. von Klaus Fink und Wilhelm Janssen (Klever Archiv 9) Kleve 1989, S. 52–78, mit Angabe weiterer Literatur.

36 Hermann Nehlsen, Cives et milites de Friburg. Ein Beitrag zur Geschichte des ältesten Freiburger Patriziats, in: Schau-ins-Land 84/85, 1966/67, S. 79–124, hier: S. 117f.

37 Siehe seinen Beitrag in diesem Band.

38 Siehe den Beitrag von M. Untermann in diesem Band.

39 Die Zähringer. Anstoß und Wirkung, hg. von Hans Schadek und Karl Schmid (Veröffentlichungen zur Zähringer-Ausstellung II) Sigmaringen 1986, S. 263ff. Berent Schwineköper, Die heutige Stadt Villingen – eine Gründung Herzog Bertolds V. von Zähringen (1186–1218), in: Die Zähringer. Eine Tradition und ihre Erforschung, hg. von Karl Schmid (Veröffentlichungen zur Zähringer-Ausstellung I) Sigmaringen 1986, S. 75–100.

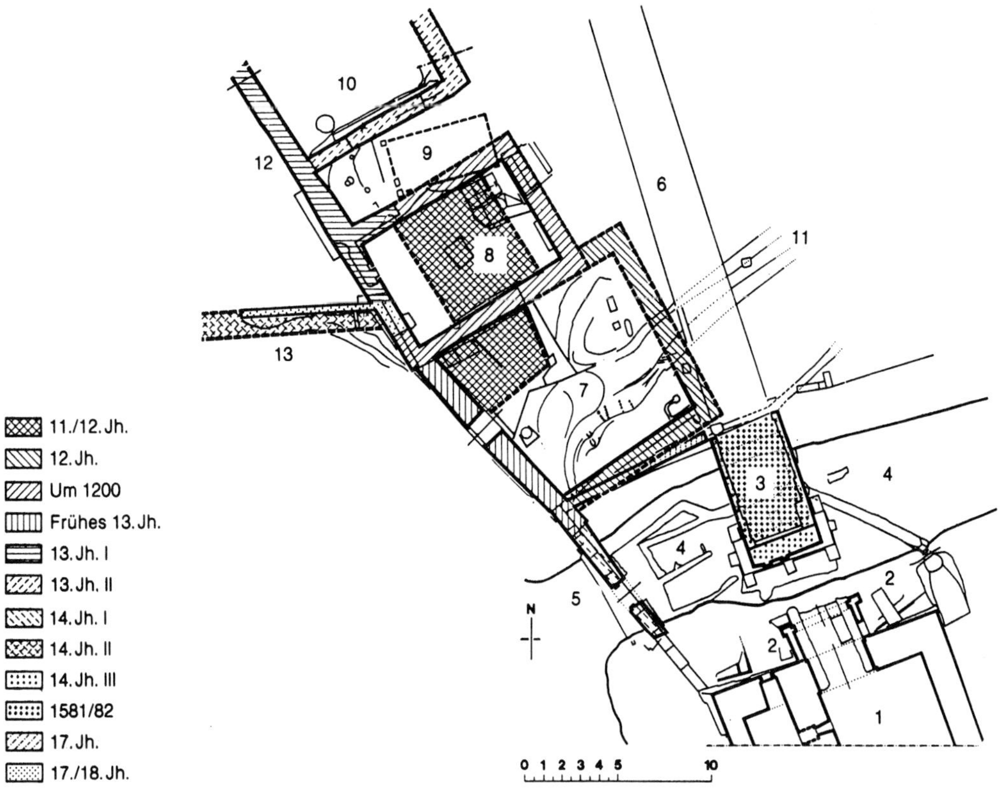

Abb. 3 Burgdorf, Alter Markt: Häuserzeile an der westlichen Hangkante vor der Burganlage. Übersichtsplan der archäologischen Grabungen 1981/83 (nach: Die Zähringer II [wie Anm. 39] Abb. 165 S. 286).

Desgleichen mag der in den letzten Jahren archäologisch intensiv erforschte »Alte Markt« im schweizerischen Burgdorf[40] veranschaulichen, wie die Freiburger Burgsiedlung als sich entwickelnder Handelsplatz zu denken wäre (Abb. 3): Vor der Burg erstreckte sich dort seit dem letzten Drittel des 12. Jahrhunderts das mit Holzbauten, dann mit Steinhäusern besetzte Areal, auf dem sich ein Markt etablierte – eine Händlersiedlung, deren Funktion erst mit der noch von Bertold V. veranlaßten Gründung der Stadt erlosch. Der »alte« Marktplatz wurde allerdings in Burgdorf, wie in Villingen die »alte Stadt«, nicht in die Neugründung mit einbezogen, wohl dagegen in Freiburg, wo jedoch ebenfalls eigens ein neues Marktareal, die Große Gasse (die heutige Kaiser-Joseph-Straße), angelegt wurde. Auch in Burgdorf wird man übrigens ein Engagement der 1175 und 1201 bezeugten zähringischen Dienstleute im Handel nicht völlig ausschließen wollen.

Allerdings stößt nun der Versuch, den durch Analogieschluß ermittelten hypothetischen Befund durch den konkreten Nachweis im einzelnen zu verifizieren, für Freiburg auf erhebliche Schwierigkeiten, obwohl hier die urkundliche Überlieferung des 12. Jahrhunderts im Vergleich mit den anderen Zähringerstädten noch als reichhaltig anzusehen ist. Die Eigenart der Freiburger Überlieferung bringt es aber mit sich, daß uns die Stadt und ihre Bürger bis zum Jahre 1207 – von zwei Papsturkunden abgesehen – ausschließlich

40 Jürg Schweizer, Die Kunstdenkmäler des Kantons Bern, Landband 1: Die Stadt Burgdorf (Die Kunstdenkmäler der Schweiz 75) Basel 1985, S. 175 ff. Vgl. Die Zähringer II (wie Anm. 39) S. 282 ff.

Abb. 4 Rotulus Sanpetrinus. Schenkungsverzeichnis des Klosters St. Peter auf dem Schwarzwald, mit Urkunden und Einträgen des 12. und beginnenden 13. Jahrhunderts (Generallandesarchiv Karlsruhe).

in den Traditionsnotizen des Rotulus Sanpetrinus begegnen (Abb. 4). Es liegt in der Natur der Sache, daß den Schreibern dieser Urkunden, in denen Freiburger als Schenkende oder als Zeugen bei Schenkungen an das Kloster St. Peter auftreten, nichts daran lag, deren Stellung in der Stadt näher zu charakterisieren. So wird der Begriff *civis* kein einziges Mal verwendet; man begnügte sich mit der Herkunftsangabe *de Friburc*, ohne daß übrigens dieser Zusatz immer konsequent beigegeben worden wäre. Da nun die Namenliste der *Fratres de Friburch*, wie Karl Schmid in seinem Beitrag über die schriftlichen Quellen zur Gründungsgeschichte Freiburgs bestätigt[41], bislang personengeschichtlich nicht ausdeutbar ist, bietet sich für das 12. Jahrhundert das folgende Bild: Von circa 40 ausdrücklich als von Freiburg stammend bezeichneten oder Freiburg mit relativer Sicherheit zuweisbaren Personen[42] erscheint urkundlich als erster »Freiburger« der 1122/32 genannte

41 Siehe seinen Beitrag in diesem Band.

42 Die Zuweisung ist nicht immer ganz zweifelsfrei. So merkt Friedrich Hefele zu Lampert von Freiburg, der sein Eigentum zu Villingen und Waldhausen dem Kloster St. Peter vermachte, salomonisch an: »Wenn er in Freiburg ansässig war, so stammte er, weil zu Villingen begütert, wohl von Villingen und war von dort nach Freiburg übergesiedelt. Es kann aber auch umgekehrt sein.« FUB 1, S. 6 Nr. 17 Anm. 1. Nicht immer ist auch eindeutig, auf welche der Personen innerhalb einer Zeugenreihe die Benennung »de Friburc« zu bezie-

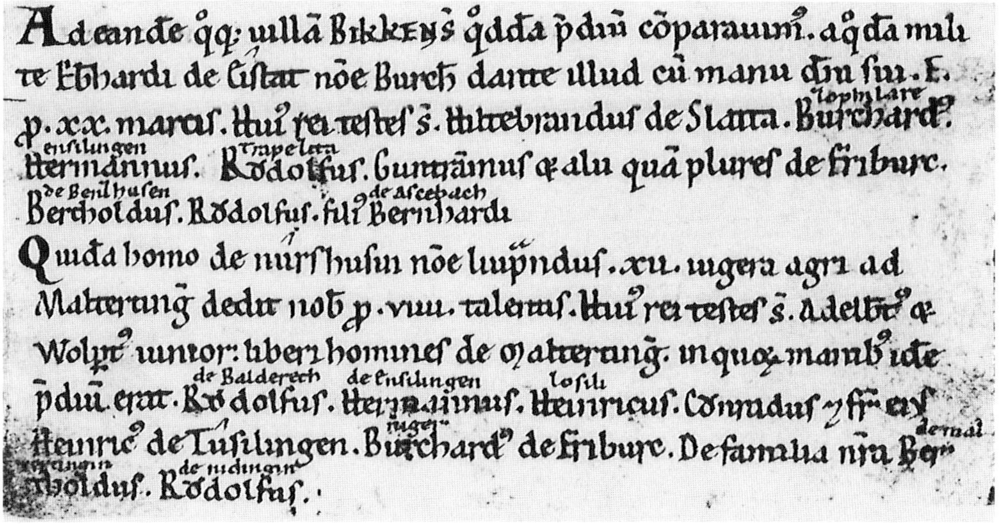

Abb. 5 Ausschnitt aus dem Rotulus Sanpetrinus: In zwei Schenkungsnotizen aus der Zeit vor 1152 treten Freiburger als Zeugen auf (Generallandesarchiv Karlsruhe).

Burgolt de Friburc, de domo ducis, also ein Ministeriale aus dem Gefolge Herzog Konrads. Seine Beziehung zu Freiburg wird allein aus seinem Namen erkennbar, wie bei *Wolfgêr de Friburc*, der zusammen mit seiner Frau Gepa dem Kloster St. Peter fünf Häuser schenkte, und bei *Lampert de Friburc*, der Grundbesitz bei Villingen übereignete[43]. Diese sind offenbar von freiem Stand, keine Ministerialen des Zähringers, da sie ohne herrschaftliche Zustimmung über ihre Güter verfügten. Auch müssen sie nicht unbedingt zur selben Familie gehört haben[44]. Dagegen wird Werner Amilunc, Zeuge in einer Schenkungsurkunde der Mathilde, Witwe des Rüdiger Angist von Freiburg, wohl ein Nachfahre jenes *liber homo* Amelunc sein, der die Güter des *Lampert de Friburc* dem Kloster St. Peter tradierte[45]. *Hiltebrandus de Slatta* wiederum, der vor 1152 in einer Zeugenliste neben vier weiteren Zeugen *de Friburc* auftaucht[46] (Abb. 5), wird der Familie von Schlatt zugehören, deren Mitglieder urkundlich als *de domo ducis* – ein Reginbot war Ministeriale Konrads –, aber auch als Edelfreie, als *liberi homines* bezeichnet werden[47]. Ob der hier als Zeuge ebenfalls auftretende *Guntrammus* mit jenem *miles de familia ducis* Guntram identisch oder verwandt ist, der 1111 am Grab Herzog Bertolds II. eine Schenkung machte, ist zweifelhaft[48]. Die Vorfahren des Konrad und des Heinrich *de Tûsilingen* (Abb. 5) dagegen, die als Zeugen *de Friburc* in einer weiteren vor 1152 anzusetzenden Urkunde erscheinen, mögen als zähringische Ministerialen von Deißlingen (bei Rottweil) mit

hen ist; vgl. FUB 1, S. 7 Nr. 20 und Nr. 22. Die von BLATTMANN (wie Anm. 4) I, S. 73 gegebene Aufstellung von nur acht Personen »de Friburc« – übersehen wurde hierbei *Burchardus Niger de Friburc*; FUB 1, S. 7 Nr. 21 – erweckt den falschen Eindruck, als seien die dort aufgezählten die einzigen, die Freiburg zugewiesen werden können.

43 FUB 1, S. 5 f. Nr. 15, 16, 17.

44 FUB 1, S. 5 f. Nr. 15, 16, 17.

45 FUB 1, S. 6 Nr. 17, S. 9 Nr. 24.

46 FUB 1, S. 7 Nr. 20.

47 Eduard HEYCK, Geschichte der Herzoge von Zähringen, Freiburg 1891–1892, S. 554.

48 FUB 1, S. 7 Nr. 20. Der Rotulus Sanpetrinus, hg. von Friedrich VON WEECH, in: Freiburger Diözesan-Archiv 15, 1882, S. 133–184, hier: S. 139.

Abb. 6 Struwwelkopf und Kopfprofil mit Diadem: Breisgauische Münzprägungen der Zähringerzeit (Augustinermuseum Freiburg).

Bertold II. in den Breisgau gekommen sein[49]. Bei den übrigen Freiburgern ist die ständische Herkunft mangels weiterer Nachrichten überhaupt nicht näher zu bestimmen. Auch gibt es bei diesen wie bei den gerade genannten keine konkreten Hinweise, welche Tätigkeiten sie, abhängig im Dienst der Herrschaft oder als Freie, ausgeübt haben – mit einer bemerkenswerten Ausnahme. Vor 1152 ist in Freiburg seßhaft *Rodolfus Trapezita*[50]. Dieser hat offenbar den Beruf des Geldwechslers – griech. *trapezita*, lat. *campsor* – betrieben, war also in Geldgeschäften tätig. Damit wird er zu jenen vermögenden Leuten gezählt haben, die auch in anderen Städten häufig als tonangebende Mitglieder der Oberschicht ermittelt worden sind. In Worms etwa manifestiert sich die Beziehung der höheren stadtsässigen Ministerialität zum Handel in ihrer Aktivität im Wechselgeschäft[51]. Bemerkenswert ist auch, daß in Freiburg *Johannes monetarius*, der vom Stadtherrn bestellte Münzmeister – ein ursprünglich ministerialisches Amt (Abb. 6) –, 1223 als Mitglied des Rates erscheint[52] und damit der patrizischen Oberschicht zuzurechnen ist.

Keineswegs alle Personen, die nachweisbar in der Stadt saßen, tragen in den Urkunden des Rotulus Sanpetrinus die Herkunftsbezeichnung *de Friburc*[53]. Das erlaubt die Vermutung, daß weitere zähringische Ministerialen, aber auch Edelfreie, die im Rotulus auftreten, teilweise ebenfalls schon in Freiburg ansässig gewesen sind. Erkennbar wird dies allerdings nur indirekt aus jüngeren Belegen. Reinbot von Offnadingen beispielsweise, der 1220, und Werner, der 1243 als *civis Friburgensis* bezeichnet wird, müssen personengeschichtlich auf jene Mitglieder der Familie zurückführbar sein, die als zähringische Ministerialen mehrfach begegnen, so um 1146 Reginbot und Konrad von Offnadingen, die als Zeugen aus den Leuten des Herzogs (*testes ... ex hominibus ducis*) im Auftrag Herzog

49 FUB 1, S. 7 Nr. 21. Vgl. Nehlsen (wie Anm. 36) S. 102f.

50 FUB 1, S. 7 Nr. 20.

51 Zotz (wie Anm. 33) S. 122, 124f.

52 FUB 1, S. 22f. Nr. 38.

53 Vgl. FUB 1, S. 9 Nr. 24: Neben der Witwe Mathilde von Freiburg und ihrem verstorbenen Mann werden ihre im Text genannte Schwester Gertrud und deren Mann Konrad sowie zumindest einige der Zeugen, die ihre Schenkung an das Kloster St. Peter – ein Backhaus in Freiburg – testieren, in der Stadt ansässig gewesen sein, so Heinrich Angist und sein Neffe Hermann, Konrad de Colonia (S. Anm. 22), Albert Chozzo (S. FUB 1, S. 20 Nr. 35) usw.

Konrads eine Schenkung an St. Peter beglaubigen[54]. Ähnlich verhält es sich mit den Angehörigen jener Familie, die sich, wie die Herzöge, *de Zaringen* nannten. 1243 ist ein Konrad von Zähringen Bürger von Freiburg, der vielleicht identisch ist mit jenem Konrad, der 1239 zusammen mit Heinrich von Zähringen auch als Ritter (*miles*) auftritt; beide tragen 1245 bzw. 1258 den Beinamen »an dem Markt« (*in foro, an dem marckete*), wohnten also an der Marktgasse. Eine Verbindung zu dem Konrad von Zähringen, der um die Mitte des 12. Jahrhunderts als herzoglicher Ministeriale erscheint, sowie zu den Brüdern Heinrich und Konrad, die 1179 als Ministerialen Bertolds IV. genannt werden, ist durchaus anzunehmen. In den Jahren um 1113 treten aber ein Konrad sowie Gerold und Heriman von Zähringen als *nobiles viri* auf. Man darf annehmen – wenn man den Befund etwas vereinfacht formuliert –, daß hier Mitglieder einer edelfreien Familie zunächst in die Ministerialität der Herzöge eintraten, in der Stadt tätig wurden und erst später, in einem anderen sachlichen und herrschaftspolitischen Kontext, als Bürger von Freiburg agieren und deshalb auch als solche bezeichnet werden[55].

Diese Feststellung hat zu dem Versuch von Hermann Nehlsen geführt, die ursprünglich ministerialische – gegebenenfalls auch edelfreie – Herkunft der einflußreichen patrizischen Familien der Stadt zu erweisen[56]. Von den zwölf reichsten, zwischen 1220 und 1240 mehrfach bezeugten Freiburger Geschlechtern entstammten – so sein Resümee – die Snewlin einer elsässisch-staufischen Ministerialenfamilie. Die Vorfahren der Tottikofen waren Ministerialen des elsässischen Klosters Murbach, die Arra/Tröscher von Umkirch Dienstleute der Üsenberger. Die von Munzingen könnten – die Lage ihres Besitzes spricht dafür – der Ministerialität des Straßburger Frauenklosters St. Stephan entstammen, wenn sie nicht Freie waren, und die von Krozingen schließlich waren entweder ebenso Nachfahren Edelfreier oder aber zähringischer Ministerialen, wie wohl auch die Kolman, Fasser und Morser zähringischer Dienstmannschaft entstammten. Kein Urteil erlauben die Quellen bei den Kotz, Meinwart und Küchli.

Obwohl gerade Nehlsens Versuch zeigt, wie schwierig der Nachweis ministerialischer Herkunft zu führen und daß er kaum einmal völlig zu sichern ist[57], so ist doch aufgrund einzelner Beobachtungen und vor allem auch in Analogie zur Entwicklung in anderen Städten von einem erheblichen Interesse ministerialischer Familien an der Stadt auszugehen. Dieses wird nicht zuletzt auch von der Tatsache beeinflußt gewesen sein, daß insbesondere die nachgeborenen Söhne der zahlreichen breisgauischen und elsässischen Ministerialen bereits im 12. Jahrhundert vielfach nicht mehr mit Dienstgut belehnt werden konnten – den weltlichen wie geistlichen Herrschaften von teilweise recht bescheidenem Zuschnitt fehlte es an dem notwendigen Ausstattungsgut. Sie werden ihren Ministerialen deshalb wohl kaum die Freilassung und den Abzug in die nahen Städte verwehrt haben, und diese, die an Neubürgern dringend interessiert waren, werden sie anfänglich kaum zurückgewiesen haben, zumal sie in der Regel wohl mit einem gewissen Vermögen und Kenntnissen in der Güterverwaltung ausgestattet und damit für Verwaltung und Handel gut gerüstet waren[58].

54 FUB 1, S. 20 Nr. 35, S. 21 Nr. 36, S. 62 Nr. 75. Weech (wie Anm. 48) S. 150.

55 Keller (wie Anm. 11) S. 278 f. Johannes Ekkehard Lichdi, Bistum Basel und zähringische Herrschaftsbildung in der Freiburger Bucht, in: Zeitschrift des Breisgau-Geschichtsvereins »Schau-ins-Land« 110, 1991, S. 7–63, hier: S. 28 f.

56 Wie Anm. 36.

57 Keller (wie Anm. 11) S. 277 ff.

58 Nehlsen (wie Anm. 36) S. 123. Ders., Die Freiburger Familie Snewlin. Rechts- und sozialgeschichtliche Studien zur Entwicklung des mittelalterlichen Bürgertums (Veröffentlichungen aus dem Archiv der Stadt Freiburg im Breisgau 9) Freiburg 1967, S. 28 f.

Auf die Frage, wann denn aber die erst im 13. Jahrhundert belegten patrizischen Familien in die Stadt gekommen sind, läßt sich allenfalls hypothetisch eine Antwort finden. Daß diese Familien zum Teil in der Nähe des nun archäologisch erforschten »Harmonie-Areals«, also nahe bei der vermuteten Burgsiedlung, wohnten, ist ein bedenkenswertes, aber nicht ganz unproblematisches Argument für die Annahme, daß sie in die früheste Phase der Stadtentstehung zu setzen sind, sozusagen zu den Pionieren des Aufbaus zählten. Wir finden in der Salzstraße die Snewlin, von Munzingen, Kotz und Meinwart, die Beischer bei Oberlinden und die Küchli in der Grünwälderstraße[59]. Doch stammen die Belege erst aus den Jahren um und nach 1300 und sind angesichts der gelegentlich schon früh nachweisbaren und deshalb in Rechnung zu stellenden Mobilität städtischen Grundbesitzes kritisch zu betrachten. So könnte man beispielsweise die Brüder Hugo und Heinrich von Krozingen, die 1223 ein Haus an der Marktgasse bei der Kramlaube besitzen, deshalb für Nachfahren früher Marktsiedler halten, wüßte man nicht, daß dieses Haus zuvor Konrad Grozze gehört hat, einem ganz bedeutenden Bürger, der dem Kloster Tennenbach seinen großen Hof mit Mühle vor der Stadt übereignete und ein Wasserrecht dazu, das er von Herzog Bertold V. zu (Erb-)Lehen trug. Über diesen vor 1220 verstorbenen Mann, mit dem die von Krozingen, wohl über dessen Frau Hiltrud, verwandt waren und der in der Stadt und auf dem Land reich begütert war, ist leider sonst weiter nichts zu ermitteln[60].

Ebenso wie in diesem Fall könnten natürlich jene Mitglieder der (Ministerialen-)Familie von Zähringen, die 1245 den Beinamen »am Markt« führen, weil sie an der Marktgasse wohnen, diesen Hausbesitz erst sekundär erworben haben. Nehlsen dagegen schließt dies von vornherein aus und nimmt den Befund als Beweis, daß die von Zähringen zu den frühen Siedlern gezählt haben müssen[61]. Jedoch, solange der Hausbesitz der hier interessierenden Familien nicht genauer untersucht ist und solange unerwähnt bleibt, daß dieser sich auch in ganz anderen Bereichen der Stadt findet[62], ist das Argument des Wohnplatzes nur mit Vorsicht zur Beantwortung der Frage nach dem Zeitpunkt ihres Zuzugs in die Stadt heranzuziehen.

Wir hatten gesagt, daß die ministerialisch geprägte Burgsiedlung aus der Zeit Bertolds II. in die Marktgründung miteinbezogen worden sei. Nun lag freilich jene »Ministerialensiedlung in der Oberen Au«, die die Forschung aufgrund später urkundlicher Überlieferung entdeckt hat, außerhalb der Stadtmauern. 1302 nämlich entschieden Schiedsleute in einem Streit zwischen dem Grafen und der Stadt um die richterliche Kompetenz in der Oberen Au (Abb. 7) – *umbe das gerihte in der oberun owe oberthalp der oberun brugge*, also östlich der Schwabentorbrücke vor der Stadt –, daß für des Grafen *gesinde* dieser, für die übrigen Bewohner jedoch, oder wenn Freiburger Bürger dort in Händel verstrickt

59 KELLER (wie Anm. 11) S. 278.

60 Vgl. FUB 1, S. 18ff. Nr. 35, 36, 38; Oberbadisches Geschlechterbuch, hg. von Julius KINDLER VON KNOBLOCH, Heidelberg 1898–1905, Bd. 1, S. 476, Bd. 2, S. 387; NEHLSEN (wie Anm. 36) S. 87f.

61 NEHLSEN (wie Anm. 36) S. 122.

62 1336 Jan. 27 verkaufte Margarete Lentzin, Witwe des Ritters Lanz von Falkenstein, ihr in der Sattelgasse (später Bertoldstraße) zwischen ihrem Tochtermann Johannes von Keppenbach und Johannes dem Brehter gelegenes Haus an den Letztgenannten. Universitätsarchiv Freiburg. – Die Lage des Hausbesitzes wurde bislang noch nicht einmal auf der Basis des Häuserbuches von Hermann FLAMM (Geschichtliche Ortsbeschreibung der Stadt Freiburg II: Häuserstand 1400–1806 [Veröffentlichungen aus dem Archiv der Stadt Freiburg im Breisgau 4] Freiburg 1903) untersucht, das schon nicht wenige Beispiele für Hausbesitz in anderen Straßen bietet und das zudem noch durch die reiche urkundliche Überlieferung zu ergänzen ist.

Abb. 7 *Burcart der wisse Beger* und die Brüder *Berhtold* und *Jacob die Sermenzer*, Ritter von Neuenburg, schlichten 1302 zwischen dem Grafen Egino und den Bürgern von Freiburg einen Streit um die Rechtszuständigkeiten in der Oberen Au (Stadtarchiv Freiburg).

waren, der Schultheiß *nach der stette ze Friburg reht* zuständig sein soll[63]. Und noch 1340 gewährte Graf Konrad seinem Sohn Friedrich und dessen Gesinde, *daz si in der Owe bi Friburg haben súllen alle die reht, als wir und unser gesinde da haben*[64]. In Verbindung mit einem von der Forschung »in der Au« lokalisierten Hof des Grafen und einer gräflichen Mühle nahe bei diesem Hof[65] – 1310/11 erfährt man zum ersten Mal von beiden – und unter Berücksichtigung der Tatsache, daß die Stadt hier ihre Zuständigkeit erst spät und nur teilweise zur Geltung bringen konnte, hat man in dem Au-Bereich die gräfliche und zuvor zähringische »Ministerialensiedlung« sehen wollen[66]. Zwar könnte man zweifeln, ob der Begriff *gesinde*, der zunächst nur ganz undifferenziert abhängige Leute im Grafendienst meint, zu dieser Zeit noch jenen gehobenen Kreis von Gefolgsleuten mit eingeschlossen hat, der die griffige Bezeichnung als »Ministerialensiedlung« rechtfertigen würde, doch läßt eine weitere zeitgleiche Nennung des Grafen *gesinde und helfer* im Zusammenhang mit einer Fehde als kriegstüchtige Männer erscheinen[67]. Die Obere Au könnte also um 1300 in der Tat noch ein Ort gewesen sein, an dem nicht nur kleinere Dienstleute des Grafen lebten[68]. Und im Hinblick auf die vorliegenden gräflichen Rechte, in die sich die Stadt erst spät hineingedrängt hat, wird man angesichts der langlebigen Kontinuität mittelalterlicher Rechtsverhältnisse annehmen dürfen, daß hier bereits in zähringischer Zeit ein rechtlicher Sonderbezirk existierte, in dem Dienstleute der Zähringerherzöge gesessen haben – ein Sonderbezirk, der übrigens auch den Raum der späteren Schneckenvorstadt umfaßt haben mag, wo die Grafen von Freiburg über Besitz und Rechte verfügten[69]. Der Zusammenhang der gräflich bestimmten Oberau mit dem *locus ... scilicet Friburg*, den die ältere Forschung noch mit dem Au-Bereich identifizierte, neben dem der Markt entstanden sein soll und der mit diesem Marktplatz den Namen »geteilt« habe, ohne selbst in ihn einbezogen worden zu sein[70], ist freilich immer noch nicht ganz geklärt.

63 Stadtarchiv Freiburg, A 1 II c, 1302 Sept. 14. Ediert in: Urkundenbuch der Stadt Freiburg im Breisgau, hg. von Heinrich SCHREIBER, Freiburg 1828, S. 166f. Nr. 66. Von Friedrich Hefele nicht in sein Urkundenbuch aufgenommen, da die Stadtrechtsurkunden einem Sonderband »Stadtrechte« vorbehalten waren, der jedoch nicht erschienen ist.

64 Urkunde Graf Konrads von 1340 Jan. 9, abgedruckt in: Zeitschrift für die Geschichte des Oberrheins 13, 1861, S. 222.

65 Vgl. den Exkurs im Anhang.

66 Rudolf SCHICK, Die Gründung von Burg und Stadt Freiburg im Breisgau, in: Zeitschrift für die Geschichte des Oberrheins 77, NF 38, 1923, S. 181–219, hier: S. 200ff. Berent SCHWINEKÖPER, Die Vorstädte von Freiburg im Breisgau während des Mittelalters, in: Stadterweiterung und Vorstadt, hg. von Erich MASCHKE und Jürgen SYDOW (Veröffentlichungen der Kommission für geschichtliche Landeskunde in Baden-Württemberg B, 51) Stuttgart 1969, S. 39–58, hier: S. 49ff.

67 Freiburg, 1306 Dez. 2: Werner von Staufen schwört Urfehde ... *graven Cůnrate von Friburg mit allem sinem gesinde und mit allen sinen helfern ...* FUB 3, S. 82 Nr. 106. Vgl. die Vereinbarung Fritschis von dem alten Wege mit Graf Konrad und der Stadt Freiburg vom 28. Sept. 1317, auf schädigende Unternehmungen zu verzichten, mit dem Vorbehalt: *Weri aber, das ich iemannes gesinde weri emals, der mit in kriegende wurdi, wőlte ich denne wider sú tůn, das sol ich sú erberliche vor lassen wissen ahte tage ane alle geverde*. FUB 3, S. 340 Nr. 456. Der Begriff meint auch hier den wehrhaften Mann im Gefolge eines Herrn, der Fehde führt. Vgl. den Artikel »Gesinde« in: Deutsches Rechtswörterbuch Bd. 4, Weimar 1939–1951, Sp. 540–545.

68 FLECKENSTEIN (wie Anm. 30) S. 80. An Oberlinden im Haus Nr. 8 (später »Zum Klingelhut«) saß übrigens Johans Klingelhůt von Freiburg (1323 Febr. 26. Archives départementales du Bas-Rhin, H 1616 Bl. 54), Knecht des Grafen Konrad und seines Sohnes Friedrich, die ihm für den *genemen dienst*, den er ihnen geleistet hatte, erlauben, eine Badestube – oder ein Ofenhaus – auf einem Grundstück vor dem Schwabentor zu bauen. 1318 Febr. 13 bzw. Aug. 8. FUB 3, S. 346f. Nr. 465 bzw. S. 361f. Nr. 481.

69 SCHWINEKÖPER (wie Anm. 66) S. 47ff.

70 Ferdinand GÜTERBOCK, Zur Entstehung Freiburgs im Breisgau mit Seitenblicken auf Bern, Burgdorf und Freiburg im Üchtland und mit Exkurs über die Herkunft des Namens Bern, in: Zeitschrift für Schweizerische Geschichte 22, 1942, S. 185–219, hier: S. 195f.

Dies sehen wir heute anders. Doch ist die Lage der Burgsiedlung oder vielmehr ihre Ausdehnung und ihr Umfang immer noch nicht genau bestimmt. Hagen Keller hat vor allem im Bereich der Straßengabel bei Oberlinden präurbane Siedlungsspuren erkennen wollen und hier, im Bereich innerhalb wie auch außerhalb des späteren Schwabentors, den von zähringischen Eigen- und Dienstleuten bewohnten Ort lokalisiert[71]. Dagegen hat Matthias Untermann darauf hingewiesen, daß im genannten Bereich bisher keine frühen archäologischen Befunde festgestellt werden konnten, wohl aber zwischen Salzstraße und Gerberau; hier habe die zur Burg gehörende Siedlung gelegen[72].

Beide Ansichten, die in unserem Zusammenhang nicht entschieden werden müssen, setzen voraus, daß die 1120 vorhandene Siedlung herzoglicher Ministerialen nur teilweise in die Stadt einbezogen worden ist, jedenfalls dann, wenn man den 1302 auftauchenden gräflichen Bezirk in der Oberau in die Zeit der zähringischen Stadtgründung zurückführen will. Die Siedlung der zähringischen Dienstmannen hätte dann ursprünglich – Hagen Keller sieht dies wohl richtig – einen Raum diesseits wie jenseits des Schwabentors umfaßt. Sonst müßte man an eine eher unwahrscheinliche Verlegung denken. Die Existenz einer von der herrschaftlichen Neugründung topographisch geschiedenen Ministerialensiedlung wird man jedoch annehmen müssen. Denn sie war im Grunde zwingend notwendig. War doch durch die Verleihung der Marktprivilegien ein neuer eigener Rechtsraum entstanden, der ohne strikte Abgrenzung gegenüber den älteren Rechtsbereichen, darunter dem der herrschaftlichen Eigenleute, auf Dauer nicht auskommen konnte; andernfalls wären ständig wiederkehrende Konflikte sozusagen vorprogrammiert gewesen. In der Frühphase der Stadt mag freilich diese Konfliktsituation noch nicht sonderlich dramatisch in Erscheinung getreten sein. Vielmehr wird die Interessenlage des Marktgründers mit der der Neusiedler so weitgehend übereingestimmt haben, daß die *mercatores* wohl nichts gegen eine Beteiligung zähringischer Gefolgsleute einzuwenden hatten. Bedurfte doch die Neugründung zahlreicher Kräfte, um die anfänglichen Aufgaben und Schwierigkeiten bewältigen zu können. Auch war die Stellung des Stadtherrn zunächst unangefochten, und dieser wird gewiß auf den Einsatz bewährter Dienstleute nicht verzichtet haben – in den Bischofsstädten kann man dieses Wirken von Ministerialen in der Stadt im Interesse des Stadtherrn ja recht deutlich verfolgen.

So hat es zwar schließlich Konflikte und als Reaktion darauf Abgrenzung in Freiburg gegeben; sie werden aber nicht in der Zeit des Ausbaus erkennbar, sondern in einer Zeit der Konsolidierung städtischer Strukturen: Die Erweiterte Handfeste, jener Privilegientext also, den Bertold V. wahrscheinlich bei seinem Regierungsantritt 1186 den Freiburgern verliehen hat, enthält die schon ältere, von Freiburg 1178 in das Tochterrecht von Diessenhofen übermittelte Bestimmung: *Nullus de hominibus vel ministerialibus domini ducis vel miles aliquis in civitate habitabit, nisi ex communi consensu omnium urbanorum et voluntate*[73]. Diese in der Literatur nicht ganz zutreffend als »Ministerialenwohnverbot« firmierende Bestimmung besagt: »Keiner der Leute oder Ministerialen des Herzogs oder irgendein Ritter soll künftig in der Stadt wohnen, es sei denn mit allgemeiner Zustimmung und mit Willen aller Bürger.« Die schon Herzog Bertold IV. abverlangte Verfügung setzt voraus, daß herzogliche Eigenleute und Ministerialen sowie Männer ritterlichen Standes in so beachtlicher Zahl den Wunsch hatten, sich in der Stadt niederzulassen,

71 Keller (wie Anm. 11) S. 268f.

72 Siehe seinen Beitrag in diesem Band.

73 Blattmann (wie Anm. 4) II, S. 711, 717. Vgl. die Ausführungen von Fleckenstein (wie Anm. 30) S. 80f.

daß dies den *urbani* zum Problem wurde. Sie drangen erfolgreich darauf, die rechtlich abgesicherte Entscheidungsgewalt über Gewährung oder Verweigerung des Wohnrechts in die Hand zu bekommen – ein Instrument zur Steuerung der inneren Verhältnisse, doch wohl mit der Absicht, die Zahl dieser einem fremden Rechtskreis angehörenden Zuzügler überschaubar zu halten. Grundsätzlich untersagt war es ihnen zwar nicht, in der Stadt zu wohnen, doch bedurfte dies nun der besonderen Zustimmung der Bürgergemeinde.

Der Widerstand der *urbani* gegen den unkontrollierten Zuzug von Herzogsleuten und Rittern macht ersichtlich, daß sie selbst sich in rechtlicher und ständisch-sozialer Hinsicht nicht oder nicht mehr diesem Personenkreis zugehörig fühlten, sonst wäre ihre Aufregung nicht recht verständlich. Sie waren keine Herzogsleute, keine *milites* in abhängiger Stellung (mehr), treten jedenfalls in gar keiner Weise mehr als Ministerialen hervor[74], sie waren *urbani*, »Städter« mit eigener Rechtssphäre. Man kann deshalb davon ausgehen, daß die zähringischen Ministerialen der Frühzeit, die in die Gemeinschaft der Neusiedler eingegliedert wurden, bereits teilweise in die *urbani* aufgegangen waren, weil schon sie oder ihre Nachkommen ihren alten Rechtsstatus aufgegeben hatten. Offensichtlich haben aber später folgende Dienstleute der Zähringer teilweise auch weiterhin als eine rechtlich von der Mehrheit der Einwohner geschiedene Gruppe in der Stadt gelebt – ein Problem, das Bürger und Stadtherrn selbst zum Ende des 13. Jahrhunderts noch beschäftigen sollte. Erweist doch die Fortschreibung des zitierten Satzes im Tennenbacher Text und im Stadtrodel wie schließlich in den deutschsprachigen Freiburger Stadtrechtstexten, daß das Aufeinandertreffen zweier Rechtssphären – des Dienst- und des Bürgerrechts – auf dem Boden der Stadt das Zusammenleben weiter belastete und deshalb immer noch einer Regelung bedurfte[75]. Ein Nebeneinander von Ministerialen und Bürgern ist aus anderen Städten des 12. und 13. Jahrhunderts bekannt[76]. In Augsburg etwa erhielten beide, die stadtsässigen, bischöflichen Ministerialen und die *urbani*, um 1156 das Petitionsrecht bei der Ämterbesetzung zugesprochen[77]. Dieses Beispiel belegt aber auch die bereits vielfach gleichlaufenden Interessen der beiden in der Stadt engagierten Gruppen – ein Faktum, das zu Annäherung und Verschmelzung führen mußte[78]. Daß dies natürlich den Interessen des Stadtherrn gefährlich werden konnte, ist sicher nicht von der Hand zu weisen. In besonders spektakulärer Form zeigte sich dies in Mainz, wo um 1160 die Bürger, angeführt von den in der Stadt lebenden Ministerialen, die Zahlung der Heersteuer verweigerten, die der bischöfliche Stadtherr von ihnen – *a Maguntinis civibus tam in ministerialibus quam burgensibus* – forderte[79]. Und nicht von ungefähr haben sich die Üsenberger noch im Kenzinger Stadtrecht von 1283 ausdrücklich ihre Zustimmung vorbehalten, wenn einer ihrer Dienstleute als Bürger in Kenzingen aufgenommen werden wollte[80].

74 Josef FLECKENSTEIN, Die Problematik von Ministerialität und Stadt im Spiegel Freiburger und Straßburger Quellen, in: Stadt und Ministerialität, hg. von Erich MASCHKE und Jürgen SYDOW (Veröffentlichungen der Kommission für geschichtliche Landeskunde in Baden-Württemberg, Reihe B, 76) Stuttgart 1973, S. 1–15, hier: S. 4.

75 BLATTMANN (wie Anm. 4) I, S. 147ff.

76 Knut SCHULZ, Die Ministerialität als Problem der Stadtgeschichte. Einige allgemeine Bemerkungen, dargestellt am Beispiel Worms, in: Rheinische Vierteljahrsblätter 32, 1968, S. 184–219, hier: S. 200.

77 MGH DD Friedrich I., Bd. 1, S. 248 Nr. 147. Wolfram BAER, Das Stadtrecht vom Jahre 1156, in: Geschichte der Stadt Augsburg, hg. von Gunther GOTTLIEB u. a., 2. Aufl., Stuttgart 1985, S. 132–134.

78 Vgl. für Worms: ZOTZ (wie Anm. 33) S. 123.

79 SCHULZ, Die Ministerialität (wie Anm. 33) S. 36.

80 *Nullus etiam de hominibus vel ministerialibus dominorum de Ůsenberg, qui pro tempore fuerint, vel etiam miles alius quicunque in concivem ipsius loci recipietur, nisi de consensu et voluntate expressa dominorum.* BLATTMANN (wie Anm. 4) II, S. 653; vgl. I, S. 150.

Freilich, auch der *civis* war in seiner Eigenschaft als Bürger dem Herrn der Stadt verpflichtet; das Bürgerrecht erlaubte nicht von vornherein und ohne weiteres, sich der Herrschaft zu entziehen. So betonte Graf Konrad noch 1342 in seinem Streit mit Johann Werre gen. Stecher, der mit Stoffen Handel trieb und dem er 150 Mark Silber schuldete, *das der Stecher sin man were und lehen von im het, und dar zů ein burger ze Friburg were, und im zwivalt trúwe und warheit gelopt hette, beidiu von der lehenschaft wegen und von des burgrehts wegen*[81]. Mit fortschreitender Eigenständigkeit der Kommune schwand allerdings die Bereitschaft der Bürger zur *triuwe* gegenüber ihrem Herrn immer mehr.

Das sich in dem »Wohnvorbehalt« gegen die Ministerialen des Stadtherrn dokumentierende Selbstverständnis – und Selbstbewußtsein – der *urbani* korrespondierte mit den zunehmend wachsenden Vergünstigungen und Rechten, die dieser seinen Bürgern konzedierte; sie wurden immer umfassender. Schon Konrad befreite die Kaufleute vom Marktzoll, ein Privileg, das wenig später auf alle *burgenses* ausgedehnt wurde; er verpflichtete sich, keine Einquartierungen vorzunehmen und eine Heersteuer nur dann zu fordern, wenn er vom König zur Heerfahrt gerufen wurde. Er garantierte freies, nicht von Abgaben belastetes Erbrecht und das Recht zum freien, nicht genehmigungspflichtigen Verkauf der Habe bei wirtschaftlicher Notlage. Das den Bürgern verliehene Recht, den Schultheißen und den Pfarrer wählen zu dürfen, ist auffallend großzügig und wird noch in der Privilegienbestätigung durch Bertold IV. 1152 durch die Verfügung erweitert, daß diese, wenn sie ihr Amt nicht recht versehen, durch die Bürger abgewählt werden können. Durch die Privilegienbestätigung Bertolds IV. werden neue Strafrechtsbestimmungen in das Freiburger Stadtrecht eingefügt, die Friedrich Barbarossa in seinem Reichslandfrieden von 1152, bei dessen Verkündigung der Zähringerherzog anwesend war, zum Gesetz erhoben hatte: Bei Bruch des Stadtfriedens durch Körperverletzung Verlust der rechten Hand, Enthauptung bei Totschlag, Hauszerstörung, wenn ein Mörder flieht; Hausfriedensbruch wird unter Strafe gestellt, Selbsthilfe gegen einen Eindringling bleibt straffrei. Zugleich mit diesen Rechtssetzungen wird ein eigenes städtisches Gericht geschaffen: Der Herzog sagt zu, in der Stadt nicht nach eigener Machtvollkommenheit, sondern dreimal im Jahr – im Februar, im Mai und im Herbst – nach den Satzungen der Bürger, *secundum decreta burgensium*, Recht zu sprechen, in einer Gerichtslaube, die zu bauen er sich verpflichtet. Die Stadt ist hier also bereits »ein gesonderter Gerichtsbezirk mit eigenen Regelungen, die Einwohnerschaft eine eigene Gerichtsgemeinde geworden«[82].

Hierzu fügt sich, daß aus der Regierungszeit Bertolds IV. der erste Beleg für die Existenz eines städtischen Rates überliefert ist, außergewöhnlich früh, wenn die zeitliche

81 1342 Juni 18. Abgedruckt in: Zeitschrift für die Geschichte des Oberrheins 13, 1861, S. 326ff. Hermann FLAMM (Der wirtschaftliche Niedergang Freiburgs i. Br. [Volkswirtschaftliche Abhandlungen der Badischen Hochschulen VIII, 3] Karlsruhe 1905, S. 41f. Anm. 7) wertet den Konflikt nicht zutreffend als Ausfluß eines »Konflikts zwischen Lehens- und Bürgereid«; angemahnt wird vielmehr eine Treueverpflichtung doppelt bindender Art. – Schon Graf Friedrich war übrigens dem Stecher verschuldet; vgl. die Urkunde von 1337 Aug. 14, abgedruckt in Zeitschrift (wie oben) S. 214ff. Mit Volmar von Munzingen gen. der Kempfe, mit dem gemeinsam er 1333 als Zeuge in einer Spitalsurkunde auftritt (Die Urkunden des Heiliggeistspitals zu Freiburg im Breisgau I, hg. von Adolf POINSIGNON [Veröffentlichungen aus dem Archiv der Stadt Freiburg im Breisgau 1] Freiburg 1890, S. 98f. Nr. 226), gerät Johannes Werre in den schweren Verdacht, Graf Friedrich eingegeben zu haben, *das der rat ze Friburg ermurdet solte sin, und der stette und des rates briefe und vriheit genomen und entwerte solten sin*; der Rat ächtet daraufhin beide. SCHREIBER (wie Anm. 63) S. 163f.

82 Vgl. zum Vorhergehenden insgesamt: Hagen KELLER, Die Zähringer und die Entwicklung Freiburgs zur Stadt, in: Die Zähringer II (wie Anm. 38) S. 17–29, hier: S. 24ff. Zur Bertoldsbestätigung von 1152: BLATTMANN (wie Anm. 4) I, S. 120ff.; II, S. 705ff. (Text).

Einordnung – »vor 1178« – zutrifft[83]. Denn die Städte finden in der Regel erst mit dem endenden 12., beginnenden 13. Jahrhundert zu einer Ratsverfassung: Basel vor 1218, Bern und Zürich um 1220, Konstanz und Villingen vor 1225, Breisach um 1227 usw., die Beispiele ließen sich beliebig vermehren[84]. Über Gestalt, Zusammensetzung und Kompetenz dieses frühen Freiburger Rates erfahren wir allerdings noch nichts. Erst in der »Erweiterten Handfeste« von 1186, der Privilegienbestätigung Bertolds V., tritt der Rat nun als Gremium der Vierundzwanzig auf: Den *XXIV^or coniuratores* wird dort, wie den *coniuratores fori* des Gründungsprivilegs, die Verwaltung des erbenlosen Nachlasses anvertraut[85]. Im Stadtrodel von 1218 kontrollieren sie, die jetzt als *consules*, als Räte, oder schlicht als die Vierundzwanzig bezeichnet werden, Wein- und Fruchtmaße und die Gewichte bei Gold und Silber. Sie sind befugt, Satzungen für den Verkauf von Wein, Brot, Fleisch und anderen Waren zu erlassen. Sie führen die gerichtliche Wunduntersuchung bei Körperverletzung durch und vertreten bei zwiespältigem Urteil die Stadt im Rechtszugsverfahren nach Köln[86]. Es spricht alles dafür, daß sich dieser nun fest etablierte Rat aus den Marktgeschworenen von 1120 entwickelt hat, die bei der Marktgründung als Vertragspartner Konrads aufgetreten sind. Aus diesem Kreis hatte sich ein erstes, von Fall zu Fall die Bürger repräsentierendes Gremium entwickelt, das mit dem Ausbau von Markt und Siedlung weitere Aufgaben und Funktionen für die gesamte Gemeinschaft übernahm. Für diese Tätigkeit erhielten die Mitglieder dieses Kreises Vergünstigungen: Unter Bertold IV. ist jeder vom Rat, *unusquisque de consilio*, vom jährlichen Haus- und Hofstättenzins befreit[87]; der Stadtrodel hält fest, daß jedem der Vierundzwanzig eine Marktbank in einer der drei Verkaufslauben auf der Marktgasse zustand[88], von denen es heißt, daß sie bei Gründung der Stadt angelegt worden seien – auch dies vielleicht ein Indiz, daß die *coniuratores fori* früh Marktfunktionen ausgeübt haben und dafür aus den Erträgnissen des Marktes entschädigt worden sind.

Die Stellung, die sich der Rat der Vierundzwanzig schon unter dem letzten Zähringer verschafft hatte, hat er unter der Herrschaft der Uracher weiter festigen und zur Geltung bringen können. 1220 schon bestätigt Graf Egino eine Schenkung an das Kloster Tennenbach in Gegenwart vieler Bürger, *in presentia civium multorum*, deren Namen, angeführt vom Schultheißen Konrad Snewlin, in der Zeugenliste erscheinen[89]. Es handelt sich offenbar um Mitglieder des Rates, denn die Testierenden sind weitgehend identisch mit denen einer Urkunde von 1223, in der unter anderem die Schenkung an Tennenbach noch einmal bestätigt wird: Diese Urkunde ist vom Schultheißen der Stadt und dem Rat der Vierundzwanzig selbst ausgefertigt[90], der übrigens auch jene Urkunde ausstellte, mit der 1236 die Dominikaner in die Stadt berufen worden sind[91]. Immer häufiger tritt damit der

83 Blattmann (wie Anm. 4) II, S. 711f.

84 Reinhard Patemann, Die Stadtentwicklung von Basel bis zum Ende des 13. Jh., in: Zeitschrift für die Geschichte des Oberrheins 112, NF 73, 1964, S. 431–467, hier: S. 445ff. Karl Gaiser, Geschichte der bernischen Verfassung, Bern 1888, S. 13f. Hans Conrad Peyer, Zürich im Früh- und Hochmittelalter, in: Vogt (wie Anm. 26) S. 165–227, hier: S. 205f. Helmut Maurer, Konstanz im Mittelalter. Von den Anfängen bis zum Konzil (Geschichte der Stadt Konstanz 1) Konstanz 1989, S. 115f. Villingen: Zeitschrift für die Geschichte des Oberrheins 35, 1883, S. 177; vgl. Beyerle (wie Anm. 18) S. 166f., 224. Haselier (wie Anm. 25) S. 97f.

85 Blattmann (wie Anm. 4) II, S. 714.

86 Ebd. II, S. 552ff. (Stadtrodel 20, 40, 75, 79).

87 Ebd. II, S. 712.

88 Ebd. II, S. 563 (Stadtrodel 77, 78).

89 1220 Aug. 8. FUB 1, S. 18ff. Nr. 35, S. 21 Nr. 36.

90 1223 Febr. 16. FUB 1, S. 22ff. Nr. 38.

91 1236 Dez. 14. FUB 1, S. 45f. Nr. 59.

Rat als Organ der Bürgerschaft in Erscheinung, den wir uns wohl auch als federführend bei der Abfassung des Stadtrodeltextes von 1218 vorstellen dürfen, an dem sich, gewiß nicht zufällig, das erste Siegel der Stadt Freiburg findet.

Stadtsiegel begegnen zwar im deutschen Raum schon seit der Mitte des 12. Jahrhunderts – so für Köln, Trier, Mainz, Aachen und Würzburg –, im Oberrheingebiet jedoch und in der deutschsprachigen Schweiz setzt der Siegelgebrauch erst um 1200 ein: Für Straßburg ist die Siegelführung erstmals 1201, für Colmar 1214, Bern 1224, Basel, Zürich und Freiburg im Üchtland 1225 feststellbar[92]. Freiburg im Breisgau fügt sich hier ein, mit einer in Umschrift und Siegelbild betont herausgestellten »kommunalen« Akzentuierung, wie sie die älteren Stadtsiegel nicht kennen, während sie bei den jüngeren rasch zur Regel wird. Das Freiburger Siegel (Abb. 8) zeigt ein von zwei Türmen flankiertes Stadttor und gibt sich mit der Umschrift *sigillum civium Friburgensium in Brisgoia* als Bürgersiegel zu erkennen, das unabhängig von herrschaftlicher Einflußnahme zu einem Zeitpunkt initiiert werden konnte, als der Herrschaftswechsel der Bürgerschaft einen ungewohnt großen Handlungsspielraum bot. Gleichwohl setzt die Initiative zur Einführung eines eigenen Siegels auch eine bereits fortgeschrittene Gemeindebildung voraus. Das Siegel ist insofern Indiz für die Existenz der Stadt als handlungs- und rechtsfähige *communitas*, die sich im Siegelbild symbolisch darstellt: Die Stadtabbreviatur, die typisierte Abbildung der Stadtbefestigung, die ja damals bereits vollendet war und Freiburg als Stadt augenfällig aus dem Umland ausgrenzte, steht für den eigenständigen Rechtsbezirk der *universitas civium*, der Bürgergemeinde. Wenige Jahre später wird sich diese zwei weitere Siegeltypare schneiden lassen, ein kleineres und ein reich gestaltetes großes, das zur Beglaubigung besonders wichtiger Urkunden verwendet wurde. Mit dem bis heute verwendeten vierten Stadtsiegel von 1245, dem *sigillum civitatis de Vriburch in Brisgaudia*, das wieder eine Stadtabbreviatur zeigt mit Stadtmauer, Hornbläsern, Sternen und Lilie, hatte die Kommune – als *communitas* bezeichnete sie sich auf dem dritten Siegel – offenbar zu einem ihrem Empfinden nach gültigen Ausdruck ihrer städtischen Autonomie gefunden[93].

Die Siegelführung und die Verwahrung des Siegels lag sicher auch in Freiburg schon damals beim städtischen Rat. Das kyburgische Stadtrecht für Freiburg im Üchtland bestimmte 1249, daß aus dem Rat der, der das höchste Vertrauen besaß, den Siegelstempel verwahren sollte, daß aber auch er nur unter Zuziehung weiterer Räte die Besiegelung von Urkunden vornehmen durfte[94]. Daß die Grafen von Freiburg Einfluß auf das Recht zur Siegelführung genommen hätten, wird nicht erkennbar. Ein viel zitierter Satz des Schwabenspiegels, der um 1275 das im süddeutschen Raum geltende Recht festhielt, setzt allerdings die Zustimmung des Stadtherrn voraus, wenn die Bürgerschaft sich ein Stadtsiegel zulegen wollte[95]. So mag auch in Freiburg das Placet der Herrschaft eingeholt worden sein. Wirklich aktiv ist aber die herrschaftliche Seite offenbar immer nur dann geworden, wenn sie durch die Einführung oder die Form des Siegels eine konkrete Beeinträchtigung ihrer Rechte befürchtete. Ein auch für Freiburg interessantes Beispiel bietet im rheinischen Raum die Stadt Deutz, die sich um 1230 ein Stadtsiegel mit der Umschrift *sigillum*

92 Erich KITTEL, Siegel, Braunschweig 1970, S. 294ff. Toni DIEDERICH, Rheinische Städtesiegel (Jahrbuch des Rheinischen Vereins für Denkmalpflege und Landschaftsschutz 1984/85) Neuss 1984. Claude LAPAIRE, Les plus anciens sceaux communaux de Suisse, in: Schweizer Archiv für Heraldik 81, 1967, S. 2–8.

93 Berent SCHWINEKÖPER, Zur Deutung des Freiburger Stadtsiegels. Ein Beitrag zur Erforschung der Symbolik von Königsfrieden und Königsbann, in: Schau-ins-Land 78, 1960, S. 3–41.

94 LAPAIRE (wie Anm. 92) S. 3. Vgl. BLATTMANN (wie Anm. 4) II, S. 588 (Handfeste von Freiburg i. Ü. § 46).

95 LAPAIRE (wie Anm. 92) S. 3. KITTEL (wie Anm. 92) S. 316ff.

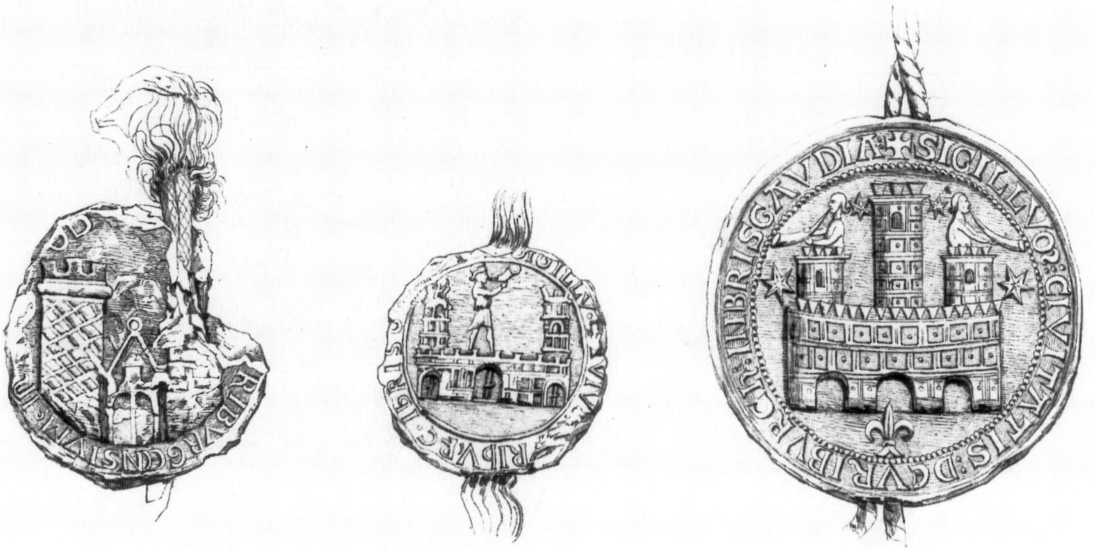

Abb. 8 Siegel der Stadt Freiburg. Nachzeichnungen aus Heinrich Schreibers Urkundenbuch von 1828 (Stadtarchiv Freiburg).

libere civitatis Tuiciensis (Siegel der freien Stadt Deutz) schneiden ließ – doch sorgte der Stadtherr, der Kölner Erzbischof, sofort dafür, daß hinsichtlich der »Freiheit« keine Illusionen aufkommen konnten. Ließ er doch nachträglich in den Siegelstempel den Zusatz eingravieren: *que est archiepiscopi Coloniensis* (welche dem Erzbischof von Köln gehört)[96]. Die von dem Deutzer Stadtherrn korrigierte Formulierung erinnert an die von der Freiburger Bürgerschaft sicher nicht zufällig gewählte anspruchsvolle Bezeichnung ihrer Kommune als *libera civitas* (freie Stadt) im Stadtrodel von 1218, eine Bezeichnung, die hier allerdings mit dem Ortsnamen – *Friburc* – identisch war[97]. Doch gab gerade dies den Bürgern Gelegenheit zu dem Versuch, die Begriffe zu ihrem Vorteil auszudeuten und inhaltlich zu füllen.

Das in all dem zum Ausdruck kommende Selbstbewußtsein der Bürgerschaft, ihre fortgeschrittene Eigenständigkeit und ihre korporative Ausformung als Kommune[98] wurde auch vom Stadtherrn (Abb. 10) wahrgenommen und in gewissen Grenzen akzeptiert. So beglaubigte Graf Egino 1232 zusammen mit der Bürgerschaft, der *universitas civium*, eine Schenkung[99], und als Gräfin Adelheid 1239 ihren Hof zu Nußbach an das Kloster Allerheiligen verkaufte, tat sie dies mit Rat und Zustimmung ihrer Ministerialen und der Bürger von Freiburg, *de communi consensu et consilio ministerialium nostrorum et civium in Friburc*[100].

96 Toni Diederich, Zum Quellenwert und Bedeutungsgehalt mittelalterlicher Städtesiegel, in: Archiv für Diplomatik 23, 1977, S. 269–285, hier: S. 275.

97 Blattmann (wie Anm. 4) II, S. 552.

98 Vgl. ihr korporatives Auftreten als rechtlich handelnde Gemeinschaft in den Urkunden von 1223 und 1236; wie Anm. 90 und 91.

99 1232. FUB 1, S. 35 f. Nr. 48.

100 1239 April 8. FUB 1, S. 55 f. Nr. 67, S. 56 f. Nr. 68.

Abb. 9 Eine von vier Herrscherfiguren vom Untergeschoß des Freiburger Münsterturms, die durch das Adlerwappen als Grafen von Freiburg ausgewiesen sind (Stadtarchiv Freiburg).

Dieses korporative Erscheinungsbild der Freiburger Bürgerschaft darf allerdings nicht zu der Annahme verleiten, alle Bürger hätten auf die Gestaltung der innerstädtischen Angelegenheiten gleichermaßen Einfluß nehmen können. Betrachtet man die Zeugenreihen in den Freiburger Urkunden der Jahre 1215 bis 1250, so begegnen immer wieder dieselben Namen. Es sind jene Bürger, die sich als die *meliores* oder *maiores*, als die höhergestellten von den *simplices burgenses*, von den einfachen Bürgern absetzen. Diese haben, wie aus dem Text des Stadtrodels geschlossen werden kann[101], keinen Zugang zum Rat. Auch in Freiburg tritt damit die zu dieser Zeit längst geläufige Polarisierung innerhalb der städtischen Gesellschaft auf[102], die, wie im üchtländischen Freiburg schon unter Bertold IV.[103], zwischen *burgenses maiores et minores*, zwischen höher- wie geringergestellten Bürgern unterscheidet.

Konrad und Hermann Snewlin, Friedrich Bettscher, Albert von Arra und Heinrich Fasser stehen in Freiburg für die Kontinuität dieser patrizischen Geschlechter; ihr gemeinsames Auftreten als Zeugen in einer Vergleichsurkunde zwischen dem Kloster St. Märgen und Konrad von Adelhausen 1215[104] schlägt die Brücke von der Zähringerzeit zur Herrschaft der Grafen von Freiburg. 1220, in einer Urkunde Graf Eginos[105], treten diese – nach Konrad Snewlin in seiner Funktion als Schultheiß – zusammen mit Hugo von Tußlingen, mit Albert von Krozingen und den Brüdern Hugo und Heinrich, mit Reinbot von Offnadingen, Gottfried von Tottikofen, Albert Kozzo, Johannes monetarius, Konrad Küchli, Heinrich Morser und anderen als *cives*, als Bürger von Freiburg auf. Sie können dann wenig später zum guten Teil auch als Mitglieder des Rats der Vierundzwanzig nachgewiesen werden[106]. Damit haben wir jenen Kanon von Namen, der in Freiburg für die erste Hälfte des 13. Jahrhunderts und darüber hinaus signifikant ist.

Diese Familien beherrschen den Rat; sie stellen die Mitglieder, die auf Lebenszeit berufen werden und allein berechtigt sind, freigewordene Ratsplätze durch Zuwahl neu zu besetzen. Daß sie darauf achteten, daß nur Angehörige der patrizischen Familien nachrückten, versteht sich von selbst. In der Verfügung der Geschlechter lag ferner das Amt des Schultheißen, das seit dem ersten urkundlichen Auftreten eines Amtsinhabers immer einer aus ihren Reihen innehatte: der schon genannte Konrad Snewlin, nach ihm Heinrich von Krozingen, Ludwig von Munzingen, Dietrich von Tußlingen, Heinrich Küchli und andere, in der Regel jeweils für eine ganze Reihe von Jahren[107]. In den Händen weniger Familien lag also das Stadtregiment. Ihr politischer Einfluß, ihre Nähe zum Stadtherrn und ihr rasch wachsendes Vermögen verschafften ihnen eine zunächst unangefochtene Stellung – eine Stellung, deren Rang und Qualität schließlich seit dem dritten Jahrzehnt des 13. Jahrhunderts in einer ganz entscheidenden ständischen Erhöhung ihren Ausdruck fand. Bis dahin nämlich werden die Mitglieder des Patriziats in den Zeugenreihen immer nur als *cives* bezeichnet, im Rang nachgesetzt den *milites*, den landsässigen Rittern und Herren wie den von Staufen, von Keppenbach und anderen. Das änderte sich nun.

An diesem Punkt ist noch einmal daran zu erinnern, daß die genannten patrizischen Bürger Familien angehörten, die offenbar vielfach aus der Ministerialität gekommen waren oder jenen edelfreien Geschlechtern entstammten, die – wie die von Munzingen und

101 Blattmann (wie Anm. 4) I, S. 214ff.
102 Vgl. für Worms: Zotz (wie Anm. 33) S. 119f.
103 Die Zähringer II (wie Anm. 39) S. 243f., 449.
104 1215 Mai 1. FUB 1, S. 11ff. Nr. 29.
105 1220 Aug. 8. FUB 1, S. 18ff. Nr. 35, S. 21 Nr. 36.
106 1223 Febr. 16. FUB 1, S. 22f. Nr. 38.
107 Nehlsen (wie Anm. 58) S. 143ff., 163ff.

wohl auch die von Krozingen – dem Ortsadel im Umfeld Freiburgs zuzuweisen sind. Man darf annehmen, daß ihre Stellung innerhalb des städtischen Patriziats ganz wesentlich durch ihre Herkunft bestimmt worden ist. Ihre besondere ständische Qualität könnte ihren raschen Aufstieg innerhalb der Bürgerschaft erklären[108], und sie mag auch fördernd auf die weitere gesellschaftliche Karriere gewirkt haben. Jedenfalls gelingt es schließlich Angehörigen des Patriziats, sich den Weg in den Ritterstand zu öffnen. 1242 werden Konrad Snewlin und Ludwig von Munzingen anläßlich ihrer Belehnung mit dem Biengener Zehnten durch den Verweser der Abtei Murbach, dem sie bei der Entgegennahme des Guts Lehnshuldigung (*homagium*) leisteten, plötzlich *milites et cives* genannt: Ritter und Bürger, eine Bezeichnung, die sie dann in ihrem Lehensrevers auch selbst für sich in Anspruch nehmen[109]. Belehnung und Lehnshuldigung, mithin die Lehnsfähigkeit beider Bürger, bildeten also die Voraussetzung für die Aufnahme in die Ritterschaft[110].

Nun sind diese nicht die ersten Bürger Freiburgs, die zugleich auch als *milites* auftreten. 1239 erscheint nach den acht *cives Friburgenses* einer Zeugenreihe, die sicher als Räte identifiziert werden können, ein *Bertoldus miles de Ura*, der allerdings nach diesem Auftritt sofort wieder aus der Geschichte verschwindet[111]. Auch Heinrich von Ambringen, 1240 in einer Zeugenreihe unter den *milites* aufgeführt, auf die neun *cives Friburgenses* folgen[112], könnte Freiburger Bürger sein, wenn man die Zeugenreihe einer Urkunde des Grafen Rudolf von Habsburg von 1239 mit der Stellung vergleicht, die er unter den Zeugen einer in der Martinskirche zu Freiburg 1245/47 ausgestellten Urkunde einnimmt: Er ist dort mitten unter die von dem Schultheißen Heinrich von Krozingen angeführten Freiburger eingereiht. Später erscheint er jedoch in anderer Stellung[113]. Konkreter faßbar als früher »bürgerlicher« Ritter ist der 1243 bereits verstorbene *miles civis Friburgensis* Reimbold, dessen Witwe damals dem Kloster Günterstal Reben auf dem Schloßberg vermachte, eine Schenkung, die vom Grafen Konrad, vom Schultheißen Heinrich von Krozingen und von den – auch als Zeugen aufgeführten – *consules de Friburch* urkundlich beglaubigt wurde. Reimbold läßt sich der Familie von Offnadingen zuweisen, aus der ein Mitglied, Werner von Offnadingen, als testierender *consul* in der Urkunde auftritt[114].

108 FLECKENSTEIN (wie Anm. 30) S. 81 f.

109 1242 Juli 6/Juli 13. FUB 1, S. 59 f. Nr. 72, S. 60 Nr. 73. Vgl. FUB 1, S. 108 ff. Nr. 129: Die *milites de Freiburg* Ludwig von Munzingen und Konrad Snewlin übertragen 1252 dem Wilhelmitenkloster Oberried Güter daselbst und zu Verlinsbach.

110 FLECKENSTEIN (wie Anm. 30) S. 86.

111 Heinrich von Krozingen, Schultheiß von Freiburg, Ludwig von Munzingen, Konrad von Tußlingen, Friedrich von Schaffhausen, Heinrich Beischer, Werner Being, Heinrich von Krozingen gen. Spornli, Hugo von Krozingen, Rudolf von Bräunlingen (Brulingen), Heinrich de Notingesten, *Bertoldus miles de Vra et alii quamplures cives Friburgenses* bezeugen zusammen mit einigen Geistlichen und Werner Marschalk von Staufen eine Schenkung des H. von Falkenstein, *miles*, und seines Sohnes Walter, beide Ministerialen der Gräfin Adelheid, an das Kloster Günterstal. FUB 1, S. 51 Nr. 64. Ob die drei letztgenannten Zeugen wirklich als Bürger von Freiburg anzusehen sind, wie die Formulierung es suggeriert, ist nicht sicher.

112 Zeugen sind: Werner und Otto von Staufen, Heinrich von Ambringen, Dietrich von Endingen, *milites*, Heinrich von Krozingen, Schultheiß, Heinrich Fasser, Konrad Snewlin, Hugo von Krozingen, Eberhard Spanhard, Ludwig von Munzingen, Johannes Morhard, Heinrich Tuschelinus, Konrad telonearius (Zoller), *cives Friburgenses*. FUB 1, S. 58 Nr. 69.

113 1239 Febr. 18. FUB 1, S. 52 ff. Nr. 66: Während hier nicht ganz eindeutig zu entscheiden ist, ob Heinrich von Ambringen den *civibus de Friburch*, unter denen neben den bereits genannten Personen noch Heinrich Risen erscheint, zu subsumieren ist, steht er 1245/47 inmitten Freiburger Namen, später jedoch nicht mehr. FUB 1, S. 66 f. Nr. 81, S. 73 ff. Nr. 87, S. 93 Nr. 108, S. 99 Nr. 117.

114 Zeugen sind: Ludwig von Munzingen, Konrad Chozzo, Konrad d. Ä. von Tußlingen, Heinrich Ymago (Bild), Konrad von Zähringen, Friedrich der Neve, Hugo von Krozingen, Werner von Offnadingen, *cives Friburgenses*. FUB 1, S. 61 f. Nr. 75.

Und auch Heinrich und Konrad von Zähringen, die 1239 als Ritter bezeichnet werden[115], sind anderen Urkunden zufolge in Freiburg ansässig und werden in der Reihe der »bürgerlichen« Zeugen aufgeführt[116].

Freilich macht gerade die Zeugenreihe der zitierten Urkunde von 1240 doch soviel deutlich: Die in der Stadt als tonangebend auftretenden Personen – vom Schultheißen Heinrich von Krozingen angefangen über Heinrich Fasser, Konrad Snewlin, Hugo von Krozingen, Eberhard Spanhard bis hin zu Konrad *telonearius*, dem Zoller – waren offenbar zu diesem Zeitpunkt noch keine Ritter, hätten sie dann doch, wie Heinrich von Ambringen, unter die *milites* aufgenommen werden müssen. Es kann damit als sicher gelten, daß die führenden Männer der Stadt frühestens seit dem vierten Jahrzehnt des 13. Jahrhunderts, in der Regel sogar erst seit 1250, als Ritter hervorgetreten sind. Ab 1250 sind immer häufiger Angehörige der Familien Fasser, Kotz, Kolman, von Munzingen, von Tußlingen, von Zähringen, Küchli und andere als *milites* benannt – Familien, deren Mitglieder zuvor nie so ausgezeichnet worden sind[117]. Angesichts der seit 1220 relativ dichten urkundlichen Überlieferung kann dies kein Zufall sein.

Die Feststellung, daß einflußreiche und begüterte Patrizier zu Rittern wurden, dokumentiert – wie das Auftreten von *milites* innerhalb der »bürgerlichen« Zeugenreihen, also nicht ständisch abgesondert von den *cives*[118] – in offenkundiger Weise den fortschreitenden Aufstieg des Bürgertums in Freiburg[119], der allerdings auch andernorts festzustellen ist. Das Streben nach dem Ritterstand hatte z. B. in Straßburg solche Ausmaße angenommen, daß die Annalen von Colmar es für lohnend hielten, dies niederzuschreiben: *Multi ignobiles facti milites in Argentina*, viele Nichtadelige sind in Straßburg zu Rittern gemacht worden[120]. In Freiburg kommt die neue ständische Qualität auch darin zum Ausdruck, daß der »Titel« Herr (*dominus, her*), der zuvor nur geistlichen Würdenträgern, dem Stadtherrn oder Mitgliedern des Hochadels zustand, nun ebenso Patriziern von Rang zugebilligt wird[121]. Bald führen sie auch, wie zuvor nur der Adel, ein eigenes Siegel[122] (Abb. 10). Ganz offensichtlich sind sie nun in der Lage, eine ritterliche Lebensweise

115 FUB 1, S. 56f. Nr. 68.

116 FUB 1, S. 46 Nr. 60, S. 52ff. Nr. 66, S. 69f. Nr. 83.

117 Eindeutige Aussagen werden freilich, wie es scheint, erschwert durch Inkonsequenzen der urkundlichen Überlieferung. So sind offenbar die Zeugen einer undatierten Urkunde von 1248/1252 – der Schultheiß Konrad Snewlin, der Fasser, Hermann Nix, Konrad Chozo, Johannes und Heinrich von Munzingen, Ludwig von Munzingen, Cholman und sein Bruder, Johannes von Tußlingen – alle *milites*, wenn sich die Benennung auf die gesamte Reihe bezieht (FUB 1, S. 91 Nr. 104). Doch wird dem Konrad Snewlin, der schon 1242 *miles et civis* ist, in einer Urkunde von 1252 die Ritterwürde nicht zugebilligt, obwohl er, auf den *miles* Walter d. J. von Falkenstein folgend, die Reihe der *cives de Friburch*, nämlich *Conradus miles de Zåringen, Růdolfus miles dictus Kůcheli, Růdolfus dictus Degenhart, Burchardus dictus Meinwart*, anführt, von denen also zwei hier die Ritterwürde tragen (FUB 1, S. 105f. Nr. 125). Und wiederum in einer weiteren Urkunde von 1252 gehen die oben genannten *milites* ohne Ritterwürde dem *miles dictus Trŏssche* voraus (FUB 1, S. 107 Nr.127), obwohl doch wenigstens Ludwig von Munzingen – wie Konrad Snewlin – seit 1242 als *miles et civis* bekannt ist (wie Anm. 109).

118 FUB 1, S. 105f. Nr. 125.

119 Fleckenstein (wie Anm. 30) S. 78, 86f.

120 Fleckenstein (wie Anm. 74) S. 13.

121 Fleckenstein (wie Anm. 30) S. 87. Konsequent wird die Benennung allerdings nicht gehandhabt; vgl. etwa die drei Urkunden von 1256 Jan. 11 bzw. 21 (FUB 1, S. 124ff. Nr.151–153) und Friedrich Hefeles Bemerkungen zu der Urkunde von 1266 Juli 21 (ebd. S. 179f.). Die Inkonsequenz der urkundlichen Überlieferung prägt auch die Ergebnisse der Arbeit von Erika Schillinger, Dominus und Miles in den Freiburger Urkunden des 13. Jh., in: Zeitschrift des Breisgau-Geschichtsvereins »Schau-ins-Land« 104, 1985, S. 43–56.

122 FUB 1, S. 110 Nr.129 (1252).

Abb. 10 Siegel Freiburger Familien des 13. Jahrhunderts: Küchli, Turner und von Falkenstein (Stadtarchiv Freiburg).

zu pflegen. Denn sie gelangen alle in den Besitz meist größerer, mit Herrschaftsrechten ausgestatteter Lehen. Der Erwerb von Gütern auf dem Land tritt in immer stärkerem Maße zur städtischen Besitzbasis hinzu. Als Beispiel für diese Erwerbspolitik können die außerordentlichen Erfolge der Snewlin stehen, die neben bedeutenden breisgauischen Höfen wie dem Widemhof von Schliengen, den Fronhöfen zu Bischoffingen, Umkirch und Kirchhofen oder zahlreichen anderen, im einzelnen hier gar nicht aufführbaren Gütern mehrere Burgen und feste Häuser wie Bollschweil, Zähringen, Wiger bei Emmendingen, Landeck, Wiesneck usw. erwerben konnten. Die übrigen Freiburger Patrizier haben, wenn auch teilweise mit etwas bescheidenerem Ergebnis, doch das gleiche Ziel verfolgt und Güter und Rechte, Burgen und Herrschaften erworben[123], mit dem Ergebnis auch, daß die Verbindung der Stadt mit ihrem Vorland weiter verstärkt wurde und schließlich der gesamte Breisgau von Freiburg aus herrschaftlich intensiv durchdrungen war[124].

123 NEHLSEN (wie Anm. 36) S. 82 ff. DERS. (wie Anm. 58) S. 36 ff.
124 FLECKENSTEIN (wie Anm. 30) S. 91.

Für die soziale Entwicklung der städtischen Gesellschaft war nun entscheidend, daß die zu Rittern aufgestiegenen Patrizier in der Stadt verblieben; sie blieben weiterhin Bürger. Dies bekundet die Attraktivität der mittelalterlichen Stadt ebenso wie die Beobachtung, daß Freiburg in den letzten Jahrzehnten des 13. Jahrhunderts eine wachsende Anziehungskraft auf den landsässigen Adel ausübte. Immer mehr Ritter des Umlandes erwarben das Bürgerrecht von Freiburg und Besitz in der Stadt: die Herren von Staufen, von Falkenstein, von Kirneck und andere, vielfach Ministerialen, die – ein zu den Patriziern analoger Vorgang – sich aus der dienstrechtlichen Abhängigkeit der Ministerialität befreit hatten und den Rittern edelfreier Herkunft ranggleich an die Seite getreten waren. Letztgültiger Ausweis einer immer enger gewordenen Verbindung von Bürgertum und Rittertum in der Stadt ist schließlich das Connubium, das zwischen den großen Familien Freiburgs um 1300 zu beobachten ist. Immer häufiger sind die zu Adeligen gewordenen bürgerlichen Familien mit den zu Bürgern gewordenen, ehemals landsässigen Adelsfamilien versippt, bis im 14. Jahrhundert schließlich die von Munzingen mit den hochadeligen von Geroldseck und die Malterer gar mit dem Markgrafen von Hachberg verwandtschaftliche Bindungen eingehen können, der 1304 selbst, freilich befristet auf fünf Jahre, Bürger zu Freiburg wurde, als er sich mit der Stadt gegen gemeinsame Gegner verband[125].

Es ist nun gewiß kein Zufall, daß schwere innerstädtische Konflikte gerade zu dem Zeitpunkt losbrachen, als sich die patrizischen Familien in breiter Front anschickten, ihre elitäre Stellung durch den Aufstieg in den Ritterstand weiter zu festigen. Und der Angriff richtete sich nicht von ungefähr gegen den Rat der Vierundzwanzig, ihr wichtigstes innerstädtisches Herrschaftsinstrument. Der 1248 aufgebrochene Streit (Abb. 10) mündete in dem Vorwurf der Gesamtgemeinde, der *universitas* aller Bürger an die 24 Räte, sie hätten in der Vergangenheit das Gemeinwesen der Stadt Freiburg nicht ehrenhaft und zum allgemeinen Besten, sondern mit ganz eigennützigen Zielen verwaltet. Mit Zustimmung des Stadtherrn wurden deshalb dem Gremium der Alten Vierundzwanzig, das seine bisherige Zusammensetzung und Rekrutierungsweise beibehielt, weitere 24 Ratsmitglieder zur Seite gestellt, die jährlich oder halbjährlich nach Maßgabe der Gemeinde zu wählen waren und die die Verwaltung und Rechtssprechung der Alten Vierundzwanzig zu kontrollieren hatten. Bei Dissens in wichtigen Rechtsfragen sollte künftig die Gesamtgemeinde durch Mehrheitsbeschluß den Ausschlag geben. Über einzelne wichtige Angelegenheiten – die Steuerfestsetzung wird eigens genannt – sollte ein Ratsausschuß entscheiden, dem jeweils nur einer aus den Alten Vierundzwanzig, jedoch drei der Neuen Vierundzwanzig angehörten. Als verbindliche Grundlage des gemeindlichen Zusammenlebens wurde die Beachtung der in der Erweiterten Handfeste Bertolds V. formulierten Rechte und Freiheiten beschworen[126].

Die neue Verfassung zielte erkennbar darauf ab, die Macht der Geschlechter durch Kontrolle einzuschränken und durch die Beteiligung eines weiteren Kreises von Bürgern an den politischen Entscheidungen die Führungsschicht in der Stadt zu verbreitern. Welche Gruppe von Bürgern sich zur Revolte entschlossen hatte, wird freilich nicht erkennbar. Die Mitglieder des neuen Rates werden nirgendwo genannt, und in den Zeugenlisten der Urkunden treten weiterhin die uns bekannten Namen auf. Da der neue Rat erst 1275 wieder bei einer Rechtshandlung auftritt[127] – auffallenderweise in dem Jahr, als die Ratifi-

125 Ebd. S. 88f. Ders. (wie Anm. 74) S. 8.

126 Text der »Freiburger Verfassungsänderung« vom Mai 1248: Blattmann (wie Anm. 4) II, S. 701ff.; vgl. ebd. I, S. 290f., 375 sowie Keller (wie Anm. 11) S. 280f.

127 1275 Febr. 23. FUB 1, S. 249f. Nr. 278.

Abb. 11 Verfassungsänderung vom Mai 1248. Die Vereinbarung wurde in Anwesenheit des Grafen Konrad auf dem Münsterfriedhof vollzogen und in einer Prachturkunde mit Auszeichnungszeile und Schmuckinitialen festgehalten (Stadtarchiv Freiburg).

zierung eines neuen Stadtrechts scheiterte –, der alte Rat aber bis dahin mehrfach für die Stadt tätig wird, ist anzunehmen, daß eine unterhalb des Patriziats anzusiedelnde, wohl durch vermehrten Besitz selbstbewußter gewordene Bürgerschicht mit ihrem Versuch, die Machtstrukturen in der Stadt aufzubrechen, zunächst gescheitert war. Eine durchgreifende Neuordnung der gesellschaftlichen Verhältnisse wird erst im Stadtrecht von 1293 erkennbar, dessen Bestimmungen aber auch ihre Zeit brauchten, um sich in der Verfassungswirklichkeit durchzusetzen[128].

Doch noch einmal – zu einem abschließenden Resümee – zurück zu »Freiburg 1091« und »Freiburg 1120«. Konrad von Zähringen konnte zur Anlage eines Marktes Kaufleute in eine Region berufen, die, wie Gerhard Fingerlin in seinem Beitrag nachweist, für dieses Vorhaben gut gerüstet war: Seit spätrömischer Zeit bot dieser strukturierte, durch Verkehrswege erschlossene Raum günstige Voraussetzungen für eine wirtschaftliche Nutzung und intensive Besiedlung und damit für die Entstehung stadtähnlicher Zentren – Siedlungsplätze mit zentralörtlichen Funktionen wie Breisach, Sasbach, Riegel und die befestigte Großsiedlung auf dem Zähringer Burgberg belegen dies. Die Entstehung eines Marktes wurde weiterhin durch die Tatsache begünstigt, daß der spätere *locus Friburch*, wie Thomas Zotz anhand der Wildbannurkunde von 1008 nachweisen konnte, von einem Kranz alter grundherrschaftlicher Siedlungen umgeben, selbst aber nicht grundherrschaftlich aufgeteilt und agrarisch genutzt war – im Gegenteil: Die Nähe der Wiehre, Wassernutzung und die hiermit verbundenen handwerklichen Gewerbe lassen, wie Heiko Steuer dies mit Beispielen aus anderen Regionen unterstreichen konnte, Ansätze für einen Handelsplatz erkennen, der dann 1120 ausgebaut worden ist. Karl Schmid hat diesen Vorgang in den herrschaftspolitischen Kontext der Zeit gestellt; er unterschied drei Phasen im Aufbau der zähringischen Herrschaftsposition im Breisgau: eine erste mit den kriegerischen Auseinandersetzungen am Anfang des Investiturstreits, der eine Phase des Aufbaus zu Beginn der 1090er Jahre folgte. Sie diente der Entwicklung der wirtschaftlichen Prosperität, mit der Anlage einer Burgsiedlung, die Matthias Untermann mit dem Nachweis früher gewerblicher Siedlungsspuren archäologisch fassen konnte – unter dem Schutz der Burg auf dem Schloßberg, deren Entstehung Alfons Zettler mit guten Gründen ebenfalls für die Zeit Bertolds II. annimmt. Die Marktprivilegierung von 1120 in der dritten Phase unter Konrad hat schließlich die vorausgegangene Entwicklung organisatorisch abgeschlossen und rechtlich verankert, zugleich aber in die Zukunft weisende Elemente eingeführt. Auf diesem festen Fundament fußend hat sich der herrschaftliche Markt zur mittelalterlichen Stadt ausbilden können, deren soziale Wirklichkeit angesichts der schmalen Quellenbasis zwar nur in Umrissen, aber gelegentlich doch wiederum auch mit unerwartet detaillierten Einsichten – zumal in die führende Schicht der patrizischen Familien – dargestellt werden konnte.

Exkurs: Grafenhof und Grafenmühle

Hohe Verschuldung und steigender Geldbedarf zwangen die Freiburger Grafen seit dem ausgehenden 13. Jahrhundert immer häufiger, Güter, Rechte und Einkünfte an zahlungskräftige Bürger und (Stadt-)Adelige zu verpfänden oder durch Verkauf ganz aus der Hand zu geben. Vielfach erst durch diese Transaktionen, die mit der Ausfertigung von Urkunden rechtlich abgesichert wurden, erhalten wir Informationen über gräflichen Besitz, den schriftlich festzuhalten zuvor wenig Anlaß bestanden hatte. Dies gilt auch für

128 Blattmann (wie Anm. 4) I, S. 285 ff.

den Grafenhof und die Grafenmühle. 1310 räumt der Ritter Wilhelm von Keppenbach dem Grafen Egino das Rückkaufsrecht ein für Zinseinkünfte, die der Graf ihm verkauft hatte: aus dem Silberbergbau und *von dem hove, der lit under der burg ze Friburg*[129]. Während der Graf seinen Hof pfandweise aus der Hand gab, veräußerte er im Jahr darauf seine ebenfalls unter der Burg liegende Mühle ganz an den offenbar sehr begüterten, bei Rechtshandlungen häufig als Zeuge auftretenden Freiburger Bürger Wernher den Zimmermann[130]. Hof und Mühle des Grafen bildeten, so will es scheinen, eine funktionale Einheit, lagen jedenfalls nahe beieinander, wie einer Urkunde von 1316 entnommen werden kann: Graf Konrad – Graf Egino hatte noch zu Lebzeiten die Herrschaft an seinen Sohn abtreten müssen – bestätigte damals, daß Wernher der Zimmermann, der bis dahin an die Michaelskapelle auf der Burg und an die Burgkapläne jährlich einen Zins von 38 Mutt Roggen von seinem Hof in Denzlingen gegeben hatte, diesen Zins wegen Verkauf des Hofes nun von seiner Mühle leisten wolle: *von siner múli, dú da lit ze Friburg under unserre burg ze nehste bi unserm hove, der man sprichet des graven múli*[131].

Obwohl die Existenz von Grafenhof und Grafenmühle erst spät nachgewiesen werden kann, dürften beide erheblich älter sein: Es ist durchaus wahrscheinlich, daß sie bereits in zähringischer Zeit entstanden und mit dem Zähringererbe an die Grafen von Freiburg gefallen sind. Denn Hof und Mühle müssen in engem Zusammenhang mit der Burg auf dem Schloßberg gesehen werden, für deren Versorgung beide unabdingbar waren[132]. Bot doch die Burg selbst, als Höhenburg auf beengtem Raum, gerade Platz für Wohn- und Repräsentationsgebäude, die beiden Burgkapellen und allenfalls Stallungen für die Pferde, kaum jedoch für Werkstätten, Mühlen, Scheunen und andere, für den Unterhalt einer Burg und ihrer Besatzung notwendige Einrichtungen. Diese befanden sich in der Ebene des Dreisamtals, wie vielleicht ein anderer, für die Versorgung der Burgleute nicht weniger wichtige Hof des Grafen, sein Schwaighof zu Freiburg, ein Viehhof also, dessen vermutete Lage am Rande des Brombergs beim Sternwaldeck allerdings nicht sicher nachgewiesen werden kann[133].

129 Urkunde Wilhelms von Keppenbach vom 5. Dez. 1310, mit der er dem Grafen das Rückkaufsrecht einräumt: Zeitschrift für die Geschichte des Oberrheins 12, 1861, S. 75 (Volltext); FUB 3, S. 149 Nr. 194 (Regest). Die eigentliche, vom Grafen ausgestellte Kaufurkunde – die Urkunde Wilhelms von Keppenbach weist auf sie hin – ist nicht erhalten.

130 ... *han ze kŏfende gegeben Wernher dem Cimbermanne, einem burgere von Friburg, die múli und swas dar zů hŏret eigenliche, dú unser was, dú lit under unserre burg ze Friburg.* 1311 Sept. 3: Stadtarchiv Freiburg, A 1 XVIII a; FUB 3, S. 168 Nr. 219 (Regest). Bei der Originalurkunde liegt eine Abschrift vom Anfang des 16. Jh.

131 1316 April 22: Zeitschrift für die Geschichte des Oberrheins 12, 1861, S. 239 f. (Volltext); FUB 3, S. 303 Nr. 406 (Regest).

132 Berent SCHWINEKÖPER, Topographische Grundlagen zur Freiburger Stadtgründung, in: Freiburg im Mittelalter, hg. von Wolfgang MÜLLER (Veröffentlichung des Alemannischen Instituts 29) Bühl 1970, S. 7–23, hier: S. 14 f. DERS. (wie Anm. 66) S. 48 f.

133 Graf Egino gewährt seinem Sohn Konrad *von unserm sweighove ze Friburg* 35 Scheffel Roggenzins jährlich. 1302 Aug. 18: Zeitschrift für die Geschichte des Oberrheins 11, 1860, S. 382 f. (Volltext); FUB 3, S. 17 f. Nr. 21 (Regest). Die von SCHWINEKÖPER, Topographische Grundlagen (wie Anm. 132) S. 16, mit Bestimmtheit vorgenommene Identifizierung des gräflichen Schwaighofs mit dem Schwaighof beim Sternwaldeck ist Hypothese. Vgl. Hermann WIRTH, Die Flurnamen von Freiburg im Breisgau (Veröffentlichungen aus dem Archiv der Stadt Freiburg im Breisgau 6) Freiburg 1932, S. 227. Eine Überprüfung der dort aufgeführten Fundstellen an den Originalen ergab keinen Hinweis auf gräflichen Besitz an diesem Schwaighof. Auch für weitere, von Wirth genannte Schwaighöfe läßt sich gräflicher Besitz nicht nachweisen, so daß einstweilen offen bleiben muß, wo der Schwaighof der Freiburger Grafen lag.

Die zutreffende Lokalisierung des »unter der Burg« liegenden Hofs der Freiburger Grafen scheint mit der Lagebestimmung der Grafenmühle möglich zu sein. Deren Standort wird in zwei Urkunden des 14. Jahrhunderts zweifelsfrei beschrieben: 1369 gibt Gysel Schúserin, Bürgerin von Freiburg, ihre Mühle, *der man etwen sprach des Grafen múli,* zu Erblehen aus; sie lag *ze Friburg vor dem obern tor under dem burgberg an dem múli runse ze nêhste ob der steinin bruggen*[134]. Mit denselben Worten beschreibt die Lage der einstigen, aber immer noch so genannten Grafenmühle eine Urkunde von 1393, in der festgestellt wird, daß die Stadt den Mühlenzins wegen der schlechter gewordenen Erträge von 4 auf 3 Pfund mindert[135].

Zu einer weiteren Präzisierung gelangt man, wenn man einem bis heute unbeachtet gebliebenen Rückvermerk der Urkunde von 1311, mit der die Mühle an Wernher den Zimmermann veräußert wurde, nachgeht. Die Urkunde trägt auf der Rückseite den schlichten, aber aufschlußreichen Eintrag: *Lauwmühlin* (Lohmühle). Er ist dem Schriftduktus zufolge im 16. Jahrhundert angebracht worden und nennt den später geläufigen Namen der früheren Grafenmühle, nachdem sie zu einer Lohstampfe zur Gewinnung der Gerberlohe umgebaut worden war. Auch die Urkunden von 1369 und 1393 tragen diesen Rückvermerk[136].

Diese Mühle muß spätestens im 16. Jahrhundert in den Besitz der Gerberzunft »zum Ochsenstein« gelangt sein. In einem Wegestreit mit der Stadt, der im Jahre 1830 ausgetragen wurde, weist die Zunft darauf hin, daß sie über Urkunden des 14. Jahrhunderts verfüge – es sind die oben genannten gewesen -, die ihr althergebrachtes Eigentum an der Lohmühle, die früher die Grafenmühle gewesen sei, belegen könnten[137]. Die Mühle wurde 1733 von der Gerberzunft als Lohmühle aufgegeben und an zwei Balierer zu Erblehen verpachtet, die darin eine Balierschleife einrichteten. Die Pachturkunde beschreibt, wie in solchen Fällen üblich, zur rechtlichen Sicherung die Grenzen des Lohmühlengrundstücks, das auf der einen Seite an den Schloßberg, auf der anderen an den Runz, oben, das heißt östlich, an einen Garten des Kirchzartener Talvogts Hug von Hugenstein und unten an ein solches der Verpächter selbst grenzte. Der einzige Zugang zur Lohmühle, das ergibt sich aus einem in der Urkunde festgeschriebenen Wegerecht, erfolgte seit jeher über ein südlich, also jenseits des Gewerbebaches angrenzendes Grundstück der Gerberzunft, an dessen östlichem Rand sich ein Weg – von der Landstraße her – hinzog; eine Brücke führte hinüber über den Runz[138]. Dieses südliche Grundstück, auf dem das Wegerecht für die Lohmühle lag, hatte die Gerberzunft 1699 erworben. Auf ihm stand die alte, durch Kriegseinwirkungen ruinierte Papiermühle, die Simon Ritz 1548 von der Stadt gekauft hatte und die nun sein Nachfahr gleichen Namens an die Zunft abgab. Das Mühlengrundstück grenzte auf der einen Seite an den Runzbach, auf der anderen an die Landstraße

134 1369 Mai 9: Stadtarchiv Freiburg, A 1 XVIII a.

135 1393 April 14: Stadtarchiv Freiburg, A 1 XVIII b. Auf die Urkunden von 1369 und 1393 hat bereits Wirth (wie Anm. 133) S. 30, Stichwort »Burgberg«, hingewiesen.

136 Auf den Rückvermerk hat Friedrich Hefele, FUB 3, S. 168, aufmerksam gemacht, ohne jedoch auf ihn näher einzugehen. Die Urkunde von 1393 hat den Rückvermerk von derselben Hand wie die Urkunde von 1311. Die Rückvermerke auf der Urkunde von 1369 – Lauwmühle wie Lohmühle – sind Einträge des 17./18. Jh.

137 Stadtarchiv Freiburg, C 1 Gewerbe und Handel 17 Nr. 6 (Anspruch der Stadt Freiburg auf einen Weg bei der an der Karthäuserstraße gelegenen Lohmühle).

138 Stadtarchiv Freiburg, A 1 VI e kappa, 1733 Febr. 3; B 5 III a 1 Nr. 51, S. 206–209. Vgl. wegen des Zugangs – der die Lage des Grundstücks weiter klärt – auch: Stadtarchiv Freiburg, C 1 Gewerbe und Handel 17 Nr. 6 (Schreiben des Stadtrats Vanotti vom 30.8.1830).

(Allmendstraße) und hatte als östlichen Anlieger ebenfalls den Talvogt Hug[139]. An Stelle der ruinierten Papiermühle errichtete die Gerberzunft hier 1733 als Ersatz für die jenseits des Baches aufgegebene veraltete Lohstampfe eine neue, den technischen Erfordernissen des 18. Jahrhunderts besser entsprechende Lohmühle[140].

Auf dem Gemarkungsplan (Abb. 12), den der Geometer Dominik Zaeringer 1786 im Auftrag der Stadt aufgenommen hat[141], ist diese neue Lohmühle eingezeichnet. Ihr gegenüber, jenseits des Mühlenbachs, sind auf dem Gelände der alten Lohmühle, der früheren Grafenmühle, zwei Gebäude eingetragen, die wohl kaum mehr als zur 1733 eingerichteten Balierschleife gehörig anzusehen sind. War doch der Niedergang des in Freiburg lange prosperierenden, durch die Kriege dann schwer getroffenen Baliererhandwerks bereits besiegelt. 1830 befand sich jedenfalls auf dem Grundstück der Lohmühle/Grafenmühle ein Haus des Messerschmieds Strohm und Hofstatt und Gartenhaus des Magistratsrats Vanotti, durch dessen aktenkundig gewordene Bemühungen, sich das Zugangswegerecht zu seinem Anwesen von der Gerberzunft nicht beschneiden zu lassen, wir erst endgültige Gewißheit erhalten, wo genau die Mühle des Grafen Egino gelegen hat: vor dem Schwabentor oberhalb, das heißt östlich der steinernen Brücke, die über den Runz führte, zwischen Schloßberg und Mühlenbach gelegen, direkt der Papiermühle gegenüber, die Gregorius Sickinger 1589 in seiner großen wie in seiner kleinen Stadtansicht von Freiburg abgebildet hat.

Die gefundenen Ergebnisse erlauben es auch, die Lage des Grafenhofes annähernd zu bestimmen. Denn da dieser »unter der Burg« und zugleich nahe bei der Grafenmühle stand, wie die Urkunde vom April 1316 uns wissen läßt, muß er in diesem Raum gesucht werden[142]. Keinesfalls kommt eine Lokalisierung innerhalb der Mauern der Altstadt oder auch der Schneckenvorstadt in Betracht. Denn schon die Lagebezeichnung »unter der Burg« (oder auch »unter dem Berg«) ist, wie andere Beispiele zeigen, eindeutig: Sie meint ganz wörtlich den Bereich unterhalb der Burg am Fuße des Schloßbergs vor den Stadtmauern. Dort, *under der burg ze Friburg an dem múlrunse, da der bach ze Friburg in die stat gat,* lag die Mühle, auf der die Familie des Müllers Konrad Werder in Erbpacht saß[143].

139 Stadtarchiv Freiburg, A 1 VI e kappa, 1548 Aug. 14: die Bapirmuli ... *vor dem Schwabsthor uff dem Runß, so man gen Carthusern gat, gelegen* ... Verkauf der *Pappeyrmüllin, vor dem Schwobsthor gelegen, streckt oben ahn Ihro Excell. Herr Dr. Haugen den Satzburger, unden an Christoph Köbelin, einseits an die Allmendtstraß, anderseits an Müllbach gelegen* Stadtarchiv Freiburg, A 1 VI e kappa, 1699 Febr. 21. Vgl. Eugen ZELTNER, Gerber und Papierer in Freiburg i. Br. bis zum Ende des 16. Jh., Freiburg 1913, S. 20ff. Der Garten des Talvogts Hug lag beiderseits des Mühlbachs; schon in Urkunden der Vorbesitzer sind als westliche Begrenzung die Grundstücke der (alten) Lohmühle sowie der Papiermühle angegeben: *stoßt ... unden uf die Lauw- und Papirmühlin* (1610) bzw. *stoßt ... unden uff Simon Rytzen des Papeurers seeligen Erben unndt die Lawmühlin* (1630). Stadtarchiv Freiburg, B 5 III a 1 Nr. 28 fol. 141v–142, Nr. 36 fol. 128v–129. – Zur Familie Hug (Haug) vgl. Oberbadisches Geschlechterbuch, Bd. 2 (wie Anm. 60) S. 154f.

140 1830 wurde an die (neue) Lohmühle von 1733 eine moderne Walkmühle angebaut. Stadtarchiv Freiburg, C 1 Gewerbe und Handel 17 Nr. 6.

141 Stadtarchiv Freiburg, M 10 Nr. 3 (1) und Nr. 3 (2), C 1 Grenzen und Marken 1 Nr. 22.

142 SCHWINEKÖPER, Topographische Grundlagen (wie Anm. 132) S. 16, meint dagegen, daß nahe bei der Grafenmühle kein geeigneter Raum für den Grafenhof vorhanden gewesen sei.

143 Stadtarchiv Freiburg, A 1 XVII A (Büttricher), 1331 März 11. Die Mühle wird 1300 Febr. 8 von Rudolf dem Löffeler an Adelheid, Witwe des Müllers Konrad Werder, zu Erblehen ausgegeben; Lagebezeichnung der Mühle: *dú lit under dem berge under sante Johanneser múli aller nehiste an dem alten runse, da der bach us dem runse gat.* FUB 2, S. 351 Nr. 283. Verkauf der Mühle mit derselben Lagebestimmung an Berhtolt den Bútricher 1302 Mai 12. FUB 3, S. 15f. Nr. 18. Verzicht des Konrad Werder auf das Erblehensrecht gegenüber der Büttricher-Stiftung. Stadtarchiv Freiburg, A 1 XVII A (Büttricher), 1331 März 11 (dort das Textzitat). Belehnung des Jekeli Hiltpolt mit dieser Mühle, *di da lit bi Friburg under dem berge, oberhalp der spitals müle, allernechste an dem alten runse, da der bach us dem runse gat.* Stadtarchiv Freiburg, A 1 XVII A

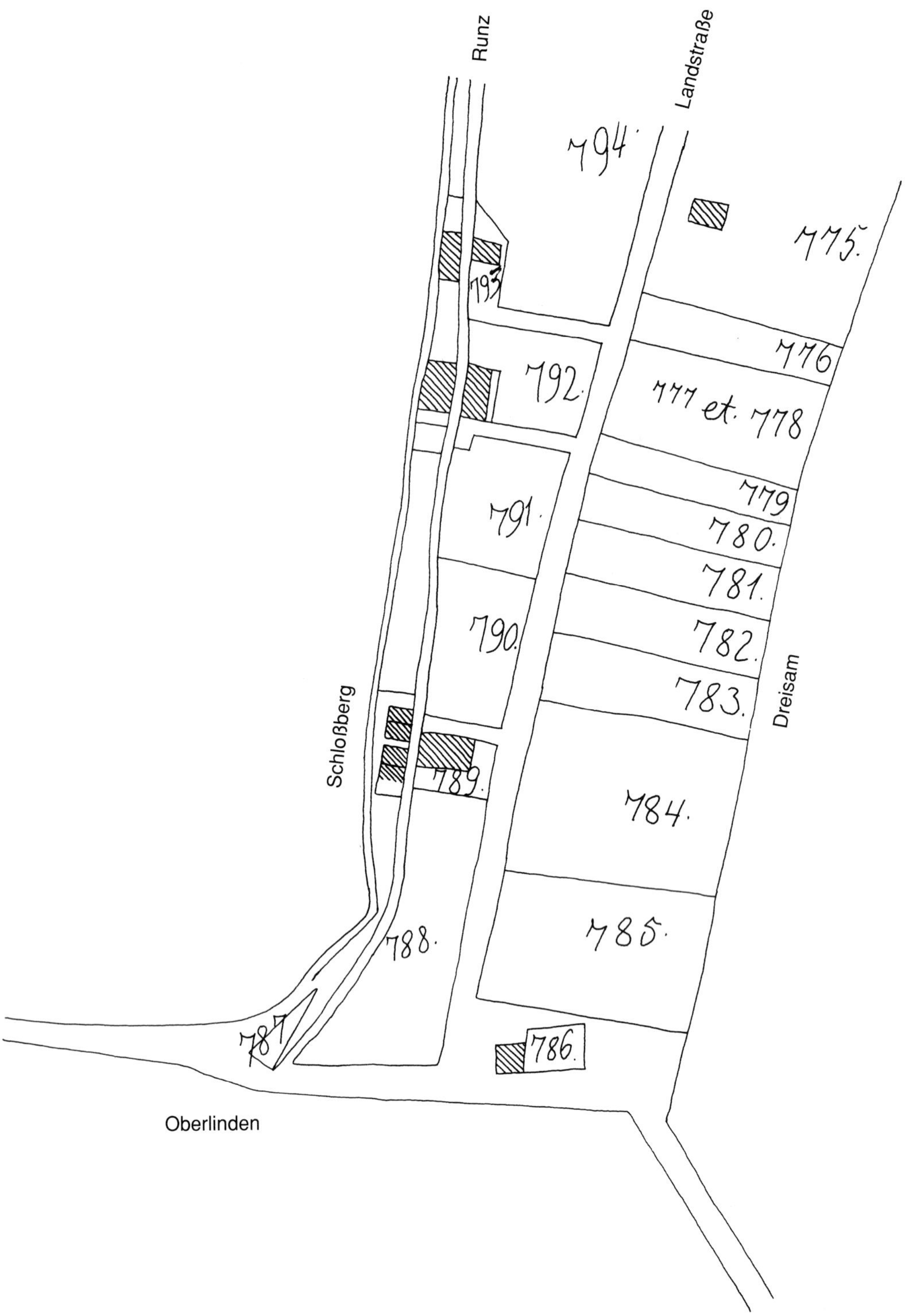

Abb. 12 Ausschnitt aus dem Gemarkungsplan des Geometer Dominik Zaeringer von 1786. Mit der Nummer 789 (später Kartäuserstraße 15) ist die neue Lohmühle der Gerberzunft von 1733 bezeichnet, vormals Papiermühle des Simon Ritz; nördlich jenseits des Runzes liegt das Grundstück der alten Lohmühle, der ehemaligen Grafenmühle (Stadtarchiv Freiburg).

Unterhalb dieser Mühle betrieb 1323 Wernher der Breitnower, der Müller *under dem berge,* die Spitalmühle[144], also jene Mühle – *die da ligt under der burg zu Fryburg* –, die Meister Heinrich der Schreiber 1301 dem Spital zur Stiftung einer Jahrzeit übereignet hatte[145]. Unter der Burg vor dem Schwabentor schließlich lag die Mühle Burcarts des Belers[146].

Die angeführten Mühlen lagen in einem Bereich, den auch das von der Stadt geführte Herrschaftsrechtsbuch, in das, nach Quartieren geordnet, der zu zahlende Häuserzins notiert wurde, als *sub castro* (unter der Burg) bezeichnet[147] bzw., in einer Ausfertigung des 16. Jahrhunderts, umschreibend als *vor Schwobstor uff der tolen und den berg hinumb*[148], vor dem Schwabentor auf der Dohle, da, wo der gedeckte Graben des Stadtbachs sich hinzieht, und am Fuß des Bergs entlang.

Die breite Beweisführung erbringt: Der Grafenhof muß in dem durch die beigezogenen Beispiele beschriebenen Raum gelegen haben; er darf nicht an Stellen vermutet werden, in deren Bereich die Objektbezeichnung »unter der Burg« nicht begegnet. Es verbietet sich also allein schon deshalb – und jetzt zusätzlich durch die präzise ermittelte Lage der Grafenmühle – die von Berent Schwineköper vertretene These, die den Grafenhof dort lokalisieren will, wo der Konvent von Adelhausen nach der Zerstörung seines vor den Mauern der Stadt gelegenen Klosters 1677 sein Neukloster errichtet hat, in der Schneckenvorstadt[149]. Der bis dahin auf diesem Areal stehende Hof, den zuvor Heinrich von Rappoltstein besessen hatte, war 1377 durch den Freiburger Bürger Hanmann von Todtnau an das Kloster Tennenbach verkauft worden; er ging dann drei Jahrhunderte später an Adelhausen. Die Verkaufsurkunde von 1377 beschreibt die Lage des Hofes genau: *ze Friburg in der vorstat bi der Oberrieter closter*[150]. B. Schwineköpers These beruht auf zwei sehr problematischen Prämissen: zum einen auf der Vermutung, daß es sich bei Heinrich von Rappoltsteins Hof um den Grafenhof handelt, den dieser erworben habe, als er – selbst Gläubiger der Freiburger Grafen – um 1331 als eine Art Konkursverwalter zur Abwicklung der gräflichen Schulden beigezogen wurde: »In diesem Zusammenhang dürfte ... auch der ehemalige gräfliche Hof an den Rappoltsteiner übergegangen sein, wofür freilich ein direkter Beleg fehlt«[151]. Aber nicht nur diese Einschränkung ist zu machen. Die These ist nämlich zwingend mit der weiteren Vermutung verknüpft, der Grafenhof – und damit also auch der Rappoltsteiner Hof – sei identisch mit jenem in der Au

(Büttricher), 1335 Juni 19. Vgl. Emil THOMA, Die Rechtsverhältnisse des Freiburger Gewerbekanals, auch Mühlebach oder Runz genannt, Freiburg 1900, S. 18f.

144 Stadtarchiv Freiburg, A 2, 1323 Juni 5. (Regest: Urkunden des Heiliggeistspitals I [wie Anm. 81] S. 76 Nr. 172). Der Urkundentext kennzeichnet die Lage der Mühle als *múli ... hinder der burg*, der zeitgleiche Rückvermerk als *múli under der burg*.

145 Urkunden des Heiliggeistspitals I (wie Anm. 81) S. 293 Nr. 764 (1301).

146 *Ze nehste vor der Swabe tor under der burg*. Ebd., S. 68 Nr.153 (1320 Juli 17). Weitere Beispiele: Das Haus des Steinmetzen Johans Schilling, *gelegen vor der stat ze Friburg under dem burgberg vor dem obern tor*. Stadtarchiv Freiburg, A 2, 1381 Dez. 23 (Regest: Urkunden des Heiliggeistspitals I (wie Anm. 81) S. 230 Nr. 599). Die Spitalschleife *vor dem obern thor under dem burckhberg*. Die Urkunden des Heiliggeistspitals zu Freiburg im Breisgau II, hg. von Leonard KORTH und Peter P. ALBERT (Veröffentlichungen aus dem Archiv der Stadt Freiburg im Breisgau 3) Freiburg 1900, S. 363 Nr. 1435 (1414).

147 Stadtarchiv Freiburg, E 1 A IV d Nr.1 fol. 85v: *census sub castro*; ebd. Nr.2 fol.74v: *sub castro*.

148 Ebd. Nr. 3 fol. 74.

149 SCHWINEKÖPER (wie Anm. 66) S. 49f. DERS., Topographische Grundlagen (wie Anm. 132) S. 16f.

150 Rappoltsteinisches Urkundenbuch, bearb. v. Karl ALBRECHT, Bd. 2, Colmar 1892, S. 88 Nr.110. Vgl. Hefeles Bemerkungen zum »Rappoltsteiner Hof« in: FUB 1, S. 19 Anm. 1.

151 SCHWINEKÖPER (wie Anm. 66) S. 49 Anm. 71.

liegenden Hof des Vogtes Gölin[152], der urkundlich erstmals 1316 auftaucht. Damals setzte Graf Egino seinen Sohn Konrad in die Herrschaft Freiburg ein, schloß aber von der Übergabe unter anderem aus *den hof, dem man sprichet voget Göllins hof, und den buhof, der darzu höret, mit ackern und mit matten*[153].

Die Gleichsetzung des Grafenhofs mit dem Vogt-Gölin-Hof – eine nicht ganz neue These übrigens[154] – kann nicht überzeugen. Schwer verständlich wäre schon, daß der zur Burg gehörende Wirtschaftshof in der Vereinbarung von 1316 aus diesem ursprünglichen Konnex herausgelöst worden sein soll. Offenbar ist dies aber gar nicht geschehen. Denn Graf Konrad nennt bereits einen Monat später den Hof bei der Grafenmühle seinen Hof, was dafür spricht, daß er ihn mit der Burg zusammen übernommen hat[155]. Wenig wahrscheinlich scheint auch, daß ein und dasselbe Objekt in zeitlich so nah beieinander liegenden Urkunden – die bereits angeführten von 1310/11 sind hier hinzuzunehmen – ausgerechnet in einem Fall eine abweichende Benennung – Vogt-Gölin-Hof statt »unser Hof« – erhalten haben soll. Schließlich fällt auf, daß gerade in diesem abweichenden Fall auch die Lagebezeichnung nicht übereinstimmt: in der Au liegt der Vogt-Gölin-Hof, nicht unter der Burg wie der Grafenhof. 1330 übertrug Graf Konrad nämlich seinem Sohn Friedrich das Recht, zu Freiburg auf der oberen oder auf der unteren Burg mit Frau und Kind zu wohnen, *oder aber in dem hofe in der Owe, dem man sprichet voget Gölins hofe*[156].

Die besondere Bedeutung des Gölinhofes steht außer Frage. Diente er doch nicht nur dem gräflichen Vogt als Amtssitz, sondern in beiden Fällen, in denen er genannt wird, als ein – sicher repräsentatives – Ausweichquartier, das Mitgliedern der gräflichen Familie als Residenz zugedacht wird. Seine Lokalisierung »in der Au« besagt zunächst nur, daß der Hof südlich der zähringischen »alten Stadt« in dem Raum von der heutigen Kronenbrücke bis über das Schwabentor hinaus gelegen hat[157] – vielleicht innerhalb der Mauern der Schneckenvorstadt, wie etwa der Hof des Konstanzer Domherrn Heinrich von Merdingen[158]. Doch darf der außerhalb liegende Bereich östlich des Klötzlintors nicht gänzlich ausgeschlossen werden, auch wenn es scheint, als ob dieser in der Regel als die *obere Au* bezeichnet worden ist[159].

152 Ebd. S. 48f.

153 FUB 3, S. 299 Nr. 402 (1316 März 31).

154 So schon THOMA (wie Anm. 143) S. 19.

155 Darauf hat bereits hingewiesen Wolfgang STÜLPNAGEL, Über neuere Arbeiten zu Fragen der Freiburger Stadtgründung, in: Schau-ins-Land 88, 1970, S. 5–22, hier: S. 15. Zur Urkunde vgl. oben Anm. 131.

156 Urkunde von 1330 Juni 30, abgedruckt in: Zeitschrift für die Geschichte des Oberrheins 13, 1861, S. 95.

157 Zum Au-Bereich vgl. Berent SCHWINEKÖPER, Zu Fragen der Freiburger Stadtgründung. Eine Stellungnahme, in: Schau-ins-Land 91, 1973, S. 31–40, hier: S. 38f.

158 Urkunden des Heiliggeistspitals I (wie Anm. 81) S. 16f. Nr. 38 (1298 Febr. 27). 1324 März 10 verleiht der Priester Niklaus von Fürstenberg die zur Ausstattung seiner – von Heinrich von Merdingen gestifteten – Pfründe gehörende Badestube samt Hof, *dú da lit ze Friburg in der Owe in der vorstat an des von Merdingen seiligen hof*. Erzbischöfliches Archiv Freiburg, Münsterarchiv. Weitere Belege für die Gleichsetzung der Au mit dem Bereich Schneckenvorstadt bei SCHWINEKÖPER (wie Anm. 157) S. 38f. und WIRTH (wie Anm. 133) S. 5.

159 Die Termini »Au, niedere und obere Au« sind nicht festgelegt, werden schwankend gebraucht. Auch der Bereich der östlichen Schneckenvorstadt wird als »obere Au« bezeichnet – nicht nur derjenige außerhalb der Mauern östlich des Klötzlin-/Gerbertors –, doch überwiegt hier, wie es scheint, die Verwendung des einfachen Au-Begriffs. Vgl. WIRTH (wie Anm. 133) S. 5; Urkunden des Heiliggeistspitals II (wie Anm. 146) S. 16 Nr. 790, S. 113 Nr. 1008. Das Problem bedürfte einer genauen Untersuchung.

Bleibt als Fazit festzuhalten: Selbst wenn der Gölinhof in der Schneckenvorstadt gelegen haben und von den Rappoltsteinern erworben worden sein sollte und deshalb mit dem nach diesen und später nach dem Kloster Tennenbach benannten Hof in der Schneckenvorstadt identisch gewesen wäre, so ist doch eines sicher: Nicht identisch mit dem Gölinhof und dem Rappoltsteiner/Tennenbacher Hof war der Grafenhof. Er lag vor dem Schwabentor in jenem Bezirk, der unter der Bezeichnung *sub castro* – »unter der Burg« – geführt wurde, nahe bei dem nun topographisch eindeutig bestimmten Grundstück, auf dem die Grafenmühle lag[160]. Und noch 1356 scheint er nicht veräußert gewesen zu sein: Am 20. September dieses Jahres urkundete Graf Friedrich *in unserm ... hof zu Friburg*[161], bei dem es sich doch wohl um jenen Hof handelt, der für die gräfliche, vermutlich in die Zähringerzeit zurückreichende »Ministerialensiedlung« und damit für die Frühgeschichte Freiburgs so aufschlußreich ist und an dem die Grafen möglicherweise bis zum Verkauf der Herrschaft an die Habsburger festgehalten haben.

160 Meine frühere, im Anschluß an SCHWINEKÖPER (wie Anm. 66) formulierte Darstellung ist zu korrigieren; vgl. Hans SCHADEK, Burg und Stadtbefestigung von Freiburg bis zum Ende des 16. Jh., in: Stadt und Festung Freiburg 2, hg. von Ulrich ECKER und Hans SCHADEK (Veröffentlichungen aus dem Archiv der Stadt Freiburg im Breisgau 22), Freiburg 1988, S. 9–40, hier: S. 14. Nicht anschließen kann ich mich der Auffassung von I. Beyer, der den Grafenhof mit dem Baukomplex Oberlinden 10–12 (Gasthaus »Zum roten Bären«) identifiziert und neuerdings aufgrund der Angaben der Urkunde von 1369 (vgl. Anm. 134) als Grafenmühle ein Bauwerk an der Stadtmauer beim Schwabentor auf dem Sickingerplan von 1589 ausgemacht haben will. Immo BEYER, Bauliche Hinweise zur Gründung Freiburgs im Breisgau 1091, in: Nachrichten des Schweizerischen Burgenvereins 17, 1992, S. 58–67, hier: S. 59 (Plan), 61. Vgl. ferner den kritischen Artikel von Wulf RÜSKAMP in der Badischen Zeitung Nr.28 vom 4.2.1994: Streit der Historiker: Wann schlug Freiburgs erste Stunde?, der eine Pressemitteilung I. Beyers zur »Grafenmühle« aufgreift (mit Abb.).

161 Urkunde des Grafen von 1356 Sept. 20 und Revers der Üsenberger vom selben Tag, abgedruckt: Zeitschrift für die Geschichte des Oberrheins 13, 1861, S. 440ff.

Das Manuskript wurde Anfang 1994 abgeschlossen. Ergänzend heranzuziehen sind jetzt die Kapitel »Gründung und Ausbau. Freiburg unter den Herzögen von Zähringen« und »Stadtherr und Kommune. Die Stadt unter den Grafen von Freiburg«, in: Geschichte der Stadt Freiburg, Bd.1, hg. von Heiko HAUMANN und Hans SCHADEK (im Druck).

Register

Abkürzungen: Anm. = Anmerkung; abgeg. = abgegangen; Bf. = Bischof; Bm. = Bistum; Br. = Bruder; Ebf. = Erzbischof; Gem. = Gemahl/in; gen. = genannt; Gf. = Graf; Gfin. = Gräfin; Hl. = Heiliger; Hz. = Herzog; Kg. = König; Kl. = Kloster; Ks. = Kaiser; Ksin. = Kaiserin; Mkgf. = Markgraf; Mkgfin. = Markgräfin; Pfgf. = Pfalzgraf

Personenregister

Ortsregister